本书为国家社会科学基金重点项目（代号 02AZX006）

（2018年修订版）

道学通论

张岱年题

（上编）

胡孚琛著

社会科学文献出版社
SOCIAL SCIENCES ACADEMIC PRESS (CHINA)

本书提要

该书共分六篇：道学篇、创新篇、道教篇、方术篇、丹道篇、道藏篇。

道学篇首先界定道学包括道家、道教和丹道，丹道即内丹学。道学之名始见于《隋志》，原指老庄道学。道学渊源于先民母系氏族社会的原始宗教的女性生殖崇拜文化。该篇考察了中国诸子文化产生发展的过程和各自的特点，揭示了道的真正含义。道学是一种积极的学说而不是消极的隐士哲学，它包括治国、修身等诸多方面，和儒学"家国同构"的特点不同，它是一种"身国同构"的学问，"执一统众"、"守中致和"是道学"德"的特征。

创新篇收入笔者倾毕生学力为创立新道学而撰成的四篇论文，从文化学、科学、哲学的视角论定新道学是 21 世纪唯一可行的文化战略。繁体字的善、美、義（义）、祥等皆从羊，中国的儒学文明本质上是一种臣服君权、爱好和平的"羊文明"，近两个世纪以来和西方崇尚自由竞争、征服世界的"狼文明"相形见绌。我们只有复兴因时变易、共存双赢的老子道学"龙文明"，才能找到在价值观上引领全人类前进的文化力量。

道教篇探讨了道教的定义，道教产生的条件及其文化特征，并写出了一部简明的道教发展史，同时对道教的发展前景作了分析和展望。

方术篇根据道学"生道合一"和"寓道于术"的特点,介绍了道学的养生方术和方技术数,并探索了道学方术中的科学内涵。研究道学,必须既知学,又知术,有学无术是无法真正理解道家学术的。

丹道篇从现代科学和哲学的角度研究了丹道学的三元丹法,对内丹学形成的历史、发展过程、门派等都作了介绍。同时,还分别对自身清净派丹功、同类阴阳派丹功和女子金丹术的入门功夫、修炼步骤,行功法诀进行了阐述,揭示了内丹学的千古之秘。

道藏篇以考据学的方法,考证了历代道书的规模,道经出世情况和《道藏》编纂史。该篇还列举了《道藏》未收入的见存道书情况并提出了重新编纂《道藏》的设想。

全书探讨了在跨入新的千年纪元之门时,道学的现代意义和发展前景,内丹学的科学内容和道教改革的方向。作者指出,《道德经》是一部救世书,其要害在于以"无为"为体,以"无不为"为用,以一个"生"字为源头,以一个"化"字作背景,以一个"因"字为枢机,以一个"中"字为纲要,以一个"和"字调万机,以一个"忍"字应世务,以一个"逆"字修丹道,追求与道合真的最高人生艺术境界。作者在书中呼唤形成有时代精神的新道家学派,提出将新道学作为中华民族21世纪的文化战略,为重构中华民族的现代新文化而努力。

这本书涵盖了道家哲学、新道学、道教史、术数学、内丹学、养生学、医学、道教文献学等整个道学文化的学术领域,一册在手,中国文化的根柢一览无余。

本书适于大专院校师生、学术界、企事业单位的道学爱好者及中等文化程度以上的社会各界人士阅读。

汤一介先生序

　　胡孚琛同志与我认识多年，而且参与了我与季羡林、孙长江两位先生主编的《神州文化集成丛书》。他的所有著作和论文我大多阅读过，并给我非常深刻的印象，其学术根底可以说是很扎实，且颇有创造性。胡孚琛同志还有很强的组织才能，由他主编的《中华道教大辞典》，集中了五六十位我国主要的道教研究者共同完成，这确实是一项有益于道教研究的大功德，大大方便了学者们对道教的研究。

　　现在胡孚琛又撰写了《道学通论——道家·道教·丹道》，把"道家"、"道教"与"丹道"作为统一体做整体性的研究，其意义无疑是深远的。我们不必过多地讨论"道学"这一名称的归属问题，但这一名称指"老庄道家"早于《宋史·道学传》却是事实，科学地阐释"道家"、"道教"、"丹道"三者的关系更重要。本书虽分别讨论"道家"、"道教"、"丹道"，但我们可以清楚地看到作者是在着力分析和研究这三者之间的关系。如果这本《道学通论——道家·道教·丹道》不首先解决这个问题，那它就不可能成为一本系统的科学著作。胡孚琛同志可以说注意到了这个问题，并有许多精辟创见。当然，一本涉及很广泛的学术著作，也可能在某些问题上引起争论，这不是坏事，恰恰是推动学术发展不可少的条件。根据传统的看法，"重玄学"被认为是道教的学派，而"内丹心性学"又是在重玄学基础上发展起来的宋、金、元时期的道教的特产,并和宋明理学心性学、禅宗心性学成为中国心性学的三大支。现在胡孚琛同志都放在"道家篇"中论述,有些学者或者会对此提出疑义。但我想,如果从哲学的层面看,如果把"道家"和"道教"、"丹道"打通开来看,"重玄学"应是经过南北朝佛教的冲击后由魏晋玄学发展而成的,而且成玄英、李荣等在学术上的贡献都是体现在他们对《老子》和《庄子》的注疏中。"内丹心性学"又是对重玄学的发展,并且使理论和修持方法结合成一整体,而能与儒、佛两家心性学并列为三,这都可以说是"道家"思想的发展。当然,如果我换一个角度看,即"重玄学"、"内丹心性学"所追求的目标又和道教有密切的关系。由于隋唐以来,道家、道教、丹道都讨论到"内丹学",这不仅说明这三者之间的关系,而且说明"内丹学"在"道学"(包括"道家"、"道教"、"丹道")中的重要性。胡孚琛同志对"内丹学"深有研究,据我所知他是在"内丹学"研究方面最有成就的学者之一。

本书中特设"方术篇"是很有意义的。"方术"在中国文化中有其特殊地位,而且常常带有某种神秘性,如何透过其神秘性了解其中的真实价值,是一个非常困难的问题。而胡孚琛同志原来是学化学的,有着很好的科学训练,因此他能够较好地把各种"方术"实事求是地加以梳理,并讨论其现代意义,对此问题的深化是有重要启发的。

一种学术思想及其方法如果只是用来作历史的研究和阐释固然很有意义,但如果能进一步讨论其现代意义可以说将会使学问的深入发展和造福人类更有意义。"道学文化的现代意义"一章讨论了"道家文化"对当前人类社会的科学、哲学、宗教等等方面的意义,应说有一定的开创性。现代科学的发展一日千里,许多我们过去不了解的现象,现在都可以用科学加以说明,或者为科学实验所证实。但是到目前为止,人类对自然界,特别对人类自身的许多方面仍然是盲无所知,或者虽有某些假说,但却尚不能证实。而人如果说与其他动物有什么不同，我想很重要的一点就是能提出许许多多奇怪的没有答案的问题，喜欢探索那些"未知"的东西。从古到今、从东到西的各个民族在不同时期不同环境下，提出过许多奇奇怪怪的问题，并试图给这些奇奇怪怪的问题以解释，虽然后来被证明他们的解释并不一定正确，但那些奇奇怪怪的问题中有不少确是有价值的"真"问题。那些看起来好像没有什么意义的奇奇怪怪的问题也许正是我们应该不断去探索的宝库，研究它正是推动人类进步、科学发展的巨大动力。因此，我认为，学术研究有时所得出的结论可能是错误的，但提出讨论的问题却十分重要。

胡孚琛同志的这本《道学通论——道家·道教·丹道》可以说是他二三十年来研究所取得的可喜成果，我认为是一本值得阅读的好书，特此为这本书写一序，向读者推荐。

汤一介

1998 年 4 月 1 日于病院中①

---

① 此书定稿时，汤一介先生因患肺病正在西山住院治疗，他于病中为拙著作序，推荐此书，令我铭感无已。——作者

黄心川先生序

　　道学暨其文化是我国传统文化的重要组成部分之一。这个领域的研究自本世纪后半叶以来，一直为国内外学术界、舆论家所瞩目。近年来我国学术界曾在这方面发表了不少学术专著和论文，其中不乏很多有见地的创作，其中多是仍囿于对道教的理论、历史、派别等的研究或者外缘于社会学、文艺学、心理学、医学等的方面。对道教的评价众说纷纭，褒贬有加。胡孚琛同志为了对这些问题作出自己的系统的说明，想澄清学术界存在的某些陈见，他在自己长期研究这一学问的基础上，把过去的研究成果和新的创作做了拔萃，编写成《道学通论——道家·道教·丹道》一书。作者在该书中对道学的含义、起源及其特点作了说明，勾画出道学发展的线索和道教演变的历史，对道教的理论与实践，特别是对内丹学做了系统的阐明。另外，对道书的编纂情况及其存在的问题也提出了自己的看法。总之，这是一本具有一定学术价值的创作，也是一本通俗易懂的专业书。阅读这本书使我们可以了解道教诸多方面的内容，也可以熟悉当前道教的发展及研究的情况。

　　近年来，丹道学一直是社会科学界与自然科学界研究和争论的热点，但他们的研究大多是从宗教目的论或信仰主义出发的，有的则纯然是从文化角度上着眼的。在该书各编内容中，最富有创造性和特点的是对丹道或内丹学的阐述。胡孚琛同志对内丹学的形成、发展过程、理论、门派等等都提出了自己系统的看法,认为丹道学是一种综合宇宙论、人生哲学和与宗教修持经验为一体的理论体系及行为模式,它对于探索宇宙的自然法则、人体的奥秘、人类的心理活动和行为模式都有着重要的意义。作者的研究力图用历史唯物主义、现代生理学和心理学所取得的成就进行探索和解释,他把内丹学的基础理论概括为八个方面,并对这些理论逐一进行了较为合乎科学意义的解释,有些解释虽然还需要斟酌,但毕竟从内丹学的神秘主义、玄学的说教中找出了其"合理的内核",使内丹学摆脱了神学的迷惘,进入了科学的领域,这是一项具有十分重要意义的开拓性工作。

首先,本书的重要意义是,作者对道学暨其文化作了比较系统的、合理的说明,把道学中那些合乎科学、理性并适应当前社会发展的思想理论、道德箴言、行为模式、修身养性、医疗治病等有价值的东西揭示了出来,使道学思想的精华和智慧为我国当前进行的社会改革和现代化的物质文明与精神文明建设服务,从而能与当代马克思主义哲学相衔接,应该说丰富和发展了马克思主义的哲学思想。

其次,作者力图用道家的科学思想来接纳西方文化中的先进要素,这加强了东西方文化之间的交流与融合。随着当前东西方交通、经济的频繁接触,信息的高速传递,特别是因为在西方社会资本主义制度的窒息下出现了种种社会弊端、精神危机,西方文化和基督教文化的没落,使不少西方思想家、科学家又回归于东方,憧憬东方的古老文明,要以东方精神文明的智慧去弥补西方的缺陷,为此道学思想特别是老子的"道法自然"、"人道合一",庄子的"道通为一"、"无以人灭天"的思想曾经引起了欧洲、美国、日本、印度等国家和地区的很多人文科学家和自然科学家的重视。例如英国的著名科学家李约瑟、德国哲学家海德格尔、量子力学家薛定谔、美国的著名科学家卡普勒、印度的化学家 P. 赖易、日本的科学家汤川秀澍等在阐述他们的科学哲学和历史著作中都援引了道家的思想和著作，并肯定了道家思想的科学性、现代性和普世性。李约瑟和 P. 赖易在他们著名的著作——《中国科学技术史》和《印度化学史》中都认定，南印度密教的十八位"成就者"（"修行完成了的人"，即古代的化学家或炼丹术者）中有两位是来自中国的道教徒，他们的泰米尔文名字叫博迦尔（Bogar）和普里巴尼（Pulipani），这两位"成就者"在公元 3 世纪曾去印度伽耶等地传播道教医学和化学思想，写过关于禁咒、医术和炼丹术的著作，在印度化学史中享有卓著的地位，迄今还有影响。当前东西方思想文化交流、融合已蔚为时代总的发展趋势。在这个融合运动中，中国的学者应该做出自己应有的贡献，在这方面胡孚琛同志起了先走一步的作用。

再次，作者在"道藏编"中用历史考证方法，对我国历代《道藏》的收录过程、编纂情况作了总结性的陈述，指出了《正统道藏》存在的种种问题和疏漏，另外，还列举了《道藏》未收入的见存道书情况，并提出了重新编纂的设想。我觉得这些意见是十分重要的。大家知道，不管是道藏还是佛藏的分类，一直是学术界值得深入讨论的一个问题，人们已经认识到从现在的科学分类法来看，历代的藏经分类并不都是合理的，但是至今还没有一个获得人们公认的分类法出现。从学术研究的层面言，资料是科学研究的基础和前提，道教的资料建设工作是道教研究的重要的和先行的组成部分。现今的《正统道藏》卷帙浩繁，内容庞杂，它的编排分类方法自唐以后一直陈陈相袭，十分混乱。另外，《正统道藏》又是按当时的封建统治阶级意志和需要所编纂的，有一部分与农民起义运动有关的反封建的道书或者与道教秘密结社相关的道书一直被排斥在道藏之外。近年来，学术界和出版界虽已出版了《藏外道书》的集大成著作，《道藏提要》和《道经总论》之类的著述也已写出，而且目前学术界正在从事道藏的标点工作,这些都是可喜的现象,但是从总体上说对道书的研究还呈滞后的情况。为此,怎样编纂新的道书体系,如何进行科学的分类,已成为当前研究道教暨其文化中的一个重要问题。胡孚琛同志关心这个问题,提出自己的建议正是一个社会科学工作者的责任感和使命感使然,它至少能深化这方面的研究。

黄心川

1998 年 4 月 20 日

叶秀山先生序

胡孚琛先生嘱为其力作《道学通论》作序,我对中国的学术,正在学习阶段,尝自戒少作妄语,怎奈孚琛坚持,却之不得,权作一次学习机会可也。

长期以来,我很重视孚琛的研究工作,因为我觉得他具备研究道家和道教的学术知识条件,他学过化学,学过哲学,做过医疗卫生工作,然后又师从我所王明先生研习《道藏》,在中国古文字考据方面,有扎实的功夫。有这些条件集于一身,可谓研究道家、道教的最佳人选,所以我们都以有这样的人才而高兴。

近年来,孚琛除切实做了大量有关道家、道教的学术工作外,还留心西方哲学的情形,努力使自己的工作多一个参考系。这样,遂使我们平时的接触,就由我单向地向他学习,变成双向的交流。今他大著完成,让我写个前言,也是想从研究西方哲学的角度听听意见。

我尝说,在哲学的最源头,西方哲学只有古代希腊泰利士的一句话:“万物的始基是水”,而我们《老子》书有五千言,我说泰利士这一句无论如何顶不过老子这“半万句”。然而西方人的哲学发展成为众多的哲学体系,蔚为大观,而我们的哲学,虽不能说没有发展,却也不能说按比例已超过西方“半万倍”。就中国传统哲学来说,我总觉得,老祖宗对得起我们,问题出在子孙们身上。

胡孚琛将通常所谓的道家、道教、丹道合称为“道学”,为区别于宋儒的学术,先有一番正名,这是史学的功夫;就哲学而论,重点常在道家,老子这五千言,的确有深刻的哲学理路。

譬如我们哲学里常讨论"有"与"无",非常抽象,非常难懂。黑格尔以此立论,讲"有"、"无"、"变",但他在《逻辑学》里讲这三个概念,而在《精神现象学》里反倒不大讲;海德格尔以胡塞尔现象学为基础,提出自己的学说,而其思想之核心,则在于对"有"、"无"有一个新视角。这个问题,我曾有过讨论,今结合道家思想,有一点补充如下。

平常我们思考"有"、"无"问题,常侧重在其"从无到有"的意思,而我体会老子思考这个问题的重点是在"从有到无"。

当然,《老子》书开宗明义第一章就说:"无,名天地之始;有,名万物之母。故常无,欲以观其妙;常有,欲以观其徼。此两者同出而异名,同谓之玄;玄之又玄,众妙之门。"

为什么要给一个"事情"起两个名字?我相信古人在这里不是玩诡辩,"故弄玄虚";那么,又该如何理解?我们说过,如果我们把这个"事情"理解为一个"过程",而不是一成不变的、抽象的"物",则就可以将理路顺下来。我们设想一件"事"(事情、事件)是有"始",有"终"的,于是,对这同一件事,我们既可以说是"始"的过程,也可以说是"终"的过程。譬如一个人的一世,我们可以说是他的"生"的过程,也可以说是他的"死"的过程。这样,我们清清楚楚地看到,这"同一"的"事",如作"过程"观,则的确有两个名字,一个是"有",一个是"无"。古人未曾欺我。

我们看到,老子这一思想在哲学上的伟大意义是怎样评价都不会过分的。黑格尔说,一切"有限的东西"是都要消亡的,在这个意义上,一切"有限事物",都有两个名字,一个叫"有",一个叫"无";就其"形成"过程言,为"有",就其"消亡"过程而言,为"无"。至此,我们的老子的思想达到了何等高超的哲学层次,不是很值得一切不抱偏见的西方哲学家体味的吗?

不仅如此。从《老子》书所体现出来的倾向来看,老子在"有"、"无"两个名字中,特别强调的是那个"无"。不是说老子不要"有",恰恰相反,老子也讲"有",只是在老子的思想中,认为只有"守住"那个"无",才能不断"(拥)有";"有"了,就"成"了,也就"完"了,只有"无"才会"有"。所以老子说"无为",意思是说,只有"无为",才会"无不为"。我们常说,"功遂身退",不是不做"功",而是只有"退"出来才会"立新功"。

人生在世,也要"守住"那个"无"。世界上有了"人",并非多了一"物";萨特说,"人"给"世界"增加一个"无"。茫茫世界,原本"万有",哪里来的"无"? 就连那最纯净的"真空"中,也"有"些什么在。万物之消长,也不过是那物质形态之转换,现在据说又有新的科学理论出来,但一般是这样教导我们的。

然而,谁也不满意于说,"人"只为世界增加了一个"物种",而说到最后,"人"对于"有",却什么也没有"增加",因为世间一切皆为"万有",没有可能有所"增添"。在这个意义上,"人"本身恰就是那"无"。我们以前说过,"人"作为 ex-sistence,这个"ex"乃是"出来"之意,出来了什么? 出来了一个"无";而"人"作为 Da-sein,这个"Da",也是"无"。这样,"人"竟然是一个"无",岂不太惨了些?

不然。我们老子说,"人"作为"无",不但一点也不惨,而且是他的最伟大、最可贵之处,"人"要用各种办法时时"守住"它。"守住""无",正是"守住""人",不"失去""人"自己。

于是,我们有"静"、"谷"、"虚"、"盅"等思想,以"空(无)""容"万物,以"无"致"有","从无到有";而为避免"有了"就"完了",为使其"没完"、"没了",则要"守住"那个"无"。所以,在老子思想中,不仅"从无到有"重要,而"从有到无"同样重要。其重要性在于:既然"从无"才能"到有",那么只有让那个"有"仍回到"无",才能有"新"

一轮的"从无到有"。

甚至"人"的"生死"也可作如是观。一方面,"生"是"有","死"是"无",而人之"在世",既是"生"(有)的过程,又是"死"(无)的过程,这个意思我以前说过了;但如换一个视角,既然"人"为"无",则"生"为"无",而"死"反倒为"有"。此话怎讲?

其实,这是一个很普通的经验的道理。我们常说,"死"是"物化",是"回归自然","物"和"自然"当然是"有",所以这些话的意思就是说,"死"乃是"失去"了那个作为"人"的特性的"无"。"死"了,就是永远的"有",再也没有机会作新一轮的"从无到有"了。于是"人"就失去了"生命力",失去了"创造性"。

在这个意义上,"人生在世"的过程,是一个"有"的过程,你去立功、立言、立德,等到了"功成名就",真的"有"了,你也就"了"此一生,你的"一生"也就"了"了。所以,老子告诫,"人"要能"功成身退",退出"有",进入"无",退出"死",进入"生"。所谓"出生入死"而又"置之死地而后生",要有开始重新一轮"从无到有"的能力,必须有"从有到无"的功夫。

我觉得,老子的学术,致力于"从有到无"者多多,因为"从无到有"在不同程度上,人人都在做,而"从有到无"的见识和修养,则远非人人都具备的。

按胡孚琛的研究,《老子》书同时也是道教、丹道的原典,所以不仅是哲学书,还包括了宗教、养生等学问。我们做哲学的,相信在宗教、内丹养生方面,仍有哲学的问题在,所以也很重视孚琛从科学的观点实事求是地探讨这些方面的研究成果,对这些成果也要认真学习思考,以求哲学理路之贯通。不过这方面我就更没有发言权了。

胡孚琛在书里提出一个很有意思的见解:道学主张"身国同构",而儒家则重"家国同构"。果如是,我们可以看出,道家将社会看成一个生命体,而儒家则看成多个生命体之间的结合。一个生命体当然也有各部分的关系需要协调，但多个生命体则更多伦理、道德意味，所以这两家才形成中华文化的大支柱。

叶秀山

于中国社会科学院哲学研究所

1998 年 7 月 1 日

目 录

上 编

汤一介先生序 ·································· 001

黄心川先生序 ·································· 005

叶秀山先生序 ·································· 009

道 学 篇

 第一章 为道学正名 ·················· 003

 第二章 道学的文化渊源 ·············· 010

 第三章 传统文化与道学之演变 ········ 016

  第一节 春秋战国时期"哲学的突破" ···· 016

  第二节 中国的国情与诸家学派 ········ 022

  第三节 道家学术之形成和演变 ········ 030

  第四节 道家学术的发展线索 ·········· 037

  第五节 道学的八大支柱 ·············· 048

  第六节 道学的人格略述 ·············· 057

 第四章 道学的中心思想 ·············· 064

  第一节 道学的道论 ·················· 064

第二节　中和之德 ································· 068

第三节　破除诸误解 ······························ 073

第四节　常道举要 ································· 081

第五章　道学文化的现代意义 ······················ 096

第一节　世纪之交的科学、哲学和宗教 ··········· 096

第二节　道学文化对现代社会的启示 ············· 105

第三节　道学和 21 世纪的新文化 ··············· 111

道　教　篇

第一章　何谓道教 ··························· 123

第一节　道教的定义 ······························ 123

第二节　道教产生的条件 ························· 124

第三节　道教的特征 ······························ 129

第二章　道教的发展史 ······················· 138

第一节　方仙道、黄老道和巫鬼道 ··············· 140

第二节　汉末早期道教 ··························· 146

第三节　魏晋时期过渡性的道教 ················· 156

第四节　南北朝道教的改革和成熟 ··············· 174

第五节　隋唐五代道教的繁荣和国教化 ··········· 184

第六节　宋辽金元时期道教的繁衍和创新 ········· 196

第七节　明清道教的衰落和世俗化 ··············· 211

小　　结 ····································· 223

第三章　道教的科仪、斋醮和戒律 ················· 227

第四章　道教的现状和前景 ····················· 230

第一节　道教发展的现状 ························· 231

第二节　我国内地主要道观和道士们的生活 ······· 236

第三节　道教发展的前景 ························· 240

创 新 篇

21 世纪的新道学文化战略

    ——中国道学文化的综合创新 ·············· 255

全球化浪潮下的民族文化

    ——再论 21 世纪的新道学文化战略 ·········· 285

道学文化的新科学观 ·············· 329

21 世纪科学革命的思考

    ——再论道学文化的新科学观 ·············· 350

道学篇

在中国"三教九流"的传统文化中，怎样才能"采儒、墨之善，撮名、法之要"，融佛学之般若，得自然之玄妙，将传统文化的精华都集中起来？在21世纪的今日，如何适应全球一体化的大趋势，寻找中西文化的交汇点，从而提出振兴中华民族，奔向大同社会的文化战略？中华民族自伏羲、黄帝、老聃一脉相传的道学文化，是东方智慧的结晶，其学"综罗百代，广博精微"，足以承担这一历史使命。道学是参天地、赞化育、贯中西、通古今的大学问，创立新道学是中华民族在世界历史潮流中审时度势，应变自强的唯一可行的文化战略。今天，道学文化如旭日东升，不仅海内外的羲黄子孙开始沐浴着她的光辉，西方的有识之士也为她的智慧之光而欢呼。遍布世界各地的中国人和外国人，尽管有着政治观念上的种种分歧，但在道学文化中却不难找到共同的语言。道学是革新的文化，是前进的文化，是通向未来的文化，是世界大同的文化。道学不是消极的哲学，而是积极的哲学；不是弱者的哲学，而是真正强者的哲学。道学不是隐士哲学，不是庸人哲学，也不是无所作为的哲学，更不是与世无争的哲学。通论道学的历史演变和文化特征，向读者展示道学中五光十色的瑰宝，这是笔者历尽寒暑伏案耕耘的一大心愿。

第一章　为道学正名

　　司马迁《史记·老子韩非列传》云："老子者，楚苦县厉乡曲仁里人也，姓李氏，名耳，字聃，周守藏室之史也。"又云："老子修道德，其学以自隐无名为务。居周久之，见周之衰，乃遂去。至关，关令尹喜曰：'子将隐矣，强为我著书。'于是老子乃著书上下篇，言道德之意五千余言而去，莫知所终。"老子为春秋时人，为周朝的史官，和孔子并世且比孔子年长 50 岁左右，他所著的五千余言《道德经》上下篇是我国阐述道的学说的最早私人著述。中国先秦的道家学派、汉末以后的道教、以神仙家为宗在道教中孕育起来的丹道，皆以老子的《道德经》作为自己的理论支柱和基本经典。因之，道学应指中国传统文化中以老子的道的学说为理论基础形成的学术系统，其中包括道家、道教、丹道三个大的分支，老子为道学之宗。在中国文化史上，宋代以前，道学这个词儿也专指老子道的学说而言。《隋书·经籍志》分类，以易学为首，次以书、诗、礼、乐、春秋、孝经、论语、图纬等，是谓经部。而子部中以儒者为首，祖述孔子，载曾子、子思、孟轲、荀卿之流所著书，称之为"中庸之教"。次述老子、文子、鹖冠子、列子、庄子等所著书，称为"道学"。《隋书·经籍志三》云："道者，盖为万物之奥，圣人之至赜也。""圣人体道成性，清虚自守，为而不恃，长而不宰，故能不劳聪明而人自化，不假修营而功自成。其玄德深远，言象不测。先王惧人之惑，置于方外，六经之义，是所罕言。《周官》九两，其三曰师，盖近之矣。然自黄帝以下，圣哲之士，所言道者，传之其人，世无师说。汉时，曹参始荐盖公能言黄老，文帝宗之。自是相传，道学众矣。"这段话不仅对道学的命名和特征作了提要，而且简略概括了道学发展的历史。道学本是伏羲、黄帝所传的圣人之道，周代虽以礼教为朝廷的方内之教，道学被置之方外，师传不明，但尚由史官掌握，为王者师。直至汉代相国曹参将在方外师徒相传的道学宗师盖公推荐给朝廷，汉文帝以黄帝、老子的道学治国，才使道学兴盛起来。汉代的文景之治，是道学在治国政治实践上的一个辉煌时期。汉武帝排摈道学独尊儒术之后，儒家思想一直在中国历史上占据统治地位，是以《隋书·经籍志》将儒者排在道学之前。然而唐代皇帝认老子为祖宗，在尊儒之外又复兴道学，人们仍可在唐代贞观之治和开元之治中，发现道学治国的光辉。中国历史上强盛的汉唐王朝，都受到道学思想的滋养，连清初康熙皇帝也外示儒术而内用黄老，道学之富国强兵的政治效果是昭然可见的。

迨至宋代，国势积弱而受制于异邦，周敦颐、程颢、程颐直至朱熹，汲取佛道思想来丰富儒学，称为程朱理学，这就是现在的新儒家之祖。元人脱脱立《宋史·道学传》，将程朱一派专讲儒家道德伦理的学者全包拢进去，后世遂将程朱理学也称之为道学，冯友兰教授等沿袭此说。明代以来，朱元璋推崇朱熹为文人之宗，宋明理学便兴盛一时，王守仁的心学也成为理学的分支，这批人满口大讲孔孟的仁义道德，被世人号为道学家。明清二朝宋明理学是皇帝提倡的意识形态，科举考试以理学家的《四书集注》为教材，道学家可以升官发财，讲道成了孔孟之徒向上爬的阶梯。宋明理学是今日之"新儒学"的前身，但宋代以来打着"道学"的幌子，就难免在学术史上遗下"伪道学"之诮。明代王阳明心学传至李贽，则走向宋明"道学"的反面，伪道学的流弊暴露出来。李贽揭露道学家"咸以孔子之是非为是非"(《藏书·世纪列总目前论》)，"阳为道学，阴为富贵，被服儒雅，行若狗彘"(《初潭集·释教》)。李贽进而宣称"道学可厌"(《初潭集·儒教》)，斥责宋明理学为"假道学"，道学家为"假人"，"道学其名也，故世之好名者必讲道学，以道学之能起名也。无有者必讲道学，以道学之足以济用也。欺天罔人者必讲道学，以道学之足以售其欺罔之谋也。噫！孔尼父亦一讲道学之人耳，岂知其流弊至此乎！"(《初潭集·道学》)李贽对宋明理学家的揭露，使"今世俗也与一切假道学，共以异端目我"(《焚书·答焦漪园》)，受到假道学的攻击。这使李贽觉悟到只有老子的学说才是"真道学"，他说："老子则有无为之学问矣，释迦不可及矣。吾庶几者其老子乎！"(袁中道《柞林纪谭》)李贽呼唤："自然之性，乃是自然真道学也，岂讲道学者所能学乎！"(《初潭集·笃义》)伪道学之流弊，一直延续到清代，可谓和"家天下"的政治制度相始终。清末朝廷处在内忧外患之中，曾国藩以大学士两江总督治军于安庆，开幕府广揽人才，又搜罗了一批道学家企图振兴名教。当时这批道学家皆口孔孟而貌程朱，其中池州进士杨长年著《不动心说》献给曾国藩以求进取，文中自称"置之二八佳人之侧，鸿炉大鼎之旁，此心皆可不动"，盖自诩定力非声色名利所能动摇者。这篇文章被幕府中的李鸿裔看到了，不禁大笑援笔戏批曰："二八佳人侧，鸿炉大鼎旁。此心皆不动，只要见中堂。"将这批假道学的面目暴露无遗。还有一个曾国藩搜罗来的道学圣贤桐城方某，做了直隶枣强县令五年，布衣蔬食，终日口诵孔孟之道，竟搜刮了四十万金成为安庆的大富豪。这些故事载入《清代野记》，此书署"梁溪坐观老人编述"，记咸同光宣四朝之事，皆实录。书中载当时"京师谚云：'黄金无假，道学无真'。"由此可知，大凡一种学术被当权者定为统治思想而入于功名利禄之途，就会被人用作为升官发财而逢场作戏的假学术，宋明以来被社会民众鄙视的假道学即如此。这不禁使人想起"文化革命"期间的那些"假马克思主义的政治骗子"，他们口马列而貌左派，宝书不离手，万岁不离口，不也曾逢场作戏红极一时吗？现今时代变了，讲孔孟之道的假道学再没有官做，也没有人再写新的《道学传》。虽然20世纪以来新儒学在海外又有复兴之势，但眼下也还只是一种学术流派，且早已不用"道学"的招牌，而自命曰"新儒家"。学术界现已将程、朱、陆、王的理学和心学通称作宋明儒学，假道学的名称已成为历史陈迹，因此再也没必要将宋明理学和心学同黄老的道学相混淆了。在本书中，将宋明时兴起的程朱陆王的孔孟之学定名为儒学，将黄老关于道的学说定名为道学，我想这不难取得学术界的共识。

孔子说："必也正名乎？"名即物类的指称。"名不正则言不顺，言不顺则事不成"，正名是中国古代圣贤极为重视的传统，学术研究中的学派区分更应将正名放在首位，否则易造成学术概念的混乱，也不利于国际间的学术交流。《史记·老子韩非列传》有云："世之学老子者则绌儒学，儒学亦绌老子。道不同不相为谋，岂谓是邪？"是古来儒道两家就有学派之争，泾渭分明。《汉书·艺文志·诸子略》以儒家与道家并列，后世史家沿袭之，学术界遂有三教九流之称。《旧唐书·经籍志》仍按经（甲部）、史（乙部）、子（丙部）、集（丁部）分类，子部分儒家、道家、法家、名家、墨家、纵横家、杂家、农家、小说家、天文、历算、兵书、五行、杂艺术、类事、明堂经脉、医术本草等，将沙门（释典）之书归之入集类。《宋元学案·序录》按濂、洛、关、闽等地域为宋代学术分类，并未以道学自居。张之洞《书目答问》将《二程全书》、《朱子全书》等称之为："以上儒家类理学之属专书。"自古凡较严肃的文献辨别学派及图书分类，皆以儒家与道家并列，未见以道学与道家的名称分别儒道者。宋明时代的理学和心学被称为道学，乃是社会上的俗称，儒家学者被送上道学之号，不仅今后在学术研究上难以避免伪道学之诮，而且在英文翻译上也易和道家、道教的译名（Daoism）相混淆。是故黄宗羲尝云《宋史》立《道学传》乃"元人之陋"，而后正史再无《道学传》。其实早在六朝时期陈代马枢就曾撰《道学传》二十卷，所收皆张天师、许迈、吴猛、陶弘景等道教精英，今有陈国符先生辑佚本传世。《宋史·徽宗本纪》载政和六年（1116）春"置道学"，宣和元年（1119）五月"诏德士（僧人）并许入道学，依道士法"，是宋代朝廷将道教称为道学，元人将儒学称为道学乃名实不副之乱名。中国文化史上，自南北朝以来形成儒、道、释三教鼎立的格局，道家和道教的内容在学术上也渐渐有了实际的区别。然而由于缺少"道学"这个概念来总括道家与道教学术，因之古代道学之书往往将道家与道教通用，不作区分，西文中也将二者通译之为Daoism（或Taoism）。近代以来，学术著作中约定俗成地将"道家"的范围限定为以老子、庄子为代表的有关道的哲学；将"道教"的范围限定为以太上老君为教主的以道为信仰的宗教；这样就需要重新恢复"道学"这个概念来总括道家与道教学术并与西文中的"道主义"（Daoism）相对应。

在本书中，我们将道学的概念定义为以老子的道的学说为理论支柱的整个文化系统，其中包括道家的哲学文化、道教的宗教文化，还有丹道的生命科学文化。

关于道家与道教的关系，道家是以春秋时以老子著《道德经》为代表创立的以道为理论基础的学派；道教则是汉末张陵首先创立的以道为信仰的宗教。二者皆以老子的道为根基，道家是道教的哲学支柱，道教是道家的宗教形式。

仙学（丹道）的概念，源出先秦时的神仙家。据蒙文通先生考证①，春秋战国时神仙家分三派：南方（楚）为行气，称王乔、赤松；秦为房中，称容成；燕齐为服食，称羡门、安期。道教中的外丹黄白术和内丹学，即由以上三派仙术融汇而成。仙学之名，乃陈撄宁先生所首倡，他1938年在上海出版《仙道月报》。他在《众妙居问答》中道："所谓仙学，即指炼丹术而言，有外丹、内丹二种分别。"并说："故自汉朝至现代，此二千年间，遂成有仙无学之局面。非真是无学，因这班学仙的人，将儒释道三教之名辞与义理，混合组织，做成遮天盖地一个大圈套。彼等躲在此圈套中，秘密工作，永不公开。务其实而讳其名，如此圆滑行藏，常常招惹儒教之拒绝，释教之毁谤。甚至于道教徒亦根据老庄清静无为之旨，而不信有神仙。彼仙学者流，竟弄得东家不收，西家不纳，进退失措，左右为难。余今日迫不得已，将仙学从三教圈套中单提出来，扶助其自由独立，摆脱三教教义之束缚，然后方有具体的仙学之可言。"故陈撄宁先生以"仙学"名丹道，实出于"迫不得已"，他任中国道教协会会长后再无有"仙学"的提法。因之本书不再采用仙学的概念，而通以丹道称之，由于外丹学亦融入三元丹法（天元神丹、人元大丹、地元灵丹）之中，故书中丹道主要指内丹学。内丹学是一种融儒、道、释、医诸家精华为一体的学问，故虽可区别于儒、释二教，又与单纯宗教信仰意义上的道教有别，但仍包括在道学的大范畴内。外丹学和内丹学本质上是在炼丹炉内或人体内模拟老子《道德经》的学说，丹道属于道学的分支学科是确切无疑的。丹道是根据道的学说追求体道合真的仙人境界的学问，它和道家、道教并列为道学的三大分支。

道学之道，以无为本，以因为用，以反为奇，以化为术，无

---

① 蒙文通：《晚周仙道分三派考》，载《古学甄微》，巴蜀书社，1987。

成势，无常形，立俗施事，开物成务，拨乱反正，救亡图存，神妙莫测，其精华可以究天人物理，其尘垢秕糠犹可以陶铸尧舜。老子以道垂统而教天下，人能得其一隅则可以治国，可以用兵；可以成事，可以立功；可以见性明心，可以乐生益寿；可以叱咤风云，可以退藏于密；可以无往而不胜，可以随遇而能安；可以用一字而走遍天下行之万世者，其唯道乎！

第二章　道学的文化渊源

　　道家、道教和丹道的文化渊源，可以追溯到原始社会母系氏族公社时期的原始宗教传统。母系氏族社会形成之前，不可能产生宗教，更无所谓哲学思想，因而母系氏族社会的原始宗教当为中国文明之始。母系氏族社会的原始宗教是自发产生的，这种宗教是原始人在共同的生存斗争中集体思维的产物，但它产生后就变成整个氏族的集体信仰，并渗透到氏族生活的各个方面。每个氏族成员都必须参加集体的宗教仪式，严格遵守宗教的行为规范，违反宗教就意味着脱离氏族，而脱离氏族是没法生存的。这样，原始宗教成了氏族社会无所不包的上层建筑，每个氏族成员都是忠实的信徒。这种原始宗教包括自然崇拜、生殖崇拜、图腾崇拜、天神崇拜、祖先崇拜等，其中最具有母系氏族制特色的是女性崇拜（包括女始祖崇拜和女阴崇拜、女性生殖崇拜等）。中国上古各大部族都是由母系氏族发展而来，那些取得部族联盟首领地位的部族酋长，大都只知其母，不知其父，他们认为是在龙、闪电、虹等自然物的感应下降生的。如伏羲族的华胥氏踩了雷泽的大迹而生伏羲；炎帝（神农氏）族的女登遇龙感生炎帝；黄帝族的附宝见电光感生黄帝；尧族的庆都遇龙而生尧；舜族的握登见虹而生舜，华胥氏、女登、附宝等便是这些部族的女始祖。我国考古学发现的仰韶文化遗存，正当母系氏族社会的鼎盛时期。从那时的墓葬遗骨排列情况看，反映出当时存在着女始祖崇拜的风俗。

据民族学的调查，保留着母系制传统的云南永宁纳西族，至今仍有女祖先崇拜的遗俗。至于考古学和民族学调查发现母系氏族社会存在女阴崇拜和女性生殖崇拜的文化遗存就更多了。辽宁牛河梁红山文化遗存里还发现了大规模的女神庙，包括古代流传下来的大量诸如女娲氏补天造人一类的神话，都说明女性崇拜是母权社会的重要特征。人们知道，原始社会的历史远比阶级社会的历史长，母系氏族公社的原始宗教在那么漫长的历史中逐渐形成一种传统的力量，女性崇拜的习俗和思想也千秋万代地遗存进传统文化之中。传统是社会和民族中最保守的力量，它不是一朝一夕形成的，然而某种文化要素（如宗教信仰、思想观念、社会风俗、政治经验、生活习惯）一旦在民族和社会中形成传统，这种传统的历史惰性就迫使那个民族和社会无法中途抛弃或一刀切断它。母系氏族社会的原始宗教既然已经作为一种传统的染料投放进中国文化的大缸里，尽管后来父权家长制的宗法礼教男尊女卑的传统占了优势，但我们仍可以从古代的文化积淀中发现女性崇拜的痕迹。现存的传统文化中必然包含着历代祖先的信息，我们在道家和道教文化中发现古代母系氏族原始宗教的痕迹是毫不足怪的。

中国道家的哲学，便源于母系氏族社会部落酋长的政治经验。顺便指出，母系氏族社会的部落酋长并非必定为女性，而仍是男性为多，因为在文化人类学的研究中我们还没发现人类有过女权至上社会的先例。那种认为典型意义上的母权制是社会组织演化的正常阶段的历史观是值得商榷的。但母系氏族社会存在女性崇拜的传统却是历史事实。盖母系氏族社会，老祖母占据主导地位，部族成员皆其子孙，以血缘纽带联系在一起，女性普遍受到社会的尊重，其治理部族的政治传统自然以慈爱后辈，少欲不争，贵阴尚柔，自然无为的方式为主，不可能像父系祖先那样严刑峻法、繁文缛节，更用不着以宗法礼教束缚部众。这样，老聃所谓"其政闷闷，其民淳淳"（《老子》第五十八章）、"一曰慈，二曰俭，三曰不敢为天下先"（第六十七章）等政治原则和母系氏族公社的政治传统丝毫不差。老聃还逼真地描述过他所理想的社会图景："小国寡民。使有什佰之器而不用；使民重死而不远徙。虽有舟舆，无所乘之，虽有甲兵，无所陈之。使民复结绳而用之。甘其食，美其服，安其居，乐其俗。邻国相望，鸡犬之声相闻，民至老死，不相往来。"（第八十章）这种描述和母系氏族公社的社会现实若合符节，考古发现和民族学的调查资料证明，母系部族确实是"邻国相望"，"不相往来"的社会。历史上也只有母系部族的原始社会符合老聃的这种描述，不过这种社会尚处于野蛮时代，原始人的生活远没有想象的那么美好罢了。在母系原始社会里，人们已有以雌雄辨别事物的习惯。原始宗教的女性崇拜，又使民族社会形成尊重女性的阴柔、谦让、虚静等品质的传统。贵阴尚柔的道家哲学，显然是对这种传统的抽象和概括。《老子》书中屡有"母"字，他把"道"称为"玄牝之门"（女阴）和"谷神"（生殖神）并且"可以为天下母"（第二十五章），这都是原始宗教中女性生殖崇拜的遗迹。道家的这些母系氏族原始宗教的特征后来全部被综合进道教中去，使道教中女性崇拜的原始宗教遗迹更为丰富。道教中最早的神仙西王母便是世袭的母系部族女酋长，《竹书纪年》、《穆天子传》、《山海经》、《汉武帝内传》、《淮南子·览冥训》及张衡《灵宪》等书记载，游猎部族的酋长后羿和商帝太戊都曾向西王母讨过仙药，周穆王还亲自到昆仑山拜见西王母，连汉武帝也向西王母求学仙术。而后，道教世以西王母为女仙之宗，并以她为中心形成庞大的女仙谱系。《墉城集仙录》、《历代真仙体道通鉴后集》、《历代仙史》卷八，记载了130多位女仙的传记和故事。在民间的祭祀活动中，道教北有碧霞元君，南有天妃妈祖，成为全国香客参拜最多的二位女仙。女娲氏时，尚是母系氏族公社时代，中国处在洪水时期，氏族部落为避洪水，多以土丘为居住点，故有丘民之称，各山丘的部落酋长为治水又结成部落联盟，称为部族，如伏羲族、黄帝族、炎帝族等。各部族在治水当中，文明日开，父权上升，洪水结束在禹时，乃夏之初年，中国逐渐步入父权家长制的奴隶社会。这中间经过多次原始宗教的革命，特别是殷周之际的原始宗教革命，建立起代表父权的原始宗教——宗法礼教，男尊女卑的新传统才占据统治地位，这便是儒家的文化渊源。然而，母系氏族原始宗教传统并没有中断，它只不过被降到民间和流入四夷，或掺杂进新的原始宗教巫史文化之中，在男神占统治地位后仍保存着女仙崇拜的痕迹。在儒家父权家长制统治的中国，道教中有这么多女仙和赞美女仙的描述，女性成仙也不受歧视，显然是原始宗教女性崇拜的遗存。

夏、商、周三代以来逐步确定了父权制的原始宗教——礼教的统治地位，至周公制礼作乐，丰富了宗法礼教的内容。周代实行世卿世禄制度，学在百官，官师合一。至春秋战国时期，周代的宗法领主经济逐步被封建地主经济取代，世卿世禄制度衰落，阶级关系（君、卿、大夫、士、庶人、奴隶）亦发生变化，介于贵族和庶民之间的"士"阶层迅速扩大，并作为传统文化的承担者从原来的封建身份中解放出来。士阶层成为可以自由流动的四民（士、农、工、商）之首，有了自觉的社会理想、文化素养和社会责任感，严格意义的古代知识分子阶层才在中国出现。实际上，在阶级社会里，知识分子的身份具有两重性。一方面，知识分子由于有相似的社会地位，经济条件，兴趣和需要，因而形成一个有一致利益和要求的社会阶层。另一方面，他们又是整个社会所有阶级和利益集团的代言人。社会上有多少阶级、阶层和利益集团，知识分子中就能反映出多少种代表这些不同利益和要求的思想观点。因此，知识分子不属于任何一个特定的经济阶级，但却是一个有着共同社会利益的阶层。知识分子不受社会经济地位的限制，是民族文化的承担者和社会理想与时代精神的代表者。孟子讲"无恒产而有恒心者，惟士为能"（《孟子·梁惠王》上），就是描述古代知识分子的这种特征。"士"阶层的兴起促使理性主义和人文思潮空前高涨，周代传统的原始宗教衰落，"礼坏乐崩"，诸子百家之学遂从原始宗教的巫史文化中突破而出，传统文化沿着理性主义的道路上升到哲学的高层次。

继承了古代母系氏族制和父权宗法制原始宗教传统的周代巫史文化乃是古代学术的总汇，在春秋战国时期，这种巫史文化接受了理性主义和人文思潮的洗礼，分化出诸子百家学派。当时全国可分为邹鲁、三晋、燕齐、荆楚、吴越、巴蜀六个具有不同部族传统的文化域。儒家文化继承周代宗法礼教的传统最多，其次是法家，儒家以邹鲁地区为基地，法家在三晋最盛行。继承母系氏族原始宗教传统较多的除道家、墨家外，据《汉书·艺文志》，尚有阴阳家、数术家（包括天文家、历谱家、五行家、蓍龟家、杂占家、形法家）、方技家（含医经家、经方家、房中家、神仙家）。道家学派首先以燕齐文化和荆楚文化为中心发展起来，在吴越文化和巴蜀文化中也有传播。周代以来，古老的母系氏族原始宗教流入四夷，主要在燕齐、荆楚、吴越、巴蜀等边陲地区传播，这些地方又是神仙家和巫祝、方士活跃的地区。因而汉末的道教，便是以这些地区的文化背景为依托发展起来的。

特别要指出的是，古代原始宗教的巫史文化，亦非仅有简单的女性崇拜或男尊女卑的观念而已，实是包含着许多深邃的思想。早在道学奉为始祖的伏羲和黄帝时代，古人由于天文知识的增加促进了人文知识的发展，许多发明和发现相继出现。古人以北斗七星测定天体运转和日月行度，划分星辰为二十八宿，以制历法和观察气象。太阳历的十月历法曾行于原始社会，夏代尚应用，至商而改，现在云南哀牢山彝族中尚有这种十月历法的遗俗①，《诗·小雅·十月之交》、《管子·幼官篇》、《夏小正》中亦有这种古老的十月历法的记载。古人还积累了丰富的医药学知识，逐步产生出心理生理的养生论，经络学说，形、气、神的人体观，砭、针、灸、汤药、祝由等医疗方技。古人发明的天干、地支计时法，大概巧合了某种宇宙节律，有力地促进了后世方技术数及预测学的发展。古人关于天的观念（苍苍者为天）、神的观念（交通天地者谓神）、鬼的观念（神归于地为鬼）、人的观念以及天、神、人三位一体的思想，为天人合一说、阴阳五行说、三才四象八卦说和道的观念打下了基础。古人在巫史文化中播下的智慧的种子早就孕育着后世道学文化的花朵。

① 刘尧汉：《中国文明源头新探——道家与彝族虎宇宙观》，云南人民出版社，1985。

第三章　传统文化与道学之演变

在中国，数千年来影响社会人心最大的书有三本——《易经》、《道德经》、《论语》。其中《易经》是周代巫史文化及原始宗教惟一遗留下来的典籍，我们可从中追寻到儒道文化的源头。《论语》是儒家圣人孔丘的垂训，中国历代封建帝王都用它来对自己奴役的臣民进行伦理教化。《道德经》是道学的经典，信奉道家、道教和丹道的人们都将它作为思维方式和行为模式的根据。如今，《道德经》被翻译成世界上多种文字，其译本之多仅次于基督教的圣经。而这三本书，都是在春秋战国时期被阐发和传播开来的。

第一节　春秋战国时期"哲学的突破"

中国的春秋战国时期（公元前770～前221年），被历史学家称为"古今一大变革之会"的时代。据马克斯·韦伯（Max Weber）和美国社会学家帕森思（Talcott Parsons）的研究，在公元前一千年之内，希腊、以色列、印度和中国的四大古代文明，都曾先后经历了一个"哲学的突破"的阶段。所谓"哲学的突破"，是对本民族文化传统的一次批判性的反省，从而创建出一种符合时代潮流的新文化，诞生出一些新的不同学派，从而将本民族的文化推向一种崭新的、更高的境界。中国继承了古代氏族原始宗教传统的周代礼教巫史文化乃是古代学术的总汇，所谓"哲学的突破"在中国就是诸子百家之学对周代礼教巫史文化的突破。借《庄子·应帝王》的寓言说，礼教巫史文化好比中央之帝浑沌，本来无有七窍，诸子百家各凿浑沌的七窍，浑沌既凿，古代官师合一的道术就裂为百家之学。《庄子·天下篇》说："悲夫！百家往而不反，必不合矣！后世之学者，不幸不见天地之纯，古人之大体，道术将为天下裂。"连孔子也不乏对周代宗法礼教产生"礼崩乐坏"的慨叹！实际上，春秋战国时期理性主义和人文思潮兴起，诸子百家之学皆对周代礼教巫史文化进行了"突破"，从而形成百家争鸣的文化繁荣局面。

诸子百家之学对周代礼教文化进行突破而社会影响最大的"显学"是儒、墨、道三家，这三家突破的方式又有不同。孔子的儒家学派首先将周代礼教继承下来，然后沿着理性主义的道路以"维新"的方式加以改造，补充进仁学的内容，使儒家成为新的礼教和仁学的结合体。儒家以"损益"为维新之手段，孔子说：

> 殷因于夏礼，所损益可知也；周因于殷礼，所损益可知也。其或继周者，虽百世可知也。（《论语·为政》）
> 周监于二代，郁郁乎文哉！吾从周。（《论语·八佾》）

儒家以因循沿革的温和方式对传统宗法礼教进行了突破，其学说守先以待后，寓开来于继往，所以对周代巫史传承的礼教文化斧凿之痕最浅。孔子接受了西周时原始宗教革命后由周公创立的维护父权宗法家长制的礼教，但要求为保持家长制社会的和谐性君主必须行王道，施仁政，社会各阶层都要接受礼的规范，使整个社会成为君仁、臣忠、父慈、子孝的有序的最优化系统。孔子的儒家学说是一种以家族为本位的伦理学说，这在当时是反对家长任性独裁的有进步意义的思想。及孟子、荀子倡"民本"思想，谓诛暴君，若诛独夫；惟仁者可以王天下，万民拥戴，则天命归之。儒家明堂之制以学校为议政、观诽、谏恶之所，培养内圣外王之人格，亦多有可取之处。

"墨子泛爱兼利而非斗，其道不怒；又好学而博，不异，不与先王同，毁古之礼乐。"（《庄子·天下》）墨家学派对礼教的突破方式与儒家不同，他们以"兼爱"、"尚贤"、"非攻"、"非命"、"尚同"等为说，实际上是按着理性主义的思维方式对氏族原始社会的天道观及宗教传统进行了改造和继承。《汉书·艺文志》云："墨家者流，盖出于清庙之守，茅屋采椽，是以贵俭；养三老五更，是以兼爱；选士大射，是以上贤；宗祀严父，是以右鬼；顺四时而行，是以非命；以孝视天下，是以上同。"清庙即太庙，为古代之明堂，为天子祀上帝、祭祖宗、朝诸侯、养老尊贤、治天文告朔、教育国子、议政行政之处，故墨家之学重于明堂之制。墨家宗大禹，行禹道，提倡苦节劳形、摩顶放踵以利天下的作风。由于大禹之时尚未进入阶级社会，无"家天下"之制度，因之其明堂之制包括以学校议政、选贤能（又称辟雍）、禅让天子（称封禅）等功能。《尸子·君治篇》云："黄帝曰合宫，有虞氏曰总章，殷人曰阳馆，周人曰明堂。"颍容《春秋释例》亦云："太庙有八名，其体一也。肃然清静，谓之清庙；行禘祫，叙昭穆，谓之太庙；告朔行政，谓之明堂；行飨射，养国老，谓之辟雍；占云物，望氛祥，谓之灵台；其四门之学，谓之太学；其中室，谓之太室；总谓之宫。"明堂之制与阶级社会之家天下制度大不同者，是庶民有参政议政之权利。古籍中亦有这种原始社会政治传统的记载，如《吕氏春秋·自知篇》云："尧有欲谏之鼓，舜有诽谤之木，汤有司过之士，武王有戒慎之铭"。《管子·桓公问》亦记载："黄帝立明台之议，上观于贤也；尧有衢室之问，下听于民也；舜有告善之旌，而主不蔽也；禹立谏鼓于朝，而备评谣也；汤有总街之庭，以观人诽也；武王有灵台之复，贤者进也。"自后世儒家礼教维持的家天下独裁政权确立后，视民主政治为蛇蝎，以控制舆论实行愚民政策为统治术，儒家学者再也不敢谈明堂之制。[①] 墨家以大禹以前的原始宗教传统对周代父权家长制社会的礼教以激烈的否定方式进行了突破，和礼教发生了正面冲突。墨家主张非天命、选天子、禅王位、举贤能、纳诽谤、均天下、讲兼爱、反战争等，显然皆非家长制宗法社会所能容，是以终于被排斥为异端而衰竭不传，这是中国文化史上的一个悲剧性的结果。实际上墨家注重逻辑学和物理学，讲求实证的科学方法，是中国古代哲学中唯一类似西方学术传统的流派。

道家学派则采用"超越"的方式对周代传统的礼教进行了突破，它首先用最古老的母系氏族社会原始宗教的传统对周代确立的父权家长制的礼教新传统进行了超越，同时又把母系氏族原始宗教的老传统沿着理性主义的道路上升到哲学的高层次，形成以"道"为中心的形而上学体系。老子说："人法地，地法天，天法道，道法自然。"（《老子》二十五章）又说："故失道而后德，失德而后仁，失仁而后义，失义而后礼。"（《老子》三十八章）这就是说，老子的道是揭示天、地、人内在规律的自然之道，礼教观念是自然之道堕落的结果，要回归自然，必须超越礼教。"道法自然"是讲天地万物自然而然地生化运动，从而排除了造物主和人格神的原始宗教观念，将道作为人类终极信仰的无限本体。道家把仁义、礼乐的产生看作是自然之道的退步，则依次忘礼乐、忘仁义，进一步超越一切社会观念，乃至于"坐忘"，才

---

① 关于"舜立诽谤之木"一说，《史记·孝文帝本纪·索隐》亦引之，乃古代明堂庶民议政之制。今北京天安门前之"华表"，即由古代"谤木"演化而来。

能回归到自然本体的道。这样，儒、墨、道三家对礼教突破的层次依次升高，至道家达到人类智慧的极限。道是自然界、社会、生命的发生之源，又是人类文化的智慧之源，因之道的境界既是超越时空界限的本初状态，又是通向未来的终极状态。这就决定了道学的三个基本特征，一是其自然性，即道学本质上是宇宙的自然律；二是其超越性，即道学在任何时代都是一种超前意识；三是其寓言性，即道学经典中对道的体验多用寓言来表达。《史记·老子韩非列传》载"太史公曰：老子所贵道，虚无，因应变化于无为，故著书辞称微妙难识。"世之学者皆知庄子"著书十余万言，大抵率寓言也"，而不知《老子》书中除"重言"外也多是寓言。盖道学经典，要对微妙难识的"道"进行描述，而古人从不尚空论，他们是通过自己的切身体验才取得对"道"的具体认识的，而取得这种体验的修道法诀只能用寓言来表达。《老子》书中就有在"致虚极，守静笃"的条件下描述修道体验（包括性体验）的寓言，故有"下士闻道，大笑之。不笑不足以为道"之说。

考先秦之学术，诸家学派在发展成熟之后，往往钩玄摘要其核心思想以为"经"，解说传授其"经"者谓之"传"。其中易学家有《易经》和《易传》；道德家有《道德经》；儒家之《论语》实为儒经；墨家亦有《墨经》。道家成熟最早，故《道德经》乃是继《易经》之后第一部私人著作。晋代葛洪学通儒道，著《抱朴子内篇》言道家，《外篇》言儒家，他对魏晋时代的儒道二家之学认识最切，惜后世学者多忽略其学术观点。葛洪《抱朴子内篇》把道看作宇宙的"太初之本"（《道意》），社会的总规律，人类智慧的源泉。他说："凡言道者，上自二仪，下逮万物，莫不由之。但黄老执其本，儒墨治其末耳。""今苟知推崇儒术，而不知成之者由道。道也者，所以陶冶百氏，范铸二仪，胞胎万类，酝酿彝伦者也。""道者，儒之本也；儒者，道之末也"。"道之为源本，儒之为末流。"（《明本》）这样，他把"道"认定为诸子百家的精华，人类知识的枢纽，道家学派便是诸子学派的本源，儒、墨、法诸家为道家之流变。道德一变为仁义，为墨家所本；再变为礼乐，为儒家所宗；三变为刑名，则有法家之学。司马迁《史记》以老子、庄子、申不害、韩非同传，记韩非"喜刑名法术之学，而其归本于黄老"，又言申子、韩子"皆原于道德之意，而老子深远矣"。司马迁认定法家之学，本是道家黄老之学的流变。盖道家之学发展至战国时期，由商鞅、李悝、慎到、申不害、韩非等演变为法家之学。《经法·道法》云："道生法。法者，引得失以绳，而明曲直者也。故执道者，生法而弗敢犯也，法立而弗敢废。"说明法由道而生。《管子·心术》亦云："事督乎法，法出乎权，权出乎道。"可知古人视法家为道家之流裔。《吕氏春秋·任数》记申不害所云："古之王者，其所为少，其所因多。因者，君术也；为者，臣道也。为则扰矣，因则静矣。因冬为寒，因夏为暑，君奚事哉？故曰君道无知无为，而贤于有知有为，则得之矣。"显然可知法家刑名之学，乃黄老之道家谋略思想用之于君王的统治术，以适应战国时代君主专制权力扩张之需要。战国时法家之富国强兵思想为时代潮流，此种法后王、抑贵族而尊君权的法家学说和孔孟之法先王、维护贵族利益之早期儒学水火难容，却为荀子以后维护君权的汉宋儒学所吸收。而法家又有农家、兵家、纵横家等分支，蒙文通先生论"兵、农、纵横均为法家"云："盖法家莫不以富国强兵为事，故非徒'不别亲疏，不殊贵贱，一断于法'而已也，又有其所以富强之工具焉，则农、兵、纵横之术是 也。农以致富，兵以致强，而纵横则为外交术，皆法家之所宜事者。""言法家者，固当统其三者以为说也。自刘向校书裂而为四，后世不察，别其农战富强之术、纵横外交之权而外之，于是法之法竟不复明，亦可惜也！"① 另外，《汉书·艺文志·诸子略》中所谓名家应为墨家之分派；阴阳、杂家皆为道家黄老之学，则九流之学实际上不过道、儒、墨、法四家而已。

夏、商、周三代的统治者，分别是三个不同习俗的大部族酋长，夏族风俗质朴，形成了"夏尚忠"的农业文化传统，墨子尊大禹，"使后世之墨者多以裘褐为衣，以跂蹻为服，日夜不休，以自苦为极，曰：'不能如此，非禹之道也，不足谓墨！'"（《庄子·天下》）显然墨家是夏部族文化传统的继承者。殷商部族强悍尚武，原始宗教崇拜鬼神，形成"殷尚鬼"的宗教文化特征，其制度先罚而后赏，故荀子有"刑名从商"（《正名》）之说，可知法家继承了殷商部族的风俗传统且适应时代潮流予以发展。法家以黄老刑名之学的策略思想将周代礼教的君权推向专制的极端，形成法、术、势三者相兼的统治术，为秦代大一统的独裁统治提供了理论根据。法家兴起，中国历史的政局为之一变。

第二节　中国的国情与诸家学派

考察中华民族形成和发展的历史，有几个关节点应当注意。中华文明肇始于伏羲，繁荣于黄帝，这正是原始道家文化兴盛的时代。闻一多先生曾经有一个天才的猜测："我常疑心这哲学或玄学的道家思想必有一个前身，而这个前身很可能是某种富有神秘思想的原始宗教，或更具体点讲，一种巫教。这种宗教，在基本性质上恐怕与后来的道教无大差别，虽则在形式上与组织上尽可

---

① 蒙文通：《法家流变考》，载《古学甄微》，巴蜀书社，1987。

截然不同。"① 闻一多先生猜测的这个道家的前身，就是伏羲、黄帝时代的母系氏族社会原始宗教的巫史文化。中国人常习惯称自己为炎黄之胄，称中华文明为炎黄文化，忽略了蚩尤等夷族文明，这是不确切的。伏羲氏是中华各民族公认的始祖，因之中华民族应为羲黄之胄，中华文明应称作羲黄文化才更确切些，而羲黄文化的起源是以道家为特色的。直至夏代大禹之后，中国开始进入奴隶制氏族阶级社会，家天下的格局开始形成。此后约一千年，至周初进行原始宗教革命，中国转入封建宗法社会，父权家长制宗法礼教的新传统占据统治地位。王国维先生说："中国政治与文化之变革，莫剧于殷周之际。""周之制度典礼乃道德之器械，而尊尊、亲亲、贤贤、男女有别四者之结体也。"（《观堂集林·殷周制度论》）足见中华民族的文化传统大略分先后两种，一种是羲黄时代母系氏族公社女性崇拜的原始宗教中千万年积淀下来的老传统，一种是夏、商、周三代以来逐步形成，特别是周代正式确立的宗法礼教新传统。自周平王东迁之后，进入春秋（自平王四十九年至敬王四十一年）、战国（自元王至赧王）时期，周王朝礼崩乐坏，知识分子阶层形成，理性主义和人文思潮兴起，出现了诸子百家争鸣的学术繁荣局面。战国以来，周代井田制的封建领主经济渐被租佃制的封建地主经济所取代。至秦汉两朝，建立了大一统的封建专制帝国，废封建而立郡县，家长制的中央集权统治维持了400年之久，汉民族传统文化的特征由此奠定。魏晋南北朝时期中国社会出现了再一次回复和动荡，至唐代形成了儒、道、释三教鼎立的文化格局。

中国漫长的历史含有世界其他民族所没有的重大特点，就是

---

① 闻一多：《道教的精神》，载《闻一多全集》第 1 册，上海开明书店，1948。

自始至终顽固地保留着氏族宗法家长制的传统。实际上，世界上一些古老的民族都曾经过氏族部落的原始社会阶段，仅是因为中国的氏族公社向阶级社会过渡时没有似古希腊民族那样经过充分的社会动荡使氏族解体为城邦民主制，而是利用氏族血缘关系的纽带早熟为宗法家长制。在这一历史转变关头中国非但没有像西方社会那样抛掉氏族组织的外壳，反而利用残留下来的氏族公社经过家庭公社转化为农村公社，使之成为剥削宗族奴隶和农奴的基层社会组织。尔后的封建社会亦是继续强化和扩大氏族的血缘网络，将家族当作社会的细胞。尽管五千年来中华民族的新生阶级力量不断更替掌权改变着中国的国体，但宗法家长制的国家政体始终没有改变。历史规律说明，更换代表新生产力的阶级掌权的新国体和由专制政体革新为民主政体是同样重要的。新兴地主阶级掌权的专制政体并不比奴隶主阶级掌权的城邦民主政体更优越。即使被压迫阶级的代表人物建立的专制政体，也往往走到他那个时代人民的对立面去，朱元璋等农民领袖堕落为极残酷的暴君就是证明。专制政体是天然维护剥削阶级利益并为少数压迫人民的特权集团服务的政权形式。秦汉大一统的社会结构是以家族为本位的，国是家的放大。马克思早就把中国传统的政治体制称为"家长制的权力"，在这种政体中，"就像皇帝通常被尊为全国的君父一样，皇帝的每一个官吏也都在他所管辖的地区内被看作是这种父权的代表。"① 这种"家国同构"的专制政权需要家长制的宗法礼教来维护，儒家文化成为占统治地位的意识形态就毫不足怪了。需要指出，孔孟的儒家学说经荀子改造为君权政治的工具已有变化，特别是汉武帝以来推崇的以"忠孝"为核心的伦理纲常教条和孔孟的早期儒学是有区别的。在君权专制政治的重压

---

① 《马克思恩格斯选集》第 2 卷，人民出版社，1975，第 2 页。

下，不仅孔孟儒家学派中的仁学内涵和民本思想萎缩了，而且道家、墨家、法家等诸子之学也被迫适应"独尊儒术"的文化专制政策而变更自己的形态。法家和早期儒家开始难容似水火，随着儒学法家化的演变又相和如昆仲，二者终于结合为维护封建专制政权而施行的"王道"、"霸道"软硬两手。无论我们喜欢不喜欢，都不能不承认在中国封建社会真正起主导作用的是儒家文化，而且是早已变形的儒家文化。无怪乎新儒家派的余英时先生在考察"儒学法家化"的文化现象后学着朱熹的话说："二千三百年之间，只是架漏牵补过了时日。尧、舜、三王、周公、孔子所传之道，未尝一日得行于天地之间也。"①

在中国的这种社会历史条件下，传统文化中的各学派也适应社会条件形成不同的特点。《汉书·艺文志》云："道家者流，盖出于史官。历记成败存亡祸福古今之道，然后知秉要执本，清虚以自守，卑弱以自持，此君人南面之术也。"古时官师合一，巫史不分，巫史文化中原始宗教的古老传统及政治经验既由史官继承，于春秋时由史官老子推阐为道学，其中当然不乏君人治天下之政术。春秋战国时期，列国诸侯争霸求治，因之诸家学术皆被从政治的价值观念进行评价。司马谈说："夫阴阳、儒、墨、名、法、道德，此务为治者也。"（《史记·太史公自序》）要之，先秦之道、法、儒、墨诸家学术，皆是有关"修身、齐家、治国、平天下"的政治学说。

儒家《四书集注·大学》云："古之欲明明德于天下者，先治其国；欲治其国者，先齐其家；欲齐其家者，先修其身。""身修而后家齐；家齐而后国治；国治而后天下平。"这就是儒家著

---

① 余英时：《反智论与中国政治传统》，载《中国思想传统的现代诠释》，江苏人民出版社，1989，第104页。

名的"修、齐、治、平"之学,《大学》进一步解释说:"所谓治国必先齐其家者,其家不可教而能教人者,无之。故君子不出家而成教于国:孝者,所以事君也;弟者,所以事长也;慈者,所以使众也。""一家仁,一国兴仁;一家让,一国兴让;一人贪戾,一国作乱,其机如此。"这就是说,儒家在"身、家、国、天下"这四者之间,是以"家"为本位的,国是家的放大,家庭中"父慈、子孝、兄让、弟恭"的伦理关系,可以外推成"君仁、臣忠、官慈、民敬"的国家秩序。中国专制政治的秘密全在家庭之中,在这种家国一体的社会里没有个人独立的人格,每个人都只能作为家庭成员的角色存在。儒家的"修身"带有浓重的家庭伦理学特色,其"平天下"之说也是制造一种贵贱分明的等级制度的社会。《礼记·儒行》篇所载儒家知识分子人格光彩照人,其列举十七种人格类型智、仁、勇三全,真所谓"强哉矫"!我曾以为朱熹将《礼记》中《大学》、《中庸》两篇抽出和《论语》、《孟子》编为《四书集注》,遗下《儒行》篇为浅识,后来儒书读多了,才悟出儒家的要害在于推行此家族伦理,其人格塑造亦以家庭伦理为重点。儒学是以"家国同构"为特征的。顾炎武讲"天下兴亡,匹夫有责"而不讲"国家兴亡,匹夫有责",也是看透了家长专制政体的国家决非人民的国家,而是特权家族利益集团的国家(小朝廷),他不愿看到儒家学说被专制帝王所利用。

墨家对"身、家、国、天下"四者关系的立足点和儒家不同,它是以"天下"为本位的学说。墨家讲忠孝,其忠是忠于民,故为民尽心竭力而不自恤其私;其孝是尊事社会上的三老,"以孝视天下",故有"兼爱"之说。儒家之忠孝乃忠君孝亲,提倡"子为父隐",故孟轲斥墨子"兼爱"为"无父"之论。司马谈《论六家要指》评墨家之学云:"使天下法若此,则尊卑无别也。""要曰强本节用，则人给家足之道也。此墨子之所长，虽百家弗能废也。"实际上，墨家代表"农与工肆之人"的劳动阶级利益，提出"官无常贵，民无终贱"的观点，为"万民之利"而奋争，他们反对儒家的"亲亲"政治，指斥靠血缘裙带关系"无故而富贵"的特权贵族，在今天对消除社会上的腐败之风仍有现实意义。

道家在"身、家、国、天下"四者关系的立足点，却是以"身"为本位的。老子云："故贵以身为天下，若可寄天下；爱以身为天下，若可托天下。"（《老子》第十三章）"修之于身，其德乃真"。（《老子》五十四章）老子的"道"，就是从人身中体验出来的，人身就是一个小天地、小宇宙，从人身中体验出的自然规律必然也适用于人类社会的大天地和自然界的大宇宙。因此说，道学是一种"身国同构"的学说，道的原则既可用于治身，也可用于治国，推而至于天下，故倡导天人同构，身国一理。道家之经书，大多可以作人体养生学和国家政治学的双重解释，这和道学一体两用的原则是分不开的。晋代道教学者葛洪早就摸透了这一规律，他说："故一人之身，一国之象也。胸腹之位，犹宫室也。四肢之列，犹郊境也。骨节之分，犹百官也。神犹君也，血犹臣也，气犹民也。故知治身，则能治国也。"（《抱朴子内篇·地真》）被后世尊为药王的唐代高道孙思邈也说："古之善为医者，上医医国，中医医人，下医医病。"（《千金方》）是故医家流传有"不为良相，便为良医"之说，即承认人体和国家有同构关系。今之注《道德经》者，多不治内丹学和《黄帝内经》，看不懂内丹家的《道德经》注本，这就忽略了对道的人体感受，将老子的许多修炼思想望文生义地曲解为政治学说了。因之弄清儒学"家国同构"和道学"身国同构"的区别，是正确理解道家著作的关键。其实儒家"修、齐、治、平"之说，也是模仿道家而来。《老子》

早有"以身观身，以家观家，以乡观乡，以天下观天下"（第五十四章）之说，这和以家为本位的儒家思想是不同的。《管子·牧民》篇揭示了以家为本位治国的思想是将为私为亲之心扩大到为公为国上去，"以家为乡，乡不可为也；以乡为国，国不可为也；以国为天下，天下不可为也"；只有道家公正无私之心"以家为家，以乡为乡，以国为国，以天下为天下"，才能"如地如天，何私何亲；如月如日，唯君之节"。道家之心，乃大慈之心，大善之心，大忍之心，大公之心；道学是真正强者的哲学，这不是一般学人所能理解的，故老子尝有"知我者稀"之叹。道家之学，既可知，又可行；既须学道，又须修道；既是政治哲学，又是生命哲学，要深刻理解道学，必须抓住它以身为本位，天人同构、身国一理的特点。

中国从无阶级的原始社会到有阶级的奴隶社会进而再到封建社会，历史进步了，文明开化了，科学技术也发展了，然而却带来人类的异化现象，这是现代人才开始普遍承认的事实。中国道学的智慧早就敏锐地观察到文明社会中人类被迷失本性，背道而驰，"不知其所归"的一切伦理的、政治的、社会生活方式的乃至人性的异化现象，主张从人身修炼和社会政治内圣外王两方面都向道复归。因之，反对人性的扭曲，反对社会的异化，是道家哲学的根本主张。然而在春秋战国的社会剧烈变革时期，社会文明还没发展到物极必反的阶段，历史潮流趋向建立君权至上的大一统的专制帝国。融宇宙、社会、人体生命规律为一体的道家天地人之学，本有一种博而精的恢宏气象。退而至于墨家，由《管子》、晏婴开其端，缩小为社会人生和物理学的层面，提倡仁义，尚不失放眼天下的气度。再退至儒学，尊先王之礼乐，拘囿于家天下的社会伦理学和教育学，便有些不合时宜。孔子、孟子周游列国难售其术，《史记·孔子世家》中就记载有齐相晏婴鄙薄儒术难以治国的评论①。这迫使儒学撮道家、墨家之长而不断丰富自己的体系，《礼运》中的大同之说便有取于墨家思想②。直至儒家退而和法家合流，才成为历代帝王须臾不可离的意识形态。

道家之学发展到战国时期，稷下黄老学派发现天下之大决非圣人之一人之力所能治，而列国之君主又皆非圣人，于是便觉得"圣王"不如"圣法"，产生了由法治代替人治的思想。本来道家倡民主反专制的要诀在于消释君权，它利用圣人"无为而治"的说教将君主的权力消解到"无"的理想状态，这在战国时期已办不到。于是再退而为法家，反而隆君权而倡法治。法家之术尚变，必须随时空之变化而变化，在中国这种惰性社会传统下不及时变法往往会"作法自毙"。法治要依国体而变，即依统治者代表的阶级利益而变，也就是说法治本身有阶级性。法治还要依政体而变，即只有民主政体才有保护人民的法制，专制政体的法治仅是惩罚人民的工具，它和儒家的礼治分别充当着刽子手和牧师的角色。家长制君权国家的法治只能是"严而少恩"，始用之富国强兵之效甚显，但时间久了则演出商鞅、韩非被害，秦王朝覆灭的历史悲

---

① 《史记·孔子世家》载晏子说齐景公云："夫儒者滑稽而不可轨法；倨傲自顺，不可以为下；崇丧遂哀，破产厚葬，不可以为俗；游说乞贷，不可以为国。自大贤之息，周室既衰，礼乐缺有间。今孔子盛容饰，繁登降之礼，趋详之节，累世不能殚其学，当年不能究其礼。君欲用之以移齐俗，非所以先细民也。"

② 伍非百《墨子大义述》云："《礼运》大同说，与他儒家言不甚合，而与《墨子》书义多符，文句亦无甚远。天下为公，则尚同也；选贤与能，则尚贤也；讲信修睦，则非攻也；不独亲其亲，不独子其子，则兼爱也；货恶其弃与他，力恶其不出于身，则节用、非命也；使老有所终、壮有所用、幼有所长，矜鳏寡孤独废弃者皆有所养，则'老而无妻者有所侍养以终其寿，幼弱孤童之无父母者有所依放以长其身'之文也；货不必藏于己，力不必为己，则'徐力相劳、徐则相分、徐道相教'之义也；谋诈闭而不用，盗贼乱不作，亦'盗贼无有，谁窃谁乱'之语也。总观全文，大抵撅拾《墨子》之文，其为墨家思想甚为显著。"

剧。《老子》讲"国之利器不可以示人"（第三十六章），法家将法、术、势三结合的统治术用来"为王者师"，等于将国之利器公之于人，很快陷入不得人心的下场，迫使黄老学者只好丢下这把君人治术的利剑。于是，儒家正好捡起这把利剑藏在身后，中国统治者才有了"以霸王道杂之"的逆取顺守、内霸外王、阳儒阴法的最佳政治方略。这样道法由相生而分驰，儒法由相斥而互补，墨家则黜于儒而合于道，中国文化的道墨儒法四派至战国后期出现了儒法互补，道墨相融的局面。汉代的显学只剩下了儒道两家。

第三节　道家学术之形成和演变

老子的道学如此博大精深，不会突然产生，必有其思想前驱和文化渊源。我们已论证道家的文化渊源是母系氏族社会女性崇拜的原始宗教。其思想前驱，一是原始社会部族酋长的政治经验和古代圣贤世代相传的立身、处世之道；二是巫史在原始宗教活动中修道的体验和方术。《庄子·天下》云："以本为精，以物为粗，以有积为不足，澹然独与神明居。古之道术有在于是者，关尹、老聃闻其风而悦之。""关尹、老聃乎，古之博大真人哉！"可知老子之说传自"古之道术"，他是精通古籍明于史事的伟大哲人。《老子》书中引用了不少前人的语句，并透露其学源自古代"圣人"。综观《老子》全书八十一章，其中有二十二章凡二十六句提到古之"圣人"。这些"圣人"是有治国经验的"社稷主"、"天下王"，也就是古代氏族社会的部族酋长，再就是有修道体验的著名巫史。夏、商、周三代的天子或诸侯，实际上都是世袭的部族酋长，天子是这些酋长的领袖。我们沿着三代的古帝王再往上追溯，原始道家文化的氛围越来越浓，到了传说中的伏羲、神农、黄帝的时代，便是原始道家文化传统奠基的时代。老子也指明道家之传统甚古，他说："执古之道，以御今之有，能知古始，是谓道纪。"（第十四章）所谓"古始"，即中华古代文明之始，中国人类社会之始，这就是女娲、伏羲时代的原始宗教。这种人类社会形成之初的原始宗教延续万年形成传统，一直保存到三代的思想史料之中。周代守藏室的思想史料当比现在所知者远为丰富，老聃既为周守藏室之史，则世代掌学库之管钥，多读古籍，明史事，又传有巫史的修持经验，这些古代原始道家思想和经验汇入《道德经》中亦属合情合理。

《汉书·艺文志》在《老子》书前，录有《伊尹》、《太公》、《辛甲》、《鬻子》诸书，是将这些书作为道家思想的前驱。早在西周初年，周武王以太公望吕尚为师，以周公旦为辅，太公望吕尚和周公旦同为历史上著名政治家，却代表了原始宗教的两种倾向。吕尚乃姜姓部族的首领，姜族和周族（姬姓）世为婚姻，姜太公先佐文王，后为武王师，平定天下，因功封于齐。"太公至国修政，因其俗，简其礼，通商工之业，便渔盐之利，而人民多归齐，齐乃为大国。"（《史记·齐太公世家》）姜太公这条简政从俗，注重功利和效益，尊贤尚功的政治路线和顺应民间巫教的宗教政策，为后世道家黄老之学以及神仙方士在齐国活跃埋下了种子。而周公旦之子伯禽治鲁却执行了一条以维系父权家长制和血缘关系纽带为特征的"亲亲尚恩"的政治路线，采取"变其俗，革其丧礼"的宗教政策。他在鲁国推行周公旦制定的宗法礼教，行三年之丧，严上下之序，建立了一个以家为国，拘守官僚程序的政治体制。太公望治齐和伯禽治鲁的两条政治路线，影响到尔后三千余年中华民族传统文化中道家和儒家两大干流的特征。《汉书·艺文志》述道家将姜太公的书置于《老子》之前，显然是将姜太公看作道家思想的前驱。

考察中国哲学思想及其思维方式的形成，有着女性崇拜进而是男女两性生殖崇拜的文化背景。中国近年考古学发现、出土文物图饰、岩画、乃至古老的八卦、河图等，都透露了古人男女生殖崇拜文化的信息。季羡林教授在《生殖崇拜文化论·序》中引用了恩格斯《家庭、私有制和国家的起源》中的一段话："根据唯物主义的观点，历史中的决定性因素，归根结蒂是直接生活的生产和再生产。但是，生产本身又有两种。一方面是生活资料即食物、衣服、住房以及为此所必需的工具的生产；另一方面是人类自身的生产，即种的蕃衍。"季羡林教授不无感慨地说："对恩格斯提出来的两种生产中，我们只允许谈第一种，第二种关于人类自身的生产，则成了塔布，谈之色变，没有人敢去尝试。这简直可以说是学术史上的一幕悲剧。"本书所揭示的道教中房内养生术及男女双修丹法，近年来也被某些打着"反伪科学"幌子的伪科学家依仗权势划为禁区，他们只准对从前苏联贩卖来的僵死教条鹦鹉学舌，不准谈及中国自己的性科学和生殖文化遗产，这是在制造新的蒙昧主义，也有失中华民族泱泱大国的风范。季羡林教授在解释"食"和"色"，"饮食"和"男女"关系时说："没有食，则个体不能生存，更谈不到生殖；没有色，则个体只能生存一代，就要断子绝孙。两者相辅相成，构成人和动物、植物的共同生存的花花世界。"（同上）赵国华先生在《生殖崇拜文化论》一书中说："周予同早在 1927 年就已论证，儒家的哲学是生殖崇拜哲学，儒家的根本思想生发于生殖崇拜。(《孝与生殖崇拜》)其深层是对男根的推重。我们也想简单指出，道家的根本思想同样发生于生殖崇拜。其深层是对女阴的推重。《老子》云：'玄牝之门，是谓天地根'。又云：'牝常以静胜牡，以静为下。'老聃显然是从色素沉着的女阴的生育功能引申出天地的起源，又从男女交合的过程引申出人生思想上的无为守柔、致虚守静。这同时也说明，中国传统哲学中的阴阳二元论和太极一元论，其实都源于生殖崇拜。"① 1997 年 10 月在德国圣·奥古斯汀市召开"道家传统与现代化"国际学术会议时我还没读到赵国华先生的这本书及季羡林先生的序，但我在会上揭示了《道德经》中含有性体验及生殖文化的内容，这次发言使某些学者大为骇怪，回国后朋友推荐我读这本书。我同意赵国华先生的观点："这些学者的不足或失误，是由于他们只认识到了食与人类生存的关系，没有认识到原始思维中食与生殖的关系，更没有认识到初民是将食服务于生殖的。"②

道家和儒家学说是中国传统文化的两大支柱，然而二者都来源于原始社会古代先民的生殖崇拜文化传统。中国先民最初认识世界，是发现天地万物有阴阳之分，有男人和女人才有人类这种自然界和社会的基本事实才开始进行哲学抽象思维的。告子曰："食、色，性也。"（《孟子·告子章句上》）孔子也说："饮食、男女，人之大欲存焉。"（《礼记·礼运》）说明儒家的古圣贤也把物质生产和人的生产放到同等地位，将男女之事看作是人类仅次于衣食的基本需求。《易·系辞》云："乾道成男，坤道成女"，"一阴一阳之谓道"，"天地氤氲，万物化醇。男女媾精，万物化生。"《易·序卦》亦云："有天地然后有万物，有万物然后有男女，有男女然后有夫妇，有夫妇然后有君臣，有君臣然后有上下，有上下然后礼义有所错。"显然儒家的父子君臣之道皆是从男女夫妻之道化生而来的。道学文化的真谛实即阴阳交合之道，这种道家的功夫境界后来隐藏在内丹学中作为法诀秘传。在古代先民的心目中，女性→女阴→鱼→水→血→月经→子宫→青蛙（蟾）→月亮，都是一些有连带关系的象征物，它们在老子的《道德经》中也可

---

① 赵国华：《生殖崇拜文化论》，中国社会科学出版社，1990，第 399 页。
② 赵国华：《生殖崇拜文化论》，第 386 页。

以找到映象。陆德明云："老子受学于容成"，马王堆汉墓竹简记有容成公之学，乃阴阳交合房中之术。其《十问》竹简中有黄帝问于容成之事，所述"天地之至精，生于无征，长于无形，成于无体"；"故善治气持精者，以无征为积"，"乃深息以为寿"，"深息长徐，使耳勿闻"等语，皆可和《老子》《庄子》有关章节互参。马王堆汉墓竹简所载房中书名《天下至道谈》，说明先秦秘传的容成阴道曾被视为天下最高的道，亦即老子之道。《列仙传》谓容成公者"能善补导之事，取精于玄牝。其要：谷神不死，守生养气者也。发白更黑，齿落更生。事与老子同。亦云老子师也。"又谓"老子好养精气，贵接而不施"，其说与《道德经》中"专气致柔"、"抱一"、"啬精"、"玄牝之门"、"谷神不死"、"长生久视"等话相合。《抱朴子·遐览》载有《容成经》，《汉书·艺文志》载有《容成子》、《容成阴道》，俞樾云："此即老子之师也。"（《庄子人名考》）香港中文大学饶宗颐教授近年研究"先老学"著《容成遗说钩沈》，云"传容成公为老子师一说，亦非完全无稽。"[1] 其实老庄之学中这些奥秘，在后世内丹家的《道德经》注本中皆有所揭示，看来搞清内丹学对道教的研究乃至道家典籍的理解，都是必不可少的。饶宗颐教授从考据学入手将丹家传承的奥秘揭示出来，为破解道家典籍开辟了一条新路。

道家学派经老聃、关尹、杨朱、列御寇、庄周、稷下黄老学派，迟至《吕氏春秋》、《淮南子》的问世，可以说是道家在学术史上的辉煌时期。在这期间道家诸子虽各有不同的思想倾向，但大致不离道家之旨。特别是汉代开国初期曹参、汉文帝等还有一段以黄老之术治国的政治实践，史家称为"文景之治"，说明道家

---

[1] 饶宗颐：《容成遗说钩沈——先老学初探》，北京大学"汤用彤学术讲座"之二（道教专题）。

不仅是原始社会的政治经验，而且在阶级社会作为君王南面之术也是可行的。

道学是综合哲学、社会、自然、生命等多个领域的大学问，可以穷理，可以经世，可以摄生，可以修道，它从形成之初就包含治国和修身两大功能。中国历史上著名的"文景之治"和"贞观之治"，大都是统治者崇尚道家黄老之术治国的典范，而汉唐两朝在世界上也是颇有大国气象的王朝。

中国古老的心身医学和形形色色的养生术，皆是以道家之学为根基的，历朝历代都有不少养生家前仆后继地从事修道的实践，道教养生学的科学成果也是举世共知的。然而自汉武帝"独尊儒术"以来，道家黄老之学的政治功能逐渐萎缩，抱道之士捭阖天下的恢宏气度和强者的积极进取精神被阉割，修道者被世人视为避世养生的弱者，道家之学逐渐被曲解成消极的隐士哲学。东汉明帝刘庄为太子时，见光武帝"勤劳不息，承间谏曰：'陛下有禹汤之明，而失黄老养性之福，愿颐爱精神，优游自宁'。"（《后汉书·光武帝纪》）这说明东汉初道家黄老之学已以养生修炼为特色，不复被人视为"君人南面之术"了。

至魏晋时，道学进一步被阉割为隐士哲学，在皇权的重压下形成了"儒道互补"的格局。《刘子·九流》云："道者玄化为本，儒者德教为宗；九流之中，二化为最。夫道以无为化世，儒以六艺济俗；无为以清虚为心，六艺以礼教为训。""今治世之贤，宜以礼教为先；嘉遁之士，应以无为是务；则操业俱遂，而身名两全也。"这说明由汉代至魏晋，九流之中以儒道两家为代表，而在魏晋人心目中的道家已成了"嘉遁之士"的隐士哲学，儒道互补的局面已形成。

当时佛教亦在中国扎下了根，自南北朝至唐代又确立起儒、道、释三教鼎立的格局。所谓儒、道、释三教，皆是世俗文化和宗教文化的互补体。儒家文化中仁学是其学术内容，礼教是其敬天尊祖的宗教信仰，二者时即时离；仁学重在社会伦理教化，礼教重在祭祀天地君亲师。道家和道教形成有先后，二者文化渊源相同且皆以"道"作为理论根基，道家是道教的哲学支柱，道教是道家的宗教形式。佛学和佛教共生而相连，但实际上也是有学有教的双重文化体系。

唐代以来封建君主以儒家学术开科取士，士大夫则以儒业进取，以道术全身；以儒求官，以道脱俗。至于从印度传来并逐步中国化了的佛教，也只能充当儒家以伦理纲常进行教化的陪衬，以消释民怨劝善皈佛为用。历代统治者以儒守常，以道达变，以佛治心，形成了儒、道、释三教合流的意识形态。

汉末道教兴起之后，道家之学混入道教之中，士大夫中间真正得老庄道家之学真谛的已十分罕见了。尽管魏晋以后性喜老庄的学者甚多，《道德经》与《庄子》的注本也比比皆是，但他们鄙视道教而不读丹经，仅以儒家观点解道书，没几个人真能读得懂。难怪朱熹说："庄、老二书，注解者甚多，竟无一人说得他本意出，只据他臆说。"（《朱子语类》卷七）直至今天，老、庄注本也多有望文生义之作，外国学者跟着人云亦云，很少人能将老庄书中道家修炼的功夫境界揭示开来。

由于过去中国哲学的研究受前苏联反宗教、反传统思潮的束缚，某些学者认为道家是"落后的农业文明"，说道教是"宣扬封建迷信的精神垃圾"，只承认道家有一点"自发唯物主义"和"朴素辩证法"，那是对老子《道德经》的曲解。令人惊奇的是，汉代而后真正继承老庄思想的，倒是一些著名的道教学者，其中尤其是唐末以来的内丹学家。盖自汉代严遵（君平）著《道德真经指归》以来，道家之学被迫从人体的生命体验中实现自己的内在超越。内丹学和外丹黄白术在道教文化中成为道教学者最热心的学问，它们实质上是在人体或炼丹炉中模拟宇宙返还于道（虚无）的过程，所谓金丹则是一种凝聚态的"道"，炼丹不过是以人体修炼或实验操作来验证《道德经》的学说。究而论之，道学被视为消极避世的弱者哲学是汉武帝之后在君权至上的儒家文化专制主义背景下曲解道家学说的结果，至今道家与道教典籍中的思想精华还远远没有发掘出来，这有待于跨世纪的新一代学者去开拓研究。

第四节 道家学术的发展线索

综观中国的文化史，周代没留下什么不同学派思想斗争的历史资料，那时所谓学在官府、道术浑一，如同一潭死水。春秋战国时期礼崩乐坏，诸侯争霸，却出现了百家争鸣的文化繁荣时期。秦汉时国家统一，终于出现了"罢黜百家，独尊儒术"的文化专制局面。魏晋南北朝战争频仍，皇纲不振，反而又产生了一次科学文化的繁荣时期。唐朝民富国强，敢于采取对外开放的国策，学术空气宽松，科学文化没有出现明、清二朝的停滞局面，但古代科学文化发展的高峰，却出现在乱世的宋辽金元时期。近代新文化运动的高潮，也发生在军阀混战的时候。

透过复杂的历史现象，人们隐约看到在中国仿佛越是大一统的时期，学术思想越被窒息；越是专制政权削弱，学术空气反倒活跃。发生这类怪异现象的原因，在于中国的君主政权往往禁锢学者的理性思维，专制政治常常限制学术民主；封建主义的锁国愚民政策起着窒息人才滋长和流动的作用。看来中国历史上君主专制给科学文化的发展带来的危害，比战争和分裂带来的损害还要大。

历史证明，一个国家的科学文化发展的水平几乎和这个国家当时社会的民主程度成正比。中国开明的皇帝历来都只把民主当成手段，儒家爱民、重民的民本思想只不过是愚民的统治术，这和人民有权作主的现代民主观念有本质的不同，皇帝广开言路、礼贤下士的恩赐只能起粉饰太平的作用。当然决定我国历史上学术发展状况的因素还很多，除了政治因素外，还有地理环境、经济特征、社会条件等因素的影响。①

在中国学术史上，先秦的诸子之学、秦汉的黄老学与经学、魏晋玄学、隋唐佛学、宋明理学、清代考据学可称为显学。仅就学术思想而论，秦汉之后曾兴起玄学、佛学、理学、内丹学四大学术思潮，人们可以从不同时代学者的著述中相继发现这些思潮的影响。

考道家学术的发展，在历史上大致经过了五个阶段：即先秦的老庄学、秦汉的黄老学、魏晋的玄学、隋唐的重玄学、宋元及以后的内丹生命哲学（或曰内丹心性学）。

先秦时《老子》一书问世，标志着道家学派的形成。《汉书·艺文志》载道家学者著作 37 家，933 篇，再加上错划入别派的《宋子》、《尹文子》、《吕氏春秋》等，为先秦诸子之冠，说明道家是先秦最庞大的学派。从道书的作者看，齐人和楚人最多，次则为吴越和巴蜀。《汉书·邹阳传》称"邹鲁守经学，齐楚多辩知"，反映了齐楚蜀越具有道家色彩的地域文化传统和邹鲁的儒家礼教文化传统区别甚大。仅就道家而论，南北学风也不同。北方道家尊黄帝，重治道，讲仁义，称黄老；南方道家师老子，倡玄虚，废仁义，称老庄。老子而后，北方道家有杨朱学派兴起，南方道家则有列子的学说流行。

杨朱约和墨翟同时或稍前，为老聃弟子。《吕氏春秋·不二》云："阳生贵己。"《淮南子·泛论》说："全性保真，不以物累形，

---

① 赵光远主编《民族与文化》，广西人民出版社，1990。其第一章"兴盛与危机——中华民族文化本质的沉思"为作者所撰。

杨子之所立也。"揆诸史料，可知杨朱之学，乃以治身之道推而至于治国；其用于治身，则以重己全生为要；用以治国，则静身以待而行自然之治，为无损无益之政。盖杨朱学派以为贵己则重生，重生则轻利，对身则任性纵情全生远害，对国则循世因俗民将自治。如果拔毛想利天下，则违背了以静因之道治国的原则，行扰民之政，反而害天下，故杨朱不为拔毛之事。杨朱学派的学者还有詹何（《吕氏春秋·执一》载詹子答楚王："何闻为身，不闻为国"）、华子（《吕氏春秋·贵生》："子华子曰：全生为上，亏生次之，死次之，迫生为下"）、它嚣、魏牟（《荀子·非十二子》云："纵性情，安恣睢，禽兽行，不足以合文通治，是它嚣魏牟也"）等。杨朱学派的治国学说后来演化为田骈、慎到的黄老之术，开稷下学派一脉；而其全生养年之道，又为燕齐神仙方士和道教生命哲学所本。

《吕氏春秋·不二》云："关尹贵清，列子贵虚。"据《庄子·达生》篇，关尹为老聃弟子，列御寇又就学于关尹。《汉书·艺文志》论道家"及其放者为之，则绝去礼学，兼弃仁义，曰独任清虚，可以为治"，便是指关尹、列子学派。《庄子·列御寇》云："巧者劳而智者忧，无能者无所求，饱食而遨游，泛若不系之舟，虚而遨游者也"。这段话是对列子贵虚之义的阐述，其中展现了道家治世、忘世、超世等多种处世方式。盖列子开庄学风气之先河，为南方道家的先驱。

春秋至战国初期，周代史官之学分为百家言，诸子蜂起，各立异说。至战国中后期，诸子之学又出现了相互吸收和综合的趋势，《荀子·非十二子》和《庄子·天下篇》就是站在自己学派立场上批评、综合其他学派的作品。南北道家学派亦试图将各家学术综合在道家的旗帜下，汲取诸子百家之长，争取传统文化的中心地位。先秦时期，道家学派在发展过程中以道学统摄诸子之学，进行了两次学术大综合。

以道学为宗的第一次学术大综合，发生在齐国的稷下学宫。那时，中国知识分子第一次凭学术在国家取得社会地位，不做官吏而享受大夫的待遇，以学者的身份议政并从事教育和学术研究。"慎到，赵人。田骈、接子，齐人。环渊，楚人。皆学黄老道德之术，因发明序其旨意。"（《史记·孟子荀卿列传》）道家统摄诸家之学后使自己的形态变为黄老之学，为汉代以黄老之术治国奠定了理论根基。稷下黄老学派提倡以静因之道治国，并作为认识论的一项原则。"静"为虚静，"因"为因循。静虚以待，因而不为，谓之静因。黄老家认为，因是君术，为是臣道；为则扰，因则静，因循则无为。静因之道治国则行无损无益之政，使天下自治自利。据《管子·心术》，以静因之道认识事物，使心静如止水明镜而毋先物动，物至则应，物过则舍，摈弃任何主观成见去客观认识事物之本来面目。稷下黄老学派援法入道，因时制宜，形成道家的内圣外王之学，其结集即为《管子》一书。稷下黄老学派是北方道家汇综诸家的一次发展。

道家学派的第二次综合发展，是庄子学派的形成。当时的道家学派，也像"儒分为八，墨离为三"一样，有许多支派，有近儒者，有近墨者，有近法者，有近阴阳者，有近神仙者，庄子及其后学站在自己学派的立场上，评论百家，综合道家各支派。《庄子》一书乃是南方道家各派的结集，先秦道家许多支派的学说，皆可在《庄子》书中找到踪迹。庄子思想不同于老子，但"其要本归于老子之言"（《史记·老庄申韩列传》）。庄子之道以气论为本，以心学见长，其"天人合一"之境界说为古代美学的精华，《庄子》一书成为后世魏晋玄学和隋唐禅学的源头。老学和庄学一脉相承，为先秦道家学派的主脉。

秦汉黄老学是继先秦老庄学之后道家发展的第二阶段。在这一阶段，首先是秦相吕不韦集门客三千，著述了以道家为宗融汇儒、墨、名、法、阴阳诸家的《吕氏春秋》。当时秦灭六国之势已成，北方道家学术中心转移到秦，原稷下黄老学派包括精于方术学的邹衍之徒亦集于吕氏门下，成为学术史上道家领袖诸家的第三次学术大综合。《吕氏春秋》托黄帝以立说，以法天地自然为本，显然是黄老之学汇综诸家的又一次发展。然而秦始皇将吕不韦赐死，没有采用道家治国方略，以法家立国二世而亡。汉初道家又得势，盖公为曹相国师，接续了齐地稷下黄老学派的传统，由曹参以黄老术辅佐汉文帝，开创了汉初的"文景之治"。

司马谈《论六家要旨》云："道家使人精神专一，动合无形，赡足万物。其为术也，因阴阳之大顺，采儒墨之善，撮名法之要，与时迁移，应物变化，立俗施事，无所不宜，指约而易操，事少而功多。""道家无为，又曰无不为，其实易行，其辞难知。其术以虚无为本，以因循为用。无成势，无常形，故能究万物之情。不为物先，不为物后，故能为万物主。有法无法，因时为业；有度无度，因物与合。故曰'圣人不朽，时变是守。虚者道之常也，因者君之纲'也。① 群臣并至，使各自明也。其实中其声者谓之端，实不中其声者谓之窾。窾言不听，奸乃不生，贤不肖自分，白黑乃形。在所欲用耳，何事不成。乃合大道，混混冥冥。光耀天下，复反无名。凡人之所生者神也，所托者形也。神大用则竭，形大劳则敝，形神离则死。死者不可复生，离者不可复反，故圣人重之。由是观之，神者生之本也，形者生之具也。不先定其神，而曰'我有以治天下'，何由哉？"（《史记·太史公自序》）以上所论，勾画出了汉代黄老之学的特征及主要学术内容，现马王堆汉墓出土帛书《黄帝四经》，即为当时黄老之学的经典。至淮南王

---

① "圣人不朽……因者君之纲"，语出《鬼谷子》。

刘安组织数千学者和方士，著《淮南子》及言神仙黄白之术的《枕中鸿宝苑秘书》等，是以道家黄老之学为宗的第四次学术大综合。

《淮南子》一书牢笼天地，博极古今，综合汉代阴阳五行等术数学成果，杂以神仙养生之道，将道家黄老之学发展到一个新阶段。淮南王著书的活动既是南北道家的汇合，又是黄老学派和神仙方士的交融。然而汉武帝将刘安赐死，没有采纳《淮南子》的治国方略，反而实行了"罢黜百家，独尊儒术"的文化专制主义政策。从此，黄老之学作为"君人南面之术"一蹶不振，而是和方仙道结合为黄老道信仰，专务炼养形神的修道之事，成为汉末早期道教的先驱。《老子河上公章句》和《老子想尔注》，即为黄老道中炼养形神的理论著作。至魏晋时理性主义和人文思潮再度高扬的形势下，黄老道一支转化为神仙道教，一支转化为老庄玄学。

魏晋玄学是道家学术发展的第三阶段。东汉以来，繁琐的儒家经学和虚伪的礼教文化日益走向自己的反面，儒家名教失去维系社会人心的力量，至魏晋时期一批在战乱中成长起来的青年士族名士起而打破汉武帝以来的文化专制局面，引入道学和佛法，使中国文化为之一变，玄学成为一代显学。宋儒程颐说："东汉之士多名节。知名节而不知节之以礼，遂至苦节。……苦节既极，故魏晋之士变而为旷荡，尚玄虚而亡礼法。"（《程氏遗书》卷十八），玄学名士多为早熟夙悟的青年学者①，他们在战乱中没有受过系统的儒家经学教育，在社会腐败积弊的刺激下不肯走汉代"纯儒"作经师的道路，起而抉破礼法，倡放逸之风。《文心雕龙·论说》云："迄至正始，务欲守文，何晏之徒，始盛玄论，于是聊周当路而与尼父争途矣。"玄学的代表人物何晏、王弼、嵇

---

① 侯外庐等著《中国思想通史》第 3 卷，第 64 页列有这些青年名士的简表。

康、阮籍、向秀、郭象等人分别从不同角度借注释"三玄"（《周易》、《老子》、《庄子》）来发挥玄学思想，用以调和自然与名教或儒道之间的关系。盖魏晋时儒家的意识形态仍在皇权、世族的支持下占统治地位，因之当时儒道关系成了突出的论题，致使连道教学者葛洪也不乏儒道关系的论述。①

玄学既为一代显学，必然也糅合进儒家的学说，其中开创正始玄风的何晏、王弼一派对儒学观念尚未真正脱开，对老、庄著作多曲解，使玄学家在道家的旗帜下从理论和实践上都背离了道学的原旨。陆希声指责："王、何失老氏之道，而流于虚无放诞，皆老氏之罪人"，玄学在实践上也以清谈误国而告失败，最终被隋唐时期的重玄学所否定。其实《周易》（主要是《易传》）、《老子》、《庄子》三玄恰恰是中国哲学思想的要害，能对三玄融会贯通，中国哲学则可以思过半矣。嵇康、阮籍一派玄学家则偏重道家，主张越名教而任自然，给当时的社会伦理习惯带来极大冲击，使知识分子的人格和个性从礼教的禁锢中解放出来。魏晋名士才华横溢，个性鲜明，形成具有时代特色的文人风度。同时，山水画、盆景、园林艺术等也发展起来，使自然主义成为时代风尚，道家的思想给整个社会带来清新气氛。另外，魏晋时道家的黄老养生学仍作为道家的另一分支续有发展，看葛洪《抱朴子内篇》和嵇康《养生论》可知。玄学家虽脱离了先秦老庄学和秦汉黄老学的原始道家思想，但在道家思想的发展中开创了一个具有时代特色的新形态，玄学诸派无论从宇宙论或伦理学上皆是以道家为本的。许抗生教授称玄学为道家学术史上的"新道家"②，大致就

---

① 见《抱朴子内篇·明本》等。

② 许抗生：《简论魏晋玄学是新道家》，《道家文化研究》第八辑，上海古籍出版社，1995。

是从玄学比此前之道家思想发生了根本变化这点上立论的。

隋唐重玄学是道家学术发展的第四阶段。这一时期佛学渐成为时代的显学，迫使道教学者注意撷取佛学的思想，学术史上又出现了融汇道释的趋向。重玄学开始于晋代道教学者孙登，经梁道士孟智周、臧矜、陈道士诸柔，隋道士刘进喜，唐道士成玄英、蔡子晃、黄玄颐、李荣、车玄弼、张惠超、司马承祯至唐末杜光庭续有发展，成为隋唐时道家思想继玄学之后的主要理论形态。隋唐时道教成为国家上层建筑的组成部分，因之道家学术由道教学者继承，道家思想的发挥是借助注释《老子》、《庄子》等经典来实现的。

重玄学有取于佛教三论宗的"二谛义"，坐忘论有取于天台宗的"止观"说，但从老庄道家之学的基础上进行了理论的超越和发展。《玄门大义》释太玄部经典说："太玄者，重玄为宗，老君所说。"说明隋唐道士将"重玄"之义作为太玄部道经（老庄道家典籍及注释）之宗。所谓"重玄"的重为"重复"之义，读为chóng，重玄家发挥《老子》书中"玄之又玄"句义，融汇当时佛学"双遣法"（如鸠摩罗什传三论宗之"中道"法），以《庄子》"无无"、"忘心"说为基础，采释家破除妄执意，释"玄"为遣除滞着，深化为"重玄"哲学。葛洪将老子的"道"引申为"玄"（见《抱朴子内篇·畅玄》）；玄学家更以贵无论、崇有论作解释，实是遣有归无。释家（大乘空宗般若学的中观学派）鸠摩罗什、佛图澄、僧肇、梁武帝萧衍注《老子》，既不滞于有，又不滞于无，有无两遣，比玄学家深入了一步。重玄家则更进一步，以为释家的非有非无仍是一种"不滞之滞"，仅是一"玄"，须连"不滞之滞"也遣去，才是"玄之又玄"。这样既遣有无（玄学），又遣非有、非无（释学），既不滞于有无，又不滞于非有、非无，因果双遣，本迹俱忘，遣之又遣，忘而再忘，方入重玄之境。重玄学发展了老庄哲学中心学的层次，将魏晋玄学在隋唐佛学的背景下导入道教心性学之路，为五代宋元内丹学的兴起奠定了理论根基。

内丹生命哲学（或内丹心性学）是道家学术发展的第五阶段。在中国哲学史上，汉代讨论的课题以天人感应的宇宙论为主，魏晋南北朝中国哲学思潮由宇宙论转入本体论，至隋唐时又从本体论向心性论转化。魏晋玄学和隋唐重玄学讨论的课题虽仍带有本体论的意义，但已开始向心性论转化，哲学思辨的水平越来越高。至唐末五代内丹学兴起，哲学本体论的思辨一转而为纯粹的心性修炼和心理体验，道教内丹心性学随之形成。禅宗之心性学本是庄子心学在佛教外衣下的发展，内丹心性学更直接渊源于老庄道家之心学，经重玄学自然发展而来。儒家尤其是理学的心性学乃撷取佛道二教心性学而来，其受内丹学的影响非常之大。

内丹学大致可分为两部分，一为内丹生命哲学，一为内丹生命科学。内丹生命哲学实即丹道性命之学，学术界一般称之为心性学。其中以全真道诸门派的著作境界较高，为内丹心性学的主要研究资料。道家哲学从先秦的老庄学到宋元及以后的内丹生命哲学，其发展线索经历了从道家君人南面之术到黄老养生术再到道教性命双修之术，从治国到治身的发展道路。在内丹家眼中，治国平天下之术乃仙家之馀事，修道成仙才是道家的正途。实际上，道家在中国的学术命运完全是由中国文化专制的社会环境和特殊的国情决定的，一旦这些条件发生变化，道学将重新迸发出勃勃生机。

宋元以来，中国学术以理学为显学，而内丹学则为方外秘传之学，学术界非习道教内典者多不明底细。近十年来，作者每为内丹学著文立论，逐渐引起学术界同仁的研究兴趣，内丹学渐不复仅被看作修炼方术，而从容登上学术殿堂。中国道学讲究道以法传，命以术延，道学是寓道于术的学问，这在古人本来是很清楚的。盖宋元以来，知识分子研习道教内典，读丹经，习静坐，早已蔚然成风，不似今人偶见丹书秘典即斥为"封建迷信"不屑一顾，也无现代学者将治学和修道视同冰炭的谬见。宋明理学家之大儒，深知理学和内丹学之渊源，理学开山祖师周敦颐《太极图说》对高道陈抟之学有所继承，朱熹注过《参同契》，王守仁读过《悟真篇》，世人早有"朱子道，陆子禅"之讥，毋庸讳言。明儒王廷相《雅述》云："老、庄谓道生天地，宋儒谓天地之先只有此理，故乃改易面目立论耳，与老庄之旨何殊？"全祖望亦云："两宋诸儒，门庭径路，半出于佛老。"①

宋儒不仅深通佛老，对道教之内丹学，亦研读甚深，此种研修丹经之风一直传至明清儒。《阴真君还丹歌》本为阴阳派丹诀，周敦颐因研修之而中年生子，《周敦颐集》载其《读阴真君丹诀》诗云："始观丹诀信希夷，盖得阴阳造化机。子自母生能制主，精神合后更知微。"②周敦颐所读当是《道藏》中题陈抟《阴真君还丹歌注》，故诗中首称"信希夷"。成都吕陶《贺周茂叔弄璋》有"蓝田实璞真稀世，丹穴仙雏亦为时"句，又何平叔亦有《闻周茂叔中年有嗣以诗贺》③，足见周濂溪习阴真君丹法得子为事实。周氏习阴君丹法走顺而生人的路子，和其改道家《无极图》为《太极图》如出一辙，可谓不失儒家本色。朱熹注《参同契》时和蔡元定书信往还，亦注意到《阴君丹诀》，《晦庵先生朱文公续集》卷三《答蔡季通》函云："《阴君丹诀》见（周）濂溪有诗及之，当是此书。彼之行此而寿考，乃吃猪肉而饱者；吾人所知盖不止

①　《鲒埼亭集外编·真西山集》。
②　陈克明点校《周敦颐集》，中华书局，1990。书中误题《读英真君丹诀》。
③　《周濂溪集》卷九，《丛书集成》本。

此，乃不免于衰病，岂坐谈龙肉而实未得尝之比耶？魏书（指魏伯阳《参同契》）一哥已刻就，前日寄来，此必寄去矣。校得颇精，字义音韵皆颇有据依，远胜世俗传本，只欠教外别传一句耳。"朱熹深知《参同契》为丹经之王，隐上乘丹法秘诀，远较《阴真君丹诀》为优，故苦心孤诣作《周易参同契考异》，但因未得"教外别传一句"丹诀，故有"坐谈龙肉"之叹。他告诫儒者对《参同契》"不必轻肆诋诽"，对其中丹法"异时每欲学之而不得其传，无下手处，不敢轻议。"[1]《朱子语类》中亦有朱熹为注《参同契》"终夕不寐"的记载，可知朱熹研习内丹学的兴趣。澳大利亚国立大学柳存仁教授亦注意到宋明理学家研习丹经的事实，其著《王阳明与道教》言之凿凿，载《和风堂文集》，读者可以参阅。

清代大儒王夫之，曾自号一壶道人、瓠道人等，得丹家之传，作前后《愚鼓乐》词和《十二时歌》，对内丹学的理解更为不同，[2] 他虽然以儒学诠释丹经，但认为修习内丹亦可从中"得孔颜乐处"。要之，自唐末五代至明清内丹学发展成熟，极大地影响了士大夫的内心世界，谓"静坐后见万物皆有春意"，程伊川见其徒闭户静坐，则极口称赞，遂在儒生中形成半日静坐，半日读书的风尚。由此可知，道教中师徒口诀相传的内丹秘学给理学家聚徒讲授的显学以巨大影响，这是中国学术史上一个发人深思的现象。这说明，道家学术作为中华民族文化的根柢，一直在学者的潜意识中起着举足轻重的作用。直至近世，道家又接引西方自由主义入中国，宣扬民主政治，形成思想解放的潮流，那是后话了。

---

① 《晦庵朱文公文集》卷三八，《答袁机仲》。
② 王夫之有《前愚鼓乐·梦授鹧鸪天》十首和《后愚鼓乐·译梦》十六阕，为内丹学作品。

第五节　道学的八大支柱

　　道家之学，为诸子百家之源，经天纬地，无所不包。美国明道大学张绪通博士在《道学的管理要旨》中说："黄帝以道的原理为指导，经营发展国家，到东周以后，地方割据，致使儒法等八家学术有机会发扬争鸣。秦国轮流实践了大部分八家学术（按：指以道家为源头流变出的儒、法、墨、农、名、兵、阴阳、纵横），把中国统一，可是不旋踵而亡，代之以汉。汉初返回黄老之道，造成文景之治，使中国进入第一次盛世黄金时期。武帝偏离了道的指导以后，乱亡相继，最糟弄到五胡乱华，国分十六。一直乱到唐初，再度回归于道，再一次造成贞观、开元之治，为中国带进第二个盛世黄金时期，就是中国史上最可炫耀的'汉唐盛世'。以后又偏离正道，乱亡再度相继，引进两次少数民族入主中原。他们很是偏颇，并不明白'道'的价值，尽量地抑制它。到了满清末年，贫弱交困，在洋枪、洋炮、洋债、洋教、洋货之下，中国沦为次殖民地。现在中国复兴，明智地对传统文化的精华重新评价。无疑地，道学必定更具现代和国际意义与价值。上接黄帝以来五千年历史的、合理的、合法的、合情的道统，下开21世纪世界新理念。近代东风与西风的矛盾必由大道统一起来。目前，道学的现代和国际意义与价值，已是现代国际学术界所公共认同的。国际研究公认：'道'将是21世纪的'世界指导原理'。中国的青年们正肩负着：为天地立心，为生民立命，为往圣继宏学，为世界开太平的历史任务和重大使命。"① 张绪通博士热情洋溢地弘扬道学的著述受到了美国包括总统在内的朝野人士的欢迎，他

---

　　①　张绪通：《道学的管理要旨——人生的智慧与成功的大道》，王虎、王金顺译，四川大学出版社，1992，第19页。

在《大道》一书中又别出心裁地提出道学"八大支柱"的说法，并分别立论解说。① 张绪通博士将道学的"八大主柱"按八卦区分为：

哲学之道：道的哲学观，包括政治的、家庭的、军事的、经济的、商业的、男女关系的及其他的哲学。他的哲学也包括管理学。

康复之道，道的养生学，主要讲内功，如五禽戏、八卦功、黄道功、按摩功等健身术。

☶饮食平衡之道。张绪通博士著有《道的膳食学》，主要讲食谱、禁忌及营养平衡。

☵中草药之道。即中国医学和药学，包括道教中的辟谷、服食等，亦称道的药膳学。

☴健康艺术之道。包括推拿、针灸及心理疗法等和经络学说，亦称道的医疗术。

☳性智慧之道。张绪通博士著有《道的性理学》传授道教房中术，在美国引起轰动。他揭示《老子》第六十四章实际上是讲房中术的，其中"合抱之木，生于毫末"是"育苗"之术；"九层之台，起于累土"为"筑基"之术；"千里之行，始于足下"谓"行功"之术。在男女性生活中要掌握登上九层之台的技术，即出现九次性高潮，才能取得完整的性体验和达到性保健的效果。

☲控制之道。包括面相学、数理学、星相学、风水学、符咒学等，亦称道的统御学。

☱成功之道。主要以道教易学来预测和指导事业应付变易，取得成功，为道的成功学。

张绪通博士的书是以英文出版写给西方人看的，这种将道学

---

① 张绪通：《大道》，李刚等译，第9页，巴蜀书社，1994。

分类的方法尚无可厚非。我们在《中华道教大辞典》中仅道教文化就分为十六类，其中"符箓、法术及占验术数类"就包括这里的"控制之道"及易学等多项内容。作者在本书中采纳张绪通博士"道学八大支柱"的提法，严格按道学的范围重新分为八个分支学科。今介绍如下。

一 乾（☰）人行道哲学

道学首先是一种达古今之变，究天人之际的探讨有关自然、社会和人生的规律的学说。其中包括道论、气论、宇宙观、辩证法、认识论等项内容。如果以西方哲学作参照系，中国先秦诸家中仅有道家学说才属哲学范畴。因此，道家是中国哲学的主干，道学中包含有主体和客体相互作用的天地人哲学。道学的天地人哲学不仅比西方哲学毫不逊色，而且其中隐含着更深邃的东方智慧。道之哲学可概括为"人行道"三字，"人"为人学，"行"为实践与经世致用之学，"道"为本体论及形而上学。

二 兑（☱）政治管理学

道家之政治管理学和儒家人治的家庭和谐亲情调谐之术不同，其核心思想是建构一个模拟人体的自调节、自组织的自动化系统，无亲无疏，依乎天道，大公大慈，导人向善。儒家在政治上多采取一元化的以阴辅阳的结构，建立上重下轻的金字塔式等级森严的阶梯政权，上层缺乏下层的监督，积久则造成君劳臣逸，一人独裁，上下失控的局面。道家在政治上倡导三位一体的阴阳互补结构，以自然立法形成三元制约上下反馈的自调节机制，君执一无为而逸，臣依规导恶向善去浊留清，百姓感觉不到政权的压力反而通过政权体现自己的主动创造精神。道家之术"执一涵三"，以"守中致和"为特色，是一种三元的中和系统，如人体讲精、气、神一体，国家讲君、臣、民一体，《太平经》中突出了道家三元一太极的特征。道家的政治管理学中遗存下中国先民在四千年前原始社会中部族酋长的政治经验，进入阶级社会中多杂儒法而用之，不了解道家哲学的奥义，也就很难掌握道家政治管理学的真谛。道家政治管理学的要害在于善变易，其术因时制宜，无为而治，运用之妙，存乎一心，因之可以应变化于乱世，挽危难于逆境，可以弱致强，导强归正。因之政治家在国家危难之际，政治变革之时，都注意从道家经典中汲取智慧。道家之学静可以守，动可以变；静可以无事无为因循自然，动可以力挽狂澜革故鼎新，于衰败乱世中救死回生。一些弱国、小国之君主，在列强之间生存，也要用道家之术因时应变。先师王明先生晚年总结道家历史经验，他说：

> 或者有人要问："'半部《论语》可以治天下'，《老子》能做什么呢？"我们回答："如果相信半部《论语》可以治天下，那么我们敢言'半部《老子》可以革天下'"。……魏源是我国近代史上早期的著名思想家，著《老子本义》，在《论老子》一文中，认为《老子》是"救世书"，说古今"气化递嬗，如寒暑然。太古之不能不唐虞三代，唐虞三代之不能不后世，一家高曾祖父子姓，有不能同。故忠、质、文皆递以救弊，而弊极则将复返其初。"他推崇《老子》为救世书，把它作为革新救弊的宝典，这是历史上从未有过的新说，但也正是把《老子》作为革天下的传统文化的继续。[①]

道家之政治管理学不仅可以应变，而且可以守正，《老子》

---

① 王明：《再论齐文化的发展》，载《道教与传统文化研究》，中国社会科学出版社，1995。

云："以正治国，以奇用兵，以无事取天下。"（第五十七章）"正"即为客观的自然律，按事物本来的规律为政，决策上实行科学化和民主化，国家政权形成一种自组织、自调节的自然系统，则可无事而得天下人之心。从治国上讲，道家之术与民主政体天然相合，而与君主专制及法西斯独裁政体难以吻合。严复说："夫黄老之道，民主之国之所用也。故能'长而不宰'，'无为而无不为'。君主之国，未有能用黄老者也。汉之黄老，貌袭而取之耳。君主之利器，其惟儒术乎，而申韩有救败之用。"（《老子道德经评点》）因而中国历代帝王仅用其术应急，不敢全用其道治国，但在管理学上，道术仍优于儒法等术。

三　离（☲）文化艺术学

中国的道学思想，渗透到文化艺术的各个领域，形成道家的美学思想。道家文化艺术学包括道诗、道剧、神仙小说、道教音乐、宫观建筑、园林艺术、盆景、山水画、书法、雕塑等，皆具备道家自然主义的特色。道家文化艺术以回归自然，返璞归真为审美思想，以天人合一为最高境界，以悟道的灵性激发艺术家的创造力来表现自然之美。《中华道教大辞典》中收入了道教美学及道家文学艺术的内容，且为"道教美学"给出定义和详细论证。道家以山水的自然美、少女的人体美、婴儿的心灵美作为美学的标本，以主体同宇宙客体根本节律和谐同构的程度作为审美的价值判断。

四　震（☳）医药养生学

道学以宝精、行气、服饵为养生学三要件，宝精为房中卫生之术；行气包括各类内功和外功；服饵包括中草药、药膳、营养学等。《中华道教大辞典》中的道教医药学类、养生功法及武术类、房中养生类皆包含在这个分支之内。道家是重生的哲学，因之特别注意养生，道教是生道合一的宗教，因之养生是修道的根本目标。医药学的效用是祛病，其中包括中草药、针灸、按摩等内外科治疗方法；养生学的效用是健身，其中包括导引、太极拳、气法、冥想、膳食、房中术等。医药养生学有一套望、闻、问、切的诊断技术和有关精、气、神的养生理论，其基本理论体系为术数学。道家哲学和道家术数学结合并具体化为道家医药养生学，就像父母结合生子的关系一样。道学的人体观以精为基础，以气为动力，认为血能生精，气随血行，食能生血，药能补血理气，因之养生以服饵调理精血，以房中宝精，以行气积累生命能量。人的性功能是人体生命活力的指标，性功能衰竭的人，如同油尽灯枯，生命无光，就仅有五、六年的活头了。《黄庭内景经》云："长生至慎房中急"，怎一个"急"字了得！

五 巽（三）宗教民俗学

中国的民俗基本上是属于道教的，因之道教的宗教民俗学包括教理、教义、斋醮、戒律、神仙信仰及各类在民间流行的节日、庙会和消灾祈祥活动。道教作为一种历史悠久的本民族的宗教信仰积淀在民俗里，说明道教中凝聚着中华民族的灵魂，道教深深扎根于中国的土地上，它不是任何政治势力用行政命令的办法所能取消的。道教的生命力在中国的历史之中，在民众之中，它的形态也必然随着中华民族的历史发展和民众风俗习惯的改变而变化，不会固守着千年前的老样子。换言之，道教只有随着中国城乡移风易俗和民众精神面貌的改换不断革新才有生命力。宗教、民俗乃至语言等是一个民族文化的根柢，我们可以在周边国家的民俗中观察道学文化的扩散情况。宗教民俗学作为道学文化的深层结构无疑是最稳定的要素，它扎根在道教文化圈的民众心底之中。

六　坎（☵）社会伦理学

学术界研究中国的社会伦理思想，皆以儒家思想为代表，其实道家、墨家、法家既然也形成社会思潮，就不能没有自己的伦理思想。道教的教义、戒律等反映了道教的伦理思想，其中不乏杂取儒、释二教的成分，但也有保持道家本色的伦理观念。单独的个人无所谓伦理，但人类形成社会，即使是两个人组成的社会，人与人之间的关系也要受到界定，人类社会则必然会产生伦理关系，道家理想的社会自然也不例外。目前，学术界对道家与道教的社会伦理学尚缺乏研究，但这个课题显然有着重要学术意义。道家的慈、俭、不争、公、善等概念及反异化的主张，皆有重要的伦理学意义，道教热爱和平、保护生态环境、尊贵生命、谦和忍让、不贪权势货利等，亦含有重要的伦理思想。马克斯·韦伯在《儒教与道教》中对道教伦理颇多误解，反映了西方学者对道教的生疏和中国学者对道教伦理学研究的薄弱。道学之社会伦理思想的核心就是道，道的伦理观规范着社会和人生。

七　艮（☶）丹道性命学

人类的生命之谜和心灵之谜隐藏在丹道之中，故而内丹学也称为丹道性命学。我们要破解生命和心灵之秘，首先要认识生命的三项基本活动，即是降生、性交和死亡，而这三项生命活动在东西方不同文明的国家里几乎都被当作思想的禁忌，是科学、哲学和宗教这三种文化要素的交汇点。因之，生、死和性既是科学、哲学和宗教共同关心的问题，又是三者都缺少研究的问题。

美国科学家斯·格洛夫在《死亡探秘》一书中指出："由于技

术日新月异的进步，西方人不得不付出了很多代价，特别是，我们越来越从人类存在的生物本质中异化出去。这种异化尤其突出地表现在生命的三项基本活动上——出生、性和死亡。由西格蒙德·弗洛伊德发端的心理学革命已在相当大程度上消除了对人类性活动的压抑。在最近十年里，我们则亲眼看到出生与死亡研究领域有了较大进展。这不仅表现为对出生与死亡这类体验有了日益深入的理解，而且表现为对新生婴儿和濒死者的医疗护理有了重大的变革。在消除了对出生与死亡的思想禁忌之后，人们随即重新发现了精神世界的意义，而这一点曾被物质科学的飞速发展所淹没。随着这些领域的知识不断增长，有一点变得越来越明显：出生、性和死亡是与精神世界密切相关的，它们有力地植根于人类的无意识之中。这种见解恰好表达了古代各种宇宙论、宗教和哲学的核心，因此，这些认识论上的新发现就在古代智慧与现代科学的鸿沟之间迅速架起了一道沟通的桥梁。"[1] 由此可见，降生、性交、死亡三者之中既隐含着生命的秘密，又隐含着心灵（精神世界）的秘密，它们的知识既在古代智慧和现代科学之间架起了桥梁，又在哲学、科学和宗教三大文化领域之间进行了沟通。科学将不再把宗教当作自己的对立面，佛陀和内丹家的心灵体验将被现代心理学家重新验证。丹道性命学中包含了出生、死亡和性的体验，内丹人体修炼工程就是揭示生、死、性之秘的工程。因之，丹道性命学也恰恰处在宗教、哲学、科学的交汇点上，需要动员这三个领域的专家将道教中古老的丹道资料提取出来以现代科学与哲学为武器进行剖析。

---

[1] 〔美〕斯·格洛夫（Grof）：《死亡探秘——人死后的另一种状况》，雁栖、李军根据纽约泰姆士—哈德逊公司 1980 年版译出，中国人民大学出版社，1991，第 133 页。

八　坤（☷）方技术数学

在道学中，方技术数学包括符箓、法术、各类占验术乃至一些修炼方技，而更重要的是指道家方技理论及一整套术数体系。道学的八大支柱中天地人哲学和方技术数学分别占据乾卦和坤卦的位置，而我们知道，乾坤二卦如同父母，长男、长女、中男、中女、少男、少女六卦皆由父母二卦而生。这就是说，哲学和术数学分别是道学的两条腿，是两根理论支柱，由它们繁衍出其他具体学科，形成道学的八大支柱。术数学在道学中的位置，恰似数学在西方科学中的位置一样。西方各门科学的发展不能忘记毕达哥拉斯的数哲学和亚里士多德逻辑学的功绩，正是高度抽象的数学和逻辑推理导致了西方现代科学的辉煌成就，几个世纪间改变了整个物质世界。没有高等数学学养的东方人如果翻开《高等代数》、《拓扑学》的教科书，无不对西方数学的抽象思维叹为观止。相反，没有道学学养的西方人如果翻阅中国古代有关《奇门遁甲》、《太乙九宫术》等术数学著作，也会被太极、阴阳、三才、四象、五行、八卦、九宫、十干、十二支等符号搞得眼花缭乱。术数学是道学中形式化的分支学科，是道学的解释系统，是医药学、内功等道家方术的理论工具。在中国历史上，一些著名政治家和道学高人，如张良、诸葛亮、李泌、刘基等都是精通术数学的，他们协助群雄运筹帷幄，平定天下，显示了道家术数之学的威力。凡古代政治家、军事家、谋略家等习王霸之术欲争天下者，道家术数是其必修课，可知术数学在中国历朝历代的政治斗争中发生过举足轻重的作用。

道家之学自古号称"杂而多端"，上自哲学思想、自然规律、宗教信仰、治国用兵之道；中有经世权谋、人生经验、养生之道、医药、健身、修炼诸方技；下至民俗、祭祀、音乐、绘画、宫观、名胜、星命、占验等术数，是一个亟待开发和研究的包罗万象的文化体系。

以上所论道学的八大支柱盖举其大要。道学作为一种文化体系，它的显著特征就是其开放性和包容性。道学在发展中能"采儒、墨之善，撮名、法之要"，融汇百家之学，至汉代又曾接引印度佛学入中国，近代对西方基督教文化也不排斥，这都反映了道学如老子所说的水纳百川一样，具备开放能容的性格。老子云："大道氾兮，其可左右"，"万物归焉而不为主，可名为大。以其终不自为大，故能成其大。"（《老子》三十四章）明乎此，道学之成为世界文明中的大学问，受到国际上有识之士的重视和喜爱，良有因矣。

第六节　道学的人格略述

中国历史上精研道学者，在人格上也有一些共同的特征，这就是"穷则独善其身，达则兼济天下"，都要根据自己的条件来"参赞天地之化育"。由于这些抱道之士的人生际遇不同，特别是在儒家礼教统治下的中国，同统治者合作的机会除乱世之外是不多的，因之他们的个人人格特征也各不相同。

抱道之士有精研道学而为哲人者，如老聃、杨朱、列御寇、庄周、关尹子等可为典型。老、庄、关、列等哲学家为道学开宗立基，使之成为中国传统文化中智慧的宝库。他们由此被称为"古之博大真人"，同时也成为文化领域的世界伟人，他们的名字为中外学者所景仰。

抱道之士有应用道学究明物理而成为不同领域的科学家者，如墨翟、张衡、葛洪、孙思邈、祖冲之、华佗、贾思勰、沈括、宋应星等可为代表。人们知道，举世闻名的四大发明——火药、指南针、造纸、印刷术都是道学的成果，外丹黄白术则是近代实验化学的前驱。

英国学者李约瑟博士在他的名著《中国科学技术史》中列举了中国古代辉煌的科学技术成就，赞扬这些成就一度走在全世界的前列，而李约瑟博士同时也毫不隐讳地指出，中国的科学技术成就乃至古代科学家大都是源于或属于道家的。战国时墨翟创立的墨家学派大致和古希腊亚里士多德以来的西方文化观念相类似，可惜与中国国情不合没发展起来，终于混入道学之中，《墨经》也幸亏收入《道藏》才保存到今天，人们可以发现《墨经》在力学、光学、几何学等方面都有突出的贡献。精研道学而在医药学上做出贡献的可以排出一长串名字，其中张仲景、华佗、皇甫谧、葛洪、陶弘景、孙思邈等皆是著名的医学家。其他还有天文学家和数学家刘徽、祖冲之、秦九韶、李冶、朱世杰等；农学家贾思勰、陈旉、王祯等；地学家郦道元等。连张衡、沈括、宋应星也是由道学的智慧哺育成长起来的古代科学家。这些人以道家的智慧推动了中国科学技术的进步，也为世界文明的发展作出贡献。

抱道之士有身为帝王者，如黄帝、汉文帝刘恒、唐太宗李世民可为例子。黄帝且战且学仙，去崆峒山问道广成子，时值大道普行天下之公产社会，乃道家之治世。汉文帝恭行黄老术，与民休息，出现"文景之治"的盛世。唐太宗为政虚怀若谷，能容纳不同意见，认老子为祖而高扬其道，遂出现强盛开放的政局，史称"贞观之治"，至唐玄宗李隆基亦励精图治，亲注《道德经》颁行天下，成"开元之治"，有贞观之遗风，可惜晚年惑于声色，有始无终。至于秦始皇用法家而望长生，汉武帝尊儒术而想成仙，宋徽宗赵佶佞道教而好淫乐用奸臣，明世宗嘉靖帝朱厚熜宠方士而养权奸杀忠谏，皆自招衰败，为人诟病，实非真用道术治国者。盖道学本为帝王"君人南面之术"，集中了古代的政治经验。中国历代皇帝好长生之术者多而明道者少，仅能以道学应急不敢以道家治国，这是由于道学原理和家天下的政体不合而儒术为封建政治必不可缺的缘故。汉唐盛世远未到道家天下为公的境界，仅以静因之道治国就足以彪炳史册了。

抱道之士有雄才大略而为帝王师者，如姜子牙、张子房、陈平、诸葛亮、徐世勣、李靖、魏征、李泌、刘伯温等可为榜样。这些人皆精研道学，有匡扶天下之志，扭转乾坤之能，出则为将相能臣，入则为山林高隐，在历史上留下了赫赫功业。还有的高卧山林而指点朝政，如陶弘景被世人目为"山中宰相"，高道司马承祯、孙思邈、陈抟、张三丰等屡被帝王诏宣而问事。"为王者师"是抱道之士的一种普遍的理想人格，这是因为他们学了道学中的治国用兵之术，自恃才可大用，视天下政局如掌上观纹，故在乱世中因势利导一试身手，然后功成身退，以此显示道学的人格和风骨。

抱道之士有燕处超然而为山林隐逸者，如鬼谷子、吴太伯、宁武子、黄石公、石门、接舆、桀溺、荷蓧丈人、商山四皓、河上公、郑朴、严遵、严光、孙登、郭文举等代不乏人。其中鬼谷子、黄石公等皆精研道学谋略之术，鬼谷子以纵横捭阖之术教苏秦、张仪，以兵法教孙膑；黄石公以韬略授张良，皆成一代之功，是隐居山林"深根宁极而待"并为社会培养政治人才者。严遵等则抱道隐遁，和光同尘，静观世事，著书立论，托占卜以化世，导人以善，是远离朝廷"反一无迹"而以道教化者。严光、孙登辈则彻底看穿政治乃名利是非之物，与家天下的帝王采取不合作的态度，隐迹高蹈，天子不能臣，诸侯不能友，适性逍遥于山林之中，乃寻世外之乐，独与天地精神往来者。荷蓧丈人、河上公等则隐显世间，神龙见首不见尾，乃笑傲江湖为世外高人者。修道之要诀，端在反俗。《老子》一书每将修道之士和俗人对称，以为修道者从心理和行为上必与俗人相反。《庄子·缮性》亦讲修道异于俗学，"丧己于物，失性于俗者，谓之倒置之民"。是隐逸首以反俗为人格特色。抱道之士或怀才不遇愤世嫉俗则为隐，或看破红尘离世脱俗则为逸，皆因道学含有超前意识，将世事看得太透了就会脱离时代潮流，而入于隐逸之途。

抱道之士有精研道学而为军事家、外交家者，如孙武、孙膑、苏秦、张仪者是。兵家与纵横家本为道学之分派；道学长于谋略，则必能用兵；道学擅观时局则定会外交，故从事外交与军事乃道学中应有之义。中国历代军事家与外交家，未有不习道家应变之术者。

抱道之士有终生弘道而为一代教主者，如张陵、寇谦之、陆修静、王重阳、丘处机、王常月等宗教家即是。宗教是人类历史上一种古老而普遍的现象，也是一种人生的终极关怀，世界上发达国家信仰宗教的人占多数，还没有发现哪一个民族是有宗教免疫力的。哲学、科学、宗教和文学艺术等都是人类对真、善、美的追求，特别是宗教、哲学、科学是文化体系中三个最基本的要素。宗教的作用是从非理性的角度满足人类情感和信仰的需求，它不是理性思维的科学和哲学所能取代的。李约瑟博士说："科学、宗教、历史、哲学与艺术创造是我们人类认识宇宙的五种经验形式，如果谁对这个或那个方面缺乏见识，他就不能算作是一个完美的人。"（《李约瑟与中国·序》）抱道之士创立新教，成为一代教祖，为道教的发展做出了贡献。新教与邪教不同，邪教有悖于伦理，危害社会，新教则移风易俗，推进教化，道教发展的历史就是新教派不断繁衍的历史。有没有深厚的宗教信仰情怀是一个民族文化素质高低的体现，人民对神圣的天道、伦理、法律有所敬畏，才可以使国家走上规范化的前进之路，因之宗教的作用是不可或缺的。宗教家在对宗教的不断创新发展中弘扬道学，以补正时弊和教化社会人心。张道陵在四川开创天师道，王重阳创立全真道，丘处机振兴龙门派，都对中国社会伦理的发展做出了贡献。

抱道之士有终生修道而达仙人境界者，如魏伯阳、钟离权、吕洞宾、张伯端、张三丰、陆西星等内丹学家皆是。这些内丹家有缘得到道学中师徒口口秘传的法诀，前仆后继地以自己的人体为实验室从事人体生命系统工程的修炼，不断丰富和发展前人的理论，并将自己的切身体验著成丹经再传给后人，为揭示人类生命和心灵的奥秘作出贡献。内丹家在丹功修炼中获得了一些超常的心灵体验，这些体验恰恰是现代心理学求之不得的珍贵资料。俄罗斯宇航之父齐奥科夫斯基支持超常心理现象的研究，他说："归根结底这种现象是自然的存在，所以那种以这是'非科学的超自然的现象'的口实为理由，将它排斥在科学领域之外的做法才真正是非科学的。"[1] 无独有偶，人们知道中国的导弹之父钱学森教授也同样支持人体潜能的开发，他为组织人体科学的研究顶住了一些伪科学家的诽谤。

我曾经说过："每个学者的知识量比起整个人类的知识总和来，恰如大海之一粟；然而人类现有的知识量比起整个宇宙的未知世界来，也不过像大海的一滴水罢了！世界上人类未知的东西还很多，现代科学的发展水平也许还仅处在小学生的阶段。"[2] 因之，那些摆出教师爷的架势，以西方 18 世纪启蒙思想家的观点危言耸听地教训青年学者，散布唯科学技术主义和"工具理性万能"的伪科学们将被历史所唾弃，中国的青年科学家必然会赶上时代的步伐，在新的世纪里揭开内丹之秘，为人体生命科学的研究

---

① 转引自〔日〕河合隼雄《灵魂、自然、死亡——宗教与科学的接点》，公克、晓华编译，辽宁大学出版社，1991，第 38 页。

② 胡孚琛：《魏晋神仙道教——抱朴子内篇研究》，人民出版社，1991 年增订版，第 170 页。

贡献出中国人的道学智慧。

抱道之士有精研方技术数而具备奇功异能者，例如左慈、葛玄、介象、叶法善、袁天纲、李淳风、张果、王文卿、莫月鼎、管辂、郭璞等，皆名重一时，其道术及证验已载入史册。有趣的是，1991年7月在河南省偃师县南蔡庄的一座东汉墓中，出土一通汉灵帝建宁二年（169年）的石碑，记述一个名肥致的有道之士的奇功异能。碑文记肥致字苌华，在枣树上修道三年，名震朝野，"诏以十一月丁中旬，上思生葵，君（肥致）却入室，须臾之顷，抱两束生葵出。上问：'君于何得之？'对曰：'从蜀郡太守取之'。即驿马问郡，郡上报曰：'以十一月十五日平旦，赤车使者来发生葵两束'。君神明之验，机彻玄妙，出穷入冥，变化难识，行数万里，不移日时，浮游八极，休息仙庭。"[①] 碑文所记之事匪夷所思，但其修成奇功异能当或有之。此类修道者人体潜能超常发挥，神通预知者史不绝书。这些人为人体生命科学的研究提供了标本，他们在世间也以自己的奇功异能行道积累功德。

抱道之士有博学多才而为学人者，如先黄老而后六经的司马迁著《史记》成为大史学家，合黄老之意的王充著《论衡》疾虚妄一扫谶纬迷信之风，其他如《刘子》、《抱朴子》、《无能子》的著述皆有重大的学术成就。这些精研道术的学者由于没有条件直接从事政治活动，把精力转移到学术研究上，著书为万世法，划策为百年计，为后世留下宝贵的精神财富。

抱道之士有以道学开发智慧而成为文学艺术家者，在诗歌、戏剧、音乐、绘画、书法、雕塑等方面出类拔萃，很多人已被收入《中华道教大辞典》中。其中有崇信五斗米道的大书法家王羲

---

① 王育成：《东汉道教第一刻石肥致碑研究》，载《道教学探索》第拾号，台湾道教学探索出版社，1997。

之，隐逸诗人陶渊明，一代诗仙李白。陶渊明诗云："结庐在人境，而无车马喧；问君何能尔？心远地自偏。采菊东篱下，悠然见南山。山气日夕佳，飞鸟相与还；此中有真意，欲辨已忘言"，诗中洋溢着道家自得其乐的情趣。李白诗云："问余何事栖碧山，笑而不答心自闲。桃花流水窅然去，别有天地非人间"，诗中隐含着超世脱俗飘飘欲仙的意境。

抱道之士有修习道术而为养生家者，他们或练太极拳，或行六字气，或修八段锦，或学五禽戏，或服药，或按摩，得一道术，即可健身延年。这些人自炼自养，教功授徒，为增强国人的体魄，促进民众的健康做出贡献，亦大有益于社会。

抱道之士有习各类术数而为人推步吉凶，借以劝善化世者，如司马季主、严遵卖卜于市，遇人子者劝其孝，遇人臣者劝其忠，借以教化社会。《史记》中《日者列传》、《龟策列传》多记此类术数家。又有抱道之士而为名医者，以医术隐于乡间治病救人积累功德。贾谊曰："吾闻古之圣人，不居朝廷，必在卜医之中。"（《日者列传》）盖有道者不肯依附于权势之门，必以道德教化于民间。

随着道学研究的进展，道学将逐渐被现代人接受，普及到社会的各个阶层中去。

第四章　道学的中心思想

前面论述道学的特征为自然性、超越性、寓言性、开放性和包容性。另外指出，道学的根本特征，在于以"身"和"天下"同构，因而形成人天同构，身国一理的理论体系。《老子河上公章句》特别阐发了这一核心思想，认为"因道治国则国富民昌，治身则寿命延长"（《老子》第三十五章注），"圣人治国与治身同也"（《老子》第二十六章注）。《庄子》更进一步讲"帝王之功，圣人之余事"，说明道学的根基在于以人身修道合真，治国平天下的道都是在人身中体悟出来的。"道"是道学的最高范畴，体道合真是道学追求的最高境界，下面先从道论展开道学的中心思想。

第一节　道学的道论

道学文化的核心是关于道的学说。中国古代的老子、庄子等哲人"游心于物之初"（《庄子·田子方》），舍弃宇宙万物的一切具体属性，寻找宇宙的起始点和产生万物的总根源，体悟到宇宙万物之中最本质的共相，这就是道。道是一种绝对的真知，因而为符号指称所不能确切表述的客观存在。语言符号的指称只能描述相对知识，而道是可知而难以言说的。道是宇宙的本原，它有体有用。作为道体，它是形而上的宇宙万物之原始本体，呈现"无"和"有"两种状态的统一。首先是"无"，即宇宙创生之前的虚空状态，称为"天地之始"，具有质朴性和绝对性。然后是

"有"，即宇宙创生之际含有一片生机的混沌状态，称为"万物之母"，具有潜在性和无限性。作为道用，它是形而下的法则秩序，即宇宙万物之中普遍存在的客观规律，称为"常道"。"道法自然"排除了在道之上的造物主和人格神观念，道是自本自根，自生自化，自然而然的。道化生出时间和空间，物质与精神，运动与静止，生命和文化，具体存在于自然界、人类社会和人体之中，它贯穿古今、囊括万有、其大无外、其小无内，体现了宇宙的真实结构和内在节律。《道德经》云："道生一，一生二，二生三，三生万物。万物负阴而抱阳，中气以为和。"（第四十二章）"中气以为和"之"中"字王弼本误为"冲"字，今据马王堆汉墓帛书本订正。以上一段话是道论中关于宇宙创生和演化的基本图式。其中"一"是混沌一气，内丹家称为元始先天一炁、真一祖气、太乙真气等，是宇宙创生之始混沌状态中隐藏着的秩序，是产生万物普适的内在节律的信息源。"二"是阴阳二性，阴阳是排斥和吸引、实体和功能、男女雌雄、相反相成、对立统一的矛盾状态。阴阳二极之间存在着"中介"物，阴、阳、中三者趋向"和"的状态，分而为三，合则为一。道能化生出有气、有形、有质之物，用现代科学的语言说，也就是含有能量、信息、物质三大要素。"三"就是有象、有精、有信、有物的组成宇宙的信息、能量、物质三大基本要素。在宇宙大爆炸前，道化生出先天混沌一气，继而分出阴阳二性，再转化为信息、能量、物质三大要素，在宇宙大爆炸中由信息、能量、物质组成万物纷纭、生机勃勃的世界，这就是"三生万物"的过程。气是有生机的连续的基始物，大致相当现代物理学中"场"的概念。《庄子》讲"道通为一"（《齐物论》），"人之生，气之聚也。聚则为生，散则为死。""通天下一气耳。"（《知北游》）这样，气是构成天下万物的基质，又是天下万物相互作用的载体。气在道学文化中应用甚广，含义也有不同。

在道教医学和内丹学的人体观中，气大致相当生命能量的层次。内丹家又将气分为先天之气和后天之气。后天之气指呼吸之气，先天气是元气，写作"炁"，指人体生命运动的机能，体现为高度有序的能量流和躯体活力①。内丹学认为，在宇宙创生之前，是虚无的道体状态。在宇宙创生之时，先有一气产生，这种先天太乙真气是超越时间和空间的宇宙初始信息。先天一气生阴阳二性，"阳化气，阴成形"（《黄帝内经素问·阴阳应象大论》）；阳为功能，阴为形质，即人们常说的阳气和阴气。《参同契》云："物无阴阳，违天背元。"道学文化将自然界、社会、天下万物都看作阴阳互补的结构，我们称之为"阴阳互补的宇宙统一性原理"。阴阳二极之间也是相互联系并在一定条件下相互转化的，二者之间存在着中气，中气使阴、阳、中三者成为"和"的状态。一般道家著作较强调"一生二"的过程，称"一阴一阳之谓道"，而道教著作则较强调"二生三"的过程，《太平经》以三分法解释世界，内丹学将人体分为形、气、神三个层次，并把精、气、神称为人体的"三宝"，是炼丹的药物。道论认为万物创生之前先有气、形、质依次出现，也称作太初、太始、太素。"太初者，气之始也。"（《列子·天瑞》）"元气始萌，谓之太初"（《帝王世纪》）。《易纬·乾凿度》："太始者，形之始也。""自一而生形，虽有形而未有质，是曰太始。"（《万法通论》）"太素者，太始变而成形，形而有质，而未成体，是曰太素。太素，质之始而未成体者也。"（《道法会元》卷六七）道能化生运动着的有质、有气、有形之物。必然含有物质、能量、信息三大要素。以上是有关道体学说的真实含义。道具体化为万物的自然属性，就是"德"。道应用于治

---

① 胡孚琛：《道教医学和内丹学的人体观探索》，载《世界宗教研究》1993年第4期。

国、用兵、处世、修身、为学、养生诸方面，从而形成道学文化丰富多彩的内容。

人类文明都不能没有自己理想的超越世界。我们只要认真考察西方的文明史，就会发现西方的哲人和科学家（如牛顿、开普勒等）都对上帝创造了一个有秩序的世界抱有真诚的信仰，为上帝而求证曾是西方伟大哲人献身学术研究的动机，他们以自己的理性思维推动了科学和社会文明的进步。中国儒家文化将超越人间秩序与一切价值的源头统称为"天"，西方文化将人的理性所不能达到的一切价值之源归结为"上帝"。这说明这种一切价值之源的超越世界是各种文化体系的支点，它在人类文明中的位置是不可取代的。理性思维的高度发展也需要一个无限超越的本体作为终极信仰才能给科学的发展带来动力并给人类的社会带来秩序和价值观念。当现代科学以理性思维的成果终于动摇了西方人的上帝信仰时，尼采惊呼"上帝死亡了"，中国的无神论传统也早就对天神的主宰抱有怀疑，这说明"天"或"帝"的人格神信仰并不是人类理性思维的极限。然而道学文化中"道"的范畴却是"先天地生"，"象帝之先"的，即道在天之前，并能生天生地，又在上帝之先，高于上帝。道不仅是一切人间秩序和价值观念的超越的理想世界，而且是人类理性思维延伸的极限，它是一种终极的唯一的绝对真理，因而同现代科学和哲学的研究成果遥相呼应。它在本体论上的无限超越性又可作为宗教的终极信仰，成为理性的科学、哲学与非理性的宗教的交汇点，这在人类文明的发展中具有无与伦比的意义。道的学说使道家文化具有最高的超越性和最大的包容性，它不仅包容进中国诸子百家思想的精华，而且还可以融汇进东西方异质文化中各种最优秀的思想。可以断言，道的学说体现了人类文明的最高智慧，是中华民族最伟大的文化资源，也必将成为世界文明相互交融的凝聚点。道学既为中国文化之根基，又为嫁接外来文化之砧木，还是世界各种异质文化的交汇点。全世界自然科学、社会科学、哲学、宗教等多个领域的学者将不断从道学的智慧中得到启发，总有一天会对以上论断产生共识。这些论断也将被现代科学和哲学的发展和世界文明进步的事实所证明。

第二节　中和之德

道作为形而上的宇宙之道和人身体验之道，必然具体化为形而下的社会人生之道和国家政治之道，才有实际意义。这种万物本原混一的形而上之道落实到社会人生的经验层面，在创生活动中内化为形而下的万事万物的自然属性，就是"德"。在社会人生及政治活动中，人们按道的规律活动，皆属"德"的范畴。

在道教中，德的概念又演化出道性的概念，这是比照大乘佛教的佛性论发展而来的。在隋唐时期，道教由于受佛教禅宗佛性论的影响，一些高道将道学的德演化为道教的道性论。本来道教中等同于自然本性的泛神论的"道"，就足以和大乘佛教的佛性相媲美。先秦老庄的道家经典著作中已含有道性说的萌芽，如《老子》有"昔之得一者：天得一以清；地得一以宁；神得一以灵；谷得一以盈，万物得一以生；侯王得一以为天下正"（三十九章）之论，《庄子·知北游》亦言道"无所不在"，甚至"在蝼蚁"，"在稊稗"，"在瓦甓"，"在屎溺"。《西升经》云："道非独在我，万物皆有之"，由此在道教中传出"一切有形，皆含道性"的命题。《本际经》云："法性即是道性"。《道教义枢·道性义》："道性者，理存真极，义实圆通。虽复冥寂一源，而复备周万物"。

道教经典多论道性与众生性本来一致，清净空虚，并无对待和差别，非有非无，修心扫除蔽障，即复现道性。这样，道学中的德先演化为"一切有形皆含道性"的命题，包括整个形而下的现象界的万物之属性。后又缩小范围，出现"一切有生皆含道性"的命题，将道性看作生命界的属性。内丹学则更进一步，将范围从生命界收缩为万物之灵的人，将道性理解为人心中一点灵明，并以此作为人人皆可修炼成仙的理论基础。尽管道教中也有万物有灵的思想，丹经中也有动物、植物修炼成仙的传说，但内丹学毕竟是以人为主体的生命科学系统工程，道性的概念比德的范畴缩小了。

　　中国的祖先遗留下来的丰富多彩的传统文化，号称"三教九流"，各自有不同的价值取向，但从道学的高度纵观全局，就会发现它们有着共同的支点，这个支点即所谓殊途而同归，百虑而一致之处，落脚在"中和"二字上。国外学者曾问我中国人的哲学思想特点是什么，可否用一句话讲出其要害？我思索儒、道、释三教的思想，回答说可以用一个字表达出来，这个字就是中国的"中"字。凡融汇为中华民族的文明中的各家学派，包括由印度传来且已中国化了的佛教，既能被中国文明吸收，必有其思想上的因缘在，虽然吹万不同，但皆是由中国人思想的灵窍发出的声音。这些声音"自其异者视之，肝胆楚越也；自其同者视之，万物皆一也"（《庄子·德充符》），它们环中的道枢，就是一个"中"字。因之中国的名号，不是英文的瓷器（China），不是俄文的契丹（Китай），乃是凝聚着中华民族的灵魂和民族性格的特色。因之，最代表中华民族智慧的学说，即是以"中和"为核心思想的哲学。这一点，在儒家文化中表达得最鲜明。《中庸》云："喜怒哀乐之未发谓之中，发而皆中节谓之和。中也者，天下之大本也；和也者，天下之达道也。致中和，天地位焉，万物育焉。"《易传》中讲"中以为志"，"中以行正"等，《孟子》则主张"中道而立"（《尽心》）。儒家还把《尚书·大禹谟》中"人心惟危，道心惟微，惟精惟一，允执厥中"当作尧舜道统的"十六字"真传。只不过孔孟之徒仅将"中和"二字在社会伦理的层面展开，讲解为不偏不倚、无过无不及的"中庸"之道而已。其实《中庸》中"中和"二字含义颇深，难怪陈鼓应教授竟著文统计《老子》、《庄子》中"中和"二字出处并和《论语》、《孟子》作比较，索性断言"《中庸》所言'中和'乃承道家思想而来"。① 佛教哲学讲"中观"、"中道"，亦突出一个"中"字。佛法不着"空"、"有"二边，谓之中道。《大般涅槃经》讲涅槃的境界，涅为不生，槃为不死，停留在不生不死之间即是"中"，为大寂灭海。天台宗及禅宗，讲"三际托空"，即前际的念头过去，后际的念头还没来，这中间是空的，也是在"中"字上作文章。《老子》云："多闻数穷，不如守中"；《庄子》讲"环中"、"中德"、"中和"；《老子》云："中气以为和"、"知和曰常"、"和之至"；《庄子》讲"和之以天倪"，"游心乎德之和"，"以和为量"等，甚重视"中和"二字。因之儒道释三教，皆突出了"中和"的哲学。

道学中的德，就是以"中和"为根本特征，这一点，治老庄之学者颇多误解。《老子》云："多闻数穷，不如守中"（第五章）；"道，中而用之，或不盈"（第四章）；"中气以为和"（第四十二章）。严灵峰注云："《文选》张华《鹪鹩赋》注引字书曰：'冲，中也'，是古'中'、'冲'通用。四十二章'冲气以为和'句，小篆本原文正作'中气以为和'。足证此帛书本乃假'中'作'冲'。"（《马王堆帛书试探》）严灵峰疑"中"字为"冲"字通假，实则正好相反，《老子》现行本"道，冲而用之"及"冲气以为和"，应按马王堆汉墓帛书本将"冲"字改为"中"字才对。严灵峰又说："盖'守中'乃儒家之言，非老氏本旨。"（《老子章句

---

① 陈鼓应：《道家在先秦哲学史上的主干地位》，载《道家文化研究》第十辑，上海古籍出版社，1996，第50页。

新编》）张默生驳斥说："'不如守中'的'中'字，和儒家的说法不同：儒家的'中'字，是不走极端，要合乎'中庸'的道理；老子则不然，他说的'中'字，是有'中空'的意思，好比橐籥没被人鼓动时的情状，正象征着一个虚静无为的道体。"（《老子章句新释》）河上公注"道，冲而用之"句云："冲，中也。道匿名藏誉，其用在中。"已明言"中"为道之用，即是"德"的特征。

其实道学中之"中"字，略有四义：一是从事物之规律上讲，"中"即为"正"，即正道，为自然中正的必行之路，属于道之用；二是从事物之变化上讲，"中"即为"度"，要知止知足，不超过限度；三是从空间上讲，"中"即为"虚"，道以虚无为用，虚无中含有生机；四是从时间上讲，"中"即为"机"，要"动善时"，"不得已"而为之。只要抓住"德"的中和之性，《老子》书中的思想，可以思过大半。例如《老子》讲"天之道，其犹张弓与？高者抑之，下者举之；有余者损之，不足者补之。天之道，损有余而补不足。"（第七十七章）"知足不辱，知止不殆。"（第四十四章）"自见者不明；自是者不彰；自伐者无功；自矜者不长。"（第二十四章）"去甚，去奢，去泰。"（第二十九章）"大直若屈，大巧若拙，大辩若讷。"（第四十五章）"挫其锐，解其纷，和其光，同其尘。"（第五十六章）"兵强则灭，木强则折。"（第七十六章）"果而勿矜，果而勿伐，果而勿骄，果而不得已，果而勿强。"（第三十章）"保此道者，不欲盈。"（第十五章）以上的话，皆突出了道学的中和之德。甚至道家以弱胜强和"不争"的思想，都可以从"中和"的角度去理解。

在对老子"中和"之德的理解上，内丹学家看得最透，他们将"中"或"中和"解为元气，解为丹田，解为玄关一窍。如《河上公老子章句》云："除情去欲，守中和，是谓知道要之门户也。"《太平经钞》乙部云："元气有三名：太阳，太阴，中和。"

《中和集·赵定庵问答》云："此中字玄关名矣。所谓中者，非中外之中，亦非四维上下之中，不是在中之中。释云，不思善不思恶，正恁么时，即是自己本来面目，此禅家之中也。道曰，念头不起处谓之中，此道家之中也。儒曰，喜怒哀乐未发谓之中，此儒家之中也。"李荣《老子注》云："中和之道，不盈不亏，非有非无。有无既非，盈亏亦非。借彼中道之药，以破两边之病。"由此可知，道学之德的特性为"中和"，古哲皆已心领神会。

总之中国古代的学术，全在"中和"二字上。"中和"为道之枢，德之柄，明乎中和，则可以正心，可以诚意，可以修身，可以齐家，可以治国，可以平天下，可以得一万事毕，可以无为无不为。丹道以中和为玄关，道教以中和为教义。"执一统众"、"守中致和"为道学第一谛义，亦为道家和诸子百家之学的枢纽。我们将"中和"归纳为德之特征是站得住脚的。

世界上万事万物之中，中性的事物超越了阴阳两性的制约关系，因此比阴阳二性更是真正的强者。科学研究证明，原始生命经过了三十多亿年的进化，至六亿多年前才出现了雌雄的分化，世间万物男女性爱等丰富多彩的局面由此展开。[①] 道学是一种返本复初的学说，必然会返还到阴阳未分的中性时代，因之道学之德以"中和"为特征是顺理成章的。内丹修炼的人体系统工程实际上也是将男女之性修炼为中性，女子斩赤龙变为男体，男子马阴藏相得漏尽通，才能结丹进入仙人境界。宇宙间中性的物质最厉害，如中子可以打破坚硬的原子核，中微子可以穿越固体空间，皆说明中性的力量最强。世界上大到政治、军事，小到世事人情，

---

① 在1997年北京举行的世界地质大会早期生命起源研讨会上，北京大学生命科学学院张昀教授，公布了他在6亿2千万年前的磷矿岩中找到了生命最早出现性别分化的痕迹。地球已存在46亿年，大约35亿年前才有生命。

莫不以中和之德为最终胜利者。老子悟透了宇宙自然和社会人事之理，才将"中和"二字贯穿在《道德经》中，给中华民族留下了宝贵的精神财富。

究而论之，道学从宇宙观上突出生化原理，以一个"因"字为作用；在治国平天下的用世之道上要在一个"中"字；在调理人与人、人与自然、人与社会的关系上重在一个"和"字；在个人修身处世的应世之道上法在一个"忍"字；在人身修炼的超世之道上诀在一个"逆"字。读道学之书重在体悟，不可拘于文字。道家的精华在于参透自然、社会、人生的客观规律，以道术秉要知本，进而追求人与自然的和谐性和人本身的超越性，贯彻以柔克刚、以弱胜强、以退为进的策略思想，以反对人的异化、回归自然为目标。道教的精华在于体认到人在自然界和社会上本身的存在价值，进一步提出"我命在我不在天"的口号，将自然规律和个人命运握之于掌中，以人力夺天地造化之功，最大限度地开发人体生命和心灵潜能，追求人同道的一体化，追求人与社会、自然界及各种关系的最优化。读者苟能从道学的著述中，体认到道家以"无为"为体，以"无不为"为用，以一个"生"字为源头，以一个"化"字为前提，以一个"因"字为枢机，以一个"中"字为纲要，以一个"和"字调万机，以一个"忍"字应世务的真机；领会到道教内丹学悟透生死，还虚合道，融身大化，以一个"逆"字修炼的精神，则是真能读书者。

第三节　破除诸误解

老子著《道德经》一书，开道学一派，由于其书用语古朴，其派包罗万象，故其学术思想被人误解最深。社会上未入门墙者固守俗人的浅薄之见，提到道家学说，则目为与世无争、听天由命的明哲保身之术；提到道教，则斥为装神弄鬼的粗俗迷信；提到内丹道学，则笑为白日升天的妄想之梦。学术界已入藩篱者亦颇多误解，视道家为消极避世的隐士哲学而不知其为积极进取的强者哲学；对仙道则惑于长生久视之说而不知长生久视之说乃是度人入道的津梁与工具。究其原因，且不论社会上错误的宣传，仅在学术研究上说，一是中国历史上长期以儒家学派占统治地位，道学的真面目被人为扭曲；二是学者们多不了解道学天人同构、身国一理的秘密，加之受士大夫正统观念影响，对内丹家的《道德经》注本不屑一顾造成的。注释道学经书不懂人体的心灵体验，那就没法理解道学的功夫境界，只能望文生义地推衍其政治学说，虚静自然的心态便成了无本之木，就难免作出消极避世的解释。

就《道德经》的注本而论，自先秦至六朝，韩非的《解老》、《喻老》重在发挥《老子》的权谋思想，河上公注本和葛玄《老子节解》尚明道家身国一体之理，严遵之注本则在心灵体验上更高一筹，开内丹家注《老子》之端。王弼之注本偏重义理，发挥玄学，为儒家学者解老开了端绪，此后沿着他的路子走下去，虽历代学者都不乏上乘之作，但毕竟脱离开老子修道的工夫境界，离老子真义总是隔了一层，其曲解《老子》的注本则层出不穷。其中明代内丹家陆西星的注本，佛教徒憨山大师的注本，乃至清末丹家黄元吉的注本则多为学术界轻视，登不得大雅之堂，没能发挥其应有的参考价值。学术界之注本长于考据训诂，内丹家及道教之注本长于心灵体验，须将二者结合起来扬长去偏身国同解才能掀翻境界。

古今对《老子》误解最大者，是从老子关于"无为"、"不争"、"身退"、"不敢为天下先"等语句将道家解为悲观的、厌世的和消极避世的隐士哲学。《老子》讲："生而不有，为而不恃"，"长而不宰"，"功成而不有"，"为而不争"，"利万物而不争"等，世人仅注意到老子所说："不有"、"不恃"、"不宰"、"不争"等后半句，而不知其前半句"生"、"为"、"长"、"成功"、"利万物"等话才是要害处。对此,陈鼓应教授著文极辩其非,他说:"老子思想本是经世致用之学,所谓道家消极之说,乃是不明深义者的浮面认识。"他列举了严复注"知雄守雌"的话:"今之用老者只知有后一句,不知其命脉在前一句也。"同时又赞赏了罗素对"生而不有,为而不恃,长而不宰,功成而不居"的解释:"功成"、"生"、"为",就是要发挥人的创造意志,"不有"、"不恃"、"不宰"就是要收敛人的占有冲动。① 世人但知老子以"无为"为体,而不知老子以"无不为"为用;但知老子示人以"不争",而不知老子的目的是"天下莫能与之争"。老子以"不争"避开众人之锋芒,得天下人之心,立中和之德,成"不得已"之势,自然"天下莫能与之争"了。老子之用兵,"将欲取天下",全在"不得已"三字上。大势已至,不得不为,循道而为之,则必成其功,这叫"无心得而鬼神服"。由此可知,老子之道并非消极无为,而是反对违背自然规律去妄为和时机不到而强为,"不知常,妄作凶",蛮干轻动是没有不失败的。

《老子》说:"功成,名遂,身退,天之道也。"(第九章)这段话也被世人用来作道家为隐士哲学的证据。唐代王真《道德经论兵要义述》云:"身退者,非谓必使其避位而去也,但欲功成而不有之耳。"陈鼓应教授进一步解释说:"老子哲学,丝毫没有遁世思想。他仅仅告诫人们,在事情做好之后,不要贪慕成果,不要尸位其间,而要收敛意欲,含藏动力。"② 老子的这段话,是将"身退"建立在"功成、名遂"的前提下,要建立功业,名垂青史,完成人生的历史使命达到光辉的顶点之后,能知道及时身退

① 陈鼓应:《道家在先秦哲学史上的主干地位》,载《道家文化研究》第十辑,上海古籍出版社,1996,第25页。
② 陈鼓应:《老子注译及评介》,中华书局,1984,第95页。

亦更需要超人的智慧，因为退比进还难。叶秀山教授认为：道家"功遂身退"并非不要"事功"，而是"事功"越大"退"下来就越需要更高的"觉悟"和"人格"。"功遂身退"是觉悟到"事功"终不可"居"，提前"进入死的状态"，将生命自觉"托付给他人，托付给历史"。道家思想和海德格尔批评的古希腊智者学派人"控制万物"，人"为万物尺度"的"人类中心论"不同，而是主张"道法自然"，人以"天"、"地"的法度为自己的法度。不论你愿意不愿意，"人"无法永久贪恋"名"、"利"，迟早要退出你的"事功"而接受死亡，这就看你会"退"不会"退"了。① 叶秀山教授的这段论述巧妙地阐发了《老子》"功成名遂身退"的思想，人们只要留心考察一下国内外一些领袖人物临终的政治悲剧，就理解老子的道家智慧是如何难能可贵了。

有人从老子有关"自然"、"无欲"、"柔弱"、"处下"、"清静"、"为腹不为目"等言语，误解老子的哲学是弱者的哲学，无所作为的哲学；认为纯任自然则不利于发挥人的主观能动性；谦下退让则压抑了人的创造性和进取心。值得注意的是，学习道家之术，首先要保持自己的创造力和进取心，充分发挥人的主观能动性，才会激发起人的智慧和才能，深刻领会道学的真谛，切忌消磨意志，不图进取，而断章取义地用道家的旗子装饰自己。道家之术乃是为天地立心，为万民立命，为往圣继绝学，为万世开太平的治国治身之术，绝不是与世无争、无所作为的纯任自然之学。中国以这种形象和心态理解道学，由来已久，世人真知《老子》者少而误解者多，这是老子在二千五百多年前就早已料定的，他说："知我者稀，则我贵矣。"（七十章）老子的话给我们一个启

<hr>

① 叶秀山：《道家哲学与现代"生"、"死"观》，转引自《哲学动态》1997年第4期《"道家与西方"学术研讨会在澳门举行》会议报道。

示，就是要弄懂老子的真义，必须从他用语的反面去理解，才不致被表面语言所迷惑。《老子》书中的概念都是两两相对的关系，柔弱对坚强而言，无欲对多欲而言，清静对躁进而言，其意皆是对另一极端的对立面的克制，使之达到中和的状态。柔弱并非懦弱，而是对恃强傲物的克制，以绳锯木断、水滴石穿的精神去达到以柔克刚的效果。由此可知，老子的哲学决非弱者的哲学，因为老子讲"反者道之动，弱者道之用"（《老子》四十章），目的是从相反的方面达到"柔弱胜刚强"（《老子》三十六章）的目的。换句话说，任何看似"柔弱"的新生事物都是最有生命力的，它们必将战胜貌似"坚强"的僵化、枯竭的旧事物。"草木之生也柔脆，其死也枯槁。故坚强者死之徒，柔弱者生之徒。"（《老子》七十六章）老子是站在新生力量一边，以发展的观点去分析强和弱的辩证关系的。同时，老子关于强者和弱者的关系上，还有一个特别的真知灼见，认为真正的强者不仅是"有力"、"强行"能战胜对手者，同时还要能战胜自己。《老子》云："胜人者有力，自胜者强"；"强行者有志"（三十三章），足见老子并非一般地反对强者，而是认为有道者才是强者。

另外，老子的话多是针对那些王侯等统治者说的，这些人刚愎暴戾，奢侈多欲，以强者自居。他们为政都难以避免三个弊端：其一是未上台前不择手段地争权爬上高位。上台后拼命集中权力，排除异己，造成唯我独尊的政局。这样的政局充满相互残杀的血腥斗争，成了多数人望而生畏的十分凶险的场所。其二是操之过急，构想出一个不切实际的治国宏图就想一天实现它，迫不及待地行扰民之政，名为利民，实则害民。其三是对外八面树敌，防范过甚；对内层层立威，听颂声而侮异见，法令滋彰，打击面过宽。这些统治者一是怕个人不突出，二是怕国家不强盛，三是怕政权不稳固，心中存着"怕"字，虽以强者自居，实际上乃真正弱者的心态。一个政权在行将灭亡之前，其弊政如山，积重难返，失去了灵活应变的能力和自我清除污垢的机制，其权力机构的利益集团越缩越小，表面上国家机器却强暴无比，容不得半点刺激，这都和"弱者道之用"的意思相反，是以强者为用的弱者。老子看透了世间凡人人皆欲得之的事，先争者必犯众怒，故以弱者自居示人"不争"而争得人心，于形势"不得已"时再得之。他主张以大国下小国，"善用人者为之下"，实是极高明的策略。老子说："圣人欲上民，必以言下之；欲先民，必以身后之。是以圣人处上而民不重，处前而民不害。是以天下乐推而不厌。以其不争，故天下莫能与之争。"（《老子》六十六章）这段话露了老底，其"下之"、"后之"，实是"欲上民"、"欲先民"，使"天下乐推而不厌"。老子明知自己必得，自己"处上"，却敢于以"不争"、"柔弱"、"处下"的弱者为用，这难道不是真正强者的心态吗？

再者，老子的著述，实是针对当时的世态而言，特别是针对为政者的弊端而发。他提倡清静、自然，是针对为政者的轻躁、烦扰而言。他提倡处下、不争，是针对社会上为己为私争名争利的现实而言。当时天下君子争名，小人争利，《史记·货殖列传》云："天下熙熙，皆为利来，天下攘攘，皆为利往"，人人皆要出风头，占便宜，难道在官场、商场、情场上还怕人们缺少"主观能动性"么？老子看透了人们熙熙攘攘争名夺利不惜伤天害理的世相，因此劝人少私寡欲，看轻身外的宝，守住身中的宝，使身内气血自然运行，这毋宁说是给人世的一副清醒剂。陈鼓应教授说："老子有感于世上的人，大家都想站在高处，都要抢在亮处，所以他以'川谷之于江海'来说明'处下'的好处。他认为若能'处下'，自然能够消解争端，而培养容人的心量。"[1] 足见老子并

---

[1]　陈鼓应：《老子注译及评介》，中华书局，1984，第42页。

没有压抑人们的创造性和进取心，而是要人按规律（包括政治规律、经济规律、自然规律）办事，符合规律便是顺从自然之道。

又有人以《老子》书中"绝学"、"弃智"、"非以明民，将以愚之"等内容，指责道学是反文化、反伦理、主张愚民政策的学说。其实这些误解，皆是学者食古不化，不善读书造成的悖论。《道德经》提倡"孔德之容，惟道是从"（二十一章），道德就是最高的智慧，最大的文化，最慈最善的伦理，怎么会是反文化、反伦理，让老百姓当傻瓜呢？实际上老子讲绝学，是绝周代礼教之学；讲弃智，是弃一切奸诈巧智；讲愚民，是导民以质朴。《老子》云："众人皆有余，而我独若遗，我愚人之心也哉！"老子自称是"愚人"，可见"愚"字在《老子》书中是一个特殊用语，为"质朴"的意思，"愚人"是一种修道的境界。"愚"字既不是愚蠢、傻瓜的意思；老子以上的思想，也不是什么反文化，反伦理，而是反异化的思想。相反，孔子说："民可使由之，不可使知之。"（《论语·泰伯》）历代独裁者心领神会，实行控制舆论的愚民政策，这又证明儒家为君主专制所不可缺，而道家之术却适用于民主政治，不可能搞愚民政策的。

还有人据《老子》"将欲歙之，必固张之；将欲弱之，必固强之；将欲废之，必固兴之；将欲取之，必固与之"（三十六章）这段话，指老子为阴谋家的鼻祖。《老子》书中确有谋略思想，然老子之谋略皆来自自然之道，并非人心险恶之诈术。自然之道本无心害人，人违道则自招其害，循道则能逞其谋，如此而已。《史记·陈丞相世家》记陈平少时，本好黄帝、老子之术，曾说："我多阴谋，是道家之所禁。吾世即废，亦已矣，终不能复起，以吾多阴祸也。"可见阴谋诈术本为道家所禁。明代洪应绍云："《易》曰：'尺蠖之屈，以求信也。龙蛇之蛰，以存身也'。与老圣之言，正互相发。盖循环往复，天之道，物之理，人之事，无不皆然。

惟早知之士，于其固然，知其将然，在张知歙，在强知弱。"(《道德经测》) 这就是说，事物的张与歙，强与弱，兴与废，与与取，皆自然规律，其张、强、兴、与中早隐含着歙、弱、废、取的因素，老子只不过根据势极必反之理，观其预兆，因势利导逞其谋略而已。道家的谋略，为以道为本、因势利导的前知之术。

老子之文多用比附事物讲道理，如用"人之生也柔弱，其死也坚强。草木之生也柔脆，其死也枯槁"为喻说明"强大处下，柔弱处上"的道理，有的学者据此从逻辑上认定老子的认识论为类比法，故其结论仅有或然性没有必然性。这种指责老子哲学推理不严密的误解也是迂腐之论。因事比类而讲道，本是中国古人特别是道家常用的文法，而道家在认识论上却不是以逻辑的类比法认识事物，而是靠非逻辑的直觉法悟道。《老子》云："涤除玄鉴"(十章)，又云："不出户，知天下；不窥牖，见天道"，"不行而知，不见而明"(四十七章)，皆是讲直觉思维的认识论的。老子讲"致虚极，守静笃"(十六章)，就是要在修道时高度入静，涤除心灵的污垢，开发心灵潜能达到道的境界，在道的高度上直接认识事物的本质。

《老子》一书，开宗明义便申明"道"的不可言说性，亦即论定语言符号指称本身有不确定性，并不能代替直接心理体验。道家所传的道学，来自对道的存在之直觉和体验，甚至是最终信仰，这些都超出世俗理性的界限，并无逻辑检验的程序。正是由于"道"的非逻辑性，故可知而不可说，即没有符号指称的在场性，这恰恰证明"道"是最终的绝对真理，因为绝对真理是无有符号指称的在场性的。这一思想，和西方后现代主义派的解构方法有异曲同工之妙。①《老子》毕竟是一本以修道的立场讲道的书，离

---

① 唐逸：《道家与后现代理性》，德国"道家传统与现代"国际研讨会论文。唐逸先生在文中对道家与德里达的解构方式进行了精到的对比研究。

开人身修道的体验许多概念则无从索解，连自然、无为等也是从体内气血运行而得出的规律。道学相传的是一种存在的体验，因之它具有经验之整体的在场性而无符号指称的在场性，这决定了道学语言的扑朔迷离，语义的闪烁朦胧。这种存在的体验和真知是现代心理学的研究课题。现代分析心理学家荣格早已揭示了"直觉"的心理功能，因之《老子》在认识论上是有科学根据的。

第四节　常道举要

怀特海曾说："一部西方哲学史不过是柏拉图的注脚。"意思是讲古今西方哲学家都没离开柏拉图所提出的基本范畴和问题。这句话对于老子《道德经》同中国哲学的关系也是大致适用的，特别是道学文化不过是《道德经》的注脚。老子以其"静观"、"玄鉴"的认识方法，反观内照，与道合真，沟通主观和客观事物，直接体认万事万物的本质；又利用"推天道以明人事"、"道法自然"的方法，得出事物发展变化的"常道"。《道德经》中作为法则秩序的常道，除了我们讲过的"守中致和"、"人天同构"等规律外，还可以归纳出若干要点。

一　自然无为

丹家修炼时体内气血自然运行，特别强调勿忘勿助，反对拔苗助长，治国之理亦同于人体中的自然律，须按规律运作，客观规律并不以人的意志为转移。《道德经》云："辅万物之自然而不敢为"（六十四章）；"道法自然"（二十五章）；又说"处无为之事，行不言之教"（二章）；"道常无为而无不为"（三十七章）。道的本性是自然，自然中有真、善、美的精华，按事物的自然本性去因势利导地撷取自然之精华，不违背自然规律去强作妄为，称作辅物自然，这就是老子修身、为人、处世、治国、论道的总原则，是道家哲学的精要。自然规律就是"常"，"知常曰明。不知常，妄作凶"（十六章），违背自然规律（常道）是没有好结果的，顺应自然规律的"无为"则可无所不为，这就是道家以"无为"求"无不为"的要义。

顺便提及，老子弟子杨朱以自然无为之道用于治身，倡全生贵己之说；用于治国，则倡静因之道，"言治天下如运诸掌然"（《说苑·政理》）。静则去爱恶之心，虚静以待；因则时至而应，因而不为。静因之道舍己意而以事物自然之理为法，因客观条件而动，故物因理而用，法因时而变，国因人心而治，体现了司马谈所谓道家"以虚无为本，以因循为用"（《论六家要旨》）的要旨。《道德经》云："治大国若烹小鲜"（第六十章）；"爱民治国，能无为乎?"（十章）"我无为而民自化，我好静而民自正，我无事而民自富，我无欲而民自朴"（五十七章）；"功成身遂，百姓皆谓：'我自然'。"（十七章）这些话阐明了道家以自然无为之道治国的要点。道家的"无为无不为"之说，其真义是将有为提高到无为的境界，如"庖丁解牛"本是有为，但其合乎自然，顺乎规律，应乎节奏，则游刃有余，近乎无为了。如果国家的法治、民主制度十分健全，商品经济发达，老百姓依法律而生活，按经济规律去运作，自己知道如何享受自由和追求幸福，感受不到有人来指挥、强制或压榨他们，更用不着对统治者畏惧或感恩，皆说"我生活在自然之中"，那就是道家的治世了。

二　对立转化

老子以虚静的心灵体悟到了自然界和人类社会的事物中都存在着矛盾，矛盾的双方会向自己的反面转化，这种"常道"包含了辩证法的内容。首先，老子认为"万物负阴而抱阳"（四十二章），都存在着矛盾，这些矛盾是相反相成、对立统一的。《道德经》中有很多相互对立又相互依存的概念，如有无、难易、高下、音声、前后、美恶、善不善、寒热、大小、轻重、死生、祸福、治乱等。老子又认为"祸兮，福之所倚；福兮，祸之所伏"；"正复为奇，善复为妖"（五十八章），矛盾对立面的双方是可以相互转化的。其次，他又观察到量变可以引起质变的规律，"合抱之木，生于毫末；九层之台，起于累土"（六十四章）；"图难于其易，为大于其细"（六十三章）。再有，老子还有"否定之否定"的观念，认为物极必反，"反者道之动"（四十章）。他说："曲则全，枉则直，洼则盈，敝则新"（二十二章）；"大直若屈，大巧若拙"（四十五章）；"物壮则老，是谓不道，不道早已"（三十章）。老子的哲学包含着丰富的辩证法思想，他能够掌握对立统一的规律，不过在处理矛盾上尽量避免斗争和激化矛盾，力图消弭矛盾的对抗性，更重视矛盾的统一与和谐。

"反者道之动"是老子哲学中最根本的思想之一，它包括对立转化和返本复初等含义，由此发展出逆向思维的推理方式。世人皆注意事物矛盾正面的表现，道家却留心于剖析矛盾背后隐藏着的反面变化的趋势，并从道的境界去推测未来，这就是《老子》讲"我独异于人，而贵食母"（二十章）的秘密。根据老子这一思想，《黄帝四经》特别注意事物发展的"度"和"数"，提出"抱道执度"（《道原》）的主张，否则"过极失当，天将降殃"（《国次》）。根据事物相反相成、物极必反，对立面相互否定、转化的规律，老子提出"执一"、"守中"的中和之德和"损有余而补不足"的"天之道"。《老子》云："故贵以贱为本，高以下为基"（三十九章）；"去甚，去奢，去泰"（二十九章）；"知足不辱，知止不殆"（四十四章）；"处其厚，不居其薄；处其实，不居其华"（三十八章）；"慎终如始，则无败事"（六十四章）；"持而盈之，不如其已"，"功遂身退，天之道也"（九章），这些话都是老子为防止事物走向不利于自己的反面而提出的对策。

三　周行不殆

　　道家还有一个根本思想，就是"返本复初"，这在"反者道之动"的哲学中和"对立转化"具有同等重要的意义。"虚"、"静"、"无"、"朴"、"无物"等，都是对本初状态的形容，这种本初状态并不简单等同于事物发生的原点，而是在更高层次上与原点对应的终极状态，即道的高境界。这样，循环往复的运动实际上是一种螺旋形的上升运动，因而"玄牝之门，是谓天地根"（六章），"复归于无物"（十四章），"复归于朴"（二十八章），"复归于婴儿"等，皆是向道复归。老子观察日月运行、草木蓬生的自然现象，认定事物有循环往复、返本归根的运动规律。他形容道"周行而不殆"；"大曰逝，逝曰远，远曰反"（二十五章）；"万物并作，吾以观复。夫物芸芸，各复归其根，归根曰静，是谓复命"（十六章），道化生出天、地、人和万物，出现千姿百态的运动，最终都要经过自然的大循环殊途同归，返回虚静的本初状态。董光璧《当代新道家》一书借用恩格斯《自然辩证法》中关于"宇宙大循环"的思想为老子"周行不殆"的论断作了注脚①，这无疑比从力学机械论的观点把循环看作圆周运动要深刻得多。生命进化从海里的水母到动物到人是一种循环；人的成长由生到死也是一种循环；人类社会发展由原始氏族公社逐渐前进到共产主义公社（高级的原始公社）更是一种循环。组成宇宙的三大基本要素（物质、能量、信息）是相互转化和守恒的。在宇宙的创生和演化过程中，存在着物质、能量、信息的大循环，正是宇宙的大循环保证了自然界的生命运动不止，生生不息。一切产生出

---

① 董光璧：《当代新道家》，华夏出版社，1991，第110～114页。

来的东西，都终究要消亡，只有道是绝对的、永恒的。内丹仙学悟透生死，融身大化，回到"父母未生前"的状态，实际上是模拟时间的反演过程，向虚静的道复归。

四　见素抱朴

《道德经》云："见素抱朴，少私寡欲，绝学无忧"（十九章）；"常德乃足，复归于朴"（二十八章）；"朴，虽小，天下莫能臣"（三十二章）；"镇之以无名之朴"（三十七章）。"素"为未染之丝，"朴"为未雕之材，朴素乃是一种未经人工雕琢和污染的自然状态。道学文化以"返朴归真"为纲，反对人力过分地掠夺自然界和社会道德过分扭曲人的本性。人固然可以掌握自然规律利用自然资源为人类造福，道家的《黄帝阴符经》就有盗取万物为人所用的思想，但人的欲望过高而贪得无厌地掠夺自然界，就必然招致大自然的报复，当前世界范围内出现的环境污染、生态破坏、资源匮竭、气候异常等现象就是人力过分掠夺自然资源的恶果。统治集团固然可以利用智能和机巧强化国家机器，以严刑峻法控制人民，同时又用纲常礼教等道德教条来征服人心，然而朴素自然的人性却被虚伪的礼教所扭曲，人们为争名夺利钩心斗角、尔虞我诈、人欲横流，结果"人多利器，国家滋昏；人多伎巧，奇物滋起；法令滋彰，盗贼多有"（五十七章），甚至出现人与人互相残杀的战争和灾难。老庄学派认为人的智谋增加，自然资源的广泛利用，国家机器的强大，社会伦理观念的繁杂，生活享受的丰富，表面看来是社会进步，实际上却是自然之道的沦落。因此，道家倡导"返璞归真"的文化，遏制社会文明的进展造成的异化现象。老子按道家的社会价值观念，企望在社会上形成一种质朴的风气，"不尚贤，使民不争；不贵难得之货，使民不为盗；不见可欲，使民心不乱"（三章），人和人之间保持纯朴的

"愚人之心"，互相推诚相待，不使奸诈，不巧取豪夺，伦理、法令、礼节皆简单实用，人民和大自然交融在一起，按自然节律生活，反而会得到真正的自由、幸福。《道德经》云："众人皆有余，而我独若遗。我愚人之心也哉！俗人昭昭，我独昏昏。俗人察察，我独闷闷。众人皆有以，而我独顽且鄙。我独异于人，而贵食母"（二十章）。得道的人，能够保持自己的自然本性，像婴儿般一样纯朴天真、少私寡欲，从而抵制社会因素对人性的扭曲和人格的异化。《庄子》追求道家在人格上的内在超脱和精神自由，提出"不为物役"，"不与物迁"（《德充符》）的命题，主张摆脱物欲的控制，不做工具的奴隶，以保持人性的独立和完整。

见素抱朴则能俭啬，以防暴殄天物和残伤生命。《老子》云："治人事天莫若啬"（五十九章），同时把俭当作道家三宝之一，称"俭固能广"（六十七章），因之俭啬是道家的一条大原则。俭啬的意思有二，一是对人体内的精、气、神要啬，不要伤残自己的生命力，把人身和生命放在外界的名利色权之上；二是爱惜外界社会上的人力、物力、财力、地力，对生活消费要俭，反对穷奢极欲，要求人们永远保持艰苦朴素的奋斗精神。

五 雌、柔、不争

《道德经》云："知其雄，守其雌，为天下谿。为天下谿，常德不离，复归于婴儿。知其白，守其辱，为天下谷。为天下谷，常德乃足，复归于朴。"（二十八章）老子以"知雄守雌"、知荣守辱为倡，是观察到越是低下的地位越蕴藏有巨大的潜力，谦让一步更能激发进取心；反之，争雄和荣耀会导致盈满骄傲，从而播下败亡的种子。"持而盈之，不如其已。揣而锐之，不可长保；金玉满堂，莫之能守；富贵而骄，自遗其咎"（九章）；"保此道者，不欲盈。夫唯不盈，故能蔽而新成"（十五章），这就是守雌不盈的道理。

《吕氏春秋·不二》说："老聃贵柔"，尚柔守雌是老子哲学继承母系氏族社会女性崇拜传统的特色。《道德经》云："柔弱胜刚强"（三十六章）；"弱者道之用"（四十章）；"天下之至柔，驰骋天下之至坚"（四十三章）；"见小曰明，守柔曰强"（五十二章）；"天下莫柔弱于水，而攻坚强者莫之能胜，以其无以易之。弱之胜强，柔之胜刚，天下莫不知，莫能行。"（七十八章）道家善于以柔克刚，以弱胜强，其运用之妙就像水一样，虽柔弱谦下、忍辱藏垢，却是世上生命之源，有无坚不摧的能力。因之，只有那些像江海一样能容纳千万条支流的人，那些像污水缸一样能忍受国人各种责难和侮辱的人，那些能承担国家的困难并甘做别人不愿做的事情的人，才称得起"社稷主"、"天下王"，有资格作人民的领袖。

道家以为人世间的残杀和失败，皆由一个"争"字引起，为争私利遭到惨败而失利，不如无争。《道德经》云："上善若水。水善利万物而不争，处众人之所恶，故几于道"。"夫唯不争，故无尤。"（八章）"圣人之道，为而不争。"（八十一章）"天之道，不争而善胜"（七十三章）；"善为士者，不武；善战者，不怒；善胜敌者，不与；善用人者，为之下。是谓不争之德，是谓用人之力，是谓配天古之极。"（六十八章）道家之用如水，水有不争之德，不去争功利，反而能保持功利不失。《道德经》云："生而不有，为而不恃，长而不宰。是谓玄德。"（五十一章）"万物作而弗始，生而弗有，为而弗恃，功成而弗居。夫唯弗居，是以不去。"（二章）"是以圣人后其身而身先，外其身而身存，非以其无私邪？故能成其私。"（七章）"不敢为天下先，故能成器长。"（六十七章）江海处在百谷下面容纳百川，反而成为"百谷王"，处下不争上反而能居上，这实际上是以退为进，以不争为争。《道德经》

云：“夫唯不争，故天下莫能与之争”（二十二章），就是将功利寓于不争之中的策略。“企者不立；跨者不行；自见者不明；自是者不彰；自伐者无功；自矜者不长。”（二十四章）那些匆忙炫耀自己、自逞己见、自以为是的人，反而惹人厌恶，争不到要得的东西。老子之道以“弱”为用的要害，也反映了守中致和的特征。道家的心法在于“通于一而万事毕，无心得而鬼神服”（《庄子·天地》），故守道而静，“不得已”而动，无心而得，则能抓住道枢，瓜熟蒂落，水到渠成，游刃有余而无往不胜。

六　慈而重生

《道德经》云：“我有三宝，持而保之。一曰慈，二曰俭，三曰不敢为天下先。”（六十七章）不敢为天下先是不争；俭用于治国为俭朴，用于养生为啬精；慈则爱人，爱人则重生。《道德经》云：“故道大，天大，地大，人亦大。域中有四大，而人居其一焉。”（二十五章）“是以圣人常善救人，故无弃人；常善救物，故无弃物。是谓袭明。”（二十七章）“夫乐杀人者，则不可得志于天下矣。”（三十一章）道家以人为域中四大之一，倡导以慈爱待人，使人尽其才，物尽其用，在不得已用兵作战时反对以杀人为乐。《老子》还说：“善者吾善之，不善者吾亦善之。”“信者吾信之，不信者吾亦信之。”（四十九章）“圣人不积，既以为人己愈有，既以与人己愈多。”（八十一章）“圣人常无心，以百姓心为心。”（四十九章）从这些话中，可以体察老子与人为善的救世之心，因之他的哲学是大慈、大善、大公、大忍、大诚、大信的哲学。老子的道上统天心，下应民心，是爱物重生的，他认为生命的价值远远高于身外之物的价值。老子由慈心爱人的思想出发，提出了“摄生”、“自爱”、“无遗身殃”等重生观念，以追求“长生久视”。《道德经》云：“盖闻善摄生者，陆行不避兕虎，入军不被甲兵；兕无所投其角，虎无所用其爪，兵无所容其刃。夫何故？以其无死地。"（五十章）《道德经》在摄生修炼方面有极高的功夫境界，其修炼理论和方法有："抱一"毋舍、"专气致柔"、"少私寡欲"、"闭门塞兑"、"涤除玄鉴"、"天门开阖"、"归根复命"、含德知和、房中啬精、虚极静笃、虚心实腹等修炼精、气、神的要诀。《道德经》云："致虚极，守静笃。万物并作，吾以观复。"（十六章）"虚极"、"静笃"、"归根"、"复命"体现了《老子》的功夫境界，它不仅是老子直觉思维的认识论原则，而且是炼神功夫的要诀。《道德经》又说："含德之厚，比于赤子。毒虫不螫，猛兽不据，攫鸟不搏。骨弱筋柔而握固。未知牝牡之合而朘作，精之至也。终日号而不嗄，和之至也。"（五十五章）"知和"是老子哲学追求的一个原则，精足气和也是道教内丹修炼的目标。后世的内丹学实际上就是以"致虚极，守静笃"为法诀，以"归根"、"复命"为原理形成自己的理论体系的，道教将老子的道视为金丹大道，原因就在这里。

道教继承了老子学说，主张"生道合一"，养生就是修道，并提出"我命在我不在天"的口号，以内丹学的人体系统工程去探索生命科学的规律，这是道家学说开放的智慧之花。

七　天道无亲

道家的常道是不以人的意志为转移的客观规律，它体现在自然界、社会和人生之中，必然和中国社会儒家讲血缘关系、重个人恩怨的文化传统相矛盾。《道德经》云："天地不仁，以万物为刍狗；圣人不仁，以百姓为刍狗。"（五章）孔子讲"亲亲，仁也"，仁是建立在"亲亲尚恩"的道德伦理关系上的。道家的客观规律对万事万物都无所偏爱，只有照自然法则办事的人才会取得好的效果，因此说："天道无亲，常与善人"（七十九章）。道家学说否定了有意志的人格神的存在，也反对人们以道德观念和感情的因素强加到自然和社会的运动上，认为人事的活动要取法自然界的规律。《道德经》云："人法地，地法天，天法道，道法自然"（二十五章），道作为自然法则是客观的、无意志的，因而也是无私的，公正的。天地既生万物，又杀万物，将万物视同刍狗一样不予感情上的爱憎，这和社会上人的道德观念很不相同。"天之道，损有余而补不足。人之道则不然，损不足以奉有余。"人若想使自己达到"有余以奉天下"的至德，就必须积德修道。老子的胸怀，以天下为公，"知常容，容乃公，公乃全，全乃天，天乃道，道乃久，没身不殆。"（十六章）因而《吕氏春秋·贵公》认为老聃"公"的思想胜孔子一筹，称"老聃则至公矣。天地大矣，生而弗子，成而弗有，万物皆被其泽，得其力，而莫知其所由始。"老聃的思想是从母系社会无剥削、无压迫、无私产的原始公社文化升华而成的，因而具有超越时代的特点。

老子"以道莅天下"（六十章），以人道法天道，认为"天地之间，其犹橐籥乎？虚而不屈，动而愈出"（五章）。这样，圣人也越布道越有道，"圣人不积，既以为人己愈有，既以与人己愈多。天之道，利而不害；圣人之道，为而不争。"（八十一章）天地决不会为任何个人或社会集团牟取私利，"天地相合，以降甘露，民莫之令而自均"（三十二章），真正为人民谋利益的有道者也应和天降甘霖一样对天下一视同仁。正如《庄子·天道》所谓"嘉孺子而哀妇人"，为仁义之治（儒家），"日月照而四时行，若昼夜之有经，云行而雨施"，才是自然之治（道家）。道家之仁为大仁，"大仁无亲"，故能一视同仁。

道家学说以养生、修道、治国为一体，养生、立身、处世、治国等皆先从修道开始，要"修之于家"、"修之于乡"、"修之于邦"、直到"修之于天下"，"修之于身，其德乃真"；"修之于天下，其德乃普"。（五十四章）道家以自身得道为根基普及天下，其观察天下亦从"以身观身"开始，修道的目的在于道通为一，"同于道者，道亦乐得之；同于德者，德亦乐得之。"（二十三章）道家心怀天下，其修身、重身、爱身正是将天下视同自身，"故贵以身为天下，若可寄天下；爱以身为天下，若可托天下。"（十三章）由此看来，那些视道家为消极避世学说的观点实在是一种无知的偏见。

还须指出，老子以道治天下的理想包含有民主和法治思想的要素。《道德经》讲"天网恢恢，疏而不失"（七十三章），显然是在天道无亲的原则下形成的法制观念。而后彭蒙干脆否定"圣人之治"主张"圣法之治"，为实现"以道莅天下"找到了出路。他说："圣人者，自己出也；圣法者，自理出也。""故圣人之治，独治者也；圣法之治，则无不治矣。"（《尹文子·大道》）《吕氏春秋·贵公》也说："天下非一人之天下，天下之天下也"，这显然和民主政治的观念相合。由此可知道家学说是可以接纳现代民主和法治的文化要素的。

八　道之境界

《道德经》云："孔德之容，惟道是从"（二十一章），将道作为人一切生命活动的最高原则。《庄子》更进一步将道作为一种生命的境界，并将道的境界落实到人与自然的关系、人与社会的关系、人自身的价值追求诸方面去，为道学文化增添了新的智慧。

在作为群体的人类与宇宙自然的关系上，老子强调了人的主体性和自然规律的客观性，主张人顺应自然规律进而利用自然，但反对掠夺自然。庄子则提出"天地与我并生，而万物与我为一"（《齐物论》）的命题，将人和自然看作一个统一的有机体，"故其好之也一，其弗好之也一；其一也一，其不一也一。其一与天为徒，其不一与人为徒。天与人不相胜也，是之谓真人"（《大宗师》）。一就是"天人合一"（《山木》："天与人一也"），这个观点后来成为道教文化特别是内丹学的理论基础。庄子认为无论人们喜欢不喜欢，天人总是合一的，只有和大自然和谐相处，主张"天与人不相胜"的，才是"真人"。西方文化将人和自然置于对立的关系，三百多年前培根认为人类进步的标志就是以科学的力量认识世界和征服宇宙，并提出"知识即权力"的口号，促进了近三百年来西方科学技术的突飞猛进。其实中国先秦荀子就有"制天命而用之"、"天地官而万物役"等制天、役物的"人定胜天"思想，只是在儒家政治伦理学的统治下没有发挥作用。现代后工业社会在征服自然中饱尝大自然的报复，深知"戕天役物"的危害，反而意识到道家生态智慧的珍贵。庄子认为按"天人不相胜"的原则，"唯同乎天和者为然"（《庚桑楚》）。他描述了这种"同乎天和"的理想自然境界："当是时也，山无蹊隧，泽无舟梁；万物群生，连属其乡；禽兽成群，草木遂长。是故禽兽可系羁而游，鸟鹊之巢可攀援而窥。"（《马蹄》）

在作为个体的人与社会群体的关系上，老子提出了"玄同"的处世原则，要挫锐解纷、和光同尘，不陷入复杂的人事矛盾，也避开亲疏、贵贱等利害关系，从而倡导一种小国寡民的质朴社会。庄子则主张在"人以智相争，为名相轧"的乱世中"知不可奈何而安之若命"（《德充符》），要"为善无近名，为恶无近刑。缘督以为经，可以保身，可以全生，可以养亲，可以尽年"（《养生主》）。人生在乱世不仅要"安时而处顺"，而且要看破利害得失，"哀乐不能入"其心，"举世而誉之而不加劝，举世而非之而不加沮，定乎内外之分，辩乎荣辱之境，斯已矣。"（《逍遥游》）在治国上，老子主张"无事"而治，要求政治上宽松，刑罚上宽容，反对那种使"天下多忌讳"的"察察"之政。庄子则强调无为而治，"故君子不得已而临莅天下，莫若无为。无为也而后安其性命之情。"（《在宥》）他设想君臣为"德友"的关系，君主"游心于淡，合气于漠，顺物自然而无容私焉，而天下治矣。"（《应帝王》）这就是顺应百姓自然生活，加强社会的公正原则，使人人心情舒畅，国家自然安定。《庄子·天地》中说："大圣之治天下也，摇荡民心，使之成教易俗，举灭其贼心而皆进其独志，若性之自为，而民不知其所由然。"这种君主"利泽万世而天下莫知"，老百姓感觉不到政权的威力，所谓"明王之治，功盖天下而似不自己，化贷万物而民弗恃；有莫举名，使物自喜，立乎不测，而游于无有者也。"（《应帝王》）由此，庄子提出了他理想的社会境界："夫至德之世，同与禽兽居，族与万物并，恶乎知君子小人哉！同乎无知，其德不离；同乎无欲，是谓素朴，素朴而民性得矣。"（《马蹄》）在这种社会里，"不尚贤，不使能，上如标枝，民如野鹿"（《天地》），人人自食其力，同德而不党，无宗法等级，无剥削压迫，具有纯真朴实的人际关系。如果说老子"小国寡民"的社会理想是民族区域自治的雏形，那么庄子"至德之世"的社会理想实际上是自由人的联合体，道家的社会境界至今对人们仍有启示意义。

在个体生命价值的自我完善方面，庄子发展了老子返璞归真的思想，将人回归到自然之中，从而试图摆脱社会关系强加给人性的束缚，努力恢复纯朴自由的自然人性。为此，庄子首先要求人们开发自己的智慧境界，把认识升高到"道"的层次，他说"小知不及大知，小年不及大年"；"无极之外，复无极也"。（《逍遥游》）在普通人的"小知"看来是非、物我、彼此之间的重大差别，得道者以超越时间（小年）和空间（无极）的"大知"观察则是"道通为一"，没有差别的。有大智慧的人并非不辨是非，而是在道的高层次上泯灭了是非，这种超越是非物我界限的境界，称作"道枢"。得"道枢"者，能从整个宇宙运动过程中考察世界，抓住道的中心环节，可"以应无穷"（《齐物论》）。人有了"齐是非，等物我"的大智慧，则可从超越一切相对事物的荣辱得失中获得自由，使自己达到"无待"、"逍遥"、"悬解"的境界。人能"体尽无穷而游无朕"（《应帝王》），摆脱哀乐烦恼情绪的干扰，取得心灵的宁静和精神的自由，使自己的生命和大自然本身的声音及节奏相合，从而体认到道的本体，就等于解除倒悬，得到逍遥的人生。在此基础上，庄子又提出了理想的真人境界：这些真人"不为福先，不为祸始；感而后应，迫而后动，不得已而后起。去知与故，循天之理。故曰无天灾，无物累，无人非，无鬼责。不思虑，不预谋，光矣而不耀，信矣而不期，其寝不梦，其觉无忧，其生若浮，其死若休。其神纯粹，其魂不罢。虚无恬淡，乃合天德"。（《刻意》）他们"上与造物者游，而下与外死生无终始者为友"，"独与天地精神往来而不傲睨于万物，"澹然独与神明居"（《天下》），实现了自我人性的解放和内心世界的绝对自由。

为了达到得道的真人境界，庄子亦特别强调生命的修炼功夫。《大宗师》阐述这种修炼过程说："吾犹告而守之，三日而后能外天下；已外天下矣，吾又守之，七日而后能外物；已外物矣，吾又守之，九日而后能外生；已外生矣，而后能朝彻；朝彻，而后能见独；见独，而后能无古今；无古今，而后能入于不死不生。"此外，还有《大宗师》中的"坐忘"、《人间世》中的"心斋"、《在宥》中广成子治身至道等著名修炼法诀，都显示了道家高超的功夫境界。

如果说孟子把"仁"、"义"、"礼"、"智"作为儒家伦理观念的"四端"（《孟子·公孙丑上》），我们则可以把"善"、"慈"、"诚"、"信"作为道家道德观念的"四端"，道家的哲人非常重视善、慈、诚、信四端在修道中的作用，将其看作是进入道之境界的阶梯。道学既是治身之学，又是治心之学，也是治国之学，三者同体而一理。究其推理方式，一是"推天道以明人事"的天人合一观，一是"天地与我并生，万物与我为一"（《庄子·齐物论》）的物我一体观。《庄子》书以心学和美学见长，他以修道而得空明灵觉之心，从而进入艺术境界，将心学和美学统一起来。庄子把宇宙看作一个生生不息的大生命，并把自己个体的身心融化在宇宙大生命之中，达到艺术人格的升华，使心灵突破时空的限制在六合之外获得绝对自由，这就是逍遥的天人合一之境，也就是道之境界。

第五章　道学文化的现代意义

再过三年多的岁月，我们就要跨入下一个千年纪元之门。在世纪之交，学术界关于文化问题的讨论出现了百家争鸣的局面。这是因为海内外华裔学者似乎有一个共识：中国要现代化，社会要发展，必须以文化为先导。那么，文化中的科学、哲学和宗教之间的关系如何？世界文化发展的大趋势是什么？道学文化的现代意义及其发展前景？这些都成了人们普遍关心的问题。

第一节　世纪之交的科学、哲学和宗教

"文化"是自然的人化，它本身是一个不易界定的复杂概念，抛开政治、经济的层面不说，它至少还包括科学、哲学、宗教、文学艺术以及同民族性格及其价值体系密切相关的风俗习惯等伦理学要素。文学艺术是异质文化之间相互交流的先驱，优秀的文学艺术作品可以触动异族人的心弦，能被人类所共同鉴赏。风俗习惯则积淀在文化的底层，是社会伦理的载体，而且和宗教的信仰密不可分，往往随着宗教的传播而扩散到异质文化中去。科学、哲学和宗教是文化中的三大基本要素，它们代表着文化的不同思维方式和价值观念。在中国，由于儒家的伦理观念也渗透进道教之中，中国的民俗基本上是属于道教的，道学包括了科学、哲学、宗教信仰的民族特色，因之鲁迅先生有"中国根柢全在道教"之论。老子的道论成为中国科学、哲学、宗教、文学艺术及风俗习

惯得以创生及发展的源头活水，这是不难理解的。道论能激发科学与文学艺术的创造精神，能给哲学以辩证思维和究天人之际的恢宏气度，能深入人心、移风易俗为基层民众所信仰，这同道家大慈大善、大诚大信的悲天悯人的信仰情怀密不可分。

《老子》讲"孔德之容，惟道是从"，尊道贵德，不弃人，不弃物；使人求以得，有罪得免；常善救人，以百姓心为心；不善者亦善之，不信者亦信之；对道要敬畏，如冬涉川，若畏四邻，俨兮若客，皆体现出宗教家的博大崇高之胸怀，故能为中国的哲学家和科学家之忘我探索精神奠定下坚实的信念。因为一个民族的科学和哲学的发展，必须有一批科学家和哲学家去忘我探索，这和儒生读经求官的人生动力不同，而是要以一种价值观和信念为基石。自然界及科学技术体系本身给不出人生意义和价值的判断，因为价值判断皆是以人为主体抉择的。人的主体作出价值抉择，又须有一种信念，深信科学与哲学探索事业有价值，才肯为之做出牺牲。这种信念，归根结底来源于对道的终极信仰。中国科学技术史上的发明创造，中国哲学史上诸家学说，说穿了，都是古代科学家和哲学家对天地之道和人之道的忘我追求，他们揭示道的奥秘的理性思维是建立在对道的本体存在之非理性的终极信仰之上的。在西方，近代科学和哲学的迅猛发展，其驱动力亦来源于宇宙具有内在理性的信念，这些信念植根于基督教特别是《旧约》创世观的传统，又受古希腊柏拉图哲学的孕育。爱因斯坦1940年在美国纽约举行的"科学、哲学与宗教大会"上说："有科学而无宗教乃是跛足的科学，有宗教而无科学则是失明的宗教。"对宇宙的宗教情感乃是近代科学家推进科学研究的最高驱动力，开普勒与牛顿能够解开天体运行的奥秘，也是依赖对宇宙理性结构的信仰，依赖于要理解宇宙显示出的一点一滴的理性的渴望。由此看来，宗教文化既是哲学也是科学的母体。

中国的诸子百家学说都源于先民原始宗教的巫史文化，这是不争的事实。原始巫术是人类童年阶段非理性思维活跃时期的产物，它是不能和迷信画等号的。这种巫史文化包罗在道学之中，而中国的古代科学，又是从道学中孕育出来的。西方近代科学的发展也源于宗教，科学史家 W. C. 丹皮尔就在《科学史及其与哲学和宗教的关系》一书中探讨了科学、哲学、宗教三者之间的同一性。牛顿、开普勒那代科学家献身科学的动机来源于上帝创世的宗教信念，他们相信上帝创造的世界是有秩序的，因之行星运动三定律发现后不去争发明权，而是首先给上帝写赞美诗。日本学者佐藤进教授也认为，"哈密顿最小作用量原理"是在基督教教义的基础上产生的，而运动守恒定律是根据神的单一性原理推导出来的结论。[①]

　　在科学、哲学、宗教三者关系中，由于科学技术是第一生产力，因而是最活跃的因素。它给哲学不断提供新问题，促使人们世界观的转变，并迫使宗教退出地盘和更换教理体系。科学家离不开哲学思想的指导，他们的创造思维也常常到宗教文化中寻找灵感。宗教是对人生的终极关怀，它从非理性的角度满足人类情感和信仰的需求，它的作用不是理性思维的科学和哲学所能取代的。有关人生和人类心灵的认识本来属于未来哲学和科学研究的重点，却在关心濒死体验和心灵归宿的宗教母体中长期孕育着，宗教徒的宗教体验和修道感受也为科学和哲学特别是心理学的研究提供了素材。由于实践是检验真理的唯一标准，当科学理论和实验事实发生冲突时，只能是修正理论以解释实验事实，而不能否定事实而曲从理论。科学革命是以发现违反旧理论范式的事实开端的。

---

　　① 佐藤进：《所谓科学技术是什么？》，三一书店，1978。

当自然科学叩开 20 世纪之门时，人们普遍相信牛顿、拉瓦锡等人奠定的科学大厦已经完美无缺，以后不会再有惊人的新发现了。1900 年 4 月 27 日，英国物理学家凯尔文勋爵（即威廉·汤姆逊）踌躇满志地宣称，物理学的天空已经明朗洁净了，只剩下两朵"乌云"，一朵"乌云"联系着迈克尔逊——莫雷实验，另一朵"乌云"和麦克斯韦——玻尔兹曼能量均分学说有关。然而，正是这两朵"乌云"在 20 世纪酿成了一场空前的科学革命，诞生了相对论和量子物理学。人们知道，西方的思维方式是以形式化的逻辑体系为基石的，因之数学便成了所有自然科学乃至社会科学（如经济学）的标准，能否数学化是判定一个学科是否发展成熟的标志。在 19 世纪末，数学、逻辑工具也日益完善，亚里士多德的演绎科学的理想似乎接近实现，人们期望着全部数学定理的形式化。然而，20 世纪以来，哥德尔不完全定理证明在形式体系中完备性和一致性不可得兼，由此打破了西方追求普遍完美的逻辑形式化体系的迷梦。在量子力学领域内，海森堡发现了测不准原理，使决定论的物理定律变为统计性的概率描述，"上帝也玩骰子"的事实使爱因斯坦陷入苦恼之中。爱因斯坦和维特根斯坦终于发现人类理性是有极限的，爱因斯坦推崇直觉在科学发现中的作用，维特根斯坦认为对理性极限之外的东西就不要用语言去描述它。自 20 世纪 60 年代以来，随着科学哲学的研究进展，后现代思潮和非理性主义兴起，展开对神圣化了的理性统治和科学主义的批判。人类要科学，但不要对科学的迷信；人类要理性，但不要被神圣化、违背人性的理性；唯科学主义和工具理性万能的西方传统观念被西方有识之士所唾弃。这样，20 世纪与其说是科学的世纪，不如说是在科学面前恢复人的尊严的世纪。

中国的情形则不然，在 20 世纪初中国的传统文化受到了真正的挑战。"五四"新文化运动的知识分子觉察到了维护家长制宗法政治的儒家伦理纲常是阻碍社会进步的病根，提出了"打倒孔家店"的口号。尽管现在看来"五四"运动的先觉者倡导"全盘西化"等反传统思潮失之过激，但他们高举"民主"与"科学"的大旗（当时对民主和科学的理解也很肤浅）真正抓住了改造中国传统文化的关键，因为离开民主与科学便无法使中国现代化。而后，马克思主义的学说和共产主义的理想激起千百万中国青年的热情，使中国共产党的革命得以成功。20世纪60年代的"文化大革命"将"五四"以来的反传统思潮推向极端，却导致"现代迷信"和封建宗法思想的复辟，受到历史辩证法的惩罚。"文化大革命"刚刚结束，人们又呼唤"民主"和"法治"的口号，"商品经济"和"人权"的观念也逐渐被人们理解。尽管眼下人们对"民主"、"法治"、"人权"的内容还有不同解释，但鉴于"文革"以来不少人生命安全、人格尊严被任意践踏的历史教训，人们是不会拒绝将这些珍贵的文化要素融入自己的民族文明之中的。

20世纪经过"五四"新文化运动及"文化大革命"而得到经验教训，中国的思想家和学者们应该学会对自己的文化包括科学、哲学和宗教进行冷静的反思。由于20世纪上半叶中华民族以救亡图存为主题，因之"五四"运动也以救亡为主，新文化运动的任务并没有完成。然而却由此引进了西方的科学和哲学，中华民族的古代科学思想和儒、道、释互补的哲学传统因之中断。在哲学上，外来思想必须植根于中华民族传统文化的土壤中才能成活，这是历史规律。20世纪中国思想界那些激烈的"反传统"的思想家们，实际上他们的思想都没能真正脱离中国传统文化的窠臼，这是颇耐人寻味的。马克思主义学说为什么能在中国知识分子中引起巨大共鸣且站住脚，其文化背景和内部机制是什么？这是一个值得继续认真研究的学术课题。人们至少可以看到，中国传统文化中存在着接引马克思主义学说的思想要素。例如古代

"天下为公"的大同思想和共产主义的理想有相近之处；历代农民战争的思想资料可以鼓舞"反剥削"、"反压迫"、"打土豪、分田地"的阶级斗争；老子的道家哲学使人们对丰富的辩证法思想似曾相识。当然，外来的马克思主义学说也必然会受到中国传统思想特别是儒家、法家、道家思想的比附和融汇，在这方面我们只要研读一下《毛泽东选集》和刘少奇《论共产党员的修养》就清楚了。至于社会主义的革命实践也无法根绝数千年的封建宗法家长制意识的影响，这也是毋庸讳言的。

近年来不少中外学者发现，道学的思想对引进先进的西方文化要素，克服现代西方文化的弊端更有用处。在信息发达的现代社会里，地球变小了，各民族人民之间的距离变近了，随着中西文化交流的日益频繁，我们有必要重新认识道学文化的现代意义。在科学上，对中国的大多数民众来说，说接受西方科学思想不如说接受西方的科学启蒙主义思想更确切一些。20世纪以来中国亦步亦趋地照搬了西方的现代科学以及20世纪之前的科学迷信，广大民众对于科技促使人类最终进步并造福人类这种启蒙主义者制造的神话仍然深信不疑，而对工具理性万能的思想会给自己带来灾难性的后果却没有根本的反省，缺少西方后现代思潮那种对科学主义的批判意识。在宗教上，中国的思想家还一直缺少睿智的反思，多数民众则被导入意识形态的误区。因为中国是一个有着君权至上政治传统的国家，需要争民权而抑君权；没有西方中世纪神权至上的宗教传统，因之不能正确理解西方文艺复兴时期争人权而抑神权的文化背景。由于"中国社会从来没有像西方社会那样把人类生存的最终价值建立在宗教的根基上"，没有看到西方社会人类生存的权利意识是"基督教文明的产物"，反而对启蒙主义者出于抑制神权的需要对人权等价值观的"世俗化解释"觉得很合"口味"。① 特别是我国由于长期受前苏联反宗教、无神论宣传的影响，学术界对宗教的文化功能认识不足，多数人缺少宗教学的知识，错误地把宗教等同于迷信活动，误认为反迷信就要反宗教。有的学者至今还坚持西方启蒙思想家的观点，认为宗教信仰是愚昧落后，是"傻子遇到骗子"，他们把宗教同科学、哲学对立起来，忽视三者在文化起源及发展中的依存关系。

在这方面，唐逸教授的论述可谓振聋发聩。他说："现代世界是文化多元的世界。然而容许不同文化信仰平等共存的前提是什么？仍然是信仰自由。信仰乃是关乎一个人的全人格全经验的内心最深处的愿望与抉择，也是一切人类价值的终极依据。故信仰自由乃是人的根本自由。惟其人是价值抉择的主体，人方是目的而不是手段。人的尊严便在于此。如果一个社会不尊重人的价值主体性，则对人的尊严之践踏可以没有止境，勿论怎样践踏亦可以振振有词，如有理焉。也惟其信仰为价值的依据，故多元文化价值平等共存的前提，便是信仰自由。""社会之存在，需要最低限度的意识形态，即多数人的共识，多数个人的信念之可公约部分，成为一种传统，方有法治的可能。因此，法治的基础，也是价值信念。如果社会没有这内在的理性秩序，即使有完备的法制，也不可能有自觉认真的遵守，也就没有法治。故法律既以信仰自由为前提，又要调节信仰，保证不同信仰有平等的权利，并通过教育立法及实施，以促进社会对信仰的尊重及不同信仰间的交流与理解。宗教组织是一种世俗权力，一如其他世俗权力，也应受一般法律的制约，以保证公民的不同信仰自由。"他还认为只有对无限本体的终极信仰，"方能给人以统一于人格的完整价值，给人生以根本的解决。""以此之故，一切有限之物，一切可能误导无

---

① 刘宗坤：《如果生命不只有一次》，《大道》，1997 年试刊号。

条件信奉之物，皆不能承担人的信仰。人固可以将有限之物作为信仰的对象，但人类历史经验反复证明，信仰有限之物，皆有可怕的后果。无条件地信仰圣人、领袖、教派、教义、主义、国家，皆曾产生残酷的压迫与流血。信仰科技，而科技造出毁灭人类的武器，虽也有造福人类的成果，但究竟使用什么成果则不取决于科技。信仰一切有限之物，皆可能导致狭隘的情绪冲动、偏见、迷信乃至仇恨。而信仰那不涵历史规定性和局部利益的终极本体，则提供宇宙观点，来观照人类价值，既对有限之物持理性批评的态度，又对同类同胞生出油然的悲悯，以最宽容最谦卑的心情来构建人生价值，以最深沉最谨敬的态度省察自身的过失。这并不是说，终极信仰在逻辑上导致此种态度。而是说，前者为后者提供一种可能，一种开放，一种心灵的倾向而已。""然而本体信仰毕竟提供一种土壤，对终极信仰和未来科学同等开放。一个社会有无这土壤，于该社会的生存质量实有莫大关系。"①

中国的"五四"新文化运动，汲取了西方的科学和哲学，但买椟还珠地拒斥了基督教文化的信仰情怀，而这种信仰情怀却是我们的民族走向现代社会所必备的，因之引进的是一种不完全的西方文化。这样不仅造成在科学思想上比西方社会慢半拍，而且在宗教学的认识上缺乏高度和广度，陷入信仰有限之物的怪圈之中。中国历史上之暴君残忍荒淫，礼教之"杀人如草不闻声"，近世军阀割据、政治斗争之残酷惨烈，社会上缺少悲天悯人之信仰情怀，当权者肆无忌惮，搞得冤狱遍地，家破人亡，造下无边恶业，皆与信仰有限之物有关。对无限本体的信仰为宗教之根本特征，而信仰有限之物实为迷信，信仰对象不同判明了宗教和迷

---

① 唐逸：《信仰情怀》，1997 年 10 月德国奥古斯汀《道家传统与现代》国际研讨会论文。

信的分界线。而今我国思想界尚对此缺乏认识，分不清迷信与宗教之真伪，反而使真正的宗教信仰屡遭摈斥。过去我国的宗教学研究一直时紧时松地受到批判封建迷信政治运动的冲击。从20世纪50年代后期中国大地泛起跑步进入共产主义的狂想，到"文化大革命"十年的政治动乱，《宪法》规定的宗教信仰自由被否定，宗教文化被斥为封建迷信，宗教学的研究被划为禁区，不仅宗教界爱国人士深受其害，而且连马克思主义的宗教学者也不遑宁处。社会实践证明那种认定宗教是封建主义、资本主义的反动、落后意识形态，企图依靠行政命令或其他强制手段一举消灭宗教的想法和做法，是背离马克思主义关于宗教问题的基本观点的，是完全错误的和非常有害的。我们应该清醒地认识到，没有实事求是的宗教学理论研究作指导，在"文化大革命"以后民众的宗教意识复苏的背景下，必然出现某些和信仰情结相关的复杂社会现实问题。中国几千年来儒家政教合一的传统不仅同政教分离的现代社会不相容，而且往往在宗教狂热中掺杂进政治因素，成为造成社会动乱的隐患。宗教问题往往和民族问题纠缠在一起。历史上民众的宗教信仰渠道被堵塞必然导致"邪教"丛生，"妖言"流传，民心沸动，而宗教革命的出现往往又催发社会革命，这说明宗教是关乎国家长治久安的大事。道教是唯一土生土长的整个中华民族的宗教，又有政教分离的特色，但不改革是没法顶替西方基督教的功能的。我们应对民众的宗教信仰需求予以高度重视，理顺有关宗教的政策，使宗教信仰成为公民个人的私事，改革宗教以适应现代化的进程。

现在我们即将叩开21世纪的大门，新世纪的科学、哲学和宗教呈何特色，新的科学革命的前景又如何呢？

根据汤浅光朝的分析，世界科学中心从意大利相继转移到英国、法国、德国，1920年美国成了世界的科学中心。21世纪能否转移到世界的东方，这要看东方国家能否具备成为科学中心的条件。从科学方法论上看，西方文化还原论的分析方法面临革新，将被东西方结合的辩证的有机整体观所取代。本世纪发展的量子场论、系统科学、自组织论、耗散结构、协同学、混沌学、分维学等为研究复杂巨系统提供了工具，实际上是东西方科学思想在方法论上的结合。西方辉煌的科学技术并未穷尽宇宙的奥秘，东方民族的智慧照样可以发现真理。我们决不能满足于现有的科学理论，而拒绝接受未知世界无法用旧理论范式解释的事实。现代科学对宏观和微观的物质世界都有了较为明确的认识，而对于人自身，对于人的大脑，对于生命和意识的本质，对于人的心灵活动却所知甚少。当代科学在这些领域还被一片"乌云"笼罩着，许多生命现象和心灵潜能的效应因为和旧理论范式有冲突在学术界引起一次次争议。按照科学发展的规律，可以断言21世纪的带头学科将是生命科学，特别是脑科学、人体生命科学、心理学、心身医学等生命和认知科学领域会获得突破性的进展。与此相应，21世纪的哲学和宗教也将以人为主体展开，宗教学的研究将成为学术界的热点，这是世界文化运动的大趋势。

第二节　道学文化对现代社会的启示

在世纪之交，道学文化越来越受到全世界有识之士的重视，《道德经》成了其译本数目仅次于《圣经》的在各国广为传颂的圣书。尽管国内外学者对道学著作还有许多误解，但它的文化价值震撼着千千万万人的心，人们可以从中看到中华民族五千多年文明的智慧闪光。在下一个千年纪元中，道学的根本精神将为世界上东西方文化所普遍接受，现代社会的人们将愈来愈珍惜道学文化的启示。道学的根本精神是什么，它给现代社会哪些启示？这是我们下面需要探讨的问题。

一　道学的平等、宽容精神

《道德经》云："知常容，容乃公，公乃全，全乃天，天乃道。"（十六章）"高者抑之，下者举之，有余者损之，不足者补之。"（七十七章）"万物归焉而不为主，可名为大。"（三十四章）道学在看待人和万物的关系上，没有人类中心论的观点，认为人是域中四大之一。在文化上，道学主张多元化，容纳不同的价值观，否定高低贵贱之分，反对自我中心论。道教不排除异教和异神，没有发生过宗教战争。道学平等视物，以天道损有余而补不足，对外界其容若水，容万物而不唯我独尊。道家以道并包天地，泽及天下，常宽容于万物，显示了高尚博大的胸怀。道学的这种平等、宽容的精神，符合全球一体化的时代潮流，必将受到世界人民的欢迎。一个民族，只有确实树立起"平等"的社会观念，才有可能形成社会的公正原则和对人权的普遍尊重；一个国家，只有高扬起"宽容"的精神，才有可能鼓舞公民对自由的追求和实行真正的民主制度。

二　祈求太平、爱好和平的思想

道学以兵为"不祥之器"，"夫乐杀人者，则不可得志于天下矣"（七十四章），公开提出反对战争，热爱和平的思想，并祝愿人民遇上"太平盛世"。《太平经》就是道教祈求太平盛世的经典。老子也向往一种使人民"安平泰"的社会。道学反对滥杀人，不得已用兵战胜侵略者也要以丧礼处之，不能冤冤相报，伤害无辜。老子斥责那些"代大匠斵"而屠戮人民的刽子手，必然得到"其事好还"的报应，"希有不伤其手矣"。天作孽，犹可违；自作孽，不可逭，那些行事伤天害理的人多行不义必自毙，那些以权力残害人民的独夫民贼是没有好下场的。道学的这些思想，必将成为世界人民反对法西斯主义、反对强权政治、反对战争的理论武器。

三　周穷济急、救人救物的人道主义观念

道学提倡取有余而补不足，要人们周穷济急，以使社会上无弃人无弃物。《太平经》云："或积财亿万，不肯救穷周急，使人饥寒而死，罪不除也。"老子认为善救人者无弃人，善救物者无弃物，反对个人依仗权势聚敛财富和压抑人才，倡导人尽其才、物尽其用的社会。社会上那种财富权力化，权力私有化，以权力化公为私，多捞多得，剥削人民的趋势，是违背道学中和之德的；那种依靠权力通过不公平竞争暴富起来，不肯救济贫穷，使天下有才能之士困于逆境无法为社会效力，皆是无道的行为。道学的这些爱人惜物的人道主义观念，这种以劳取酬、均有财富的社会理想，也必将为世界绝大多数人所拥护。

四　天人合一、回归自然的生态智慧

西方自工业革命以来逐渐形成一种信念，认为大自然的资源是取之不尽、用之不竭的，人类可以在征服自然中获得经济的无限增长和尽情的物质享受，而不需向大自然支付什么。他们认为发展科学技术以征服世界便意味着社会的进步，这种高科技的进步是不可停止的。然而"科技万能"的工具理性固然改善了物质生活，但同时也带来了生态环境的破坏。这种大自然的报复终于延伸到文化层面，人成为科学技术产品的奴隶，环境的危机带来心理上、生理上的多种社会病，空气污染、气候异常，资源匮竭、人口爆炸、生物灭绝、毒品泛滥、恐怖活动、灾疫流行、核弹及生化武器、臭氧层破坏等直接威胁着人类的生存。20 世纪 70 年代以来西方社会人们生态环境意识逐渐觉醒后，一些污染性工业又

输出到急于实现工业化的发展中国家。我们中国在现代化建设中已经出现了严重的生态破坏和环境污染问题。当前，西方社会有识之士越来越重视道学文化的生态智慧，我国更不应该走西方国家工业发展的老路，而需要在道学文化的启示下找出一条适合中国国情的新路。道学主张天地与我为一，万物与我并生，这和培根以科技征服自然的观念是不同的。人类应该是大自然的朋友，同大自然和谐相处，才不会招致大自然的报复。

五　返璞归真、反对异化的价值取向

道学尊重人性和人的主体价值，提出"因道"、"因性"的主张；反对社会对人的异化，主张返璞归真。现代社会不仅因片面追求科学技术的发展将人沦为科技产品的奴隶，而且因世俗文化的发展造成道德堕落、人性扭曲的文明异化现象。异化的实质是通过工具理性控制自然和社会并形成一套思维方式与权力机制，从而脱离开道家以人的生命为中心的思考方式。现代的"科学主义"、"技术主义"、"理性万能"的思潮使人们越来越失去自然和社会的诗情画意，而紧张的社会竞争和复杂的人际关系又使人们身心交瘁活得很累，以工业化为主要内涵的现代化使人的劳动变得工具化和公式化，这都使人们发觉现代化并没给人类带来真正的幸福，从而向往道家返璞归真的生存状态。现代化使人们距离自然界越来越远，世俗社会的伦理教化也给人的心灵套上数不清的枷锁；道学却主张人类的生存应回归自然，解脱世俗社会教化强加给人性的层层束缚，以恢复人的本性和生活的自然状态，消除人类的生存危机。在现代社会里人和人之间残酷竞争、罪恶事件迭出、人人紧张奔忙、物欲横流的现实状态下，道学返璞归真、反对异化的价值取向无疑是一服清醒剂。

六　崇俭抑奢、知足守道的生活原则

道家在生活上提倡勤俭朴素，反对奢侈浪费，对那种穷奢极欲、暴殄天物的生活作风深恶痛绝。一个国家、一个社会集团、一个家庭，莫不由勤俭朴素而兴盛，莫不由穷奢极欲而败落。天地生万物供养人类，人类要珍惜万物，知止知足，不应超过限度地高消费，更不应该以铺张浪费掠夺和伤害自然和社会的恩赐。天地赐人以财，是要人替天行道；社会赐人以权，是要人为民造福，如人挟持财权以自重，背道丧德，倒行逆施，必遭天谴。道家认为金玉满堂，高官重权，"不如坐进此道"。有了道，就可以超越外物，不受物欲之惑；就可以超越社会，不以荣辱为怀；就可以超越自身，达到心灵的净化和升华。社会上达官显贵一掷千金，而农村少年却因无钱读书而失学；社会上豪门权要盛开华宴筋咏管弦，而贫穷地区民众却不得温饱，因而道家崇俭抑奢、知止守道的原则，对社会人心有着现实的教化意义。

七　尊重女性、敬老爱幼、慈善谦让的社会伦理

道家哲学是一种女性的哲学，因而特别提倡尊重女性；道教继承了中国孝顺父母、慈爱子女的传统美德，倡导敬老爱幼的社会伦理规范。《太平经》谓男得天气为阳，女得地气为阴，天地合而阴阳交，"今天下失道以来，多贱女子，而反贼杀之，令使女少于男，故使阴气绝，不与天地法相应"。"男女夫妇者，主传统天地阴阳之两手也"。"故凡事者，像此两手，皆当各得其人。并力同心，像此两手，乃吉安太平之气立至也。"世上的男女，家庭中的夫妻，像两只手一样，同心协力，办事可成，太平盛世可至；如果重男轻女，残害妇女，则是无道，阴阳不调，必致凶咎。道家这一主张，是对儒家宗法礼教男尊女卑传统的抗议。《太平经》

又云："天地之道，乃一阴一阳，各出半力，合为一，乃后共成一。""男女各出半力，同志和合，乃成一家。"在家庭伦理中，男女也应该是平等的，男女和合的人道与阴阳和合的天道是对应的。道家的男女之别是生理自然状态之别，而不是被文字符号、社会观念异化了的男女之别，因之道家之女性解放思想是解脱男权社会对女性的异化。道家倡导对人要慈，行事要善，自处要谦，处人要让；天下利益争则不足，让则有余，以慈善谦让的态度待人接物，敬老爱幼，尊重女性，整个社会的伦理关系就达到道的境界。

八　少私寡欲、无己无待的人格修养

道学在自我人格塑造上要求人们"无己无待"、"不为物累"、"少私寡欲"、"啬精节情"，以完成心灵的自我超越，达到道的境界。《老子》云："五色令人目盲；五音令人耳聋；五味令人口爽；驰骋畋猎，令人心发狂；难得之货，令人行妨。"（十二章）"治人事天，莫若啬。"（五十九章）道学是以人体生命为出发点的学问，因之不主张把生命能量消耗在追求声色滋味等外部刺激上，要节制自身追求外物的欲望。《老子》还说："名与身孰亲？身与货孰多？得与亡孰病？"（四十四章）外界的虚名、财货等比起自己的生命来，哪个重要呢？获得这些东西而丧失生命，哪个更有害？其答案是不言而喻的。道家是一种追求内在超越的生命哲学，反对"伤性以身为殉"。《庄子·骈拇》云："自三代以下者，天下莫不以物易其性矣。小人则以身殉利，士则以身殉名，大夫则以身殉家，圣人则以身殉天下。故此数子者，事业不同，名声异号，其于伤性以身为殉，一也。"当今世上有人身壮如牛，力举千钧，外物之打击不能伤其毫毛，但其内心的烦恼、焦虑、忿怒却足以使其残生损性。人心的忧伤、焦躁又从何来呢？无非是私己的欲望不遂，名利难得，人生道路的穷通晦显所致。由此可知少私寡欲，无己无待，确是解脱人生心灵枷锁的仙丹妙药，是通向大道的人格修养途径。

九　重生养生、功行两全的修持方式

道教以生道合一为纲领，以"我命在我"为号召，故养生文化在道学中特别发达。道教中兴起的内丹仙学，更将养生学推向登峰造极的境界。道学贵生，将人类生命的价值放在首位，不仅珍惜自己的生命，还珍惜他人的生命，推而至于爱惜天下之生灵，将伤生害命作为世间不可饶恕的罪行。道学以养生养身为功，以爱生济世为行，提倡功行两全，"当为天下养身，不当为天下惜身"，以身为天下苍生行道。明代张萧松《却金堂四箴》云："省嗜欲，减思虑，戒仇怒，节饮食，此养身也。规利害，避劳怨，营窟宅，守妻子，此惜身也。"全真道丘处机带18弟子千里跋涉去见成吉思汗，一言止杀拯百万黎民生命于蒙古铁骑之下，这显然是为救天下苍生而行道的典型。历史证明，凡是道教关心社会，关心民众疾苦的时候，道教就兴旺发达；凡是道教脱离社会，不问国计民生的时候，道教就败落下去。道学之重生养生，不可走弃世遁世的道路，而要为促进民众的健康尽力，为老百姓的生死存亡说话，这种功行两全的修持方式才是有社会意义的。

第三节　道学和21世纪的新文化

20世纪西方基督教文化风靡全球，在这之前一些古文化如巴比伦、埃及、苏美尔、印度文化等皆相继沦落或衰退，中国文化也受到强烈冲击。20世纪发生的两次世界大战和大量局部战争，其中都有文化冲突的背景。中华民族在20世纪经历了丧权辱国、抗日救亡、民族复兴、"文化大革命"、改革开放等重大历史事件，文化问题也一直是矛盾的焦点。在世纪之交，重新建构中华民族现代文化的历史任务又重新摆在了我们的面前。

中国文化在历史上曾经出现过两次重构。第一次发生在春秋战国时期，大约历时550年，奠定了以儒家文化为表层结构，道家文化为深层结构，融汇诸子百家的中国文化格局，出现了大一统的汉代王朝。第二次发生在魏晋南北朝时期，近400年间融进了大量异族文明并接引印度的佛教入中国，形成了儒、道、释三教分立而互补的文化格局，出现了开放、强盛的隋唐王朝，中国成了世界上东方文明的中心。历史上这两次文化革新和重构都使中华民族的凝聚力得到加强，传统文化的精华得到提炼和净化。中国文化的第三次革新和重构是从20世纪初的"五四"新文化运动开始的，估计在21世纪才能完成新文化的建构。这是由于"五四"时期摆在中华民族面前迫在眉睫的历史任务是"救亡图存"，根本来不及完成深入的"文化大革命"。当时新文化运动的先驱者们高举"科学"和"民主"的旗帜批判儒学和礼教，根本原因在于儒学和礼教与现代社会背道而驰，中国要前进就必须解除封建伦理纲常的枷锁。而后中国共产党人选择了马克思主义学说，原因也在于只有马克思主义才能指导中国革命取得胜利。由此看来，文化的选择必须同社会进步的历史潮流相适应，时代的主旋律将根据需要使民族文化被提炼和升华，淘汰掉那些腐朽、落后的文化要素。

中国文化是中华民族的精神支柱，是我们独立于世界民族之林的根基，它的兴衰直接和我们的民族命运始终相连。中国文化的重新建构意味着我们民族精神的革新。中国的历史背景、社会条件、文化传统与西方根本不同，这就决定了中国无法亦步亦趋地照抄西方模式。然而，由于近世中国的思想家在民族危亡关头难以抑制对传统文化的偏激情绪，在这方面一直缺乏深切的认识和科学的分析，迫不及待地全盘西化，照搬苏俄，都程度不等地吃了苦头。现在，发扬中华民族的优秀文化传统，走中国特色的社会主义道路，总算有了某种程度的自觉。人们开始清醒地认识到，中国的传统文化同中华民族的血缘、地缘、国情、民情息息相关，它的遗传基因融化进每个羲黄子孙的血液中，这是不以人的好恶为转移的历史事实，关键是如何引进优秀的外来文化优化它。任何外来文化要在中国扎根生长，要成为中国文化中的要素，首先是要适应中国社会历史进步的需要，再是要和中国文化相互筛选、拼接、融汇和整合，这是符合信息传递和增殖的科学规律的。印度佛教引入中国变为中国佛教就是这样，近代西方的科学、哲学、宗教根据需要进入中国本土也要有一个相互融汇的过程。

根据钱学森教授的分析，世纪之交的全世界已变成一个整体化的大社会。一方面，世界上不同民族、不同社会制度、发达国家和发展中国家之间仍然存在着激烈斗争。另一方面，由于世界经济一体化的形成和信息、交通的发展，人和人之间的距离缩短，谁也无法再闭关锁国，经济基础的变化必然促使世界社会化。这是继资本主义社会形态之后的一种过渡性的社会形态。它将逐渐打破地区、国家的界限，日益促使全世界政治、经济、文化一体化，为走向世界大同，奠定物质、精神、文化的基础，从而叩开共产主义的大门。钱学森教授不仅提出"世界社会形态"的观点，还在科学思想和方法论上，以马克思主义哲学为指导，继承和发扬了中国古代哲学的精华——整体观，提出了集古今中外智慧之大成的"大成智慧学"。他认为各门科学研究的对象都是统一的物质世界，区分只是研究的角度不同，这就从根本上填平了以往各学科之间似乎不可逾越的鸿沟，开辟了人机结合集智慧之大成的途径。大成智慧学可以促使人们更新思维方式，创造性地从整体性、系统性、动态性上把握自然、社会中的复杂事物，找出科学、民主决策的最佳方案。① 因之 21 世纪的世界文化，必然以"多元并存，相互融汇"为基本特征，并逐步趋向世界文化的一体化。根据这一趋势，我们要敢于以道学的思想接引现代西方文化中的先进要素，在世界各民族优秀文化的融汇中重新建构新的道学文化，以使道学文化中的思想和观念跟上现代社会发展的步伐。新道学应该是一种活的、发展的学说，要有时代精神，要研究现代社会的实际问题，抱残守缺、务虚避实、故步自封的治学途径是没有前途的。

欧洲、美国和日本等国家一批科学人文主义的学者如李约瑟、汤川秀澍、卡普拉等注意到了道家思想的现代性和世界意义，并在自己的著作中以现代科学和哲学汲取道家与道教文化的精华发展出道家的新形式，被董光璧誉为"当代新道家"②。我们应该在中国学术界迅速培养出一批道家学者，改变陈旧的经学式的治学方法和思维模式，努力吸收现代科学和哲学的精华，实现道学的现代化，以涌现出一批中华民族的"当代新道家"。

同时，我们还应努力发掘道学文化的精华，纠正西方文化的弊端，在现代化的进程中以东方文明的智慧来弥补西方观念的缺陷。道家的智慧不仅可以纠正"科学主义"、"技术主义"的偏颇，给人类生活带来诗情画意，而且道家的价值观也可以成为新科技发展的重要导向。老子的道家思想和西方哲人巴门尼德的"存在不能从非存在产生"的思想相反，主张宇宙万物生于有，有生于无。西方科学已从过去只研究"存在"，不研究"生成"和"演变"的根深蒂固的"构成论"旧观念，向"宇宙万物都是生成

① 钱学敏：《钱学森的哲学探索》，《北京大学学报》社会科学版，1994 年第 4 期。
② 董光璧：《当代新道家》，华夏出版社，1991。

的"这种现代"生成论"的新科学观念转变，而"生成论"恰恰是道学思想的核心。道学思想不仅可以革新西方科学自古希腊原子论复活以来"构成论"的思维方式，而且在科学方法论上也会导致以分析为主的还原论方法向钱学森教授倡导的那种有机整体论方法的变革。从现代科学发展的大趋势看，生命科学特别是认知科学必将成为新的科学革命中心，而生命现象乃至人的心灵是高度复杂的自组织系统，它是不适宜用拆成小零件的还原论分析方法来研究的。科学观念的革命为道学思想推向世界开拓了广阔的前景。

更进一步，我们还应提出以道学等中国传统思想的精华来丰富和发展马克思主义哲学的任务，使道学的智慧直接应用于中国社会的经济体制和政治体制改革，为建设现代化的精神文明和物质文明服务。著名科学家钱学森教授近几年来一直倡导要用中国传统思想的精华来丰富和发展马克思主义①，这是一项艰巨而伟大的学术工程，我们应当努力着手去做。

可以想见，在未来的新时代里，新道学将被世界发达国家的多数人所认识和接受，道教内丹学的科学内容也将被提取出来为人类服务。那时候，人们对出生、死亡和性的观念将发生根本变革，修道将成为社会上极普通的事情，性享受也不会仅作为少数人的奢侈品像现在这样骇世惊俗。因为社会历史上每一次思想观念的变革都会带来一次性观念的解放，死亡禁忌和性禁忌必将被新一代人所打破。随着世界范围的人口恶性膨胀和老龄社会的到

---

① 钱学森教授自 1989 年以来给张岱年、黄楠森等一些学者的信中提出这一学术任务，他在 1993 年 11 月 26 日给作者的信中说："我总想：您的最大最重要的任务，是从道家和道教论述中提取可以用来丰富、发展并深化马克思主义哲学的东西。比之这一任务，其他都渺小了。当然，难！但看来您是不怕难的！"

来，人们将重新评价老子"小国寡民"的思想和老年养生学的理论，这是 21 世纪初期就可预见到的事情。

当前，国际上汉学界新儒学的研究如火如荼，新道学的研究尚是一片空白，这是不正常的。新儒家学派鼓吹"复兴儒学可以救中国而化西洋"，客观上只能是开历史的倒车。《论语·先进》记载："齐景公问政于孔子，孔子对曰'君君、臣臣、父父、子子'。公曰'善哉，信如君不君，臣不臣，父不父，子不子，虽有粟，吾得而食诸?'"这段话揭示了儒学始终为封建帝王和君权政体所必需的秘密。家长制的封建等级思想正是儒学的核心，中国文化中这种积淀数千年的封建陈腐观念自"五四"运动以来虽受到较大冲击，但至今还没来得及彻底清算。儒家文化是一切封建帝王观念的渊薮，封建特权观念又是所有官场腐败现象的总根源。因之，儒家的这种封建陈腐观念不肃清，必然将"家长制"、"一言堂"、"君临天下"、"权大于法"等旧传统遗存到社会生活中去。儒家政治传统无法解决选拔人才上的"任人唯亲"倾向，也摆脱不了政权交接中的"传宗接代"模式，很难从"人治"走向现代的"法治"社会。在内政上，政府官员按儒家的传统必然由社会公仆演变为"民之父母"，以"纳谏"和"为民作主"的心态统治人民，更不要说等而下之的"以权谋私"了。在外交上，则以"夷夏之分"、"接受朝贡"的心态看待邻国和小国，落后于时代潮流。儒家的这些陈腐社会观念和道家"圣人常无心，以百姓心为心"，"大邦以下小邦"的思想差别不可以道里计! 就连新儒家标榜的那种与西方不同的"儒家式现代化"也缺乏科学根据，是一种纸上谈兵的浪漫社会理想。几千年来吃人的礼教给中国人戴上了无形的精神枷锁，不打烂它就没有全民族的精神解放，就无法以新的面貌斗志昂扬地面向新时代。在文化上，夫欲有所立必须有所破，立是要创立有时代精神的新道学，并继承魏源、严复、吴虞乃至汤用彤、胡适、陈寅恪、王明、陈撄宁、金岳霖、方东美、蒙文通、宗白华、萧天石等人的道学传统，形成当代的新道家学派；破是要反省和扬弃儒学的封建传统观念和落后伦理思想对人性的束缚，而不是全盘否定儒学，取其人文思想和进取精神为我所用，化腐臭为神奇。我们要以道家的开放性和包容性汲取包括新儒学在内的中外文化优秀成分，使道学成为中西文化的交汇点，为重新构建现代中国的新文化而努力。中国的思想家和学者们应该认清世界文化发展的大趋势，在传统文化特别是道学文化现代化方面提供更多的研究成果，实施新道学的文化战略，由此促使我国从文化的层次进行社会观念的更新，顺应世界潮流迈向 21 世纪!

附带说明，本篇涉及对宗教问题的某些新观点，甚至发掘出《道德经》中隐藏的宗教含义，请读者不必骇怪。我原是一个自然科学工作者，接受前苏联反宗教、无神论的思潮顺理成章，也相信"彻底的唯物主义者是无所畏惧的"。然而"文化大革命"以来我耳闻目睹了那么多罪恶事实和商品经济中人们见利忘义的龌龊行为，使我对反宗教的传统观点有了新的反思。20 世纪以来，一方面是世界上成千上万的人投入了教会的怀抱，另一方面是学术界一批人认为宗教是野蛮人的迷信残留物，该由科学启蒙思想取代它，甚至连蔡元培先生都有"以美育代替宗教"的想法，其他还有以"科学代替宗教"（胡适）、"以哲学代替宗教"（冯友兰）、"以德育（伦理学）代替宗教"（张岱年）等提法，足见"五四"新文化运动的先驱们崇尚科学而厌恶宗教的情绪了。1902 年，瑞士分析心理学家荣格（Carl Gustav Jung）在题为《论神秘现象的心理学及病理学》的博士学位论文中，提出了每个人都有一种追求"心灵完整"的自然性向的基本观点。他在欧洲、非洲、美洲的长途旅行考察中，探讨现代西方人与原始民族之间潜意识心灵的沟通和异同，并认真研究了中国和印度的古老文化。荣格发现，现代物质文明的进化并无法掩饰人类内心所具有的原始民族之心灵特征。他得出结论：现代人的精神之所以苦恼，部分是由于缺乏宗教的信仰寄托所致。每个人的潜意识中，不仅蕴藏着他的个体从胎儿、幼儿到童年时期的记忆，而且还包含着他的种族发生和演化的心理文化历程。童话、神话、幻觉、梦等表现出来的原始宗教意识是每个人本能所具有的，换言之彻底无信仰心理的人是不存在的。科学、哲学、宗教、社会伦理、文学艺术都是人类文化的基本要素，五者是相互补充、交叉依存不可或缺的。科学和哲学是人类理性对"真"的追求，它们都以研究有限之物为基点，因而不能代替宗教作信仰的对象。伦理学和文学艺术是对善和美的追求，但也不能代替人的信仰。宗教是真善美的极致，是"全"的象征，是无限性和整体性的追求，是人类心灵的完整状态，是文化的最高层次。

我描述的是人类的信仰情怀，这是一种形而上的"元宗教"文化观念。"元宗教"不同于被统治阶级利用的具体的宗教，因为统治阶级可以把社会上的某种宗教利用为麻醉人民的精神鸦片和控制人心的工具，而元宗教对无限本原的信仰情怀却是统治阶级无法抹杀的。元宗教是对无限之物（世界本原）的敬畏和信仰，元宗教观念超越于现世的具体宗教，但又体现在现世的具体宗教特别是佛教、基督教、伊斯兰教之中，当然也包括道教。在世界历史上，当统治阶级蜕变为少数人既得利益集团的专制政权时，都不约而同地将人民的宗教信仰需求引向崇拜有限之物的迷信上，从而滋生出许多罪恶现象却貌似有理。中国传统文化的儒道释三教，本来都包含着浓重的元宗教观念，都对无限本原存有敬畏的信仰情怀，这曾经是中国社会数千年稳定发展的基本要素。佛道二教自不待言，就连宗教色彩隐蔽的儒教祖师孔子亦云："君子有三畏：畏天命，畏大人，畏圣人之言。"（《论语·季氏》）试想一个国家，人民没有任何宗教信仰，不畏天道，不畏伦理，不畏法律，为名利色权行险而无忌惮，这是最可怕的。如果大家都不把法律放在眼里，肆无忌惮地使用权力，不择手段地谋取私利，什么伤天害理的坏事都可以做出来，社会必然充满了罪恶，人们会情不自禁地渴望宗教的拯救，这说明宗教的出现也是社会的需求。光靠制定细如牛毛的法律而无人遵守仍无济于事，刑事惩罚并不能遏止人们的贪欲，要维护法律的尊严不能没有宗教。在市场经济的时代里，人的宗教信仰情怀实际上是法治的基础，一个缺乏元宗教观念的民族是无法进入现代法治社会的。

李大钊先生曾说："思想自由与言论自由，都是为保障人生达于光明与真实的境界而设的。无论什么思想言论，只要能够容他的真实没有矫揉造作的尽量发露出来，都是于人生有益，绝无一点害处。"（《危险思想与言论自由》）梁启超和陈独秀也反对"拿一个人的思想做金科玉律范围一世人心"，主张言论自由不应受法律限制，"不应拘束人民的言论"。然而学术界至今还没深刻认识到，宗教信仰自由才是人类最根本的自由，是人异于禽兽的文明标志。没有真正的宗教信仰自由，则不可能争取到言论自由，不可能有新闻、集会等其他自由，更没有思想解放、民主和法治。以上观点虽与蔡元培先生有异，但我相信坚持"自由"、"宽容"精神的蔡元培先生一定会说："我虽然反对你的意见，但是坚决认为你有发表你的意见的权利！"至于如何分析我国在宗教意识复苏的背景下出现的一些社会现象①，如何使宗教信仰真正成为公民个人的私事，如何使经受商品经济洗礼的社会长治久安且迈向现代法治的轨道，这都要留待读者自己去思考了。

---

① 胡孚琛：《世纪之交的文化热点思考》，载《江西社会科学》1996 年第 9 期。

道教篇

在 20 世纪 70 年代至 80 年代初，中国大陆的学术界尚视道教为"封建迷信"和"精神垃圾"，学术研究是步步为营冲开禁区的。90 年代初，道教研究虽被学术界接受，但"内丹学"仍被某些人讥之为"伪科学"，迫使我不得已借用陈撄宁"仙学"的名号。近十年间，我在 80 年代提出的"内丹学"名称已被学术界广泛采用，道教也被高等院校宗教学系搬上学术的殿堂。本篇探讨了道教的定义、道教的文化特征，并简明扼要地写出一部道教史，且对道教发展的前景作了探讨。如果道学文化是全人类最后的文化，那么道教和佛教将成为人类最后的宗教。道教中蕴藏着中华民族所有文化和全部历史的秘密，是中华民族的根柢，人们由此可以得知中国最原始的古老文化成分。

第一章 何谓道教

中国现代的学术，随着近代史上清王朝的覆灭，曾经开拓了一个新局面。有一段时期，几乎可以和历史上的春秋战国时期诸子百家争鸣的文化繁荣景象相媲美。当时国外的各种哲学思潮都先后被介绍到中国来，中国的古代文化都有人着手整理，不同学派展开自由争论，中国涌现出一代著名学者和开拓性的学术著作。然而在这些学者中，专门研究道教的学者以及有关道教的专著并不多。在中国现有的有关道教的专著中，更没有谁给道教下过定义。这倒并不是因为这些学者没有能力给道教下定义，其原因可能是从中国的文化观念看来，道教就是道教，不言自明，用不着再下定义。可是西方国家和日本的学者将道教同基督教、伊斯兰教、佛教这三大世界宗教作比较，至今已给道教下了大约几十个定义。他们从宗教学的角度判定道教的特征，由于对道教的了解深浅不同，各国学者甚至连道教是不是宗教都有争议。下面，我们将从宗教学的角度，给出道教的定义，并进一步探讨道教产生的条件和文化特征。

第一节 道教的定义

什么是道教？世界上的宗教本来就是千差万别的，它们不可能都用西方基督教的标准统一起来。根据我们对道教的研究，将道教的文化特征从其形成和发展历史的角度作如下概括：

> 所谓道教，是中国母系氏族社会自发的以女性生殖崇拜为特征的原始宗教在演变过程中，综合进古老的巫史文化、鬼神信仰、民俗传统、各类方技术数，以道家黄老之学为旗帜和理论支柱，囊括儒、道、墨、医、阴阳、神仙诸家学说中的修炼思想、功夫境界、信仰成分和伦理观念，在度世救人、长生成仙进而追求体道合真的总目标下神学化、方术化为多层次的宗教体系。它是在汉代及以后特定的历史条件下不断汲取佛教的宗教形式，从中华民族传统文化的母体中孕育和成熟的以"道"为最高信仰的具有中国民众文化特色的宗教。

这个道教定义表明，道教渊源于母系氏族公社时期的自发的原始宗教；它是汉代黄老之学的神学化和方术化；道教将中国儒、道、释及多种文化要素都杂取博收进自己的大葫芦中；道教的目标是度世救人，长生成仙和合道通神。

第二节　道教产生的条件

道教并不像某些西方宗教那样是由一个教主在短期内创立起来的，而是有一个水到渠成、瓜熟蒂落，宗教素质不断提高的过程。先秦时北方和南方的道家之学、齐国稷下的黄老学派、阴阳家驺衍的方士之学以及方仙道和黄老道，虽然都和道教有联系，但还都不是真正的道教。道教是在东汉顺帝后才产生的，道教始创后，经过魏晋时期的过渡阶段，早期道教产生分化，神仙道教形成，至南北朝时期才发展为成熟的教会式宫观道教。这样，我们把东汉顺帝以前作为道教产生的准备阶段，这个阶段的方仙道和黄老道可以看作前驱的道教形式。从东汉顺帝至东汉末年称作道教的始创阶段，这个阶段产生的民众道教结社五斗米道和太平道定名为早期道教。南北朝时期的道士有了较完善的宗教组织，在道观中修行，我们把这种宫观教团称作成熟的教会式宫观道教。道教的产生是汉代社会政治、经济、文化诸要素交叉作用的结果，这些要素的出现存在着历史发展的必然性。下面我们仅就道教本身的因素结合外部社会历史状况来追溯道教产生的条件。

首先，秦汉以来中国思想文化运动的进程为道教的产生奠定了基础。三代以来的母系氏族原始宗教传统和巫史文化，在春秋战国时期被用理性精神和人文主义的筛子进行了筛选和分堆，道家、墨家、阴阳家等理性程度较高，再有天文、历谱、五行、蓍龟、杂占、形法等数术派，皆是原始宗教文化母体中的分泌物。由于人类理性的觉醒，不仅巫史分家，巫医亦分家，巫的社会地位被理性色彩较浓，文化程度较高的方士取代，三代以来受人尊崇的巫从国家辅相一级的地位跌落到四夷和民间。这样，医经家、经方家、房中家、神仙家等方技派也从巫史文化中分化出来，最后剩下那些祭祀鬼神、禳祸祈福、讲说怪异灾病之类的低层文化，被巫觋带到民间去传播。这些新生学派在这个时代都有突飞猛进的发展，到战国末期已脱去原始宗教的古朴外衣，不复原来的旧面目了。战国以来百家之学又出现了相互融汇的趋势，黄老之学产生。前汉初黄老之学尚是君王南面的政术，汉武帝黜黄老而用儒术，使黄老学中杨朱派的尊生全性说得到发展，在前汉末演变为修身养性之学。后汉时黄老学又开始同神仙家、阴阳家、五行家、方技家、术数家相融，进而演变为祭祀黄老的黄老道。东汉末年产生的道教文化，首先将黄老之学宗教化和方术化，同时又将原从巫史文化中派生出来的道家、墨家、阴阳家、神仙家、方技家、术数家，连同民间的巫术，包括儒家的伦理道德，一股脑儿装进道教的大葫芦中，重新进行消化和融合。古代传统的原始宗教文化在春秋时分化，在战国时重组，秦汉以来又在更高层次上综合为道教的事实，反映出文化现象的运动有其本身的规律性。再从中国文化发展的历史轨迹看，理性主义思潮和信仰主义思潮总是互补的，世俗文化和宗教文化也呈现此起彼伏，此长彼消的趋势。夏、商、周三代时宗教文化浓厚，世俗文化薄弱，春秋战国时理性精神和人文思潮充斥于世俗文化之中，宗教文化遂退于次要地位。汉代连世俗文化也出现了宗教化的倾向，宗教文化的发展便成为大势所趋。因此，儒家的神学化，佛教的引入和道教的产生，都发生在汉代。

其次，大一统的家长制封建帝国对人民进行统治的政治需要是道教产生的根本原因。秦汉时中国成了一个大一统的封建帝国，皇帝要强化家长制的独裁政权，迫切需要以神道设教的方式控制民众的思想。由于中国社会底层的农民、渔人、樵夫等劳动民众皆处于不识字的文化蒙昧状态，他们看不懂《论语》、《礼记》、《孝经》等儒家著作，要他们不造反当奴才，只能靠宗教来教化。汉代皇帝出于这种政治需要，先是大力复兴周代传统的宗法礼教，继而掀起造神运动，推进儒家的宗教化。他们召开御前会议，有意推波助澜，将《白虎通》钦定为国家教科书，神化"三纲五常"，将孔子奉为教主，建庙尊孔祭孔，以"忠孝"的尺度选拔官吏，从全国到家家户户都推行家长制。自从秦始皇和汉武帝的封禅求仙活动复活了宗教的古魂，汉代社会的政治、学术皆被宗教的迷雾笼罩。东汉时谶纬神学成为儒家的正统，儒家学派同传统的宗法礼教结合得越来越紧，古代宗教的幽灵完全依附在礼教身上。当汉末社会危机加剧，依附于国家政权的儒家礼教失去了维系社会人心的作用，道教便不可避免地应运而生了。历史上每当统治阶级的思想发生信仰危机的时候，都是新的宗教意识产生和滋长的良机。道教是为了代替礼教履行救世的职责，为帝王兴太平才出现的。道教既然接受儒家的伦理教条并当作成仙的必要条件，这就注定了它没法取代礼教占据统治地位，而只能在维护宗法封建秩序方面辅助礼教，从宗教的社会功能上讲，道教成了封建皇帝的"第二礼教"。

再次，生活在东汉末年的劳苦民众遇到了比自然力量更强大的社会异己力量，陷入无法忍受的苦难之中，由迫切解除苦难的愿望而产生了强烈的宗教需求。东汉自顺帝以后，宦官和外戚交替弄权，政治腐败，贪淫成风。桓灵时士族名士和太学生起而清议朝政，抨击宦官，朝廷便兴党锢之祸，残杀士人，压制舆论，使民心失尽，国本动摇。官僚豪强又兼并田地，使农桑失所，流民日增，灾害频仍，经济崩溃。在中国家长制的农业社会里，凡是朝廷制造冤狱，残杀士人；社会上出现庞大的流民阶层；盗贼流寇遍地作乱；各种教派和秘密会社竞相传播，往往便是亡国的预兆。当时"汉世已衰"已成为人们的普遍感觉，盼望新的"太平盛世"成了社会各阶层人民的共同愿望。这样，早期道教便利用社会危机和人民的现实苦难布道，声称神秘的"太平气"将到，有德之君将出，神人下降解除人们的苦难，流行的灾异、邪气、病痛都将得到清除。在人民流离失所的情况下，这种道教结社有相互救济，安抚灾民的作用；在农民没法忍受压迫奋起反抗的时候，道教结社又成了组织农民起义的最好形式。这样，道教在汉末大兴成了势不可挡的潮流。

复次，佛教的传入刺激了道教的建立并影响了道教的宗教形式。佛教是一种成熟的世界宗教，它的教理、教义、组织形式和修持方法都很完备，宗教素质远远高于政教合一的宗法礼教和早期道教。这种宗教传入中国，激发了中华民族本土文化的自觉，迫使华夏文明以模仿和抵制的双重方式做出反应。中国占统治地位的儒教先联合道教以"华夷之分"为旗帜怂恿帝王打击佛教，继而又加速完善道教来同佛教抗衡。佛教的传播无疑是促使中国建立和完善自己民族宗教的动力，同时又给中国的民族宗教提供了一个宗教素质较高的样板。道教一方面大力汲取佛教的宗教形式以提高自己的宗教素质，一方面又加强自己的民族文化特征来同佛教对抗。佛教的传入对于打破中国自古政教合一的文化传统，促使道教在官府和家族之外另设教团，以独立的宗教形式发展成教会式宫观道教，无疑起了关键的作用。如果没有佛教，道教的宗教形式和发展方向肯定不是这个样子，甚至它能否建立起后来的宫观教团、丛林制度也很难说。

最后，方仙道的活动为道教的产生开辟了道路。春秋时期追求长生不死的神仙家，后来逐渐和阴阳家、方技家、术数家合流，在战国末期组成修习各类道术的方士集团，史家称为"方仙道"。《史记·封禅书》云："自齐威、宣之时，驺子之徒论著终始五德之运。及秦帝而齐人奏之，故始皇采用之。而宋毋忌、正伯侨、充尚、羡门高、最后皆燕人，为方仙道，形解销化，依于鬼神之事。"西汉社会上形成庞大的方士阶层，专以各种神仙方术谋生，方仙道极为活跃。汉武帝封禅、祀太一，淮南王刘安学道，是方仙道几次较大的活动。汉元帝之后公卿中儒臣排摈方仙道，成、哀之际朝廷移甘泉泰□于长安，由儒臣主持，且指斥方仙道为"左道"、"奸人"之术，方仙道由盛转衰。新莽时期谶纬经学流行，神仙思想大兴，连王莽也自称"神仙王"，促使黄老之学大量接纳神仙养生思想。后汉以来黄老学派和方仙道合流，神仙方士皆以黄老为宗，修黄老养性之术，方仙道一变而为黄老道，再度兴盛起来。

汉末黄老道风行于整个社会，它不仅接引佛教入中国，而且使早期道教得以依托成立。据史书记载，汉明帝时楚王英已奉黄老道，桓帝时皇宫中已建黄老之祠。《后汉书·王涣传》载："桓帝事黄老道，悉毁诸房祀"，说明黄老道的发展压倒了其他房祀活动。黄老道成了汉末社会上广为盛传且得到朝廷认可、推崇的宗教信仰，早期道教结社乃至组织其他教团的教首不得不打着黄老道的招牌布道。《后汉书·皇甫嵩传》记载："初，巨鹿张角自称大贤良师，奉事黄老道"。这说明早期道教的教首原为黄老道的信徒，五斗米道和太平道只不过是黄老道的异端教派而已。因此，我们追溯道教产生的原因时，不能不承认方仙道及其后身黄老道为道教的成立起了搭桥铺路的作用。

从一个民族的社会心理的角度来分析，人的心理不仅需要理性思维的满足，还需要非理性的情感的满足。科学和哲学能够满足人们理性思维的需要，信仰却可以满足人们情感的需要。宗教信仰并不简单地等同于愚昧和迷信。一个民族要发展不能没有信仰和理想，而在古代社会里，信仰和理想大都是通过宗教来表现的。这就是说，在一个民族的精神生活中，不能没有科学和哲学，也不能缺少宗教。缺少正规宗教的民族反而会使愚昧迷信在世俗生活中泛滥，并在世俗文化中混淆进准宗教信仰的成分，影响科学和哲学的发展。人类固然珍惜理性思维的花朵，但往往也有对神秘主义的超自然力的追求；人类在生活中需要以理性的社会规范和伦理道德约束自己，但同时也需要非理性的情感刺激来宣泄自己的苦闷。中世纪的世界是宗教占统治地位的时代，科学和哲学只是宗教的婢女。世界上还没有哪一个国家是有宗教免疫力的，当然中国也不例外。这样，道教自汉代产生于中国，完全是社会历史发展的必然结果。这和希腊、以色列、印度在出现一段理性思维的闪光后复又进入黑暗的中世纪的情形是一样的。

第三节　道教的特征

道教在南北朝时期成熟后，经过唐代的国教化，宗教素质越来越高。从宗教人类学、宗教历史学、宗教心理学、宗教社会学的观点来分析，道教完全具备了构成宗教的基本要素。同基督教、伊斯兰教、佛教这三大世界宗教相比，道教不仅具备一般宗教的特征，还具有自己独特的民族文化特点。道教的一般宗教特征表现如下。

（1）宗教神学都要求人们对现实世界不存在的神及其偶像无条件地信仰和崇拜，而这些崇拜和信仰的对象，都是人们心灵中产生出来的东西，其中包括在现实社会里支配和压迫人们的异己力量在天国里的影像。道教神学也是这样，道教信仰和崇拜的神仙包括其最高主神，也只能是异己的自然力量和异己的社会力量在人们头脑中幻想的反映，是中国人心灵的神化物。

（2）宗教神学都要制造出一个超越现实世俗生活的彼岸世界，在这种宗教理想境界中异己的人间力量采取了超人间力量的形式，因而具有超自然、超人间的神圣性。道教里逍遥自在、长生不死的神仙境界显然是一种神圣的彼岸世界，在这种世界里神仙具有无所不能的巨大神通，显示了超人间化的神秘力量。

（3）宗教神学都要曲折地反映国家的社会政治和人们的现实生活关系，以天国的幻想给处在苦难世界的人们以"安慰"和麻醉，并把一朵朵假花装饰在统治者的锁链上来束缚被压迫的人们。中国家长制的封建宗法社会是世界上最野蛮、最专制的社会，这种社会制度无疑是现实世界里人们最感痛苦的社会异己力量。道教的神仙不仅战胜了人们无法抗拒的生老病死等异己的自然力量，而且轻而易举地逃脱了专制君主及其官僚制度的社会束缚。道教给人们提供了自由自在、适性逍遥的神仙生活的幻想，在超人间的神仙世界里补偿了中国社会的缺陷和满足了现实人生的一切欲望。在统治阶级将道教纳入国家意识形态之后，道教又把中国统治阶级的意志搬进人们的信仰世界，把封建宗法观念和伦理道德变成神学教条来束缚和麻醉忍受苦难的中国民众，使道教成为维护家长制社会秩序的工具。

（4）宗教神学都有一套包括灵魂观、神灵观、神性观、生死观、命运观等宗教观念与思想体系，并以此为基础形成统一的教义和经书。道教在中国传统文化的土壤中长期孕育成一些不同于三大世界宗教的独具特色的神灵观、神性观、灵魂观、生死观等，具有了一套自成体系的宗教观念和宗教思想。在此基础上，道教形成了自己的教义和积累了大量经书，有着丰富的宗教理论。

（5）世界上各种宗教都注意培养教徒的宗教感情和宗教体验，有一套获得宗教经验的修持方式。道教同样注意培养道士对神仙的依赖感、敬畏感、对神圣力量的惊异感、接受神仙保护的安宁感、违教亵神的罪恶感、与神交通合一的神秘感，并有一套修持方法使道士获得宗教经验。道教在修炼方术上追求天人合一，返璞归真，人与道的一体化，后世全真道士还把内丹仙学作为合道成仙的途径。丹道学几乎是世界所有宗教中最系统最完美的修持方法和行为模式。

（6）各类宗教都包含有自己的法术、禁忌、对神的祭祀和祈祷以及由此而来的一套宗教礼仪，这些都是教徒实现宗教行为和进行宗教活动的基本内容。道教的道士也能够体现自己的宗教行为和参加宗教活动。道教是以法术见长的宗教，它不仅将我国自古流传的方技术数包容无遗，而且逐渐形成一套宗教礼仪和斋醮程式。

（7）宗教是一种群体性的活动和社会化的现象，因此宗教组织和宗教制度是构成宗教的必不可少的要素。世界宗教都拥有一批固定的宗教职业者，并形成与之相应的宗教机构和教阶系统，教徒自觉地以成文的教规戒律约束自己的行为，以符合规范化的宗教规则。道教也逐步形成了一套宗教组织系统和制度，为道士制定了严格的教规和戒律。南北朝以后的道士已在固定的宫观中修行，金元时的全真道更有一套完善的丛林制度。道士们穿着特殊的服装，服从道规和戒律，成为按道阶组织起来的宗教职业者。

（8）宗教本质上是对社会和人生的终极关怀，它不仅提供一个无限性的宇宙本体作为人类的终极信仰，而且对困惑着人们的生命和心灵本质、出生、死亡乃至性的秘密作出解释。道教将"道"作为宇宙的无限本体和人类的终极信仰，这无疑提高了道教的宗教素质。道教中的丹道学包含了人类生命、心灵及生、死乃至性的秘密，人们可以在内丹的修持中领悟这些人生的真谛，从而解除人类的困惑，迈向仙真的境界。

由此可知，中国道教具备宗教的普遍特征和基本要素。道教是自发的自然宗教和人为的伦理宗教的结合体，它没有绝对唯一神的信仰（不像犹太教、基督教和伊斯兰教那样的一神教），但有至上神的信仰。道教不仅信仰人格化的主神（元始天尊、太上老君等），而且还有等同于自然界本性的泛神论的"道"的信仰（类似于印度教的"大梵"，大乘佛教的"佛性"）。由于近世以来道教中没有发生由著名高道领导的重大宗教改革，道教的整个宗教体系还没有脱出中国封建宗法社会的色彩，因之还没发展到现代宗教的水平。虽然道教还缺乏现代宗教的素质，但它的基本修持方法（丹道学）却包含着科学的内容，为现代社会的人民所需要。道教不仅是中华民族的宗教，而且还流传到东南亚，说明它也具备了世界宗教的某些品格。

道教是中国传统文化不可分割的一部分，它和儒教、佛教既相互分立又相互补充，共同为维持家长制的封建政权服务。过去一些学者认为中国是一个宗教薄弱国家的认识是一种误解，在中国这样一个人口众多、幅员辽阔的大国里，统治者如果不依靠比西方各国的教会更强大的宗教力量，要维持这种东方奴隶制政治达数千年之久是不可想象的事。在中国漫长的封建社会里，儒家礼教是论证这种专制制度合理性的宗教法典和实行社会教化的行为规范；佛教是恐吓、诱惑、麻醉人民群众安心作奴隶的精神鸦片；道教则一方面同礼教此唱彼和，一方面热心为同统治者不合作的知识阶层提供精神寄托，为在皮鞭和锁链下生活的劳苦大众止痛止痒，让他们暂时忘掉这个黑暗的世界。在中国的传统文化中，经世型的儒家礼教文化的核心是神化"三纲五常"，从而成为专制君主及其官僚体系的精神支柱。超世型的道教文化出现的根源是知识阶层对现实社会的不满和失望，但结果却造成了人们对现实社会的容忍和逃避。从这个意义上说，封建社会的道教是一种遁世的宗教。他们通过逃避社会来抗议社会，但结果却把积极的反抗力量转化为消极的旁观者和遁世者，终究还是对维持现存秩序的统治阶级有利。直到唐宋以来的封建君主有意识地利用道教，道教就成为他们手中的政治工具了。

道教的这些特点还可以从道教的神灵观上表现出来。同基督教、伊斯兰教等一神教不同，道教中的神灵没有排他性。对道教来说，不仅教内的诸神是互补的，甚至同异教的诸神也是相容的，过去有人在宫观里将太上老君的神主同孔子、如来佛、回教的穆罕默德、基督教的耶稣的神主一起供奉就是证明。道教中不仅有元始天尊、太上老君、玉皇大帝、三清四御等主神，而且还有风伯、雨师、城隍、土地、人体各部位的身神以及管理巨细事务的职能神，这种庞杂的神灵谱系是同中国的具体国情密切相关的。中国分散的小农经济造成了人们多种神灵的观念；庞大而无孔不入的官僚机构使神仙世界也职务杂多，大一统的专制帝国的政治传统又必然导致至上神的出现。道教的主神中实际上以元始天尊、太上老君、玉皇大帝影响最大，其中元始天尊是道教公认的至上神。中国自古是一个大农业国，人们对天的崇拜处于压倒一切的地位，这显然是先民自然崇拜的延续。元始天尊的出现实际上是氏族原始宗教中对天的神化和信仰的继承，在道教中元始天尊不但是最高的天神，同时又是道的化身。早期道教奉老子为教主，以《道德经》为教典，太上老君实际上是以创教的教主神面目出现的，他同时又是道的人格化。早在南北朝时期太上老君就退居于元始天尊之下，将元始天尊的至上神地位突了出来。玉皇大帝在道教中出现较晚，他的地位随着道教的政治伦理化进程不断提高，至宋代被皇帝册封为道教主神。玉皇大帝的出现完全是儒家"神道设教"的统治术在道教中的反映，是封建皇帝为维护现存的统治秩序利用道教神化君权的结果。中国的玉皇大帝和西方基督教制造的全知、全能、全善、全在的上帝不同，他是无限的权力、财富和统治意志的化身，是将专制君主的权威和欲望扩展到极限的象征。玉皇大帝实际上并不是单独属于道教体系内部信仰的神，他本质上是中国社会儒、道、释三教合一的国家宗教中的帝王神。玉皇大帝的出现将儒、道、释三教的神权融为一体，将封建帝王的权力扩展到中国人的信仰世界。这样，遍布全国的城隍、土地神对应着国家无孔不入的官僚机构；阳世间的衙门监狱对应着佛教阴曹地府的十八层地狱；天上的玉皇大帝对应着地上的皇帝，而且在中国无论天上地下、阴间阳世，都要以儒家"三纲五常"的教条当作神圣的教典。这种由皇帝管理有形世界、玉帝管理无形世界的模式是儒、道、释三教神权结合的共有神灵体制，是封建宗法社会里皇权异化或对象化出来的宗教观念。道教神权的封建伦理化使专制君主又多了一件维护家长制统治的法宝，劳苦大众的脖子上又套上一具无形的精神枷锁。道教毕竟是在全世界历时最久的封建制度的大染缸里产生出来的社会产品，它不能不浸染上冷酷的封建宗法政治色彩。

同三大世界宗教相比，道教还有一些独特的民族文化特点。

从道教的教旨上看，它追求肉身成仙，长生久视，重视现世利益，这同三大世界宗教追求灵魂的解脱，重视来世利益的特点大相径庭。三大世界宗教都鼓励人们追求死后天国的乐园生活，而以冷漠的态度对待社会人生的现实生活。道教却直接否定死亡，认为光阴易逝，人身难得，只有速下手修仙，才能享受到神仙的永久幸福和快乐。张伯端说："世人执其有身，而悦生恶死，黄老乃以修生之道，顺其所欲而导之。"（《悟真篇后序》）这就是说，道教中的长生久视之道，只不过是诱人入道的津梁，道教修仙的最高目标，是要追求人与道的一体化，达到超脱生死的真人境界。盖在修仙的人心中，别有一个世界，这就是天人合一、物我无分的最高的人生艺术境界，也就是道的境界。庄子所谓"上与造物者游，下与外死生、无始终者为友"，"与天地精神往来"，"澹然独与神明居"，便是仙家解脱世俗之假我，达到与宇宙永存之真我的最高化境。世人每论及道教和丹道，便拘执在长生延年、不死成仙的圈子里，盲目地赞成或反对，殊不知未参透仙道的究竟，不能破除"法执"和"我执"，又怎能做到与宇宙的自然本性契合，使天地物我的生命相互交流呢？我在给道教的定义中，把度世救人、长生成仙、与道合一作为道教依次追求的总目标，实是将仙道追求与宇宙精神相融的目标归纳了进去。因之，对仙道感兴趣而未入门墙者，莫把丹道的功夫看得太简单太粗浅了。学仙而曾入藩篱者，则切莫不解《老子》《庄子》的奥义而但务方术。老庄之学在仙道中别有一番理解，须知世上未有不懂老庄而通仙道者。以上也是道教不同于世界上其他宗教的特点。

从宗教的类型上看，道教同基督教等纯社会伦理型的宗教不同，它是原始社会自发的自然宗教和阶级社会人为的伦理宗教的结合体。因为死亡和灾病首先是一种不可抗拒的自然力量，而后封建社会的国家机器对人们来说是比自然力量还直接的社会异己力量。因而，道教的神仙以克服死亡和灾病、逍遥自在为特征，不仅是对超自然力量的神化，而且是对超社会力量的神化。道士正是为超越自然力量和社会力量的压迫，争取理想的现世利益而修炼的。

从道教的风格上看，它以修习法术见长，对神秘的力量和圣物不像其他宗教那样采取屈服、谦卑和祈祷的态度，而是尽力通过某种方式控制和支配它，将超自然的力量为我所用。道教要同人的生老病死的规律相对抗，要向热力学第二定律提出挑战，要使造化小儿屈服自己，要靠修习内丹学夺天地造化之功，提出了"我命在我不在天"、"天道自然，人道自己"的口号。因此，道教一反其他宗教对待社会人生的消极态度，鼓励道士将修习长生之道当作远远高出于世俗政治、功名利禄的一项大事业来做。葛洪讲修仙"其事在于少思寡欲，其业在于全身久寿"（《抱朴子内篇·释滞》），就把仙道看作人生的事业。张伯端更提出，只有修成大丹，"脱胎神化，名题仙籍，位号真人。此乃大丈夫功成名遂之时也。"（《悟真篇序》）这样，撞开世网入道教，修成大丹作神仙，对那些在人生观上追求建功立名、有事业心的古代知识分子来说，也有强大的诱惑力。

从道教的内容结构上看，它比三大世界宗教存留着较多的民间信仰和古代巫术，又杂取儒、墨、道、医诸家和佛教的思想资料，在内容上有兼收并蓄、庞杂多端的特点，在结构上有明显的层次性。在中国的传统文化中，道教像个大葫芦，它把正统的儒家文化不收的许多文化要素都收拾进去，在道教的教义下黏合起来。马端临《文献通考》云："按道家之术，杂而多端，先儒论之备矣。盖清静一说也；炼养一说也；服食又一说也；符箓又一说也；经典科教又一说也。"这说明道教文化虽然庞杂，但有自己的类别和系统，不同类别的内容之间存在着有机联系。道教文化在结构上大致可分为三个层次，如刘勰《灭惑论》和道安《二教论》所说，上标老子（老子无为），次述神仙（神仙饵服），下袭张陵（符箓禁厌），即它是由宗教化了的道家学说、长生术和丹道、各类斋醮杂术三个相互联系的层次组成的。道教在教团组织和布道活动上又分为上层神仙道教和下层民间道教两个较大的层次。知识水平较高的神仙道士多诵老庄、修长生、炼大丹，而民间道士则在乡村和世俗家庭为民众疗病去灾、祭神驱鬼、画符施术。宋元以来，正一派的上层道士也以斋醮、符箓为主要的宗教活动。

道教文化同中华民族的血缘、地缘、国情、民情密切交织在一起，它是一种具有民众文化特征的宗教。

第二章　道教的发展史

在介绍道教形成、发展的历史之前，先略述一下前人对道学的分类。盖"道教"一语，虽早见于先秦古籍，原是"以道为教化"之意，并非指一种宗教。道教的名称是在南北朝时的佛道论争中逐渐形成的，如顾欢《夷夏论》讲"佛教文而博，道教质而精"；刘勰《灭惑论》云"佛法炼神，道教炼形"等。道教的名称形成后，亦仍然包括在道家的大范围内，并不区别道家和道教的概念，如《魏书·释老志》和葛洪《抱朴子》均是如此。因为在道家学者看来，道乃是中国人智慧的源头，道学为诸子百家所本，连儒家的祖师孔子，都是老子的学生，成都青羊宫八卦亭的抱龙柱上，有"西出函关佛子拜，东来鲁国圣人参"的楹联，突出了老子在中国传统文化中的权威地位。道学肇始于伏羲、女娲，宗祖于黄帝，集成于老子，推而为杨朱、詹何、魏牟，演而为关尹、列子、庄子，汇而为稷下黄老学派、《吕氏春秋》、《淮南子》，阴阳家、神仙家为其分支，法家、兵家、纵横家为其流变。道家用为谋略，则有鬼谷子、黄石公一派；用以治世，则有伊尹、姜太公、管仲、张良、陈平、汉文帝、诸葛亮、魏徵、李靖、刘伯温一派；用而为遁世，则有石门、接舆、桀溺、荷蓧丈人、商山四皓、郑朴、严遵、严光、孙登、郭文举、陶潜等山林隐逸；用而为玄学，则有何晏、王弼、向秀、郭象、竹林七贤等清谈名士。其他天文、律历、谶纬、五行、卜筮、占验、医药、金丹诸方技术数，莫不是由道学蜕变而来。道学如此博大精深，体用兼备，道教和丹道，更是道学的发展和演变。这是从横的方面看，道家是包罗万象、秉要执本的，道教是杂而多端、分层别类的。从纵的方面看，道家是一种哲学学派，观点上有别于儒家、墨家，道教是一种民族宗教，有别于佛教、回教。《庄子·大宗师》借孔子之口，将道家和儒家首先作了区分，称儒家为游方之内的学术，道家为游方之外的学术。梁朝的阮孝绪在《七录》中，又把道分为方内的道家和方外的道家。梁代刘勰则把道家分为上、中、下三品，北周道安亦以这三品来区分道教。① 宋代马端临又将道教分为清静、炼养、服食、符箓、经典科教五类。近人梁启超将道家分为玄学正派、丹鼎派、符箓派、占验派四派之学。清儒纪晓岚在《四库全书总目提要》中说："后世神怪之迹，多附于道家，道家亦自矜其异。如《神仙传》、《道教灵验记》是也。要其本始，则主于清净自持，而济以坚忍之力，以柔制刚，以退为进。故申子、韩子流为刑名之学，而《阴符经》可通于兵。其后长生之说，与神仙家合一，而服铒导引入之。房中一家，近于神仙者亦入之。《鸿宝》有书，烧炼入之。张鲁立教，符箓入之。北魏寇谦之等，又以斋醮入之。世所传述，大抵多后附之文，非其本旨。彼教亦不能自别，今亦无事于区分。然观其遗表，源流变迁之故，尚一一可稽也。"纪晓岚盖以为道教诸派皆依托道家，近世学者亦有以为道教借道家牌子立教，二者本皆毫不相关云云。此种道教依

---

① 刘勰《灭惑论》云："道家立法，厥品有三：上标老子，次述神仙，下袭张陵。"道安《二教论》亦云："一者老子无为；二者神仙服铒，三者符箓禁厌。"

托道家之说本不足取，笔者前已述明道家和道教有着本质的联系，但纪晓岚所论道教形成和发展的过程大致是不错的。拙著在下面探讨道教发展历史的时候，采用道家、道教的术语，以区分其性质；采用早期道教、教会式宫观道教的术语，以区分其成熟的程度；采用神仙道教、民间道教的术语，以分其层次；用上清派、灵宝派、正一道、全真道的术语，以分其教派。丹道学包括外丹学与内丹学，本书称为丹道，在《道教篇》仅述其历史，后面有专篇详述。

第一节　方仙道、黄老道和巫鬼道

先秦至西汉的方仙道，东汉的黄老道，以及秦汉以来民间和四夷流行的巫鬼道，实际上都是道教的前驱形式。

春秋时期以来的百家争鸣中，就有一派神仙家出现。《汉书·艺文志》云："神仙者，所以保性命之真而游求于其外者也，聊以荡意平心，同死生之域，而无怵惕于胸中。"另有一派阴阳家，代表人物是齐国的方士驺衍。驺衍倡导阴阳五行学说，应用于政治地理之学，著书一百零五篇。驺衍及其弟子在齐、燕、赵、魏等国活动，备受尊崇，他又能预言天象，推往知来，研习神仙方术，著《重道延命方》，俨然是当世的活神仙。战国末期，神仙家和阴阳家、方术家合流，形成了"方仙道"，驺衍遂成了神仙方士的祖师。《史记·封禅书》云："自齐威、宣之时，驺子之徒论著终始五德之运，及秦帝而齐人奏之，故始皇采用之。而宋毋忌、正伯矫、充尚、羡门高、最后皆燕人，为方仙道，形解销化，依于鬼神之事。"还有安期生、石生、卢生、侯生、徐福、韩终、聚谷等，都是方仙道著名方士。方仙道继承神仙家的长生久视之说和驺衍的方士之学，传播制造神仙说，研习各类神仙方术，在社会上形成了靠神仙方术谋生的职业集团。

秦汉时期，方仙道兴盛一时。据《汉书·郊祀志》载谷永上疏云："秦始皇初并天下，甘心于神仙之道，遣徐福、韩终之属多赍童男女入海求仙采药"；"汉兴，新垣平、齐人少翁、公孙卿、栾大等，皆以仙人、黄冶、祭祠、事鬼、使物、入海、求神、采药贵幸，赏赐累千金"；"元鼎、元封之际，燕齐之间方士□目扼腕，言有神仙、祭祀、致福之术者以万数。"可见当时方士阶层的人数非常庞大，一些著名方士已被尊奉为活神仙。著名仙人安期生本琅邪人，受学于河上丈人，卖药东海边，时人呼为千岁公。秦始皇统一天下后，接受了方仙道关于"黄帝封禅不死"和"渤海中有蓬莱、方丈、瀛洲三神山"的传说，遂封泰山而禅梁父，东游海上求神仙。据说他见到仙人安期生，与语三日三夜，赐其金帛，皆置之而去，声称"后数十年，求我蓬莱山下"。秦始皇派人入海去三神山见安期生求不死之药，未至，遇风而返。有人说望见了三神山，但船驶过，三神山如云雾般隐入水下，这实际上是方士们在海上观察到的海市蜃楼幻境。方士传言三神山中有仙人居住，上面云雾缭绕，鸟兽都是白色的，宫殿楼台皆以黄金白银铸造，内存不死之药。秦始皇派徐福带童男童女数千名入海寻药，据说漂流到东邻的日本未归，至今日本的和歌山县和青森县还有徐福漂海的传说。秦始皇多次亲自东游海上，考察方仙道传说的虚实，希望得到不死药，结果中途病死。汉武帝亦信方仙道，封方士齐少翁为文成将军，栾大为五利将军，并妻之以卫长公主，贵振天下。方士李少君以却老方见汉武帝，诱其炼制丹砂、黄金，并称"臣尝游海上，见安期生，安期生食巨枣，大如瓜"。于是汉武帝亲自祠灶炼丹作金，并派方士入海求仙。亳州方士谬忌献太一方，武帝又祭太一。公孙卿大谈黄帝铸宝鼎、泰山封禅、骑龙升天的传说，汉武帝听了形动于色，跃跃欲试地说："吾诚得如黄帝，吾视去妻子如脱蹤耳。"这样，元封（前110）时终于举行了封禅大典，这是方仙道一次重大活动。

　　秦汉方仙道的活动，一是传播和制造长生不死的神仙说；二是方士们展开传道、授徒、著书的宗教活动；三是研习和发展古代巫史文化中流传下来的神仙方术。当时中国的古代神话大致可分为西方的昆仑山系统和东方的三神山系统。方仙道将这些古代神话改编为仙话，将西方的西王母和东方的黄帝都奉为神仙，将方仙道的方士安期生、羡门高、河上丈人，泰山老父等，包括武帝宠臣东方朔都尊为仙人，开辟了由方士修炼为仙人的途径。方仙道的方士都有师徒承传的道统和相互举荐的联络网。例如齐少翁和栾大同师，宽舒曾受李少君之方，河上丈人、安期生、黄石公、盖公亦有师承关系。又因墨家学派的侠士亦和方士合流，墨派中精于冶金制造行业的百工之士也加入方士集团，促进了方仙道中炼制丹砂和黄白变化之术的发展，墨派的帮会传统和严密的组织纪律也带进方仙道中，墨家鬼神思想和神仙信仰融汇到一起。公孙卿献给汉武帝的《札书》，亦为方仙道造作的道书。《汉书·艺文志》著录《封禅方说》十八篇，盖亦当时方仙道为封禅造的道书。淮南王刘安周围的方士，还造出一批烧炼金丹黄白术的书。当时方仙道的方术，大多来自古代原始宗教的巫术，门类甚多。战国时代，燕齐方仙道以服食仙药、炼制丹砂黄白为主，师承安期生、羡门高。秦晋一带方仙道传习房中御女之术，以为男女双修可以得气、驻颜、延寿，崇拜彭祖、容成公、玄女、素女。南方荆楚、吴越、巴蜀一带方士传行气、导引、吐纳、冥想之术，祖述王子乔、赤松子。秦汉以来方仙道逐步将三家方术融汇，皆宗承黄帝。黄帝不仅在首山采铜铸鼎炼丹，而且传习房中御女秘诀，还向广成子学行气、坐忘之术。金丹黄白术、男女合气术、行气坐忘术是中国神仙之学的三大支柱，后世仙家的地元灵丹、人元大丹、天元神丹之术实发轫于此。屈原的《楚辞·远游》篇，战国时文物《行气玉器铭》，马王堆帛书《天下至道谈》，说明方仙道的仙术已达到相当高的水平。据《史记·封禅书》所载，当时李少君有"祠灶"、"谷道"、"却老"方，言丹砂化黄金、食枣长寿、使物、却老，乃后世道教外丹黄白术、辟谷、服饵派的先驱。齐少翁献"鬼神方"，夜间在帷帐中以幻灯招鬼现形，又设坛祭祀请神，实为后世符箓派道士招神致鬼、厌胜辟恶的方术之预演。谬忌献"太一方"祭祀方仙道的最高神太一，迎合了汉武帝借宗教神化君权的需要。汉武帝按方在长安东南郊建太一坛，又在甘泉立泰畤，亲自郊祭太一，三年一次，以为定制。这样，方仙道的发展亦达到高峰。

汉元帝以后，朝廷中儒臣起而排摈方仙道。谷永上书云："世有仙人服不终之药，遥兴轻举……黄冶变化，坚冰淖溺，化色五仓之术者，皆奸人惑众，挟左道，怀诈伪，以欺罔世主。"（《汉书·郊祀志》）成帝、哀帝之际，朝廷移甘泉泰□于长安，由儒臣主祭，方仙道渐次衰落。方仙道为摆脱衰运，便利用当时的社会危机，散布"太平盛世"的迷梦，提出"再受命说"，冀延汉祚，谋求仙道复兴。方仙道的甘忠可造《天官历》、《包元太平经》十二卷，声言"汉家逢天地之大终，当更受命于天，天帝使真人赤精子下教我此道"（《汉书·李寻传》）。他死后，其弟子夏贺良、丁广世、郭昌等继续鼓吹，终于使汉哀帝宣布自己"再受命"，"以建平二年改为太初元将元年，号曰陈圣刘太平皇帝"。甘忠可造的《包元太平经》，便是后世早期道教典籍《太平经》的初本。

汉武帝推行"独尊儒术"的统治术，既使儒学禁锢在封建礼教的外壳内，演变为政治伦理的说教；又窒息了"百家争鸣"的学术繁荣局面，突出了家长制的宗法政治。到两汉之际的新莽时期，谶纬经学盛行一时，神仙思想亦发展到高峰。黄老之学自从被赶出政治殿堂之后，逐步和神仙养生之术融为一体。随着黄老之学的逐步宗教化，当时方仙道也以黄老为宗，方士们以清静无为的黄老之术为修炼思想，方仙道一变而为黄老道。后汉时儒生遇事必占易推步吉凶，连皇帝也信天象，讲灾异，学图谶，使整个社会笼罩着一种神秘的宗教气氛。黄老道亦在社会上盛行开来，黄帝、老子被奉为神仙，信徒们以祭祀黄老以求长生之福。《后汉书·楚王英传》记载，汉明帝时楚王英已奉事黄老道，他"诵黄老之微言"，"洁斋三月，与神为誓"。桓帝时皇宫中建祠祭祀黄老君，仅延熹八年（165）桓帝就三次遣使去苦县祠老子。这样，黄老道遂成了朝廷认可并推崇的宗教信仰，在社会上迅速传播开来。黄老道和方仙道皆以"中黄太一"为最高神，都有追求长生成仙的宗教理想，但黄老道比方仙道的宗教素质更高。方仙道以战国时流行的黄帝信仰为基础，以黄帝成仙的传说游说帝王，将研习各类方术作为主要内容。黄老道则不但神化黄帝，更热衷于神化老子，奉太上老君为教主，以养生方术解老子，在社会上传播"道"的信仰。

黄帝和老子，都是道家祖师，早在齐国稷下学宫中黄学和老学便被结合为黄老之学。汉世以来，从君人南面的黄老学，到养性卫生的黄老术，再到修真求仙的黄老道，一直给社会人心以巨大的影响。《史记·日者列传》载，司马季主在长安以卜筮教人，"通《易经》，术黄帝、老子，博闻远见。"汉成帝时，蜀郡严君平（本姓庄，名遵）"专精《大易》，耽于《老》、《庄》。常卜筮于市，假著龟以教"（《华阳国志》卷十）。严君平著的《老子指归》，便已将老子的道演义为人体修炼的心理体验，为道教仙家解老之学的前驱。黄老道盛行之后，老、庄的道家学说更被加以方术化、宗教化的改造，成为后世早期道教的理论支柱。汉章帝于建初七年（82）赐给东平宪王刘苍"秘书、列仙图、道术秘方"（《后汉书·光武十王列传》），说明当时黄老道中已有仙书及神灵图像，并被朝廷视为珍宝。章帝时王阜撰《老子圣母碑》，桓帝时边韶撰《老子铭》，说明东汉时老子已被黄老道奉为神仙，还有《老子河上公章句》等书问世，也说明《老子》一书被当成黄老道的道典。

后汉时，原来甘忠可等造的《包元太平经》，又被于吉再编成《太平青领书》，在黄老道中流传开来。顺帝、桓帝时，宫崇和襄楷又先后将《太平经》上给朝廷，未被采用，反而成了张角等道首布道的工具。墨家学派主张劳动、互助、兼爱、交利、尚同的思想，都隐含在《太平经》中，成为道首们以救灾、济贫、劝善、互助的口号组织民众道教结社的根据。本来中国的农民缺少群体的组织意识，很难成立脱离国家官僚机构的宗教组织。然而，墨派以手工业者为主，本有结成帮会的传统，而且墨派本来就是原始宗教组织，有严格的纪律、规则和天志、明鬼的宗教信仰。墨派在汉初融入方仙道后，这些特点又被后汉的黄老道继承，为早期民众道教结社的产生打下了组织基础。

汉代除了方仙道和黄老道在社会上层广为传播之外，在民间和边远地区还流行着巫鬼道。秦汉以来，巫的社会地位下降到底层，为士大夫所不齿，但社会上仍有信奉巫鬼道的风气。巫鬼道本是古代原始宗教的遗存，它和民间俗神信仰、家族祭祀、禳灾祛祸、请神疗病、送葬求雨等民俗活动密切结合，在社会上根深蒂固。汉代开国已兴巫风，高祖于汉初下诏曰："吾甚重祠而敬祭。今上帝之祭，及山川诸神当祠者，各以其时，礼祠之如故"。"长安置祠祝官、女巫。其梁巫祠天地、天社、天水、房中、堂上之属。晋巫祠五帝、东君、云中、司命、巫社、巫族人、先炊之属。秦巫祠社主、巫保、族累之属。荆巫祠堂下、巫先、司命、施糜之属。九天巫祠九天，皆以岁时祠宫中。其河巫祠河于临晋，而南山巫祠南山秦中。"（《汉书·郊祀志》）汉自高祖以来，全国各地都有大批巫觋以巫术活动谋生，他们能够出入王公大臣的家庭甚至参与朝廷的政治阴谋，汉武帝还因巫蛊之祸兴过大狱。巫鬼道经常在民间为人降神祈福祛灾，贵族祭祀先人也要请女巫歌舞作法。巫鬼道信仰"天帝"，供奉"黄越之神"，认为黄神是天帝的使者，又是巫鬼道的神师。近些年来，人们从东汉墓葬出土文物中发现一些镇墓瓶、镇墓文、铜印、封泥等，上面多有"天帝神师黄越章"、"黄神之印"、"天帝神师使者"、"黄神使者印章"、"黄神越章天地神之印"、"黄神越章"之类文字。这说明巫鬼道在东汉社会上有很深的群众基础，人死后安葬，也要请巫师禳解死者罪孽，加盖"黄神越章"之印，以驱鬼镇邪。北周道安《二教论》攻讦"三张之鬼法"十一事，谓"左道余气，墓门解除"，"造黄神越章，用持杀鬼"，"或畏鬼带符"，就是对张鲁五斗米道中残存有巫鬼道宗教仪式的指责。巴蜀等少数民族地区，正是巫鬼道最流行的地方。当地民众有信奉巫鬼的习俗，巫觋以祭祀和巫术装神弄鬼，四处布道，称天帝使者黄神为神师，收聚财物，发展巫鬼道徒。早期道教要在巴蜀等地创教发展，要在民间扎根传播，不和民间的巫鬼道融合是不行的。实际上，早期道教就是在改造民间巫鬼道的基础上发展起来的。

东汉顺帝之前是道教产生的准备阶段。这一阶段神仙思想充斥社会各个阶层，修仙的人日益增多，各类神仙方术亦大致完备，特别是出现了方仙道、黄老道、巫鬼道等前驱的道教组织，说明道教产生的准备阶段完成了。

第二节　汉末早期道教

秦汉大一统的家长制封建政权，加强了思想文化领域的专制，必然激起社会上相应的反抗意识，这种反抗意识也在方仙道、黄老道、巫鬼道中反映出来。早在秦始皇专制时期，方仙道就曾散布"亡秦者胡也"的谶言，招致焚书坑儒之祸。随之又制造陨石事件，"刻其石曰：'始皇帝死而地分'"（《史记·秦始皇本纪》），这都反映了方仙道中的宗教反抗意识。然而陈胜、吴广领导的农民起义，却是以巫鬼道的号召发动的。《史记·陈涉世家》载：陈胜起事前，"乃行卜，卜者知其意，曰：'足下事皆成，有功。然足下卜之鬼乎！'陈胜、吴广喜，念鬼，曰：'此教我先威众耳'。"因之以"大楚兴，陈胜王"的谶言，借巫鬼道的宗教影响力发动了一次大规模的农民起义。汉世以来，方仙道、黄老道、巫鬼道仍不断制造政治谶言，齐人甘忠可托天帝、真人之神威宣扬太平道，被以"假鬼神罔上惑众"之罪逮捕，病死狱中。汉成帝时期爆发过五次农民起义，其领袖皆自称"将军"，利用宗教谶言号召民众，朝廷亦从宗教的观点将其视为"妖异"，载入《五行志》、《天文志》。绿林、赤眉起义，亦利用了宗教反抗意识，首领自称"将军"。王莽篡位、刘秀称帝，无一不利用宗教谶言。东汉以来，社会危机日深，黄老道和巫鬼道中宗教反抗意识加强。早在光武帝刘秀在位的建武十七年（41），就有"妖巫"维汜弟子李广起义，据《后汉书·马援传》载："初，卷入维汜妖言称神，有弟子数百人，坐伏诛。后其弟子李广等宣言汜神化不死，以诳惑百姓。十七年，遂共聚会党徒，攻没皖城，杀皖侯刘闵，自称南岳大师。"李广死后，其弟子妖巫单臣、傅镇等再次起事，自称"将军"。这一重要的历史资料说明，早在公元41年，汉代社会上就有规模较大的民间前期道教结社存在，这在道教史上是一件大事。黄老道、巫鬼道中蕴藏的宗教反抗意识，在民众中有深厚基础，足以形成前期道教结社。维汜"妖言称神"，又被宣言"神化不死"，自称"南岳大师"，和后来天师道范长生被封为"天地太师"，张角兄弟号"将军"，孙恩"号其党曰长生人"，赴海自沉后称"水仙"，决非历史的巧合。人们不难看出，早期道教的根子早在东汉初年就在民众中扎下了。

汉安帝永初三年（109 年），又有张伯路以海岛为基地率三千人起事，冠赤帻，服绛衣，称"使者"，渠帅皆称"将军"，"共朝谒伯路，伯路冠五梁冠，佩印绶，党众浸盛。"（《高雄传》）这比张陵入蜀于汉顺帝汉安元年（142）创立天师道仅早三十余年，可看作黄巾起义的先驱。"天帝使者"乃东汉巫鬼道的信仰，说明张伯路乃巫鬼道徒。他佩剑带印，和张陵天师道以剑印世代相传又前后呼应。汉顺帝以后，黄老道和巫鬼道中又传出"赤德气尽，黄德当兴"、"苍天已死，黄天当立"的谶言，制造改朝换代的政治舆论，为社会所接受。汉末社会危机激化，各种会社道派乘机兴起。当时朝政腐败，官吏贪残，灾异频仍，万民匮竭。太学生起而评议朝政，激起党锢之祸，朝廷为压制舆论，大肆制造冤狱，残杀士人，致使民心丧尽，国人思变。流行于社会上层的黄老道，本为朝廷信奉，可以公开布道，有较大的社会号召力。一些黄老道徒，不肯放过汉代社会这一历史机遇，便以未被朝廷接纳的道典《太平经》布道，创立了早期道教结社。

张陵于公元 142 年创立天师道，为时最早，后来又延续不衰，可以看作是中国道教创立之始。汉末早期道教除张陵的天师道外，还有张角的太平道和张修的五斗米道。据《三国志·张鲁传》注引《典略》记载：

> 初，熹平中，妖贼大起，三辅有骆曜。光和中，东方有张角，汉中有张修。骆曜教民缅匿法，角为太平道，修为五斗米道。太平道者，师持九节杖为符祝，教病人叩头思过，因以符水饮之。得病或日浅而愈者，则云此人信道；其或不愈，则为不信道。修法略与角同，加施静室，使病者处其中思过。又使人为奸令祭酒，祭酒主以老子五千文，使都习，

号为奸令。为鬼吏，主为病者请祷。请祷之法，书病人姓名，说服罪之意，作三通，其一上之天，著山上；其一埋之地；其一沉之水，谓之三官手书。使病者家出五斗米，以为常，故号五斗米师也。实无益于疗病，但为淫妄，然小人昏愚，竟共事之。后角被诛，修亦亡。及鲁在汉中，因其民信行修业，遂增饰之。教使作义舍，以米肉置其中以止行人。又教使自隐，有小过者，当治道百步，则罪除。又依月令，春夏禁杀，又禁酒。流移寄在其地者，不敢不奉。

太平道的首领张角，冀州钜鹿（今河北平乡）人，原是黄老道徒。他接受了黄老道中承传的《太平经》，在汉灵帝建宁年间（168～171）开始布道，自称"大贤良师"，创立太平道。《资治通鉴·灵帝纪》云："钜鹿张角奉事黄老，以妖术教授，号太平道。"所谓"以妖术教授"，是指张角打着黄老道的旗号以《太平经》布道，建立异端教团而言；所谓"异端"，也不过是说有异于朝廷尊崇的黄老道。盖汉代朝廷虽奉事黄老道，但没有接受《太平经》，这从宫崇、襄楷等屡上《太平经》而顺帝、桓帝不能行可知。然而黄老道既为朝廷认可，一些民间道首便以它为掩护组织异端教团或发动农民起义。质帝永嘉元年（145）九江马勉称"黄帝"，戴玉印、鹿皮冠，穿黄衣。桓帝建和二年（148）长平陈景和南顿管伯领导的农民起义，陈景自称"黄帝子"，管伯号"真人"，都是利用黄老道谶言试图改朝换代。张角初立太平道，采用符水、咒语疗病的方式布道，奉信"中黄太乙"（即黄老道的太一神）为最高神，劝人行善信道，经营十余年，徒众达数十万人。据出土于安徽亳州曹操宗族墓中的32号墓砖，即有"但抟汝属，仓天乃死"的刻辞[1]，此

---

[1] 《文物》1978年第8期。

墓砖入土在汉灵帝建宁三年（170），说明当时"汉行已尽，黄家当兴"的谶言早已深入人心。随着汉末社会危机的加深，张角遂遣弟子八人分使四方布道，青、徐、幽、冀、荆、扬、兖、豫八州之人纷纷响应，不少人弃卖家财，投奔张角。张角遂以准军事编制组建太平道教团，设三十六方统属之，大方万余人，小方六七千人，各立渠帅。张角自称"天公将军"，其弟张宝称"地公将军"，弟张梁称"人公将军"，并传出"苍天已死，黄天当立，岁在甲子，天下大吉"的谶言和口号。道民皆著黄巾，约定于中平元年（甲子年，即184年）三月五日（甲子日）期会邺城，发动起义建立"黄天泰平"的世界。张角派弟子马元义赴京师，约中常侍封谞、徐奉为内应，却因叛徒唐周告密，马元义被朝廷车裂，千人被杀，迫使起义提前十多天爆发。声势浩大的道民黄巾起义很快席卷全国，州郡被攻占，官吏逃亡，京师震动。朝廷立即解除党禁，大赦天下党人，以收拾人心，并派皇甫嵩、朱俊、卢植等统兵镇压，各地的地主武装也被动员起来参加对农民阶级的战斗。张角的太平道虽为早期道教结社，但他的黄巾起义却是一场披着宗教外衣的农民起义，终究逃不脱"胜则为王，败则为寇"的命运，只能像封建社会所有农民起义一样充当改朝换代的工具。黄巾军此起彼伏地持续斗争了二十多年之久，终于被统治阶级的国家机器镇压下去，而东汉王朝也在黄巾农民革命风暴的冲击下覆灭了。

天师道与五斗米道没有遭受太平道那样的镇压，后来演变为中国道教的正宗。天师道是由张陵、张衡、张鲁祖孙三代创立的。张陵原为沛国（今江苏）丰人，自称是张良的九世孙，本为太学生，于汉安帝延光四年（125）始学道，得《黄帝九鼎丹经》及长生之术，广聚弟子，于汉顺帝朝入蜀，住鹤鸣山（今成都市大邑县内），著作道书二十四篇。据《三天内解经》、《汉天师世家》等书记载，张陵于顺帝汉安元年（142）声称在鹤鸣山受太上老君之命，封为天师之位，得新出"正一盟威之道"，遂率千余弟子，四处布道，建立祭酒道官制度管理道民，创立了天师道。天师道本为张陵教团的自称，因其传正一盟威之道，故后来亦名正一道。

汉末巴蜀地区本是巫鬼道盛行的地方。当时四川疠气大行，生民夭横，盗贼多有，淫祀风行，巫觋乘机装神弄鬼，以传播巫鬼道聚敛民财。张陵于汉安帝时学道，当时奉事黄老道，由其尊祀太上老君并习黄帝九鼎丹法可知。张陵及其弟子将中原的黄老道带进巴蜀之后，立即和巴蜀地区流行的巫鬼道发生冲突。张陵布道争取了巫觋赖以为衣食的巫鬼道信徒，当然会引起巫鬼道的反抗。道书中记载张天师在西川以太上老君的剑印和符箓同鬼兵大战的传说，便是这种冲突的反映。张陵创立的天师道，实际上也是以《太平经》布道的黄老道异端教团。据葛洪《神仙传》记载，张陵以符水疗病，传行气、导引、房中等方术，用太学里学官"祭酒"的名号设置道官，以太上老君为教主，以《三官手书》劝道民行善悔过，修桥铺路，并轮番供应米绢、器物、纸笔、樵薪、什物等。张天师创立与神明盟约的上章之法，制定禁科戒律，崇祀"太清玄元"之神，禁祀淫邪之鬼，并传出驱鬼杀鬼的法术，以改变道民信鬼怕鬼的心理。他以清约治民，使民知廉耻，不但救民疾病，又断绝淫祀淫盗，整饬社会风气，深得民心。道教在四川盛传，迫使当地巫鬼道的巫觋改换门庭，当了天师道的祭酒、道民，天师道在四川渐渐扎下了根。由于天师道的宗教素质远远高于当地的巫鬼道，致使天师道在四川影响深远，连"俗好鬼巫"的少数民族賨人也纷纷信奉天师道。

张陵于桓帝永寿三年（157）去世（见《犹龙传》；一说为永寿二年升天，见《汉天师世家》），其子张衡行其道。张衡号称嗣师，志节高亮，隐习仙业，于灵帝光和二年（179）正月升仙（《云笈七签》卷二八引《张天师二十四治图》）。张衡死后，巫鬼道复兴，教权落入巴郡巫人张修之手。巴郡巫人张修大约是被张陵天师道收纳的当地巫觋，他将天师道的教法同巫鬼道结为一体，简化为五斗米道。从《后汉书·灵帝纪》注引的材料分析，称张修为"巴郡巫人"、"巴郡妖巫"，可知张修本为四川当地的巫鬼道首而入天师道者，他掌握教权后打出"五斗米道"的旗号，融天师道与巫鬼道一体，设"鬼吏"统鬼道道民，以《三官手书》为人祈祷治病，使病家出五斗米，故有五斗米道之称。五斗米道以巫鬼道为信仰之基础，道官称"鬼吏"，道徒称"鬼卒"，教令称"奸令"，简化了布道手续和道资，一律收米五斗，故亦被称为米巫、米贼。

汉灵帝中平元年（184）黄巾起义爆发，秋七月，张修率领他的鬼道兵卒呼应了中原的黄巾起义，其军队号称"五斗米师"，攻夺郡县。在中平五年（188）凉州黄巾军由马相率领，攻下绵竹、雒城、蜀郡、巴郡，自称天子，四川五斗米道亦乘机发展自己的宗教割据势力。《后汉书·南蛮传》云："巴郡黄巾贼起，板楯蛮夷因此复叛"，《隶释·巴郡太守樊敏碑》云："米巫凶虐，继续青羌，奸狡并起，陷附者众"，都是记载这种情势。益州牧刘焉于汉灵帝中平五年（188）入蜀，招抚张修，收编了张修的五斗米师，封张修为别部司马，仍统其道众。当时汉室大衰，天下豪杰并起，各霸一方，攻城略地，实行军阀割据，刘焉亦有异志，遂借口"米贼断道，不得复通"为名，不向朝廷纳贡。张衡之妻以道术养生，有少容，往来刘焉家布道，刘焉悦其姿色，遂任命其子张鲁为督义司马。刘焉命张鲁与别部司马张修将兵攻汉中太守苏固，张鲁与张修掩杀苏固后，遂断绝斜谷，杀使者，复袭杀张修，利用其祖、父两代在教民中的威信，兼并了张修的五斗米师，夺回了教权。刘焉死后，其子刘璋立，因张鲁不顺，遂杀鲁母家室。张鲁于是自立于汉中，按张陵的天师道法对张修的五斗米道作了增饰，仍称天师道，在汉中建立了一个道教王国，朝廷力不能征，便拜为镇夷中郎将，领汉宁太守。《三国志·张鲁传》云：

> 鲁遂据汉中，以鬼道教民，自号"师君"。其来学道者，初皆名"鬼卒"。受本道已信，号"祭酒"。各领部众，多者为"治头大祭酒"。皆教以诚信不欺诈，有病自首其过，大都与黄巾相似。诸祭酒皆作义舍，如今之亭传；又置义米肉，悬于义舍，行路者量腹取足，若过多，鬼道辄病之。犯法者，三原，然后乃行刑。不置长吏，皆以祭酒为治。民夷便乐之，雄踞巴蜀垂三十年。

张鲁的天师道沿袭了张修五斗米道的旧章法，加强了天师道的正统教义，因其仍有收五斗米的教规，故社会上仍然俗称之为五斗米道，甚至还有按张修时习惯呼其为"鬼道"的。盖因张陵死后，其子张衡隐修仙业，没有较大的道教活动，反而是本地道首张修成了道教领袖。张衡早死，张鲁由其母传授道法，后杀张修取得教权，遂尽力排摈张修在教中的影响，奉其祖张陵为天师，父张衡为嗣师，自号"师君"，又称系师，天师道遂以三张为师。史家后来追记三张及张修事迹未细区分，天师道、五斗米道、鬼道之名也混用，道书又故意神化三张，致使这段史实异词百出。今据史料厘正，使读者对天师道创教过程有一条清楚的线索。

张鲁的天师道既沿袭张修旧规，来学道者开始仍按习惯称为"鬼卒"，受道已信，才可升为张陵教阶中的"祭酒"，可统领道民；统领一方道民者为"治头大祭酒"。张鲁道教政权曾在教区内发行铜质"太平百钱"，背面有水波纹和龟纹，大约是一种宗教性的货币①。这也说明天师道和太平道的传播，都奉《太平经》为道

---

① 陈显双：《成都市出土"太平百钱"铜母范——兼谈"太平百钱"的年代》，《文物》1981年第10期。

典。张鲁利用自己在汉中的权力，将所辖地区变为政教合一的教区，并划分为二十四治，以治头大祭酒治民，实行建义舍、宽刑、禁杀、禁酒、收租米、编户著籍等多项措施。张鲁又以《老子想尔注》教化道民，以保持张陵的黄老信仰，但教中仍保存了大量鬼道巫术。后张鲁于汉献帝建安二十年（215）降曹操，官拜镇南将军，封阆中侯。张鲁之弟张卫不肯降，战死，其子张盛夫妻流入东吴，隐居江西龙虎山修道。张鲁率道民随曹操北迁，次年（216）亡，谥原侯，葬邺城（今河北临漳）。张鲁五子及其臣僚阎圃、李休、庞德等迁入北方，备受尊崇，并和曹氏家族结为姻亲，五子皆封为列侯。这样，天师道遂脱却在四川早期道教结社的朴素形式，传播到中原的士族社会，其教名始显，鬼道及五斗米道之号渐不复用。在社会下层，大批五斗米道教民迁入中原，和中原的太平道教民融为一体，形成强劲的早期道教势力，壮大了天师道的力量，使天师道的影响遍及全国。

汉末三张的天师道（包括张修的五斗米道）、张角的太平道，统称之为早期道教。归纳起来，早期道教有以下几个特征：

（1）早期道教主要在社会下层的劳苦民众中传播，以治病消灾作为现实的教旨和布道手段，仅把长生成仙作为长远的目标和宗教理想。由于汉末数次疾疫流行，死者狼藉，国人流言鬼魅杀人，学者也以戾气害人解释鬼神灾异之事为阴气、鬼气。太平道和早期天师道（五斗米道）都将《太平经》当作教典，《太平经》中就以这种气的理论作支柱。汉末三张还造出《老子想尔注》令教徒诵习，宣扬灾病皆由于"故气"作祟，应奉信"新出正一盟威之道"，用"道炁"取代"故炁"。

（2）早期道教都继承黄老道的传统，反对淫祀，以道教信仰取代民间俗神信仰。然而在修持方术上，仍保留有驱鬼祈鬼的巫术。早期道教大都同巫鬼道相融，其道官同民间巫祝处于既斗争又包容的状态。

（3）早期道教有较严密完整的宗教组织系统，而且这套组织系统是仿照汉代的国家行政制度建立起来的。例如张鲁早期天师道创立二十四治的教区制度，实际上是汉代郡、县、亭行政管理制度的宗教化，具有政教合一的特点。三张的道民命籍制度，也是用宗教手段托言神灵保护将汉代户籍制度恢复起来，其收信米五斗更是汉代课税制度的宗教化。甚至连令教徒习《老子想尔注》的教规，也是模仿汉制使天下诵《孝经》的旧法。这说明早期道教的宗教形式还处于朴素的状态，它是在汉末乱世的特定历史条件下才得以维持的。

（4）早期道教逐步形成了统一的教主、教义、戒律和初步的宗教仪式，有按道阶组织起来的宗教职业者，具备了伦理型宗教的一般特征。三张的《老子想尔注》极注意培养教徒的宗教感情，把宣扬"积善功"、"奉道诚"当作布道的首务。早期天师道（五斗米道）中还有大量教规科仪和涂炭斋等古朴斋法，具备了宗教的基本要素。

从汉顺帝汉安元年（142）至东汉末年，是中国道教的始创阶段，这一阶段的道教结社称早期道教。由于汉末的社会危机促使道教早熟，早期道教还没来得及充实和提高自己的宗教素质，就匆忙登上了社会政治的历史舞台。中国道教的政治活动失败后，道教的发展又进入低潮，不得不在魏晋时期从提高宗教素质方面重新补课。

还须特别说明，汉末早期道教虽由黄老道、巫鬼道演变而来，然中国之大，各地区文化发展并不平衡，不仅黄老道在社会上仍有流传，连方仙道和巫鬼道也没有销声匿迹。江南的吴越文化地区，不是早期道教活动的中心地带，黄老道的传播反而兴盛一时。汉末桓帝时会稽上虞人魏伯阳，将汉代黄老道中秘传的金丹服饵术、男女合炁术、行气养性术三者融汇为一，将黄老养性、阴阳易学、金丹炉火三家理论参同契合，建立起以日月为易的金丹仙学体系，写成《周易参同契》一书。《参同契》云："大易情性，各如其度；黄老用究，较而可御；炉火之事，真有所据。三道由一，俱出径路。"说明此书是集中了易学思想、黄老之术、金丹炉火的烧炼经验而提出新的理论框架，以日月运行阴阳变易的规律描述男女合炁服食还丹的人体修持系统工程。这本书是以隐语写成的，秘传给青州徐从事，徐从事注解此书为阴阳相合之道，作《阴阳统略周易参同契》，又传给同郡淳于叔通。《参同契》的特色是借用外丹炉火之事的术语隐喻男女合炁的阴阳丹法，并给出日月变易的理论框架将行气、房中、服食（炉火）三术合参。这本书一直在黄老道中秘传，晋代葛洪《神仙传》中记载了魏伯阳的事迹，但断定此书为金丹术的著作。唐代《周易参同契》名声大著，被外丹家和内丹家奉为丹经之祖，有"万古丹经王"之称。直至宋代张伯端著《悟真篇》，揭示了《参同契》的丹法之秘，使之成为研究内丹仙学的经典著作。《周易参同契》一书的出现是道教史上的大事，魏伯阳是汉末黄老道的学者，他传出的长生秘术是对中国古代科学的一大贡献。

第三节　魏晋时期过渡性的道教

在道教史上，魏晋时期占据特殊的位置，恰是由汉末早期道教，向南北朝成熟的教会式宫观道教发展的过渡阶段。汉末黄巾起义失败后，统治阶级对中原的太平道恨之入骨，下令禁绝和屠杀，准军事编制的太平道无法公开布道，政教合一的五斗米道也被迫脱离原来的教区。严峻的阶级斗争形势迫使早期道教必须改革自己的宗教形式，适应统治阶级的政权，否则便无法维持下去。天师道在魏晋时期传播到上层士族社会，士大夫入道后必然促使道教发生本质的变化，提高自己的宗教素质。在镇压黄巾起义中崛起的曹操、刘备、孙权三个统治集团，对社会上流传的道教组织采取了镇压、限制与利用、转化的两面政策。

曹操从这一利用和限制的政策出发，将一大批独立修道的方仙道、黄老道传人招到邺城来，聚而禁之。据史书记载，曹操招致的方士有王真、封君达、甘始、鲁女生、华佗、东郭延年、左慈、郗俭、蓟子训、费长房、冷寿光、唐虞、卜式、解奴辜等多人。这些人各自身怀异术，修炼有效，他们集中到魏国京城，造成很大社会影响，连曹操都向他们习练养生补导之术，士族官僚更信者甚众。这些原来隐居山林的方士被集中到一起，客观上为他们切磋道术、传经授徒、组织道团提供了方便，促进了神仙道教的形成。

西蜀刘备，虽对道教限制甚严，但四川毕竟是道教的发源地，民众中有深厚的道教信仰，一些高道隐于山林，或沿江入吴继续布道。刘备伐吴，就曾请道士李意期预言胜负吉凶之事。刘备死后，少数民族首领高定无及益州大姓雍闿皆曾借五斗米道为号召发动叛乱。[①] 直至后主刘禅信用宦官黄皓招亡国之祸，黄皓便是巫鬼道信徒，足见刘氏蜀汉政权终究没有摆脱四川道教势力的纠缠。

东吴孙权，本崇信神仙，结交方仙道和黄老道传人，曾给介象、姚光、葛玄以礼遇，使江南成了神仙道教滋生发展的中心地带。

魏晋时期，汉代的国家农业地主经济转化为门阀士族豪强的领主经济。门阀士族（累世公卿者又称世族）势力强大，使这个时代的政治、经济、文化（包括宗教）都具备了士族社会的特征。由于统治阶级对道教限制和利用的政策，促使魏晋社会的道教分

---

① 《华阳国志》卷四。

化为上层神仙道教和下层民间道教两个较大的层次。魏晋社会在全国有代表性的道派仍是天师道，它也毫无例外地分化为上下两大层次。传播到上层士族社会的天师道，逐渐与神仙道教合流，建立了长生成仙的信仰。巫鬼道和民间道教相融汇，一般不再同士族神仙道教分庭抗礼，而是作为神仙道士的社会基础广泛传播着。魏初朝廷对民间巫鬼道的活动本有禁令，如果"妄为祷祝，违反常禁"，便要治罪。晋代开国，亦下诏禁断淫祀，限制民间道教特别是巫鬼道的活动。这些禁诏并不能真正禁断巫俗，却迫使民间道教普遍建立起长生成仙的神学信仰。张鲁降曹后，张天师家族的社会地位备受尊崇，其道徒阎圃、李休、庞德等亦受到礼遇，大批天师道民随之迁到许昌、关陇、洛阳、邺城等地，门阀士族子弟信奉天师道，使天师道名声大振，天师道之号获得社会承认。曹操班师回邺城，拨汉中数万户百姓以实长安、三辅；而后刘备攻占汉中，张部又率吏民内徙，达八万余口，天师道的道民在北方居住生根，和当地的太平道迅速合流，北方的大量太平道信徒转入天师道的旗号之下，使中原地区成了道教发展的大本营。汉末的早期道教基本上是在乱世出现的"救人"的宗教，而魏晋时期的神仙道教却是一种"度人"的宗教，魏晋时期是道教由"救人"向"度人"转化的时期。魏晋社会是以门阀士族主宰政权为特征的，道教的发展当然也以士族道教为特征。

一　神仙道教和道教学者葛洪

神仙道教是魏晋时期独具特色的道教形式，它是士族文化的产物，是由汉末早期道教通向南北朝成熟的教会式宫观道教之间的过渡桥梁。神仙道教继承了战国时期神仙家的传统，是秦汉以来方仙道和黄老道的演变，同时又是对早期道教的改造。神仙道教的形成改变了早期道教的发展方向，更多地体现了传统文化中道家隐逸的特色。神仙道教的道士是由方仙道和黄老道的方士以及山林隐逸与士族社会上层天师道的道士结合而成的，他们是隐居山林研习神仙方术的修道者。山林隐逸是中国家长制礼教社会中特有的文化现象，这个阶层的出现是古代知识分子在宗法伦理、强权政治的重压下自我解脱的结果。自父权家长制的礼教占据统治地位后，我国的士阶层一直保持着道家的隐逸传统，入山修道成了他们逃脱世网的一种选择。魏晋以来，天下多故，政风险恶，士族名士少有能自全者，致使山林隐逸阶层迅速扩大，神仙道士队伍的人数日益增多。神仙道教形成后，原来方仙道和黄老道的方士以及山林隐逸皆以神仙道士的身份修习道术，传经授徒，出入儒道之间和士族社会之中，受到世人的尊重。魏晋时期的神仙道教具有下列一些时代特征。

（1）神仙道教都坚信神仙实有、仙人可学、长生能致、方术有效，因而以长生成仙为教旨。魏晋时期神仙的特征，就是长生久视。在当时人们的心目中，神仙就是不老不死的人。社会上有久寿的老者，便被传为"千岁翁"，世人遂敬如神仙，因此流俗道士多虚报生年，以久寿惑世。神仙道教中特别推崇的是既可长生不死，又可在人间恣情享乐的"地仙"。这种地仙实际上是士族名士的现实生活在神仙世界里的延伸，是门阀士族的生活愿望在宗教理想中的投影。

（2）神仙道教的教团在组织上带有士族家庭的特色。这些教团一般是由布道者独立经营的，大都以家族成员和招收的弟子组成。神仙道教中的师徒关系是汉代儒家经师和弟子的师生关系的宗教化，徒弟的地位相当于士族社会里的"门生"，可供师长驱使劳动。这些道团多在山林中隐修，以传授和研习仙方作为修持方式。

（3）在传教方式上，神仙道教往往采取师徒秘授的制度，仙方秘诀不肯轻易示人，传经前要对弟子严加考验，弟子接受道经仙方要履行宗教仪式并交纳财礼作信物。这种师徒秘授的布道方式，实际上也是汉儒授经传统的宗教化，后来受佛教影响才出现广泛布道的宣经方式。

（4）神仙道教具备了道团、道规、道经、道仪等一般宗教特征，但道士的修行方式比较自由，尚保留着汉代方士和隐士的生活态度。神仙道士可以儒道双修，可以参政做官和娶妻生子，尚无有出家道士和在家道士的严格区分。在宗教形式上，它受佛教影响并不大，基本保持着中华民族传统文化的风格。

（5）魏晋时期的神仙道教具有鲜明的统治阶级意识和士族观念。它汲取了儒家的伦理纲常作为修仙的条件，尽力将自己和家长制宗法国家的意识形态相融合。神仙道教在神学体系和宗教素质上都比民间道教高一个层次，它和社会上的巫鬼道相对立，反对巫鬼道的淫祀，又极力排斥民间道教。

为魏晋神仙道教奠定理论基础的道教学者，是晋代的葛洪。葛洪（284～344），字稚川，自号抱朴子，丹阳句容人。其从祖葛玄（字孝先）为东吴黄老道的著名道士，师事汉末左慈（字元放），得大批道经、方书及金丹术之传，弟子颇众。葛洪生在道教世家，又师事葛玄弟子郑隐（字思远），得金丹术、《灵宝五符经》、《三皇文》、《五皇真形图》等道书和仙术，写下了《抱朴子内篇》这一道教史上划时代的著作。葛洪神仙道教的思想来源，一是汉代方仙道和黄老道中流传下来的《黄帝九鼎神丹经》、《太清金液神丹经》等外丹黄白术道书；二是《三皇文》、《五岳真形图》等符箓；三是其家族世代相传的《灵宝经》。这些道书和仙方，大都是由左慈、葛玄、郑隐、鲍靓承传而来，成为葛洪写作《抱朴子内篇》的思想资料。葛洪著的《抱朴子内篇》，是秦汉以来方仙道和黄老道传统的继承和总结，同时又为新起的神仙道教奠定了神学体系和理论基础。他在书中提出"欲求仙者，要当以忠孝、和顺、仁信为本"的思想，调和了神仙道教和儒家礼教的关系，增强了道教的社会教化作用。葛洪的道教神学理论，冲破了方仙道中遗留下来的一些不合时宜的旧规矩，改革了其中的一些弊病，为士族道教向社会布道开辟了一条新路。这样，葛洪著的《抱朴子内篇》，实际上是一本集神仙思想之大成，适应道教发展的需要而出现的承前启后、继往开来的道教典籍。

二　魏晋时期的天师道

魏晋时期，社会上影响最大、有代表性的道派，还是天师道。五斗米道团从四川迁到北方后，张鲁去世，整个教团失去了统一的教主，原来政教合一的组织形式也被打破。这时教团的特征，一是组织涣散、纲纪松弛，出现祭酒和道官各自为治、人人称教的混乱局面；二是教团继续发展，教徒遍布全国并传入上层士族社会，一些世家名门子弟纷纷入道，道教的社会影响迅速扩大，天师道的称号也得到社会认可。

针对天师道的祭酒各自立治，不按旧章法，甚至学奉异教，私立道官，以及腐败堕落的情况，天师道内部一些元老和旧道官愤而呼吁整顿道教，以恢复天师道在四川的旧制。《正一法文天师教诫科经》和《太上洞渊神咒经》假托天师张道陵之口，斥责天师道诸祭酒的腐败现象，表示要采取严厉措施予以整顿治理。据《正一法文天师教诫科经》云："从建安、黄初元年以来，诸主者祭酒人人称教，各作一治，不复按旧道法。""诸职男女官，昔所拜署，今在无几。自从太和五年（231）以来，诸职各各自置。"《三天内解经》亦云："而今六天故事，渐渐杂错。师胤微弱，百姓杂治，祭酒互奉异法。"针对魏晋时天师道组织涣散，科律松弛，道官腐化的现象，《正一法文天师教诫科经》斥责说："祭酒主者，男女老壮，各尔愦愦，与俗无别，口是心非，人头虫心，房事不节，纵恣淫情”，并借张道陵之口警告说，“吾不能复忍汝辈也！欲持汝辈应文书，颇知与不？”同时还声称太上老君推论旧事，“诸受任主者职治祭酒，十人之中诛其三、四，名还天曹，考掠其罪，汝其慎之！”然而这些治理腐败的措施和重申旧教义的威胁却收效甚微。历史事实证明，一个教团组织一旦体制过时，原定制度的弊端便已显露出来，出现日益腐败之势，靠这个教团的旧人作恢复初创时期生机的努力是徒劳的。天师道的教规失效和腐败之风，也不可能靠旧道官用宣扬老教条的办法来解决。天师道在魏晋时期，一直处于自发的自然发展的状态，直到南北朝时期才由寇谦之和陆修静因势适时地进行了革新，重建了新的天师道。

魏晋天师道的另一个趋向，是自发地向士族社会发展，沿着士族神仙道教的轨道演变。一些世家大族如琅琊王氏、义兴周氏、高平郗氏、吴郡杜氏、殷川庚氏、泰山羊氏、会稽孔氏、陈郡殷氏、吴兴沈氏、谯国桓氏、晋陵华氏、东海鲍氏、阳夏谢氏以及丹阳葛氏、陶氏、许氏，还有北方的清河崔氏、范阳卢氏、冯翊寇氏、京兆韦氏、天水尹氏等都世代信奉天师道，成为著名的天师道世家。晋王室司马氏也信奉天师道，服食养性，修长生术，和天师道徒往来不绝。天师道徒孙秀、步熊等便曾参与晋王室的政治斗争，是八王之乱的中心人物。天师道在门阀士族中间广泛传播开后，还出现了不少士族家庭自主经营的教团。这些士族天师道徒以自己的宅邸作治，自己管理道室，在家族中进行道教活动。例如钱塘杜明师经营的杜治，就是以士族家庭立治独立经营的天师道教团，在当时颇有影响。著名书法家王羲之一门世代奉道，其子王凝之便在自己家中设立道室进行道教活动。这些上层士族天师道徒，不仅沿袭天师道的那些上章、祈祷、服符水、读

《道德经》等旧道法，而且还把神仙道教的采药、辟谷、服食养性等黄老之术融合进去。他们在名山筑宅清修，使天师道沿着神仙道教的轨道发展。

魏晋时期，上层天师道逐渐发展为士族神仙道教，下层天师道也在民间流传不息。五斗米道的发源地四川，在蜀汉灭亡之后，又出现了陈瑞领导的民间天师道教团。晋武帝咸宁二年（276），益州犍为道士陈瑞自号天师，传天师道，设祭酒诸道官。其道贵鲜洁，入道者用酒一斗，鱼一头，禁淫祀，徒众数千人，连巴郡太守唐定等在职官吏亦入道，兴盛一时，后被益州刺史王濬诛灭。晋惠帝太安元年（302），巴蜀地区又爆发了李特、李雄领导的流民起义，流民领袖多为张鲁天师道徒的后裔，以及世奉巫鬼道的少数民族首领，因之天师道成了这支流民军队的宗教信仰和旗帜。他们得到隐居青城山的道教领袖范长生的支持，竟于永兴元年（304）在蜀郡建立政权，国号大成。范长生在光熙元年（306）劝李雄称帝，被封之为"四时八节天地太师"，天师道遂成了成汉政权的国教。东晋永和三年（347）桓温伐蜀，成汉才亡，这是继张鲁之后四川出现的又一个延续了四十三年的道教王国。这说明巴蜀地区天师道在民间的影响力一直很大，直至《隋书·地理志》，仍记载汉中之人，好祀鬼神，"崇重道教，犹有张鲁之风焉。"

东晋时，钱塘杜氏世奉天师道，杜子恭（杜炅）为东晋天师道著名高道。杜子恭以道术通灵，江南子弟多奉事之，建立了多达万户的天师道道团。其家族中又有高道杜叔恭（杜昺），自称梦感张鲁亲授道法，以章书符水为人治病，能知人祸福，组成庞大天师道教团，世称杜明师。杜子恭善于符箓禁咒、跪拜首过之术，能知人善恶贵贱，后传道法于琅琊孙氏与吴兴沈氏。杜子恭去世后，教权落入琅玡孙氏手中。孙泰习养性之术，百姓敬之如神，遂不断扩大教团，结交王侯，私集徒众，声言晋祚将终，竟被司马道子所诛。其侄孙恩逃于海岛，纠合徒众数万人，于隆安三年（399）兴兵复仇，杀会稽内史王凝之，旬日之间四方应者众数十万；利用民间天师道组织了一场农民起义。孙恩于元兴元年（402）兵败赴海自沉后，其妹夫卢循又率众转攻广州。义熙七年（411）卢循和徐道覆率兵北上，后被刘裕击败。这场农民战争历时十三年，杀死了一些充任朝廷官吏的士族天师道徒，加速了晋王朝的灭亡，民间天师道亦因此一蹶不振。孙恩教团号其徒众曰"长生人"，投水而死者称"水仙"，这说明晋代民间天师道亦接受了神仙道教的长生成仙信仰。琅琊孙氏所传天师道虽遭镇压，但杜子恭后世子孙如杜道鞠、杜京产，仍为著名高道，世传天师道不绝。《正一法文天师教诫科经》中说天师道"自流徙以来，分布天下"（《大道家令戒》），即魏晋时天师道从四川到北方又到江南，传遍全国，直至六朝后期，"三吴及边海之际，信之逾甚"（《隋书·经籍志》）。

三　神仙道教的诸道派

魏晋时期道教传播于士族社会，神仙道教形成，社会上层出现了不少神仙道士。北方高道王嘉隐修于终南山，能御六气，守三一，预知吉凶，曾被前秦苻坚和后秦姚苌所信用。神仙道士著名者除葛洪、孙登外，尚有董京、张忠、陶淡、孟钦、任敦、吴猛、许逊等，皆留名后世。孙登隐修避世，嵇康师事之，阮籍登山访道而不应，以冷漠的态度不问政治。董京（字威辇）有辟谷服气之术，披发逍遥吟咏，放迹山林，以回归自然为乐。张忠在泰山修导养服气之术，与鸟兽为侣，依崇岩幽谷凿地为窟而居，以无言之教授徒。陶淡本陶侃之孙，隐于湘山修道，与白鹿为伴，终身不仕。任敦隐于茅山，服赤石脂，能为人治病。孟钦据传有隐形变化之术，役使鬼神，以幻术隐显世间。吴猛有孝行，修得神通，民间传其灵异。又有道士许逊，本南昌人，得吴猛留传之道术，修习有成，在民间影响甚大，被后世推崇为净明忠孝道的祖师。实际上，魏晋神仙道教是一种自由发展的宗教，后世诸家宗派包括张卫之子张盛开创的江西龙虎山正一道，都可追溯到魏晋时期。今将魏晋时期神仙道教的主要道派略为分述。

（一）金丹派

汉末左慈由北方南渡东吴，神仙道教的金丹派遂在江南承传下来。葛洪说："余考览养性之书，鸠集久视之方，曾所披涉篇卷，以千计矣，莫不以还丹金液为大要者焉。然则此二事，盖仙道之极也。服此而不仙，则古来无仙矣。"（《抱朴子内篇·金丹》）金丹派的道士认为服食金液和还丹是由人升仙的根本途径。所谓金液，从当时流传的丹方看，是一种溶解金或药金（炼制的铜合金）的溶液或象征性的溶解了金的溶液。神仙道士认为这种"金液"在与金或药金的作用中本身已含有"金性"，因而服用之后人体自然也具备了金的不朽性质。还丹则是在炼丹炉中模拟宇宙时间反演而得的化合物，是一种固体化了的道，人服后自然可以返老还童，得道成仙了。因此，神仙道教金丹派道士皆以炼制金液还丹为终身大事，他们将金液、还丹之方看得极为尊秘，不肯轻易传人。汉末魏晋时期，金丹派道教流传并不广，社会上布道收徒的多数道首只知行气之术及服饵药方，多不懂金液还丹炼制之术。葛洪得金液、还丹之传，自认为已得仙家之秘，他晚年带领家族成员和弟子远赴广东罗浮山，便是为了取得丹砂炼制还丹。那时的主要丹方，基本上是《黄帝九鼎神丹经》和《太清金液神丹经》中的方子，炼丹的化学反应大致用火法（烧煅、升华等）和溶液中的水法反应两种。《道藏》中的《三十六水法》，亦为汉代出世的外丹古经，金液之方也是由水法反应而来。至于还丹的化学成分，主要是硫化汞（HgS）。葛洪《抱朴子·金丹》

云："凡草木烧之即烬，而丹砂烧之成水银，积变又还成丹砂，其去草木亦远矣，故能令人长生。"北周甄鸾《笑道论》云："烧丹成水银，烧水银成丹，故曰还丹。"实际上丹砂加热后，升华为纯净结晶硫化汞，亦有的氧化为氧化汞。古人仅据颜色及外观形状辨认药物，有时不能区分硫化汞及氧化汞，服丹中毒者亦时有发生。至于黄白之术，则是制备铜合金，例如黄白家制备铜砷合金，由于铜和砷的比例不同合金的颜色不同，金黄色光泽者称药金，白色者为药银。魏晋时神仙道教金丹派的传人，著名的有阴长生、左慈、葛玄、郑隐、葛洪，还有狐刚子。狐刚子著有《五金诀》、《五金粉图》等书，据说亦是左慈弟子。

（二）经箓派

晋代还兴起以信奉和承传某一类道经而命名的道派，统称之为经箓派。当时的经箓派分三大经系，即《三皇经》系，《灵宝经》系，《上清经》系。魏晋时道教的发展走向上流士族社会和知识阶层，特别在东晋时期道教又呈现高峰发展期，增加了对新道经的需求，于是一个新的造作道经的高潮终于在东晋时期掀起。东晋中叶新造的道经，以三皇、灵宝、上清三组道经影响最大，这就是后世道教尊崇的三洞真经。经箓派的道士以承传三洞真经内容的不同分别称为三皇派、灵宝派、上清派。三皇派和灵宝派的传人主要是句容葛氏，上清派传人主要是丹阳许氏。

1. 三皇派

《三皇经》、《五岳真形图》之类是召劾鬼神的符书，属于《道藏》洞神部的经典，在三洞真经中问世较早。三国时帛和入西城山师事仙人王方平，于石室中精思，见古人所刻《三皇天文大字》、《五岳真形图》，后经左慈逐代传到葛洪手中。帛和经左慈传下来的为《小有三皇文》，鲍靓在晋元康二年（292）于嵩山石室又得到《大有三皇文》，也传到葛洪手中。葛洪说："道书之重者，莫过于《三皇内文》、《五岳真形图》也。古者仙官至人，尊秘此道，非有仙名者不可授也。""家有《三皇文》，辟邪恶鬼，瘟疫气，横殃飞祸。"（《抱朴子内篇·遐览》）据传《三皇经》（即《三皇文》）有天、地、人三卷（《天皇文》、《地皇文》、《人皇文》），今皆佚，其形式如灵宝派的《真文赤书人鸟五符》（《元始五老赤书玉篇真文》），是状如人迹鸟形的篆文符书，《道藏》伤字号《洞神八帝妙精经》中亦可见其遗意。按以符箓召神劾鬼、消灾却祸，在张陵早期道教中已盛传。符箓之源出于古人对《河图》、《洛书》等文字崇拜，原始宗教中便有文字能召神劾鬼的观念。《后汉书·方术传·解奴辜传集解》引惠栋云："古有劾鬼法，故《淮南本经》云：昔者仓颉作书，而天雨粟，鬼夜哭。高诱注云：鬼恐为书文所劾，故夜哭。"又《汉书·艺文志·杂占类》有《执不祥劾鬼物》八卷，其前后皆录战国时方士书，故此书亦战国人作。方仙道中死魏圣卿、费长房等，皆以习劾鬼的方术著称，而且有上古之时神荼、郁垒兄弟二人于桃树下执鬼的传说。这说明召神劾鬼之术，亦是原始宗教中巫术的遗存。《三皇经》在承传过程中，经文亦繁衍不一，至南朝陆修静整理编定，为十四卷，凡受此法箓者，即为洞神三皇派弟子。三皇派经书、法箓授受均需遵守严格的宗教仪式，该派宣称三皇文乃淳阳精气所化，遇急难可感通天神救度，信奉、佩戴、书写三皇经文有呼风唤雨、所愿立克、延年益寿等无穷法力，传至唐代尚兴盛。唐贞观二十年（646）官府从吉州犯人刘绍略妻王氏衣笼中搜得《三皇经》，上有"凡诸侯有此文者，必为国王；大夫有此文者，为人父母；庶人有此文者，钱财自聚；妇人有此文者，必为皇后"字样，为朝廷所忌，敕令将道观及民间所存《三皇经》烧毁。后宋代虽仍有流行，亦渐式微，至元代忽必烈焚经，《三皇经》失传，三皇派亦衰竭矣。此为三皇派发展始末，后不复记。

《五岳真形图》原是秦汉方仙道为配合秦皇汉武封禅、祭五岳而画出的五岳简易导游图，后来演变为符箓，其形状依五岳山岭河谷盘曲高长、周旋委蛇的规矩和形状绘成，形似书字。《汉武帝内传》称此图由西王母传给汉武帝，可证确是武帝封禅时方士所绘，道士认为佩带此图可附着五岳神仙的灵气神威，足以辟凶除灾，防身营家，经行山川，百神来迎。《五岳真形图》在南北朝之后归入洞玄灵宝部，属灵宝派承传的法箓。

2. 灵宝派

《灵宝经》分为东汉出世的《灵宝五符经》（即今《道藏》水字号《灵宝五符经序》三卷），及后来的《灵宝赤书五篇真文》（又称《元始五老赤书玉篇》）、《灵宝无量度人上品妙经》等。东汉袁康《越绝书》和葛洪《抱朴子内篇》，皆言《灵宝经》有《正机》、《平衡》、《飞龟授帙》三篇，乃大禹治水时所藏，实际上亦是古代原始宗教中巫术的演变。据史料分析，最早的《灵宝五符经》约于东汉时出世，曾传到天师道张陵手中，后来葛玄在天台山修道得到此经，于吴赤乌之年（238）在社会上传开。葛洪于东晋建元二年（344）三月三日在罗浮山去世，以此经传给侄子葛望、葛世。晋末葛洪从孙葛巢甫依托祖辈传下来的《灵宝五符》古经，大加增饰，造出一批新的《灵宝经》，传给道士任延庆、徐灵期之徒，使灵宝派门人日多，灵宝之教大行于世。

3. 上清派

天师道北迁后传入上层士族社会，晋初又有许多江南士族大姓奉道。西晋司徒魏舒之女魏华存，本为天师道祭酒，得《黄庭经》存思身神修道之法，甚得效验，存神行气之术遂在道教中秘传。东晋时，道教信徒日增，新的造经高潮又兴起。世奉天师道的士族名士许谧（高道许迈之弟）伙同士族子弟华侨炮制新道经，因华侨泄密而止。后有吴人杨羲，自幼奉道，性沉厚，美姿容，工书画，有灵性，同许谧结交。许谧及其子许翙便同杨羲以扶乩的方法，托言南岳夫人魏华存下降，在晋哀帝兴宁二年（364）造出《上清大洞真经》31卷和诸仙真传记及修行要诀。杨羲先以隶字写出，以经师的身份传许谧、许翙。直至东晋末年，王灵期受葛巢甫造传《灵宝经》的启发，从许翙之子许黄民处求得《上清经》，隐去其中的至要法言，又张开造制，增广润色，在社会上公开流传，形成了神仙道教上清派。上清派承《黄庭经》的遗意，以内视存思、行气通神为主，兼用符箓，宗教素质较高。上清派是一个以士族知识分子为主体形成的道派，开茅山宗一脉，历经隋唐，盛行不衰，其修炼方术亦为内丹学的前驱。

（三）占验派

占验派由秦汉方仙道的术数家发展而来。《四库提要》云："术数之兴，多在秦汉以后。要其旨，不出乎阴阳五行，生克制化，实《易》之支派，傅以杂说耳。"有汉一代，谶纬学盛行，连儒生亦习术数之学，方士之精于术者更多。术数学包括京氏易、谶纬、天官、风角、星算、遁甲、六壬、三棋、九宫、太一、三元、望气、飞符、龟策等推步吉凶之术。汉代以来有任文公、郭宪、高获、谢夷吾、郭风、杨由、李南、李郃、樊英、杨厚、公孙穆、许曼、赵彦、管辂等人，其中管辂占验吉凶，其应如响，乃汉代中国知识界数百年致力于术数占验之学而开出的花朵。晋代神仙道教兴起，精于术数学的道士遂形成道教占验派，以占断吉凶布道。占验派道士以术数通神，在神仙道教中颇受重视。汉代以来朝廷修史，立《方术传》，史书中记载方技术数之士以占验派最多，《晋书》中亦载有陈训、戴洋、韩友、淳于智、郭璞、步熊、杜不愆、严卿、台产等人，尤以郭璞名重一时。后世道教突出斋醮、科仪和养生延年之术，不尚预测占验，遂将占验派道士排斥到民间道教中去。魏晋之后，民间流俗道士亦多以灼龟卜卦、推命看相、望云省气、占梦观星、堪舆风水之术谋生。

四　民间道教

魏晋时期，除了遍布全国的天师道和隐居求仙的士族神仙道派以外，尚有多种民间道派在各地活动。这些庞杂林立的道派，大都同五斗米道、太平道等早期道教结社有某种间接的联系，或是因天师道的某些祭酒"各奉异法"创立起来的。干君道、帛家道、李家道、清水道等，是当时在社会上较有影响的教派。

（一）帛家道

帛和本为汉末著名道士，相传他曾入西城山师事仙人王方平，于石室中精思，见古人所刻《三皇天文大字》、《五岳真形图》，又曾传《太清中经神丹方》，另外和《太平经》的承传也有关系。后世道士遂托名帛和，称千岁翁，广收徒众，传帛家道，至晋尤盛。葛洪《抱朴子内篇·袪惑》云："乃复有假托作前世有名之道士，如帛和者，传言已八千七百岁，时出俗间，忽然自去，不知所在。其洛中有道士，已博涉众事、洽炼术数者，以诸疑难咨问和，和寻声为论释，皆无疑碍，故为远识。人但不知其年寿，信能近千年不奢耳，后忽去，不知所在"。陶弘景《周氏冥通记》卷一注云："周家本事俗神祷，俗称是帛家道。"晋世著名道徒如刘纲、许迈、华侨以及周子良的姨母和家族皆奉帛家道。这说明帛家道不仅流传于民间，而且传入士族社会。后来这些奉帛家道的士族子弟又多转入上清派。

（二）干君道

干吉为汉末著名道士，是早期道教典籍《太平经》的传人，后世道书中或讹为于吉。《后汉书·襄楷传》云："初，顺帝时，琅琊宫崇诣阙上其师于吉于曲阳泉水上所得神书百七十卷，皆缥白素，朱介，青首，朱目，号《太平青领书》。"《仙苑编珠》卷中引《神仙传》佚文云："吉受之乃《太平经》也。行之疾愈。乃于上虞钓台乡高峰之上，演此经成一百七十卷。今太平山干豁在焉。"《三国志·孙策传》注引《江表传》亦称"时有道士琅邪于吉，先寓居东方，往来吴会，立精舍，烧香，读道书，制作符水以治病，吴会人多事之。"可知后世道士，托名干吉，广传干君道，其道以烧香、读道书、以符水治病为宗教内容，可能是太平道的流变。干君道于三国时流传于东吴地区。

（三）李家道

李家道发源于四川，由三国时著名道士李阿所创。李阿号称李八百，善辟谷，能预知吉凶。《云笈七签》卷二十八《二十四治》中的"平冈治"和"昌利治"，则注有"昔蜀郡人李阿于此学道得仙"；"昔蜀郡李八百初学道处"。《神仙传·李意期》记载："刘玄德欲伐吴，报关羽之死，使迎意期，意期到，甚敬之"，"意期少言，人有所问，略不对答。蜀人有忧患往问之，凶吉自有常候。但占其颜色。"葛洪《抱朴子内篇·道意》云："吴大帝时，蜀中有李阿者，穴居不食，传世见之，号为八百岁公。人往往问事，阿无所言，但占阿颜色。若颜色欣然，则事皆吉；若颜容惨戚，则事皆凶；若阿含笑者，则有大庆；若微叹者，即有深忧。如此之候，未曾一失也。后一旦忽去，不知所在。后有一人姓李名宽，到吴而蜀语，能祝水治病颇愈，于是远近翕然，谓宽为李阿，因共呼之为李八百，而实非也。""于是避役之吏民，依宽为弟子者恒近千人"，"宽弟子转相教授，布满江表，动有千计"。可知李宽托李八百之名，在晋代将李家道传入江东。李家道教人导引行气，以符水疗病，设静庐斋戒，并以"无为"为教旨，有一套宗教活动的制度和礼仪。葛洪说："又诸妖道百余种，皆血食杀生。独有李家道无为为小差。然虽不屠宰，每供福食，无有限剂……复未纯为清省也。"（《道意》）可知晋代之民间道教，数有百余种，李家道为当时尤为兴盛者，李宽布道时，自公卿以下，莫不云集其门。而后，李家道中流传开"老君当治，李弘应出"的谶言，不断有号称李八百的道士传道，亦不断有称名"李弘"的人借道教组织农民造反。《太上洞渊神咒经》亦和李家道有关系。自西晋至南北朝，称名李弘（或曰李洪、李脱、李辰）的农民起义有十多次。直至唐宋间，民间仍盛传着李八百的神话乃至发生以"李弘"为领袖号召农民起事反抗朝廷。

（四）清水道

《三天内解经》云："今有奉五斗米道者，又有奉无为幡花之道及佛道者，又有奉清水道者。""老君使中国人奉无为大道，胡人奉佛道，楚越阴阳气薄，奉清约大道。""其清明求愿之日，无有道屋厨覆，章符赃仪，惟向一瓮清水而烧香礼拜，谓道在水中。"清水道托言为张道陵家奴所创，亦和天师道有联系。东晋时清水道传入晋皇室，为简文帝所奉。释室唱《比丘尼传·道容尼》记载："简文帝先事清水道，道师即京都王濮阳也。"王濮阳亦称濮阳，据《道学传》记载："濮阳者，不知何许人也，事道专心，祈请即验。郑□女脚患跛蹙，就阳清水濯足，余以灌庭中枣树，枣树即生，脚亦随差。晋简文既废世子，而无后息。阳时在第，密为祈请。三更中有黄气起自西南，迳坠室。尔夜李太后即怀孝武，冥道之力。"（《三洞珠囊》卷一引）晋孝武帝是否为清水道师祈祷而降生虽无确证，然清水道的宗教活动为祝水治病大致可明。

五　魏晋社会道教的特点

总起来说，道教在魏晋时期有以下几个特征。

（1）魏晋社会国家基本上处于分裂的状态，不可能形成全国性的统一的道教组织。因之，这个时期是由分散在全国各地的道首独立布道，各自组织教团，不同教派自由发展的时期。另外，这个时期的君权一般也不直接控制道教，给道教各教派自由创教提供了宽松的历史条件，使魏晋时期成为后世许多教派的开创时期。当时一些道徒进入上层士族社会，组织起一些有士族特色的教团，如上清派、灵宝派等；一些教徒遁入山林，以神仙方术修真养性，如金丹派、炼养派等；一些道徒继续在民间活动，或同巫祝合流或被农民起事所利用。后世一些有影响的道派，如楼观派、龙虎山正一派、奉许逊为教祖的净明道等，都可以追溯到这个时期。

（2）从整体上看，魏晋时期在全国最有代表性的道派还是天师道，其他道派大都和天师道有直接或间接的联系。由于天师道形成较早，在群众中有较厚的基础和较大的影响力，它的创始人张陵也成了全国公认的教祖，对道徒有较强的号召力。因此，天师道自张鲁去世后虽然失去了统一的教主，但仍能在张天师的旗帜下继续蓬勃发展。天师道发展的趋势，一是逐步传播到全国，二是从下层民众传播到上层士族社会。

（3）在道教史上，魏晋时期是早期道教产生分化和上层神仙道教逐步形成的时期，神仙道教凝聚着道教在这个时代的特点。从这个时候起，上层神仙道教和下层民间道教开始分离，士族神仙道士和民间流俗道士、巫祝的对立加深，上层道教的社会政治属性越来越强，直至沦为统治者进行"三纲五常"等社会教化，维护封建秩序的工具。

（4）从整个道教史看，魏晋时期是继汉末道教发展高潮之后的低潮时期，又是汉末早期道教到南北朝成熟的教会式宫观道教之间的过渡阶段。在这个阶段，早期道教分化为上层士族神仙道教和下层民间道教，神仙道教成了由早期道教通往成熟的宫观道教的桥梁。魏晋时期道教在全国范围内都产生了分化和变革，接受了中国家长制封建宗法统治的意识形态的控制，然而这种变革仍是南北朝道教改革的准备阶段。因之，魏晋社会的道教发展在道教史上具有承前启后的特点。

第四节　南北朝道教的改革和成熟

从东晋后期到南北朝，全国性的道教改革终于普遍展开，一大批新道派相继出现，中国道教的发展又进入高潮。北朝寇谦之假托太上老君之命清整道教，重建了新的天师道。他改变了天师道早期模仿汉制的古朴组织形式，调整和封建政权的关系，向教会式的宫观道教过渡。南朝的陆修静和陶弘景，先是沿袭天师道的改革，继而总括三洞经书，把灵宝派和上清派发展到成熟的教会式宫观道教水平。

一　寇谦之改革天师道

寇谦之（365～448）生于关中冯翊士族家庭，亦为天师道世家子弟，早年慕道，修长生术，姚秦时随仙人成公兴入嵩山修炼，隐居石室，服食采药。七年后成公兴尸解飞升，寇谦之仍精修不懈。至姚秦弘始十七年（415），忽称感召太上老君降临山顶，授寇谦之天师之位并赐《云中音诵新科之戒》二十卷，命他"宣吾新科，清整道教，除去三张伪法，租米钱税及男女合气之术。大道清虚，岂有斯事？专以礼度为首，而加之以服食闭炼"（《魏书·释老志》）。寇谦之托名老君降授而造作的《云中音诵新科之戒》，即今《道藏》力字号的《老君音诵诫经》，现仅残存一卷。寇谦之据此大规模地改革天师道，革除了天师道中道官的世袭制，以"简贤授明"的师徒制取代，既保留了世袭制护教的好处，又避免了因教主、道官子孙愚劣"使道教不显"的弊端。同时，他还废除了道官在北方仍承用蜀土二十四治之号的旧例，治理了道官祭酒任意取人金银财帛，滥上章表，诈造图书仙方的混乱现象，将天师道引向神仙道教的轨道。寇谦之的新教义最重视的是奉守道诫，增加了不少道教戒律，将天师道的道诫和儒家的伦理规范统一起来，使之成为朝廷维持封建秩序的工具。另外，寇谦之反对滥传房中术助长教内淫风败坏道教声誉的做法，加强了斋醮礼拜等宗教实践活动，规定了详细的礼仪程序，从而提高了天师道的宗教素质。

当天师道的改革初见成效之后，寇谦之又于北魏明元帝泰常八年（423）托称感召老君之玄孙、牧土上师李谱文降临嵩岳，将寇谦之名列仙班，授予《图录真经》六十余卷，使之辅佐北方太平真君。寇谦之在《图录真经》（今已佚）中重新编造了道教神仙的谱系，对诸神的坛位、衣冠、礼拜仪式也作了等级规定，这实际上是将世俗的士族等级制投影到神仙世界，加强了道教的封建伦理化。同时，他还吸收了"劫运"说等佛教思想，制造谶语，推进道教的国教化。他否定了三张的"租米钱税"之制以后，建立由士族和朝廷提供资助的道馆，使天师道的经济来源发生变化，向朝廷敕给馆户（即为道馆服役的隶户）设"道正"管理的官方道教过渡。道馆北方亦称为观，大者为宫，道士先在山洞旁建馆舍，后又建道观于都市，造成南北朝时期"馆舍盈于林薮"的局面，发展为后世的教会式宫观道教。

寇谦之为了推进天师道的国教化，达到其"为帝王师"的愿望，便于当年下山携《图录真经》投靠新即位的魏太武帝拓跋焘。寇谦之初见太武帝未受重视，朝野之士对其言亦半信半疑。随之他结交了儒学世家的官僚崔浩，崔浩上疏为寇谦之鼓吹，迎合了拓跋焘借神化《图录真经》的符命入主中原的野心，遂崇奉寇天师，起天师道场于京城东南，显扬《图录真经》，依寇天师新制大兴道教。当魏太武帝欲进兵大夏（426），进行统一北方的战争时，掌兵权的大臣畏难不肯，而寇谦之却替太武帝预测曰"必克"，使魏太武帝坚定信心率鲜卑铁骑相次剪灭大夏、北燕、北凉、仇池等割据政权，统一北方，结束了五胡十六国的纷争局面。在战争中崔浩和寇谦之随军赞画有功，北魏拓跋焘也称本族为黄帝之后，锐意学习汉文化，拉拢世家大族的汉人，遂大力发展天师道。公元440年，寇谦之又为拓跋焘祈福感通太上授之以"太平真君"之号，促使太武帝改为太平真君元年，并备法驾按天师道的仪式亲至道坛受道教的符箓。寇谦之及其以后的天师道对道士受箓的仪式很重视，"箓"便是道士证书，道徒在受箓前要先受道教的戒律和护身符等，才能成为正式的天师道徒。从此之后，天师道在北魏大行，皇帝即位受道教符箓也成定例，并供奉元始天尊和诸仙的神像。天师道在北方上层社会的地位巩固下来。

二　魏太武帝灭佛和北方天师道的衰落

道教的兴盛，加剧了同佛教的矛盾。

本来佛教初入中国，借方仙道神仙之学而传。魏晋南北朝时，北方佛教依附于神仙道教，南方佛教依附于玄学。佛图澄之传教，亦能念咒驱鬼，行法术占验，号曰神僧，实形同神仙道士。而后佛经大量翻译，南北高僧日多，佛教的本来面目渐为人知。北方五胡乱华，佛教遂在少数民族中间传开。后赵时石虎倾心事佛图澄，大力推行佛教，汉人大量出家，寺院亦遍布国中。石虎等少数民族国主奉佛，大约也有借佛教抵制汉文化的心理，他们认为"朕本胡人，佛是胡神"，因之崇佛便顺理成章。

佛教盛传，因此也遭到北方代表汉文化的儒学世家的嫉恨。崔浩出生于儒学士族，对佛教异俗尤为深恶痛绝。魏太武帝拓跋焘对佛教初无恶感，后经寇谦之和崔浩的鼓煽，崇道日笃，在统一战争中，又屡与帮助割据政权的僧侣矛盾，对佛教渐生恶感。

崔浩亦乘机鼓动太武帝灭佛，太武帝终于在太平真君七年（446）下诏灭佛。魏太武帝欲入主中原，崇尚汉文化，鲜卑族以正统的黄帝后代自居，正要向天下表明"朕非胡人，不事胡神"的观念，因之灭佛之举也顺理成章。

灭佛之举遭到奉信佛教的鲜卑贵族的痛恨，拓跋氏政权内部矛盾激烈。寇谦之并不赞成屠杀僧人，他死前已预料到天师道以后因受政治斗争的影响转衰。寇谦之死后，崔浩也因被鲜卑贵族忌恨处死。不久，太武帝亦于公元452年被弑身死，后世皇帝皆佞信佛教，天师道转衰。特别是在齐文帝高洋时，于天保六年（555）又下诏废道，使寇谦之的天师道教团一蹶不振。

三 陆修静创新道教

陆修静（406～477），字元德，吴兴东迁（今浙江吴兴）人，为江南著名士族吴郡陆氏，东吴丞相陆凯之后。少慕神仙道教，精修不辍，功力颇高；又云游名山仙洞，搜寻道书，元嘉末（453）得宋文帝宣召，声名大著，后因朝廷动乱去庐山隐修；宋明帝太始三年（467）又奉诏于崇虚馆整理道书，弘扬道教。陆修静为葛洪之后著名道教学者，一生著述甚丰，对道教发展贡献甚大。

（一）总括三洞经书，整理道教典籍

晋宋之际，三皇派、灵宝派、上清派的经书日益增多，真伪混杂，优劣不等。考察道教史，发现道教的发展变化往往受佛教刺激。东晋南北朝道士大造道经，其原因也和当时佛经的翻译突增有关（梁武帝时译佛经已达五千四百卷）。道经造作繁多，亟须统一整理。陆修静居崇虚馆，得到朝廷收藏的杨羲、许谧手书《上清经》真迹和收集到的《三皇经》、《灵宝经》道书，首以三洞（洞真部、洞玄部、洞神部）分类，自称"三洞弟子"，编出

《三洞经书目录》。陆修静不仅将洞真上清经、洞玄灵宝经、洞神三皇经考其源流，删正增修，甄别条理，而且还为经书的传授立成仪轨，借以提高道教的宗教素质。梁初，又有孟智周法师撰《玉纬七部经书目》，继承陆修静的道书分类方法，在三洞之外又加四辅（太玄部辅洞真，太平部辅洞玄，太清部辅洞神，正一部总辅三洞），使"三洞四辅十二类"的道书分类法，沿用至今。道书的整理和分类是道教史上的大事，对道教的发展影响颇巨。

（二）汲取佛教的宗教形式，制定道教戒规科仪

佛教是一种宗教形式完善的世界宗教，为中国的民族宗教提供了一个可供模仿的样板。中国道教要提高自己的宗教素质，必须汲取佛教的宗教形式并加以民族化，这个步骤是在南北朝时期完成的。首先，陆修静删定的《灵宝经》中，佛教三世轮回、因果报应之说被吸收过来，强调积德行善、济世度人。《灵宝度人经》等大量道书，讲因缘业报、轮转五道、天堂地狱，采用了很多佛教用语。其他如《老君说一百八十戒》以及五戒、八戒、二十七戒等，和佛教戒律也甚相似。所不同者，说法者为元始天尊或太上老君，戒律同中国儒家的"三纲五常"等礼教规范相一致。教义中劝善度人的社会伦理思想被突出出来，这是中国道教思想的一个大变化，是道教日益成熟的标志。同时，陆修静还为道教制定和完善了大量斋醮仪式，充实了道教的科仪。陆修静认为斋仪可以检束道士的身、口、心"三业"，以身礼拜，以口诵经，以心思神，则身、口、心皆归于道，内寇外贼俱不能入。他综合天师道、上清、灵宝诸派斋法，以灵宝斋（以有为为宗）的金箓、黄箓、明真、三元、八节、自然等斋法为主，加之三皇斋、太一斋、指教斋、涂炭斋等古老的旧斋法和上清斋以无为为宗的坐忘、心斋二法，称为"九斋十二法"。这样，斋仪既成了道士传经受戒、日常修行和宗教节日的功课，又成为他们在社会上作祈禳超

度的法事和行道布道等宗教活动的内容。道教宗教活动的规范化显然也是道教成熟的标志之一。

（三）改革和融汇天师道经箓道教，发展道馆制度

当时南朝的天师道祭酒制度，也像北朝一样混乱不堪。陆修静曾著《陆先生道门科略》，按三张旧法对天师道进行整顿，然收效不大。后来他居掌朝廷崇虚馆时，俨然成为全国的道教领袖。他针对南朝在孙恩起义失败后民间天师道衰落，士族神仙道教的上层天师道发达的事实，结合天师道亦属于符箓道教的特点，利用自己的威望和著述将上层天师道和南方盛传的经箓派道教（三皇派、灵宝派、上清派）融汇到一起，并区分修行次第，形成了一种按道阶修行的统一的天师道经箓道教。陆修静的这项道教改革是道教史上的大事，前人绝少论述。在陆修静改革后的经箓派道教中，天师道按经箓划分属正一派（由张道陵《正一盟威》道书而来），派内设正一弟子（或盟威弟子）、正一道士、正一法师（即原天师道的祭酒）等道阶，在经箓派道教中品级最低。庶人学道，先作正一弟子，受正一派经箓，依次再升为三皇弟子、灵宝弟子，最后授以最高的上清派经箓。陆修静所修斋仪，也是将正一派的旨教斋、涂炭斋和三皇斋、灵宝斋、上清斋融汇在一起分别品味的。这种融汇三洞经箓、统一区分道阶的改革对后世道教影响很大，为唐代的道阶和经箓授受制度乃至明代正一派统一三山符箓（龙虎山正一派、茅山上清派、阁皂山灵宝派）开了先河。另外，陆修静还根据南朝士族天师道设置静室、道馆进行宗教活动的现状，推行道馆制度，建立成熟的宗教组织形式。这些道馆已不同于旧天师道的道治，经济来源不再向道民征租米，而是依赖官僚贵族的布施、朝廷的敕赐和免役、自己隶属的田产和馆户等，道士按道阶在道馆中进行宗教活动，和佛教的寺院制度相当。这样，教会式的宫观道教便形成了。

陆修静主持崇虚馆时，深得朝廷敬重，又在泰始七年（471）为明帝建三元露斋，感堂前黄气升天，明帝病瘳，以为嘉祥。"先生乃大敞法门，深弘典奥，朝野注意，道俗归心。道教之兴，于斯为盛"。陆修静于元徽五年（477）去世，谥"简寂先生"，其弟子著名者有孙游岳、李果之等。南朝高道，如顾欢、孟景翼、宋文明、褚伯玉、刘法先等，皆于道教发展有过贡献，其中最著名的，为孙游岳的弟子陶弘景。

四　陶弘景创立茅山宗

陶弘景（456～536），字通明，丹阳秣陵（今江苏南京）人，生于士族诗书之家。少喜道术，从师孙游岳，后因宦途不得意，遂隐居句曲山（今江苏茅山），自号华阳隐居，率弟子建华阳馆。齐梁禅代时，派弟子奉表支持萧衍，援引图谶，选定国号，和梁武帝萧衍书问不绝，时人谓之"山中宰相"。朝廷王侯公卿名士拜在陶弘景门下者有徐勉、江淹、沈约、萧子云等多人，名重一时。陶弘景多才多艺，精于天文、历算、医药、金丹、经学、地理、博物、文学艺术，著述80余种，现保存下来的《真诰》、《登真隐诀》、《真灵位业图》、《养生延命录》、《本草集注》、《补阙肘后百一方》、《华阳陶隐居集》等，都是道教史和科技史上的重要著作。陶弘景隐居茅山45年，门徒众多，享年81岁，谥贞白先生。

陶弘景在道教史上最大的贡献，就是承传上清经箓，创立茅山宗。他著的《真诰》，就是在顾欢《真迹经》的基础上，整理杨羲、许谧的上清经诀，记述上清派历史、方术、教义的重要著作。《登真隐诀》则记述《上清经》中的符箓、存思、内视、导引、服气诸升仙之法。茅山以汉代三茅真君（茅盈、茅固、茅衷）修仙而得名，为六朝神仙道教圣地。陶弘景率弟子在茅山披荆斩棘，历时七年，修塘垦田，建设道馆，组成了上清派道团。从此，茅山宗成为上清派的中心，自南北朝至隋唐，茅山派代有人出，在道教史上产生了深远的影响。茅山上清派基本上是一个知识分子组成的道团，注重个人文化修养和经典的研习，道士多精于诗赋、书法，有文才，属于经箓派道教的最上一层，著名高道较多。

陶弘景博学多能，诗词文章、棋琴书画、养生医药、金丹冶炼、卜筮占候，无一不通。他的《养生延命录》总结了道教养生学关于养神、炼形、行气、房中术等多种方法。在医药学上首创按药物品种（玉石、草木、虫、兽、果、菜、米、实等）进行分类的方法，丰富了道教医药学的体系。特别是他继葛洪之后发展了金丹派道教，发现了硝石（KNO_3）的火焰鉴别法。

陶弘景还对道教的神仙体系进行了整理，著《真灵位业图》，确立了以元始天尊为首的神仙尊卑等级秩序。道教最高神（元始天尊）的确定和神仙谱系的等级化，既是道教维护封建等级制度的必然反映，也是道教神学成熟的标志。南朝的道教，经过陆修静和陶弘景的改革和发展，从内容到形式都变为成熟的教会式宫观道教。

五　南北朝的佛道之争

南北朝时期正是中国传统文化中儒、道、释三教鼎立的格局逐步被确认的时期，在这个格局形成的过程中，中外文化的冲突显得特别激烈。南北朝时期佛经大批译为中文，寺院经济日益强大，僧人遍于国中，实力超过道教，于是便急于脱掉原来依附神仙方术和玄学的外衣，争夺独立的正宗文化地位。三教之争首先在儒、释之间展开，如刘宋元嘉九年（432）天文家、数学家何承天作《报应问》，批判佛教因果报应说，佛教徒宗炳作《答何衡阳书》予以辩解。从鬼神之有无，报应之虚实，逐渐深入到人死灵魂有无即精神和肉体的关系上，导致梁代范缜著《神灭论》的斗争。佛教初入中国，为布道的需要，根据司马迁《史记·老子传》关于老聃出关西去，"莫知其所终"的记载，东汉末以来造出老子西"入夷狄为浮屠"之说，以和中国文化认同。后有《老子化胡经》出（传为西晋道士王浮造），据此说认定老子西入流沙化胡人成佛，将佛陀视为老子和关尹弟子。南北朝而后，佛教徒围绕《老子化胡经》的真伪屡兴大波，攻击道教，争论两教高下。道教徒亦联合儒教，提出"夷夏之辩"，沙门应否敬王者等问题，排斥佛教。佛教则极力依附中国的君权，接受"忠孝"的伦理观念，逐步中国化。

南朝宋齐之际名道士顾欢著《夷夏论》，褒道教为圣教，贬佛教为戎法，受到佛教徒的围攻。后又有道士托南齐士族张融之名，著《三破论》，谓佛教有悖于礼教伦理，"入国破国，入家破家，入身破身"。又根据"老子化胡说"称老子因"胡人粗犷，欲断其恶种，故令男不娶妻，女不嫁夫，一国伏法，自然灭尽"，以侮辱佛教。佛教徒也造出《老子大权菩萨经》、《清净法行经》等不少伪经反诬道教和儒教，提出"佛陀派三弟子入华教化说"，谓"摩诃迦叶，彼称老子"，儒童菩萨即孔丘，光净菩萨是颜渊。后来三教对骂之言，愈出愈劣，而三教调和之论，则愈来愈兴。梁武帝萧衍为解除因禅位造成的心理压力，欲借佛教消除罪业，使佛教在南朝大兴，三教融和之风亦大行。天台宗三祖慧思禅师著《誓愿文》，称"愿诸贤圣佐助我，得好芝草及神丹"，"借外丹力修内丹，欲安众生先自安"，为援道入佛之例。陶弘景"曾梦佛授其菩提记，名为胜力菩萨"，"自誓授五大戒"，并授净土宗始祖昙鸾以道术，又为佛道双修之例。

北朝的佛道之争，同南朝的文字辩对不同，有帝王的利害关系参与其中，往往酿成灭佛或废道事件。除了前述魏太武帝灭佛之事，又发生了北周武帝宇文邕灭佛兼废道的事件。北周武帝是一个励精图治的英主，尊信道教、儒教而不好佛教。当时佛教经济恶性膨胀，僧徒、庙佃户、寺庙遍于州郡，影响了国家的财政。于是北周武帝多次组织三教辩论会，定三教优劣，为废佛制造舆论。甄鸾上《笑道论》，诋毁道教，道安作《二教论》，崇佛抑道。道士也作《道笑论》以反驳。经过几年辩论，武帝不得已于建德三年（574）下诏同时废佛道二教，令沙门、道士还俗，"三宝福财，散给臣下，寺观塔庙，赐给王公"。不久又敕建通道观，选道士、僧人入观习《老子》、《庄子》、《周易》，名为通道观学士，并在通道观高道的协助下撰写了道书《无上秘要》，为道教史上重要的综合性道教类书。

六　楼观道的兴起

古楼观台，在今陕西省西安市南的终南山北麓，传为周时关尹子的故宅。《汉书·艺文志》注关尹"名喜，为关吏，老子过关，喜去吏而从之"，后世仙传则称其为关令尹喜。关陇士族天水尹氏羡其名，其子弟入道者多居楼观，称尹喜之后。魏晋神仙道教的道士梁谌居楼观修行，得郑法师和仙人尹轨（山西太原人，武当山神仙道士）亲传神仙方术，于晋元帝大兴元年（318）仙去。其弟子王嘉，字子年，为著名高道，甚得苻坚和姚苌礼遇，著有《拾遗记》和《牵三歌谶》传世。王嘉传孙彻，孙彻传马俭，形成楼观道团。北魏太武帝时，楼观道渐兴盛，有高道尹通，其侄尹法兴，弟子牛文侯、王道义等，皆居楼观，购置道经，增建房产，广施功德，扩大教团。魏孝文帝时，王道义弟子陈宝炽，常诵《上清大洞真经》，有未兆先知之术，其徒李顺兴、侯楷及侯楷弟子严达，皆有异术，名重一时。北周武帝宇文邕废佛道二教时，特召严达、王延、苏道标、程法明、周化生、王真微、史道乐、于长文、张法成、伏道崇十人入通道观修道，世号"田谷十老。"至隋唐时期，楼观道更趋兴盛。

楼观道士尊太上老君，宗尹喜，习《道德经》《老子西升经》等，为神仙道教和北方新天师道的结合体。后来，南方陆修静和陶弘景的经箓派道法通过华山道士陆景、焦旷、韦节等传到楼观，楼观道士王延亦在华山修道，故南北朝后期楼观派道法成了南北道教的融汇。楼观道士不仅习《老子》、《庄子》、《列子》、《周易》，而且修上清经法，在隋唐仍很兴盛，一直流传到宋代。

第五节　隋唐五代道教的繁荣和国教化

隋唐时代是中国封建社会最兴盛的时代，唐朝国力强大，思想开放，地域辽阔，是亚洲的经济、文化中心，和世界上许多国家有文化和贸易联系。唐代经济繁荣，科学和文化发达，民族政策平等，儒、道、释三教繁荣，外来的宗教如祆教（亦称拜火教，由波斯传来，即琐罗亚斯德教）、景教（即唐代传入的基督教聂斯脱利派）、摩尼教（即明教，伊朗古宗教）、回教（即伊斯兰教，由大食国传入）均在唐代入中国，在朝廷的支持下自由布道。这样的社会环境必然导致道教的繁荣。另外，唐代虽然是中国历史上少有的强盛和对外开放的时期，但中国的封建宗法制社会传统并没改变。在君权专制的社会里，政治一直被放在最突出的位置，国家政权干预科学、文化（包括哲学和宗教）、艺术的发展是常有的事。宗教如果脱离了君权的支持，也难以在社会上获得适宜的政治、经济条件。因此，外国来中国布道的宗教家不仅是面向民众，首要是面向君主，要在中国传播某种思想文化都要尽力讨取君主的支持。南北朝时期的著名佛教徒道安看透了国情的这个特点，他说："今遭凶年，不依国主，则法事难立。又教化之体，宜令广布。"（《高僧传》）为了使佛教在中国站稳脚跟和广泛流布，道安派弟子分头游说南北朝的君主。隋唐五代时期，道士为了阐弘道教，也极力争取君主的支持，终于获得成功，促成了道教的国教化。在中国的社会历史条件下，一种宗教在君权的支持下经历一次国教化的阶段，是发展为有社会历史影响的大教的重要条件。道教经过唐代的国教化，成为中国政治、经济、文化系统中的要素之一，历代皇帝再也无法忽略它的存在了。唐代道教组织和道阶制度的正规化、道经的整理、道教哲学和教义的深化、科仪和经戒法箓授受程序的完善、各种修炼方术的蓬勃发展、道教文学艺术水平的提高，都是前所未有的，这使隋唐五代的道教成了中国道教史上重要的环节。

一　隋唐五代道教和政治相关

周武帝宇文邕死后，曾帮助他兴道灭佛的道士张宾、焦子顺推知国家将变，杨坚将行禅代之事，便向杨坚密告符命，预言他当为天子。隋文帝杨坚践阼，依道教经典中的"开皇"为年号，复兴道教，封赏楼观派道士，为王延、严达、焦子顺、吕师、孙昂、孟静素、仇岳等道士修建宫观。因杨坚幼年乃女尼智仙养大，自称"我兴由佛法"，故隋初定三教次序佛先、道次、儒末，后更信佛、道、鬼神，开皇二十年（600）下诏禁毁佛、道像，"沙门坏佛像，道士坏天尊者，以恶逆论"（《隋书·高帝纪》）。隋炀帝杨广，崇信道士徐则及上清派茅山高道王远知，并迷信金丹仙药。隋末豪强并起，逐鹿中原，道士遂在群雄中预选未来的帝王。当时社会上广泛流传着"杨氏将灭，李氏将兴"，"天道将改，当有老君子孙治世"的道教谶言，加剧了社会动乱，农民起义军首领李密、李轨等皆宣称自己应谶当为帝王。然而道教中的一些著名高道，则多将政治谶言应在李渊和李世民身上，称他们为老君的子孙，当为天子，大兴道教。道士张宾、焦子顺见隋朝大势已去，亦云李渊"当为天子"，茅山道士王远知亦曾向李渊密传符命，并预言秦王李世民当作"太平天子"。隋大业十三年（617），李渊起兵于晋阳（今山西太原西南），楼观派宗师岐晖以资粮相助，及李渊兵至蒲津关，岐晖又预言李渊"必平定四方"，改名"平定"以应之，并发道士八十余人向关应接，并编造霍山神奉太上老君之命助唐军取胜的传说。岐平定本为通道观法师苏道标弟子，受三洞经法，据说他在大业七年（611）隋炀帝征辽东时就预言"天道将改"。著名医药学家、道士孙思邈甚至在隋初就预言"过五十年，当有圣人出。"还有著名的占验派道士李淳风，大业十三年（617）亦称终南山老君降显，言"唐公当受天命"。李唐建国后，称太上老君为唐帝之祖，在羊角山等地降显的政治神话就更多了。唐朝王室公然尊老子为"圣祖"，自称是老子的后裔，一是为借符命谶言论证李氏称帝的合理性，用以神化君权；二是在重士族门第的社会环境中，攀附老子的声望，以抬高唐宗室的社会地位。唐高祖在老君显灵的羊角山等地修建宫观和老君庙，扶植道教，并亲谒楼观，称："朕之远祖，亲来降此，朕为社稷主，其可无兴建乎？"于是诏改楼观为宗圣观，赐以米帛田产并加封岐平定等有功道士。武德八年（625），国内已混一，唐高祖确定了道先、儒次、佛末的三教次序，宣布了尊道的国策。武德九年（626）"玄武门之变"，佛教徒以法琳为首支持太子李建成，道教徒以王远知为首支持秦王李世民，结果李世民杀死建成，称帝为唐太宗。唐太宗于贞观十一年（637）下诏论定佛道优劣，重申崇道抑佛的政策。至唐高宗时，又亲至亳州谒太上老君庙，追封老子为"太上玄元皇帝"，下诏以《道德经》为上经，命百官和贡举人诵习，又敕道士隶属管理宗室事务的宗正寺，以此抬高道教。

道教既然已被道士和帝王拴到朝廷的战车上，则道教的兴衰不得不和唐朝的政治命运密切相关。隋代北周后，一反北周灭佛抑道的政策，尊佛扶道，得到佛道信徒的支持，但佛教大量剃度僧尼和收刮民财，远非道教可比，佛教过分膨胀和与国争利必然危害国家。唐高祖和太宗的崇道抑佛政策，实则不过是借用道教的力量限制佛教恶性发展，是国家政治的需要。唐初佛道之争亦甚激烈，太史令傅奕在唐开国时就曾上《废省佛僧表》，提出废佛之议，僧法琳作《辩正论》诋毁道教，僧智实抗表反对道先佛后，结果被朝廷施以刑罚。当时不仅皇帝在佛道之争中主张道先佛后，孔颖达等儒家学者也支持道教，道教遂占明显优势。武则天以周代唐，为了削弱唐宗室的政治影响，也从贬低老子，崇佛抑道入手，自称弥勒佛化生，规定佛先道后，佛教势力又过分膨胀。唐玄宗执政，又一改武则天、韦后崇佛抑道危害李唐王朝的政策，采取了一系列崇道抑佛措施，使唐代道教发展到高峰。直到安史之乱发生，唐朝衰落，道教也跟着一度衰落。这都说明，道教和唐代的政治相关。

唐玄宗下诏规定道教在儒、释之上，老子在孔子和释迦牟尼之上，限制佛教的发展，并一再给老子上尊号。他还亲自注释《道德经》，令士庶诵习，并令天下诸州郡遍建玄元皇帝庙，绘老子像颁布全国，祀老子，封庄子为南华真人，文子为通玄真人，列子为冲虚真人，庚桑子为洞灵真人，改四子书皆称真经。同时又设崇虚馆，以"四子真经"开科取士，贡举人加试老子策，建立"道举"制度。他还亲受道士法箓，经常召见著名高道，如司马承祯、王希夷、张果、李含光、吴筠等，颁布多种崇道法令，组织编集道教典籍，仿佛藏称《一切道经》，实为《道藏》编集之始。唐玄宗还努力发展道教文学艺术，亲制道教音乐，提倡炼丹、斋醮等宗教活动，发展和繁荣道教。唐代一些公主出家为女冠，朝中大臣如贺知章等请度为道士，说明道士、女冠的社会地位是很高的。唐代道教以尊祀老子为核心，社会上流传着许多老子灵迹的神话，这给唐人社会心理上播下了修道求仙的意识，并反映在大诗人李白、杜甫、白居易等人的诗中，使道教在唐代进入全盛时期。

唐代后期皇帝亦多崇道，尊奉老子，服食金丹，直至唐僖宗时，因黄巢起义而逃至成都，仍编造太上老君在青羊宫显灵的神迹。其中最重要的，是会昌四年（844）至会昌五年（845）唐武宗的灭佛，拆毁寺庙 4600 余所，勒令僧尼还俗 26 万多人，收田地数千万顷，收奴婢为两税户 15 万人，使佛教一蹶不振。

五代时期，梁太祖朱晃灭唐后降低老子地位，后唐庄宗李存勖即位又尊崇老子和道教。后周世宗柴荣，为英明之主，即位后又崇道废佛，存佛寺 2649 所，废 30336 所，并以铜佛像铸钱。历史上魏太武帝、周武帝、唐武宗和周世宗的废佛事件，佛教称为"三武一宗法难"。实则这些皇帝虽都好道教，但废佛之举，多是由于国家的经济和政治原因。

五代十国，亦有不少高道得到君主崇信。如周世宗礼敬华山道士陈抟；前蜀王建重用道士杜光庭；吴王杨行密崇信道士聂师道；吴越王钱镠拜访闾丘方远；燕主刘守光以道士刘海蟾为相。还有道士谭峭，亦为五代时高道。

二　重要道派和道教学者

唐代的道教，来源有二，其一是继承魏晋神仙道教的传统，其二是魏晋天师道的流变。例如唐代专门从事外丹黄白术的金丹派道士和以各类气法修炼，兼服食药物养生的炼养派道士，则是继承方仙道传统的神仙道教流派。上清派、灵宝派、正一派等经箓派道教，实际上是魏晋天师道在神仙道教影响下的流变，中间经过陆修静的整顿，在唐代经箓派盛传，宋代以后统一为正一派天师道。再有原楼观派（唐初改楼观为宗圣观）道士以终南山为中心，形成终南山道团，宗老子和关尹子，习《老》、《庄》，实为神仙道教和经箓派道教的融汇。隋唐时道观遍于全国名山大邑，以茅山和终南山最显，唐代这些由天师道演化而来的经箓道教重道阶而不重道派，继承陆修静统一经箓道教的传统，道士出家，先受初真戒。经箓道教中以正一派最低，依次为三皇派、高玄派（授习《道德经》、《老子西升经》等）、升玄派（授《升玄内教经》）、灵宝派、上清。其中上清派是经箓道教中品级最高的道派，以茅山为本山，师徒授受分明，高道辈出，是隋唐五代影响最大的道派。自陶弘景以来传授次第为：

①陶弘景→②臧矜→③王远知→ ｛④潘师正→
　　　　　　　　　　　　　　　　王轨

｛⑤司马承祯→ ｛⑥李含光→ ｛⑦韦景昭→ ⑧黄洞元→
　　吴筠　　　　　薛季昌　　　孟湛然

⑨孙智琼→⑩吴法通→⑪刘得常→⑫王栖霞→⑬成延昭→

⑭蒋元吉→⑮万保冲→ ⑯朱自英……

　　　另外，司马承祯又传衡山、天台山一派：

　　　司马承祯→薛季昌→田虚应→

｛冯惟良→ ｛应夷节→杜光庭
　　　　　　叶藏质

　徐灵府→左元泽
　陈寰言→刘　介 ｝ →闾丘方远→聂师道等→王栖霞等→

　　　潘师正（585～682）师事王远知，居嵩山，为唐高宗和武则天所敬重。司马承祯（647～735），字子微，居天台山，唐玄宗时著名高道，和陈子昂、李白、孟浩然、宋之问、王维、贺知章等交游，道功甚高，著《坐忘论》、《天隐子》、《服气精义论》、《道体论》等书，其学精取老、庄，合会禅法，为内丹学的兴起作了理论准备。吴筠（？～778）本为儒生，后入嵩山师事潘师正传上清经法，著《玄纲论》、《神仙可学论》、《形神可固论》、《心目论》，谈仙道之理和养性之术，是道教哲学的重要著作。李含光（683～769）纂修上清经法，唐玄宗亲受上清经箓，著有《仙学传记》、《周易义略》、《老庄学记》等书。

又太极左仙公葛玄传《灵宝经》的故事，葛洪未详记，唐人始盛传，称太上授葛玄《灵宝经》及太极祭炼三箓七品斋法，流传于阁皂福地。故阁皂山灵宝派，当兴起于唐代。升玄派实即灵宝派的支派。

自张鲁之侄张盛（盛为张鲁之弟张卫之子，张卫不降曹被杀，盛遂隐于吴）居江西龙虎山传天师道正一派以来，历魏晋南北朝正一派不显。[①] 唐玄宗时太清观道士张万福整理三洞经戒法箓，使正一法门中符箓的佩带、传授、箓法的品位形成完整的体系，经戒的内容和授受程序也大为改观，在民众中造成很大影响。张天师正一派推重符箓咒术，行斋醮祭炼、消灾除病之法，广收教外男生、女生、弟子入道，成为民间经箓派道教大宗。至五代时杜光庭著《道门科范大全》，闾丘方远诠释《太平经》，更促进了正一派道教的发展。唐代天师道上清、灵宝、正一这三派中，上清派在社会上层传播，正一派则主要在民间传播。

楼观派终南山道团，在国都长安附近，又尊奉老子和无上真人尹喜，适应唐李王朝认老子为祖的政治需要，故十分兴旺。隋唐道士，讲经以善说《老》、《庄》著称，杂以三洞经戒科仪，终

[①] 《神仙感遇传》记载梁武帝时"因陶贞白诣张天师道裕，乃为立玄坛三百所。"《文献通考》又记载"天宝六载（748）以后，汉天师子孙嗣真教，册赠天师为太师。"由此看来，虽说《汉天师世家》的记载未可确信，然张陵的流裔一直在承传天师道当属史实。又五代时孙夷中《三洞修道仪序》云："天师之裔，世传一人，即信州龙虎山张家也。"（《道藏》第53册）唐代有龙虎山一系道派，当属可能。

南山宗圣观道团，似以传高玄派经戒为主。王延和严达，为周隋之际著名高道。唐代则有岐晖、巨国珍、田仕文、尹文操等。尹文操为唐高宗时终南山楼观道士，也参与制造太上老君神迹的活动，并撰修《玄元皇帝圣纪》。唐玄宗时，曾于楼观山谷间得太上老君玉像，以为祥瑞，乃于楼观立碑记其事。楼观终南道团在唐宋两代流传不绝，至金代遭战祸，焚毁殆尽，元初全真教尹志平礼谒祖宫，委托道士李志柔主持修复楼观，并入全真道。

唐代经箓道教还有洞渊派，乃晋末马迹山道士王纂得《洞渊神咒经》而传。唐代道士韦善俊、叶法善、尹愔等，传洞渊派。洞渊道士受洞渊三昧法箓，其法上辟飞天之魔，中治五气，下绝万妖。叶法善（616～720）有摄养、占卜之术，善符箓醮祭，能厌劾鬼神，寿过百岁，甚得朝廷礼遇。

唐代另有北帝派，道士邓紫阳，诵天蓬咒，感北帝授剑法，见重于唐玄宗，传其子邓德成。后有邓延康、黄洞元、瞿童、何元通等传其术。北帝派是上清别派，传《北帝经》，行辟邪禳祸之事。

唐代道教经箓派中，人才甚多，如王玄览著《玄珠录》；李筌传《阴符经》，著《太白阴经》；张志和著《玄真子》；谭峭著《化书》等，皆为道教史上的重要著作。

唐代道教除天师道演化之经箓道教之外，神仙道教亦甚活跃，神仙道教之金丹派、炼养派、占验派皆发展到高峰。唐以前之金丹派，以奉《黄帝九鼎神丹经》和《太清金液神丹经》为本，药物虽有隐名，但不用《周易参同契》阴阳、五行、四象、八卦、龙虎、铅汞之说。唐代神仙道教内丹和外丹并行，皆以《参同契》为丹经之祖，取其阴阳八卦龙虎铅汞之说。唐代外丹和黄白术皆兴盛，所用药物和炼制金丹名称可见梅彪《石药尔雅》。唐代神仙道教金丹派既重《参同契》，由于对《参同契》丹法的理解不同又分成多种丹派。以硫汞说解《参同契》的道士，则以硫和汞反应制硫化汞（HgS）；以铅汞说解《参同契》的道士，则制成氧化汞（HgO）和氧化铅（PbO）的混合物。当时受到皇帝宠信的道士柳泌、赵归真，皆主铅汞说。《列仙谭录》云："赵归真探赜元机，以铅制汞，见之者无不竦敬。"韩愈《故太学博士李君墓志铭》述柳泌丹法，"其法以铅满一鼎，按中为空，实以水银，盖封四际，烧为丹砂云"。这就是照文字表面曲解《参同契》而来的丹法，生成汞和铅的氧化物皆有大毒，致使唐诸帝中毒而死。按唐太宗李世民本来斥责秦始皇、汉武帝求仙药为虚妄，后竟服胡僧药而死。唐宪宗初亦怀疑丹药，后服柳泌丹药致疾。其子唐穆宗诛杀柳泌，不久亦饵丹药。敬宗、武宗皆饵丹药，崇信道士赵归真的斋醮之术，不得善终。唐宣宗诛杀赵归真，自称"虽少翁、栾大复生，不能相惑"，后又服丹药毒死。唐代宫廷炼丹师（供奉山人）所制铅汞派丹药究竟是什么成分，致使唐诸帝冒死而服？考察这些宫廷金丹的性质，大致是一些催淫的春药，杂以铅、汞、砷的氧化物。而铅、汞、砷剂进入人体引起慢性中毒可使毛细血管舒张和轻微发炎，亦有催淫的作用。是以凡服金丹者，则阳必暴举，御女多多益善，甚觉壮健美快，故唐帝虽多聪明，亦不悟而服之。总之唐代的金丹，一为硫化物，有天然丹砂和人工制的硫化汞，有镇静健脑的作用，属于硫汞说一派。二为铅、汞、砷的氧化物，有大毒，属于铅汞说一派。三为汞的氯化物，亦为唐代丹药之一。道士陈少微、张果，主张炼制和服食丹砂（HgS），有多种金丹著作传世。张果为中条山（在今山西西南部）道士，有变化不测的法术，曾著《阴符经玄解》，又撰《气诀》、《神仙得道灵药经》、《丹砂诀》献给唐玄宗。唐玄宗想将玉真公主嫁给他，他大笑谢绝，后辞归恒山。张果老是后世所传八仙之一。

神仙道教的炼养派，以修炼各类气法为主。盖唐代亦有如现代所谓"气功热"，当时内丹术虽已产生，但和诸家气法并存（《云笈七签》中诸家气法，多为唐代书），以导引、行气、服气、存思、按摩、房中术相配合，求养生延年之效。炼养派道士除行气、导引外，多兼通医术。著名医药学家孙思邈（541～682年），有养生长寿之术，著有《千金要方》、《千金翼方》、《摄养枕中方》、《福禄论》、《保生铭》、《存神炼气铭》，又注《老子》、《庄子》，被后世尊为"药王"，影响甚大。唐末五代时期道教内丹派兴起，有著名道士钟离权、吕洞宾、陈抟、刘操、施肩吾、彭晓等，传内丹学，于丹道章再详述。

唐代神仙道教之占验派，继承汉魏术数学的传统，有很大发展。李淳风精于天文、历算、阴阳之学，为太史令，占候吉凶，若合符契，有《乙巳占》传世。袁天纲精于相术，亦知名于隋唐之时，言无不中。李虚中以人出生时间的干支，推人贵贱寿夭，百不失一，韩愈曾为作《墓志铭》记其事。五代时徐子平将其推演为四柱推命术，宋明以来朝野文人多习之，为算命术之正宗。唐代道教术数之书，对后世影响甚大，预言国家政治命运的谶书《推背图》，便托名李淳风、袁天纲而作。

三 隋唐五代道教的特征

中国道教经过唐代的国教化阶段，道教同国家的上层建筑融为一体，成为国家机器的有机组成部分。隋唐道教经戒法箓的传授制度日趋完备，科律的严整，斋醮仪式的健全，体现了教会式宫观道教的特点。"重玄"哲学的流行，将道教哲学推向一个高层次。其他道经的编集，道教文学艺术的发展，极大地提高了道教的宗教素质。另外，自南北朝至唐代，贵族女子出家为道渐多，是一个值得注意的社会现象。中唐时杨贵妃入道号太真，又造成宫廷女性出为道士的风气。女冠李冶、鱼玄机、卢媚娘、卓英英、杨监真、郭修真等，皆能诗能文，色艺双绝，名重一时。中唐之世朝野名流学者和女道士交往唱酬，载入文学作品，增加了唐代道教的浪漫气息。

（一）教会式宫观道教的完善是隋唐道教的主要特征

据《一切道经音义妙门由起》，唐代道教的道士有七阶：一者天真道士，体合自然，内外清净；二者神仙道士，变化不测，超离凡界；三者幽逸道士，含光藏辉，不拘世累；四者山居道士，幽潜默遁，仁智自安；五者出家道士，舍诸爱欲，脱落嚣尘；六者在家道士，和光同尘，抱道怀德；七者祭酒道士，屈己下凡，救度色苦。《三洞奉道科诫》将幽逸道士和山居道士合并为一，分为六阶。实际上古代真正的高道，多为超脱世俗、隐姓埋名的隐士，他们既不奉承权贵，又不以灵异惑人，是以不著于道史。道教传记，侈谈灵异，混称神仙，年月不明，真伪莫辨，反而使道教史实不彰。古来隐于深山野林中的高道不知几千百人，不幸不为世所知，以微末道行干谒帝王而贻羞后世者，反著于道史，其事迹又人神杂糅，诚为古代道教传记一大弊病。隋唐时期国家统一，道教作为国家宗教亦日趋统一。因而唐代道教继承陆修静融合经箓道派的传统，天师道各派别之间并无不可逾越的界限，但有严格的道阶品位制度。各道派之中亦按传授经戒法箓品位的高低来区分道阶品次、道位职称。以天师道为代表的经箓道教各道派亦有阶次之高低，这样全国的道派和道士便形成统一的阶次。初学道者，男号箓生弟子，女号南生弟子（按指定箓君、南岳魏夫人，属上清家法），已婚者夫为清真弟子，妻为清信弟子。授初真戒者，称太上初真弟子，号白简道士。然后可请受正一盟威法箓和经戒，称正一盟威弟子，可以为人上章斋醮。在每一道派中，亦由受经戒法箓的品位不同而道阶高低不同，如正一派中就有弟子、真人、法师的道阶。自正一派再受洞神法箓，便称太上洞神法师。修洞神经戒有功再迁授高玄法箓，称太上紫虚高玄弟子、高玄法师，修《道德经》和《老子西升经》。自高玄部迁授升玄法箓，称灵宝升玄内教弟子。由升玄部再迁升太上灵宝洞玄弟子、无上洞玄法师。而后再逐次升为洞真法师、三洞法师、大洞法师，达到道教最高一级法师的职位。洞渊道士，称三昧法师，行洞渊三昧法。北帝太玄道士，称上清北帝太玄弟子，受北帝箓。隋唐各派道士因修行功力不同，职称亦不同，有弟子、真人、法师、威仪师、律师、炼师等名号。另外，隋朝设立都观，整理道教之义，编成《玄门大义》，唐玄宗编集《一切道经》，都是道教史上的大事。

（二）道教哲学的发展和深化

隋唐五代时期人才辈出，朝廷无力容纳，加之道教繁荣，因之后妃公主出家入道，宦官王公舍宅为观，贵人名士遁入山林，高士才子养生修仙，成为一时风尚。唐末五代，动乱不止，高人逸士避世者更多，这些都极大地促进了道教理论的发展。由于唐朝尊崇老子，学士纷纷注释《老子》、《庄子》，仅道士注疏笺解《老子》即近三十家。这使唐代道教哲学又向老庄复归。唐代道教虽尊奉老子，元始天尊仍为至上神，道士特别重视经典文献的研习和经戒承传，以为尊戒修行才能得福应，这种观念也和以方术求长生的魏晋道士不同。道士讲经说法，皆以《老子》为本，次讲《庄子》、《灵宝经》、《升玄内教经》等。当时道教哲学发展和深化的标志，是"重玄"哲学的兴起。注《老子》以"重玄"为宗，始于晋隐士孙登，后来，梁道士孟智周、臧矜，陈道士诸柔，隋道士刘进喜、唐道士成玄英、蔡子晃、黄玄颐、李荣、车玄弼、张惠超、黎元兴、杜光庭、王玄览等，皆明重玄之义。其中以王玄览（626～697）的《玄珠录》，成玄英疏解《老子》、《庄子》，李荣的《道德真经注》，杜光庭（849～933）的《道德真经广圣义》，较为著名。唐玄宗的《御注道德真经》，亦采"重玄"之说。此外，唐代还有《太上老君说常清静妙经》、《太上老君内观经》、《太上老君了心经》、《洞玄灵宝定观经》等，皆明"重玄"之旨。"重玄"哲学在本体论、认识论、辩证思维、修持理论上融会贯通，相当细致，为后世心性论哲学和内丹学的完善打下理论基础，使道教哲学发展到一个新层次。

（三）道教音乐、舞蹈、建筑、雕塑、文学艺术的全面发展

南北朝时，随着道观的建设，已渐塑道像供奉。隋唐时期，随着宫观建筑艺术的发展，道教雕塑、绘画艺术亦因而兴盛。唐玄宗命全国道观塑老子像，道教神仙的画像亦盛行。吴道子所画老子像的刻石，敦煌道教壁画，流传至今。唐玄宗所制道教音乐《霓裳羽衣曲》等，具有很高的艺术水平。唐代记述道士、仙人的传奇小说，诗人求仙慕道的诗篇，形成了道教文学的传统。道教文学艺术的繁荣对提高道教的宗教素质有不可低估的作用，这也使中国传统的思想文化都融进了道教的精神。

第六节　宋辽金元时期道教的繁衍和创新

宋辽金元（960～1368）四百多年，道教进入一个不断繁衍、创新的发展阶段。这个时期道教发展的重大变化，一是神仙道教中金丹派（外丹黄白术）的衰落和内丹学的兴起，二是全真道的创建和流行全国。这种变化的出现，道教本身演变的规律和趋势为其因，异族统治国破家亡的社会现实是其缘。金元时期的新道派，就是在民族矛盾尖锐的条件下创建的。老的经箓派道教的繁衍和新道派的出现，融摄佛、儒二家之学，带有革新道教的性质。相对于国家统一社会安定的盛唐时期，这段历史时期是属于民族矛盾和阶级矛盾激化，人民在精神上感到屈辱和压抑的年代，道教的精神历来和中华民族的命运息息相通，宋辽金元时期出现的新道派都带有这个时代的特征。

一　宋辽金元时期的王朝和道教

在中国的具体国情下，儒、道、释三教如果不经过国教化的阶段，便难以发展成熟并和国家的上层建筑融为一体。但反过来说，一种宗教或学派过分依赖君权，也会变质和腐化。特别是作为儒、道、释三教文化核心的哲学、伦理学等学术部分更是如此。因为学问一旦入于利禄之途，必然流于虚伪。例如儒家学说在先秦本以仁学改造礼教，矫正时弊的作用，其中何尝不是融汇了中华民族传统的优良道德？然而自汉武帝罢黜百家，独尊儒术之后，终止了百家争鸣的学术气氛，既压抑了百家之学，也异化了儒学。《礼记·儒行》中提倡的那种学者应有的气节、风骨渐渐隐退，曲学阿世、枉道从权、卖身求荣、盗名欺世之徒多有。道家和道教学者也是如此，金元时全真道兴起于乱世危难之时，创教者以清节苦行获得世人尊崇，教团迅速发展，后来受到皇室支持贵盛一时，教团则日趋腐化和衰落。至于北宋王朝对天师道经箓派道教的一系列崇道活动，也只是助长了这些道派的腐化变质倾向而已，最后仅龙虎山正一派道教压倒各派成为天师道的代表。

宋太祖赵匡胤夺天下于幼儿寡妇之手，需要道士的符命来神化自己为真命天子；宋太宗赵匡义弟继兄位，也需要制造玉皇大帝的辅臣"翊圣"降言的神话来平息社会上"烛影斧声"的私议。宋真宗赵恒（998～1023）对符箓道派尊崇备至。他畏惧辽国之兵，主动纳币屈辱求和，后深以此事为耻，又知辽国君臣素有畏天敬神之欲，遂利用道教假造天书行封禅之事以"镇服四海，夸示戎狄"。大臣王钦若给宋真宗出主意，说人造的天瑞可以与真无异，真宗于是谎称于半夜时见到神人，告知他当降天书三篇。而后王钦若便伙同一些会武术轻功和法术的道士，将黄帛飘到承天门的屋顶上，以为天书祥瑞。宋真宗得到天书，遂改元大中祥符（1008），祭告天地，请辽国使臣陪祭，大肆庆贺。在初见成效之后，宋真宗和王钦若诸君臣又在众目睽睽之下表演了两次天书下降事件，四月降天书于皇宫，六月降天书于泰山，至十月，宋真宗就奉天书率群臣去泰山举行封禅大典了。宋真宗不仅模仿汉武帝之封禅，还模仿唐高祖尊老子为祖宗的做法，尊黄帝为赵氏始祖。大中祥符五年（1012），宋真宗又称于梦中得玉皇大帝之命，编造了个道教神仙赵玄朗为自己的祖宗，并大建道教宫观，在道观中塑赵玄朗像（赵玄朗被称为轩辕黄帝的化身），还将天书和圣祖降临的日期全规定为节日。自此，全国掀起一场崇道狂热。在宋之前，玉皇虽为道教尊神，地位在三清之下，宋代屡给玉帝上尊号；称"昊天玉皇大帝"，谓即是黄帝（轩辕氏），也是赵氏的圣祖，玉皇大帝的地位被突出出来。

宋真宗在位时，多次接见和赏赐以辟谷服气养生有效的名道士，其中陈抟之徒张无梦亦被召见。张无梦精于《老》、《庄》、《易》，有内丹术，著《还元篇》，其弟子陈景元亦有道术。信州龙虎山道士张正随，亦受召见，赐号"虚静先生"，立上清观和田产，自大中祥符八年（1015）第二十四代天师张正随得道教最高封号起，天师道正一派道教始昌，逐步成为天师道各经箓道派的代表。

宋徽宗赵佶（1101～1125年在位），为历史上著名的崇道皇帝，本人信奉道教，兼任全国的教主，自号教主道君皇帝。他多次下诏搜寻著名道士，茅山第二十五代宗师刘混康、泰州道士徐神翁（名守信）、王老志和王仔昔、林灵素、张虚白、王文卿等，以及龙虎山第三十代天师张继先，皆受到宋徽宗的宠遇。林灵素本为传雷法的神霄派道士，编造说宋徽宗乃上帝之长子神霄玉清王转世，他宠幸的奸臣蔡京、童贯之流也是仙伯、仙吏，宠妃刘氏也是九华玉真安妃转世，自己原是仙卿。宋徽宗听后大喜，令林灵素宣谕其事，于是林灵素和宋徽宗的宠臣、宠妃全是天神下凡，道教自然成为国教了。

宋徽宗之崇道和历代帝王不同，他是以道教教主的身份治理道教的。他下诏在全国大建道观，增立道教神仙封号和节日，着手培训道士，建立道学制度和道学博士，以考试成绩授以道官（有元士、高士、上士、良士、方士、居士等名号），相当于朝廷的五品至九品官。他还下诏令各宫观道士和郡县官员以客礼相见，借以抬高道士的社会地位，道官中最高的称"金门羽客"，可以带金牌出入宫禁。宋徽宗又御注《道德经》，令太学、辟雍置习《黄帝内经》、《道德经》、《庄子》、《列子》的博士，使儒、道学制度合一，培养儒道兼通的人做官。宋徽宗还设置道阶制度，组织编写《道史》、《道典》和《仙史》，炮制道经、道法，作步虚词、青词等。宋徽宗还贬毁佛教，侵占寺院田产，迫和尚为道士，甚至一度改佛号为大觉金仙，僧人为德士，寺院为宫观，换为道教的名号。佛教徒则干脆在寺院中供奉三清、孔子和玉帝神像，但以释迦牟尼居中，并以此作水陆道场行祈禳之事，混淆三教，被徽宗明令禁止。宋徽宗崇道，处处模仿唐玄宗，然唐玄宗崇道在国家强盛社会安定之时，宋徽宗则在国家贫弱社会动荡之后，故比唐代之安史之乱更等而下之，在道士郭京之辈靠斋醮和六甲神术抗御金兵不灵时，便身着道袍作了金人的俘虏。

北宋灭亡后，偏安的南宋王朝君臣和学士又崇尚二程、朱熹的理学，终日空谈心性之说。理学家兴起于北宋，面对宋徽宗、钦宗父子的昏庸，他们竟无一人犯颜诤谏，仅在国家危亡之际谋官、静坐、讲学而已。理学本是以儒教融汇佛道二教，进一步神化三纲五常，高度宗教化了的学说，和道教文化本有渊源。宋理宗既崇理学，又好道教。宋理宗所崇道教为江南天师道经箓派道教，他召见正一道第三十五代天师张可大，命其提举三山（龙虎山、茅山、阎皂山）符箓，使正一道成为江南天师道经箓道教的领袖。宋理宗不但利用经箓派道士设斋醮为国祈祥，还大肆推荐、刊印、宣扬道教善书《太上感应篇》。南宋君臣和会三教，以《太上感应篇》宣扬忠君孝亲之义，散布善恶报应思想，实是为了维护封建礼教。

金人铁骑南下，入主中原，南宋朝廷称臣议和，北方汉人眼见复国无望，国破家亡的隐痛促使他们到宗教中寻求慰藉。于是，沧州刘德仁的"大道教"，卫州萧抱珍的"太一教"应运而生，很快得到金王朝的承认，萧抱珍和刘德仁分别于皇统八年（1148）和正隆六年（1161）得到金国皇帝的召见。金人利用道教，无非是用以麻痹汉人缓和民族矛盾。

金世宗时，王喆又创全真道，其弟子刘处玄和丘处机先后掌教期间，得到金廷承认，金世宗并召请王处一进宫传道。金元交替之际，丘处机审时度势，看破了金与南宋必为蒙古人所灭的政治趋势，不奉南宋和金人之诏，而奉了远征西域的成吉思汗之诏。邱处机以七十余岁高龄，率十八弟子，跋涉数万里，历时四年，经数十国，在西域雪山行营见到成吉思汗。丘处机以道教清心爱民之旨劝谕成吉思汗戒杀，深得成吉思汗敬重，尊之为"丘神仙"，使中国民众减少了蒙古铁骑屠城流血之祸。丘处机回燕京后，住长春宫（后合并为北京白云观），他从成吉思汗那里得到了掌管道教、自由收徒布道、敕免差役赋税的权利。《元史·释老志》载："时国兵（元兵）践蹂中原，河南北尤甚。民罹俘戮，无所逃命。处机还燕，使其徒持牒，召求于战伐之余。由是为人奴者，得复为良，与滨死而得更生者，毋虑二三万人。中州人至今称道之。"在那灾难深重的年月，人们纷纷逃入全真门下避祸修道。《云山集》载全真道士诗云："中原狼虎怒垂涎，幸有桃源隐洞天，流水落花依然在，请君乘取断头船!"全真道团迅速扩大，随着元朝统一，全真道传向全国。

早在元朝灭宋之先，元世祖忽必烈便曾遣使入龙虎山密访第三十五代天师张可大，张可大以"后二十年，天下当混一"的政治预言报之。元朝统一天下后，忽必烈于至元十三年（1276）召见张可大之子第三十六代天师张宗演，赐银印，命主领江南道教。后又几次入朝，元世祖命他取其祖张道陵所传玉印、宝剑观之，叹息说"朝代更易已不知其几，而天师剑、印传子若孙，尚至今日。其果有神明之相矣乎?"第三十八代天师张与材，以术劾治潮患有功，于大德八年（1304）被封为正一道教主，主领三山符箓。元皇室的政治目的是借正一道收拢人心，并控制江南经箓派道教的活动。

中国战乱的年代，游牧民族皇帝入主中原，农民起义领袖攻占京城，虽有促进民族融合或推进改朝换代作用，但由于他们缺少文化教养，士兵又野蛮成性，往往使中华民族苦苦积累起来的古代文物、图书、艺术品乃至宫廷园林建筑遭大劫难。古代秦始皇之焚书，项羽之火烧秦宫，董卓及其部下摧残汉室，南北朝五胡乱华，乃至后世清兵之烧杀抢掠，直到八国联军之火烧圆明园，都在世界文明史上留下了罪恶的记录。金世宗大定四年（1164）曾下诏保存北宋《政和道藏》经版，后又搜访遗经，由天长观提点孙明道主持，于金章宗时完成《大金玄都宝藏》。元兵入侵中原，大肆烧杀，《道藏》残缺，丘处机嘱其徒宋德方，会同宋弟子秦志安等于乃马真皇后称制三年（1244）完成《玄都宝藏》，有道经7800余卷。后元宪宗蒙哥执政，笃信西藏密宗的喇嘛教。元人素来信佛，及其入主中原，番僧亦甚猖獗，强夺民财，庇护盗贼，出入宫室，淫乱妇女，无人敢问。元世祖忽必烈即位，封其师番僧八思巴为国师，藏传佛教为国教，僧人气焰更嚣张，他于1280

~1281 年，先后两次下令焚毁《道藏》及其经版，声称除老子《道德经》外尽是伪经。如今《道藏》中古经残缺不全，皆由元代焚经之祸而来。忽必烈分天下人为十等，行民族压迫政策，又纵僧害民，《辍耕录》："至元间释氏豪横，改宫观为寺，削道士为髡，各处陵墓，发掘殆尽。"可知其野蛮骄横。故忽必烈焚经之举，多是出于其野蛮的习性、信佛崇僧的宗教偏见和歧视汉人的民族压迫政策。

忽必烈还从其收拢人心的政治需要出发，拉拢在江南民间颇有影响的正一道，并将说话投合他心意的正一道士张留孙、吴全节师徒留在身边，封为"玄教宗师"，替他管领北方的道教。张留孙、吴全节师徒会符箓、懂斋醮，善占卜，极投合元帝的需要，高官厚禄，荣耀无比。张留孙（1248～1321）见重元室五十余年，历事十一帝，在朝中德高望重，以占卜为元帝决疑，广交大臣，死后仁宗追封"真君"号。吴全节先为"玄教嗣师"，后继其师为"玄教大宗师"，曾代皇帝祀岳渎，沿途察访政情，并为元室推荐儒臣，宣扬汉文化，尊荣一时。吴全节亦总摄元代江淮荆襄等处道教，知集贤院道教事，封上卿。张留孙、吴全节及其道徒，不过是为元室掌管道教事务的道官而已。他们的活动加强了正一道统领各派经箓道教的地位。

二　宋辽金元时期全国的道派

宋辽金元时期，儒、道、释三教融合的思想已占上风，其道派大致分四类。其一是由神仙道教和禅宗融合而成的内丹派，即是全真道南宗和北宗。其二是传统的天师道经箓派道教，即是龙虎山（正一道）、阁皂山（灵宝派）、茅山（上清派）三山符箓。其三是由经箓派和内丹派融合而成的雷法诸道，包括神霄派、清微派、武当派、天心派等。其四是以儒家学派和道教融合产生的新道派，如净明派以及北方新创的太一道、真大道等。另有旧道派繁衍出来的新派，如东华派等。

（一）内丹派南宗和全真道

外丹术在唐代失败，失去宗教诱惑力后，内丹家应运而起。内丹派兴起于唐末的神仙道教，其奠基人为钟离权和吕洞宾。钟离权和吕洞宾为当时著名的神仙道士，修内丹有成，开发了人体潜能，获百岁以上高寿，隐显世间传道度人，屡有灵异，被世人传为活神仙。当时还有一批内丹家，如崔希范、陈朴、施肩吾、彭晓、麻衣道者、陈抟、刘海蟾诸人，使神仙道教内丹派发展到成熟阶段。神仙道教内丹派多以内丹的观点解《周易参同契》，汲取其中以日月运行规律描述炼丹过程的理论框架和套用其龙虎铅汞的术语，故尊《参同契》为丹经之祖。张伯端（987～1082），又名用成，字平叔，号紫阳，天台人。初为儒生，后作胥吏，因犯火烧文书律遣戍，随陆诜入成都，遇刘海蟾，授以金液还丹之诀，晚年得道，著《悟真篇》、《青华秘文》、《金丹四百字》等。张伯端传石泰（号杏林），石泰传薛道光（法号紫贤），薛道光传陈楠（号翠虚，人称陈泥丸），陈楠传白玉蟾（号海琼子，封紫清真人），被后人尊为南宗五祖。刘操，号海蟾子，字玄英，曾事燕主刘守光为相，得钟离权、吕洞宾丹诀，著《还丹赋》，传张伯端、王庭扬、蓝元道、晁迥等多人。张伯端又传石泰、马自然、刘奉真、刘永年等。石泰（1022～1158）撰《还源篇》，陈楠（？～1213）撰有《翠虚篇》，陈楠又得神霄派雷法，以内炼金丹外用符箓相结合，呼风唤雨，役使鬼神。白玉蟾（1194～?）之丹法重禅道融合，兼传雷法，徒众增多，形成教团，其徒以萧廷芝、王金蟾、彭耜、留元长、洪知常、桃源子、林自然等较著名。石泰、陈楠一系，专主清修，而刘永年、翁葆光、若一子等丹系，则主同类阴阳双修。吕洞宾、张伯端皆老年才得道，有同类阴阳丹法之传亦合情理。

王金蟾弟子李道纯，著《中和集》，在元代又开中派丹法。

宋代神仙道教内丹派，不止南宗一系，如麻衣道者传陈抟，陈抟传张无梦，亦形成一派丹系。明初道士张三丰，受传于火龙真人，开隐仙派一系龙虎丹法，即属于陈抟丹系。宋徽宗时女冠曹道冲，封文逸真人，著《灵源大道歌》，属女子内丹派系。五代宋元时期，神仙道教中内丹大师辈出，丹派多有。

内丹派南宗，主要活动于南宋时期，属于神仙道教派系，南宗之名是世人比照北方传内丹的全真道而来。南宗和全真道内丹皆祖述钟、吕，元代全真道南传，势力贵盛，陈致虚自称得南北二宗真传，力主在全真道名义下合并南北二宗，被两宗普遍接受，内丹派南宗遂归并入全真道。

全真教祖王嚞（1112～1170），字知明，道号重阳子，咸阳人，幼习儒术，长入府学，曾应武举，形质魁伟，任气好侠，轻财重义，年47岁，犹不得志，于正隆四年（1159）在甘河镇遇异人授丹诀，并饮以神水，自此内修金丹，外佯狂垢污，自号"王害疯"（关中话称发狂为"害疯"）。他先弃家入南时村掘地为穴，称为"活死人墓"，居内修炼三年，于大定七年（1167）焚居东游传道，往来于山东半岛登州、莱州之间。他先后收马珏、谭处端、王处一、郝大通、丘处机、刘处玄、孙不二等七大弟子，并在宁海周伯通家创立金莲会，劝人诵《道德经》、《般若心经》、《孝经》。全真道提倡三教合一，宣扬"教虽分三、道则唯一"、"天下无二道，圣人不两心"，其修持大略以识心见性，除情去欲，忍耻含垢，苦己利人为宗。重阳祖师去世后，七弟子分别掌教、传教，全真道逐渐兴盛，后世尊全真七子为北七真，创内丹派北宗。北七真又在丹功上各立门户。丹阳真人马珏（1123～1183），创遇山派；长真真人谭处端（1123～1185），开南无派；长生真人刘处玄（1147～1203），开随山派；长春真人丘处机（1148～1227），开龙门派；玉阳真人王处一（1142～1217），开嵛山派；广宁真人郝大通（1140～1212），开华山派；清净散人孙不二（1119～1182），开清净派。丘处机掌教期间，全真道大盛，龙门派丹法亦显。全真道有严格的出家住庵制度，宗教素质较高，其教融摄儒释，建立了一套完整的教义教制，成为中国道教的大宗。

（二）以正一派为首的天师道经箓道教

正一道自张正随于北宋朝受到宋真宗召见赐"先生"号，正一道成了龙虎山、阁皂山、茅山三派经箓道教的领袖，至元代仍有统领天师道符箓诸派的地位。正一派著名高道，为第三十代天师张继先（1092～1127）。张继先除传正一派原有的符箓咒语、斋醮祭炼之术外，还传南宗刘海蟾之内丹术，否定天师道承传的房中术，又行神霄派王文卿传的雷法。这些改革丰富了天师道的内容，将正一派提高到上清派和灵宝派之上，增强了经箓道教的社会影响。

上清派自唐代而后，高道渐少，地位下降。宋代茅山宗中著名高道，为第二十五代宗师刘混康（1037～1108），现茅山元符宫就是宋帝为他兴建的。还有朱自英、任元阜见重于宋，许道杞、王道孟因祈雨驱蝗有功，受元朝赏赐。刘大彬撰《茅山志》33卷，为元代遗留下的重要道教史料。茅山派道士杜道坚（1237～1318）主领湖州计筹山报德观及杭州宗阳宫，著《道德原旨发挥》；茅山高道张雨著《外史山世集》、《碧岩会玄录》等，皆精通玄理，能诗善文，具有上清派道士传统学问之长。

灵宝派在宋元间以阁皂山为本山，主要在民间活动。阁皂山万寿崇真宫第四十六代宗师杨伯，元代曾被封为"太玄崇德翊教真人"。宋元间有林灵真编《灵宝领教济度金书》，金允中编《上清灵宝大法》等道书传世。宋元间名士郑所南为超度南宋抗元亡魂，亦撰有《太极祭炼内法议略》三卷。宋元间灵宝派虽仍主于符咒斋醮和度亡祭炼之术，但亦掺和进雷法和内丹功。

（三）雷法诸派

雷法为内丹和符箓结合而成的道派，主张内炼成丹，外用成法。宋徽宗好符箓道教，有侍宸九人，包括林灵素、王允诚、徐知常、董南运、李得柔、王冲道、王文卿、张虚白诸人。王文卿（1093~1153），江西南丰人，和林灵素俱得神霄雷法之传；后林灵素之传不显，王文卿之徒甚盛。王文卿弟子著名者有朱智卿、熊山人、平敬宗、袁庭植，另有南丰邹铁壁、新城高子羽，亦得王氏雷书。此后邹铁壁传沈震雷、莫起炎、王继华、潘无涯、金善信、张善渊、步宗浩、周玄真等，成一系统。高子羽一系则有徐次举、聂天锡、谭悟真、罗虚舟、萧雨轩、胡道玄等。其中尤以莫起炎（月鼎）、谭悟真（五雷）、胡道玄（神霄野客），名重一时。神霄派雷法多以南宗内丹功法为根基，认为雷法以符箓召摄的雷将，实即自身五脏之精气感应而来，故需以丹功为体，以符箓为用。北宋末萨守坚，得张继先、林灵素、王文卿雷法之传，寓于泉州，以道术名世，从之游者数百辈，称西河派，乃神霄支派。

清微派亦以雷法显于宋元之际，据《清微仙谱》云此派创自于唐昭宗时祖舒（广西零陵人），经郭玉隆、朱洞元、李少微等，九传而至南毕道（眉山人），佐宋理宗，数谏不从，后传雷法于黄舜申（舟山人）。黄舜申曾得宋理宗和元朝封号，对清微派雷法作了综合发展，门徒甚众。得其传者，北有武当山张道贵，南有西山熊道辉（真息），熊真息又传彭汝砺、曾贵宽、赵宜真等。清微派和神霄派之雷法符箓不同，亦以内炼为本。

张道贵本为武当山全真道士，得清微派雷法后又与叶云莱、刘洞阳开武当派。武当派雷法实为全真道和清微派之结合体，其门徒有张守清、彭通微、单道安等。

正一道中还繁衍出一雷法新派，传"天心正法"，为"天心派"。天心派雷法以北极星为主神，存思日、月、星三光，内炼神气，外用符印，可以降妖捉鬼，炼度亡魂。《南唐书·谭紫霄传》谓道士陈守元，得张氏符箓，学于谭紫霄，尽通之，"遂自言得张氏天心正法，今言天心正法者祖之"。王太初、廖守真、路时中等，皆以行天心正法召神驱邪名世，又有雷守声，亦行天心法有应验。

（四）其他道派

净明道是由儒学和道教合流而成的道派。唐代或更早，江西玉隆山一带就有许逊信仰及关于他的种种传说。唐代已有许逊、吴猛的传记（吴猛《晋书》有传，许逊见于《搜神记》，皆不详），谓晋代许、吴二真君得谌母之道，后许逊道成，传十二真君，开玉隆山道派，以道术济世利民，后升仙。南宋初，周真公称得许逊净明灵宝秘法，传净明忠孝之教，兴起一时，旋又无闻。此派本传符箓劾治之术，又有《铜符铁卷》，言炼养之法。元初，复有隐士刘玉（1257～1308），称得许逊诸仙人真传，以江西西山为本山开净明道，后传黄元吉、徐异、赵宜真、刘渊然等，形成传法系统，并集成《净明忠孝全书》。净明道教人正心诚意，忠君孝亲，灭尽人欲，使心性净明，达到极端符合封建伦理纲常的境界。净明道士无论在家出家，均要先尽人事，内修正念，外用符箓，行祈禳祭炼之法。该派亦属于天师道之经箓派道教。

东华派亦属灵宝派分化出的支派。北宋末道士宁全真（1101～1181）有通灵之异，以内丹、雷法融汇灵宝派斋醮祭炼之术，广收门徒，八传而至林灵真（1237～1302），在宋元之际，绍开东华之教，为一代真师，以济生度死为己任，主持温州天庆观，门徒甚众，亦属天师道之符箓道派。

在北方，金元时期创建的新道教，除全真道外，尚有刘德真创的"大道教"（元代称"真大道"）和萧抱珍创立的太一教。

"大道教"教主刘德仁（1122～1180），沧州乐陵人，于金皇统二年（1142）创立"大道教"。大道教以无为清净为宗，真常慈俭为宝，苦节危行为要，以仁为心，恤困苦，去纷争，无私邪，守本分，自力耕桑以足衣食，恬淡静修，无求于人。其教能为人除邪治病，以烧香向虚空默祝为法事；有劾召之术，其教规教义多本老子《道德经》，以见素抱朴，少私寡欲，虚心实腹，守气养神为修炼，有墨家精神和儒家的道德。传至五祖郦希成，"大道教"分裂为以天宝宫为首的一派（以郦希成为五祖）和以玉虚宫为首的一派（以李希安为五祖）。后郦希成一派道门隆盛，取得正统地位，遂更名为"真大道"，以和假道门区分。时值元朝立国，郦希成屡遭磨难，因有法术威灵，甚得时人崇敬。著名高道有八祖岳德文，九祖张清志等。

太一教于金熙宗天眷（1138～1140）年间由卫州道士萧抱珍所创，传太一三元法箓之术，内重清修，外用符箓，疗病去灾，有奇效，其道大传，继任教祖皆以萧为姓。元灭金，杀人盈城，太一教四祖萧辅道，收遗骨而葬之，俗呼堆金冢，甚得众望，其教亦采礼教伦理纲常以劝世教化。王恽《秋涧集》多记其事迹；至元末史料无考。太一教世人多以符箓道派视之，然近年忽有太一教之支派元极道秘传的《元极秘箓》出世，足证其为内丹和符箓结合的道派，盖金元时内丹盛行，新创道派必有其秘传的丹功，才能开发人体潜能，以灵异吸引道徒。

宋辽金元之际，道派繁衍甚多，还有毗庐道、康禅教（七祖康禅之教，乃佛道之融汇）、混元教等，因史料不足，殊难阐明。宋宁宗时道士雷时中，得混元六天如意法，云传自路真君（托为汉末路大安），以《度人经》为主，博采儒释，混为一教，"弟子分东南、西蜀二派，卢、李二师行于蜀，南康查泰宇行于东南，混元之教大行"。另有符箓道教酆岳派，亦甚盛行。北京白云观藏有《诸真宗派总簿》，载有 86 个道派。要之，这段时期道教繁衍的趋势和特点，其一为道、儒、释三教文化融汇，其二为新道派突破天师道的旧传统而使道教鼎新。新创的道派，多是融汇诸教之长而来。

三 修持方法及道教教义的根本转变

宋辽金元时期，道教史上最大的事，就是内丹学的创立和成熟。随之内丹学成了道教主要的修持方法，道教面貌为之一变，宗教素质有了根本提高。由此创立的一些新道派，几乎无丹不成道，道派和丹派逐渐合一，这种趋势不仅产生了内丹和符箓合一的雷法诸派，而且迫使老的天师道经箓道派也研习内丹。

外丹黄白术衰微，内丹学兴起，同时也带来道教修炼观念的变化。魏晋时《抱朴子内篇》诸道书把老子的长生久视之说解释为不老不死。而宋元一代的内丹家，则以为"长生"就是延长生命，提供修道的时间，只有炼成永存之元神，与道融为一体，才是修炼的目标。因而张伯端说："世人根性迷钝，执其有身而恶死悦生，故卒难了悟。黄老悲其贪着，乃以修生之术顺其所欲，渐次导之"。（《禅宗诗偈》）王重阳《立教十五论》亦云："离凡世者，非身离也，言心地也。身如藕根，心似莲花，根在泥而身在虚空矣，得道之人，身在凡而心在仙境矣。今之人欲永不死而离凡世者，大愚不达道理也。"丘处机《长春祖师语录》说："吾宗所以不言长生者，非不长生，超之也。"姬志真《云山集·长生》诗云："长生岂论幻形骸，数尽归元土里埋，唯有本真谁会得？古今无去亦无来。"这样，传统的修生延年炼养之术只不过是引人入道的舟楫，长生不是形生死，唯有元神万古春，只有超脱生死，才能体道合真，开发出心灵潜能，使修炼的法身达到仙人境界。这个修炼观念的变化是道教教义的根本性转变，这使金元全真道的面目同以前宣扬肉身不死信仰的道教有了本质的不同。

宋元时期的道教鼎新，来源于当时三教融合的趋势。张伯端之南宗内丹学，即已和禅宗融合，他在《悟真篇》的《后序》中说："故此《悟真篇》者，先以神仙命脉诱其修炼，次以诸佛妙用广其神通，终以真如觉性遣其幻妄，而归于究竟空寂之本源矣。"全真道北宗的出世色彩更浓，他们把成仙的信仰建立在修炼自己的真性（法身）上，以识心见性为先，并据唐代重玄家的理论认为修行之士，只有无心无念，内外清净，澄如虚空，达到寂无所寂，玄之又玄的境界，才能明心见性。在宋元时期的内丹学中，有先性后命和先命后性之分，有男女栽接同类阴阳之术和自身阴阳清静丹法之别，但最后炼成凝聚不坏的阳神，调神出壳飞升仙界的目标是一致的。这样，道教内丹学又不同于禅宗等佛教流派，它在融摄三教汲取诸家之长后保留了道教性命双修的特色，并使道教的面貌为之一新。

内丹学的兴起，也使旧的符箓道派逐渐解脱了原始巫术的束缚，以内炼成丹、外用成法为指导思想，加强修炼本性元神的功夫。雷法派实际上是以天人感应作理论基础，最大限度地开发人体生命潜能，以实现道教的法术。萨守坚《内天罡诀法》云："一点灵光便是符，时人枉费墨和朱，上士得之勤秘守，飞仙也只在工夫。"这体现了符箓派革新的思想。

宋元时期不仅天师道旧经箓道派吸收了内丹修炼的思想，连宣扬儒家伦理纲常的净明道也强调内炼功夫。刘玉《净明忠孝全书》中说："惩忿则心火下降，窒欲则肾水上升，明理不昧则元神日壮，福德日增，水上火下，精神既济，中有真土为之主宰，只此便是正心修身之学，真忠至孝之道。"这样将忠孝当丹功修炼，道教便呈现了一派新面貌。

第七节　明清道教的衰落和世俗化

　　明清时期（1368～1911）五百多年，是中国封建社会走向没落的阶段。这个时代的封建政权在政治上采取了高度专制的形式，在意识形态上崇尚融合了佛道二教的儒家理学和心学，在外交上采取闭关锁国的政策。在锁国愚民的强权政治下，国内无法兴起新的阶级力量，国外又难以输入进异质的社会动力，因此在封闭的社会系统中出现了停滞和腐败的趋势。明代虽有繁华的封建市民社会，有发达的商品经济和所谓资本主义的萌芽，但阶级剥削和压迫相当残酷，人民只能在屈辱和困苦中挣扎。清帝国的建立推迟了中国历史的进程，统治者更需要利用儒家思想来强化专制政权和调整民族矛盾、阶级矛盾，社会的文化也呈现出保守的特色。这样，道教和佛教在明清两代迅速地衰落下去，教团的发展也呈现出停滞和腐败的趋势。

一　明朝的宗教政策及道教世俗化趋向

　　明太祖朱元璋是依靠白莲教、摩尼教（明教）之类民间宗教组织的农民起义上台的，因之深知其中利害，对宗教活动采取了严格限制的政策。朱元璋尽力强化由君主绝对专制的政治体制，将中国变成除他一人之外，人人为奴的社会。他崇尚程朱理学，以八股文开科取士，加强了包括文化教育诸方面对知识分子和劳动人民的全面专政。洪武元年（1368）第四十二代天师张正常入朝，朱元璋革其天师号，改授正一嗣教真人。洪武十五年（1382）在京师置道录司，掌管天下道士；在府置道纪司、州置道正司、县置道会司分掌其事，后来又禁止40岁以下的人出家，并由政府统一发放度牒。他还怕僧、道组织民众造反，因之对僧、道严加防范，不准僧道与民相混；限制州县寺观数量，不许私自修建；

各府、州县只准存一所宫观，将僧道集中住宿，集中管理，对杂处于外的僧道治以重罪。洪武二十七年（1394）又下诏，"每大观道士编成班次，每班一年高者率之，余僧道俱不许奔走于外，及交结有司"。"其一、二人于崇山深谷修禅及学全真者听，三、四人勿许"。前代抑裁佛道、控制宗教活动，向无明代如此严格。不仅如此，朱元璋还对宗教素质较高的佛教禅宗、道教全真派加意压制，而热衷于民间和尚、道士祈禳祭炼的法事。洪武七年朱元璋命道士编成统一的《大明玄教立成斋醮仪》，并在御制序文中说："朕观释、道之教，各有二徒，僧有禅有教，道有正一有全真。禅与全真务以修身养性独为自己而已；教与正一专以超脱，特为孝子慈亲之设，益人伦，厚风俗，其功大矣哉！"朱明王朝提倡儒教，压制佛道的政策加速了佛道二教的衰落；其扬正一而抑全真的态度又推进了道教的民间化和世俗化。

朱元璋出身农民，起自民间，又当过和尚，起兵时任用有道术的刘伯温，和刘伯温之师黄楚望、铁冠道人张中、周颠仙，以及名道士刘渊然、冷谦、张三丰等人皆有交往。朱元璋曾利用道教为自己称帝制造神异，自己又信仰民间道教，称帝后还亲行祈祷斋醮之术。朱元璋之后的明诸帝，亦经常建醮设斋，扶乩降仙，喜方书丹药及卜筮、房中等术。这样，明代正一道日趋贵盛，成了明朝道教的代表。明代皇帝仅把道教作为祈晴止雨、祛病禳灾、求生皇子、相面卜事、养生送死等满足现世利益的方术，社会上的市民阶层也为此请道士斋醮作法，降乩请仙，这都助长了道教的民间化和世俗化的趋势，使民间道士挟医、卜、星、相诸方技及祈禳、斋醮、符水之术在社会上四处活动。特别是明代扶乩请仙之术风行，朝臣、名儒亦信鸾仙，《道藏》中的许多丹方道书多由扶乩而来，这也是值得注意的现象。朱元璋力倡节俭勤朴，而其子孙称帝则骄奢淫逸无所不至。按照中国官场上行下效的规律，明代社会腐败之风日炽，这种腐败之风也波及道教，特别是贵盛一时的正一道。例如第四十六代天师张元吉，便"夺良家子女，逼取人财物，家置狱，前后杀四十余人"，成为凶顽不法的恶霸。民间的正一道士，"甚至饮酒食肉，游荡荒淫，略无顾忌。又有无知愚民妄称道人，一概蛊惑，男女杂处无别，败坏风化"。明代以来，道教的道派分化停滞，由于缺少特色而统归于正一、全真两大派系之下。道教的教义、科仪陈陈相因，不见发展；教团腐化，威信日低；粗浅的长生不死说和召神劾鬼、祈禳禁咒杂术又充斥教门；民间俗神信仰融入道教；道士们为满足帝王及市民的低级现世利益而开展宗教活动，表现出明代道教加速世俗化和走向衰落的特点。

明世宗朱厚熜之崇道，在明代较为典型，他对正一道士邵元节和陶仲文的宠幸无以复加。邵元节以符法祷治蒙宠任，赐真人号，统领全国道教，一家荣显。嘉靖十八年（1539）邵元节死前又荐陶仲文，以符水治妖祟获世宗宠信。明世宗之朝，宫中斋醮无虚日，后妃宫嫔皆羽衣黄冠诵法念咒，陶仲文为帝祈皇嗣，治庄敬太子病有功，更蒙异宠，显贵无比。陶仲文和大学士严嵩结党，权势熏天，加少保、少傅、少师，一人而总三孤，乃明代开国勋戚名臣向所未有者。明成祖时，曾多次下诏寻访神仙道士张三丰，并在武当山营造宫观，费以百万计，赐名太和山，祀真武大帝。这是因为张三丰为元明之际社会上公认的活神仙，曾在武当山修炼，明成祖朱棣建宫观以待与真仙相见；并祀真武大帝（即玄武，主北方）为自己的保护神，甚至暗示自己为"真武转世"欺世惑人，借以消除他自北京起兵篡位的不安心理和社会物议。明世宗三十一年（1552），武当山真武殿竣工，陶仲文受命在武当山建大醮，夜间灯火如昼，观者如云。

明代的皇帝、大臣、富商、豪门生活极为腐化奢侈，御女纵淫及变态性狂者甚多。明宪宗朱见深，宠万贵妃，习房中术，一些大臣、道士、僧人争献房中秘方，备受宠信。明武宗朱厚照荒淫尤甚，宦官刘瑾搜罗俳优声色，在宫中游戏无度，并和番僧习房中术，后服淫药，日淫妇女以十数。明世宗崇信道教，亦以道教方术助房中秘戏之用。当时社会上的纵欲好淫之风，不仅促进了房中术的研习和发展，还影响了道教外丹术和内丹术的特征。明代道教金丹术，改而以制造红铅和秋石为主。红铅是以少女的首次月经，以清水漂过，加以丹砂、没药、童便等炼制而成。秋石则是以童便制成的男子性激素结晶体。红铅和秋石对刺激人的内分泌，增强性功能，确有实效。另外道教内丹术亦和房中术结合，创造出一种采阴补阳，借少女为外鼎而结丹的闺丹，亦称泥水丹法，既助淫乐，又望长寿，世人焉得不趋之若鹜？因之明代之富家稍有力者，即采道教方药以助阳行淫，帝王更易入其陷阱。明世宗不仅喜红铅，又用秋石，陶仲文和朝中大臣、道士屡进献之。嘉靖三十一年（1552）冬，选处女年 8～14 岁者 300 人入京，三十四年（1555）秋又选 10 岁以下处女 160 人入京，前者供帝王习闺丹作外鼎用，后者炼药制红铅用。时人又进献龙涎香，以为闻香心动，可助淫兴。同类阴阳之彼家丹法在明代日趋完善，《金瓶梅》、《肉蒲团》等小说出在明季，良有因矣。

明代社会出现了庞大的市民阶层，商品经济亦较发达，富商大贾和官僚地主聚资百万，妻妾奴仆成群，生活骄奢淫逸，皇帝则是官僚地主中最典型的代表。这种社会现实带来人们价值观念的变化，人们都在为谋取现实的社会利益而孜孜追求。反映到宗教文化观念上，那种钻研经书义理、清修苦行的风气为之一变，儒生仅热衷于以八股文通过科举考试猎取官禄，僧人则用简单的三界轮回、因果报应等劝善说教化取布施，道士则只有以占卜推命、疗病禳灾、黄白丹药之类方技术数谋生了。明代社会趋利如鹜的风气和商品经济的价值观，扭曲了传统文化的结构，使人们高雅的情操被淹没，转而追求极端享乐和肉体刺激，道教的世俗化便反映了这一时代的特征。世情小说《金瓶梅词话》中描述了官僚富商西门庆的家庭生活及一些道士、尼姑、和尚的活动，则反映了明代市民阶层的社会相和宗教观念，道士们以占卜、推命、看相、斋醮之类方术谋生的事实被描写得活灵活现。当时的市民阶层也不甚分别道教、佛教、民间宗教信仰的不同，道教和佛教也相互混融并深入民间世俗生活中去了。另外，人们不能不注意到，自明代以来，中国的宗教不仅是佛、道二教，还有融合儒、释、道三教的民间宗教兴起，朱元璋靠民间宗教取得帝位，得天下后对白莲教、明教等严加取缔，使民间宗教呈秘密宗教的形式。民间宗教的传播反过来又影响了佛、道二教的形态，关圣帝君、城隍神、五通神、吕祖、王灵官、萨真君、真武帝等多种神灵融入道教，道教八仙的神话故事在民间盛传，并建庙祭祀。道士们主要活动在民间，利用民间信仰以诵经拜忏、画符施术为业，成了世俗社会上的宗教职业者。

明代道教的一大趋向，是道教劝善书《太上感应篇》、《文昌帝君阴骘文》、《吕祖功过格》等盛行。这些劝善书不少是托名神仙扶乩降授的，其内容本于道教行善积德的伦理观念，加之儒家封建道德及佛教因果报应之说，以通俗的形式在民间流行，其影响远远超过正统的儒家理学。这样，儒臣和文士便大力推行，如钱塘汪静虚在洪武年间刊刻《太上感应篇》达万册，明儒高攀龙、李贽等都曾为《太上感应篇》作序。大臣王鏊、申时行则曾奉崇《阴骘文》。至清朝之后，这个趋向更为明显。《关帝觉世真经》、《文帝孝经》连同《阴骘文》、《功过格》等被收入《道藏辑要》。清咸丰年间又有文昌帝君乩降《玉定金科》，被清代儒臣重视，李鸿章奏请敕入《道藏》。清儒惠栋、俞樾等又为《太上感应篇》作序，惠栋因母病注疏《太上感应篇》，广为印行。这是垂亡的明清封建政权，以神道设教的方式借道书神化封建伦理教条的风潮。

明代道教影响于社会的另一趋向，是文学作品中道教体裁和神魔思想的流行，这反映了明代以来道教观念已和人们的世俗生活融为一体。明初的神魔小说《平妖传》，是宣扬道教法术的，其中对修炼雷法的过程及请神召将的故事描写得栩栩如生，反映了当时道士在社会上传播法术的一些历史实况。其他如《西游记》、《三宝太监西洋记》、《吕纯阳飞剑记》《韩湘子传》等，亦多道教故事。明代著名内丹学家陆西星著的《封神演义》，为道教制造了一套神仙谱系，倡三教合一思想，直接影响了道教的神仙信仰。明相李春芳隐名编撰的《西游记》以内丹思想为纲，寓道教修炼之意。鲁迅《中国小说史略》称道教神魔小说，为"明代小说两大主潮之一"。清代小说承袭这一趋向，《红楼梦》中亦不乏道教思想。

道教思想及内丹修炼之术，明代以来为知识分子所接受。明儒研习内丹，注疏道书者多有，如焦竑、吕坤、王文禄注《阴符经》，王文禄疏《参同契》，林兆恩注《清静经》，王清一著《化书新声》。王阳明之祖先和元代高道赵缘督有交往，他受家庭影响自幼好神仙养生之学，16 岁新婚之夕尚入道观铁柱宫访道士。王阳明后来虽怀疑内丹术，但由于长期行静坐、导引之术引发了自身的心灵潜能，出现预知现象。他还曾向名道士蔡蓬头殷勤问道。明儒好道之风流于清代，则有王夫之作《愚鼓词》，清儒刘沅的习内丹。清儒之好道，主要好内丹学。

明代道教史上的大事，是明《正统道藏》和《万历续道藏》的刊行，为保存道教文化的一大功业。

二　清代的社会背景及道教概况

清朝贵族本信仰藏传佛教，入关以后，基本上沿袭了明代对道教限制、管理、保护的政策，道教衰落和世俗化的趋势，仍继续下去。清代除阶级矛盾而外，又有激烈的民族矛盾，因之对知识分子的思想控制甚严，屡兴文字狱。这样，清政府虽扶植儒家理学以维护统治，但由于政治上的专制，儒、释、道三教之学在清初皆呈衰势。宋明新儒家的理学和心学，自王阳明之后，已如强弩之末，渐趋败落。佛教禅宗亦多流于口头禅，缺少真参实证的高僧。在明代贵盛一时的道教正一派，很快衰落下去。《清朝野史大观》载康熙皇帝诗云："颓波日下岂能回，二氏于今自可哀，何必辟邪犹泥古，留资画景与诗材。"这就是说，释氏和老氏之教皆已无可逆转地衰落下去，不必像前代那样采取灭佛、废道之类的措施了，留着些宫观寺院作为风景区和诗画中的点缀吧！清代严酷的政治形势迫使儒、道、释三教之学转变了形态，出现了复古而趋新的动向。儒教由空谈心性的理学和心学转而效法汉学，搞训诂考据，以整理古书为业。清代朴学之兴，实由一些有民族气节，不甘心入清朝以八股文开科取士之圈套的知识分子所倡，竟成一代学风。佛教禅宗，亦从口头禅返回坐禅习定之路，苦修苦行。全真道由于又遇到了王重阳创教时国破家亡的政治气候，使一些不愿受清朝剃发易服之辱的明遗民愤而涌入道教，再呈中兴之象。这样，明代崇正一道，压抑全真和佛教禅宗的倾向为之一变，清代正一道衰落，佛教禅宗中的临济宗，全真道中的龙门派兴盛起来，有"临济、龙门半天下"之说。

有清一代最棘手的社会问题，是民间秘密宗教和秘密会党的兴起。所谓民间宗教，其渊源实即汉魏以来的民间道教。佛教盛传后，由民间道教和佛教混融，声言老君转世，弥勒佛降生，李弘传教，制造谶言，发动农民造反，屡被朝廷称作"妖贼"而镇压之。明代以来，白莲教、罗祖教、混元教等流行起来，传"真空家乡，无生父母"八字真言，底层劳苦民众归之如潮，其声势超过正宗的佛、道二教，造成"末运法弱魔强"的局面。至于秘密会党，实亦源自古代乱世出现的民众秘密结社，历史上隋末谯郡有"黑社"、"白社"，宋代耀州李甲聚党号称"没命社"，章丘民众聚结"霸五社"，扬州民间有"亡命社"。盖明清王朝乃使中国传统的"家天下"的专制政治体制发展到极限，对知识分子的思想控制过严，对劳苦民众施行愚民政策和镇压措施又过于彻底，人民感到透不过气来，新起的民间宗教及结社在暴力镇压的政策下不能不采取秘密的组织形式，遂在下层形成秘密社会。特别是清朝，对知识分子大兴文字狱，有抄家、灭族之刑，对劳苦民众的民间宗教信徒亦大肆围剿、屠杀、凌迟、流徙，无所不用其极。野蛮的统治终于招来野蛮的反抗，粗俗的民间宗教正好适应受愚民政策之害的劳苦民众的思想文化水平，他们纷纷涌入民间宗教。八卦教、黄天教、红阳教、罗教、三一教、大乘教、青莲教、黄崖教等愈禁愈盛，形成了对封建政权的异己力量。特别是清朝中叶以来，土地高度兼并，人口爆炸性增长，流民日众，盗贼遍起，大农业封建帝国的基础失去平衡，成群结伙地走到多种行业苦谋生计的人产生了组织结社的需要。根据中国第一历史档案馆记载，清代民间秘密宗教达 215 种之多，天地会、哥老会（后为红帮）、青帮（由信罗教的漕运水手发起）等秘密会党亦流行全国。这些秘密宗教和会党在全国星罗棋布，枝蔓相连，构成了一个地下秘密王国，极具破坏力的黑社会组织使奉行野蛮的镇压和愚民政策的专制政权自食劣果。

秘密宗教和会党是中国同人民对立的专制主义政权留下的社会病，又是这种政治制度的晴雨表，它们盛世则隐，乱世则显，和封建专制制度相始终。明清以来正宗的道教走向衰落，也同民间宗教争夺去民众，占据了地盘有关。清初屡下诏禁断白莲、焚香、混元、龙元、红阳、圆通等"邪教"，而对道教仍加保护，但

《大清律》严禁巫师、道士"跳神驱鬼逐邪","聚众拈香","聚会念经",清帝亦不请道士入宫行斋醮之事,使正一道士难以开展宗教活动,更促进了正一道的衰落。

清帝未入关时,已有范文程教之以道家治国之术。康熙帝向满族王公大臣颁发《老子》一书,其外示儒术,内用黄老,对道教较优待,曾召见第五十四代天师张继宗等,并褒封龙门律宗道士王常月。雍正帝以禅宗大宗师的身份,倡三教一体之说,并为张紫阳《悟真篇》作序,推崇备至。他还封赐正一道士娄近垣,并赐银修龙虎山宫观。乾隆帝崇儒,贬抑佛道二教,于乾隆四年(1739)一度禁止正一真人传度,以后又不许朝觐,乾隆十七年(1752)又将其由二品降为五品。但乾隆帝对全真道似较优待,曾于乾隆三十年(1765)敕修北京白云观,晚年还行幸白云观题诗书碑等。全真道龙门律宗第七代律师王常月于清初公开传戒,得到顺治帝的支持,使清代全真道龙门派呈中兴之势,出现了一批龙门派高道。至清末,教风日下,仅靠香火谋生,白云观第二十代住持高仁峒得宠于慈禧太后,交通宫禁,行势弄权,但在教理发展上毫无建树。

三　明清道教的道派

元代而后,儒、道、释三教合一之说日盛,道教内部亦出现诸道派相互混融的趋势。至明清时期,道派的繁衍分化渐渐停滞,而诸道派渐汇集于正一、全真两大派系之下。正一道为符箓诸道派的代表,全真道则为内丹炼养道派的总汇。

(一) 正一道在明清时期的发展状况

明清时期天师道诸符箓道派虽在社会上皆被称为正一道,但就其内部的师徒承传系统而论,则仍有正乙、灵宝、上清、净明的师承之分。明代正一道由于受到朱明王朝的扶持较为显赫,但教团内的腐败之风亦使其渐渐在民众中失去信仰。明代正一道中较著名者，为第四十三代天师张宇初，著有《道门十规》、《度人经通义》、《龙虎山志》等。张宇初之道教思想，乃适应当时流行的三教一家说，吸收全真教风之长，改造正一道。他在《道门十规》中说："近世以禅宗为性宗，道为命宗，全真为性命双修，正一则唯习科教。孰知学道之本，非性命二事而何？虽科教之设，亦惟性命之学而已。"继而以内丹学作为斋醮、雷法的根本，以为只有先炼成内丹，以自己的真阳点化鬼魂的阴魄，才能令彼获超度，雷法亦是以自己的元神为主宰。他同时强调道士修道须恪守清规，以戒行为先，试图抑止正一道的腐败之风。张宇初之后的各代天师，在明代亦袭封大真人，掌天下道教，为符箓派领袖，然无著名高道。《明史》载："张氏自正常以来，无他神异，专恃符箓祈雨驱鬼，间有小验。顾代相传袭，阅世既久，卒莫废去云。"

正一道净明派道士赵宜真，及其高徒刘渊然，再传弟子邵以正等，亦以道术名世。赵宜真善符箓祈禳，又传全真道北派内丹和清微派雷法，高行伟操，为时所推。他著有《原阳子法语》、《灵宝归空诀》等。《原阳子法语》传先性后命的内丹学，先重炼性，以摄情归性入手，以"忘"字为诀，促生元精，炼而成丹，还归虚空，最后粉碎虚空，脱凡入仙。《灵宝归空诀》叙人在濒临死亡时寻求解脱的密法，陈兵在《中国道教史》（上海人民出版社，1990）中谓"其说与藏传佛教密宗中的中阴法相类，可能渊源于元代传入内地的藏传佛教密法。"

永乐年间正一道士孙碧云住持武当山，开武当山一派。孙碧云亦为明代高道，传张三丰一脉龙虎丹法，所开武当本山派亦名榔梅派，奉祀真武帝。

清代正一道式微，以道术显者有雍正朝道士娄近垣。娄近垣亦倡三教同源之说，既习符箓，又学禅宗，还修内丹。他整理刊印《黄箓科仪》十卷，是记述清代道士行符箓斋醮的科仪书。据《诸真宗派总簿》，清代正一、茅山、净明、灵宝、神霄、清微等派皆有承传，正一、清微等派还有分支。明清以来，东南沿海地区兴起妈祖信仰，建天后宫，形成新道派，并传入台湾。

（二）明清时期的全真道和内丹学

明代全真一系道士多高隐深遁，修习内丹，促进了内丹学的继续发展。明初全真一系道士以武当山张三丰声望最高。张三丰，名君宝，又名全一，号张邋遢，曾与其徒居武当山，预言"此山异日必大兴"，后云游天下，明帝屡访不遇。张三丰道功甚高，有神异，又享高寿，其在道教中的影响可比于吕洞宾，而后社会上的武术家、内丹家，以及讲房中术、导引健身术的江湖术士，皆称张三丰为祖师。内丹学中，亦添武当山三丰派，称传自陈抟一系的火龙真人，清代李西月编有《张三丰先生全书》。张三丰派门人号其内丹为隐仙派，修道尚高隐，但不尚出家，其《无根树·道情》云："无根树，花正微，树老将新接嫩枝。梅寄柳，桑接梨，传与修真作样儿"，亦行同类阴阳栽接之术。张三丰派丹法虽云阴阳双修，但斥责淫欲，主张修丹时不生淫念，为三家相见的龙虎丹法。此派还传陈抟的"蛰龙法"，乃是一种以卧式行气的内丹睡功。

明代在丘处机的龙门派下，有龙门律宗以戒律密传，由赵道坚以次递传张德纯、陈通微、周玄朴。周玄朴分传张静定、沈静圆二支派。张静定传赵真嵩，赵真嵩传王常月。王常月（1522～1680）号昆阳子，山西潞安人，为龙门第七代律师，于清初公开传初真、中极、天仙"三坛大戒"，大阐宗风，主讲于白云观，度弟子千余人，遍及全国。其徒众将其语录编成《龙门心法》（又称《碧宛坛经》）二卷，主命在性中，以见性为修炼之本。沈静圆一系经卫真定传至沈常敬（1523～1653），号太和子，居茅山乾元观，传孙守一（名玉阳）、黄守圆（名赤阳），门徒渐盛，分派增多。尔后，龙门派弟子在各地开山授戒，形成很多龙门支派。

明万历时，有扬州兴化县陆西星（1520～1606），字长庚，号潜虚。陆长庚早年儒冠，九试不第而为道士，暮年又习佛教密宗，融三教于一身。陆长庚以扶乩托言吕祖降其草堂，亲授丹诀，将其《参同契测疏》、《悟真篇注》、《金丹就正篇》、《七破论》、《玄肤论》等十余种丹经编为《方壶外史丛编》，又著《南华副墨》和《楞严经述旨》等书。陆氏内丹主张男女双修，开内丹学东派。

沈常敬一系的龙门律宗金盖山云巢支派道士闵小艮（1758～1836），派名一得，从高东篱（1621～1768）受戒，又得沈一炳（1708～1786）丹诀，撰《金盖心灯》，又编成《古书隐楼藏书》，收内丹等道书28种。闵小艮丹法倡虚空阴阳功夫，主元气循脊前心后的黄道直上直下运行，称中黄直透。后人亦将其丹法归入元代道士李道纯的中派。清末道士黄元吉撰《乐育堂语录》、《道德经注释》，以守中为炼丹之道，亦属中派。

云南鸡足山，另有月支国人黄守中（原名野怛婆阇，自印度来华，由王常月授戒），号鸡足道者，传"龙门西竺心宗"。该派习诵咒，有神通，闵小艮亦从学斗法秘术。其弟子有管太清、王太原，后传王清楚、白马李、云大辫、李赤脚、章大亨、郭阳晓、张蓬头等。

江西吉安人伍守阳（1565～1644），号冲虚子，得王常月传戒，受由虎皮张静虚真人经李虚庵至曹常化所传丹法，著有《天仙正理直论》、《仙佛合宗语录》。清代僧人柳华阳撰《金仙证论》、《慧命经》发挥伍守阳之内丹学，世称伍柳派。伍柳派内丹属先性后命的北派清静丹法，佛教色彩较浓。

清道光年间，又有四川乐山人李西月，号涵虚，自称曾从张三丰真人受丹法，编《张三丰先生全书》，又称遇吕洞宾授以丹诀，编《吕祖年谱》。李西月以陆西星后身自居，著《三车秘旨》、《道窍谈》、《后天串述》、《无根树词解》等，创西派丹法。此派丹法先以清静立基，后以同类阴阳双修成丹，乃沿袭东派双修丹功加以发展而来。

全真门下谭处端所传南无派，传于第二十代宗师刘名瑞（1839～1931），号盼蟾子，有《盼蟾子道书三种》传世，阐述南无派内丹。

明嘉靖时，崂山道士孙玄清（1517～1569），字金山，创龙门支派金山派，其丹诀代有传人。崂山太清宫匡常修道长，属金山派传人。金山派丹功为清静丹法，由聚光止念入手。

龙门派第十一代道士刘一明（1734～1821），号悟元子，在甘肃修道，著《道书十二种》，其丹法融汇理学，从炼性入手，循序渐修。称内药了性，外药了命，内药为自身元性，外药为虚空中真一之炁（元命），又分丹功为上、中、下三等。

又有道教居士傅金铨，编著《道书十七种》，力主同类阴阳择鼎铸剑的栽接丹法，其《丹经示读》，讲以双修观点理解丹经的方法。另有《性命圭旨》，称尹志平弟子撰；《唱道真言》，由扶乩降授，皆为重要丹经。

清代龙门支派甚多，如吕守璞开苏州冠山支派；陶靖庵开湖州金盖山云巢支派；郭守贞传沈阳太清宫道团；徐守诚传江南西山万寿宫道团；曾一贯传广东罗浮山冲虚古观道团；齐守本创金辉派，张宗璇创霍山派，不一而足。

小　结

鲁迅先生曾有"中国根柢全在道教"之论，以为从道学的研究可以揭开中国历史的帷幕，看清中国社会的底蕴和中国人的内心世界。以上我们已描述了道教产生和发展的整个历史，虽受篇幅限制未及细节，但筋骨已备，从中可发现一些规律性的东西。

　　道教本来是对中国社会制度的一些缺陷在社会心理上的补充，又是人们的生活愿望在信仰世界里的延续。然而封建社会统治者把自己的阶级意志贯彻到道教的教义之中，致使道教兴衰的历史和整个封建社会的发展过程同步。大凡一种政治体制或政策，即使是适应历史潮流产生的"好"的制度，在实施过程中都要产生正、负两种社会效应。新的制度和政策往往开始产生正的社会效应，受到人民欢迎；但随着时间推移，负效应逐渐积累，弊端显露出来，制度日趋僵化和腐朽，于是走向衰落，需要重新加以调整和革新。中国大一统的宗法社会也是顺应历史发展趋势形成的，对民族的发展和国家的稳定未尝没起过好的作用，然而历朝历代通过强化君权的方式去完善它，明清时期君权专制的家长制政体达到无以复加的程度，末日也随之临近了。明清时期在社会底层形成了对专制政体具有强大破坏力的民间秘密宗教和会党，这种秘密社会犹如锄不尽的野草，虽遭残酷镇压，仍顽强地遍处丛生。这说明无论多么专制的社会也是必须给老百姓留下适当的自由度的。当时的佛道二教已失去了对苦难民众的吸引力，因为它们的过分正统化和受官方严格控制使寻求精神寄托和避难所的人难以接受，而社会上其他宣泄意志、疏导情绪、谋取生路的渠道也全被堵死，便只有到秘密社会中寻找出路了。因之，民间宗教实际上是道教向自己初始形态的回复，是历史的反演。在国家机器的社会结构日益老化和逐渐失控之时，社会上便由各种关系网形成一种自我调控的"隐结构"，黑社会组织和秘密会社便是末世社会结构的癌变，它无法根除，而是社会控制结构亟待变革的信号。统治者往往靠残酷镇压消灭秘密会社，殊不知此类在刀刃上讨生活的秘密会社之发展动力却恰恰来自这种难以承受的巨大压力之中。民间秘密会社乱世则显，盛世则隐，是社会压迫的一种隐性调节机制。正宗道教衰落并世俗化，民间宗教盛行，是明清道教史的一个特点。所谓民间宗教，皆为当时三教合一的产物。

实际上，道教的世俗化也是道教发展的题中应有之义，因为世俗化的过程使道教和整个社会结构凝为一体，成为民众世俗生活中不可或缺的组成部分。同时，由于中国民众受愚民政策所害而文化层次甚低，无法接受高深的教义和修持方式，迫使宗教素质较高的宗教被世俗化以便于在社会底层传播，这也是由中国的国情、民情决定的。鲁迅先生说："耶稣教传入中国，教徒自以为信教，而教外的小百姓却叫他们是'吃教'的。这两个字，真是提出了教徒的'精神'。"（《准风月谈·吃教》）连基督教这种典型的世界宗教移植到中国的文化氛围里，也要适应中国的国情、民情被世俗化，何况中国土生土长的道教呢！

明清道教史上还有一重大特点，是当时"三教一家"思想的盛行。明清时代的"三教合一"、"三教同门"之论，和晋唐人的三教融合、相互汲取的观念不尽相同，是要进一步打破三教的界限。这是因为宋明理学已在心性论的基础上完成了三教合一，前代激烈的佛道之争已不多见，民间百姓祀神祈祷不别僧道、不问寺观，僧人行斋建醮，道士口诵佛号，皆已习见，实际上佛道二教已逐步合流了。在教理上，明清时人多讲三教同出一门，云"儒曰存心，仙曰修心，佛曰明心"，标榜在心学的基础上统一三教。李道纯《中和集》中《炼虚歌》云"为仙为佛与为儒，三教单传一个虚"；王道渊填《沁园春》词，亦讲"三教一理"。福建林兆恩，自称三教先生，主张以儒家融统佛道。他以"艮背"方法给人治病，皆具道教色彩，是主"三教一家"说最有力者。在这种思潮下，不仅模糊了儒、道、释三教的界线，道教内部正一、全真的界限也模糊了。这种思潮影响到民间，就出现了许多杂取三教信仰混合为一的民间宗教。明代道教内部道派的相互融混，亦是时代的特征。

　　清代以后，道教教团的经济基础被社会革命所摧毁，道教遂一蹶不振。近世道教教团在台湾仍较活跃，在大陆也有残存，道教的思想正在向世界各地扩散。道教发展的历史暴露出我国传统的宗法社会制度的种种弊端，并伴随着这种社会的兴衰而演变。我们通过对道教发展史的研究，对于道教今后的发展前景和社会各阶层的人们，总能提供某种借鉴吧！

第三章　道教的科仪、斋醮和戒律

　　道教的组织形式、管理制度及宗教活动，便以其清规、戒律、威仪、斋法、建醮等体现出来。清代全真道王常月传"天仙大戒"，撰《龙门心法》，正一道娄近垣编《黄箓科仪》，反映了后世道教以严持戒律，注重斋醮科仪的风尚。

　　道教以道、经、师为三宝。修道者要皈依三宝，必须严持戒律。全真道有初真戒、中极戒、天仙戒等"三堂大戒"。其实道教自成立时起，便有诸多戒律以约束道士的思想和行为。《道藏》中所载戒律甚多，有三戒、五戒、八戒、十戒、二十七戒、《老君说一百八十戒》、《三洞众戒文》、《道门十规》、《重阳立教十五论》等。其内容有不得杀生，不得茹荤酒，不得口是心非，不得偷盗，不得邪淫，不得违戾父母师长，不得叛逆君王，不得毁谤道法之类。除戒律外，道观内还有清规，对不按时起床做功课，喧哗斗殴乃至违反戒律的道士，给以跪香、迁单、杖逐、火化处死等惩罚。现在除与国家法律抵触者外，多沿袭。

　　道士的行、住、坐、卧，特别是在斋醮等宗教活动中，皆规定了威仪程式。《正一威仪》对道士的法服、法具、食器、居处、卧具、饮食、事师、受戒、忏悔、礼拜、烧香、燃灯、鸣磬、读经、奉斋、章奏、醮请等，规定了132条威仪，其中有出家传度仪、传授经戒仪、三天行道仪、住观威仪、行止威仪、沐浴仪、服饰仪等，在睡醒、下单、洗手、入食、沐浴时都要持咒。道士服饰有大褂、得罗、戒衣、花衣等，戴头巾或冠，着白布袜、云履或青鞋。法器有宝剑、令箭、令旗、敕令牌、天莲尺、镇坛木等。乐器如钟、磬、铛、铃、鼓等，亦称法器。

道教以修斋为学道之首，以斋来约束自己的身、口、心三业，其斋法包括设供斋、节食斋、心斋等，以心斋为重。设供斋可以积德解愆，节食斋可以和神保寿，心斋可以澡雪精神。道教斋法，自陆修静以来，日趋完备，种类繁多，有金箓斋、玉箓斋、黄箓斋、上清斋、明真斋、指教斋、涂炭斋、三元斋、八节斋、自然斋等名目，还有三官斋、九真斋、五腊日斋等杂斋。后世道教斋法和醮法渐合一，统为道教法事，为祈禳、拔苦、谢罪，炼度亡灵之用。

斋醮为道教的主要宗教活动，斋为祭神前整洁自己身、口、心的仪式，后来加上忏仪和醮仪，忏为忏悔罪过，醮为上章祈求祭祷，合而为斋醮。醮仪的程式大致为设坛、上供、祝香、升坛、念咒、发炉、降神、迎驾、礼忏、赞颂、复炉、送神等，由高功、都讲、监斋、侍经、侍香、侍灯等道士进行。道士进入醮坛，先存想自己的身神，念卫灵咒，鸣法鼓，然后开炉，即将内丹外用，把自己的身神请出来作法事，直到复炉时再返回身内，这是一种存思的功法。道士在作法中向神报自己的生辰、法位、奏乐散花，唱步虚词等，仪式隆重肃穆。后世道教坛醮种类繁多，道观以此扩大信众并发展宫观经济。坛醮法事有祈禳、度亡、延生、放戒、祭天、解星、镇宅、金刀断索（度缢死者）、起伏尸（度溺死者）、解冤结、招孤魂、寿星灯、延生灯、请经、受箓、上供、送葬、送鬼、净宅、经忏等。道教斋醮仪式中道士咏诵词章以谀神，皆配有步虚韵调，并以笙、箫、琴、弦、锣、鼓等多种乐器伴奏，不同道派各自传有独具特色的道教音乐，美妙动听如临仙境，具有丰富的文学和艺术价值。

道教在中国延续发展二千余年，形成了一套道官制度和道团组织形式，宫观经济也自成体系。除了朝廷为管理道教而敕封的大真人、知集贤院道教事、道正、宫观提点等道官外，道观内还设有方丈、监院、都管、都讲、都厨等教务、财务管理职事。道观有田产、隶户及开展斋醮法事等宗教活动、接受布施、化缘募捐而来的经济收入。有化主、庄头、库头、账房、监修、典造、公务、茶头、园头、磨头等执事参加财务管理，在教团内部形成一种社会经济实体。道观教团无论在宗教活动上、经济管理上、组织制度上、治安保卫上都有人专司其职，井井有条，相互监督，组成一个小社会。出家当道士的人，也同样像寺院的僧人那样有"一着袈裟事更多"之叹，只不过从相互倾轧的世俗社会进入另一种经过宗教信仰剂淡化了的社会而已，它终究也是现实社会的组成部分。

第四章　道教的现状和前景

　　辛亥革命之后，中国的历史逐渐适应世界上的民主潮流，君主专制的封建宗法社会国家政体被否定，数千年遗留的传统思想和文化也受到了猛烈冲击。科学、哲学、宗教、文学艺术、社会伦理和风俗习惯等，是一个民族文化中的基本要素，它们都是以人类的现实世俗生活为基础的。科学以实证精神为前提，哲学以逻辑推理作基础，宗教却以信仰主义当支柱。科学和哲学是人类理性思维的产物，宗教却以非理性的情感、直觉来接受神灵的启示。宗教本身并不等于封建迷信，它是人类信仰和情感的需要，这又是科学和哲学所不能取代的。然而某种宗教组织要在社会上求得发展，就必须和人类社会实践的步伐协调。在现代社会中，科学和哲学这些人类理性思维的花朵结出了丰硕的果实，迫使宗教从一块块地盘上退出去，宗教要适应现代文明进步的形势，就必须实行宗教革新，及时去掉教义、教理中的陈腐观点，以争取现代人的信仰。德国著名社会学家马克斯·韦伯在《儒教与道教》中说："没有经过宗教改革的古老民族宗教的伦理精神，往往对这些民族的资本主义发展起着严重的阻碍作用。"他对道教的这一分析显然是有道理的。道教是中国传统文化中的基本要素；近代以来，道教的现状和前景如何，是一个发人深思的问题。

第一节　道教发展的现状

清代之后，道教进入了停滞和残存的阶段。1911 年清朝帝制被推翻，成立中华民国，江西都督府取消了龙虎山张天师的封建特权，"天师"之号成了一种世俗惯称的沿袭。1919 年五四运动时期，青年学生兴起科学和民主的思潮，浸透着封建宗法思想的道教也受到冲击，道教的教义、教理中的封建伦理基础发生了动摇。1928 年，国民党颁布神祠存废条例，一些道教观庵被改为学校、机关、军营等，民间的道教俗神祭祀亦受到一些限制。由于社会上人们往往把占卜、推命、看相、符咒、驱邪及装神弄鬼的粗浅方术皆误会为正宗的道教活动，降低了道教的威信，使道教在急剧的社会变革中被当作一般封建迷信组织受到知识阶层的遗弃。在这期间，道教界人士为复兴道教，亦作过一些努力。如北京白云观的全真道士于 1912 年曾成立"中央道教会"，上海的正一道士也筹建过"中华民国道教总会"。同时，一些道书的编辑、出版亦有进展。1923 年，在康有为、梁启超的倡议下，徐世昌出面捐资影印北平白云观所藏明版《道藏》，这就是在全国各大图书馆中保藏的上海涵芬楼影印线装本《道藏》。而后又有守一子编辑成《道藏精华》一百种行世，使中国古老的道教文化得到弘扬。

其实，中国的近代史是从鸦片战争开始的。尔后经过太平天国的农民革命、戊戌变法维新运动的被镇压、义和团运动、八国联军的侵略、辛亥革命、北洋军阀的统治和混战、抗日战争等重大历史事件，中国社会动荡不安，兵荒马乱，道教亦作为中国社会系统中的一个组成要素继续发挥着历史作用。在动乱的年代中不仅有社会各阶层人士向道教寻求精神寄托，而且我们还可在震动全国的义和团运动、遍布北方的"红枪会"组织中看到民间道教传统的影响。当时中国有儒、释、道、回、耶（含基督教和天主教）五大传统宗教流行，其中道教教团相对衰弱。但全国十方丛林及著名子孙庙宫观尚不下万座，常住宫观的职业道士不少于五万人，散居道士更多。在中国历史的重大变革中，道教界人士也和全国人民息息相关。例如武当山武功卓绝的徐本善道长曾于1931年帮助过贺龙元帅率领的工农红军，后因之于1932年被均州地方民团匪徒杀害。1938年茅山惠心白道长等支持过陈毅、粟裕率领的新四军，参加抗日救亡斗争。在社会动荡的年月，一些难民遁入道教，道士文化水平甚低，但他们亦随着社会的变革不断协调着前进的步伐。在近代道教的发展史上，也有一些高道和著名道教学者。例如沈阳的岳崇岱、成都的易心莹，还有李理山、乔清心、蒋宗翰等，在道教界皆颇有影响。易心莹、房理家、伍止渊等，皆是著名的道教学者。陈撄宁、常遵先、徐颂尧等一批学者为发展内丹学，弘扬道教文化做出了贡献。重庆的张义尚、北京的王沐，皆隐修丹道，留下传世之作。同时，关于道教文化的学术研究也逐步开展起来。刘师培著《读道藏记》，许地山著《道教史》，傅勤家著《道教史概论》、《中国道教史》，刘鉴泉著《道教征略》，陈国符著《道藏源流考》，王明撰《太平经合校》，成为研究道教文化的第一批著作。

1949年中华人民共和国成立，使中国大陆的道教发展进入了一个新的时代。从1949年到1957年，为大陆道教发展的第一阶段。这段时期，过去靠收取地租、举行宗教活动谋财的宫观经济被摧垮，道士们从事农业、林业、旅游业、医药业、手工业、服务业等生产劳动实行"自养"，变成自食其力的劳动者。这样，清代道教教团遗留的腐败之风一扫而光，道士们树立起自耕自食，劳动光荣的思想，这是符合道教的历史传统和基本教义的。共和国成立初期万业俱兴，谋生方便，各道观因地制宜组织宫观经济收入，不乏生活来源。道士们亦顺应社会潮流，学习政治、文化，破除封建迷信思想，靠占卜、推命、符咒及装神弄鬼骗财谋生的道士濒于绝迹。在宗教信仰自由的政策下，原来被迫出家的道士重新还俗，社会条件改善，出家人减少，全国道士的数目大减，原来遍布城乡的子孙庙及小道院几乎减半。道教宫观的封建宗法管理体制也受到冲击，以监院为家长等级森严的专制传统自然发生变化。留居宫观的道士订立"爱国爱教公约"，宗教活动在国家法律容许的范围内进行，废除了一些同国家政策、法律抵触的清规戒律（如鞭责、火化等），宫观财务亦适当实行民主管理。1956年夏，沈阳太清宫方丈岳崇岱联络易心滢、乔清心、汪月清、万昭虚、杨祥福、陈撄宁、孟明维等，筹备建立全国性的道教组织，得到政府的支持。1957年5月，中国道教协会成立，会址设在北京白云观。道教协会章程规定："联系与团结全国道教徒，继承和发扬道教优良传统；在人民政府领导下，爱护祖国，积极支持国家的社会主义建设，参加保卫世界和平运动；协助政府贯彻宗教自由政策。"总起来看，道教的发展是正常的。

大陆道教发展的第二阶段是自1957年夏中国共产党在全国发动了猛烈的整顿党的作风和反击右派的政治运动，于1958年春波及道教界。中国道教协会第一届会长岳崇岱及王信安、向元理等高道被打成了"右派分子"。随之，大炼钢铁、"大跃进"、人民公社化等一系列政治运动接踵而来。不少宫观、道院中珍贵的古钟、香炉等文物、法器被化成一块块废铁，宫观、道院在人民公社化运动中变为实际的生产管理组织，实行评工记分，按劳分红的原则。1961年后，国家由于国民经济的困难实行调整政策，道教界也随之实行了调整。当时中国道教协会的会长陈撄宁根据各宫观道院的道士荒于教理，后继乏人的状况，提出了建立道教院校、开展道教研究和出版道教刊物等一系列建议。他组织出版了内部刊物《道协会刊》，发表了不少研究成果，培养了一些道教人才。

十年"文化大革命"期间是中国大陆道教发展的第三阶段。在这段时期道教遭到一场浩劫,道教徒被归入"牛鬼蛇神",成为专政对象,被当成敌我矛盾受到残暴迫害。宫观道院被封闭占用,一些精美的古代建筑被拆毁,碑碣被砸碎,经书被焚烧,历史文物被捣烂或抢走,道士被勒令还俗。这大概是历史上一次空前的靠政治力量以人为的方法消灭宗教的行动。

1976年以后,中国大陆道教发展进入第四阶段。首先,因道教信仰而蒙冤受屈的大量冤、假、错案得到了平反,被打成"反革命"、"牛鬼蛇神"的道士被恢复了名誉。这些年,道教宫观又逐步恢复,道士人数逐年增加,古代建筑得到修缮,并逐步落实房地产政策,恢复了正常的道教活动。据估计常住丛林宫观的全真道士近万人,子孙庙全真道士近二千人,散居于民间的正一道士亦近万人。全国被各级政府批准恢复道教活动的宫观加上农村的小型子孙庙则道教活动场所达千余处。中国道教协会恢复活动后,《道协会刊》亦复刊并于1987年改版为《中国道教》,向国内外公开发行。中国道教协会还开办了中国道教学院,设立了道教文化研究所,并与我国台湾、香港、澳门的道教界建立了经常性联系,与欧、美、东南亚道教界及道教学者开展了友好往来活动。

我国的台湾、香港、澳门地区,道教一直都很活跃。第六十三代天师张恩溥跑到台湾,传正一道,使台湾的正一道大为流行。全真道士须出家住在道观中,不娶妻,守戒律;而正一道士则多为火居道士,可以娶妻生子,有的也不住在道院中,平时着俗装,仅有在参加宗教活动时才着道装。台湾道教道派繁多,道士有"红头道士"和"乌头道士"之分。天师派、老君派、灵宝派、神霄派、闾山三奶派等多为红头道士;茅山派的玉京道士、龙虎山正一派的玉府道士、武当山派的北极道士、清微派的天枢道士为乌头道士。台湾的庙宇以属道教者为多,有四千一百余所(一说近万所）。现在天师府传人张源先在台湾传正一道，行道教斋醮等法事，并制定《中国道教嗣汉天师府组织规程》等一系列规章，对道教适应台湾的现代社会起了一定作用。另外，台湾道教界人士亦制定了新的《台湾省道教会章程》，一些学者还出版了大量道书和影印《道藏》，甚至创建新道派轩辕教和天帝教，尝试改革道教。天帝教本源于大陆的民间道派，后经李玉阶先生在教理、教义、修持方法上全面革新，已改造为具有时代精神的新道教，且传播到海外，以祈求世界和平促进祖国海峡两岸和平统一为号召，其社会影响日益扩大。著名道教学者萧天石先生重编《道藏精华》，出版了大量丹经道书，在国内外弘扬了内丹学和道教文化。

香港地区道教之兴盛大约起于明代，现道教和佛教、儒教、天主教、基督教、伊斯兰教并称为香港六大宗教。民国初年，一些晚清遗老避居香港，依托道教，促进了道教在香港的发展。据香港学者黄兆汉、郑炜明撰《香港道教》（《世界宗教研究》1991年第1期）介绍，香港有先天道、全真道、纯阳派三大道派。全真道以龙门派最活跃。纯阳派尊奉吕祖，祭祀八仙，内分太乙门和蓬莱派。先天道供奉观世音，崇拜老子、孔子、释迦牟尼等三教圣人，又祭祀济公活佛和弥勒佛，是一种三教合一的宗教。先天道具有民间宗教的特征，其中观音大士的角色相当于一贯道里的无生老母，说明和一贯道有某种联系。实际上，台湾和香港、澳门地区一贯道一直很活跃，它主张三教合一甚至"五教归一"（儒、释、道、耶、回），信徒甚众。香港宫观、道堂林立，数目过百；道士、女冠达千人以上，信徒有十万之众。香港道教联合会是香港道教团体名义上的领导机构，各道派团体开办学校，向市民提供医疗、教育、文化及社会福利服务，出版道教刊物，在香港社会上有较高的地位和举足轻重的影响。

第二节　我国内地主要道观和道士们的生活

道教宫观，唐代以来遍布全国名山大邑。历经各代，有兴有废，现在遗存的宫观大多正在修复，成为旅游业的胜地。其中有些被国家确定为重点宫观。今将一些住有道士，较著名的宫观简介于后。

北京白云观：原为唐代所建天长观，元代长春真人丘处机居此，改名长春宫。丘长春"羽化"后，葬于处顺堂（称邱祖殿），并扩建成白云观。明正统八年（1443）正式称白云观，清代重修，为全真道三大祖庭之一，号全真第一丛林。现白云观仅为原来的一部分，内有玉皇殿、老律堂（为律师传戒处）、四御殿、邱祖殿、三清阁、八仙殿、吕祖殿、元君殿（供奉碧霞元君）、元辰殿（供奉六十甲子太岁和斗姆）等。白云观现为中国道教协会所在地。

沈阳太清宫　建于清康熙二年（1663），原名三教堂，为东北地区全真道最大的丛林。

龙虎山天师府　江西贵溪县龙虎山嗣汉天师府为正一道祖庭。现上清镇天师府尚保存完好，但龙虎山上清正一宫已荒废。

茅山道院　句容县茅山又名地肺山、句曲山，为道教第一福地，第八洞天，道教宫观较多。现在元符万宁宫、九霄万福宫、崇禧万寿宫等道观建筑，多为正一派道士居住。

杭州抱朴道院　位于杭州西湖葛岭，有葛仙殿、抱朴庐等，传为葛洪炼丹之处。

千山无量观　在鞍山市千山，有老君殿、三官殿等建筑，为全真道十方丛林。

成都青羊宫　始建于唐代，今有混元殿、三清殿、八卦亭等，其旁有二仙庵。

青城山天师洞　传说为张陵修道处，亦名常道观。现观内有三清殿、三皇殿、黄帝祠等。

青城山祖师殿　供奉吕祖、张三丰等。

泰山碧霞元君祠　奉祀天仙圣母碧霞元君，此外还有送生娘娘、眼光娘娘，为香火盛地。

崂山太清宫　崂山有太平宫、上清宫、白云洞、明霞洞、斗姆宫等道教宫观，以太清宫为首。现崂山太清宫为全真道重要宫观。

武当山紫霄宫　武当山为道教圣地，宫观较多，以紫霄宫规模宏大，祀真武（玄武）大帝。

武当山太和宫　位于武当山天柱峰，建于明代，又称太岳太和宫。

武汉长春观　在武汉市内，为重要道观，供奉太上老君、吕祖、七真等道教仙真。

玉隆万寿宫　在江西南昌西山，又称妙济万寿南宫，奉祀许真君，为净明道祖庭。

周至县楼观台　终南山中最古老的道教宫观，供奉老子、关尹诸神，道教圣迹较多。

嵩山中岳庙　在河南登封县境内，始建于秦，现有中岳大殿及御书楼等，为道教圣地。

罗浮山冲虚古观　为东晋葛洪炼丹修道之处，现有葛仙祠、黄大仙祠、吕祖殿、稚川丹灶等。

西安八仙宫　始建于宋代，相传为钟离权和吕洞宾传道处，供奉八仙、药王、斗姥诸神。

华山玉泉院　在陕西省华阴县华山之张超谷，相传为陈抟修道之处，有希夷洞等建筑。

华山镇岳宫　在华山西峰，供奉西岳大帝。

华山东道院　原名九天宫，奉祀九天玄女。

上海白云观　建于清代，为上海市道教协会所在地，多为正一道士。

苏州玄妙观　观中藏有唐代吴道子所画老君像及颜真卿笔迹等碑刻，奉祀三清诸神。

户县重阳万寿宫　在陕西省户县祖庵镇，为全真道祖王重阳埋藏"遗蜕"之处，全真三大祖庭之一，有祖庵碑林等。

山西芮城县永乐宫　在山西省芮城县永乐镇，相传为吕洞宾诞生地，为全真三大祖庭之一，现迁至芮城县北龙泉村。

此外著名道观还有　广州市越秀山三元宫；广东惠阳市玄妙观；湖南衡山玄都观；四川灌县二王庙；陕西华阴县西岳庙、云台观；河南鹿邑县太清宫；湖北均县武当山南岩宫、遇真宫、复真观；浙江余杭县洞霄宫；杭州玉皇山福星观；杭州黄龙洞；南京市朝天宫；北京市东岳庙，青城山之建福宫、圆明宫等。

现代散居于中国大陆各宫观的道士，基本属于全真道和正一道两大道派。道士们都能和睦相处，互相尊重，并无道派之争。国内道教宫观大致分两类，一类称子孙庙（小庙），另一类为十方丛林（亦称十方常住）。子孙庙清代以来属私产，不接待十方道众，师父为庙内"当家"，亦称住持，可以收徒弟，庙产师徒相传，但无权传戒，不得悬挂钟板。十方丛林为道团公产，道士可以来挂单居住，可以传戒，但不能收徒弟。十方丛林为道士集中居住和举行宗教活动的场所。十方丛林亦往往在附近设小庙，供游方道士学习经典再进丛林挂单；有些子孙庙亦悬挂钟板，留单接众，称子孙丛林或子孙常住。国内的十方丛林有北京白云观、沈阳太清宫、崂山太清宫、罗浮山冲虚观、周至县楼观台、上海白云观、武汉长春观、成都市青羊宫、常州市玄妙观等。子孙庙有千山无量观、青城山天师洞、武当山紫霄宫、天台山桐柏宫、河南中岳庙、陕西龙门洞等。现在庙产虽皆归国有，但仍由道观管理；教团制度大致沿袭着旧的传统，略有变通。十方丛林设有"方丈"管理丛林教务，为一观之主，由德高望重的高道担任。方丈可以传戒，传戒期间亦称律师。其次为监院，为道观的实际首领，俗称当家，亦名住持，由道众公选。另有都管，统理观内大小事务，是监院的助手。监院下设客堂、寮房、库房、账房、经堂、大厨房、十方堂、号房等执事部门。其执事人员有三都（都管、都讲、都厨）、五主（堂主、殿主、经主、化主、静主）、十八头（库头、庄头、堂头、门头、茶头、火头、水头、饭头等）之称。

十方丛林的道士，每天五更起床，称为"开静"，整齐衣冠，洒扫殿堂庭院之后，便齐集殿内念诵早坛功课经。早坛功课后入斋堂用早膳，然后根据各自的执事和安排（去值殿，接待香客等）去工作。晚上还要集体念诵晚坛功课经，起更时止静就寝。宫观中以敲钟、击鼓、打云板为道士日常生活的号令。例如北京白云观道士都须作早坛功课经和晚坛功课经，道士以钟为号，齐集殿内，焚香礼拜，按一定声韵诵咒念经。《早坛功课经》包括《太上老君说常清静经》、《无上玉皇心印妙经》、《消灾护命妙经》、《禳灾度厄真经》和净心、净口、净身、安土地、净天地解秽、祝香等咒语及金光神咒；还有三清、弥罗、天皇、星主、后土、神霄、南五祖、北五祖、七真等宝诰。一般以诵《常清静经》、《心印妙经》为主，拜玉帝、雷祖及值圣诞日的仙真之诰。《晚坛功课经》包括《救苦妙经》、《升天得道真经》、《解冤拔罪妙经》及拜斗母、三官、救苦、玄天、文昌、吕祖、萨祖等诰。道教逢"戊"日不举行宗教活动，不焚香诵经作法事，为"戊不朝真"之忌。此外，道教还有很多宗教节日，须设坛庆贺。如三清节（冬至日为元始天尊圣诞、夏至日为灵宝天尊圣诞、二月十五日为太上老君圣诞）、三元节（正月十五日上元天官节、七月十五日中元地官节、十月十五日下元水官节）、三月三日王母圣诞蟠桃会、二月初六东华帝君圣诞、十月初三日三茅真君圣诞、十二月二十二日王重阳祖师圣诞及五腊节等。北京白云观较隆重的节日有：正月初七、初八看顺星（香客到元辰殿拜各自本命神）；正月初九玉皇圣诞；正月十九日邱长春真人圣诞（燕九节）；二月十五日太上老君（道德天尊）圣诞；四月十四日吕祖圣诞。在这些道教节日道士们要举行斋醮等宗教活动，有的节日还与当地民间风俗融汇起来，成为民间赶庙会等民俗节日。

第三节　道教发展的前景

道教是中国传统文化不可分割的组成部分，但其传播并不限于中国本土，在朝鲜、日本和东南亚诸国也曾流传。

在日本，至迟至奈良、平安时期，道教文化就大量传入日本。日本学者福永光司等对道教在日本的传播和对日本文化的影响进行了较为精到的研究，并提出一些道教在日本传播的证据。道教文化渗透到日本文化之中，并同日本文化融合到一起。例如日本的庚申信仰、泰山府君信仰，甚至在日本神道教中，也可以看到受道教影响的痕迹。

朝鲜受中国道教文化影响更大更早，并在唐代便大兴道观，崇尚道教。道教的经书、斋醮、宫观建筑、金丹术等修持方术皆传到朝鲜，道教诸神也在朝鲜受到信奉。朝鲜的风流道，大致也是道教的变体。

隋唐时期，道教在柬埔寨等东南亚国家也有流传。道教女神天后妈祖，也同样被东南亚各国民众所崇奉。

近代以来，道教文化受到世界各国学者的重视，发表了不少研究道教的论文和学术专著。法国、日本研究道教已有多年的历史，美国、英国、德国、澳大利亚、荷兰、意大利、俄罗斯等国都出现了一些杰出的道教学者。在意大利的贝拉焦（1968）、日本长野县蓼科（1972）、瑞士苏黎世（1979）先后召开了国际道教学研究会议，有力地促进了道教文化在世界上的传播。

中国道教基本上是一种民族宗教，但具备着发展为世界宗教的某些品格。例如道教的至上神元始天尊，就没有民族和国家界线的限制，完全可以成为多国家多民族的神灵。道教中具有等同于自然本性的泛神论的"道"的信仰，也足以和大乘佛教的"佛性"相媲美。道教远不是一种现代宗教，但道教中行善助人、忍让不争、蔑视权贵、超脱世俗、诚信纯真、自然无为等价值观念至今仍有补正时弊，教化人心的社会意义。道教要转化为现代的世界宗教，就必须实行系统的宗教革新，及时改变自己的宗教形式，适应现代人的思想水平、社会活动方式和生活习惯。例如基督教就曾经在现代社会中做出重大调整，跟上了时代步伐，努力争取现代人的信仰。基督教在神学思想上吸收了现代哲学和现代科学的意识，出现了一些适应时代精神的神学流派，如新托马斯主义、新正统主义、基督教存在主义、自由主义神学、世俗神学、解放神学和过程神学等，甚至提出同马克思主义"对话"，同其他宗教和意识形态"对话"的口号。1948年成立了"世界基督教会联合会"，提出"教会合一，世界合一，人类合一"的口号，1962～1965年第二届梵蒂冈大公会会议又提出了"革新"和"对话"的方针。这样，基督教为了求得生存和发展，把自己改造成了现代的世界宗教。

同基督教相比，中国道教尚还缺少时代精神，更没有完成融合世界上多民族文化要素的过程。道教本来是综合中华民族的文化传统，适应家长制的中国封建宗法社会的需要而形成的宗教文化体系。在信息发达的现代社会，地球显得变"小"了，不同民族不同国家的距离变"近"了，世界各民族的传统文化不可避免地走向相互交融之路。在近代世界文化发展的大趋势下，道教自明清以来没有跟上时代的步伐。这主要表现在以下方面。

（1）道教的某些政治伦理观念陈旧过时。道教作为一种适应中国君权专制的封建宗法社会需要的伦理型宗教，它的政治伦理观，主要是来自儒家的"三纲五常"。儒家的这套维护君权、神权、族权、夫权的伦理纲常，同现代社会自由、民主、法治的潮流背道而驰，同西方工业化国家流行的"人权"观念水火难容，不可能被这些国家的民众所接受。道教中神化这些伦理道德观念而产生的教义、戒律、礼仪为帝王贵族祈福的斋醮法事也大都陈旧过时。道教政治伦理观念中这些落后时代的东西，眼下虽然仍和中国社会残留的封建宗法观念合拍，但它毕竟是阻碍社会发展的旧思想，迟早要被不断前进的社会历史所抛弃。

（2）道教的神学体系，包括其整个教义、教理，以及它的神灵观念和鬼神系统，都有待于系统化和精致化，乃至进一步同现代科学和哲学的基本常识相协调。道教作为囊括中国传统文化的大葫芦，它杂取儒家的礼教、佛教、原始巫教的鬼神祭祀、宗教观念等文化资料，其实还没有很好地消化，也没有完成从多神的自然宗教脱胎的过程，更谈不上将道教的宇宙论、魂魄说、劫运说、地狱轮回说、天界诸神说等杂取兼收而来的教理加以系统整理，和现代哲学和科学相协调了。道教要成为现代的世界宗教，就必须将自己的教义、教理系统化、精致化，从中剔除一些相互矛盾、粗俗、低级的东西，从而提高自己的宗教素质，适应现代人的文化知识水平，增加对现代西方国家民众的诱惑力。

（3）道教中有一些带有封建迷信色彩的宗教活动，包括那些请神、捉鬼的粗浅巫术和繁琐荒诞的禁忌、祈祷程式，只能适应于不开化的愚昧、野蛮民众，在文化程度较高的人眼中显得浅薄可笑，从而败坏了道教的威信。在灾难深重的旧中国，道教的世俗化倾向虽然可以迎合那些处在文盲状态的众多农民的需要，使游方道士赖以谋生，但也造成社会人士对道教的严重误解，将道教视同一些谋利的骗人巫术。显然，道教中这些世俗化的粗浅巫术是应当随着民众智慧的开化加以淘汰和扬弃的。

（4）道教教团自明清以来在组织上保留着狭隘的家长制传统，沿袭前代的丛林制度，以子孙庙的道士当家收徒扩大教团，致使道士的素质退化，同近代社会的教育制度和招揽人才的程序形成巨大的反差。由于道教缺乏正规的道教教育系统和够水准的弘道人员，不能直接吸收社会高层人士入道担任教职，致使道教的真诚信徒少，道士文化程度低，千百年来教义、教理陈陈相因，连道士的礼仪、服装、法器皆无变化，造成了道教苟延残喘的没落状况。中国封建社会的道教繁荣时期，支持道教的皇帝都注意将道士的培养同国家的教育制度协调起来，甚至颁布"道举"制度，直接将道士的晋职同选拔官吏的科举制度相结合。近世道教中道士的培养和晋职同社会上新的教育制度和招揽、选拔人才的程序毫不协调，这反映了道教在近世还一直缺乏适应现代社会的自觉。

（5）道教自明清以来逐渐败落，没有显现出它作为现代社会结构中必不可少的调节要素应起的积极参与作用，而仅是被当作一种文化陈迹保留着，成为供人们观赏的角落。特别是清代以来没有出现王重阳那样的著名高道和宗教改革家，而不能弃旧图新，没有宗教改革家的宗教是没有前途的。

以上仅是从学术上对明清以来道教衰落情形的分析，尚不涉及现代海峡两岸道教教团的现状。有关我国佛道二教发展前景的研究显然是宗教学领域不可回避的课题，近年来正引起国内外宗教学者的重视。中国基督教界、佛教界已展开宗教现代化的讨论，道教在历史上更有着善于革新的优良传统。中国历代高道都宽容大度、忍垢若水，惟以修道养德教化社会，不向教外伸手生事，终使道教的发展经久而弥新。我们知道，道教的形成是中国的社会结构中各要素矛盾发展的产物，它今后能否在现代社会中存在和发展下去，也要看它的整个宗教体系在新的社会结构中是否有存在的历史合理性，它的形式能否革新以适应现代社会的需要。传统的中国社会结构是家国同构的，社会的伦理道德要求个人的利益必须服从家庭和谐与国家安定的大纲。在这种社会结构中，婚姻的基础不是人的性爱，而是维护家族的延续和家长制政体的稳定，社会的政治、伦理、道德、法律、经济都是以家族为本位的。中国的传统文化不会产生西方文明中那种"天赋人权"的思想，因为中国的人权乃至个人的生命都是属于"国"和"家"的，国家的主人不是人民，而是君父，所以才有"君叫臣死，臣不得不死；父叫子亡，子不得不亡"的说法。在这种社会结构里是不可能有真正的婚姻自由的，当然也就不可能有真正美满的家庭生活，个人也更无法形成独立的完善人格。这种以家族为本位的社会结构必然造成对人性的巨大压力，隐含着社会动荡不安的因素。然而中国的这种社会制度却出人意料地呈现出世界上延续最久的稳态结构，这是因为在社会内部有某种要素制约和平衡了这种不稳定趋势。例如娼妓、卖淫的流行和纳妾的制度缓解了礼教否定离婚的夫妻生活的压抑，而和尚、道士这些"出家人"却自称冲破了家族关系的世网。道教的存在显然对那些无法承受这种家国一体制度压力的人提供了补偿，使那些在世俗的社会生活中失意的人避免了同家族政治的冲突。因此，道教是中国传统社会结构中必不可少的调节要素，这就是它过去得以存在和发展的原因。今后，只要世俗的社会生活还存在着这类不协调因素，人们在现实社会里感到情绪的窒息和压抑，仍会有人出家当道士。何况，道教那种寻求自我人格完善的宗教信仰仍有大量信徒，它那生道合一的教旨，清静无为的生活模式，养生延年的修持方术，对很多退休的老年人也有巨大的吸引力。

道教不仅在中国有存在的社会条件，在世界其他国家也有传播的气候。道教关于道的信仰有很强的哲理性，它依托于道家哲学，而老子、庄子的道家哲学同尼采哲学、萨特的存在主义哲学本有某些相通之处，西方学者对道家的巨大智慧叹为观止。由于现代西方工业社会造成大量人、自然和社会的异化现象，严重的生态危机、气候反常、臭氧层破坏、能源危机、资源耗尽、环境污染、人口爆炸、人性压抑、现代社会病以及科学技术控制社会生活的负效应，使人们重新认识到道学文化及其生活态度的合理性，唤起了人们保护大自然，回归大自然的愿望。工业化是否为现代社会发展的唯一道路，这是值得怀疑的。道学文化似乎给人类提供了一条避免毁灭地球，拯救世界文明的新前景。道教尊重人的自然本性，开发人的潜能，保护生态环境，反对人类社会异化、热爱和平、慈爱忍让、超脱逍遥、节俭朴素等思想，也逐渐被现代人所接受。这都说明，道教在现代社会中仍有存在的价值，道教文化在中国文明和世界文明中都必将占据重要的位置。"周虽旧邦，其命维新"，中国道教不仅能够变为现代化的世界宗教，而且应当通过革新变为现代化的世界宗教。道教需要现代化，也能够现代化。在现代社会里，中国道教面临着革新的形势，如果出现历史上那样的大智高道起而革新道教，创立有时代精神的新道教，道教是能够适应现代社会发展的趋势获得重新振兴的。

至此，我们已追述了道教发展的整个历史。人们知道，历史是一面无情的镜子，它既透视了过去，又反映着未来。历史总能启示出某种规律性的东西，而历史的结论就是科学的结论。至今我们也描述了道教文化的整个概貌。人们知道，道教文化是中华民族文化的总汇，而传统文化的命运同我们民族本身的命运是息息相关的。在信息发达的现代社会里，不同民族、不同地区、不同特质的文化要素正逐步渗透、交融到一起，汇成人类知识的汪洋大海。当我们民族的古老城堡敞开大门的时候，道教文化的浩浩长流也来到祖国大陆的入海口。可以预见，丰富多彩、包罗万象的道教文化，必将在世界文明的洪流中被激扬、净化，并显示出汹涌澎湃的活力。笔者在这本书中祝愿：让道教文化同我们的民族一起，加快脚步走向世界，走向未来吧！

创新篇

老子其人其书考

胡孚琛

　　老子道学文化在中华大地上的复兴，已是可以预见的大趋势。20 世纪，先是 1973 年湖南马王堆汉墓出土了帛书《老子》甲、乙本，引起海内外学术界的轰动。继而 1993 年湖北荆门郭店一号楚墓又出土了竹简《老子》甲、乙、丙三组。古人云："国之将兴，必有祥瑞。"中华优秀传统文化的复兴也是如此，《老子》古本的面世便是祥瑞。在世界文明史上，老子是和古希腊苏格拉底、柏拉图比肩的伟大哲学家，《道德经》中蕴藏着解决全人类发展问题的深邃智慧。一个真正的大国必须能在全世界传播本民族的文化，在人类的价值观上拥有影响和引导这个世界的文化力量。从这个意义上说，"和平崛起"首先应是"文化崛起"，经济起飞同时要有"文化起飞"。老子的道学文化是人类命运共同体的文化根基，集古今中外文明之精华，创立有时代精神的新道学，对增强我国的综合国力，促进世界和平和人类社会发展有着不可估量的现实意义。老子是中国的哲学之父，也是世界的哲学之父。老子不仅是中国的，也是属于全人类的。

　　关于老子其人其书的考据，历来聚讼纷纭，近世学者如梁启超、顾颉刚、冯友兰等皆疑《老子》晚出，最早不过战国末期。更有钱穆先生考定《老子》出于东汉，言之凿凿，《老子》汉墓帛书和郭店竹简本出，这些学者的考据不攻自破。先师王明教授曾撰《论老聃》载入 1980 年出版的《中国古代著名哲学家评传》。

王明先生采用清人汪中的说法，认为孔丘问礼者为老聃，著《老子》者为太史儋，并随和梁启超以《史记·项羽本纪》之"上将军"之官职出于战国等史料论证之。他晚年却又反悔，发现"范蠡称上将军"载之《史记·越王勾践世家》，可知"上将军"之官名春秋时亦有之。司马迁既明言老子西出关，"著书上下篇，言道德之意五千余言而去"，何必多事归诸太史儋耶？不想先师王明先生 1992 年逝世后，郭店楚墓《老子》竹简本出，和今《老子》传世本文字相差甚多，饶宗颐先生认为竹简本乃儒生所记《老子》的节本，而一些学者则认为竹简本乃老聃所著《老子》初本，今本《老子》乃太史儋所著，反而更坐实了清人汪中的猜测。又有美籍学者何炳棣院士在 2000 年 11 月《燕京学报》撰《司马谈、迁与老子年代》，竟从司马谈、迁身世及所记老子后裔世谱入手，论证《老子》著于《孙子兵法》之后，老子即为太史儋。然而揆诸《史记》多篇史料，孔子问礼于老聃其言不虚，老聃、老莱子、太史儋本为三人，史料证据也非止一处。司马迁毕竟没有直书"太史儋之子名宗""太史儋著书上下篇"，何炳棣院士的考据巧则巧矣，眼下也不过似清人汪中的一种"推测"而已！

盖老子之道学，乃史官历代相传的学术，《道德经》中提到古之圣人，凡二十六见，"强梁者不得其死"，出自周庙金人铭辞。老子之思想，亦不难在《书经》《诗经》中找到类似语句。《说苑·敬慎篇》记载春秋时晋人叔向引用老聃之言，亦见于今本《老子》。《史记》之《孔子世家》《老庄申韩列传》《仲尼弟子列传》《汉书》《庄子》《吕氏春秋》《礼记·曾子问》等，多处记载孔子师事老子、问礼于老子之事，老子年长于孔子应无疑义。关于《道德经》的成书过程，决不会为晚于孔子的太史儋所著，而此书初本的始作俑者，当是《史记·周本纪》《国语·周语》《国语·郑语》里记载的西周史官伯阳甫（或曰"伯阳父"）。伯阳甫于周幽王时为太史，可以"登春台""享太牢"，《道德经》中的文字描述，以史实证之，如"朝甚除，田甚芜，仓甚虚"等，亦不晚于周幽王之时。《史记·周本纪》载："幽王二年，西周三川皆震。"伯阳甫曰："周将亡矣！夫天地之气，不失其序；若过其序，民乱之也。阳伏而不能出，阴迫而不能蒸，于是有地震。今三川实震，是阳失其所而填阴也。""夫国必依山川，山崩川竭，亡国之征也。川竭，必山崩，若国亡，不过十年，数之纪也。天之所弃，不过其纪。"这是中国文献中最早论及阴阳的文字，和《道德经》中"万物负阴而抱阳，中气以为和"相一致。《国语·郑语》又载史伯云："夫和实生物，同则不继。以他平他谓之和，故能丰长而物归之。若以同裨同，尽乃弃矣。故先王以土与金、木、水、火杂以成百物。是以和五味以调口，刚四支以卫体，和六律以聪耳。""声一无听，物一无文，味一无果，物一不讲。"郑桓公时史伯为周幽王之司徒，史伯即伯阳甫，又称"太史伯阳"，曾预言西周将亡，"祸成矣，无可奈何"，"凡周存亡，不三稔矣"，其睿智博学，必为《道德经》初本的著者。其实，《列仙传》《老子铭》《老子音义》皆谓老子"字伯阳"，《索隐》司马贞注"有本字伯阳"，"老子号伯阳父"，可见唐本《史记》有老子字伯阳号伯阳父之说。《史记·周本纪·集解》引唐固曰："伯阳甫，周柱下史老子也。"《吕氏春秋·重言》注云："老聃学于无为而贵道德，周史伯阳也，三川竭，知周将亡，孔子师之。"这样，我们就不难扫清老子其人其书上的疑云，原来《道德经》之初本，作于西周幽王时之太史伯阳甫，由史官承传下来，垂二百载至老聃形成道论，以道的高境界和大视野对史伯的德论重新解释和发挥，亦有注文窜入其中，而成今本《道德经》。是以《庄子·天下》曰："孔子行年五十有一而不闻道，乃南之沛见老聃。"《史记·仲尼弟子列传》又云："孔子所严事，于周则老子，于卫蘧伯玉，于齐晏平仲，于楚老莱子，于郑子产，于鲁孟公绰。"故可断定老子为孔子之师，姓李氏，名耳，字聃，春秋时周守藏室的史官。老莱子、太史儋盖亦传伯阳甫与老聃之学，故后世疑其为老子。司马迁本着"信则传信，疑则传疑"的原则，声称老子"或言二百余岁"，盖以伯阳甫的年龄计之也。

实际上，研究老子的文字史料，还有东汉边韶的《老子铭》和王阜的《老子圣母碑》，由这些资料看出，秦汉时老子已被神化，成为道的化身。当时人眼中已把老聃和西周的伯阳甫合为一人，但伯阳甫的《德经》在先，老聃的《道经》在后，边韶为历史学家，曾编《东观汉记》，时任老子故里苦县的陈国之相，奉汉桓帝之诏撰《老子铭》，其史学价值不亚于二百年前司马迁的《老子传》。《老子铭》之序文云："老子，姓李，字伯阳，楚相人也。春秋之后，周分为二，称东西君。晋六卿专征，与齐楚并僭号为王，以大并小。相县虚荒，今属苦，故城犹在。在赖乡之东，涡水处其阳，其土地郁㙽高敞，宜生有德君子焉。老子为周守藏室史。当幽王时，三川实震，以夏殷之季，阴阳之事，鉴喻时王。孔子以周灵王二十年生，到景王十年，年十有七，学礼于老聃。计其年纪，聃时已二百余岁，聃然老耄之貌也。"这样，就把汉代人眼中老子的出生地、年龄、生平交代得很清楚，班固等儒者尊孔子而贬老子，但终究无法掩盖老子自秦汉以来就被神化受人尊崇的事实。由此可知，《道德经》之初本以《德经》为主始作俑者为西周末太史伯阳甫，至老聃提出道论，西出关时完成通行本《道德经》五千余言，一直被历代史官流传，太史儋乃其一道学传人耳。

据我研究，孔子生于周灵王二十一年（公元前551年），老子比孔子年长50岁左右，约生于周定王七年、楚庄王十四年（公元前600年）前后。根据周代世卿世禄制度，老子的祖辈应为史官，通晓周代各国古文字，老子至周为守藏室之史，盖在楚子问鼎之后，楚共王之时。孔子适周，问礼于老子，盖周景王十四年、楚灵王十年之事。至周敬王四年（公元前516年），王子朝之乱，老子离周而去。孔子行年五十有一而未闻道，乃南之沛，往见老子，乃周敬王二十年、楚昭王十六年（公元前500年）之事。孔子归，谓弟子曰："鸟，吾知其能飞；鱼，吾知其能游；兽，吾知其能走。走者可以为网，游者可以为纶，飞者可以为矰；至于龙吾不能知，其乘风云而上天。吾今日见老子，其犹龙邪？"随之老子则乘牛西去，至散关（考定散关非函谷关）为关令尹喜著《道德经》上下篇五千言，西去不知所终。实则老子晚年曾居甘肃之临洮（古称狄道），孔子逝世后仍活了37年左右，故《史记》称老子百六十岁。据《史记·老子韩非列传》云："老子之子名宗，宗为魏将，封于段干。宗子注。注子宫。宫玄孙假。假仕于汉孝文帝。而假之子解，为胶西王卬太傅，因家于齐焉。"这里需要说明，老子的儿子李宗为魏将，封于段干。李宗为魏将，盖晋昭公之时，此时晋六卿强，公室卑，政在私门。魏绛之后，至魏献子，事晋昭公，自有封地，魏献子任用李宗为将，封于段干，盖段姓亦为老子之后也。《史记》记载老子二百余岁，盖自西周史官伯阳父始，《道德经》的《德经》应是伯阳父所著。后传到老子，又著《道经》，此为《道德经》著作之缘起。言老子百六十余岁，此即《道德经》成书之老子也。至于老子的后代李宫，李宫的"玄孙"李假，李假的儿子李解，在汉文帝时为胶西王卬的太傅。既云"玄孙"，必然相隔多代，这和李解在文帝时为胶西王卬的太傅在时间上绝无矛盾。这样看来，老子为孔子之师，《史记》等书有多处记载，言之凿凿，不容怀疑。由此可知，把《道德经》考据为孔子百年之后的太史儋所著，或把阴阳家太史儋当作道家的老子，只能是徒乱人意，此等谬论可以休矣！

晋代科学家葛洪曾云："今苟知推崇儒术，而不知成之者由道。""夫道者，其为也，善自修以成务；其居也，善取人所不争；其治也，善绝祸于未起；其施也，善济物而不德；其动也，善观民以用心；其静也，善居慎而无闷。此所以为百家之君长，仁义之祖宗也。""儒者汲汲于名利，而道家抱一而独善。""道者，儒之本也；儒者，道之末也。"（《抱朴子内篇·明本》）"道者，万殊之源也；儒者，大淳之流也。三皇以往，道治也；帝王以来，儒教也。谈者咸知高世之敦朴，而薄季俗之浇散，何独重仲尼而轻老氏乎！"（《抱朴子内篇·塞难》）葛洪关于道本儒末、道源儒流的儒道关系的剖析，是两千多年来最经典最具科学性的论断。今天历史又出现惊人的重复，国人只知有孔子，不知有老子，仅将孔子的儒学文化当成中华文明的品牌。然而欧美等西方的政治家对老子《道德经》《孙子兵法》皆耳熟能详，而儒学君权专制主义的等级制度和忠臣、孝子、烈女、节妇的伦理观念却难以被民主宪政国家的人民所接受。在 2008 年河南鹿邑老子文化节的学术研讨会上，有人问我"为什么孔子又叫孔老二？"我没有讲孔父因孟皮残疾野合而生孔丘的话，而是径直回答："因为'老子天下第一'，当然孔子只能叫'孔老二'了！"老子的道是中华民族传统文化的核心，中国哲学本质上是道学，是以孙中山先生云："世界潮流，浩浩荡荡，顺之则昌，逆之则亡。"实际上，天下事皆有道则昌，无道则亡。

在 21 世纪，面对全世界风云变幻的形势，中华民族又面临新的转折关头，迫切需要我们涌现出一批有深厚国学根底，有世界眼光，有崇高目标和宽广胸怀的时代英雄，带领全国人民排除千难万险，为全人类的安全和幸福做出较大的贡献。在中华文明中，只有道学文化是属于全人类的，只有道学文明的恢宏气度才能培养出 21 世纪的时代英雄。道学是与时偕新的文化，集古今中外文明之精华，创立有时代精神的新道学，作为人类命运共同体的文化根基，是我们这一代学人的历史使命。只有创立起新道学，才能将意识形态的话语权掌捏在中国人手中，才能将引领人民前进的价值观念扎根到中华民族的土壤里，才能为中国青年一代的心灵寻找到精神回归的家园。新道学同时也是全人类价值观的文化根基，创新道学文化的使命是海内外学者共同的文化大业。

21世纪的新道学文化战略

——中国道学文化的综合创新

一

当全世界不同国家、不同民族、不同文化传统的人们共同迈进一个新的千年纪元之门，踏入21世纪之时，最重要的莫过于回顾过去世界发展的历史，从而展望人类的未来。在过去的一百年中，人类社会似乎将千万年来积蓄的能量加速爆发，使社会文化的方方面面都发生了前所未有的剧变，几十年前还流行的观念很快过时，每个人都目不暇接地忙着适应这个飞速变化的世界。过去一个世纪科学技术突飞猛进地发展，人类靠工具理性几乎改变了整个地球的面貌，自然资源的高度开发极大地丰富了人们的生活，但生态危机、环境污染、灾疫流行、战争危险等威胁人类生存的难题也成为21世纪人们必须面对的现实。过去一个世纪人类创造了高度的物质文明和精神文明，但也发生了两次世界大战和诸多残酷战争及野蛮屠杀民众的罪行，乃至各国流行的贪污腐败、毒品泛滥、恐怖犯罪、道德沦丧、唯利是图等丑恶现象。至今，足以毁灭整个人类的核弹、生化武器等军备竞赛有难以遏制之势；仍然有所谓"第三世界"的贫困、艾滋病、瘟疫等灾病流行和人口恶性膨胀；以工业化、城市化、信息化为主要内涵的现代化极大地削弱了人的个体生存能力和独立的人性，将个体的人禁锢到群体的机械化程序之中，使人的劳动变得工具化和公式化，失去了社会生活的诗情画意；国际间弱肉强食的社会达尔文主义政治理念使人类普遍缺乏安全感；而紧张的社会竞争和复杂的人际关系又使人们身心交瘁活得好累。一百年前人们以为可以无偿享用，取之不尽的空气、水、阳光、土地、石头、野草、树木，今天也迫使人们忧心忡忡地付出代价。诸如大气臭氧层破坏、珍稀生物灭绝、空气污染、资源匮竭、可耕地减少、气候异常等恶果，决非一个国家、一个民族的力量所能挽救，因而是 21 世纪全人类必须共同面对的问题。

另一方面，人们又发现 21 世纪的全世界已日益变成一个整体化的大社会，经济、政治乃至文化的"全球一体化"、"世界社会化"趋势已成为不可阻挡的历史潮流。当前，虽然世界上不同民族、不同社会制度、发达国家和发展中国家之间仍然存在着激烈的斗争，但是由于世界经济一体化和交通、信息日益发达，一种新的世界社会形态开始形成。① 地球变"小"了，人和人之间的距离变"近"了，国家和地方、民族相互之间的交往日益频繁，任何专制君主和政党再也无法闭关锁国，谁也不能无视对方的存在，地区的矛盾热点变成国际大家庭中人人关注的问题。国际上绝大多数国家都加入了联合国，谁也不愿被排除在国际间的大型联合活动之外。学者们开始注意研究不同民族的异质文化，中国先哲古老的"世界大同"之梦正在变成全人类共同的理想。这样，当人类面临生态危机、环境污染、军备竞赛等危及自身生存的世界难题时，不能不在文化的层次上寻求一种共同的智慧。

---

① 钱学敏：《钱学森的哲学探索》，《北京大学学报》社会科学版，1994 年第 4 期。钱学森教授认为世界社会化是继资本主义社会形态之后的一种过渡性的社会形态，它将为大同世界奠定物质、精神、文化基础，从而叩开共产主义的大门。

文化是人类社会发展的深层原因，这是马克斯·韦伯（Max Weber，1864～1920）等杰出思想家早在20世纪初就发现的历史规律，他甚至断言加尔文派的新教伦理是导致现代资本主义制度形成的一个活跃的、决定的力量。① 什么是文化？从本质上说，人类虽是自然的产物，但文化却是人类创造的一种与自然相对的非自然体系，是自然的人化，是人类超越动物性的一切活动的产品。文化发展的动因来源于人类的精神，文化产品乃是人类心灵智慧之光的外在形式。从这个意义上说，人类本身就是文化的动物。文化本身的范围不易界定，抛开政治、经济的层面不说，人们习惯上至少将宗教、科学、哲学、文学艺术、社会伦理（包括民俗）作为基本的文化要素，它们都是人类对真善美的追求。在人类文化的这五大要素中，科学和哲学是人类对客观真理的追求，是人类对自然和社会的规律性进行理性思维的花朵；伦理学是人类对善的追求，是人为提升自身动物性和社会性的素质所必需的道德约束和生活规范；文学艺术则是人类对美的追求，是人对自然和社会的感悟和超越。宗教是人类文化的母体，是人类的终极关切（Ultimate concern），是超越人类理性的非理性体验，是人类心灵的完整状态，因而是文化的最高层次。由此看来，韦伯将资本主义的肇因归结为文化的因素，并从宗教中找到资本主义精神的契合点，是有道理的。21世纪人类面临威胁自身生存的世界难题，根源都可归结为文化的因素，特别是西方文化的价值观念引发的恶果。尽管人类文化有诸多不同的特质，但都从各种侧面寄托了自己对人生价值的关切，建立起一套价值观念体系，区分这些不同文化的价值观念是我们考察各种异质文化的根据。

---

① 马克斯·韦伯：《新教伦理与资本主义精神》，据纽约1958年版本译出，北京，三联书店，1987。

近些年，世界各国的有识之士越来越重视中国古老的道学文化；不断召开有关道学的国际学术会议，中国的先哲老子（约公元前571～前472）约在2550年前著的《道德经》也成为世界上哲学家们研究的热点。中国的道学文化，在世界各国学者眼中无疑是属于"过去"的，这种过去的古老文化能通向新世纪的"未来"吗？道学文化的价值观念体系是否能寄托全人类对人生价值的关切？这些问题令人深思。中华民族是一个有着五千年文字记载历史的民族，要认识中国就必须认真分析中国的传统文化。中华民族的传统文化本质上是一种以古老的生殖崇拜观念为核心形成的文明，它的文化传统分先后两种：其一是中国原始人类存在以来母系氏族公社女性崇拜的原始宗教经过若干万年积淀下来的老传统；其二是夏、商、周三代以来父权家长制逐步形成，特别是西周原始宗教革命正式确立的礼教新传统。显然，道学文化继承了母系氏族公社女性崇拜的原始宗教数十万年的老传统，儒学文化则继承了周代父权家长制的宗法礼教数千年的新传统。[①] 中国历代统治者都崇尚儒学文化，这是由于中国社会顽固地保留着宗法家长制的君权政治传统造成的。君权专制的国家政体用宗法血缘纽带将"家"和"国"联结起来，形成"家国同构"的政治体制，而儒学文化正是一种以家族为本位的伦理型文化。道学文化和儒学不同，它的学说是从人体本身的修炼工程中体验出来的，认为人身是一个"小宇宙"，是自然界"大宇宙"的缩影，人体和宇宙的运行规律既可治身，又可治国，因而是一种天人同构、身国一理、取法自然的生态文明。几千年来，道学文化和儒学文化既相互分立又相互补充，形成中国传统文化的主流。

为什么世界上一些古文明如巴比伦、埃及、苏美尔、印度文

---

① 胡孚琛：《道家、道教缘起说》，载《哲学研究》1991年第4期。

明等皆相继沦落，唯有中华民族的古老文明经久不衰，其中的秘密恰恰在于道学文化作为中华文明的根基，具有旺盛的再生能力。鲁迅先生（1881～1936）曾经断言"中国根柢全在道教"，[①] 李约瑟博士（Joseph Needham，1900～1995）也敏锐地指出："中国如果没有道学思想，就会像是一棵某些深根已经烂掉了的大树"，[②] 这些话都洞察到中华文明以道学为根基的实质。道学文化中既蕴藏着死而复生的活力，又具有包罗万象、海纳百川的品格。为什么中国文化在古代能接纳印度佛教，在近代又能接纳西方的基督教文明，这显然不是"严夷夏之防"的儒学文化的功能，而是靠道学善于融汇异质文化的博大包容的特性。在中国历史上，历代统治者也都以儒守成、以道达变，人们深知道学智慧有如"水善利万物而不争"的宽容气度，以及能生能化，善于应变的长处。

在全球一体化的大趋势下，各民族从自给自足状态变为相互依存，人类创造的物质产品相互流通，各民族的精神产品必然也成为人类的公共财产。道学文化以"道法自然"为核心，以开发人类的心灵潜能为目标，它表述的生化原理、中和原理等辩证规律乃是自然界、人类社会、精神世界的宇宙律，因而它本来就是一种世界文化，世界各国的有识之士对道家文化的关注不是没有理由的。

歌德（Goethe，1749～1832）在1828年10月23日同爱克尔曼（Eckermann，1792～1854）说："据我所见，有一个时期要到来，那时候上帝再不喜欢人类，不得不把一切都毁灭掉，以便重新创造。"[③] 在世纪之交，无论是欧美等西方社会还是包括中国大陆和

<hr>

① 《鲁迅全集》第九卷，北京，人民文学出版社，1958，第285页。
② 李约瑟：《中国科学技术史》第2卷，北京，科学出版社、上海，上海古籍出版社，1990，第178页。
③ 爱克尔曼著《哥德对话录》，周学普译，北京，商务印书馆，1937。

台湾在内的东方社会，在政治、经济、文化的诸多层面都面临《易经》所谓剥久必复、穷极终变之势，不得不在"改革"等名目下进行结构性调整。大略和歌德同时的中国思想家魏源（1794～1857）著《老子本义》，在《论老子》一文中称《道德经》是"救世书"，说古今"气化递嬗，如寒暑然。太古之不能不唐虞三代，唐虞三代之不能不后世，一家高曾祖父子姓，有不能同。故忠、质、文皆递以救弊，而弊极则将复返其初。"道家之学既是一种追溯宇宙本原的返本复初的智慧，又是一种永远属于未来的超前意识。司马谈《论六家要旨》云："道家使人精神专一，动合无形，赡足万物。其为术也，因阴阳之大顺，采儒、墨之善，撮名、法之要，与时迁移，应物变化，立俗施事，无所不宜。指约而易操，事少而功多。"以之为政要因时制宜，静可以无事无为因循自然，动可以力挽狂澜革故鼎新。因之中国的政治家在国家危难之际、政治变革之时，都注意从道家经典中汲取智慧。道学文化既然能救中国，难道不可以救世界吗？

早在 20 世纪中叶，剑桥大学的斯诺（Snow，1905～1980）就发现西方文化中"科学的"要素和"人文的"要素相互分裂和对抗的倾向造成了危机。[①] 这种危机使他们不能对"过去"做出正确判断，不能对"现在"做出合理解释，也不能对"未来"做出有效预测，从而丧失了整体的文化观。某些世界一流科学家终于发现，西方机械论哲学的主客二分、物理还原、静态分析、孤立实证等思维模式日益显得陈旧过时，他们开始在东方道学思想中汲取营养。中国学者董光璧（1935～）在《当代新道家》一书中揭示了以李约瑟、汤川秀澍（1907～1981）、卡普拉（F. Capra，1938～）为代表的一批"新道家"使正在兴起的新科学观向道学思想复归，

---

① Chares Snow, The Two Cultures and the Scientific Revolution, 1959.

将道学文化作为东西方文化融合的交汇点并以之为基础建造一个科学文化和人文文化平衡的新的世界文化模式。他热情洋溢地说："我确信重新发现道家具有地球船改变航向的历史意义。黄土文明与海洋文明的融合，有如黄颜色和蓝颜色调出绿色，将产生人与自然和谐的新的绿色文明。"① 这种绿色文明就是具有自然生态智慧的道学文明。

然而，在中国漫长的君主专制时期，道学思想一直受到正统的儒学思想的压抑，老子的《道德经》也被曲解为消极避世的隐士哲学，其积极救世的真义晦而不彰。魏晋以来尽管性喜老庄的学者甚多，《道德经》与《庄子》的注本也比比皆是，但多为望文生义之作，没几个人真能读得懂，《道藏》中道家典籍的思想精华也远远没有发掘出来。难怪朱熹说："庄、老二书，注解者甚多，竟无一人说得他本意出，只据他臆说。"② 现在老子的道学文化已传播到世界各地，《道德经》的译本数目之多仅次于《圣经》，可惜这些译本也大多沿袭了儒家注本的曲解，甚至还以管窥天、生搬硬套地按西方哲学范畴给道家哲学归类，真正有所得者如谢林（F. Schelling, 1775～1854）、布伯（M. Buber, 1878～1965）、海德格尔（M. Heidegger, 1889～1976）等可谓凤毛麟角。今天，当世界各国的有识之士越来越认清中国道学的思想价值时，我国学者应该重新发掘道家典籍，对中国古老的道学文化进行综合创新，将道学文化的真实面貌公之于世，从而形成新道家学派，完成创立新道学的历史使命。

二

道学之名，在中国古代文献中始见于《隋书·经籍志》，原指

① 董光璧：《当代新道家》，北京，华夏出版社，1991，第4页。
② 《朱子语类》卷七。

道家老子创立的有关道的学说，以《道德经》为经典，它包括哲学的道家、宗教学的道教和属人体生命科学范围的内丹学（丹道）。元人脱脱立《宋史·道学传》，将儒家的程颢、程颐、朱熹等人传授的理学称为"道学"，遂致"伪道学"之诮。明代李贽（1527~1602）曾力斥"宋明理学"为"假道学"，指出仅有老子、庄子的学说才是"真道学"。考中国古文献中凡较严肃的学术分类或艺文志书，皆以儒、道并举，没有将儒家学说称为"道学"者。其实早在六朝时期陈代马枢就曾撰《道学传》二十卷，所收皆张天师、许迈、吴猛、陶弘景等道教精英，今仍有陈国符先生辑佚本传世。《宋史·徽宗本纪》载政和六年（1116）春"置道学"；宣和元年（1119）五月"诏德士（僧人）并许入道学，依道士法"，是宋代朝廷亦将道教之学称作"道学"。拙著《道学通论》①已首先为道学正名，将宋明理学和心学统称为"宋明儒学"，将老子、庄子有关道的哲学称为"道家"，将奉太上老君为教主以道为信仰的宗教称作"道教"，将有关道家、道教、丹道的学术总称为"道学"，以和西文中的"道主义"（Daoism）相对应，我想这不难取得学术界的共识。

《汉书·艺文志》云："道家者流，盖出于史官，历记成败存亡祸福古今之道，然后知秉要执本，清虚以自守，卑弱以自持，此君人南面之术也。"在老庄的"君人南面之术"中，《老子》侧重君学，《庄子》侧重人学。君学是执一统众的帝王之学，人学为回归自然的真人之学，故道家之学实为宰割天下的"屠龙术"。相比之下，孔孟的儒家之学，乃是替帝王施行教化的"臣民北面之术"。孔子"遑遑如也"而尽臣节，孟子以民为本而倡仁政，此可谓儒生循吏进

① 胡孚琛、吕锡琛：《道学通论——道家·道教·丹道》（增订版），北京，社会科学文献出版社，2004。

取功名利禄之"登龙术"。由于道学的政术与民主政体天然相合，而与父权家长制的独裁政治多有冲突，故中国的统治者多讳言道学而推崇"家天下"的儒术。在中国历史上，凡如"汉唐盛世"的辉煌时期，都是黄老道学发扬光大的时期。近世以来，通过民主政体的变革推行黄老之道，以经过创造性转化的新道学文化增强综合国力，将科学、民主的外来文明植根于民族优秀传统文化的土壤中，曾经是中国学术界某些志士仁人的一种政治企盼。严复（1853~1921）说："夫黄老之道，民主之国之所用也。故能'长而不宰'，'无为而无不为'。君主之国，未有能用黄老者也。汉之黄老，貌袭而取之耳。君主之利器，其惟儒术乎！"（《老子道德经评点》）鸦片战争之后，欧美的西方文明如潮水般涌入中国，在中国占统治地位的儒学文化相形见绌。1895 年严复在《直报》上著《论世变之亟》云："呜呼！观今日之世变，盖自秦以来，未有若斯之亟也。""夫自由一言，真中国历古圣贤之所深畏，而从未尝立以为教者也。""盖自由既异，于是群异丛然以生。粗举一二言之：则如中国最重三纲，而西人首明平等；中国亲亲，而西人尚贤；中国以孝治天下，而西人以公治天下；中国尊主，而西人隆民；中国贵一道而同风，而西人喜党居而州处；中国多忌讳，而西人众讥评"。严复断言西方文化与中国儒学文化的根本区别，就在"自由"与"不自由"这点上，真是抓住了要害。

考察以欧美为代表的西方文化，其主要根基有三：一为古希腊的理性逻辑思维及由此形成的自由、民主、科学传统；二为古罗马的政治法律制度、公民身份观念及由此形成的人权和法治传统；三为希伯来人的宗教信仰及由此形成的基督教伦理价值观念。三者合而为一，形成西方的基督教文明，以自由主义和民主主义立国，以科学技术的力量征服世界。盖西方文化设定人性是恶的，自由主义即个人主义乃是人的天性，因此约定一个最低界限，即在法律允许的范围内，个人自由不受侵犯，并由此形成根深蒂固的人权观念。因个人自由不得妨碍他人之自由，必须以法治约束之；法治之运行又要防止专制权力的破坏，必须以符合多数人意愿的民主（包括建立民主宪政体制）保障之。如此法治以自由为根基，科学以民主为条件，乃是西方社会近三百年迅速实现现代化的社会动力机制。由此看来，人民之自由无保障而想进入现代法治社会，社会不民主而想建成科技强国，乃是不了解西方社会文化机制的自欺欺人的幻想。西方社会之国体皆为资产阶级政权，而政体则是民主法治社会，这种政体对官僚特权有一定抑制功能，以维护社会公正原则。按西方文化的价值观，愚昧、迷信乃专制主义之产物，法治、科学是自由民主之硕果，自由主义为现代社会之根基，因之欧美等国在全世界高扬"人权"的旗帜。西方社会的自由实际上也是被社会条件和阶级关系严格限定的，他们称之为法律与伦理规则限定的"自由空间"（free sphere），并相信越能保障个人自由的社会才越能产生文明的秩序。民主政治也是存在多种流弊的制度，只不过比专制政治对人民的危害较为减少而已。特别是近世以来，西方文化的弊端日益暴露出来，一是整个文化根基中的科学要素和人文要素出现分离倾向；二是自由主义和民主主义也相互矛盾，民主的多数人抉择并非总是合理的，特别是当权者以现代科技手段操纵媒体舆论经常欺骗人民，使整个社会偏离公正原则。三是高科技、高消费、金融资本的膨胀成了社会的主宰，把世界人民的命运逐渐控制在超级大国金融寡头手中，使金钱奴役了人类的本性。西方社会以人为的力量改造世界，以科学技术征服自然，都受到自然界和人类社会的无情报复，使人类的生态环境和社会伦理道德日益恶化，自然资源的掠夺和战争机器的膨胀，直接威胁到全人类的生存。西方文化在短期内创造出人类文明奇迹的同时也为人类种下灾难性的恶果。

中国及其周边国家是以儒、释、道三教互补的文化为传统的，其中尤以孔、孟、程、朱的儒家礼教作为统治思想。儒学文化乃是维护家长制官僚政治的思想支柱，它是以"家国同构"的内圣外王之道建构政治体制的。马克思（Karl Marx，1818~1883）早就发现中国社会这种传统政治体制不同于西方社会的封建制，他称之为"家长制的权力"。在这种政体中，"就像皇帝通常被尊为全国的君父一样，皇帝的每一个官吏也都在他所管辖的地区内被看作是这种父权的代表"。① 令人惊喜的是，早在20世纪40年代，马克思主义经济学家王亚南教授（1901~1969）就应李约瑟博士之邀著《中国官僚政治研究》，探讨了"中国社会长期停滞问题，官民对立问题，旧士大夫的阶级性问题，儒家学说长期作为代表意识形态问题"等，揭示了中国以儒家礼教为文化根基的家长制官僚政治的特征。② 官僚政治下的各级官僚，并不代表社会成员中某一阶级的利益，而是形成自有其特殊利益的官僚阶级以和人民对立。他们是在改朝换代的政治革命中逐步蜕变而来的既得利益集团，只层层对上级负责，不对人民负责，"主要依靠人治和形形色色的宗法和思想统治来维持"。③ 官吏的选拔、任免靠人治而不靠法治，上级对下级的要求主要是"忠"而不是"廉"，统治者所关心的首先是国家的稳定和权力的神化，人民的贫困愚昧和思想麻醉是他们实行压迫、剥削和维持既得利益的社会条件。马克斯·韦伯也敏锐地注意到中国社会数千年不衰的官僚政治体制，并将其命名为"家产官僚社会制度"。他说"在中国，和西方一样，家产官僚制是个稳定的核心，并以此为基础而形成一个庞大

---

① 《马克思恩格斯选集》，第2卷，北京，人民出版社，1975，第2页。
② 王亚南：《中国官僚政治研究》，北京，中国社会科学出版社，1981。
③ 王亚南：《中国官僚政治研究》，北京，中国社会科学出版社，1981。

的国家"。"但是，官僚制运行的'精神'，在中国与西方，是非常不一样的。"① 其实，中国传统家长制官僚集权政治"运行的精神"就是礼教，家产官僚制在中国的顽强生长是以儒学文化传统为根基的。儒学文化和西方文化相反，它的内圣外王之道以"人之初，性本善"为出发点，首先设定一个最高界限，即圣人的境界。圣人用以教化社会的伦理道德规范称作"礼"，以"礼制"形成有上下差等的社会秩序，以维护父权家长制的宗法统治。尽管五千年来从奴隶社会到封建社会，中华民族的新兴阶级力量不断更替掌权改变着中国的国体，但宗法家长制的国家政体始终没有改变。历史规律证明，更换代表先进生产力的阶级掌权的新国体和由家长制君权政体革新为民主宪政体制是同等重要的。专制政体是天然滋生剥削阶级并为少数既得利益者的特权集团服务的政权形式。儒学文化的"内圣"根本无法萌生自由、民主思想，开不出现代社会的新"外王"，仅是靠树立圣人、贤人、君子、英雄、模范的"榜样"作为道德典型教化人民安守本分，只有"克己复礼"才能"天下归仁"，大家共同维护君主的绝对权力以追求尧舜圣人之治的理想。然而无限制的权力必然导致无限制的腐败，这是一条铁的政治定律，也是家长制官僚政治的基本特征。盖因人民之大多数难以成为"圣人"，而掌握最高权力的家长也不耐受"圣人"礼制教条的束缚，进而由圣人理想的追求堕落为实际利益的追求，反会利用权力将自己神化为"人圣"，将国家政治领域变成充满忌讳、阴谋、残杀、多数人不敢参与的凶险场所。这种家长制官僚政治一是其虚伪性，必然不断变换手法以某种"圣人"的招牌弄虚造假欺骗人民，致使整个社会造假成风；二是其腐败

---

① 〔德〕马克斯·韦伯：《儒教与道教》，据图宾根摩尔出版社，1978 年版本译出，南京，江苏人民出版社，1993。

性，贪官污吏上下结网使社会失去起码的公正原则，政权的基础日益腐烂；三是其残酷性，官场渐变为钩心斗角的赌场，日见虚弱的统治者为维护自己传宗接代的私有化权力不择手段，镇压的面越宽，禁忌越严，同民众就越隔绝。按儒学不断革命的政治定律，统治者从"圣人"，到"人圣"，再到"独夫民贼"，"汤武革命"的政权交替方式就要发生了。王亚南说："官僚政治或官僚制度，它在历史上是已经引起了不少的流弊和祸害的，而就中国说，则还在继续发生反时代的破坏作用。"① 显然，儒学文化的这些弊端是同现代社会不相容的。

在世纪之交，"文化"和"传统"问题再次引起世界各国学者的重视。从根本上说，所谓"文化"本身都植根于"传统"，21世纪的文化战略必须对历史的文化传统进行创造性的现代化诠释，即集中各种异质的优秀传统文化进行综合创新。历史的经验告诉我们，一个民族要自立于世界民族之林，是不能否定和摧残自己的传统文化的。世界历史越来越向人们揭示一个不以人的意志为转移的文化运动规律，各民族的异质文明之间只能相互融汇，除了野蛮的种族灭绝之外，在地球上以一种文明简单取代或扼杀另一种异质文明几乎是办不到的。传统文化本身亦是一种有机的自然生态体系，遵循道家自由信仰、自由交流、自然演化之规律。违背自然急于求成的人工移植、改换、毁坏等政治手段，往往引发人性扭曲、道德败落、社会躁动不安的恶果。开化的高级文明固然可以同化野蛮的低级文明，但吃掉对方的同时也就将对方的文化要素作为化学成分融入自己的躯体，再也无法摆脱它。一个民族更是无法将自己与生俱来的传统文化一刀切断或中途抛弃，无论个人是否喜欢都得将个人命运同本民族的文化传统联系在一

---

① 王亚南：《中国官僚政治研究》，北京，中国社会科学出版社，1981。

起。同时，一个传统文化被征服或阉割的民族等于丧失了自己的根基，从此会缺乏争雄的生机而充当小伙计。21世纪世界文化运动的大趋势是"多元并存，相互融汇"，这是任何力量也阻挡不了的。因此，在21世纪不是什么"文明冲突主宰全球政治"①，而是要由"文明冲突"转向不同文明的对话和文化交流，以促进东方文明特别是中国文化与西方文化的融汇，从而出现一种普世的生态文明将人类导向光明的未来。

　　未来的世界文明不能再继续推销"西方文明中心论"，因为西方文化必须重新认识古老的东方文明并从中汲取营养。儒学的礼教文化已成为中华民族因袭的重担，但摆脱的办法也不能是全盘否定儒家再次"打倒孔家店"，而是要以解释学的方法促进儒学现代化，儒学之精华有为我民族精神和伦理道德所不可缺者，因此我特别赞赏学术界创立新儒学（对儒学进行创造性转化）的努力。尽管佛教必将成为最有希望的世界宗教，人类的宗教信仰不可或缺，然而宗教信仰也不能取代理性思维，佛教文化不可能作为建构世界文化的根基。穆罕默德的《圣训》说："学问，虽远在中国，亦当求之。"伊斯兰教自唐永徽二年（651）传入中国，至今1350余年间，阿拉伯人和汉人杂居、通婚、改汉姓、习汉语，早已融入中华民族的大家庭中。仅据16～18世纪中国伊斯兰教学者的著述看，伊斯兰教文化已与儒释道文化发生了"相互融汇"的现象。著名回族学者王岱舆（1570～1660）、刘智（1660～1730）等皆精通儒释道三教经书，《天方性理》等著作以"真"作为伊斯兰教文化的支点，创"真一、数一、体一"之"三一说"，所述苏

---

①〔美〕塞缪尔·亨廷顿：《文明的冲突?》刊于美国《外交》1993年夏季号。香港中文大学文化研究所《二十一世纪》1993年10月以《文明的冲突?》为题，译载此文。亨廷顿断言"新世界的冲突根源，将不再侧重意识形态或经济，而文化将是截然分隔人类引起冲突的主要根源"。

菲主义教派从理论到修炼皆和丹道暗合，可见道学文化和伊斯兰教文化能够对话和交流是毋庸置疑的。

在文化上，夫欲有所立必须有所破，立就是要创造性地诠释道学文化并汲取东西方各种异质文化的精华创立有时代精神的新道学，破就是要扬弃儒学中的封建宗法观念，化腐臭为神奇，取其人文思想和进取精神融入新道学之中。道学既和儒学一样设定人性是善的，又特别强调追求人性的自由和完整，道学的真人就是最大限度地实现了个人自由（"积极自由"）的人，因之它完全可以包容西方自由、民主的文化要素，又可以弥补西方文化的缺陷。由道学文化出发，我们不难看到世界文化的曙光。道学是参天地、赞化育、贯中西、通古今的大学问，创立新道学是中华民族在世界历史潮流中审时度势，应变自强的唯一可行的 21 世纪文化战略。

三

人类文明不能没有自己理想的超越世界。我们只要认真考察西方的文明史，就会发现西方的哲人和科学家（如牛顿、开普勒）等都对上帝创造了一个有秩序的世界抱有真诚的信仰，为上帝而求证曾是西方伟大哲人献身学术研究的动机，他们以自己的理性思维推动了西方文明的进步。中国儒学文化将超越人间秩序与一切价值的源头统称为"天"，西方文明将人的理性所不能达到的一切价值之源归结为"上帝"。这说明这种一切价值之源的超越世界是各种文化体系的支点，它在人类文明中是不可或缺的。理性思维的高度发展也需要有一个超越的无限本体作为终极信仰才能给科学、哲学的发展带来动力并给人类社会带来秩序和价值观念。当现代科学和哲学以理性思维的成果终于动摇了西方人的"上帝"信仰时，尼采（F. Nietzsche, 1844 ~ 1900）惊呼"上帝死了"，中国的无神论者也早就对儒家的天神主宰抱有怀疑，这说明"上帝"或"天"的人格神信仰并不是人类理性思维的极限。然而据《道德经》所述，道学文化中"道"的范畴却是"先天地生"，"象帝之先"的，即道在天之前，并能生天生地，又在上帝之先，高于上帝。道不仅是超越一切人间秩序和价值观念的理想世界，而且是人类理性思维延伸的极限，它是唯一的终极的绝对真理，因而同现代科学和哲学的研究成果遥相呼应。道因在本体论上的无限超越性又可作为宗教的终极信仰，使之成为理性的科学、哲学与非理性的宗教的交汇点，这在人类文明的发展中具有无与伦比的意义。

可以断言，道的学说体现了人类文明的最高智慧，是中华民族最伟大的文化资源，也必将成为世界文明相互交融的凝聚点。道学既为中国文化之根基，又为嫁接外来文化之砧木，还是世界各种异质文化的交汇点。道的学说使道学文化具有最高的超越性和最大的包容性。这种最大的包容性，使道学不仅包容进中国诸子百家思想的精华，而且还可以融汇进东西方异质文化中的优秀思想。这种最高超越性，使道学在任何时代都是一种超前意识，道学的智慧不仅能返观人类乃至宇宙创生之初的过去，而且能预见和创造人类乃至整个宇宙的未来。道学文化将科学精神与人文精神重新融汇为一体，打通科学、哲学、宗教、文学艺术、社会伦理之间的壁垒，填平各门自然科学和人文学科之间的鸿沟，将人类认识世界的所有知识变成一门"大成智慧学"，向最高的"道"复归。

什么是道？老子《道德经》云："有物混成，先天地生。寂兮寥兮，独立而不改，周行而不殆，可以为天地母。吾不知其名，字之曰道，强为之名曰大。"（二十五章）"道可道，非常道；名可名，非常名。无，名天地之始；有，名万物之母。"（一章）中国古代的老子、庄子等哲人"游心于物之初"（《庄子·田子方》），舍弃宇宙万物的一切具体属性，寻找宇宙的起始点和产生宇宙万物的总根源，体悟到宇宙万物之中最本质的共相，这就是"道"。道是宇宙的本原，它有体有用。作为道体，它是宇宙的原始本体，呈现"无"和"有"两种状态的统一。首先是"无"，即宇宙创生之前的虚空状态，称为"天地之始"，具有质朴性和绝对性。然后是"有"，即宇宙创生之际含有先天生机的混沌状态，称为"万物之母"，具有潜在性和无限性。作为道用，它是宇宙万物生化运动的总根源和驱动力，是宇宙演变的法则秩序，即宇宙中普遍存在的客观规律，称为"常道"。道化生出时间和空间，物质与精神，运动与静止，生命和文化，并作为一种物性存在于自然界、人类社会和人体之中。它贯穿古今、囊括万有，其大无外、其小无内，体现了宇宙的真实结构和内在节律。道既是宇宙的本原，又是人体的本我。作为宇宙的本原，道是一种绝对的真知，因而为符号指称所难以描述的绝对存在。语言符号的指称只能描述相对知识，而道是可以体悟难以言说的绝对知识。作为人类心灵的本我，道是"知觉者"，因而具有不可被知，不可当作被测量的对象，即"不可名"、"不可道"的性质。道是无分别相，它可以"齐万物"、"等人我"，不能被区分为"过去"、"现在"和"未来"，但却可以贯通"过去"、"现在"和"未来"。道是人类知识之根、学术之本，它是宗教的终极信仰，哲学的最高本体，科学的原始公设，美学的最高境界，伦理学的基本价值取向，世界文明的坚实支点，人类精神回归的家园。

老子云："道生一，一生二，二生三，三生万物。万物负阴而抱阳，中气以为和。"（《道德经》四十二章）这段话是道学文化中关于宇宙创生和演化的基本图式，道学的道就是一种自然生化之道。其中"一"指先天混沌一气，道教内丹学家称之为元始先天祖气，是宇宙创生之始混沌状态中隐藏着的秩序，是产生万物普适的内在节律的信息源。"二"是阴阳二性，即引力和斥力对立统一、相互作用的状态。"三"是有象、有气、有质的信息、能量、物质三大要素。在宇宙创生之前，道从虚无空灵状态中先化生出先天混沌一气，继而分出阴阳二性，再依次转化为信息、能量、物质三大基本要素，在宇宙大爆炸中由信息、能量、物质组成万物纷纭、生机勃勃的世界。物质是宇宙以粒子性存在的方式，它标志部分和整体、个别和一般之间的区别。能量是宇宙以波动性存在的方式，它标志运动和静止、离散和连续等运动状态。信息是宇宙以选择性存在的方式，它标志有序和无序、方向性与合目的性。信息是物质和能量的形式或结构，粒子性的存在形式为束缚信息（熵），表现为空间；波动性的存在形式为自由信息，表现为时间，因而信息本质上是时间与空间的耦合。宇宙中从无机界到有机界，从生物界到人，都是由信息、能量、物质三大要素组成的，人的心灵或精神本质上是信息的高级形态。在自然界天然变化中发射"自由信息"的熵增过程，都是"可用能"减少的过程，这时系统的内能在量上虽然守恒，但在质上要发生退化，"可用能"会转化为"束缚能"。孤立系统的内能和信息是守恒的，物质、能量、信息都是可以按一定数学关系相互转化的。[①] 这样，

---

① 我曾推导出信息量 I、可用能 E 和绝对温度 T 的关系式：$E = HIT$。当信息量的单位取比特（bit），$H = 0.975 \times 10^{-16}$ 尔格°K^{-1}，为玻尔兹曼常数 k 和 ln2 之积。上式的物理意义是：热力学系统储存的信息量 I 和该系统的可用能 E 成正比，和其绝对温度 T 成反比。结合热力学第一定律，我们还可以得到下面的关系式：$U = HIT + JTS$，U 为整个系统的内能，J 为热功当量，S 为系统的热熵，JTS 也叫束缚能。上式说明，在孤立系统的内能不变时，要增加能量的信息储存，就需要做功以减少系统的熵，使其可用能增加。反之，当系统的熵增加时，可用能就减少。由此看来熵不但是热分子混乱程度的标志，而且是能的不可用程度的量度。反之，信息则是系统结构的有序性或能量的有序性及可用程度的量度。这样，我们就可弥补原来能量只从量上量度的缺陷，给出能量从质上比较的标准。另外，人们知道，爱因斯坦也早已推出著名的物质、能量之关系式（$E = mc^2$）。

最小最轻的基本粒子（如中微子、光子）必然同时具有波动性、粒子性、选择性等三种特征，宇宙从创生起就有合目的性的选择趋势，生命现象的出现及人类心灵的花朵盛开绝不是偶然的。新道学的宇宙图式，消除了西方哲学史上心和物（包括能）的对立，给出了心、物、能一元论的宇宙观，发现宇宙中早已隐藏着出现生命和心灵的潜在根据，这必将对未来的科学发展带来突破性的新动力。

基督教传统将不可逆的时间箭头充作西方文化的支柱，使人们相信耶稣的生、死及在十字架上受难都是一次性的不可重复的事件，时间是穿越过去和未来的一条无限延伸的不回头的线。这种观念和中国儒学文化大致相近，"子在川上曰：逝者如斯夫，不舍昼夜！"（《论语·子罕》）道学将"宇宙"并称，"宇"是空间，"宙"是时间，即认为时间和空间有着本质的联系，没有空间的时间和没有时间的空间是同样不可思议的。道学认为时空的量度具有层次性，其大小、长短是相对的："朝菌不知晦朔，蟪蛄不知春秋，此小年也。""上古有大椿者，以八千岁为春，八千岁为秋，此大年也。"（《庄子·逍遥游》）"天下莫大于秋毫之末，而太山为小；莫寿于殇子，而彭祖为夭。"（《庄子·齐物论》）道学从时空的发生探讨宇宙的本原："有始也者，有未始有始也者，有未始有夫未始有始也者。"（《庄子·齐物论》）时空的本原就是道，道的特性是"大曰逝，逝曰远，远曰反"。（《道德经》二十五章）这就是说，道学认为时间的箭头既是不可逆的，又是循环往复的。① 道从虚无中化生

---

① 在现代科学中，牛顿力学、爱因斯坦的相对论、海森堡和薛定谔的量子力学，时间的方向都是可逆的，只有热力学第二定律（玻尔兹曼的熵定律）是有时间箭头的。本文关于信息与可用能之间的关系式，就是从玻尔兹曼关于熵的定律入手导出的。至于时间循环的思想，古希腊的斯多葛（Stoics）学派也曾有过，20世纪初数学家庞加莱（H. Poincarè）也提出了循环论的定理。另外，爱因斯坦也发现时空是密切相关的。与道学文化不同的是，西方文化中时间和空间，时间的不可逆性和循环论，是互不相容的观念。

出先天一气，出现了引力和斥力，正物质和反物质，这就是阴阳二性相互作用的信息源。随着大爆炸后的宇宙膨胀，空间越来越大（大），产生了不可逆的时间箭头（逝），在无与伦比的大尺度上（远），最终出现反复和循环的趋势（反）。道学认为过去中含有未来的信息，未来也影响过去，二者是无法相互摆脱和相互分离的。道学的内丹家发现宇宙中除了可观察、可测量的有形有象的世界（色界）之外，还隐藏着一个无法观测的虚无空灵的世界（空界），这两重世界相摄相容，即此即彼，亦此亦彼。科学仅能研究宇宙中的现象，道学才能洞察"物自体"。现代科学的研究范围是探索"色界"的自然律，而道学却在逐步揭示"空界"的秘密。科学逻辑推理的大厦是建立在无数根本不能证明的"公设"或假设上面的；有公设，就有局限，不可能确知无限的事情。新道学的智慧不但激发人们不断地改变这些公设或假设，不断转换角度去思考问题，而且还要求以内丹学心灵修炼的方式彻底拿掉这些公设，直接进入道的境界，从而超越现象感知虚无。道是不能数学化的，因为没有公设的数学是不可想象的，但道学和西方科学思想却是相容的。新道学是自然的学说，是生化的学说，是变易的学说，所以也是时空的学说，因为空间是变易的场所，时间是变易的次序。道学又是超越时空的学说，当内丹家入静心灵不动时，出现一片虚无空灵的渺冥景象，达到无时空的永恒境界，也就是道的境界，因之道学的智慧能从人的心灵体验中展现出来。新道学的智慧开拓了时空观的新境界，需要当代的科学家和哲学家以实证的精神再对它进行理性的思考。西方科学思想一旦吸收了新道学的观念，必将获得一种革命性的驱动力，从而在21世纪里揭开宇宙、生命和人类心灵的奥秘。

道学文化的精要在哪里？究而论之，道学在本体论上强调一个"生"字，主张宇宙万物生于有，有生于无；在世界观上突出一个"化"字，即认为事物按照对立统一的矛盾规律时时处于变化之中，强与弱、祸与福都是可以在一定条件下相互转化的。在促进事物向有利自己的方向转化时贵在一个"因"字，即因任自然，因循客观规律，因势利导夺取胜利。道学以"中"字为纲要，在治国平天下的用世之道上也巧在一个"中"字；在调理人与人、人与自然、人与社会的关系上重在一个"和"字；在个人处事应世上法在一个"忍"字；在人身修炼工程上诀在一个"逆"字。道学的精要在于参透自然、社会、人生的客观规律，以道术秉要知本，以"无为"为体，以"无不为"为用，贯彻以柔克刚、以弱胜强、以退为进、以不争为争的策略思想。道学是以"反"为"动"，以"弱"为"用"的哲学，因而是真正强者的哲学。进一步说，道学追求人与自然的和谐和人本身的超越性，反对人和社会的异化，以回归自然为目标。更进一步，道学确认人在自然界和社会上本身的存在价值，将自然规律和个人命运握之于掌中，进而悟透生死，还虚合道，融身大化，最大限度地开发人体生命和心灵潜能，追求人同道的一体化。道学是一种既可学又可修的文化，丹道修炼是道学探索宇宙规律，参赞天地之化育的重要途径。如果谁能在刻苦研读道书中有了以上深切体验，并能按道的原则规范自己的行为，那么他便会对个人和天下过去未来的大势了如指掌，真正成为一个得道的人。

四

老子《道德经》云："人法地，地法天，天法道，道法自然。"（二十五章）自然是道的特征，道学的智慧主张向道复归，也就是回归自然。"自然"在道家著作中是"自然而然"之义，乃道之本性，自然界（Nature）大致相当道家著作里的"天"。道学不赞成儒家荀子那种"人定胜天"、戡天役物的思想，而是主张"天与人不相胜"的天人互动的原则。庄子提出:"天与人一也"(《山水》);"天地与我并生,而万物与我为一"(《齐物论》);"天与人不相胜也,是之谓真人"(《大宗师》);"唯同乎天和者为然"(《庚桑楚》)。道学这种与大自然为友的回归自然的思想,正确地解决了人与自然的关系,又纠正了西方文化破坏自然生态的弊端。道学认为自然界里风吹海啸、花开花落、生灵繁衍,都依自然律而行,而自然律就是道。这些自然存在物天然具有道德和权力的含义,人类戡天役物的活动不能超过自然界允许的限度。现代社会的人们沉溺于科学技术创造的"人工自然",同天然的自然界逐渐拉开距离。然而,人类距离自然界越远,社会一体化的联系越紧密,生存的基础反而越薄弱,甚至一次偶发事件也会使这些被现代化的绳索捆绑在一起的人们灾难临头。

在文化上,道学认为宗教、哲学、科学、文学艺术(美学)、伦理学是不可或缺且不能相互取代的五个基本要素,只有道能够贯穿于这五个基本文化要素之中。道学能激发科学与文学艺术的创造精神;能给哲学以辩证思维和究天人之际的恢宏气度;能以大慈大善、大诚大信的悲天悯人的宗教信仰情怀给人生以终极关切;能为人类带来普遍的尊严并为社会提供无比高尚的道德观念;能给人类社会提供秩序和价值观的支点;能成为人类知识的源头活水;它的价值观也可成为21世纪科技发展的正确导向。西方文化本来在"象、数、理"上比以周易象数为基础的道家经典有独到的高明之处,形式化的逻辑体系和高等数学的辉煌成就,促进了现代科学大厦的建立。然而自20世纪以来,哥德尔的不完全定理证明在形式体系中完备性和一致性不可兼得,海森堡的测不准原理使量子力学的物理定律变成统计性的概率描述。这一科学革命的趋势预示着西方科学需要汲取中国道学的思想才能创新。老子的道学思想和西方哲人巴门尼德(Parmenides,约前5世纪)的

"存在不能从非存在产生"的思想相反，主张宇宙万物生于有，有生于无。西方科学已从过去只研究"存在"，不研究"生成"和"演变"的根深蒂固的"构成论"旧观念，向"宇宙万物都是生成的"这种现代"生成论"的新科学观念转变，而"生成论"恰恰是道学思想的核心。新道学思想不仅可以革新西方自古希腊原子论复活以来"构成论"的思维模式，而且在科学方法论上也会导致以分析为主的还原论方法向有机整体论方法的变革。从现代科学发展的大趋势看，生命科学必将成为新的科学革命带头学科，而生命现象是具有自组织能力的有机体，它是不适宜用拆成小零件的还原论分析方法来研究的，新道学的整体观及生命观预示着科学观念的创新。

在世界社会化的大趋势下，21世纪人类社会变革的节奏还会加快，东西方文化交流的层次更会加深。由于这一趋势，一方面各民族的多种异质文化将获得充分地发掘和发展，另一方面东西方各种异质文化取长补短，加速相互融汇的过程。道学文化是东西方文化交流的桥梁，是人类智慧的凝聚点，一种集多种异质文化优势而呈东西方文化互补形态的新道学文明将要出现。中国哲学家陆九渊（1139～1193）说："东海有圣人出焉，此心同也，此理同也。西海有圣人出焉，此心同也，此理同也。南海北海有圣人出焉，此心同也，此理同也。千百世之上有圣人出焉，此心同也，此理同也。千百世之下有圣人出焉，此心同也，此理同也。"[1]道学是圣人的最高哲学思辨，而圣人的哲学智慧是跨越时间和空间，不受民族和国界限制的。无论东方或西方，无论过去、现在和未来，新道学思想都是人类文明的智慧灯塔。

在社会观上，新道学的核心思想是建构一个模拟自然界或人

① 陆九渊：《谥议》，载《陆九渊集》第33卷，北京，中华书局，1980。

体生命的自组织、自调节的最优的自动化系统，这个社会系统依乎天、地、人之道，无亲无疏，大公大慈，导人向善，是一种"万物将自化"（《道德经》三十七章）的自然主义社会。在经济上，道学主张一种以自然生态立国的经济模式，反对无限制地掠夺自然资源，将保护生态环境置于经济生产的首位。在政治上，道学强调一种"天地相合，以降甘露，民莫之令而自均"（《道德经》三十二章）的分配制度，将普施利益于天下众生作为价值分配的支点。道学从来不反对每个人首先珍惜自己的生命和获得个人的幸福，但也鼓励人们根据自己的条件"参赞天地之化育"。《道德经》讲："天道无亲，常与善人"（七十九章），认为人事的活动要取法自然界的规律，道作为自然法则是客观的，无所偏爱的，因而也是无私的，公正的。《庄子·天道》指出，"嘉孺子而哀妇人"，为儒家的仁义之治；"日月照而四时行，若昼夜之有经，云行而雨施"，为道家的自然之治。老子"以道莅天下"，认为"天之道，损有余而补不足"（《道德经》七十七章）。人若能达到"有余以奉天下"的至德，才能接近天之道的境界。道学之仁为大仁、大慈、大善，大仁则无亲，故对天下一视同仁。老子的思想是从母系氏族无阶级、无剥削、无压迫、无私产的原始公社文化升华而来的，因而具有"天下为公"的超越时代的特征。

中国传统的儒学政治多采用一元化的等级森严的金字塔式结构，这种结构缺乏合理的监督机制，积久则造成一人独裁人人为奴的局面。道学的政体倡导一种"三元一太极"的阴阳互补结构，以自然立法形成相互制约、上下反馈的自调节的和谐机制，百姓逍遥于大自然中自由发展而感受不到政权的存在。道学的社会才真正是在保障个人自由的基础上相互协调而形成的自动自发的秩序（spontaneous order），它仅受天之道和人之道即自然与社会的客观规律的限制。道学主张"无为而治"，认为管得最少的政府才是最好的政府。道学的自然之治更是否定人治并包容法治的优点且超越了西方法治社会。盖西方文化的价值观鼓励人的贪欲，而社会犯罪皆由贪欲而生，故法律繁多而犯罪不止，司法系统遂成为庞大的社会谋生图利的行业。道学的价值观抑制人的贪欲，自然立法即是将人的行为规范到自然和社会的客观规律上来。这样法律本身也是自然律，代天行罚至简至易无亲无疏，自然之治的法治也即是道治。《庄子》描述了道学不以私心治天下的自然之治："汝游心于淡，合气于漠，顺物自然而无容私焉，而天下治矣。""明王之治，功盖天下而似不自己，化贷万物而民弗恃；有莫举名，使物自喜；立乎不测，而游于无有者也。"（《应帝王》）道学认为自然生态社会是世界上最合理的社会制度，在这种社会里人与禽兽乃至整个自然界都处于平等和谐的状态，人人自食其力，同德而不党，无宗法等级，无剥削压迫，具有纯真朴实的人际关系。"当是时也，山无蹊隧，泽无舟梁；万物群生，连属其乡；禽兽成群，草木遂长。是故禽兽可系羁而游，鸟鹊之巢可攀援而窥。夫至德之世，同与禽兽居，族与万物并，恶乎知君子小人哉！同乎无知，其德不离；同乎无欲，是谓素朴；素朴而民性得矣。"（《马蹄》）道学关注民性的自然、人的尊严和人性的自由与完整；认为能恢复人类真实、自然、纯朴、善良的本性的社会才是道学"以道治图"的"至德之世"。

在伦理上，新道学的要点就在老子《道德经》所说的"道生之，德畜之，物形之，势成之。是以万物莫不尊道而贵德。道之尊，德之贵，夫莫之命而常自然"（五十一章）这段话里。尊道贵德是道家伦理学的落脚点，"德"就是"得道"，是道在人类社会万事万物中的体现。由此可知，尊道贵德就是要将道的"生化原理"和德的"中和原理"在人类社会生活中展开，使之成为人生和社会的价值标准。"生"有"生成"、"生长"、"生命"、"生存"、"创造"等含义;"化"有"变化"、"发展"、"转化"、"进化"等内容,二者集中了道的自然性,说明宇宙是由道"生成"的,并处于不停的"变化"之中,整个自然界包括人类社会都在生生化化自强不息地发展着。道化生出先天一气和世界万物,这就是生化原理的作用。先天一气就是宇宙中无处不在的原始自然力,是万事万物生化发展的驱动力,是生命的源泉,是歌德曾经猜测到的"创造力",它来源于道,是道无所不在无时不有的发挥作用的特性(道性)。道学中的道性也即是德,德的特征表现为"中和原理"。"中"之义有四,从事物规律上讲,"中"为"正",即中正的必行之路;从事物变化上说,"中"即"度",即在限度适宜的范围内活动;从空间上讲,"中"是"虚",虚无乃道之大用;从时间上讲,"中"即是"机",即"动善时",因机乘势"不得已"而为之。"和"有和合、和谐、调和、"和而不同"之义,是协调各类关系和处理矛盾的原理。中和态是宇宙间的自然稳定态,无论宏观和微观的自然界或人类社会的所有运动都有趋向中和态的倾向。天地之大德曰"生",生就是生长,就是发展,就是创造,就是社会和自然界的客观规律,就是历史潮流。道家伦理学认为,凡尊道而贵德,符合发展规律,顺应历史潮流的行为,都是善的、美的、真的,有人生价值的。反之,那些违道背德,违反发展规律,逆历史潮流而动的行为,就是恶的、丑的、假的,应该被世人唾弃的。道是人类社会伦理价值观念的最高支点,道德社会是人类社会秩序的最高理想。当其"失德而后仁,失仁而后义,失义而后礼",最后由礼蜕化为"利",进而具体化为"钱",社会道德水准依次下降,一个"上下交征利"的社会是违背道德的。以上为新道学判定人类社会一切思想和行为的价值标准,尊道贵德是道家伦理学的核心。

道之尊和德之贵,并非靠行政命令的干涉和世俗权力的束缚,而是人自身修道养德逐步觉悟与自然节律同步造成的，这是人的自然本性的复归。道学衡量一个国家、一个时代社会进步的标准不仅是经济发展指标，而是要看这个国家在该时代里人民有没有良知和尊严。道学伦理的一个重要特征就是确认人的自然本性是真、善、美的，因之道学反对人的异化，呼唤人类纯朴的"良知"。道的本质是大公大善、大诚大信的，人人都含有道性，因之人的自然本性都是善的，每个人都有与生俱来的先天的良知，只是这种道性和良知被后天的物欲蒙蔽了。由此观点出发，新道学以反异化为特色，倡导一种纯朴的社会，主张通过人体和心灵修炼工程开发出人的良知，使人的真性显露，从明心见性进入道的境界。这样，道学的伦理在世俗社会里就展开为公正、纯真、诚信、俭朴、寡欲、重生、慈爱、善良、宽容、忍让、谦柔等行为标准。在新道学看来，人是自然界的万物之一，是一种觉悟了的"物"，因而才称作"万物之灵"，感知万物就是感知"自我"，只有唤醒自我的良知，才能揭示出宇宙真、善、美的自然本性，才能与道合真。道学的精神是最宽容的精神，其社会功能是教化各民族、各色人种同归大道，化邪恶为善良，最终将老百姓的意志体现出来。道学的政治才真正是公民以自由、平等的身份参与公共事务的众人之治，才会出现真正的公民社会（Civil society）。新道学倡导"以让其他众生也能生活的方式来生活"的全球生态伦理，为地球上人类的生存提供新的秩序。老子《道德经》云："是以圣人常善救人，故无弃人；常善救物，故无弃物。"（二十七章）"善者吾善之，不善者吾亦善之。""圣人常无心，以百姓心为心。"（四十九章）由此可知道学重生爱物、慈善为怀的救世之心。

在个体生命上，新道学主张人通过修道而达到真人的境界，而真人为纯真无假的人，也即道教里的仙人。道学将修道看作是技术问题，认为只要通过内丹学的人体修炼系统工程，按法诀完成内丹筑基、炼精化气、炼气化神、炼神还虚四个修炼程序，最大限度地开发个体生命和心灵的潜能，使自身的精气神与道一体化，与大自然的本性契合，能和宇宙的虚无世界交通，便是体道合真的仙人。人通过道学的修炼达到美国心理学家马斯洛（A. Maslow, 1908～1970）"超越心理学"所说的那种"高峰体验"，并和佛教禅宗、密宗、印度瑜伽、伊斯兰教苏菲派等修持方术一脉相通。这样，仙人境界就成了人生的最高艺术境界，是一种至真、至善、至美的最能体现人类生命价值的真人境界。

内丹学是中国学者数千年来苦苦探究宇宙自然法则和人体生命科学的智慧结晶，是一种综合道、释、儒三教文化的宇宙论、人生哲学、人体观、修持经验为一体的理论体系和行为模式，又是一项为探索生命奥秘，开发精神潜能而修炼的人体系统工程。现在内丹学的研究正在引起西方一些著名学者的注意，早在1920年德国学者卫礼贤（R. Wilhelm, 1873～1930）就在北京得到一本恰巧是较为通俗的丹经《太乙金华宗旨》，并立刻觉察到它的科学价值，于1926年将其译成德文。1928年，卫礼贤将自己的译稿交给著名瑞士心理学家荣格（C. G. Jung, 1875～1961），荣格为此书写了长篇评述，于1929年出版。荣格在对《太乙金华宗旨》的评述中认为中国古老的内丹学和西方现代分析心理学、心身医学是相通的，他从分析心理学中"看到了一个接近东方智慧的崭新的意想不到的途径"。《太乙金华宗旨》德文第5版上载有歌德的诗："西方与东方，不会再天各一方"①，英文修订版按语中提出"认识心灵始终是人类的最终目标"，而内丹学的研究正是指向这一目标的。英国学者李约瑟博士自号"十宿道人"，对道教方术中的科学内容进行了认真发掘，《中国科学技术史》第5卷第5分册专门

---

① 歌德：《西东合集》，Jnsel 出版社，1819。

讨论内丹学，他称之为"生理炼丹术"。这说明道教内丹学已开始传往西方，它的真实面目正逐步被西方学者所认识。

内丹学的理论基础是试图将老子的道家学说变为丹家的切身体验，在人体中将道家的宇宙论作时间反演的实验，使自身的精气神向道复归，并以招摄宇宙虚空界的先天一气为要诀。这些丹家把人的意识划分为三个层次，即表层的常意识（日常的认知、推理、思维等理性心理活动，丹家称为"识神"）；深层的潜意识（非理性的欲望、梦、幻觉等，大致相当于弗洛伊德心理学所研究的范畴，丹功中的"魔"和"真意"属这一心理层次）；最底层的元意识（遗传的本能意识，人的"真性"，丹家称为元神，佛教称"阿赖耶识"之"净分"）①。这样，内丹学就成了一套凝炼常意识（识神可凝炼为"意念力"）、净化潜意识（"真意"即净化了的潜意识）、开发元意识（识神退位则元神呈现）的心理实验程序。丹家把元神称作"主人公"，是真正的"自我"，当排除常意识（识神退位）进入无思维的虚灵状态时，称为真空妙有的境界，元神便呈现，从而找到了真正的自我，因之内丹学又是一项开发自我，认识自我的生命科学。内丹家通过丹功修炼使自己的身心节律与初始的宇宙根本节律相调谐，将虚空界的先天一气招摄到体内，在恍惚杳冥的混沌状态中与宇宙的自然本性契合，和虚无世界交通，达到后天返先天的天人合一境界，称之为体道合真。

现代科学对于宏观的宇宙和微观的基本粒子都有了较明确的认识，而对于宇宙的虚无空灵状态，对于人本身，人的大脑及其精神活动，对于生命和心灵的本质却知之甚少。许多生命现象和心灵活动的效应20个世纪在科学界引起一次次争议，当代科学在

①　胡孚琛：《道教医学和内丹学的人体观探索》，载《世界宗教研究》1993年第4期。

这个同宗教交叉的领域还被一片"乌云"笼罩着。内丹学的研究是打开宇宙虚无世界，打开人体生命和心灵之秘的钥匙，内丹之谜的揭开必将给现代宇宙学、生理心理学、心身医学、脑科学特别是认知科学带来突破性的进展。我相信，内丹学的西传必将引起一些宇宙学家、数学家、医学家、心理学家、脑科学家的注意，从而调动东西方学者的智慧共同攻下人体生命科学前沿的堡垒，为全人类造福。

总之，道学文化包括究天人之际的自然学说，察古今之变的历史学说，穷性命之源的生命学说，集中了自然、社会和人体生命的智慧，必将给 21 世纪的人类带来希望。新道学是革新的文化，前进的文化，通向未来的文化，世界大同的文化。新道学文化不仅是属于中国的，也是属于东方的，更是属于全世界的。

全球化浪潮下的民族文化

——再论 21 世纪的新道学文化战略

  2001 年在北京召开的第 12 届国际中国哲学大会上，作者发表了《21 世纪的新道学文化战略》一文，综合中西方各种异质文化的精华对古老的道学文化进行了综合创新与现代化诠释，以解决全世界共同面对的问题，称之为人类 21 世纪唯一可行的文化战略。这一学术观点能否被世人接受并成为各国思想家主导的信念，则有待于人类激发一场真正的意识革命，树立起全新的文化视角。这种全新的文化视角不仅同西方社会兴起的后现代主义思潮相呼应，而且要从悟道的广阔视野和最高境界去体认。人们终究会认识到，全人类的各种异质文化本来是从同一个原点起跑的，道学的生态文化是人类最初的文明，也必将是人类最后的文明。

一

  道家之学，实质上是一种原始反终、探赜索隐、极数研几、藏往推来、钩深致远、穷神知化的学说，其思维方式在于"执一统众"。"一"是"种子"，是"基因"，是"原型"，宇宙中的万事万物都以"一"为"模本"展现某种历史系列，因之世界上万事万物本质上存在着同一性。

  世界上的男人、女人，黄种人、白种人、黑种人，表面看来千差万别，但从分子生物学的角度观察他们的遗传基因（gene），其特定核苷酸排列次序的差异却微乎其微。看来人类个体之间的差异是表象，而共性却是本质。令人惊奇的是，各色人种自受精卵开始，在子宫中十月怀胎，其胚胎发育都要重演36亿年（特别是近2.3亿年）生物进化的历程，重复从单细胞生命体到水生多细胞生命，到鱼类，到两栖类，到爬行类，到攀缘类，到古猿，到人的进化系列，这就是人类胚胎的重演律。胎儿自出生后，又从会哭，会爬，会站，会走，会说话，重复人类身体和智力进化的历程，这是人类个体生理和心理发育的重演律。

其实人类不同民族、不同国度的异质文化也是一种生命体，也有相同和相异的"文化基因"，也会像生物那样形成各自的"文化生态群落"。在整个地球上，水、空气、石头、土壤等存在物都有物质的同一性，这在自然科学上已无疑义。地球上的植物、动物也存在同一性，都受生命科学规律的支配，这也是人所共知的事实。再进一步，地球上东西方各色人种，其生理和心理上的规律也是同一的，故可以按同一原理用医药治疗身体的疾病或用音乐调整心理的情绪。他们可以杂居，可以共事，可以通婚，也可以适应不同的文化环境，由地理环境造成的肤色、体质、习惯等差别仅属于次要地位，这在学术界大概也不难理解。曾以"元素周期律"揭示宇宙间物质普遍联系的俄国科学家门捷列夫在《1870～1871年日记》中写道："科学就是在探索共同的东西中形成的！"① 当前各国学术界对地球上的自然生态存在同一性尚能理解，但对地球上的人文生态也存在同一性却缺乏认识。实际上，人类各异质文明的不同民族不仅在发生、形成和社会进化的历史上存在同一性，而且地球上这些民族各自形成的传统文化也都含

① 〔俄〕鲍·凯德洛夫著《科学发现揭秘——以门捷列夫周期律为例》，胡孚琛、王友玉译，北京，社会科学文献出版社，2002，第54页。

有相同的"文化基因"，在本质上是同一的，由自然环境和社会历史所造成的差异仅处于次要地位。文化人类学的研究证明，地球上人类分布的不同部落都曾有过语言和文字的始创阶段，都曾经历过石器时代，都曾有过漫长的母系氏族公社的原始社会。人类初始的文明就是新石器时代母系氏族公社的原始宗教巫史文化，人类的童年都是在天人合德、人神交通的原始宗教中度过的。人自胎儿、幼童到少年，也会重复人类文化的进化历程，这是一种人类心智和文化的重演律。因之，由原始社会遗留给人类"文化基因"的普遍规律可以断定，以人为的手段消灭宗教的思想和图谋是一种自欺欺人的狂妄行为，人世间所谓"彻底的无神论者"是不存在的，任何人都无法消除自己在进化史上与生俱来的宗教情结（complex）和天人合一、人神交通的心理原型（Archetype）。

人们一般将"文明"作为与"野蛮"相对立的人类进步状态，并与"文化"混为一谈。严格讲来，"文明"和"文化"的概念稍有区别。人类脱离动物的野蛮状态，历经大约 200 万年的进化，萌生了自己的文化，这种文化的形成是以原始人与自然界争夺生存权的集体活动和自发的原始宗教信仰为核心和先导的，世界各地的考古发现都能证明这一点。中华民族的古老文化大约发轫于距今百万年以前的有巢氏、燧人氏时期，人类有了居住巢穴，发现了"火"的用途，在数十万年的漫长进化历程中，有了语言，也就自发地产生了图腾崇拜、自然崇拜、生殖崇拜、女性崇拜、祖先崇拜的原始宗教。大约距今八千年前，中华民族的先民进入了以新石器时代文化为标志的原始社会，考古学家已经发掘出大量人类遗迹和遗物资料可以描述中国文化初期的轨迹。我曾借用亚里士多德的"动力因"观念，将人类发展的历史按"社会动力学"分为体力、神力、德力、权力、财力、智力再到德力逐次演化的几个历史发展阶段。须知这种社会动力学说并非一种命定的历史哲学，因为具体的社会动力往往是多元的合力，且不同民族的历史进程也有差异。体力社会尚处于动物阶段的蒙昧时代，原始人完全受自然生态规律的支配，中国先民是在有巢氏、燧人氏以后具备生存的保障才进入神力社会的。神力社会有宗教而无哲学，非理性的信仰压倒理性思考，故仅有"文化"出现却没形成独立的"文明"体系。文明进步的标尺是人类的理性思维，包括人类对自己宗教信仰的反思，文明是以语言、文字等抽象信息载体的使用为标志的。中国在五千年前发展到文明社会初期的三皇时代（伏羲、神农、黄帝），人类从非理性的宗教信仰逐渐转入理性的思考，"文化"开始成为人类历史发展和社会进步的原动力，道学文化发轫奠基，遂由神力社会进化到德力社会。伏羲氏为渔猎和畜牧业部落酋长，开始制作象形文字；至神农氏则兴起农业文明，发明了医药；黄帝轩辕氏则可服牛乘马，训练士卒，能耕能战，抚四夷，和氏族，制礼乐，明职官，发展了氏族原始宗教的巫史文化。新石器时代巫史文化的高度发展，已具备了原始的礼乐习俗。原始部落在生活、婚姻诸方面的宗教禁忌，为自然之礼仪；祭祀、交际诸方面的歌舞、音乐，有调和氏族成员相互关系的作用。这种原始的礼乐习俗，本身就是当时巫史文化的信息载体，是一种无声的语言，它成为一种"文化基因"留存下来。三皇时代的德力社会是一种原始共产制的氏族社会，实行没有阶级压迫的民主制度，部落酋长作为"王"仅为社会承担责任而不享受特权。老子《道德经》云："受国之垢，是谓社稷主；受国不祥，是为天下王"（78章），"功成事遂，百姓皆谓'我自然'"（17章），就是这种德力社会的真实写照。在这种原始共产制的社会里，"圣人处'无为'之事，行'不言'之教"（3章），"以道莅天下"（60章），"以百姓心为心"（49章），"其政闷闷，其民淳淳"（58章），道学文化占据主导地位。三皇时代是中国道学文化开宗立基的时代，这种原始共产制的氏族公社并非生产力低下到没有剩余产品，而是剩余价值全充作公益事业。当时的礼乐仪式皆发乎自然之习俗，实质上是德的体现，道在社会上可不待语言而传，为中华民族奠定了深厚的道学文化基因。原始社会的文化是一种自然生态文化，人和自然界融为一体，人类社会也处于一种自然状态（"百姓皆曰'我自然'"）。而后历史进入五帝时代（少昊、颛顼、高辛、唐尧、虞舜），原始宗教中的自然因素逐步被社会因素所取代，"失道而后德，失德而后仁，失仁而后义，失义而后礼"（38章），母系氏族公社向父系氏族公社过渡，道德逐步沦落。五帝时代中国进入洪水时期，各部落在治水中父权上升，巫史文化中的自然礼仪体系也逐步转化为社会礼义体系，即转而体现"仁"和"义"的内容。夏、商、周三代时期，原始共产制的民主社会逐步解体，父权家长制的阶级关系形成，中国由德力社会转化为权力社会，儒学文化遂取代道学文化成为维系父权家长制的意识形态。夏、商、周三代华夏民族开始形成，奴隶制的剥削压迫日见残酷，至周代早熟为封建宗法社会。周公制礼作乐，进行了一次空前剧烈的原始宗教革命，创建了维护父权家长制的政治等级礼乐体系，将五帝时代的社会礼仪转化为君臣等级人身依附关系的政治礼仪，这就是后世儒家的礼教。由战国而至秦代，在周代开创的封建宗法社会中又建立起家长制的官僚专制政治体制，这种官僚政体的社会制度之所有目标都在于维护君主和官僚阶级从中央到地方"家国一体"的特权，儒家的礼教遂占据国家意识形态的统治地位。中国的权力社会延续了数千年，清朝灭亡之后又向西方资本主义的财力社会靠拢。在财力社会中，经济是社会结构的基础，生产力是促进社会发展的最活跃的因素，在政治、经济、文化诸要素中，经济要素是具有决定意义的。当代世界的前锋已由财力社会转化为智力社会，代表人类智慧结晶的现代科学技术早已成为社会历史发展的杠杆。随着 20 世纪末西方社会后现代主义新启蒙运动兴起，唯科学主义及工具理性万能的弊端日趋暴露，老子的道学文化遂成为世界各国学者研究的热点，文化再次成为社会历史发展驱动力的事实日益显现在各国学者面前。这迫使不少国家政权在施政纲领上不得不从"以政治为中心"转移到"以经济为中心"，然后再发生向"以文化为中心"的嬗变。当人类迈进 21 世纪，全世界出现了从智力社会再向德力社会回归的契机，德力社会就是以新道学文化为主导意识形态的大同社会，大同社会的文明是一种自然生态文明。

日本学者薮内清教授指出："在世界上，与中国同样建立了古老文明的地域有埃及、中东、印度河流域等，然而无论哪一种文明，都早在二千年前就灭亡了。没有一个能像中国那样，使同一民族及其文明保持到今天，中国文明的产生真可以说是世界的奇迹。"[1] 我们如果把世界上各种异质文明看作是"文化生态群落"，那么中国、古埃及、古印度、巴比伦的文明都是"原生态的文化"，是世界上的第一代文明；而欧洲文明则是"次生态的文化"，是第二代文明；美国、加拿大、澳大利亚的文明只能是移植的"再生态的文化"，是第三代文明了。世界上一些独立发展的原生态文化灭亡，多是由于游牧民族的摧残，海盗的入侵，自然灾害迫使民族迁徙，强势文化的征服和同化，宗教战争的袭击等原因。以上原因导致原生态文化群落被砍伐，必然使文化生态发生断裂和突变，从而改型为次生态或再生态的文化群落。在 21 世纪，世界上仅有中国还保留着这种原生态的第一代文化群落；只有中国文化生态群落之变异是一脉相承的自然发展的过程，其文化传统

---

① 〔日〕薮内清：《中国·科学·文明》，北京，中国社会科学出版社，1987，第 5 页。

没有中断，因而中国文明是"纯种"的，其初生阶段的"文化基因"得到完整保存。这样，中国文明为全世界保留下一个典型的原生态文化群落的样板，而西方的次生态文化群落却是世界文化发展史上的特例，因之从研究中国文化发现的规律必然具有对世界上各种异质文明的普遍适用性。

考察中国三皇五帝时代的新石器文明，决非仅集中于黄河中下游地区，而是在长江流域、辽河流域、燕北地区乃至东南沿海地区都有发现。这说明，中国、印度、西亚、北非洲等世界各地原生态的文化在起源上本来是同步的，中国境内的原生态文化之起源也是多元的。人类的出现已有 200 万年的历史，大约在距今一万年左右，地球上的人类突然各自在同一个原点上起跑，不约而同地创立了颇具道家色彩的大同小异的原始宗教，这应是历史的事实。然而为什么早在二千年前世界各地这些原始道家类型的原生态文化都相继灭亡，仅有中国文明能独立延续下来呢？推其原因，其要有三。

一是优越的地理条件。中华民族繁衍生息的地方，北面是长年冰封的西伯利亚荒原，西面和南面环绕着大漠荒沙、高耸入云的昆仑山、阿尔泰山及号称世界屋脊的喜马拉雅山，东面是浩瀚无际的太平洋。在这个辽阔的区域内，从北到南横贯着几条平行水系，滋润着这片沃土。这种特定的自然环境为我们的祖先设下了天然的安全屏障，准诸《禹贡》等古地理文献，可知中华民族的先民早就在这个广大的区域实现了大一统的农业文明，没有被世界上强悍的游牧民族扼杀在摇篮里。

二是优越的经济条件。考古发现证明，中国是世界上最早进入农业文明的国家之一，从黄河流域到长江流域的先民早就以谷米、高粱和稻米为食，并发展起稳定的驯养家畜、植麻养蚕和家庭手工业。农业远比渔业和游牧业收入稳定，且生产周期长，需要人口的定居，这又带动了房屋建筑、市场贸易，并促进了青铜器和铁器的早期普遍使用。中国地大物博，有丰富的矿产资源和自然生态资源，发达的农业经济必然促进大一统民族的提前形成和政治上的稳定。世界上几次游牧民族大迁徙，皆是从中国北方向西直达欧洲平原。游牧民族不能南侵毁灭中国先进的农业文明，并非由于地理障碍，而是由于中国的农业文明具有强大雄厚的实力所致。其实中国历史上一直没有停止过同北方游牧民族的斗争，而且中华民族在形成过程中也融汇进不少游牧民族的血液，这说明地理环境的优势仅是次要因素，早成熟的农业文明与其经济实力才是根本原因。

三是优越的文化条件。中国为什么能在八千年至五千年前的三皇五帝时代就能在这样辽阔广大的区域内将上万个部落整合成大一统的部族，又较早地发展起先进的农业文明？其深层原因正在于早期文明的优势。我们曾把非理性的宗教信仰作为"文化"的先导，并把理性思维作为衡量"文明"进步的标尺，而人类的头脑是靠词语、概念的抽象进行理性思维的。因之，语言、文字等表意系统的出现和广泛用为交换信息的载体是人类文明的标志。除了语言和文字之外，中国先民还有一套更古老的表意系统充当交换信息的工具，那就是原始宗教中自然形成的礼乐程式。先民将乐与礼相配合，形成发达的礼仪体系，通过表情、动作、音乐等程式的复杂变换，成熟为一套象形的表意符号系统。邹昌林先生对此有精到的研究，他说："礼仪具有表意功能，这是现代文化人类学普遍证明了的。但是，在任何民族中，都没有把礼仪的表意功能发展到能与文字相媲美。因此，在任何民族中，礼仪都不能取代文字。但在中国古代，则是例外，礼仪发展的完备程度，基本可与文字媲美。这就像今天哑语中的手势可以代替语言，电影可以再现生活一样，礼仪在古代，也可以成为传授经验、交流感情、储存信息的工具。"① 五千年前伏羲氏仰则观象于天，俯则观法于地，观鸟兽之文与地之宜，近取诸身，远取诸物，作《易》八卦，应为中国象形文字之始。其实中国古老的象形文字，就是对原始宗教中自然礼仪形象的描画。礼仪既被符号化为文字记录，使之代替"结绳记事"成为信息储存的手段，礼仪本身的表意功能也就逐步被文字取代了。

根据新道学的理论，宇宙间万事万物都统于"一"，"一"又分化为万事万物，因之全人类的各种原生态的异质文化必有其同一性。从石器时代的遗存看，地球上东西方各民族的先民制造的石器几乎没有什么两样，这说明全人类社会进化和文明形成之初确实都是从同一个原点起跑的。人类的旧石器时代长达200万年，新石器开始的时代距今也有八千年之久，在这期间形成的原始共产制的母系氏族公社原始宗教巫史文化，就是人类文明的原点。在这期间，世界东西方先民都创造了自己的礼仪、语言和文字，而这些礼仪、语言和文字应该是相似的。就文字而论，人类各民族的文字不外拼音文字和象形文字两途，这两类文字的差异大概是造成东西方各民族传统文化差别的最根本的要素，因为文字比语言更能影响人的思维方式。考察古巴比伦人、苏美尔人、埃及人、玛雅人的文化遗存，乃至欧洲的古代岩画遗迹，都说明那里的先民也曾尝试使用过象形文字。再从这些岩画、墓葬图案分析，大多是对先民原始宗教礼仪的描绘和标记，这说明世界各原始部落的原生态文化不仅采用过象形文字，而且都流行过原始宗教的自然礼仪。母系氏族公社的礼仪是一种协和万邦的礼仪，是道学文化"中和之德"的体现。世界上不同民族不同地域的语言虽然五花八门，但人类在语言发生学上必有其同一的规律性，因之世

---

① 邹昌林：《中国礼文化》，北京，社会科学文献出版社，2000，第51页。

界各国语言可以通译。中国古书中有"阏逢"、"旃蒙"、"摄提格"之类多音节单纯词，历代注家多不能解，我推测中国原始部落先民的语言最初也如英语、法语、俄语那样采用过多音节词语。中国先民的语言，是随着象形文字的发明和推广而逐步进化的，由五合音、四合音演变为二合音，终于进化成世界上最简洁的单声字的语言。而今中国各省的方言甚至比欧洲不同国度的语言差别还要大，仅广东省的四种方言（广东白话、客家话、潮州话、海南话）之间的差异就如同华语、朝鲜语和日语。中国古代的先民要使用拼音文字，就必须首先统一各部族的语言，这在幅员辽阔的中国是难以办到的，因而只能采用各部族都便于识别的象形文字。中华民族是一个统一较早的混血民族，它能将这么多操不同语言的部族融合为一体，并将世界上最古老的文明记载下来，对汉字起了关键作用。可以说，汉字是人类唯一保存下来的象形文字，它对平衡人的视觉、听觉和左右脑的功能，开发人的智慧和艺术才能，训练人的思维方式有着不可取代的优点。中国三皇五帝时代的文化是原始的道学文化，它为人类遗存下大同社会的"文化基因"。正是由于中华民族的先民在地理上、经济上、文化上这些得天独厚的优势，才使中国原生态的文明能延续到今天，成为世界文明史上的奇迹。

人类文明起源于母系氏族公社的原始共产制社会，这种民主的大同社会一直延续到新石器时代的末期。母系氏族公社的原始道学文化是人类所有文明的原点，它的原始共产的民主制度作为"文化基因"成为人类潜意识中最崇高的社会理想，它的天人合德、人神交通的思想成为人类文明的最高境界，它的人类与自然界和谐互动的价值观成为人类最伟大的自然生态智慧。

二

　　各民族的传统文化首先是一个历史范畴，它是这个民族在发生和发展中所有物质的、精神的、社会的多层面的完整复合体；是其生存方式、思维方式、创造方式、信仰方式、感受方式、表达方式、道德习俗的历史积淀和知识系统；它代表了这一民族的价值取向和潜意识中的社会心理趋向，铸造了最核心的民族性格。我们把各民族的文化生态群落分为原生态文化、次生态文化和移植的再生态文化，目的仅在于描述这些异质文化的特征乃至探索世界上的文化运动规律，并非想作彼此间优劣的评价，因为显而易见某些移植和杂交的文化群落也必然会形成某种生态优势。其实仅就原生态的文化群落而论，全球从地域分布上也有自北向南灵性逐步增加的趋势，地球的北端多以冷静的理性思维为特色，地球的南部却带有较多灵性冥想的色彩。现在欧美等西方的文化群落形成一种实用主义的理性分析模式，中国、朝鲜、日本等东方的文化群落则保持着有机整体的经验主义传统，南方的拉丁美洲、印度、非洲乃至阿拉伯的本土文化群落却带有超验的泛灵论的神秘倾向。地球上各种异质的文化生态群落不仅在地域上呈现某种分布的规律性，而且几个重要文化群落的演化在时间上也有某种同步的呼应。据卡尔·雅斯贝斯（Karl Jaspers）、马克斯·韦伯（Max Weber）和帕森思（Talcott Parcons）的研究，发现在前8～前2世纪的"轴心时代"，希腊、以色列、印度和中国这四大文明都不谋而同地先后经历了"哲学的突破"（philosophic breakthrough），从而产生了以色列的先知，希腊的苏格拉底、柏拉图，印度的释迦牟尼和中国的老子、孔子、墨子，使这四大古代文明各自提升到人类智慧的新境界。仅就今天差别最大的中国文明和古希腊文明而论，人们不难发现，越是靠近"轴心时代"的初始状态，二者差别越小。人们从前苏格拉底米利都学派的学说中很容易找到老子的辩证思想和五行本源学说的影子，南意大利学派的"数哲学"有点像"周易"，苏格拉底的伦理思想貌似孔子，而中国墨家学派的逻辑推理思想和科学实证精神与西方文化如出一辙。更为有趣的是，当西方社会在 15～17 世纪由文艺复兴诱发工业革命的时候，远在东方闭关锁国的中国晚明社会竟然也萌发了以"白银货币化"为标志的市场经济。如果市场扩大到世界范围，货币经济化必然也能促使中国古代社会向近代社会转型，可惜这种历史过程由于满洲游牧民族的入侵而中断了。

各民族的传统文化都有自身发展演变的历史，这些不同的演化史保证了各种异质文化自身的同一性，并由此形成世界上异质文化的多样性。地球上的文化生态群落是不能拒绝多样性的，如果把多样性变成单一性，就像整个地球上仅剩下单一的某种植物，是无法保持生态平衡的。文化发展的动力来自不同异质文化之间的交流和融汇，来自人类心灵为适应与时俱进的环境而激发的创造力，单一的文化群落如同一潭死水，将失去发展的动力。毋庸讳言，地球上这些多样性的文化群落在生态上确有强弱之分。判别一种强势文化生态群落的标准是，它首先必须具有深厚的文化根基和活跃的"生命力"；其次是它应该具有使整个民族向心的"凝聚力"；再则它必须具有对其他异质文化的强大"同化力"和在新的领地上旺盛的"繁殖力"；另外它还必须随地球环境变化具有自我改造的"创新力"，能汲取其他异质文化的优势引导人类开拓前进。强势的文化生态群落必须是一个不断吸收"负熵"的开放系统，它能融汇多样性的异质文化且不以自己单一性的文化取代这些文化群落，同时还要引导人类回归生态文化的原点。下面，我们具体剖析地球生态园中几种主要文化群落的特征，从而寻找强势文化运动的规律。

由于中国传统文化是世界上唯一遗存下来的原生态的文化群

落，因之中国的历史含有世界其他民族所没有的重大特点，就是自始至终顽固地保留着氏族父权家长制的专制传统。中国的氏族公社在向阶级社会过渡时没有像古希腊民族那样经过充分的社会动荡使氏族解体为城邦民主制，而是利用氏族血缘关系的纽带早熟为宗法家长制。在这一历史转变关头，中国非但没有像西方社会那样抛掉氏族组织的外壳，反而利用残留下来的氏族公社经过家庭公社转化为农村公社，使之成为剥削宗族奴隶和农奴的基层社会组织。此后的官僚政治体制亦是继续强化和扩大氏族的血缘网络，将家族当作社会的细胞，形成"家国同构"的政体。尽管五千年来中华民族的新兴阶级力量不断更替掌权改换着中国的国体，但父权家长制的专制政体始终没有改变。中国文化的这种父权家长制的传统是自周公旦彻底改造原始道家的自然礼乐开始的，从此为中国儒家的礼教统治奠定了基础。周代的礼教文化群落在自身的演变史上又出现过两次重构。第一次重构发生在"古今一大变革之会"的春秋战国时期，大约历时550年，周代原始宗教（礼教）的巫史文化被"突破"，提升出道家、儒家、墨家、法家诸学派，奠定了以儒家文化为表层结构，以道家文化为深层结构，融汇诸子百家的文化格局，出现了大一统的秦汉王朝。孔子的儒家文化又为礼教确立了"神道设教"的政治传统，使历代统治者倡导的意识形态从此具备了泛宗教的信仰特征。中国封建社会占统治地位的儒家礼教文化在政治上有其"政统"，在学术上有其"道统"，以政教合一为特色，因之数千年来无论在政治上还是在学术上都难逃"一治一乱的循环之局"。中国文化的第二次重构发生在魏晋南北朝时期，近400年间融汇了多种游牧民族富有生机的野蛮文明并接纳印度的佛教进入中国，形成了儒、道、释三教分立而又互补的文化格局，出现了开放、强盛的隋唐王朝，中国成了世界上东方文明的中心。历史上这两次文化革新和重构虽然都是以维护君权专制的官僚政治为中心进行的，但都使中华民族的凝聚力得到加强，传统文化的精华得到提炼和净化。直至宋代，中国文化沿着维护君权专制道路发展到顶峰，发明了火药武器、雕版和活字印刷术、指南针和航海造船术，制造出精美的瓷器、纺织品和多种工艺品，在冶金、建筑、桥梁、农业、水利、天文学、数学、矿物学、地理学、医药学和养生学、内丹学诸领域都取得辉煌的科学技术成果甚至达到世界领先的地位。宋代以来占统治地位的儒学文化将道家思想的源头活水阉割殆尽，成为维护君权禁锢人心的工具，在达到顶峰后逐步僵化失去活力并开始步入文化专制主义的歧途。此后中国文化虽因蒙古族、满族两次游牧文化入侵乃至明代日本海盗文化（倭寇）的骚扰延缓了社会历史发展的进程，但仍以其巨大的"同化力"实现了中华民族新的大融汇并保障中国文化的根基没有中断。中国大陆及周边国家和地区形成的儒家文化圈（包括朝鲜、韩国、越南、日本、新加坡、中国台湾、香港、澳门等）君权专制的社会制度延续数千年不变，特别是中国内地被视为"超稳定的永恒帝国"，其真正原因并非儒家文化特别优越，而是因为中国文化是一种保留着道学文化根基的原生态文化群落。

道学文化是母系氏族共产制的大同社会形成的人类最古老的文明，是中国文化的源头活水。尽管周文王、周公旦、孔子、孟子倡导的父权家长制儒学文化后来占据统治地位，但每到国家和民族危难之际仍有不少拯危扶颠的民族精英到道学文化中汲取再生的力量，这就是中华民族五千多年来亡而复存、衰而再起的根本原因。何况中国文化在历史上曾经呈现儒、道、释三教互补的结构，统治者以儒守成，以道达变，以佛治心，这本身就是一种超稳定的文化结构。必须指出，以儒家文化为支柱，以维护君权为核心的家长制官僚政治是中国文化的毒瘤，也是现代科学和民主政体没有在中国首先发生，中国社会长期停滞不前的真正原因①。在儒家文化圈内，这种家长制官僚政治体系实际上是一种由改朝换代政权更替形成的既得利益集团，他们很难形成现代意义的政党，也并不能真正代表国家、民族和人民的利益。既得利益集团的成员由于日益异化于民众之外处于岌岌可危的恐惧之中，相互间残酷的争斗使他们的生命和财产失去保障。在国家危难之际，他们往往不惜出卖国家和民族的利益以维持自己的执政地位，清末以来执政的小朝廷同俄罗斯、英国、日本、美国等列强签订的那么多割让领土的不平等卖国条约就是铁证。近世以来，这些既得利益集团无一不打着代表国家、民族和人民利益的幌子粉饰自己的家长制官僚政体及其在政权私有化的小圈子里传宗接代的权力承传程序（世袭制或禅让制），实际上在这种政体下人民并无参政权利，特权阶层的存在必然出现"上下交征利"的官场腐败和邪恶风气，为维护少数特权阶层既得利益的官僚政治集团在现代社会已失去执政的合法性。1840 年鸦片战争和 1900 年英国、俄罗斯、日本、美国、法国、德国、意大利、奥地利八国联军攻陷北京，中国的大片领土被俄罗斯、英国、日本、美国侵占和肢解，周边国家的儒家文化圈也分崩离析，延续数千年的儒学文化及其家长制官僚政治的弊端被充分暴露出来。面对西方工业社会的强势文明，中国儒家的农业文明显然缺乏时代精神，在生命力、同化力、创新力诸方面已相形见绌。因之，自 19 世纪末至今的 100多年，中国文化开始了第三次重构，可望在 21 世纪后期初步完成新的文化建构。中国文化第三次重构的正确目标应该是，一要彻底割除家长制官僚政治的毒瘤；二要像历史上接纳佛教那样将西方现代文明的精华及其历史根基接纳入中国，同中华文明融汇为

---

① 王亚南：《中国官僚政治研究》，北京，中国社会科学出版社，1981。

有机整体；三要创新儒学和佛学，并向老子、庄子、列子、文子的道学文化回归，在新的基础上形成道学、儒学、佛学和西学的互补结构；四要进一步集古今中外文明之精华，创立有时代精神的新道学普世文明，作为人类在 21 世纪唯一可行的文化战略。中国文化的重构对于提高中华民族的凝聚力、创新力和同化力，增强中国的综合国力并促进中华民族的统一和团结，适应全球一体化的世界潮流，都有着至关重要的意义。

古希腊、罗马时代兴起的欧洲西方文明，由于缺少自己母系氏族公社文化的文字记载，故对自己文明的起始点淡忘了。由于欧洲先民没有保存下古老的象形文字记录，3000 年前才由腓尼基人创制的拼音文字无法追溯到上古时期的历史事件，致使欧洲人连大约 4000 年前在不列颠建立圆形石林或在克里特建立克诺索斯城的文化背景都模糊不清。某些持"西方文化中心论"和"西欧种族优越论"的学者往往认为，西方文明源于闪族和雅利安族，并特别把雅利安族作为西方文明的原动力。其实，这些游牧民族根本不可能建造人类的任何文明。欧洲文化开端于古希腊、罗马、日耳曼和希伯来人的民族传统是毋庸置疑的，欧洲文化只能是一种次生态的文化群落。恩格斯在《家庭、私有制和国家的起源》中说："希腊人，在他们出现在历史舞台上的时候，已经站在文明时代的门槛上了；他们与上述美洲部落之间，横着差不多整整两个很大的发展时期，亦即英雄时代的希腊人超过易洛魁人两个时期。"[1] 希腊人的历史记忆正是从他们的"英雄时代"开始的，在这之前的历史已经湮没在神话故事里。在荷马史诗《伊利亚特》、《奥德赛》等文献中记载下来的仅是父系氏族公社解体时的战争记忆，这些英雄时代为个人荣誉而报复和复仇的恶的链条构成了欧

---

[1] 《马克思恩格斯选集》第四卷，北京，人民出版社，1972，第 95 页。

洲人潜意识中的文化情结。希腊悲剧中的英雄人物先是迈出自信而成功的步伐，而最终又沿着同一条路不可逆转地走向沦落，这注定了欧洲的西方文明迅速兴起的智慧和辉煌，并在辉煌之后再吞食自己酿造的苦酒。在 20 世纪欧洲爆发的两次世界大战，在某种意义上都可以看作这种父系氏族公社文化解体的噩梦在历史现实中的再现。欧洲人善于从理性的高度搜寻宗教和神话中的文化基因，并将它引入哲学领域，从而在悲剧中追求再生的智慧和美感。欧洲在近代的"文艺复兴"运动虽然仅能返回到古希腊、罗马时代去寻根，但也使西方文化将多种文明精华凝聚在一起，其中包括古希腊的理性逻辑思维方式与由此形成的自由、民主、科学传统；古罗马的公民身份观念和政治法律制度及由此形成的法治传统；希伯来人的宗教信仰及由此形成的基督教伦理价值观念。基督教的上帝是以人为中心的，于是人权思想始终是欧洲文化的核心。加尔文教派激发的勤劳、节俭、诚实、纪律等清教徒伦理价值观念，使资产阶级勃然而兴，现代科学技术成为改变人类命运的主导力量，西方文化走向辉煌就有了历史的必然性。基督教的"人类中心论"观念和征服世界的欲望又为西方文化隐藏下生态破坏和盛极而衰的忧患。基督教中耶稣化身的观念远不能弥补氏族社会原始宗教中先民对神灵的敬畏和天人交通的情结，耶稣是一位历史人物，半人半神的化身终究是以人为主体的。特别是达尔文进化论"物竞天择、适者生存"的学说使人们很难相信《圣经》里上帝造人的说教，基督教里的神学论断都无法经得起现代科学的验证，西方文化被拦腰斩断了，文化整体中的科学主义要素和人文主义要素分离了，剩下的爱情、暴力、死亡、殉难、色欲、悔罪、科学幻想等主题同历史根基脱节，只能诱发现代人的悲剧悬念和危机意识。当代充满列强竞争威胁的国际局势迫使欧洲人渴望在不损害各自民族独立性的原则下建立起一个统一的强大欧洲，然而今天的欧洲文化已缺乏如此巨大的凝聚力和同化力。以欧洲价值观为主流的西方文化有两大弊端，其一是"唯物至上"和"科技至上"，此为"法执"；其二是"自我中心"和"人类中心"，此为"我执"，而"法执"和"我执"必然限制欧洲人达到"道"的最高境界。好在欧洲人不乏反省精神和危机意识，欧洲文化中也蕴藏着一种弃旧图新的创造欲和实证主义的科学探索动力，能够不断追寻新的解释系统。欧洲的现代文化是在城市化和世界贸易的浪潮中形成的，欧洲的思想家大多具有立足全人类的开阔胸襟，他们迟早会发现中国的道学文化中有他们寻根回归最渴望的文化源头，并由此唤醒欧洲人对自己古老母系氏族原始宗教文化的历史记忆。

俄罗斯文化虽然源于1100年前东斯拉夫人的农村公社，然而很快败落并被蒙古的游牧文化所收服，自15世纪才从莫斯科公国的农业文明经过近两个世纪的侵略战争越过乌拉尔山扩张到西伯利亚，形成沙皇俄国的殖民文化。彼得大帝的西方化是以伤害俄罗斯境内各民族的传统文化为代价的，他以铁腕政治手段奠定了俄罗斯文化的特色，也埋下了俄罗斯文化中"分裂"的种子。由于俄罗斯文化中的东方集权、专制主义基因和引进的西方价值观相互角力，造成俄罗斯文化缺乏理性、好走极端、因循守旧以及在东西方文化之间摇摆的特征。因之俄罗斯文化与其说是欧洲文化，不如说是"面向"欧洲的文化，或者是"面向"西方（含美国）的文化。当西欧国家在海外大肆攫取殖民地的时代，俄罗斯却向周边国家疯狂扩大自己的版图，在短期内建立了一个以军事实力为支柱的横跨欧亚大陆的超级帝国。近世以来，俄国的科学家、哲学家、文学家、思想家的学术造诣比西方先进国家毫不逊色，并同美国进行了长达半个多世纪的政治、军事、科技的全面较量。实际上，俄罗斯人就是以同西方强国的较量作为生存动力的，且隐含着某种追求强权政治和误入军国主义歧途的危险。生长在如此辽阔疆域里的俄国人很难避免文化上的沙文主义扩张情结，并滋生出对全世界的强烈控制欲，他们对周边国家存有恒久的对立和猜忌心理，并在潜意识里埋藏着对"分裂"的恐惧，这就是俄罗斯近世演化定型的"文化基因"。斯大林的文化专制主义在苏联横行是俄罗斯多民族共同的文化大厦苦苦支撑的必然结果，它使俄国各民族异质文化的根基逐渐枯萎且相互联系更加脆弱，俄国人就是在这样一种巨大负担和张力中挣扎着生存。如果有一天俄国的思想家从老子的《道德经》得到启示，让俄罗斯各族人民找回自己的文化传统，丢掉以前匆匆捡起的历史包袱，他们才会享受到真正和平、幸福和自由的生活①。

美国和加拿大同属北美洲文化圈，都是一种移植的再生态的文化群落，但二者的发展模式却日益出现较大的反差。美国的文化是从欧洲移植来的，但在美国再生的欧洲文化却比欧洲本土的文化群落区别甚大。从欧洲和世界各地移民来的美国人很像处在同一个车厢里的旅客，他们到美国是来淘金的，随身携带的仅是最必需和最实用的文化要素。他们为了实现自己的"发财梦"在较为公平和相似的起点上奔跑，投入社会利益的激烈竞争之中。这种相同的社会背景和奋斗目标必然迫使各种异质文化产生巨大的趋同性，导致世界各地不同文化背景的人到美国后在价值观、伦理观、生活习惯诸方面突然变得惊人地相似。美国人创造了一种多民族的人群重新聚合的新模式，并将这些移民到新大陆后脱离传统的拘束、自由放任、个人主义、实用主义、物质主义、冒

---

① 参见〔美〕欧文·拉兹洛编辑《多种文化的星球》，北京，社会科学文献出版社，2001。此书"俄罗斯文化和东欧文化"一章由俄国学者谢尔盖·埃夫林采夫执笔，观点与本文相近。其中北美文化、非洲文化、欧洲文化等诸节，亦可和本文互参。

险发财、萍水相逢的人际关系等种种社会心理要素演变为"文化基因"积淀到美国文化的深层。美国总统华盛顿在立国之初即集西方政体之精华创建了优秀的政治文化，给美国经济和科学技术的发展提供了自由、公正、宽松的社会氛围，知识分子的人格尊严得到法律的保护，使世界各地的学术精英人才齐集美国，世界科学和教育的中心也从欧洲转移到美国。美国集中了欧洲文化的某些精华，使美国经过220多年成为世界上国力最强的唯一超级大国；美国又把欧洲工业文明的弊端积累到顶点，这些弊端使美国的优秀政治文化逐渐变质。美国犹如一个大熔炉，它把来自不同社会背景的人都推向个人奋斗追逐财富的战场，市场竞争的经济规律取代了各种神圣教条的传统权威，宪法和政治制度保障了每个美国公民不尊重传统的自由，物质成就标志着美国人的荣誉。美国文化在历史演变中已经形成一种较为固定的模式，丧失了昔日新大陆移民文化的灵活性。特别是二百多年来形成了足以控制全国经济命脉的金融寡头和百年来热战和冷战催生的军火商集团利用美国民主社会的自由空间成长为足以威胁人类生存的巨兽，集中了资本主义世界最邪恶的劣根性，变成美国政治中不受理性控制的主宰力量，这就给全人类埋下了灾难性的祸根。美国强大的科技优势和雄厚的国力使他们对其他民族的价值观念和劝告不屑一顾，蓬勃兴起的媒体以其颇具威力的形象语言对美国社会发起一波又一波的冲击，使美国人只好跟着感觉走，生活在媒体的虚拟空间之中。美国没有欧洲那样深厚的文化根基，美国人显得比欧洲人思想偏狭，太迷信自己的实力特别是军事实力，他们有主宰世界的雄心和实力却没有主宰世界的气量和胸襟，他们相信美国人的生活方式和价值观念都是世界上最好的，美国的利益压倒一切。美国人的家庭、社区都不稳定，国内各民族的文化中也隐含着分化的因素，因之美国人越来越需要保持社会的张力，喜欢每年都发生惊人的事件或制造社会热点，整个美国在金融寡头和军火商利益集团的操纵下越来越沦为非理性的"经济动物"，他们在媒体的炒作下很容易误入歧途。美国人迅速积累的财富和高消费的生活模式早已把加尔文派清教徒的精神丧失殆尽，以"美元"为世界通用货币聚敛财富的虚拟经济也日暮途穷，他们的致命弱点就是自以为太强大了。老子《道德经》云："强梁者不得其死。"（42 章）美国人也许注定要把昔日善于汲取世界各异质文化百家之长的自由、民主、宽容、和谐的天堂留给北方的邻国加拿大，宁可自己去下地狱。

这里顺便补述英国和日本独具特色的海岛民族文化。英国和日本无疑分别属于欧亚大陆文化圈，并同欧亚大陆国家的文化根基血脉相连。然而由于这两个民族世代生存在海岛上，都具有某种原始的海盗文化基因。这种海盗文化基因使它们做着恒久的登陆梦和抑制不住对外掠夺、扩张的欲望，却势难以危害邻国为代价而独存。因为它们的命运始终是和欧亚大陆捆绑在一起的，只有向大陆文化归根才能获得安全感。在历史上，它们可以从容不迫地接受欧亚大陆先进的传统文化，而不必担心游牧民族的侵略等因素中断自己的文化传统。英国没有经过法国大革命的历史阵痛，却以和平的维新道路建立了现代国家。日本也同样以维新变法的道路成功地建成军事强国，它又在美国占领军的强制下一度在表皮层次割掉了儒家文化家长制官僚政治的毒瘤，这和中国近百年拖泥带水的社会革命道路很不相同。这说明英国和日本的海岛文化有着得天独厚的优势，当它们和欧亚大陆的母体联系在一起时，则作为较大陆民族成功汲取世界异质文化的交汇地享尽文明开放的风光。然而，当它们自外于欧亚大陆的民族传统文化，试图斩断自己母体的文化根基向强势的美国文化靠拢时，却只能充当美国文化的附庸。进一步说，促狭剽悍的日本武士毕竟不同于雍容华贵的英国绅士，也缺少德国日耳曼民族宽宏刚强的文化气质。英国是具有原创性文化基因的欧洲国家，且早已在美洲、澳洲实现了登陆之梦。德国在重复了两次世界大战的磨难和反省之后获得了新生，重新赢得民族精神的尊严。日本犹如清代小说《镜花缘》里的两面国，它那些嫁接杂交的文化基因在近代被分割为菊与刀、羊和狼、东方与西方的两张面孔，需要不停地从外部输血才能维持强势的生命力。日本文化缺少儒家"仁恕"和道家"三宝"（慈、俭、不敢为天下先）的善根，它登陆中国和朝鲜后烧杀、奸淫、抢掠，造下无边恶业，这是不能没有因果报应的。马克思在《路易·波拿巴的雾月十八日》中指出："黑格尔在某个地方说过，一切伟大的世界历史事变和人物，可以说都出现两次。他忘记补充一点：第一次是作为悲剧出现，第二次是作为笑剧出现。"[①] 幅员窄狭的日本是世界上唯一品尝核弹苦果的国家，如果日本的战争狂人情不自禁地执意再次在亚洲充当核大战的马前卒，其命运注定要被幅员辽阔的核大国当作交易的筹码或人质。日本爱好和平的人们应该警觉，不要被战争狂人将整个民族牵入万劫不复的历史因果链条之中。毋庸讳言，日本民族性格的偏颇源于其文化基因的缺陷。盖因日本接受的中国文明不是先秦老庄、孔孟的道儒文化，而是没落僵化的宋明儒学和佛学。日本在近代一直缺少喘息修养的和平时期以建构牢固的文化根基，就又匆忙汲取了西方侵略争霸阶段的帝国主义文明。其实美国出于实用主义政治私利对日本天皇官僚体制动的民主手术并不彻底，反而埋下了天皇官僚政治癌细胞扩散和复仇的隐患。日本文化正因为根基不牢才容易实现"脱亚入欧"的转变，而"脱亚入欧"的日本更需要寻找自己的文化根基重铸民族之魂。

拉丁美洲的土著人曾于4000年前就种植玉米和土豆，那里也是使用象形文字和货币的玛雅人和阿兹特克人的故乡。16世纪欧

---

① 《马克思恩格斯选集》第一卷，北京，人民出版社，1972，第603页。

洲人的入侵彻底改变了当地的种族构成，天主教的传播也造成当地社会断层，使这些杂交繁殖的多种族后裔模仿了欧洲的工业文明。但在这种再生态的文化群落中美洲人的传统文化并没有真正被斩断，他们仍然要求保持自己的民族独立性反对盎格鲁－撒克逊人的泛美主义。

当欧洲殖民者来到非洲时，与拉丁美洲相似，那里的一千多个部落还生活在充满原始宗教神灵观念的氏族社会之中。殖民者按欧洲模式在非洲推行城市化，贩卖黑人农奴到美洲，传播基督教和犹太教，阿拉伯人的伊斯兰教19世纪也在非洲取得统治地位。非洲的土著文明缺少民族凝聚力，高生育率的人口增长和无休止的内战使非洲本土文化受到伤筋动骨的破坏，当代非洲人正从这种模仿欧洲工业文明的再生态文化中寻找一种泛非洲主义的"黑人的传统"。

阿拉伯文化是一种次生态的宗教文明，尽管阿拉伯地区包括古埃及、巴比伦等原生态文化的发祥地和阿拉伯商人来往贸易的多种文明地区，但阿拉伯文化的特色还是公元7世纪穆罕默德创立的伊斯兰教奠定的。应运而生的伊斯兰教是灾难深重的阿拉伯人与命运抗争的精神武器，也是他们克敌制胜、死而复活的生命线。阿拉伯文化是一个善于学习的开放系统，具有较强的生命力、凝聚力和同化力，阿拉伯语和伊斯兰教是阿拉伯文化的标志。近代阿拉伯文化也是一种"面向西方"的文化，它的致命弱点并非跟不上时代，而是伊斯兰教内部教派的分立和民族分裂，这使他们在西方列强的军事实力面前很难摆脱屡受屈辱的命运。

南亚文化圈是多种族、多宗教的汇聚地，印度人的印度教、斯里兰卡人的佛教和巴基斯坦等国的伊斯兰教影响久远。印度河谷文明是世界上古老的原生态文明，古代先民遗存下来的彩绘陶器和有象形文字的铜币标志着这种史前文明的发展水平。3200年前移居印度次大陆的雅利安人也为当地宗教文化的发展做出贡献，

《梨俱吠陀》保留下不少南亚文化的历史信息。然而一批批的移民浪潮和异族文化的入侵早已使这种原生态的文明中断，古老的象形文字及其语言也没有遗存下来。印度次大陆遗存的宗教文化缺少中国原生态世俗文化的历史观念，也不同于氏族社会先民自然发生的原始宗教，尽管其中隐含着不少先民的文化基因，但仍属于次生态的文化群落。16～19世纪从欧洲移植的工业文明，使印度人从语言、文字、价值观念、思维方式上都西方化，整个印度文化又演变为再生态的文化群落。印度再生态的殖民文化和美国再生态的移民文化不同，印度民族本来有自己浓厚的文化传统，伤害自己的传统去移植新的异质文化，这使印度的再生态文化不但削弱了来自本土历史源头的创新动力和民族凝聚力，而且造成在西方与本土之间摇摆的文化两难困境。

三

中国历史上每当民族危难之际，为君权政治所利用的儒家文化都被迫向道家文化汲取生命力，至宋明时期的新儒学达到高峰，而后逐渐僵化，失去同化异族的活力。然而这期间中国的火药、指南针、造纸、印刷术、炼金术等发明相继传入西方，终于使欧洲告别黑暗的中世纪，在15世纪迎来了"文艺复兴"的曙光。15世纪下半叶，西方文化开始从自己的文明源头（古希腊文化）中汲取力量，由此进入了一个文化创新的时代。正如恩格斯在《自然辩证法》中所说："这是一次人类从来没有经历过的最伟大的、进步的变革，是一个需要巨人而且产生了巨人——在思维能力、热情和性格方面，在多才多艺和学识渊博方面的巨人的时代。"[①]人类自站立行走200万年，大约到八千年前才进入文明社会，然而

---

① 《马克斯恩格斯选集》第三卷，北京，人民出版社，1972，第445页。

在欧洲"文艺复兴"之前，人类的活动对自然界几乎没什么威胁，人类是和自然界融合为一体共同发展的。欧洲 15 世纪"文艺复兴"以来，人类增强了作为自然界主人的意识，开始以自己创造的文化与自然界的造化争权。加尔文的宗教改革为社会发展输入了动力，新兴的资产阶级登上历史舞台；麦哲伦的环球航行，哥白尼的太阳中心说，伽利略、开普勒、笛卡儿、牛顿、拉瓦锡等科学巨星的出现使人类逐步洞察自然界的奥秘。17 世纪弗朗西斯·培根提出"知识即权力"的口号，认为人类社会进步的标志就是以科学的力量认识世界和征服自然界。从此西方文化在以工业化、城市化、信息化为标志的现代化浪潮中逐渐形成一种信念，即认为大自然的资源是取之不尽的，人类在征服自然中可以获得无限增长的财富，这种"社会进步"不可停止，科学发展没有极限，工具理性是万能的。19 世纪以来，现代科学开始成为历史发展的杠杆，社会达尔文主义的思潮在西方文化中成为主流意识，人类和自然界的对立加深，大自然的不同物种，人类的各色种族都被推上相互残杀的战场，都要受弱肉强食的生存竞争规律支配。

中国的情形则不然，儒家文化一直保持着敬天、畏天、靠天吃饭的传统，自朝廷实行宋明儒学的文化专制主义之后，父权家长制的专制政权日益封闭和腐败，至 19 世纪在世界列强眼中已被视为可以任意欺辱和宰割的羔羊，中华民族在近代史上饱受丧权辱国之痛。此后中国知识界的精英在落后挨打的残酷事实面前以为救亡之路在于仿效欧美或苏俄，愤而把《天演论》的社会达尔文主义引入中国，"物竞天择、适者生存、优胜劣败、弃旧图新"的口号响彻云霄，成为中国迈向现代社会启蒙思想的主旋律，高扬一种砸烂旧世界、打倒"阶级敌人"、战天斗地的斗争哲学。这些社会精英人物大都把中国人的愚昧落后归咎为中华民族文化的丰厚和中国社会历史传统的顽固，于是在中国重复西方 18 世纪启蒙思想家的历史使命，叫嚣要废除中医，消灭"宗教迷信"，扔掉旧典籍，废除汉字，不读中国书的言论，甚至不讳言要继承秦始皇的"焚坑事业"，对中华民族的传统文化进行自阉式的摧残和破坏。

事实证明，一个民族要同另一个民族的异质文化进行交流，首先需要的是保护好本民族文化的根基，以本民族文化中可通约的成分引进这种异质文化，并在双向交流中提炼和净化本民族文化的精华。两个民族间异质文化的交流不同于文化侵略，真正的文化交流是一个双向互动的过程，是一个以本民族传统文化的精华汲取和融汇外来文化精华的深层创新过程。那些崇拜外来异质文化的民族以简单模仿的办法急于引进先进的外来文化，结果往往适得其反，它们引进来的并非希冀已久的文化精粹，而常常是将外来的追求感官刺激的浅层文化甚至将那些流弊无穷的文化垃圾首先请进门来，从而毒害和腐蚀青年一代的灵魂。在魏晋南北朝时期，印度佛教由道学文化接引进中国，中间经过判教时期、译经时期，直到唐代创立出具有中国特色的禅宗，应属中外文化交流史上成功的范例。近百年来中国文化和西方文化相互冲击、交流的历史，显然比古代引入佛教要更加波澜壮阔，深入到国计民生的所有层面。然而仅就引进西方文化的精粹而言，中国对西方文化的汲取还只相当于历史上接引佛教的判教阶段和译经阶段，西方文化的经典著作尚未进行系统完整的翻译，多数中国人对西方文化的精华还不熟识，当然西方人对中华文明的了解就更肤浅了①。在当代

---

① 余英时：《论士衡史》，上海，上海文艺出版社，1999，第71页。余英时认为，佛教来华可分三个阶段，自汉末至4世纪末，为"格义"阶段；自鸠摩罗什401年在长安译经，至玄奘、义净、不空等系统翻译佛典，为译经阶段；从隋唐至宋代形成天台宗、华严宗、禅宗，再到宋代儒学，为佛教中国化的阶段。他断言西学输入中国，至今"实在还没有脱离'格义'的时代"。有关西方学术思想的经典，"我们却始终没做过大规模有系统的翻译工作"。

全球一体化的大趋势下，我们集古今中外文明之精粹创建有时代精神的新道学文化，实际上就是由此完成中西方文化交流的历史任务，将黄色的东方高原农业文明和蓝色的西方海洋工业文明融会为绿色的自然生态文明。只有新道学的绿色生态文明才是全人类未来的普世文明。

20世纪以来，西方社会以工业化、城市化、信息化为标志的现代化浪潮席卷全球，终于形成全球一体化的大趋势。西方文化被移植到美国，逐渐脱离开欧洲的传统，增加了实用主义、物质主义、个人主义等急功近利的文化要素，成为追逐高科技、高财富、高消费，依仗军事力量争夺世界霸权的"工具理性"文化。美国以其超级强国的经济实力、军事优势、话语霸权、科技水平，成为向全世界推行西方文化的"火车头"。美国人豪华暴富的生活方式和利己主义的价值观念也成为地球上落后国家和贫穷人口梦寐以求的目标。因之，当前世界的全球一体化趋势，实际上是全球美国化的趋势，是以欧美为中心的西方主流文化统治全球、蹂躏世界、征服自然的大趋势。西方的主流文化以其弱肉强食的社会达尔文主义发展观，以其唯物主义机械论的宇宙观，以其工具理性万能、掠夺大自然的科学主义文明观，以其聚敛财富、贪得无厌的物质主义价值观，以其相互竞争、优胜劣败的个人利己主义、享乐主义的人生观，导致了全球性的生态危机、环境污染、资源枯竭、臭氧层破坏、气候异常、人口爆炸、灾病流行、恐怖犯罪、贪污腐败、战争危险等直接威胁人类生存的恶果。当全人类刚刚跨入21世纪之门时，美国发生了震撼世界的"9·11"事件，美国系统科学家欧文·拉兹洛（Ervin Laszlo）在2001年出版了他的新作《巨变》。[①] 拉兹洛将整个地球的自然生态、社会人文

---

① 〔美〕欧文·拉兹洛：《巨变》，杜默译，北京，中信出版社，2002。

诸基本要素看作一个相互制约的超巨系统，当这个超巨系统的诸多基本动力学要素被其变化的积累效应达到难以承受的极限时，整个系统就会陷入一种无序的混沌状态。根据系统论的非线性混沌动力学理论，这种基本动力学要素临到极限的混沌状态是不稳定的。当系统中出现"灾难性的分歧点"（catastrophic bifurcation）时，系统变得异常敏感，一次偶然事件就会诱发整个系统的"巨变"（macroshift）。拉兹洛断言这一巨变过程共分为四个阶段，即启动阶段、转型阶段、混沌阶段、瓦解阶段或突破阶段。

1860～1960 年，科学技术的发明和创造极大地增加了人类的社会生产力，人类靠掠夺自然资源创造了大量财富，这种以人类自我为中心的生产方式和生活方式构成对生态环境的威胁和破坏，启动了这次巨变。1960～2001 年，人类靠高科技极大地提高了生产效率和耗费自然资源的速度，人口急剧增加，以工业化、城市化、信息化为标志的现代化浪潮催生了全球一体化的大趋势，这是"巨变"的转型阶段。在全球一体化的转型阶段，美国人追逐高科技服务与生产的发展观和穷奢极欲的高消费生活方式成为全世界向往的样板。"现代化样板"的力量是巨大的，它会在全球触发剧烈的趋同效应，人们普遍增长的贪欲可以迅速粉碎各种世代相传的优秀民族传统，把所有人种都调动到贪得无厌、相互拼杀的战场上来。实际上，高度信息化的社会是民族传统最易断裂的时代，老一辈人看作是根深蒂固牢不可破的东西，在接受现代西方教育的年轻人眼里却弃如敝屣不屑一顾。高消费的生活模式足以摧毁任何渴望现代化的文明古国的历史根基，使一些发展中国家迅速两极分化、出现特权阶层（或既得利益集团）并在腐败堕落中病入膏肓。当中国、印度等人口大国都以美国为样板发起快速冲击时，全球现代化的浪潮就离"巨变"的临界点不远了。人类掠夺大自然的活动迅速改变了地球的面貌，连空气、阳光、饮水、食品、药品都被污染，人类的生存质量和安全感以及都市、乡村的可居住性都在降低。21世纪初，人类在歌舞升平的自我陶醉、钩心斗角追逐财富的繁华之梦中迎来"巨变"的混沌阶段，拉兹洛预言这一阶段仅短短10年时间。2001～2010年，随着人口猛增及现代化的加速使人类对地球各类资源的需求日益提高，而地球的自然资源在人类多年持续掠夺下临近枯竭，生态环境急剧恶化。在这10年间，人类对地球资源需求上升的曲线和自然生态供给下降的曲线终于会相交，现代化的负面效应达到饱和的极限，全球社会进入不安定的骚动期，情况近似复杂超巨系统达到稳定极限时的混沌状态。拉兹洛写道："到了21世纪第一个十年时，由于政治范畴的冲突、经济范畴的脆弱性和金融范畴的不稳定，以及气候和环境恶化的种种问题所引发的高度紧张，会使得社会进入巨变的'混沌跃进'期。""21世纪初期的混沌，不是趋向于可维持的全球性平衡，就是导致地方与全球性的危机和随之而来的瓦解。我们如何在我们的文化和意识里理解、内化这些事情的轻重缓急、价值观和企求，即决定了我们要走哪一条路。"① 人类的命运受地球上自然环境、社会历史和文化传统的制约，同时又需要人类自己创造。混沌阶段是接近复杂系统发生突变的临界状态，也是人类命运的"关键决定时期"，此后人类社会真正的"巨变"就会到来。要么引发大灾难、大破坏、大瓦解，要么引发大突破、大转型、大飞跃，这都要看人类是否能获得一种大智慧来掌握自己的命运，学会操纵地球船的航向，跃迁到一种更高的文明时代。人类如果沿着西方文化的主流价值观走下去，就会进入"瓦解阶段"；如果在西方文化的价值观上发生一场新的"意识革

---

① 〔美〕欧文·拉兹洛：《巨变》，杜默译，北京，中信出版社，2002，33～34页。

命"，完成新价值观的文化转型，就会进入"突破阶段"。人类是要生存下去还是等待自我毁灭，这种生与死的抉择取决于今后能否寻找到一种使全人类都能生存下去的自然生态文化。在巨变到来之前，人类是可以选择自己的命运的，人类的命运决定于全世界对 21 世纪文化战略的抉择。

在中国，由于现代化起步较晚，还没有达到欧美国家现代化水平的临界点，因之至今我还不认为已经进入了拉兹洛所谓巨变的混沌阶段，大概"9·11"事件也不能看作美国进入混沌跃进期的标志。由于近些年各国政府对保护地球生态平衡已有某种程度的自觉，我以为人类至少还有几十年时间为新文化的创立和传播做准备。然而，面对全球现代化潮流的巨大惯性，所差的仅是巨变发生的时间早晚而已。目前全球人口已达到 65 亿，而且还在猛增。饮水、空气、土壤等自然资源被污染、破坏并不断退化。城市的各种废弃物在成倍增加，每年把数十万种有毒物质排注于土地、河流和海洋中，把数十亿吨有害气体释放到空中，使得水、陆地、空气中的辐射量大增，反过来污染动植物等饮食资源并毒害人类自身。全世界每年失去 500 万~700 万公顷的农业用地，森林被大量砍伐，土壤不堪承受人类活动的压力被毒化、贫瘠和荒漠化，江河断流，野生动物和各类珍稀物种日益灭绝，预计到 2025 年全球 2/3 的人口将处于无法生活的状态。美国人口仅占全球总人口的 4.1%，却每年消耗全球能源总产值的 25%，如果全球人口都接近美国人的生活水准，那就需要四个地球的自然资源才能维持下去。美国的人均资源相当于中国的 6 倍，又依仗霸权采取各种手段获取世界的有限资源，却不肯承担抑制军备竞赛和限制环境污染等责任（如美国温室气体排放量世界第一却不愿在《京都议定书》上签字）。中国和印度的生态支撑能力都不足以效法美国人的生活方式与新自由主义的价值观，然而在高消费、城市化的浪潮中这两国"先富起来"的人在心灵上也早已物化，引导国人加速侵吞自己贫乏的生态资源。目前全球 1/3 的人口住在城市里，到 2025 年将会升高到 2/3，如此高度城市化的社会重负必然导致新的社会人文层次的弊端和危机，仅交通等社会公共事务中的故障和冲突以及层出不穷的犯罪就会使各类管理机构难于应付，这种过度现代化的社会是无法持续发展的。

　　地球上自然生态的危机必然导致人文生态的危机，自然生态的单一化也预示着人文生态的单一化。按照地球上各物种之间弱肉强食、自相残杀的社会达尔文主义发展观走下去，地球上将仅剩下一个国家、一个种族、一种语言、一类生物，然而人类在这样单一化的世界里是无法生存的。人们还没意识到人类已处在一个相互依赖、相互制约的世界里，昨日的敌人会变成今日的朋友，消灭了对手的同时也就随之消灭了自己。这种力图排除异己的单一化趋势不但会助长各国社会的无政府状态；使极端组织、邪教、贩毒集团、贪污腐败势力、金融寡头势力、军火商利益集团、投机冒险集团、暴力犯罪团伙、黑社会等在全球泛滥；社会道德的败落使各种人为谋取私利不断做出伤天害理、骇人听闻的恶行，还会出现凶杀、淫乱、诈骗、恐怖活动、政治颠覆阴谋、传染病、天灾人祸、饥荒等惨绝人寰的悲剧；直至加剧国家之间、民族之间、政党之间、教派之间的激烈冲突；甚至引发核大战，或者兴起移民风潮，打破国界，造成全球的无序状态。布达佩斯俱乐部的英国哲学家彼得·罗素（Peter Russell）说："从全球的视角看，我们的文明是一种疯狂的文明，是一种极具剥削性的文明。很难说我们对生物圈的影响是良性的。如果就这一问题举行全球公决，如果给每一物种投一票的权利，以决定是否允许西方文明延续下去，那么我想除了蟑螂和老鼠以外，几乎所有物种都会投我们的反对票，会有 99.9％ 的反对票：西方文明对地球一点好处也没有。

西方文明应该灭亡。""我的意思是，作为个体的人，我们不应该灭亡，但我们存在的现行模式应该灭亡，需要出现一种新型文化。"① 世界上众生的生存权利本来平等，人类某一种族的主流文化危害众生的生存权利，不但会失去其延续的合法性，而且终必危及自身。拉兹洛说："这就是大自然处理问题的方式。如果一个物种自己变成了瘟疫或癌症，它就到达了一个关卡，这个关卡会阻止它的繁衍，或促使它集体自杀，就像旅鼠那样。"② 如果有一天人类因核大战、环境污染、灾疫饥荒等原因像恐龙那样灭绝，大概只有老鼠能超量繁殖统治世界。然而如果人类继续破坏臭氧层，紫外线可以杀死陆地上露天活动的一切生物，甚至连老鼠也难幸存。宇宙的未知世界越来越向人们透露，宇宙是一个有灵性的统一体，是一个亚原子过程的整体网络，是一个信息的整合场（意识场）；物质、能量和精神，生命和无生命，动物和植物，本来就是一个密切相关的统一体，它们都是由道创生而来的，人为地片面加速某一物种的变化必然引发整体变化并招致大自然的报复。人类是最有灵性的物种，在地球生态大劫难即将来临之际，其先知先觉者必能迅速感悟到危险的存在，并在集体无意识中警告人类为开创新文化提供动力。

新文化运动的巨大创造力往往蕴藏在它起始的源头之中，这是一条激发"意识革命"或"文化转型"的客观规律。真正的文化复兴或启蒙运动，如同欧洲 15 世纪后期的"文艺复兴"运动那

---

① 〔美〕欧文·拉兹洛、斯坦尼斯拉夫·格罗夫、〔英〕彼得·罗素著、欧文·拉兹洛整理编辑《意识革命》，朱晓苑译，北京，社会科学文献出版社，2001，第 130～131 页。
② 〔美〕欧文·拉兹洛、斯坦尼斯拉夫·格罗夫、〔英〕彼得·罗素著、欧文·拉兹洛整理编辑《意识革命》，朱晓苑译，北京，社会科学文献出版社，2001，第 134 页。

样，都要到历史深处的母体中汲取力量。当前，西方文化的转型和再次复兴已无法重新回到古希腊、罗马时代去寻根，而是要到更古老的母系氏族公社原始宗教文化中去汲取力量。这是人类面临的"第二个轴心时代（the Second Axial Age）"，而且是比公元前一千年之内的"轴心时代"更为深远、更为彻底的"轴心时代"，是人类在生死攸关的时刻自觉拯救自己的"轴心时代"。中国发轫于母系氏族公社时期的道学文化，是世界上唯一遗存下来的最古老的生态文化，它不仅是中华民族文明的母体，也是全人类文明肇始的源头。道学文化不仅是属于中国的，也是属于全人类的，世界各民族异质的传统文化原来都是从道学文化的原点逐步嬗变和发展而来的。人类各民族要再创本民族传统文化的辉煌；要启动文化复兴运动和旧价值观的转型；要避免人类的生态大劫难；要迈进一个没有国界、没有政党、没有军队、没有战争、没有剥削压迫，人民依地域高度民主自治的大同社会，都必须向古老的道学文化复归。本来人类各民族的先哲在社会理想上都曾有过一种相似的大同社会之梦。从中国先哲的大同世界到柏拉图的理想国，从圣西门、傅立叶、欧文的空想社会主义到马克思的共产主义学说，都在向往一种没有阶级压迫，人性全面解放、全面发展的理想社会制度。这种社会理想实际上是预言人类社会必然在更高阶段上向原始共产的氏族公社民主制度复归。这种人类终极理想的社会即大同世界的德力社会，而道德社会的实现必须以新道学文化的传播为先导。今天推动人类进入大同社会的根本动力已不仅是生产力，不仅是经济或高科技，而主要是文化的革命，是新道学的创立。当今人类社会生产力发展的水平，如果都用于创造财富并为全人类造福，如果每个人都有高尚的道德观念对同类充满爱，这就足以使全世界所有人种都过上无忧无虑的幸福生活，足以使整个地球都进入自然、和谐、生态平衡的道德境界。然而由于世界各民族在相互残杀的社会达尔文主义潮流驱使下，人类创造的巨大财富大多内耗在对付自己同类的冲突上。现代科学被用来制造和储存可以摧毁地球、灭绝人类几十次的核弹和生化武器；各国都花费大量金钱建设军队、警察、监狱和法庭；政府不惜用人民的血汗钱供养庞大的官僚阶层，而官僚们却用手中的特权压迫人民；数量不少的人为了满足个人私欲从事贩毒、抢劫、诈骗、贪污、杀人等危害社会的犯罪恐怖活动。世界列强都想以消灭竞争对手来保护自己的安全，然而残酷的生存竞争反而使他们感觉更不安全。生产力的发展和财富的增加不能满足人们的贪欲，科学主义和工具理性万能的浪潮反而更加蒙蔽了人们的良知和扭曲了人类的天性。爱因斯坦说："只要各个国家有计划地继续备战，那么恐惧、互不信任和自私自利的野心就会再次导致战争"。"但愿废除当前国际无政府状态不必由一次自作自受的世界性灾难来实现，这种灾难的规模是我们无法想象的。时间是太短促了，我们要行动，就必须立即行动起来。"① 在世界各种异质文化中，仅有新道学文化是消弭战争和恐怖犯罪的文化，是化解冲突的双赢的文化，是保护自然生态的文化，是给 21 世纪的人类前途带来光明的文化。我们要立即行动起来，在全球范围内掀起一场文化革命，破除旧文化戡天役物、弱肉强食、相互残杀的价值观，把新道学文化传播到全世界。

四

"文化"和"文明"的区别在于"化"和"明"的不同："化"是变化，文化永远是一种开放的动态有机系统；"明"是智

---

① 爱因斯坦：《爱因斯坦文集》（第三卷），北京，商务印书馆，1979，第32、262 页。

慧，文明本身就是人类理性认知状态的创造物。各种族非理性的宗教信仰、生存欲望、不同的社会环境迫使该群体形成的生活习俗和心理定势等出现差别，致使各种族内部的共同生活经验愈差愈远，于是形成不同的传统文化。人是文化的动物，宗教是文化的灵魂，而理性则是文明的标志。这些种族以各自的共同生活经验形成不同的思维方式，又以各自的思维方式进行理性创造，出现不同的语言、文字、文学艺术、科学、哲学、社会伦理价值观念乃至经济和政治制度，这就形成不同的文明。各民族异质文化之间的相互交流是必然的，世界上自古至今还找不出一种传统文化是没受过外来影响的。各民族的内部共同生活经验形成各自传统文化的民族性，它们相互交流的发展变化过程又使各民族的传统文化都具有时代性。各民族创造的文明实际上是其民族文化随时代发展的产物。各民族的文明活动及其发展变化过程的轨迹形成不同的历史，历史不仅表征着过去，也命定地深刻影响着各民族的未来。

理性思维和制造、使用工具大概是类人猿进化成人最原初的必要条件，以美、欧为核心的西方文化将人类原初的工具理性发展到极端，反而忽略了人类的价值理性和社会正义问题。西方的基督教文明信仰创造万物又高出万物之上的唯一神——上帝，使人以上帝的意志将地球上的万物作为统治和征服的对象，这种人与宇宙万物二元对立和统治世界、唯我独尊的权威感给人类带来巨大成就的同时也给人类社会造成生存危机。《圣经·创世纪》奠定了西方文化"人类中心论"的特征，它认为人类是上帝按自己的形象造出的，并代理上帝统治世界。上帝要求人类"你们要多生子孙，让他们充满大地，制服大地"。《旧约·摩西十诫》更以严格的一神教信仰排斥和消除了人类宗教信仰的多种神灵，上帝成了人类主体主义、价值本位主义乃至侵略性的权力意志主义的偶像，是为战争的双方服务的象征性符号标志。特别是西方 18 世纪启蒙思想家发起基督教神学的世俗化过程，不仅使上帝濒临死亡，而且使神灵从一切存在领域被驱逐。马克斯·韦伯所描述的基督教文化对自然界的"脱魅"（disenchantment）或"去神圣化"（desacralization），使传说中的各种精灵都销声匿迹，森罗万象、生机勃勃的自然界由此失去神圣性，变成没有情感的纯粹实在的"运动着的物质"。科学将自然界的各种生命活动都当作物质运动进行数学化、符号化、程式化、实证化的处理；宗教和哲学也在"去神话化"（demythologization）中接受唯物论理性思维的审判，自然界从而失去了独立存在的价值。基督教神学世俗化的"脱魅现象"使上帝只关心人的灵魂得救，而忽视了人的肉体和宇宙中的亿万生灵，人代替上帝成了宇宙的主人。这样，以资本为原则的西方基督教文化演变为一种以人的权力意志为主体的文化，地球上的生命都成了人类的"奴婢"，而整个地球也沦为人类创造经济增长神话的原料库和制造厂。人类对科学技术和工具理性的崇拜使之变成神圣不可侵犯的拜物教，人类本身在追求利益至上和资本的扩张中也被迫机器化和工具化，科学技术作为意识形态终于实现了对人的统治。人和自然的疏离导致地球的生态危机和能源危机，与之相伴而来的人和人之间的疏离则导致社会的精神危机和心灵变态。在整个社会日益市场化，人和人之间的关系日趋商品化的世界里，被异化了的人类也越加孤独和寂寞，从而造成"霸权主义"和"强权政治"在国际上的风行，这就难怪萨特（Jean-Paul Sartra）惊呼"他人是地狱"，霍布斯（Thomas Hobbe）甚至断言"一切人反对一切人"、"人是凶恶的动物，人对人像狼一样"①。人们不难看出，被资本无止境地推动着的西方基督教文

---

① 霍布斯：《利维坦》，北京，商务印书馆，1985，第 94 ~ 98 页。

明本质上就是一种最富有侵略性的"狼的文明"。

中国及其周边国家延续数千年的儒家文明和美、欧资本极权主义的"狼的文明"在历史、传统上截然不同，而是一种君主专制官僚政治体制下的"羊的文明"。儒家的"忠孝节义"、"三纲五常"几千年来造就了一种极为驯服和温良的国民性格，他们终年牛羊一般为供养官僚阶级而辛勤劳作，俯首听从官方舆论的教化不敢有异议，并时刻准备为"忠君"、"爱国"像羊一样去慷慨赴死。儒家文化自周公旦奠基开宗之时便是一种教化臣民维护君权的社会伦理型文化，周代将域内各州的州长称作"州牧"，即视管理百姓如驯牧牛羊的"牧民"之官。《礼记·曲礼下》云："九州之长入天子之国曰牧。"《逸周书·职方》云"王设其牧"，凡世守其国邑者，通谓之"牧"。人们不难看出，家长制官僚政治体制下的各级官吏不过是君主的"牧羊犬"而已。在这种官僚政治体制下，尽管历代开明君主不乏"为民"、"爱民"的承诺，但那充其量仅是孔、孟"王道"和"民本"思想而与现代"民主"观念判然有别；虽然在政权交替上也可由"世袭"被迫依尧舜古制"禅让"给新君主，但即使选定接班人的禅让制也和现代"宪政"体制根本不同。儒家"羊的文明"造就的是君权专制的"臣民社会"，而不是母系氏族公社人类最初的"公民社会"。鲁迅先生有言："中国的文化，都是侍奉主子的文化，是用很多人的痛苦换来的。"（《集外集拾遗·老调子已经唱完》）"专制者的反面就是奴才，有权时无所不为，失势时即奴性十足。""做主子时以一切别人为奴才，则有了主子，一定以奴才自命：这是天经地义，无可动摇的。"（《南腔北调集·谚语》）保护君主的统治地位和既得利益集团官僚政治的稳定历来是儒家"羊的文明"的重中之重，儒学及农、医、天、算等科学的发展皆是为了君权统治的大农业国的稳定，就连国人引以为自豪的陶瓷、雕塑、茶、酒、丝织、绘画等也大多是供帝王和贵族享受的奢侈品。家长制官僚政治体制最高统治者的眼光永远是向内的，政权稳定压倒一切，只要外来的狼文明不威胁他们的政权，羊文明就绝无向海外扩张殖民地和掠夺资源的侵略意识。中国版图的扩大皆是野蛮民族的狼文明不断被同化的结果，在封建王朝强盛时期的君主甚至把没受羊文明教化的边远地区和海岛视为"化外"主动放弃主权，连郑和七下西洋也不是为寻找殖民地而是短时期向外宣扬皇威，闭关锁国是羊文明自我保护的一贯政治理念。马克斯·韦伯在考察了大量文献资料后发现中国是一个"和平化的世界帝国"，孔子的儒教是"和平主义的、以国内福利为政治取向的"，"入世的、纯粹敬畏鬼神的"，没有"海外殖民地关系"的，"秩序的理性主义"。他说："静态的经济生活的压力，使得中国的战神从来无法得到像奥林匹斯诸神那么崇高的地位。中国的皇帝亲行耕作的仪式，他早就是农民的守护神，也就是说他早就不再是一位武士的君主了。纯粹的大地神话信仰从来就不具有支配性的意义。随着文官当政，意识形态自然地转向和平主义。"① 这一语道尽了儒学文化是"羊的文明"的本质。

中国的道学文化和儒学文化不同，虽然它也是激烈反对战争的"和平主义"文化，但它决不是任人宰割的羔羊，而是一种以弱胜强消弭战祸的世界主义文化。孔子见老子归而谓弟子曰："鸟，吾知其能飞；鱼，吾知其能游；兽，吾知其能走。走者可以为网，游者可以为纶，飞者可以为矰，至于龙，吾不能知，其乘风云而上天。吾今日见老子，其犹龙邪！"（《史记·老子列传》）老子是孔子心目中的"龙"，显然老子的道学文化，正是"龙的文化"。中国先民在母系氏族公社期间创造出龙的图腾，是中华民族

---

① 马克斯·韦伯：《儒教与道教》，南京，江苏人民出版社，1995，第32页。

原始宗教智慧的结晶。中文的"龙"（long）和西文的"飞蜥"（dragon）截然不同，龙是中华远古时代族群的遗传密码，是由中国各部族先民的文化基因融会编织而成的图腾。龙能大能小，能升能隐。大则兴云吐雾，小则隐介藏形；升则飞腾于宇宙之间，隐则潜伏于波涛之内，这充分反映了道学文化的特征。龙文化能偕时变化，包容异方，既能变为狼文明或羊文明，又能化为大陆文明或海洋文明，且能集中东西文化的优点于一身，体现了人类各民族的最高智慧。母系氏族共产制的原始公社是人类最初的"公民社会"，由此奠基的道家龙文化本质上是一种普世的文化。老子是中国的哲学之父，也是世界的哲学之父；老子是轴心时代中国的自由神，也是轴心时代世界的自由神；他的"安、平、太"的社会理想实际上是原初的"自由、平等、博爱"的学说。有趣的是，西方一些有敏锐洞察力的哲学大师，也早已预见到中国文明纠正西方文明弊端的作用。早在 20 世纪 20 年代，伯特兰·罗素（Bertrand Russell）在华讲演时说："我们文化的基础，是资本主义的产业主义。这种制度在早年的时代，虽然带进许多物质上科学上的进步，然而只能引到破坏的战争的路上去。""中国实含有这类的性质：有艺术的意思，有享受文明的肚量。缺乏这类的性质，暇豫就要变了无意味，中国将来引世界于进步的阶级，供给没有休息将发狂痫以亡的西方人民以一种内部的宁静，全赖在这点特性上。不特中国，即是世界的再兴，也要依靠你们的成功。"[①]汤因比（Arnold J. Toynbee）晚年也意识到，在原子能时代要把地球上的国家统一起来，传统的武力征服已很难做到。要避免人类集体自杀，和平统一是唯一的出路。他在 1975 年与池田大作的对

---

① 袁刚、孙家祥、任丙强编《罗素在华讲演集》，北京，北京大学出版社，2004，第 300～301 页。

话中说，将来在文化上"统一世界的大概不是西欧国家，也不是西欧化的国家，而是中国。"① 伽达默尔（Hans Georg Gadamer）在百岁高龄时也有类似看法。能够实现西方哲学家这种期许的，只能是道家"龙的文化"。

在第二轴心时代到来的时候，中国开一代学风的伟大思想家魏源、严复、胡适，特别是孙中山，把目光投向了老子的道学文化。1850年1月31日，马克思和恩格斯在伦敦写给《新莱茵报》的《国际述评（一）》中，预见到古老的中国正处在社会政治变革的前夜。"如果我们欧洲的反动分子不久的将来会逃奔亚洲，最后到达万里长城，到达最反动最保守的堡垒的大门，那末他们说不定会看见这样的字样：中华共和国。自由，平等，博爱。"② 真正实现了马克思这一政治预见将"中华共和国。自由、平等、博爱"写在城门上的人，是中国革命的先行者孙中山先生。孙中山先生继承了中国道学文化的思想精髓，将"德先生"和"赛先生"引进中国，他提出的"三民主义"和"五权宪法"既纠正了西方政治的弊端，又切合中国的国情。从此，历代帝王奉行的"民本"思想被超越到"民主"政治的水平，《建国大纲》也否定了父权家长制官僚政治而展现出由"臣民社会"向"公民社会"过渡的现代宪政体制的蓝图。在近代史上，孙中山先生代表着中华民族迈向现代社会的历史潮流。可惜那个时代以来的中国政治家终究难以摆脱数千年来儒家根深蒂固的帝王思想，中国的政治体制一直徘徊在《建国大纲》的"训政"阶段。直到1958年元月，当代新儒家学派的先驱牟宗三、徐复观、张君劢、唐君毅发表《为中国

---

① 〔英〕A. J. 汤因比、〔日〕池田大作：《展望二十一世纪——汤因比与池田大作对话录》，北京，国际文化出版公司，1985，第289页。
② 《马克思恩格斯全集》第七卷，人民出版社，1959，第265页。

文化敬告世界人士宣言》，曾检讨中国以儒学为主流意识形态的传统文化虽有天人合德的心性之学可以使中国人成为"道德实践的主体"，但却在君权专制传宗接代的官僚政治积弊下没有自觉成为"政治的主体"；虽有民主思想的种子，但没能建立现代民主宪政体制。中国传统文化虽有"利用厚生"的实用科技思想，但缺少西方文化"为求知而求知"的科学精神，在自然知识领域没能成为"认识的主体"及"实用技术的活动之主体"。他们认为欲改变中国政治历史上"一治一乱的循环之局"，必须在儒家心性之学的"内圣"中开出自由、民主、宪政、科学的"新外王"，在中国建立起真正的民主宪政体制，这就成了新儒学文化半个世纪以来难以挣脱的怪圈。显然，新儒学文化的价值观并非无有现代性，但它必须以割除儒家家长制官僚政治的毒瘤，建立起现代民主宪政体制为前提才能发挥积极作用。否则，只能将儒家官僚政治贪污腐败的缺陷和西方文化高消费、破坏生态的缺陷勾连在一起，形成儒家封建型资本主义两极分化的腐朽状态。在一个价值观支离破碎，缺乏长远的精神寄托的社会里，缺少革命性的新儒学文化是无法提供社会改革与发展的动力的。

需要指出，自由、民主、宪政、科学的精神实际上是不受民族和国界限制的，现代科学技术的成就和各民族的优秀文化本来就是属于全人类的。现代高科技的成果虽然大多兴起于西方，但这并非意味着高科技成果的应用必须服膺西方人的文化价值观，相反，现代科学的发展却正需要向东方文化汲取营养。西方文化中这些自由、民主、宪政、科学的精神，都可以从中国古老的道学文化中寻找到源头，只不过在以儒学为主流意识形态的父权家长制官僚政治的重压下，没能发扬光大。我们要促进中华民族文化的复兴，只要将道学文化作为主流意识形态，就很容易将西方文化的自由、民主、宪政、科学精神嫁接到本民族传统文化的砧木上。

　　道学文化源于母系氏族公社时期先民以图腾崇拜、自然崇拜、生殖崇拜、女性崇拜、祖先崇拜为特征的原始宗教。因其图腾崇拜，故能"海纳百川，有容乃大"，融汇诸多部族之图腾成一龙图腾，使之具备各异质文明的优点，协和万邦，变易自如。乾坤"未离其类"，"故称龙焉"。因其自然崇拜，故能与天地并生、与万物为一，从而保持天人互动的生态平衡。因其生殖崇拜，故能生生不已、化化长存、新新不停、穷通变久，以生命哲学为特色。因其女性崇拜，故能守中致和，知进知退，以柔克刚，以弱胜强，是一种以"反"为动以"弱"为用的哲学；是一种行欲圆而志欲方，外温润而内坚刚的"南方之强"的文化。因其祖先崇拜，故能天人合德，攸久无疆，"子孙以祭祀不绝"。（《道德经》54章）道学不仅是取象于《易经》中老阴的"坤"卦，而是以"乾坤"为体，故既能自强不息又能厚德载物。道学不仅是取象天一生水、内阳外阴的"坎"卦，而是以"坎离"为用，故能水火既济、周流六虚。道学之道，以无为本，以因为用，以反为奇，以化为术，无成势，无常形，立俗施事，开物成务，拨乱反正，救亡图存。道学是真正强者的哲学，而不是弱者的哲学。道学是积极的学说，而不是消极的学说。道学是关怀社会人生的哲学，而不是脱离人类实践的玄谈。道学不是隐士哲学，不是庸人哲学，不是无所作为的哲学，不是与世无争的哲学。道学是以弱胜强的智慧之学，是共存双赢的济世之学。道学文化是拯救世界的文化，是改变地球船航向的文化，是生生不息的文化，是海纳百川的文化，是弃旧创新的文化，是开拓前进的文化，是积极进取的文化，是无往而不胜的文化，是走向未来大同世界的文化。道家之学，贵与时偕新。中国当代新道家，就是为创新、弘扬道学文化而忘我奋斗的一批志士仁人。我们不把当代新道家限定为学术界搞理论研究的学派，更不把新道家和新儒家对立起来。当代新道家万分尊重新儒家学者为重构中国文化所做的贡献，并将新道学文化看作是对新儒学文化的继承和深化。

《庄子·天下》云："圣有所生，王有所成，皆源于一。""一"就是道，就是在母系氏族原始公社时期人类文明的起始点开创出来的"内圣外王"之道。人类各民族的文明，皆从同一个"内圣外王"之道的原点出发，西方文明忽略内圣之学而专注外王，东方文明专修内圣而外王之学不足，愈差愈远，遂有今日之文明冲突。是故《庄子·天下》又云："天下大乱，圣贤不明，道德不一，天下多得一察焉以自好。譬如耳目口鼻，皆有所明，不能相通。""是故内圣外王之道，暗而不明，郁而不发，天下之人各为其所遇焉以自为力。悲夫，百家往而不反，必不合矣！后世之学者，不幸不见天地之纯，古人之大体，道术将为天下裂。"由道的原始宗教文化分化为诸子百家文化的运动规律，不仅中国如此，西方也如此，全世界各文明古国也莫不如此。四方同源，万世一脉，古圣今圣，西哲东哲，其揆一也。古者百家往而不返，今者天下分久必合，这也是当今世界文化运动的基本规律。

全球一体化的浪潮必然催生全球各种异质文化的相互交流、相互拼接、相互整合，并在保留文化多样性的同时在革命性的跃进之路上寻求统一的秩序。在这个拥挤的星球上，全人类仅有一种未来，因而统一有序的全球性普世文化的出现就有历史的必然性。新道学文化的创造，就是将《庄子·天下》篇所述"百家往而不返"、"为天下裂"的道术再聚合为一，撷取和融会全世界各异质文化的精髓，回归人类起始点的大道。世界新文化的复兴在于新道学文化的创建，而只有新道学文化才能在不损害各民族异质文化多元并存的原则下找到人与自然和谐互动的交汇点，成为

21 世纪人类普世的与时偕新的生态文明。新道学文化的自然生态智慧恰恰是人类各民族传统文化的可通约部分，全世界人民只有同归于道才能通行万世。新道学文化是人类在 21 世纪唯一可行的文化战略，这既是时势之必须，也必将是历史的结论。

道学文化的新科学观

　　21 世纪的人类正处在一场新科学革命的前夜，这场新的科学革命必然也会在哲学领域发生，即它同时也是一场哲学革命。有趣的是，这场新科学革命将再次回到曾经作出火药、指南针、造纸、印刷术四大发明的中国，向老子的道学文化汲取智慧。人们发现，宇宙本身是一个具有全息记忆能力的潜能量场，21 世纪的新科学是整体的科学，是揭示宇宙、生命和心灵三者"大统一"规律的科学，这种新科学实际上即新道学。

　　新道学文化是一个亟待开发和研究的学术领域，它的新科学观必将为 21 世纪的新科学革命指明方向。道学的定律不仅适用于自然界和生命界，而且适用于人类社会和人的心灵世界。下面，我们对道学文化的新科学观逐层剖析。

一

　　什么是道？老子《道德经》云："有物混成，先天地生。寂兮寥兮，独立而不改，周行而不殆，可以为天地母。吾不知其名，强字之曰'道'，强为之名曰'大'。大曰逝，逝曰远，远曰返。"（第 25 章）"道，可道，非常道；名，可名，非常名。'无'，名天地之始；'有'，名万物之母。故常'无'，欲以观其妙；常

'有'，欲以观其徼。此两者同出而异名，同谓之玄。玄之又玄，众妙之门。"（第 1 章）这两段话描述了三层意思，其一讲"道"是自本自根的宇宙最高的绝对本体；其二讲道不能用语言和数学来描述，不能用人的感官或仪器直接观察，但却可以从"有"和"无"两个方面体认它的玄妙；其三讲道化生宇宙万物，宇宙万物又复归于道的"大循环"规律是道"周行而不殆"的根本规律。由此可知，老子的道论把道当作哲学上永恒的形而上的最高本体，又是科学上宇宙的起始点和终结点，是自然界、生命界、人类社会、心灵世界等万事万物的总根源，并贯穿和永存于万事万物之中，是一切"存在"的根据。道是宇宙的本原，它有体有用。所谓道体，即是宇宙万事万物之原始本体，它呈现"有"和"无"两种状态的统一。首先是"无"，即宇宙创生之前的"虚无空灵"状态，称为"天地之始"，具有质朴性和绝对性。然后是"有"，即宇宙创生之际具有生化功能的全息的混沌状态，称为"万物之母"，具有潜在性和无限性。所谓道用，是宇宙所有运动和变化的驱动力，是创生宇宙万事万物的"合目的性"的模本，是宇宙的根本节律和法则秩序，是宇宙中万事万物中普遍存在的客观规律，称为"常道"。

常道（或曰"常"）是宇宙一切生化运动的总规律和总原因，包括亚里士多德的动力因、形式因、质料因、目的因。世界各民族的先哲千百年来一直体悟和趋进某种无限本体，例如柏拉图的"最高理念"，普罗提诺的"上帝"，佛陀的"心"，直至 18 世纪黑格尔的"绝对理念"，而老子的"道"是人类智慧不可超越的最高宇宙本体。道既是宇宙的本原，又是人类的本我（真我）。作为宇宙的本原，道是一种绝对的真知，因而是为符号指称所难以描述的最终存在。语言符号的指称和数字只能描述相对知识，而道是只能体悟难以言传的绝对知识（智慧）。老子《道德经》云："为学日益，为道日损。"（第 48 章）人们学习各门科学知识，须不断积累，增强自己的"理性思维"能力，称之"为学日益"。人们要修道，则须不断排除世俗社会"食、色、利、权、名"的干扰，逐渐放下自己内心的各种执着，开发自己"灵性思维"的智慧，谓之"为道日损"。前者为"知识"的积累，靠的是"理性思维"；后者是"智慧"的创发，靠的是"灵性思维"，得道就是求得大彻大悟圆满无碍的大智慧。作为人类心灵的本我（真我），道是"知觉者"，因而具有不可被知，不可当作测量和计算的对象，即"不可名"、"不可道"的性质。道是自本自根、自生自化的无分别相，因而具有不能被创造、不能被生化、不能被区分的性质，是宇宙创生之前的"无极"状态。

道是人类的知识之根、智慧之源、学术之本。它是宗教的终极信仰，哲学的最高本体，科学的原始公设，美学的最高境界，伦理学的根本价值取向，世界文明的坚实支点，人类精神回归的家园。

二

老子《道德经》云："道生一，一生二，二生三，三生万物。万物负阴而抱阳，中气以为和。"（第42章）这段话是新道学文化的宇宙创生和演化图式，是道学文化新科学观的核心内容。它的意思是说，宇宙间万事万物据其"反本复初"的"全息原理"皆开端于一；而且万物都是阴阳互补的统一体，遵循阴极生阳，阳极反阴的"太极原理"。道以其"生化原理"化生万物；万物以"中和原理"皆具备道的特征。

"道生一"中的"一"，在道学中指元始先天一炁，是宇宙创生之始的一片混沌状态，即宇宙大爆炸之前先天的原初状态。元始先天一炁也称先天混沌一炁、先天祖气，它是宇宙初始状态下隐藏着的秩序，是产生宇宙根本节律的信息源。"一"是最初的宇宙蛋，是种子，是原型，是基因，是混沌，是宇宙中万事万物全息的"模本"。"一"是佛陀的"心"（灵明性体、佛性），是柏拉图的"最高理念"，是宇宙的"绝对精神"，是易学的"太极"，或称为"朴"、"独"、"纯"、"真"、"素"等。道学称"执于一而万事毕"，天下万事万物都有一个最初的全息"模本"，都是由"一"开端，掌握了开端的"模本"，由此展开，就掌握了事物整个演变过程的要害。

"一生二"中的"二"，指阴阳二性，即易学中的"两仪"。道学中的"阴阳"，即黑格尔所谓普遍存在的"矛盾"，即马克思描述的"对立统一"规律，也即恩格斯所谓引力和斥力、正物质和反物质的"相互作用"状态。"二"中隐含着宇宙创生和演化的涡旋式的内在驱动力，它类似于歌德猜测到的"创造力"，乃至柏格森的"绵延"或"生命冲动"。在科学上，"二"即量子场理论中的"零点场"（zero-point field）、"费米子真空"（fermion vacuum）或"狄拉克海"，也就是欧文·拉兹洛描述的那种"量子虚空全息场"①，或称"挠场"（又译"扭力场"）。道学的"二"是各向同性的"标量场"，而"三生万物"是"矢量场"。

恩格斯在《自然辩证法》中断言："相互作用是事物的真正的终极原因。我们不能追溯到比对这个相互作用的认识更远的地方，因为正是在它背后没有什么要认识的了。""只有从这个普遍的相互作用出发，我们才能了解现实的因果关系。"② 这个观点几乎是恩格斯自然哲学的纲领，他由此推论出"宇宙中一切吸引的总和等于一切排斥的总和"，并说这个观点也是黑格尔的。恩格斯盛赞

---

① 〔美〕欧文·拉兹洛：《微漪之塘——宇宙进化的新图景》，钱兆华译，北京，社会科学文献出版社，2001年4月版。
② 《马克思恩格斯选集》（第三卷），北京，人民出版社，1972，第552页。

古希腊的自然哲学家在辩证思维方面超过了他那个时代的科学家，然而他不知道，二千五百年前中国的老子早已作出真正科学的结论，并追溯到比相互作用更深的根源。道学的智慧是人类"原始反终"的大智慧，在任何时代都是超前的。

"二生三"中的"三"，是指有象、有气、有质的信息、能量、物质三大要素。物质是宇宙以粒子性存在的方式，它标志着部分和整体、个别和一般之间的区别。能量是宇宙以波动性存在的方式，它标志着运动和静止、间断和连续之间的区别。信息是宇宙以选择性存在的方式，它标志着有序和无序、方向性与合目的性。信息、物质、能量在宇宙量子真空零点能全息场中是潜在的虚信息、虚能量、虚物质。这种标量场的传播速度不受光速 c 的限制，它以 10 亿倍的光速携带信息。这样信息还可以从本质上简化出一些无量纲的"数"（如圆周率 π，自然对数的底 e，虚数，无穷大数 ∞，无穷小数 α）。粒子性的存在形式为束缚信息（熵），表现为空间；波动性的存在形式为自由信息，表现为时间；因而信息本质上是空间与时间在复数时空的耦合。必须指出，物质（包括各类基本粒子、无机界、生命界等）、能量（包括机械能、热能、电能、生命能等）、信息（包括物理信息、生命信息、心灵信息等）都是可分为不同层次和不同形态的，人的心灵显然是信息的最高形态。

"三生万物"，就是说宇宙从无机界到有机界，从生物界到人，都是由信息、能量、物质三大基本要素组成的。当量子虚空全息场的基态受到"激发"，打破"虚无空灵"的虚时间和虚空间，标量场在涡旋中变为矢量场，能量和物质也脱离潜在的"虚"状态，信息则呈现为物质和能量的形式或结构。"三生万物"是宇宙大爆炸的起始点，宇宙由此从先天突变为后天，现实世界的万物由信息、能量、物质因缘和合而生。必须指出，信息、能量、物质这三大要素皆没有西方哲学中"实体"的机械论含义，而是说它们有如佛陀的缘起法所说的那种"关系"的实在，是这些实在的"关系"生成"万物"，物是缘起于这三大要素的"关系"的。因之道学所谓"生"，皆"依缘而生"、"因缘所生"，即是由因果关系而来的"缘生"。"万物"缘于"三"，"三"缘于"二"，"二"缘于"一"，"一"缘于"道"；反之"道"缘生"一"，"一"缘生"二"，"二"缘生"三"，"三"缘生"万物"。

当代中国哲学界一些学者将老子哲学中"三生万物"的"三"解释为阴气、阳气、冲气，这是对老子的天才智慧食古不化的曲解。道家之学，贵与时偕新，古籍诠释的知识容易陈旧，但道学的智慧却是历久常新的。"三"为信息、能量、物质三要素，这是新道学的诠释，也是老子智慧的真义。"万物负阴而抱阳"是道的"太极原理"；"中气以为和"是德的"中和原理"。根据道的"生化原理"，宇宙中万物无阴阳不生，无阴阳不化，一阴一阳之谓道，阴阳平衡之谓德。世界上万事万物都有在不断震荡、螺旋式变化和发展的运动中最终靠向中和态的趋势，中和态即阴平阳秘的稳定态。

三

1980 年，我发现了一个新的物理常数 H，其数值等于玻尔兹曼常数 k 和自然对数 $\ln 2$ 之积，并推导出"可用能"与"信息"之间相互转化的数学关系式，同时得出孤立系统中内能、信息相互转化和守恒的关系式。当时此文没有使用国际单位制，全文如下：

> 科学史上力学和热学曾经分家达一个世纪之久，这并不是力学家一点也看不到热现象往往伴随着力现象以俱生，而

只不过认为这不在他们的研究范围之内罢了。在过去百余年中，热力学家不注意信息，似乎是这一现象的历史重复。既然过去把力学和热学结合起来曾经改变了整个力学的面貌，现在如果我们直接把信息引入热力学，也必将大大开阔人们的眼界，从而促使热力学和信息论在科学史上必然地统一。

我们不难理解，热只能从高温传向低温，是首先消除了热传导方向上的不确定性，产生了信息。物理系统的自发不可逆过程，也是因为不同过程留下了不同的痕迹，付出了依赖过程变化的信息量。世界上任何自发过程都是不能不留痕迹的，它不能自动复原正是因为它在外界残留下信息。其实，任何热力学过程都伴随着信息的变换和传递，只不过这一点以前长期被人忽视而已。所谓第二类永动机，是想不付出能量的质在信息传递中发生退化的代价而白得到功，当然是不可能制造的。太阳的热辐射，是一种熵增过程，同时这种辐射又是地球上信息的来源；如果太阳熄灭，地球上的生命马上终止。当两个氢原子核聚合时，总质量的一部分转化为进入恒星外层空间的辐射能（根据爱因斯坦公式 $E = mc^2$），这些能量也携带了一定的信息量，使整个过程的熵也增加了，因为束缚在原子核内的能量向空间传播这一过程可以被认为是无序程度增大。由此可知，在宇宙中，不和信息相联系的纯粹能量变化是没有的。

我们知道，一个热力学系统中的内能 U 只有一部分可以产生机械功，这一部分叫作可用能 E。在孤立系统的等温变化中，可用能也就是自由能，这时系统内部有均匀的温度 T，据热力学第一定律，当系统的温度与四周温度趋于相等时，$E = U - JTS$。J 为热功当量，JTS 也叫束缚能。既然束缚能和熵的联系早已明确，那么可用能和信息的联系能否给出呢？

我们已知信息量 I 和热熵 S 的关系式为:

$$I = (S_{max} - S)/(k\ln 2)$$

S_{max} 为系统最大可能的熵,S 为系统的实际熵。如果把 S_{max} 和 S 分别用物理系统的理想气体在可逆过程的热温熵和在等温膨胀达到平衡时的实际热温熵来表示,则

$$I = (k\ln 2)^{-1} \left\{ \frac{Q_{max}}{T} - \frac{Q}{T} \right\} = (k\ln 2)^{-1} \frac{\Delta Q}{T}$$

由于 ΔQ 在这里表示恒温条件下可逆过程吸收的热能和不可逆过程吸收的热能之差,我们知道,最大功只能在可逆过程中得到,不可逆过程等于浪费了功,ΔQ 实为不可逆过程浪费的可以用来做功的可用能 E。于是,我们推演出信息量 I、可用能 E 和绝对温度 T 的关系式:

$$E = HIT$$

当信息量的单位取比特(bit),$H = 0.975 \times 10^{-16}$ 尔格 $^0 K^{-1}$,为玻尔兹曼常数 k 和自然对数 $\ln 2$ 之积。这样信息和熵不仅在统计学的概率表达形式上是一致的,而且在物理内容上和能量的联系形式也是对应的。上式的物理意义是:

热力学系统储存的信息量 I 和该系统的可用能 E 成正比,和其绝对温度 T 成反比。

这样结合第一定律,我们还可得到下面孤立系统内能、信息转化和守恒的关系式:

$$U = HIT + JTS$$

这说明在系统的内能不变时,要增加能量的信息储存,就需要做功以减少系统的熵,使其可用能增加。反之,在系统的熵增加时,可用能就减少。在自然界天然变化中发射自

由信息的熵增过程，都是可用能减少的过程。这时系统的内能在量上虽然守恒，但在质上要发生退化，可用能会转化为"束缚能"。热能的价值决定于它所能产生的功有多少，当系统的熵增加时，热能的价值便降低，变得愈来愈不中用。由此看来，熵不但是热分子混乱程度的标志，而且是能的不可用程度的量度。反之，信息则是系统结构的有序性及其能量的有序性或可用程度的量度。这样，我们就可弥补原来能量只从量上量度的缺陷，给出能量从质上比较的标准。宇宙中万物的熵自发增加趋势，同时也决定了它们在相互作用中自动发射信息的属性。孤立系统的内能和信息是守恒的。

我的这篇论文完成了一项本来应该在 19 世纪由玻尔兹曼做出的科学结论，在现代物理学家早已视为经典的热力学定律中打开了缺口。实际上，19～20 世纪奠基的物理学大厦并非无懈可击，其中有几个重要的关系式和物理常数的发现透露出自然界更深层的奥秘，这些包括：

普朗克常数 h，玻耳兹曼常数 k，光速 C。海森堡测不准关系式：（1）能量和时间 $\Delta E \cdot \Delta t \geqslant \hbar$，（2）位移和动量 $\Delta x \cdot \Delta P_x \geqslant \hbar$。还有两个基本关系式：（3）$E = mc^2$，（4）$E = h\upsilon$。将（3）、（4）式联系起来得到（5）$m = h\upsilon/c^2$（包括物质波公式 $\lambda = h/m\upsilon$）。再结合我给出的信息和能量关系式（6）$E = HIT$，可以得出结论：宇宙中的信息、能量、物质是可以按一定数学关系相互转化的，它们在孤立系统中是守恒的。这就推导出新道学的宇宙中物质、能量、信息相互转化和守恒定律。

这样，我们再把虚数 i 代入到这些关系式中，采用求极限（$n \to \pm\infty$，$n \to 0$）等数学运算方法，将其扩展到无限大的宏观宇宙或无穷小的微观世界（包括虚世界），就可推导出一些有重大物理意义的新关系式，解决科学界很多悬而未决的物理难题。

我们由此指出，一些最小最轻的基本粒子（特别是玻色子）必然同时具有波动性、粒子性、选择性等三种基本特征。通过科学实验我们不仅可以证实这些基本粒子具有波粒二象性，而且可以证实它们存在物质（粒子性）、能量（波动性）、信息（选择性）三象性。选择性本质上是一种心灵特征，宇宙小至基本粒子大至银河系，自创生起就有"合目的性"的选择趋势。基本粒子携带的信息就是一种"原初的心灵"，由基本粒子进化成原子、分子、有机物、细胞、生命体直至人的大脑，信息组合的层次越来越高，进化至最高层次则为人的心灵。人类和人的心灵的出现只不过是自然界"合目的性"的演变和进化的产物。这就是说，宇宙从基本粒子到星系团本身都是有生命的和有心灵的，宇宙的演化和生命的进化都是"合目的"的，因之，地球上生命现象的出现和人类心灵的花朵盛开决不是偶然的！道学一直将宇宙视为一个生生不息的大生命体，宇宙本身是一个有"记忆"、会"学习"的全息的超巨系统，这个超巨系统遵守道的"全息原理"，道是无时不有，无处不在的！美国系统科学家欧文·拉兹洛《微漪之塘》讨论的"量子真空零点全息场"（"挠场"），实际上是以"灵子"为中介的"灵子场"的衍生物。"灵子"为心灵信息的"载体"。能量的最小单位是"量子"，信息的最小单位是"灵子"，灵子论将生命和心灵纳入物理学之中，是比相对论和量子力学更基本的新科学理论。新道学的宇宙图景，消除了西方哲学笛卡儿心和物二元论的对立，给出了心、物、能一元论的宇宙观，发现宇宙中早已隐藏着出现生命和心灵的潜在根据，这必将激起一场新科学革命并给未来的科学发展带来动力。

四

　　道学的历代宗师发现了宇宙和人体的一个大秘密，这种秘密可概括为"两重世界，四个阴阳"。按这一道学理论，宇宙分为"先天世界"（本体界）和"后天世界"（现象界），人体是一个小宇宙，先天的人体称作"法身"，后天的人体称作"色身"。先天世界和后天世界，包括人体的法身和色身，都是由阴阳组成的，所以称先天阴阳和后天阴阳为"四个阴阳"。必须指出，阴阳是一种相互作用的"关系"，先后天的宇宙都是一种"太极"、"阴阳"、"三要素"（信息、能量、物质）的"关系实在"。宇宙中万物各有一"太极"，皆可分"阴阳"，都是信息、能量、物质的结缘体。"阴阳"并非指西方哲学中某种固定不变的实体，而是在一定"关系实在"中被称为"阴阳"，因为在此一"关系实在"中被称为"阳"的东西，可能在彼一"关系实在"中被称为"阴"。根据新道学的"太极原理"：一阴一阳之谓道，无论先天或后天的生化作用，都离不开阴阳的相互作用。孤阴不生，寡阳不化，法身先天成丹，色身后天生人，凡是要生出个什么东西，凡是要变化成什么新状态，都要靠阴阳交和，离了阴阳道不成。阴中有阳，阳中有阴；阴极生阳，阳极生阴。阴阳永远处于相互作用的对立统一关系之中，这才是道学《太极图》的具体含义。先天是形而上的道的世界，包括"道生一，一生二，二生三"这三个生化过程，先天阴阳在"一生二"这一步被展现出来，一直到"三生万物"，都是先天阴阳在起生化作用。后天是形而下的器的世界，"三生万物"则由先天转化为后天，万事万物出现，虽是后天阴阳用事，却仍是阴阳在万物中起生化作用。

　　根据道学的观点，宇宙中除了我们这个有形、有象、有质、可观察、可测量的现实世界之外，还有一个无形、无象、无质、

道学文化的新科学观

无法观察、难以测量的"虚无空灵"的世界，这就是"两重世界"的道学宇宙观。"两重世界"都是关系的实在，但前一重世界为实体，后一重世界为虚体。前一重世界的时间、空间是实数，后一重世界的时间、空间是虚数（超时空的）。这就是说，前一重世界是"三生万物"而成的后天世界，后一重世界是万物未生之前的先天世界；前一重是形而下的"器"世界，后一重是形而上的"道"世界；前一重即佛学所谓"色界"，后一重即佛学所谓"空界"。宇宙本质上是一个复数时空的结缘体，"色界"在佛经中简称"色"，在道经中简称"有"，是实数表示的世界；"空界"在佛经中简称"空"，在道经中简称"无"，是以虚数表示的世界。色界里的万物运动以光速为极限，受三维时空的限制，受当代科学中物理定律的支配，可以用现代科学仪器观察测量；空界不受光速和三维时空的局限，现代物理学的定律和时空观尚不能解释空界的现象，现代科学仪器也无法观察、测量空界。实际上，人们用于观察测量的科学仪器，仅是人类感官功能的延伸；观察不到的东西并非不可能存在，只不过说明其没有人类感官的在场性。语言和数字无法描述的东西，更不能轻易否定，也只是说明其缺少可言说性。其实，宇宙中人类无法以感官观察和不能用数字、语言描述的事物是普遍存在的。由于人类感官及语言的局限性，世间能确切感知和确切描述之物只占少数，即这类可用语言及数字描述的事物仅属于特殊现象。现代自然科学目前的发展水平仅能研究色界的物质运动，尽管处在前沿的科学家已发现暗物质、暗能量、反万有引力的存在；尽管"量子虚空全息场"和"真空零点能"的探索已引起当代科学家的注意，但是足以打破现有科学观和思维模式的新物理学革命毕竟还没有发生。事实证明，处在前沿领域的现代科学研究尚不圆满：例如，以相对论为理论基础的大爆炸学说难以解释宇宙中比 137 亿年前发生的大爆炸还古老的星体存在及诸多宇宙常数何以高度和谐；量子力学也解释不了超过光速相关极限的基本粒子何以存在量子态的"非局域相干性"；遗传基因随机突变的现代生物学也解释不了生物进化的间断平衡和地球形成46亿年以来生命出现和突然加速进化的事实；现代心理学和脑科学也难以理解大量存在的人体生命潜能和心灵感应现象。道学的新科学观可以使现代科学的难题迎刃而解，揭示出自然界、生命界、心灵界最后的秘密。新道学可以打破"色界"和"空界"的界线，揭示出"色界"和"空界"的共同规律。

所谓"色界"和"空界"，都是由"道"缘起而生的"关系实在"，而且二者之间也是互为缘起的。我们决不能以传统的三维时空观猜测它们，误以为在"色界"宇宙之外另有一个占据空间的"空界"宇宙，就像两只并排摆放的箱子那样。实际上，我们生存的"色界"宇宙本身也是一个"空界"宇宙，我们人体的"色身"本身也隐含着一个虚无空灵的"法身"，色界和空界是相辅相成，互为因缘，亦此亦彼，即此即彼的，这才是新道学的宇宙观。佛陀《心经》讲"色不异空，空不异色；色即是空，空即是色"；老子《道德经》讲"有无相生"（第2章）；"天下万物生于有，有生于无"（第40章）；"无有入无间"（第43章）。这些论断实际上都可看作是新道学的自然定律。

根据爱因斯坦的广义相对论，时间、空间、质量、能量都可以改变，唯有光速不变。设若人们跨入光子飞船，达到光速飞行，这时外部空间为零，静止质量为零。这样，从外部看，光子不占据任何静止空间，没有任何形式或结构，是"其小无内"的；从内部看，光子的外部空间为零，时间和空间失去意义，整个宇宙就是光子本身，它又是"其大无外"的。由此可知，光子和"其小无内，其大无外"的"道"之本性相合，它同时具有粒子性、波动性、选择性（合目的性），光子也是有心灵的。"色界"的时空以光速为界限，物质运动最大不能超过光速，否则时空失去意义，因之光是由"色界"通往"空界"的临界线。如果在"色界"中费米子之间的相互作用以胶子、光子、中间玻色子等媒介场传递，那么"空界"中的相互作用则以承载心灵信息的"灵子"传递，"灵子"的概念有些类似于莱布尼兹的"单子"（monad），其媒介场称为"灵子场"。质子、中子等费米子以呈"粒子性"为主（物质），胶子、光子等玻色子以呈"波动性"为主（能量），灵子则以呈"选择性"与"合目的性"为主（信息）。自然界的各种物质实际上是被"空界"的"灵子场"支撑着，它们能被人类认识也是因为都有自发辐射自由信息的特征。原子核结构的稳定性即是其不断从"量子虚空全息场"获取能量和信息的结果。否则由于绕原子核旋转的电子恒定地辐射能量和信息，其轨道运动因能量减少会逐渐降落到原子核上，物质也会塌陷。人的心灵显然是"空界"里靠"灵子场"传递的无形的超时空的"关系存在"，心灵的传递更是不受光速限制的，光从太阳传播到地球需8分钟，而人的心灵一转念瞬间即可"想到"太阳或相距782光年的北极星。道学中将"色界"和"空界"之间相通的隧洞称作"玄关一窍"，人体从"色身"通往"法身"的"玄关一窍"正是通过心灵修炼才能打通的。物质在一定条件下既可以是能量又可以是信息或心灵，心物能三者本质上是同一的，这就是新道学文化心物能一元论的宇宙观。

五

生命和心灵的出现无疑是宇宙演变和进化的产物，是信息、能量、物质三要素相互结合，从"先天世界"演化为"后天世界"，从无机物到有机物，到植物、微生物、动物再到人类逐步进化而来。人的心灵形成之后，便有了思维的功能，这种思维能力略分三种，即感性思维、理性思维、灵性思维。

感性思维也称为"象"思维，即以眼、耳、鼻、舌、身等感官感知的"表象"作为思维的元素，是来自亿万年生命遗传进化而成的原创性思维，它以直观、情感为特色，与弗洛伊德的"本我"和"潜意识"密切相关。

理性思维也称为"言"思维，即以"语言"为工具形成概念、判断和推理，是一种抽象性思维，发自人的"常意识"，和弗洛伊德的"自我"、"超我"密切相关。

灵性思维也称为"意"思维，即以事物最本质的"意义"为思维的元素，是一种创发性思维，发自人的"元意识"，以直觉和灵感为特色。灵性思维实为人的"灵明性体"即"真我"的大机大用，它是人的心灵进化的最高形态，故道学有"得意忘象"、"得意忘言"之说。

"道生一"，"一"为信息的"灵子场"；"一生二"，"二"为信息和能量合一的"虚空能量全息场"；"二生三"，"三"为信息、能量、物质合一的"量子虚空零点全息场"，宇宙就是由它创生的。宇宙创生之后，"量子虚空零点全息场"乃至"灵子场"依然存在，即"有"和"无"、"色"和"空"的"两重世界"仍然相辅相成、亦此亦彼的存在着。大卫·鲍姆（David Bohm）所谓人的感官可以感受的"显在系"（explicate order）和其背后那个超时空的全一性的"暗在系"（implicate order）就是指"色"、"空"和"有"、"无"这两重世界。[①]　"灵子场"是宇宙中最根本的"场"，其他"场"都是由"灵子场"衍生而来。"灵子场"和能量结合为"电磁场"，和物质、能量结合为"引力场"。信息和能

---

① David Bohm, 1985, *Unfolding Meaning*: *A Weekend of Dialogue With David Bohm*, edited by Donald Factor, Foundation House Publications.

量产生电磁波，信息和物质、能量产生机械波（物质波）。

在人体中，从物质、到能量、到信息、再到心灵，结构层次逐步升高，生命和心灵本质上是信息的组合，是灵子逐次组织化、结构化的产物。灵子被设定为信息乃至生命和心灵的载体，它本身具有自主接收和发送信息的能力，可以自我组合成某种层次的涡旋型结构，在信息的传递和交换中心灵既是"信源"，又是"信宿"。灵子对信息、能量、物质都有极强的亲和性。灵子的涡旋波不受时间和空间的限制；运动的速率没有上限；在时空中可自由散播不会衰减；可以和能量、物质耦合由"标量场"衍生出其他"矢量场"。

在有机大分子中，当"灵子场"和物质、能量耦合达到某一"阀阈"，便会演化为"生命场"，生命就进化出来。信息（灵子）组合达到某一阈值就会"突现"（emergent）为"生命"，生命信息进化达到某一阈值就会"突现"为意识。在生命现象由植物、微生物、水生动物、陆生动物到猿逐步进化的过程中，灵子自旋的涡旋波相互组合与结构化的程度不断升高，即"灵子场"的"灵性"不断提升，直到某一"阀阈"进化成人，心灵就产生了。信息演化为心灵的"阀阈"是"象"，当信息的"灵子场"在生命进化中组织化、结构化为"象"时，信息就演化为"心灵"。意识的形成源于视觉的进化，最初的"象"是由视觉开始感知的，并泛化到其他感官。眼睛本来是脑的一部分，是心灵的窗户，因之道学以二目神光内视修炼，称之为"机在目"。心灵产生后，随着灵性阈值的不断提升，则会开出感性思维、理性思维和灵性思维的花朵。

人既是一个信息传感器，又是一个信息发生器；既有自己独特的"生命场"，又有自己独特的"心灵场"。信息的灵子场直接介入物质的活性，使人的躯体中各类物质出现丰富多彩的生化机能，从而维持人体的生命。人体的经络和穴位是生命信息的通道和集结点。内丹学的修炼工程，实际上是不断提升人体"生命场"和"心灵场"的阈值的过程，当达到某一"阀阈"时，人就可以出"阴神"（心灵和能量的组合体）、出"阳神"（信息、能量、物质进化的最高形态），从而进化成"仙"。"仙"是信息、能量、物质从"后天世界"再回归到"先天世界"的最高生命形态。道是生命和心灵创生和演化的根本动力，生命和心灵的进化历程显然符合它们由道创生最后又复归于道的道学自然律。

其实生命和心灵的初始形态是"反映"，即对外部信息输入、存储、输出的功能，每个神经元、每个细胞乃至某些复杂有机大分子皆可作为反映的单元。由于不同构的信息无法传递，信息在传递到"反映"单元时相互比较发生异构重新整合，从而产生出某种新东西。亿万个反映单元重新组合为一个新的整体结构时，这个整体结构的功能远不是组成它的那些部分之功能简单相加的代数和，而是大于各孤立部分功能的总和。不同"信源"和"信宿"通过信息交换必然导致信息的创生和变异，使信息在量上增加或在质上提升出新形态，这就是道学的信息增殖律。生命和心灵的进化是以宇宙间信息的自由交换为动力而完成的，信息交换同时也是人类社会进化的动力。当亿万个蚂蚁或蜜蜂集合在一起造筑蚁丘或搭建蜂巢时，它们有计划、有创意地完成了其个体的功能无可比拟的工程，你不得不承认蚁群或蜂群是有意识的。同理可证，某些复杂有机大分子整合为一体达到某一阀阈就产生细胞或神经元，细胞或神经元整合为一体达到某一阀阈就突现前所未有的生命和意识。就像蚁群中的蚂蚁通过化学递质交换信息整合为一个有意识的群体一样，亿万个神经元也通过触突之间的化学递质交换信息形成脑的自主意识。道学的自然律可以兼容进化论和还原论的科学思想，但其进化论的"自然选择"不是"弱肉强食"而是趋进"中和态";其还原论也不是还原为部分的小零件而是返回事物简单的原初状态。现代科学在小面积上集中亿万个逻辑单元制造出高性能的电脑,就是对生命和心灵发生原理的模拟。然而"人工智能"有一个不可逾越的局限,即它仅能模拟后天的器世界,不能模拟先天的道世界。人的生命和心灵是由道化生的兼具先天和后天要素的产物,现代还原论的科学最大可能仅可达到后天的界限,而道学的新科学观才是人类智慧的最高成就。

六

根据新道学文化的"天人感应原理",宇宙中的自然界、生命界、心灵界处在永恒的相互作用之中,人类的心灵可以在宇宙的"量子虚空全息场"中留下痕迹并影响到遥远的地方和久远的时代。道学的"三生万物"说和佛教的"三身说"(法身、报身、化身)及基督教的"三身说"(圣父、圣灵、圣子)不谋而合,信息相当于佛陀的"法身"或基督教的"圣父",能量相当于佛陀的"报身"或基督教的"圣灵",物质相当于佛陀的"化身"或基督教的"圣子",道学的宇宙观既是"阴阳互补"的,又是"一分为三,合三而一"的。老子的道学认为宇宙和人体都是信息、能量、物质三者因缘和合的关系实在,前者是大宇宙,后者是小宇宙,其本原都是道。人类认识宇宙有两条途径,一是由心灵向外部探索宇宙的规律,二是由心灵向内反观人体自身,二者都可趋近于道。人的心灵既是道的生化运动的结晶,又可以通过内丹学的修炼程序同道一体化,达到"即心即道"的境界,因之"道"并非不可知的。

---

① 〔美〕欧文·拉兹洛:《Ψ 场理论》,载《微漪之塘——宇宙进化的新图景》,钱兆华译,北京,社会科学文献出版社,2001,第 358~386 页。

新道学认为人的心灵也是"一分为三"的，即人类的意识可以划分为三个层次。其一为表层的"常意识"，举凡感觉、知觉、记忆、判断、推理等日常认知活动，内丹学称之为"识神"，包括佛学的前五识（眼识、耳识、鼻识、舌识、身识）和意识（第六识），属"理性思维"和"感性思维"的层次。其二为深层的"潜意识"，即弗洛伊德、荣格等精神分析学家发现并研究过的人从胎儿、婴儿、少儿时期留下的心理印痕，心理未成熟时期受刺激遗留的童年记忆，人生的各种欲望、性欲和心灵创伤等印痕造成的非理性意识活动。佛学的"末那（anas）识"（含阿赖耶识之"染分"）大致属于这一意识层次。这种由埋藏在心理深层的多种人生欲望和生理本能激发的潜意识在背后强烈地影响着表层常意识的心理程序，当其穿过"审检"投射到"前意识"，进而转化至感性思维和理性思维之中，人们可以从梦境、幻觉、自由动作、癖习、精神病、偏执、妄想等多种心理状态中破译出潜意识的"原型"。内丹学将未被净化的潜意识称作"心魔"，将净化了的潜意识称作"真意"。其三是最底层的"元意识"，内丹学称之为"元神"，是一种先天遗传的本能意识，也是一种"灵性思维"能力。元意识是人类在亿万年漫长的生物进化中遗传在人的血肉之躯中尚未开发的信息库，它包藏着人在生物进化史上曾经有过的智慧和潜能。元意识相当于佛学里的"阿摩罗（Amla）识"，也称"无垢识"、"白净识"，是"阿赖耶（Alaya）识""净分"所藏的"无漏种子"，是人体的"真我"，内丹学称作"主人公"。这样，内丹学的人体修炼工程，也是一项凝炼常意识，净化潜意识，开发元意识的系统工程，同时又是一套发现"真我"，开发"真我"的心灵修炼程序。

人类的生命乃至人的心灵，都来自宇宙演化的不可逆过程，都源于热力学第二定律的单向时间箭头。常意识的理性思维，在本质上都是间断的，局部的，随时间流逝的；而元意识的灵明性体，则是连续的，整体的，超越时空局限的。因而由灵明性体激发的明觉之境，是一种无名相，无执着，无作意，无觉受，无取代，无增减，无是非，无哀乐的无差别境界，是宇宙演化初始的原点状态。

在内丹学修炼中，常意识可以凝炼为"意念力"，意念力也可以作用于外部的自然界和生命界。潜意识可以凝炼为"阴神"，阴神是人格化了的潜意识，又称"梦生身"，佛教密宗谓之"中阴身"，具有离体验、遥感、遥视、预知等超常的心灵潜能。元意识可以透过潜意识参与常意识的心理活动，展现为直觉、灵感、前知等先天的"灵性思维"形式。内丹家通过"入静"等心理训练"排除常意识"（丹家称"识神退位"），元意识便可显现出来（丹家称"元神呈现"），元意识显现是一种头脑十分清醒的"无思维"状态，它在潜意识层次里的激发和应用称作"真意"。在内丹学修炼中，元意识经过开发和凝炼，可以凝聚为佛教所谓"意生身"并逐步人格化为"阳神"。阳神是元意识的凝聚体，有成熟的人格，是有形有相的真我，可以脱离肉体存在，具有突破时空障碍的巨大神通，这是内丹学研究和修持中须待验证的一项课题。更为现实的是，元意识通过凝炼转识成智，从而明心见性，使自己圆陀陀、光灼灼的"灵明性体"呈现出来。这一"灵明性体"，道学称作"金丹"，佛学称作"真如实相"，是一种无生无灭的无分别相，是在"气离出入"、"心离能所"时呈现的"无云晴空"般的心灵绝对本体，即所谓人的"本来面目"。藏传佛教噶举派"大手印"的修持，须经四次灌顶（瓶灌、密灌、慧灌、胜义灌）和四瑜伽（专一瑜伽、离戏瑜伽、一味瑜伽、无修瑜伽）的修持，则眼耳鼻舌身之"前五识"转为"意识"，意识再转为"末那识"，末那识继转为"阿赖耶识"，阿赖耶识又转为"阿摩罗识"，直到阿摩罗识破而转为"法界体性智"，便完成了"转识成智"的心灵修持程序，这个程序在内丹学中称作"炼神还虚"。"法界体性智"即是道教内丹学中所称万劫不坏的一点"灵明性体",也是佛学的"真如佛性"。阿赖耶识和阿摩罗识（在佛典中多将阿摩罗识归入阿赖耶识之内,不作分别,但和丹经比较发现仅有阿摩罗识和丹经中之元神相当）在佛学中称作"去后来先作主公"的"轮回种子",在尚未"转识成智"之前由它作主,但转识成智之后,不受轮回,即由佛性（法界体性智）做主了。阿摩罗识转为法界体性智之后,其他各识亦随之而转,阿赖耶识转为"大圆镜智",末那识转为"平等性智",意识转为"妙观察智","前五识"转为"成所作智",皆为"法界体性智"之妙用。

道学和佛学都是心物能一元论的科学观,但道学是"道本论",佛学是"心本论",佛陀的"心"相当于道学的"一",故内丹学在"转识成智"（即炼神还虚）之后,还有一个"虚空粉碎"、"炼虚合道"的步骤,才能"以心契道",达到"即心即道"的境界,因之道学可以包摄佛学的科学成果。内丹学修炼的目的,就是通过色身寻觅法身,通过法身修补色身,就是向虚无世界要宝,通过交通虚无世界完成在现实世界里无法办到的事!虚无生万有,虚无世界里存有人类取之不尽的宝藏,内丹学里神仙、真人就是通过修炼能够出入色界和空界的人,就是能掌握虚无空灵的世界这个伟大宝库钥匙的人,也即体道合真的人。

集古今中外文化精华而开创的新道学文化,不仅是一种解释世界的学说,也是一种改造世界的学说。道是宇宙生化之源,人类社会中和之原,人体生命之源,是一个取之不尽、用之不竭的宝库,是人体抗病求生的"保护神",是人类消灾避难的"救世主"。新道学科学观的目标,就是将道开发出来,解决21世纪人类共同面对的难题,为全人类服务。道学之士要为宇宙立基,为生灵立命,为人类图生存,为世界求和平,为科学开新篇,为社会奔大同,这就是新道学的历史使命。

21 世纪科学革命的思考

——再论道学文化的新科学观

美国科学史家托马斯·库恩（Thomas Sammal Kuhn, 1922～1997）在 1962 年著《科学革命的结构》，认为每一个时代的"科学共同体"成员都把某种科学"范式"当作共同信念，当代的科学家都在这种"范式"的制约下进行认识活动和创造。科学革命本质上是这种范式的转化和更替，当发现大量违反旧范式的反常事实时，则会出现创立新范式和推翻旧范式的危机，科学革命就到来了！20 世纪日益引起科学家重视的大量人体和心灵潜能现象，特别是挠场、零点能、超光速传播的发现，都突破了现代科学的理论范式。挠场（torsion fiele）又称自旋场（spin field）、扭力场（axion field），是物体自旋时造成时空结构扭曲所产生的场。自然界中的物体几乎都有自旋运动，因而挠场是普遍存在的。如旋转的陀螺仪、机械中轴和齿轮的旋转、星云和星球的旋转、基本粒子的自旋、水晶（S_iO_4）的三方系及六方系螺旋结构、磁性金属的自旋结构等，都会拖着周围的四度时空旋转而产生挠场。挠场与引力场相似，不受障碍物的屏蔽；其传播过程中无能量损耗，仅改变物质的自旋状态，也就是说挠场不传递能量而只传递信息；挠场的传递速度至少为光速的 10 亿倍；挠场会产生轴相的加速；

挠场在四度空间传播不受光椎（光从原点四散传播在时空坐标系中形成的椎状结构）的限制，即它不但传向未来，也传向过去；挠场并不一定遵守场的重叠原理；挠场源移走后，在时空中仍保留着自旋结构，即挠场有残留效应，是有记忆的。例如龙卷风的挠场产生的异常能量可以使木条、草棍穿入钢板，这就是挠场激发的"量子虚空零点能"发挥了作用。这都说明，量子场（quantum field）背后不仅有挠场，还有更基本的"灵子场"。宇宙的实相是复数的，实数空间的粒子都伴生着一个相互垂直的虚数空间，当实数空间的粒子形成复数波函数的量子场时，其场的虚数部分就能与虚数空间的灵子场相交通。在最深层次的微观世界里，灵子场、挠场、量子场是相互交通的，实数世界和虚数世界也是相互交通的，这种交通必然也极大地影响到宏观世界，仅是我们受旧科学范式的束缚视而不见罢了！

三百多年前，一个大学生就可以几乎了解所有科学的前沿问题，可以把物理、化学、生物学、地质学等主要科学分支的知识介绍得很清楚。然而在 19 世纪初，据爱丁顿说全世界只有两个人懂得广义相对论，现在高能物理也只有少数科学家精通。由于科学的快速发展，每个科学家都必须贡献出毕生的精力，加速了解本学科知识的前沿，并把自己局限在一个非常狭小的研究领域里，其他专业的学者对这个领域的术语、数学、运作方式则难以沟通。西方学术由古希腊的自然哲学逐步分化出许多门类，越分越细，每个科学家终生只能研究一个狭窄的门类，精于一种只有经过多年训练的少数专家才能读懂的语言。例如在数学界，自希尔伯特（D. Hilbert）之后，就再没有一个数学家，而只有拓扑学家、代数学家、数理逻辑家、几何学家等。这样，各门类的专家虽然由科学的高速发展变得越来越聪明，但在本专业之外的众多领域却仍觉愚昧。这种现状是很不正常的，也是科学走上歧路的表现。科学的发展不应该越来越复杂，而应当越来越简单。爱因斯坦晚年致力于大统一理论的研究，就是想将科学的规律简单化。科学不应当仅是少数人才懂得的知识，科学应当成为多数人都能了解和掌握的学问。如果发现一套完整的统一理论，将现代科学各门学科进行消化和简化，使成千上万的大学生都能掌握其梗概，用以解决各种技术层面的具体问题，这才是科学最终发展的方向。我认为人类分门别类的学术最终必将归结为一门学科，这就是道学。道学就是 21 世纪的前沿科学，它不仅将自然科学的各门学科统一起来，而且将社会科学的各门学科也统一起来，并打破科学、哲学、宗教三者的界线，因为道的规律是人类社会、自然界、心灵界统一的自然律。人们只要沿着一门学问认真钻研下去，总有一天触摸到人类智慧的枢纽，达到道的境界。道学是人类智慧的枢纽，掌握了道学，就会打通各门学科之间的壁垒，填平东西方文化之间的鸿沟。由此可知，钱学森教授倡导的"大成智慧学"，就是我们正在开创的新道学。

21 世纪新科学革命的特点，就是打通精神世界和物质世界的界限，使心理学、生理学和物理学、化学接轨，将人的心灵纳入物质、能量的科学研究范畴，从而导致人体生命科学成为新的"带头学科"。下面，我从自己多年的研究成果出发，提出对 21 世纪科学革命的思考。

一　物质、能量和人的意识之间存在同一性

处在 21 世纪前沿的科学家必须牢牢树立起一个信念，即在宇宙的自然设计中，人的意识和智能与物质和能量之间在物理作用上没有本质的区别，它们都是具有同等地位的物理量，物质、能量和意识之间存在同一性。

这样在科学研究上，我们必须学会认识两个世界和两种探索

真理的方法。一是"形而下"的"器"世界，在哲学上称作"实"、"有"、"色"的世界；一是"形而上"的"道"世界，在哲学上相对前者称作"虚"、"无"、"空"的世界。实有的"色界"是变动不居的，虚无的"空界"是永恒长存的，前者是后者激发态的化现。在科学研究上，对于实有的"器"世界一般多采用由内向外的"器证"与推理的方法，即近三百年促进物理学飞速发展的逻辑推理和物理实验的方法；而对于虚无的"道"世界则只能采用由外向内的"证悟"与直觉的方法，即中国禅师和内丹家数千年倡导的"内省"、禅定以开发灵性的方法。器证和推理是人的理性思维，证悟与直觉是人的灵性思维，这两种探索真理的科学方法实际上是相辅相成、互生互补的，因之爱因斯坦认为直觉是科学发现中不可或缺的要素，科学史上的重大发现和技术史上的重大发明大多是靠直觉完成的。我们还发现，对于自然界的诸多科学难题和未知领域，科学家至今尚一筹莫展，而宗教家却早走几步通过内省和证悟把握了真理。因之，在宇宙本原及终极实体乃至人的心灵的真理探索方面，我们必须学会接受精于禅定和内丹修持的宗教家们的见解。

我在1980年曾推导出"信息"和"可用能"之间的数学关系式，而人的意识本质上就是高层次的信息。拙作《道学文化的新科学观》早已阐明了这些问题，因之我们可以断言物质、能量和信息（包括意识）是可以相互转化和根据物理公式换算的。这样，我们揭示出人的意识和物质、能量之间相互转化的数学关系式，必将引发21世纪的科学大革命。

二　道的宇宙创生模式和场论

老子《道德经》之"道生一，一生二，二生三，三生万物"（42章），显然是道的宇宙创生模式。道是宇宙自本自根的最高本原，是宇宙中一切"存在"的根据，它以"虚、无、空"为体；以"灵、明、觉"为相；以"生、化、现"为用，具有绝对性、永恒性、潜在性、质朴性、贯通性、无限性。

道是宇宙一切生命力和创造力的源泉，是一切运动和变化的潜在原动力，它在由"道生一，一生二，二生三"的超越时空的先天运动中创生出虚数的"场"，由虚空场的叠加和波动激发为复数的"场"，这些其小无内、其大无外、无处不在、无时不有的场创生出"三生万物"的后天世界。宇宙的终极实体（ultimate reality）是"灵子"，灵子是信息的最小基本单位，又是生命和心灵的基本单元。先天世界的运动不受光速限制，后天世界的运动必受光速限制，故光是先后天世界的分界线。宇宙中一切"场"运动的终极状态，我们称作"基态"（ground state）。道安《本无论》云："无在元化之前，空为众形之始。"灵子和光子的基态都是真空，是物理的真空自振态，是意识入虚寂大定的真空映照态，虚空态是"场"运动的基态。在禅宗、密宗和内丹家的内省修持中，一般将"场"运动的状态或功能称作"净分"和"染分"或"净法"和"染法"。脑内的各种虚空波叠加，派生出意识的结构与功能。当脑内意识波处于虚空、寂静状态时，为意识的纯态即"基态"，称作"净法"。当脑内意识处于激发状态或波动态，即混态，称作"染法"。脑内意识的结构，依其靠近基态的距离，又有"净分"和"染分"的区别。脑外的各种虚空波叠加，形成不同层次的"场"，派生出客观世界的各种结构与功能，皆属"染法"。因之佛教天台宗认为，人之灵明性体和宇宙之虚空本体实质为一，称作"如来藏"，本具足万法，有净染二性。以其染性故，能现一切染法，故有变易；因其净性故，能现一切净法，故有永恒。要之，脑内外的真空系统处于波动状态，可生化出大千世界；当其回归真空系统，脑内则呈现灵明性体的开悟状态，脑外则回复

"场"的基态。

这就是说，虚空态（道的境界）是宇宙的基态，也即灵子场的基态，是零点，以"O"来表示。在数学上，零点占据特殊的几何位置，是坐标系一切变化的起始点。在宇宙中，无论是物质或能量，无论是信息或意识，在零点上都是同一的和贯通的，零点可以使不同的存在要素走向大统一。

"道生一"，"一"即处于波动态的灵子场。灵子场的激发态或波动态，却是扭力场的基态。这种场仅表现为信息，尚无能量化生，亦称信息场。灵子场具有无限的创造性和选择性，突出了信息选择性与合目的性的特征。灵子场是宇宙间最基本的场，其他场都由灵子场叠加化生而来，它在宇宙演化的全过程中都无时不有、无处不在，并且是宇宙创造、化生的总根源。

"一生二"，"二"是处于波动态或激发态的扭力场。扭力场又称挠场，或自旋场（即物体自旋时由时空结构扭曲形成的场），它是量子场的基态。因其为量子场的基态，故又名"量子虚空零点能全息场"，这是一种各向同性的标量场。扭力场（挠场）不受光速的限制，不受障碍物的屏蔽，是信息化生为能量的初始状态，是"力"的表现，其初始的能量即真空涨落起伏而产生的零点能。

"二生三"，"三"是量子场的激发态化生出信息、能量、物质三要素，由虚数的世界（虚信息、虚能量、虚物质）向复数世界化生，标量场演变为受光速限制的矢量场，谓之"三生万物"。量子力学在数学上是以无穷维空间来描述的，具有多层次的能级，可知人的意识也具有多层次的结构和无穷维的传播方向。人的意识在由先天向后天转化时也像量子由先天向后天转化一样存在能级跃迁。有"场"必有波动，波是场的体现。粒子结构的物理真空自然波动产生"零点能"，甚至可以产生那种随缘聚散的"零点粒子"；意识结构的自性真空自然起伏产生神经脉冲。真空虚寂为阴，自旋波动为阳，阴阳迭运，在人脑中则由灵明性体化生出潜意识和人的理性思维；在自然界则产生粒子和能量形成后天世界。

真空是能量的最低状态，对物理场有幽闭作用。例如胶子场是传递夸克之间相互作用的一种场，恰似光子场可以传播电磁作用一样。真空可以把胶子场幽闭在强子之内，致使夸克也被幽闭在强子之内不停振动，从而形成相对稳定的原子核。由此可知，由灵子场激发叠加为量子真空零点能全息场，是形成整个物质世界的根基，生命界和心灵界的形成和演化也是灵子场在起根本作用。

三　灵子和灵子场

宇宙的三大要素是信息、能量和物质。宇宙由虚无空灵的道化生而来，先有信息，继而化生出能量，再化生出物质，由先天变后天，由虚变实，形成万物纷纭的大千世界。信息是宇宙以选择性存在的方式，它标志着有序和无序、方向性与合目的性。能量是宇宙以波动性存在的方式，它标志着运动和静止、间断和连续之间的区别。物质是宇宙以粒子性存在的方式，它标志着部分和整体、个别和一般之间的区别。能量的基本单元是"量子"，信息的基本单元是"灵子"，灵子是信息的载体，灵子论是比量子论更深层次的理论，由此打破了无机界、有机界、生命和心灵的界限，沟通了微观世界和宏观世界以及形而上的道世界和形而下的器世界。灵子和灵子场具有以下特征。

（1）灵子没有实体性，它可以交通先天隐序的"虚无界"和后天显序的"实有界"，出"有"入"无"，贯通"色"、"空"，是一种"主观"和"客观"共同的"存在"。灵子场具有连续性、选择性、贯通性、无限性和遍在性。

（2）灵子对能量（量子）、物质（基本粒子）具有极强的亲合性，灵子场可以和其他物理场叠加。

（3）灵子场是标量场，其运动的速度没有上限。

（4）灵子场没有时间和空间的区别，尚处于时空合一和相互转化的状态。它可以在无穷维时空中自由传播不会衰减，灵子的涡旋波不受时空的限制。

（5）灵子具有自主接收和发送信息的能力。

（6）灵子可以不断耦合与结构化，以提高灵子场的"灵性"，并能和能量、物质耦合提高结构化的层次。灵子场结构化、有序化的层次越高，其"灵性"则越高，直到结构化为"意识场"（field of conciousness）。

（7）灵子场是宇宙的基本场，是宇宙创生的起始点。灵子场可通过叠加由"标量场"化生出"矢量场"，其他物理场皆由灵子场衍生而来。灵子场虽可和其他物理场叠加，但在宇宙演化的全过程中是永存的。

（8）灵子场包括其结构化的意识场具有"色、受、想、行、识"五大生命功能，是宇宙创造性、生化性、选择性、尝试性、合目的性的总根源。

四　意识场和意识的结构与功能

当灵子场和物质、能量耦合时，形成空间的有序位置，称作束缚信息；而形成时间的波动序列，称作自由信息。宇宙从无序到有序，从无机物、有机物、植物到动物的进化序列，都是由于灵子场的存在。束缚信息一般属于系统的结构，自由信息一般表现为系统的功能。在有机大分子中，当灵子场和物质、能量耦合的结构达到某一"阈阈"，即其有机大分子有序排列到某一临界值，其信息密度积累到某种程度，"生命"便产生了。蛋白质生命不可能是宇宙中唯一的生命形式，但灵子场的叠加和组织化、结构化及信息密度达到临界值，却应当是各种不同模式的宇宙文明中生命的共性。生命的载体是"气"，这是一种极为精细有序的超微能量结构。结构是系统组分的秩序，功能是系统过程的秩序。"气"是能量流和灵子场的叠加状态，它具有波动性，载有生命信息，即一种有灵性的波动能。生命和意识是进化的产物，是躯体和人脑功能的反映。生命的结构要经历漫长的演化，而其功能却进化较快。结构和功能在一定条件下是可以相互转化的。

生命和心灵的初始形态是"反映"，即接收、存储、输出信息的功能，每个神经元、细胞乃至复杂大分子皆可作为"反映"的单元。这就像亿万个蚂蚁或蜜蜂集合在一起构建蚁丘或蜂巢，或者亿万个逻辑单元组装成一台电脑一样，亿万个神经元也能通过触突之间的化学递质交换信息形成自主意识。细胞组合到一起达到某一"阀阈"就会"突现"为生命，神经元组合到一起达到某一"阀阈"就会"突现"为意识。每个细胞和神经元实际上都是真空振荡器，前者产生"生命波"（"气"），后者产生"意识波"（"神"）。灵子场本身是由真空振荡产生的，灵子场的叠加则可以组织化、结构化为"意识场"，其"灵性"不断提高，心灵就产生了。

在宇宙和生命未产生之前，没有时空和空间，没有物质和能量，只有永存的和无限的道，其"虚、无、空"的本体展现为无限的自然真空，其"灵、明、觉"的性质展现为自性（灵明性体）的"寂光境界"，其"生、化、现"的作用展现为真空振荡。真空振荡既造成灵子场的叠加和结构化，又激发出零点能和零点粒子，并由于灵子的亲合性相互耦合而产生"生命波"和"意识波"。生命波耦合有生命能量，是一种孤立波。孤立波不像电磁波那样此起彼伏的多头波，而是只有一个头，亦称独头波。意识波一般只传递信息，不传递能量。意识既有波动性，必然会有场的特征。

当两个意识场高度有序且传播速率相应时，则存在交换心灵信息的可能。意识波如果和生命能量（气）相耦合，就会存在物质的质碍性。唯识学认为有识则有质碍，则有生死，高度入静至意识的真空零点状态，才可明心见性。物理学研究地、水、火、风等色法，唯识学研究受、想、行、识等心法，但精细的色法会逼近心法，在零点区域，色法和心法是可以相互转化的，物质、能量、信息在零点的真空振荡中是统一的。信息、物质、能量在真空状态下不但可以相互转化，而且意识场在向外发射时也可以被相应频率的实体接收到。意识场的传播速度不受光速的限制，且其速率不是一个固定值，而是一个区间，意识场中不同意识波在传播速率区间的位置依其灵子场耦合与叠加的程度而异，也就是说依其灵性的高低而异。

意识系统是各层次的智能生命在漫长的进化历程中灵子场不断叠加乃至耦合生命能（气），从而演化出意识的多层次结构。有进化就必然能遗传，在生命和意识的进化中有"物质信息的种子"，由之复制细胞和人体以延续种族的生命；还有"意识信息的种子"，即所谓"种子识"，其逐渐积累的信息库作为编码程序被贮存下来，承担思维模式和业力的遗传。由灵子场的真空振荡逐渐叠加、耦合、组织化为意识场，受外界信息激发产生"第一念"，最后演化出唯识学的八重意识结构。

意识结构的第一个层次是眼识、耳识、鼻识、舌识、身识，通称"前五识"。前五识通过眼根、耳根、鼻根、舌根、身根感知色、声、香、味、触"五尘"，形成视、听、嗅、味、触五种感官功能，用以了别外部环境的信息，由此产生感性思维的功能。首先是眼识通过眼根感知色尘，整个意识结构就是由眼识逐步延伸和进化而来。

意识结构的第二个层次是"意识"，亦称"第六识"。第六识感知"色法"（外境）而产生形象思维，感知"心法"（事理）而产生逻辑思维，二者皆属于人的理性思维层次。眼、耳、鼻、舌、身、意统称"前六识"，其功能是对法尘（认识对象）的了别作用，故亦统称为"了别识"。

意识结构的第三个层次是第七"末那识"，"末那（anas）"意为"思量"，故亦名"思量识"。第七识执着于"内自我"念念相续地进行思量活动，故又名"执识"，乃是第六"意识"的深层底座，故称之为"意根"，它执法尘而产生意识。这样，意识为表层的"常意识"，思量识为深层的"潜意识"，故第七思量识是"我执"和"法执"的根本，是脑神经系统的控制中心。

意识结构的第四个层次是第八阿赖耶（Alaya）识，意译为"藏识"。"藏识"的功能是储藏意识的遗传信息密码（种子），故又名"异熟识"、"种子识"，即历劫以来习气熏染种子的异熟果贮存的信息库。第八识位于人类心灵的最底层，不仅有贮藏种子的作用，而且有统摄诸识的作用，是人类意识活动的"心体"、"心王"，相当于人的"本我"，包含有漏、无漏、净、染诸法的种子，是有为法和无为法之根本，故亦称"本识"。前六识的意识功能模式通过第七识传递到第八识中贮存，作为心灵密码的种子进行遗传，是"去后来先作主公"的生死流转的主体。第八识又分为"染分"和"净分"，其"染分"包含有我执、我见的有漏种子，"净分"则包含无我执、无我见的无漏种子。有漏种子即有质碍，有成、住、坏、空的生灭之漏，不利于开显大智；无漏种子则无质碍，无成、住、坏、空的生灭之漏，有利于开显大智。第八藏识包含前六识认识事物所必需的有漏、无漏种子，具有能藏、所藏、执藏的功能，又能因时、因地、因事、因物变异所藏的种子。第八识之功能为"心王"，其后续效应为"心所"，其"心王"的功能又有"见分"、"相分"、"自证分"、"证自证分"，"自证分"

为第八识染分和第七识的联合作用，"证自证分"为第八识净分。以第八识的"染分"为所依，以第八识的"见分"为所缘，即可生起第七识，故第八识比第七识更为根本。第八识之净分被其染分控制，难以明心见性；仅有其染分彻底转化，灵明性体的真空境界才能开显出来。

第八识的"净分"又名阿摩罗（Amla）识，意为"无垢识"，即藏识中的"无漏种子"，佛陀谓之"真如实相"，丹家称为"灵明性体"。灵明性体即人的"真我"，是作为宇宙万法之原初终极实体的"真一"，是零点的真空纯净态。

人之前六识和六根密切相关，如果人的大脑、五官、四肢、五脏、六腑失去功能，则前六识必然消失。人之第八识消失，则会成为植物人，虽有六根亦不起作用。人之前五识，大约和人之大脑的横向结构有关，而第六识则定位于大脑的纵向深层结构。至于第七识和第八识，则可能属于脑神经元的真空结构。意识的功能，一是可以认知可见光的物理世界（色法）；二是可以认知不可见光的暗世界（心法）；三是可以认知意识波的世界（灵界）。

五　多次元宇宙的生态观

在宇宙大爆炸的刹那间，宇宙可能有无限多次元时空（道的时空是无限的），随着道生一，一生二，二生三，三生万物的演变，有形的微粒子逐渐形成，高次元的宇宙时空逐渐被幽闭，当夸克形成时，仅剩下 11 次元时空了。这就是说，可以在一条轴上引出 11 条互相垂直的线，不同时空的物体不会相互碰撞，它们在各自的时空中存在。今天我们观察到的宇宙是四次元时空，即三个相互垂直的空间轴和一个时间轴，其他高次元时空被幽闭在粒子内部，需要非常高的能量才能打破粒子的屏障，进出高次元时空。例如蚂蚁是二次元平面的生命，它没有飞鸟那样的三维立体空间的感觉，不可能对水、火等立体空间的灾害作出分别。人类生活在四次元时空中，有些奇异现象可能来自高次元时空，我们因受狭隘时空观的束缚无法作出正确判断。

在太阳系的行星里，生命存在需要三个条件，一是行星上存在巨大的减熵潜力；二是存在很大的温度梯度；三是存在着气体与液体之内的湍流。生命系统的存在必然要经历熵生产（增熵）的过程，同时要为生命机体提供必要的物质流通量。地球上存在阳光、空气和水，满足了生命存在的条件。水星、土星、金星、天王星、冥王星、月球上无有物质流动机制，无有熵的生产，因此不会有蛋白质生命，而火星、木星则可能有结晶体式的生命存在。生命的出现是一个减熵的过程，也即是有序化的过程，生命不但要有序还需要有活力。正是地球表面的有序化导致晶体生长，从而诞生了有机生命。在宇宙中，黑洞、白矮星、中子星、脉冲星都有固体结构，都存在减熵的过程，也就有可能存在生命。生命有机体要靠湍流或旋涡不断对流、扩散来摄取能量。这就是说，生命的诞生需要有序化，即信息量的增长，同时又要不断富集能量，生命离不开秩序，也离不开能量，有生命就得有能量。

然而宇宙的时空不仅是多次元的，而且是多层次的。一个大宇宙包括很多小宇宙，每个小宇宙也会各有自己的智能生命，也会创造自己的生态文明。蛋白质决不是生命的唯一形式，各种类型的生命和各种宇宙文明反映出来的世界都有自己不同的模式。广义的生命包括多次元时空的生命，也包括从宇观、宏观到微观不同层次时空中的生命，以及这些生命创造的生态文明。这些生命及其创造的生态文明有些是显序的，有些是隐序的；有物系生命和物系生态，也有灵系生命和灵系生态。有实数的物质、能量、信息组成的实有的生态系统，也有以虚数表示的虚物质、虚能量、虚信息组成的虚灵的生态系统。实际上，时空本身就是灵子场的特征，时间可快、可慢、可逆，空间可以弯曲、重叠，时间和空间也是可以互相转化的，又是可虚可实的。宇宙存在着浩瀚的星际空间，这个星际空间可以视作自然真空自振态。人体也是一个真空自振器，它靠经络来贮存和输送生机能量流。脑神经元、细胞核、原子核都存在真空自振态，都存在灵子场的叠加态及和能量的耦合，都有生命波（气）和意识波的运动。宇宙的真空自振态也会产生灵子场和能量的耦合，从而形成星际空间的生机能量流以及各星体运动之间的引力能量流，这都为生命的活动准备了条件。宇宙的演化是道的展开，而不同模式的生命和生态文明都是道的体现。

无论是地球上的蛋白质生命，还是多次元时空的灵系生命，都是宇宙演化的产物，都是生命进化的产物。不仅地球外文明是智能生命进化的产物，宇宙文明也可以看作是地球文明的外延。地球上生命进化的方向，一是向最大的生态量进化，二是向最大的生物量进化，三是向每个物种的最大生物量进化，四是向单个生物体保持最优的热力学秩序进化。然而地球上的能量，包括太阳能、潮汐等海洋能、地热能、核能、真空能皆不是无限制供应用之不竭的，特别是太阳能、碳含量等都有一个固定值，这就注定了进化终究有一个极限。进化意味着物种繁殖与生物量增加，生态效率提高，地球表面的热力学秩序增加，如此无限持续下去，地球永远减熵，显然这是不可能的，进化的极限只能达到地球熵值最小的稳定态。地球上人的进化，一是从猿到人，逐步人类化；二是日益提高人类社会的伦理水平，逐步人性化；三是逐步开发人的智慧，实现人本身的超越。"智"是认知客观世界照见客观规律，"慧"是认知主观世界照见心灵本质，人的智慧创造了文明。机器的生命和智能是人脑智能的外化，是人脑进化的反映，是人类科技文明高度发展的产物。机器向生产量大，工作效率高，品种多，游动性强的方向发展，但必须与地球的自然生态、人文生态相协调。地球文明离不开人类的伦理与智能，也离不开和谐的自然生态与人文生态环境。一个缺少人性、无伦理道德、失去生态平衡、无秩序的人类社会，是谈不上文明的。高度有序化的减熵原理适用于任何生命世界，文明程度愈高，信息量愈大，从这个意义上说，文明意味着有序和低熵，同时又有发展和演进的活力，并能维持各种力量的平衡。"万物负阴而抱阳，中气以为和"，道学的"太极原理"和"中和原理"是所有生态文明的准则。

人类的进化目标，还在于提高自己的道德水准并开发自己的人体潜能和心灵潜能，向高次元时空的宇宙迈进。物系生命和灵系生命都是进化的产物，并不断提高自己的修持境界和灵性，由低次元时空向高次元时空进化。直到进入道的境界，则是无限次元的时空，人就进化成仙了。

六　人与灵系生命的通讯

人类从宇宙创生后的无序微尘进化而来，这是自然选择了人。人通过人体和心灵的修持转识成智，由低次元时空超越到高次元时空，甚至进入有序空明的寂光世界，是人选择了自然。佛、道、上帝、安拉、天、大梵是人类信仰世界的灵体，佛陀、老子、观世音菩萨、莲花生大士、耶稣、穆罕默德等，是修持成功的灵系生命，实际上每个人都有成为灵系生命的可能，都是潜在的佛。

台湾大学电机工程学家李嗣涔教授，自 1988 年以来，对气功、人体潜能现象进行调研并做了大量科学实验，1999 年发现了"信息场"（实即灵子场的叠加态）的存在。[①] 他发现灵系生命的结构

---

① 李嗣涔、郑美玲著《难以置信Ⅱ——寻访诸神的网站》，台北，张老师文化事业股份有限公司，2004。

和人类科技文明发展出来的互联网结构相似，药师佛、观音菩萨、老子等灵体都有自己的巨型网站，只要知道其网址和键结方式、密码，就可进入其网站参观、交流信息、提供咨询，甚至还可以进入药师佛的药园里采药治疗人间的疾病。李嗣涔教授的实验发现证实了我关于灵子场的理论，其科学意义应该是划时代的。他说："我推测信息场相对于实数的四度时空，似乎处在一个虚数的空间，实数空间每一个物体或粒子都有一个常相左右的虚数空间存在，互相垂直，也就是说这个宇宙的实相是复数的。"[①] 这样，我们不难推测《大方广华严经》里所描述的那种多层空间、过去未来可以连通的华藏世界是存在的，宇宙的实相是虚实相间、隐显交替的，灵系生命、灵体、灵界是和现实世界纵横交错的。灵界及其网站实际上是人类心灵的反映，是人的智慧的升华体或凝聚体，是人类心灵结构化的产物。灵界不仅有各类宗教信仰和天堂、地狱、上帝、佛、道、神灵等巨网站，甚至每个人的心灵都有其结构类似互联网中电子信箱那样的网页。人的心灵有收发、处理、存储信息的功能，因之古人和今人都有自己的信息域，都在灵界的网站上有自己的网址。李嗣涔教授训练出一批开发出人体和心灵潜能的少年，在实验中让特异功能人利用语言、文字、图像、咒语等密码打开了灵界的网站，直接和灵系生命交通，取得了开发人体和心灵潜能的超常成果。这使我们想到，灵系生命也是在不断进化的，灵界的巨网站也存在用进废退的生存竞争关系，也逃脱不了成、住、坏、空的自然律。那些能不断创新、与时俱进，吸引和维持众生不断上网的巨网站将成为优胜者，开发出更大的灵性和贯通虚实两界的杰出功能。众生的灵性需要灵界

---

① 李嗣涔、郑美玲著《难以置信Ⅱ——寻访诸神的网站》，台北，张老师文化事业股份有限公司，2004，第214页。

的加持，那些能自由出入多个巨网站的人将提高自己的灵性并开发出心灵潜能。反之，灵界的巨网站也需要众生心灵的加持，拥有更多信徒和能与众生进行心灵交通的灵体其灵性愈高。这无疑将预示着，一个心灵开放的时代，多元时空开放的时代，人和灵系生命沟通的信息共享时代，即将到来。

光波（心光和日光，或其叠加态）、意识波、生命波（气）等都可以和多次元时空的物系生命或灵系生命交通。意识波一旦和电磁波（包括光波）在适当频率下耦合，不但有通讯的功能，甚至有改变生命有机体结构的功能。生命波（气）也是一样，实验证明它们和电磁波耦合形成的生机能量流不仅可以改变人体的生理结构，而且可以变换其他物质结构。人体可以接收和发射意识波或生命波，某些特殊的电磁场发射仪器也可以耦合生命波进行信息传递。灵系生命本质上是灵子场和能量的叠加态及其结构化的结果，生命波也是灵子场与能量的叠加态，因之灵子论是 21 世纪科学最革命的理论。这个理论的应用对治疗疾病、消弭核战祸，特别是改造社会生态，促进人类本身的超越，具有不可估量的意义。

本书为国家社会科学基金重点项目（代号 02AZX006）

（2018年修订版）

道学通论

张岱年 题

（下编）

胡孚琛 著

社会科学文献出版社
SOCIAL SCIENCES ACADEMIC PRESS (CHINA)

目　录

下　编

方术篇

第一章　存思、导引、气法、健身术…………………… 369

第一节　按摩、导引和武术 ………………………… 369

第二节　辟谷、服气与采气 ………………………… 373

第三节　存思、守一和坐忘 ………………………… 377

第四节　行炁、布炁及胎息 ………………………… 380

第二章　医药、服食和养生 ……………………… 384

第一节　道教医药学 ………………………… 385

第二节　服饵、美容和食疗 ………………………… 390

第三节　衣食起居和摄生 ………………………… 395

第四节　睡方与睡功 ………………………… 401

第三章　房中养生学 ……………………… 404

第一节　房中养生学的文化渊源和见存文献 ……… 406

第二节　房中养生学的历史发展简况 ……………… 409

第三节　房中养生学的理论原则和房中术的基本

　　　　内容 ……………………………………… 414

第四章　外丹黄白术 430

　　第一节　外丹黄白术的历史演变 430

　　第二节　炼丹家的思想脉络和理论体系 438

　　第三节　金丹术的操作程序与化学反应 450

第五章　中国术数学 461

　　第一节　中国术数学的由来 462

　　第二节　术数学的发展 468

　　第三节　术数学的流传 474

　　第四节　从学术观点看术数学 483

丹 道 篇

第一章　道教中的神灵和仙真 497

　　第一节　道教的神灵信仰 497

　　第二节　仙的信仰和诸仙真 502

　　第三节　道教俗神 503

第二章　仙人的境界 505

第三章　仙人之路 511

第四章　内丹学的源流 517

　　第一节　内丹学概说 517

　　第二节　内丹学的初传 519

　　第三节　内丹理论体系的形成 523

　　第四节　内丹学的成熟和繁衍 528

第五章　钟吕丹法的基本特征 535

第六章　各派丹法要诀 544

　　第一节　南宗丹法要领 544

　　第二节　北宗功法诀要 545

　　第三节　中派丹法特点 546

第四节　东派丹法概说 ·················· 547

第五节　西派丹法简述 ·················· 547

第六节　文始派丹法提要 ················ 548

第七节　三丰派丹法略讲 ················ 548

第八节　青城派丹法指要 ················ 549

第九节　三峰采战之泥水丹法 ············ 549

第七章　内丹基本理论揭秘 ·············· 551

第八章　内丹修持入门 ·················· 562

第一节　读书和求师 ·················· 562

第二节　内丹的功效 ·················· 565

第三节　修持丹功的年龄和条件 ·········· 569

第四节　入室行功述要 ················ 572

第九章　内丹修炼的基本步骤 ············ 579

第十章　自身清净派丹法程序 ············ 585

第一阶段：筑基入手功夫（道术） ········ 585

第二阶段：炼精化炁（初关仙术） ········ 587

第三阶段：炼炁化神（中关仙术） ········ 590

第四阶段：炼神还虚（上关仙术） ········ 594

第十一章　同类阴阳派丹法程序 ·········· 597

第十二章　女金丹述要 ·················· 604

小　结 ···························· 611

道 藏 篇

第一章　早期道书的造作和自由造经时期 ···· 621

第二章　三洞四辅分类法及有关道经 ········ 629

第一节　三洞四辅之义略述 ············ 629

第二节　七部经书的内容和由起 ·········· 634

第三章　南北朝及隋代道经的编纂 ·············· 648

第一节　陆修静总括三洞经书 ·············· 648

第二节　梁代道经和《玉纬七部经书目》 ·········· 650

第三节　北周时编纂道经 ·············· 652

第四节　隋代的道经 ·············· 656

第四章　唐宋金元时期的《道藏》 ·········· 657

第一节　唐代编纂《道藏》 ·············· 658

第二节　宋代的《道藏》 ·············· 667

第三节　金、元的《道藏》 ·············· 674

第五章　明清的《道藏》和藏外道书 ·········· 679

第一节　明《正统道藏》和《万历续道藏》 ········ 679

第二节　清代以后的《道藏》和《道藏辑要》 ····· 681

第三节　《道藏》以外的道书 ·············· 682

余　　论 ·············· 690

跋 ·············· 695

增订版后叙 ·············· 702

修订版题记 ·············· 704

方术篇

道学是一种"天人同构、身国一理"的学说，它将人体看作一个小宇宙，因之宇宙间的大道既可以用来治国，又可以用来治身。道教是一种"生道合一"的宗教，因之养生本身就是修道。道教提出"我命在我不在天"的口号，力图把人生的命运掌握在自己手中，向热力学第二定律关于人体熵效应，生老病死的规律提出挑战，因而在世界上所有宗教中独以研习修持方术见长。治道学必须既懂学理，又知方术，知学而不知术，是无法贯通道门学术的。道士们为了掌握个人命运还发展起一套预测社会和人生命运的占卜术数，这也属于方术的范围。道教养生方术的最高成就是内丹学。这门学问已独成体系，因此我们设专篇讨论。在本篇中，我们仅讨论内丹学之外的养生方术，如存想、导引、诸家气法、服食、医药、房中术、美容术、健身术、武术等，还包括由丹道的研习而发展起来的外丹黄白术（地元丹法）。

第一章　存思、导引、气法、健身术

道学历来将人体看作是由形（躯体结构）、气（生命结构）、神（心理结构）三个层次组成的巨型动态开放系统，形、气、神三重结构不分离才能组成有生命有思想的人，形（肉身）、气（能量流）、神（意识）相分离就意味着死亡。因而道学的养生方术，也是从形、气、神三个层次入手展开人体修炼工程。按摩、导引、武术等健身方法是炼形的，各家行气之法、胎息、龟息等是炼气的，内视、存思、守一等法是炼神的。另外还有服药以补血，服气以补气，采光以养神等借外物以自固的养生法，形成了丰富多彩的道教健身术。

第一节　按摩、导引和武术

中国之按摩和导引，渊源于古代氏族社会巫的舞蹈动作。据说四千多年前的尧舜部落时代，中原地区天多阴雨，洪水泛滥成灾，先民因潮湿阴冷筋骨蜷缩生病，故巫教人舞蹈以舒展肢体，活动血脉而疗病。《帝王统录》引《教访记》云："昔阴康氏，次葛天氏，元气肇分，灾沴未弭，民多重腿之疾，思所以通利关节，是始制舞。"《吕氏春秋·古乐》亦云："民气郁阏而滞著，筋骨瑟缩不达，故作为舞以宣导之。"古字巫舞相通，原始宗教中这种巫舞和由此发展而来的导引术，后来被道教的道士继承。道教法事中不仅有大量敬神、祭神的舞蹈，而且由此发展出禹步及各种导引治病法。1984年初湖北江陵张家山247号汉墓（西汉初期）出土的《引书》，是秦汉时古人以导引行气疗病健身的珍贵文献。马王堆汉墓出土的帛画《导引图》，绘有四十多幅各种姿势的导引动作，有些图像注明"引聾"、"引膝痛"等字样，说明汉代不但方仙道以导引术修仙，庶民亦用之治病。《黄帝内经素问·异法方宜论》记载中原地平而湿，"故其病多痿厥寒热，其治宜导引按蹻，故导引按蹻者，亦从中央出也。"按蹻为跷足按摩，亦属导引术的范畴，但二者稍有不同。古人以为导气令和，引体令柔，谓之导引，有宣导气血，锻炼肢体，疗病健身之效。按摩亦是自己或请别人折按肢体和推拿皮肉以疏通筋脉，有强身祛疾之功。《孟子·梁惠王上》有"为长者折枝"的话，便是请他人为长辈按摩推拿肢体。道教中的导引和按摩之术多和存思、吐纳、行气等功法相互配合，作为修仙的一种手段。《庄子·刻意》云："吹呴呼吸，吐故纳新，熊经鸟伸，为寿而已矣。此导引之士，养形之人，彭祖寿考者之所好也。"《汉书·艺文志》载有《黄帝杂子步引》、《黄帝岐伯按摩》，《抱朴子·遐览》中也载有《导引经》、《按摩经》、《观卧引图》，这是我国最初研究导引、按摩之术的学术专著。

我国导引术中最核心的内容首推五禽戏。《后汉书·华佗传》云："古之仙者，为导引之事，熊颈鸱顾，引挽腰体，动诸关节，以求难老。吾有一术，名五禽之戏：一曰虎，二曰鹿，三曰熊，四曰猿，五曰鸟。亦以除疾，兼利蹄足，以当导引。体有不快，起作一禽之戏，怡而汗出，因以著粉，身体轻便而欲食。"华佗五禽戏是中国导引术中的宝贵遗产，人在静极生动时会自发地做出虎、鸟、熊、猿、鹿的五禽戏动作，这和五行学说中的五脏、五志生克关系完全对应，看来五禽戏是人体内部气血运行机制的外部表现，具有很高的科学价值。佛教在中国朝野上下赢得广大信徒后，传统文化亦喜托佛祖之名，例如名震中外的少林拳法和《易筋经》皆托名中国禅宗初祖菩提达摩所传。其实印度并无少林拳法和《易筋经》之流传，少林拳法实际上源于华佗五禽戏，"易筋"之说亦出于道教丹道的理论。少林拳法以龙拳、虎拳、豹拳、鹤拳、蛇拳最著，而少林五拳与华佗五禽戏之间的内部联系是显而易见的。导引术中除《华佗五禽戏》、《易筋经》外，尚有"八段锦"、"十六段锦"、《二十四气导引养生图》、《赤凤髓》"导引四十六式图诀"、冷谦《修龄要指》"导引却病歌诀"等较为著名。据《玄鉴导引法》记载："抱朴子曰，道以为流水不腐，户枢不蠹，以其劳动故也。若夫绝坑停水，则秽臭滋积；委木在野，则虫蝎大半。真人远取之于物，近取之于身，故上天行健而无穷，七曜运动而能久，小人习劳而湛若，君子优游而易伤，马不行而脚直，车不驾而自朽。导引之道，务于祥和，俯仰安徐，屈伸有节。导引秘经，千有余条，或以逆却未生之众病，或以攻治已结之笃疾，行之有效，非空言也。今以易见之事，若令食而即卧，或有不消之疾，其剧者发寒热癖坚矣。饱满之后，以之行步，小小作务，役摇肢体，及令人按摩，然后以卧，即无斯患。"以上所论，便是道教导引按摩术的基本思想。

道教导引术之"八段锦法"，托名唐末五代内丹家钟离权所传，其歌诀云："闭目冥心坐，握固静思神；叩齿三十六，两手抱昆仑；左右鸣天鼓，二十四度闻。微摆撼天柱，赤龙搅水津；鼓漱三十六，神水满口匀；一口分三咽，龙行虎自奔。闭气搓手热，背摩后精门；尽此一口气，想火烧脐轮；左右辘轳转，两脚放舒伸；叉手双虚托，低头攀足频；以候逆水上，再漱再吞津。如此三度毕，神水九次吞；咽下汩汩响，百脉自调匀；河车搬运讫，发火烧遍身。邪魔不敢近，梦寐不能昏；寒暑不能入，灾病不能。子前午后作，造化合乾坤；循环次第转，八卦是良因。"此术将静坐、存思、咽津、按摩、吐纳诸术都结合进去，极具道教导引健身法的特色。另明代冷谦《修龄要指》载《导引却病歌诀》云："水潮除后患，起火得长安，梦失封金匮，形衰守玉关，鼓呵消积聚，兜肾治伤寒，叩齿牙无疾，升观鬓不斑，运睛除眼翳，掩耳去头旋，托踏应轻骨，搓涂自美颜，闭摩通滞气，凝抱固丹田，淡食能多补，无心得大还。"此项导引功夫不仅结合进守丹田、内视、守一等方术及饮食养生法，而且还融汇进美容术。例如"搓涂自美颜"句注云："颜色憔悴，所由心思过度，劳碌不谨。每晨静坐闭目，凝神存养，神气冲瞻，自内达外，以两手搓热拂面七次，仍以嗽津涂面搓拂数次，行之半月，则皮肤光润，容颜悦泽，大过寻常矣。"这是一种以两手按摩面部及用唾液涂搓等美容的方法。

　　道教导引术的一些流派向技击之术演化，形成道教内家拳，其中著名的便是张三丰创立的武当山内家拳法。道教内家武术讲究以柔克刚，不使蛮力，以通脉炼气为基本功夫，其武学理论和道家思想相通。内家拳除武当拳、八卦拳、形意拳、金家拳、太极拳等外，尤以近世王芗斋所创之大成拳最得道家之旨。据王芗斋所著《大成拳论》云："拳道之由来，原系采禽兽搏斗之长，象其形，会其意，逐渐演进，始汇成斯技。""然在技击方面言之，用力则力穷，用法则法罄，凡有方法便是局部，便是片面，非整体之学也。且精神不统一，用力亦不笃实，更不能感借宇宙力之呼应，神经已受其范围所限，动作亦似裹足不前矣。""习拳入手之法非止一端，而其结晶之妙全在神、形、意、力之运用互为一致。此种运用视之无形，听之无声，无体亦无象。如以有形而论，其势如空中之旗，飘摆无定，唯风力是应，即谓之与大气相应合。

又如浪中之鱼，起伏无方，纵横往还以听其触，只有一片相机而动、应感而发和虚灵守默之含蓄精神。要在以虚无而度其有，亦以有处而揣其无，诚与老庄无为而无不为之学理相通。"① 王芗斋的大成拳扫去一切套路，将内家拳学发展到高峰，突出了道教理论的特色。大成拳的基本功站桩法，又融汇了道教导引术的精华。

第二节　辟谷、服气与采气

辟谷和服气之术，是早在秦汉方仙道中就流传的古老方术。盖古人心目中的神仙都是身轻如燕，体香肤洁，貌如处子，能腾云驾雾在名山大川自由遨游的人物。人要成仙，自然也须摈除污秽，服些珍奇轻香之物。人吃鱼肉和五谷、蔬菜，消化后不仅变成脂肪增加体重，而且还会排出粪便等污秽。因之道书中便有"欲得长生，肠中当清；欲得不死，肠中无滓"，"食草者善走而愚，食肉者多力而悍，食谷者智而不寿，食气者神明不死"的话，辟谷和服气也成了修仙的方术。《楚辞·远游》说："餐六气而饮沆瀣兮，漱正阳而含朝霞；保神明之清澄兮，精气入而粗秽除"，这是先秦神仙家辟谷、食气乃至采气的记载。在后汉黄老道及魏晋神仙道教中，辟谷食气有效的方士史不绝书。《史记·留侯世家》记载张良"乃学辟谷，导引轻身"，"愿弃人间事，欲从赤松子游耳！"《后汉书·方术传》记载："（郝）孟节能含枣核，不食可至五年十年。又能结气不息，身不动摇，状若死人，可至百日半年。"曹植《辩道论》亦记："余尝试郗俭，绝谷百日，躬与之寝处，行步起居自若也。"葛洪《抱朴子内篇·杂应》说："余数见断谷人三年二年者多，皆身轻色好，堪风寒暑湿，大都无肥者

---

① 王芗斋：《拳道中枢站桩功》，大同市大成拳研究会 1986 年印，参考于永年先生提供的王芗斋遗稿手抄本录定。

耳。"其中"有冯生者，但单吞气、断谷已三年，观其步陡登山，担一斛许重，终日不倦"。《南史·隐逸传》亦载陶弘景"善辟谷导引之法，自隐处四十余年，年逾八十而有壮容。"《北史》中亦载有王远知、宋玉泉、徐则、孙道茂等，皆行辟谷道，以松叶、白术、茯苓自给，获健身延年之效。唐代高道，更重视却谷食气之道，其中潘师正、孙智琼、徐灵府等居山食松果，行辟谷术，年近百龄。《旧唐书·隐逸传》载王希夷隐居兖州徂徕山，"尝饵松柏叶及杂花散"，"及玄宗东巡，敕州县以礼征，召至驾前，年已九十六。"又载潘师正师事王远知，"清净寡欲，居于嵩山之道遥谷，积二十余年，但服松叶饮水而已"，享年九十八岁。足见道教辟谷成功者代不乏人。

辟谷又名断谷、却谷、休粮、绝粒等，因此术常和服气之术结合，故统称为"却谷食气"。马王堆汉墓帛书中的《却谷食气篇》，就是方仙道中流传却谷食气之术的证据。《太平经》卷五十二云"欲知其意胞中童，不食十月神相通"，是秦汉方仙道即以辟谷之术修仙通灵。早在晋代，据葛洪说，辟谷之术"近有一百许法，或服守中石药数十丸，便辟四五十日不饥；练松柏及术，亦可以守中，但不及大药，久不过十年以还。或辟一百二百日，或须日日服之乃不饥者。或先作美食极饱，乃服药以养所食之物，令不消化，可辟三年。欲还食谷，当以葵子猪膏下之，则所作美食皆下，不坏如故也。"（《抱朴子内篇·杂应》）后世道士辟谷之方大致并未脱开晋人却谷食气的路子，一般辟谷前先服葵子、胡麻、猪膏、大麻子等药物以润肠泻秽，防止肠胃粘连和大便中毒。辟谷多以减食法渐渐断谷，饥时可饮食少量由芝麻、黑豆、大枣、栗、酥、茯苓、黄精、天门冬、术、人参、柏叶、蜜等煮成的汤药，同时要咽津食气，逐渐适应休粮状态。本来行气至胎息境界，自然会发生辟谷现象。辟谷食气之法，其效果可以促进人体真气的运行，激发人体潜能，从而变化人的体质。现代人行辟谷食气之术，亦可减肥、美容，淘汰掉体内多余的脂肪和变异的细胞组织，从而更新体质，提高内气修炼的层次，仍有防病健身的效果。

服气之法，多和咽津、辟谷、吐纳、闭息、存思、守窍等方术相互配合，有服体外之气和服体内之气的分别。服体外之气时应和存思结合，有服五芽、六气、三气、紫气、雾气，甚至服五方灵气、日月光芒及星精月华等法。服体内之气有服五脏气及元气等法。孙思邈说：“欲学此术，先须绝粒，安心气海，存神丹田，摄心静虑，气海若具，自然饱矣。”“气若不散，即气海充盈，神静丹田，身心永固，自然回颜驻色，变体成仙。”（《存神炼息铭》）孙思邈所传为服体内元气法诀。其他还有《幻真先生服内元气诀》、《延陵先生集新旧服气经》及《云笈七签·诸家气法》等书所载服气法诀，都是道教服气法的典型之作。服内气之法，一般是先将体内浊气吐出，在吐气欲止时，带动体内元气上升至喉间，然后一口咽下，此体内随呼气上升欲出之气称内元气。例如《幻真先生服内元气诀》中“咽气诀”所述：“服内气之妙在于咽气。世人咽外气以为内气，何以谬哉。吐纳之士宜审而为之，无或错误耳。夫人皆禀天地元气而生身，身中自分元气而理，每因咽及吐纳，则内气与外气相应，自然气海中气随吐而上，直至喉中。但候吐极之际，则辄闭口连鼓而咽之，令郁然有声汩汩。然后男左女右而下纳二十四节，如水沥沥分明闻之也。如此内气与外气相顾皎然而别也。以意送之，以手摩之令速入气海。”“一闭口三连咽止。干咽号曰云行，湿咽取口中津液谓之雨施。初服气之人气未流行，每一咽则旋行之，不可遽至三连咽也。候气通畅然渐渐加之，直至于小成也。”显然服气法中所服之“内元气”和后世兴起的内丹学中“元气”概念尚不尽相同。至于存服体外之气，讲究以多入少出为要，例如司马承祯《服气精义论》中有"服三五七九气法"：徐徐以鼻吸气三次，以口吐死气一次，如此行三气法久熟，再以鼻纳气五次，吐一死气。五气法久熟，再行七气法。以鼻引七气口吐一死气。七气久之再行九气法。鼻纳九气口吐一死气。久久行之，最后将三五七九合并为二十四气，即二十四咽而一吐之，直至九九八十一咽而一吐之，此法以入气多吐气少为妙。另据《上清握中诀》载"服三气法"："常以平旦向日，临目，存青气、白气、赤气各如线，从日下来直入口中，挹之九十过，自饱便止。"这种服气法是和存思法配合而行的。

以存思为主的服气法，逐步发展为采气法。例如《上清握中诀》所载"服日芒法"及"服月芒法"，便是初期的采气工夫。"服日芒法"为："平坐，临目，直存心中有日象，大如钱，赤色，紫光，九芒从心上出喉至齿而回还胃中。良久，存见心胃中分明，乃吐气，漱液，服液三十九过止。一日三为之。"夜间可行"服月芒法"，即存想月亮在泥丸宫，月光芒四射，其白芒流入胃下至丹田。采日精可益身中阳气，治阳虚之症；采月华可滋补身中之阴，阴虚者可行之。日魂月魄可与身中之魂魄相感应，存思采服日月之阴阳，可增强身中阴阳的生命能量。随着道士修炼的层次不断提高，能够激发本身的元气和天地之气感应，便可以采天地之气。采气法往往不必像服气法那样由口、鼻而入于胃中或肺中，而是离开呼吸器官及消化器官的系统，直接以经脉、关窍等学说为基础。如采日月精华法，可对日月而坐，存想日月精华吸入头顶百会穴，沿任脉降至丹田，再由督脉升至泥丸宫。日月为天地阴阳之精，《太上玄真诀服日月法》等多用存想，存左眼为日，右眼为月，日月交光，照彻泥丸，下耀五脏，入于明堂，化生五彩甘露，流入口中咽下，沿冲脉运转丹田。其他如由两手掌劳宫穴采松柏树木之气，用两足心涌泉穴采山川大地之气，以眉心印堂穴或祖窍穴感召虚空中先天一炁等，皆须用存思法或修炼到天人合一的高工夫层次才易于施行。

第三节　存思、守一和坐忘

魏晋神仙道教兴起之后，修炼方术由炼形、炼气逐渐转移到以炼神为重点，存思、守一、内视、守窍、心斋、定观、坐忘等法日益受到重视。《西升经·邪正章》云："道别于是，言有伪真；伪道养形，真道养神；真神通道，能存能亡；神能飞形，并能移山；形为灰土，其何识焉？"这说明修道者已体验到精神（即人的意识）本身存在着常人还没认识的奥秘，炼神比炼形更能开发人体生命潜能。魏晋时传世的《黄庭经》，就是一本以存思为主的道书。而后兴起的上清派神仙道教，便以炼神为主要的修持方法。

存思又称存想。司马承祯《天隐子》云："存，谓存我之神；想，谓想我之身。"《黄庭经》中设有五脏六腑四肢七窍等各种器官的身神，存想这些身神及日月星辰等神灵的炼神方法也叫存神。道教修炼家以人脑为百神总会，泥丸之神为诸神之宗，因之但存脑部之神，即能主宰全身，得返老还童之效。存神法的要点，贵在志诚心正。《思神诀》云："心正则神正，心邪则神邪。邪之与正，由悟不悟，悟则入正，迷则归邪。"（《云笈七签》卷55）。存思身神的方法实际上是内视法。内视又名内观，可以彻见体内五脏。另外，将自己的神光凝聚于一点，保存于一处，也是存神之法。以自己的神光返观内照自己躯体，可使灾病难侵。葛洪《抱朴子·地真》云："吾闻之师云，道术诸经，所思存念作，可以却恶防身者，乃有数千法。如含影藏形，及守形无生，九变十二化二十四生等，思见身中诸神，而内视令见之法，不可胜计，亦各有效也。"可知早在晋代，存思的内容便已相当丰富。其中包括存思内景法和存思外景法。身内景象无非是五脏与五脏之气，另外就是身中的神真。其中存思泥丸之神真,又有所谓"默朝上帝法",即存思太一帝君居泥丸宫,天地、日月、四象、八卦、仙山、琼楼环绕之,有如佛教密宗之"坛城",专意内视,日久分明如真,头顶天门洞开,阳神即飞出去朝上帝。身外景象一为元气、日月星云雾等自然景观,二为身外之神灵,即三清、四御、玄女、老君、星官等。还有将存思内景与存思外景结合者,《云笈七签·杂修摄》有存思"影人"法,其法先存思分身作"影人"长三寸,令此影人在自身百脉之间穿动,又离身至天边取虚空中元气回至头顶入体内四肢百脉,无处不彻,并以影人配合行炁,起到调整体能的作用。

葛洪认为存思之法虽养生有效,但因方法繁多难学,"足以大劳人意。若知守一之道,则一切除弃此辈,故曰能知一万事毕也。"(《抱朴子·地真》)守一的思想源于老子,《道德经》云:"载营魄抱一,能无离乎?""是以圣人抱一为天下式。""昔之得一者:天得一以清,地得一以宁,神得一以灵,谷得一以盈,万物得一以生。"这个思想被《庄子》继承,《在宥》篇云:"我守其一,以处其和。故我修身千二百岁矣,吾形未尝衰。"《刻意》篇又云:"纯素之道,唯神是守。守而勿失,与神为一。一之精通;合于天伦。"一就是宇宙之万事万物乃至生命的"原型",就是元气,就是明觉之心,守一也是守神。《参同契》云:"抱一毋舍,可以长存。"《西升经》云:"丹书万卷,不如守一。"《太平经》云:"一者,数之始也,生之道也,元气所起也,天之大纲也,故守而思一也。子欲寿老,守一最寿。平气徐卧,与一相守。气若泉涌,其身何咎?是谓真宝,老衰自去。"(《太平御览》卷668引)足见存思守一的功夫,在道教炼神方术中占有重要地位。

葛洪认为"人能知一,万事毕",将守一的功夫分为"守真一"和"守玄一"两法。"守真一"是一种定观功夫,和释教"止观"法本质相同。其法先虚其身,空其心,内凝神思,身心冥于寂寂之中，气液相生，真水充盈，自可治未病之疾，消未起之患，有招神却恶之功。"守玄一"为存思泥丸之神灵，并思如己身历历分明，久之体内金水分形，能见自己身外之身，又称此法为分形之道。另外还有"守三一"之法，实际上是守窍之术。《太上灵宝五符序》云："泥丸、绛宫、丹田是三一之真焉。令子守之，则万毒千邪不敢伤矣。"《太上太真科》曰："一在人身，锁定三处，能守三一，初止不忘，三尸自去，九虫自消。"《元气论》亦说："夫修心是三一之根，炼气是荣道之树。有心有气，如留树留根，根即心也。存心即存气，存气即存一，一即道也。存道即总存三万六千神，而总息万机。"（《云笈七签》卷56引）守一之法，无非是修心而已。

道教修心之法，以《庄子》所传"心斋"最为精当。《庄子·人间世》云："若一志，无听之以耳而听之以心，无听之以心而听之以气！耳止于听，心止于符。气也者，虚而待物者也。唯道集虚。虚者，心斋也。"首先专心一志，心息相依，内视返听，直至心气合一，心念顿止，渐入浑沌，最后达到一片虚境，便是心斋。此法以虚字为诀要，以听字入手，以止字转手，以忘我为究竟。《庄子》以孔子同颜回的对话讨论"心斋"，当颜回自称达到忘我的境界后，孔子便认为是心斋了。

炼神达到忘我的境界，也称为"坐忘"。《庄子·大宗师》云："堕肢体，黜聪明，离形去知，同于大通，此谓坐忘。"坐忘是一种无人、无我、无内、无外、无分别的与道合一的境界。彼我两忘，万境俱忘，了无所照，方是坐忘。司马承祯著《天隐子》、《坐忘论》详细阐述修习坐忘法的步骤。《天隐子》认为修道有五渐门："一曰斋戒，二曰安处，三曰存想，四曰坐忘，五曰神解"。"坐忘者何？因存想而得，因存想而忘。行道不见其行，非坐之义乎？有见不行其见，非忘之义乎？不行者，心不动也，不见者，形俱泯也。"《坐忘论》更详论坐忘修道的七个阶次，一信敬，二断缘，三收心，四简事，五真观，六泰定，七得道。坐忘之道，是炼神的高层次，是存思得道的境界。

第四节　行炁、布炁及胎息

《太上混元真录》云："行气一名炼气，一名长息。"先秦老庄道家之学早有"抟气致柔"、"吐故纳新"的提法，《庄子·大宗师》说："古之真人，其寝不梦，其觉无忧，其食不甘，其息深深，真人之息以踵，众人之息以喉。"这说明行气法是先从锻炼呼吸入手，通过调息、吐纳，使人的呼吸变长变深变细变匀，进而激发体内真气在全身经脉中运行，最后达到胎息的水平。踵息、真息、胎息都是指人体的内呼吸状态，道士这种模仿胎儿呼吸的修炼显然和他们追求返老还童的目标是一致的。

行气之术，祖述仙人王子乔和赤松子，早就流行于楚越、巴蜀一带。据记载，古代赫胥氏（《列子》称华胥氏）部落的先民"含哺而熙，鼓腹而游"（《庄子·马蹄》），在巫山之下，有"饮露吸气之民"（《吕氏春秋·求人》）。直到王乔、赤松"吸阴阳之和，食天地之精，呼而出故，吸而纳新"（《淮南子·泰族训》），传下行气之术，记载于屈原《楚辞·远游》篇中。战国时传世玉器《行气玉器铭》云："行气——吞则蓄，蓄则伸，伸则下，下则定，定则固，固则萌，萌则长，长则退，退则天。天几春在上，地几春在下。顺则生，逆则死。"意思是讲行气之法，当凝神聚气，运降丹田，入定固守，萌生真气，逆转督脉，上升泥丸。以天为鼎，以地为炉，依阴阳之机而修炼。顺此道者便长生，反之则夭亡。方仙道中这些行气法，在汉唐两代发展到高峰，不仅在传统文化的哲学思想中形成有关气的学说，而且成为中国医学的理论基础，为唐末五代内丹学的形成作了准备。

行气之法，种类繁多，用以健身治病，多有奇效。明代袁黄《摄生三要》云："人身之气，各有部分。身中有行气、横起气、诸节气、百脉气、筋气、力气、骨间气、腰气、脊气、上气、下气，如此诸气，位各有定，不可相乱。乱则贼，大则癫狂废绝，小则虚实相陵，虚则痒，实则痛。疾病之生，皆由于此。"根据由气脉网络循环运行的人体观，行气自然可以治病。《养生延命录·服气疗病篇》云："凡行气欲除百病，随所在作念之。头痛念头，足痛念足，和气往攻之，从时至时（一时辰），便自消矣。时气中冷，可闭气以取汗，汗出辄周身，则解矣。行气闭气虽是治身之要，然当先达解其理。又宜空虚，不可饱满。若气有结滞，不得空流，或致发疮，譬如泉源不可壅竭。若食生鱼、生菜、肥肉，及喜怒忧患不除，而以行气，令人发上气。凡欲学行气，皆当以渐。"又说："凡行气，以鼻纳气，以口吐气，微而引之，名曰长息。纳气有一，吐气有六。纳气一者，谓吸也；吐气有六者，谓吹、呼、唏、呵、嘘、呬，皆出气也。凡人之息，一呼一吸，元有此数。欲为长息吐气之法，时寒可吹，时热可呼，委曲治病。吹以去风，呼以去热，唏以去烦，呵以下气，嘘以散滞，呬以解极。"六字气法为古代行气法之一，《云笈七签·诸家气法》所载行气种类还多。行气法不断发展，出现闭气法、龟息法、胎息法，胎息法是高层次的行气法。人达到胎息阶段，就可以布气为人治病了。《胎息秘要歌诀》云："修道久专精，身中胎息成。他人凡有疾，脏腑审知名。患儿向王气，澄心意勿轻。传真气令咽，使纳数连并。作念令其损，顿能遣患情。鬼神自逃遁，病得解缠萦。"胎息成就者，人体潜能得到开发，可以和天地之气相呼应，不但能行布气法，还可行气禁法。气禁法可以在百里之外治病禁毒，直至入山不畏兕虎，道书中多有记载。

葛洪对行气之术甚为推重，他说："故行炁或可以治百病，或可以入瘟疫，或可以禁虎蛇，或可以止疮血，或可以居水中，或可以行水上，或可以辟饥渴，或可以延年命。其大要者，胎息而已。得胎息者，能不以鼻口嘘吸，如在胞胎之中，则道成矣。初学行炁，鼻中引炁而闭之，阴以心数至一百二十，乃以口微吐之。及引之，皆不欲令己耳闻其炁出入之声，常令入多出少，以鸿毛著鼻口之上，吐炁而鸿毛不动为候也。渐习转增其心数，久久可以至千，至千则老者更少，日还一日矣。"（《抱朴子内篇·释滞》）胎息之修炼方法，先从伏气入手。《胎息经》云："胎从伏气中结，气从有胎中息。气入身来为之生，神去离形为之死。知神气可以长生，固守虚无以养神气。神行则气行，神住则气住。若欲长生，神气相注。心不动念，无来无去，不出不入，自然常住。勤而行之，是真道路。三十六咽，一咽为先。吐唯细细，纳唯绵绵。坐卧亦尔，行立坦然。戒于喧杂，忌以腥膻。假名胎息，实曰内丹。"胎息之术确是清净丹法的关键步骤，内丹工夫至小周天后也会自然出现胎息现象，但行气之术达到胎息（体呼吸）的手段却和内丹不同。《胎息杂诀》记载了胎息术的不同炼法。一说为："咽气满讫，便闭气存想，意如流水，前波已去，后波续处。凡胎息用功后，关节开通，毛发舒畅，即依此。但鼻中微微引气，想从四肢百毛孔出，往而不返也。后气续到，但引之而不吐也。功在于徐徐，虽云引而不吐，所引亦不入于喉中，微微而散。如此内气亦不流散矣。"一说为："又胎息之妙功，在无思无虑，体合自然，心如死灰，形如枯木，即百脉畅关节通矣。"（《延陵先生集新旧服气经》）《规中指南》云："澄心绝虑，调息令匀，寂然常照，勿使昏散。候气安和，真人入定，于此定中，观照内景，才若意到，其兆即萌，便觉一息从规中起，混混续续，兀兀腾腾。存之以诚，听之以心，六根安静，始息凝凝，不闭不数，任其自如。静极而嘘，如春沼鱼；动极而翕，如百虫蛰；氤氲开阖，其妙无穷。如此少时，便须忘气，合神一归混沌，致虚之极，守静之笃，心不动念，无来无去，不出不入，湛然常住，是谓真人之息以踵。"达到胎息的途径，有专气致柔的伏气法、闭气法、咽气法，也有虚极静笃的存思法、入定法等。胎息是调整人体血脉、腑脏乃至全身关窍、毛孔的内节律，使之和谐有序而出现的体呼吸现象，是修道者多年进行人体科学探索取得的实验成果。胎息之术，也是内丹家的基本法诀，是由气功转入丹功的阶梯，读者切勿轻信。

第二章　医药、服食和养生

　　医药学和养生学是中国道学重要的分支学科，又是道教方术篇中的重要内容。道教医药学大约分三个层次，内部核心层次是汤药及保健药品、针灸等，和现代的中医学范围相当；中间层次是气功、导引术等健身治病方法，相当于上文中的健身术；外围层次是符箓、咒语、药签及祝由、祭祀、驱鬼、盟誓等法术，这些法术在本书中略而不论，读者要了解道教中的斋醮、科仪、戒律、符箓、法术等内容可以参看专门的道教书籍。盖中国医药学源于先民治病的巫术，先民的原始宗教以为疾病是鬼神对人的谴告和惩罚，巫是鬼神和人之间交通的媒介，故巫可以用祭神驱鬼的方术疗病祛疾。在中国医学史上最初巫医不分，其中祭祀神灵之法是祈求保佑之术，近世民间尚盛行不衰，如泰山碧霞元君祠每年接待的农村许愿、还愿的香客大多为求医治病而来。另一类针砭药石之术实际上源于巫的驱鬼之术，近世以符箓、神水等施术治病的道士当是这种巫术文化的遗存。养生学从广义上说几乎可以把道教的方术全包罗进去。在这里，我们采用现代医学和养生学的学科范围来界定道教方术的性质，仅从狭义的角度来论述医药、服食和养生的内容。

第一节　道教医药学

道教医药学继承了古代巫医治病的传统，它可分为医学和药学两部分。在中国医学史上，春秋战国时期由巫医阶段进化为方士医学阶段，当时名医扁鹊将"信巫不信医"作为"六不治"之一，说明当时巫医已经分家，世俗的中医学已不把祝由、祭祀、符水等精神疗法当作真正的医学看待，而道教医学则仍然保留了这些内容。《黄帝内经素问·移精变气论》云："余闻古之治病，惟其移精变气，可祝由而已。今世治病，毒药治其内，针石治其外。"说明世俗的中医学承认移精祝由为巫医治病的主要方法，方士医家已不用，道教医学却仍保存了祝由科的传统。然而就世俗的古代方士医学而论，《史记·扁鹊仓公列传》便记有汤液、醴酒、镵石、挢引、案扤、毒熨、割皮解肌、湔浣肠胃、炼精易形等内外科治疗方法及切脉、望色、听声、写形等诊断方法，自夏商周三代而至秦汉，有食医、疾医、疡医、兽医之分，有针灸、推拿、切割、汤药之别。王孟英《归砚录》云："考古治疾，无分内外，刀、针、砭、刺、蒸、灸、熨、洗诸法并用，不专主于汤液一端。"古代中医学以针砭、熨灸、食疗、导引、按摩、行气、汤药等并重，内科、外科、妇科、小儿科、五官科、皮肤科、精神病科俱全，道教医学恰恰继承了这个传统，加之以古代祝由科所传的精神疗法，都保存在道教医药学文献里。例如在《太平经》中就有"以乐却灾法"、"草木方诀"、"生物方诀"、"灸刺诀"、"神祝文诀"、"斋戒思神救死诀"、"冤流灾求奇方诀"、"知盛衰还年寿法"、"方药厌固相治诀"、"盛身却灾法"等，将人的疾病同社会环境、心理环境、道德伦理、宗教信仰、自然界日月星辰的变化联系起来考虑，体现了道教医药学的特色。我国早期药书《神农本草经》，是体现仙道思想的药学著作，其中收入药365味，以合周天 365 日，药分三品，上品药声称有延年登仙之效。葛洪说："古之初为道者，莫不兼修医术，以救近祸焉。"（《抱朴子内篇·杂应》）葛洪本身就是个医学家，其他如皇甫谧、陶弘景、孙思邈、杨上善等人，皆是道教医药学家。唐代著名高道孙思邈（541~682）被后世尊称药王，享寿一百四十二岁，精通方药、针灸、导引、气法、房中诸医药养生之术。他著得《摄生论》、《保生铭》、《摄养枕中方》、《存神炼气铭》、《千金要方》、《千金翼方》等，在医药学史上占据重要地位。道学是中国医药学的理论基础，自古有"十道九医"之论。道家称"不为良相，便为良医"，良医既可医身，又可医国，这反映了道学文化"身国同构"的特征。我们前已说明，道教医药学大致包括三个部分的内容。其核心部分是仙药、本草、医方、针灸等，大致范围相当于世俗的中医学和中药学。二者的区别仅在于道教医药学多以延年益寿、还春驻颜的疗效为追求目标，其中有不少抗衰老方剂，甚至还有声称久服可以返老还童、长生成仙的"仙药"秘方，这同道教的教旨是吻合的。另外，道教药学以金石药、诸芝、滋补药为上品，这自然又和道士烧炼外丹黄白术的传统有关。道教医药学的中间层部分是导引、按摩、气法、辟谷、房中、存思、饮食疗养及起居禁忌等，这是靠自我摄养和调谐精、气、神来防病抗病的技术。道教医药学的外层部分是符水、药签、祝由、祭祀、斋醮等调整社会环境和心理环境的治疗方法，具有强烈的宗教特征。

由于道教医药学的中间层次（气法、导引等）已有专章探讨，斋醮、法术等本书存而不论，这里只重点研究其核心部分即仙药、本草、医方、针灸等。道教医学是一种社会医学，重视调节人的社会关系和心理因素，这是它的特征之一。它的另一特征是带有宗教性和人神交通的巫术倾向，例如其利用祭祀、符咒和药签治病就是证明。再就是道教医学以道教哲学的天人感应原理和阴阳五行学说作理论支柱，提出有道教特色的病因论。例如《太平经》中便以天地之气来解释病因，认为头疼是天气不悦，足疾是地气不悦，五内病是五行气相战，四肢病是四时气不和等。道教医学认为人体以气为本，治病就须调气，养气便能健身。《抱朴子内篇·地真》云："一人之身，一国之象也。胸腹之位，犹宫室也。四肢之列，犹郊境也。骨节之分，犹百官也。神犹君也，血犹臣也，气犹民也。故知治身，则能治国也。夫爱其民所以安其国，养其气所以全其身。"道教医学的身国同构之说，乃《黄帝内经》中的思想方法，也是道家和道教哲学的思想特色。道家之学，虽多言治身炼养之事，实则与治国用兵、自然物理、经世权谋之理相通，是参赞天地之化育的大学问，中国医学辨证施治之术是道家思想的应用，因之后世有"上医医国"，"不为良相，则为良医"之说。道教医学还将宗教神学引入医学，将身体各器官部位都配备身神来管理，从而把存神作为道教医学的治疗方法。《黄庭经》不仅设置了各脏腑器官之神，各有姓字服色（汉代以来以姓字论门第，以服色别贵贱），并且还以三尸神作为害人身制造疾病的祸根，故道教修炼把除三尸作为目标之一。《太平经》云：

> 真人问曰："凡人何故数有病乎？"
>
> 神人答曰："故肝神去，出游不时还，目无明也；心神去不在，其唇青白也；肺神去不在，其鼻不通也；肾神去不在，其耳聋也；脾神去不在，令人口不知甘也；头神去不在，令人眴冥也；腹神去不在，令人腹中央甚不调，无所能化也；四肢神去，令人不能自移也。夫精神，其性常居空闲之处，不居污浊之处也。欲思还神，皆当斋戒，悬象香室中，百病消亡。"

《黄庭经》设置的三部、八景、二十四真的身神体系和《太平经》的身神治理说，为道教存思通神、悬象还神、静思斋戒等治病方法提供了根据。道教医学还有一些特征，那就是它重养生、重预防、将医药同人的饮食起居结合起来。《抱朴子内篇·地真》云："是以至人消未起之患，治未病之疾，医之于无事之前，不追之于既逝之后。"以上都体现了道教医学区别于世俗医学的特色。

道教药学的特征，可从《抱朴子内篇·仙药》中看出，葛洪说："仙药之上者丹砂，次则黄金，次则白银，次则诸芝，次则五玉，次则云母，次则明珠，次则雄黄，次则太乙禹余粮，次则石中黄子，次则石桂，次则石英，次则石脑，次则石硫黄，次则石饴，次则曾青，次则松柏脂、茯苓、地黄、麦门冬、木巨胜、重楼、黄连、石韦、楮实。"另外，《仙药》篇还介绍了枸杞、天门冬、术、黄精、真珠、桂、胡麻、柠木实、甘菊、松实、五味子、远志、菖蒲、五芝（石芝、木芝、草芝、肉芝、菌芝）等，皆有却病延年、返老还童之效。这些道教药学认为有神奇作用的药品可分三类：一为金石类矿物药，乃金丹术的原料，故为道教所重。二为五芝，乃世间罕见的动植物和矿物、菌类，为珍奇之物，道士自然认为会有珍奇的药效。三为有滋补作用的草木药，取其补气血、健脑强体、补肾壮阳等药效。葛洪说："《神农四经》曰，上药令人身安命延，升为天神，遨游上下，使役万灵，体生羽毛，行厨立至。又曰，五芝及饵丹砂、玉札、曾青、雄黄、雌黄、云母、太乙禹余粮，各可单服之，皆令人飞行长生。又曰，中药养性，下药除病，能令毒虫不加，猛兽不犯，恶气不行，众妖并辟。"（《抱朴子内篇·仙药》）可见在道教药学中，将世俗中药学用以治病的药称作"下药"，而把延年益寿药称作"上药"，并和外丹黄白术相衔接。道教医药学笼罩在道教神学的气氛之下，将健身却病作为服丹成仙的准备，正如葛洪所说："先服草木以救亏损，后服金丹以定无穷，长生之理尽于此矣。"（《抱朴子内篇·极言》）

由于道教神学对医药学发展的束缚，道教医药学基本上停留在经方医药学的阶段①。唐代之后，世俗的中医学脱开经方医药学的旧轨，和道教医药学分家，涌现出刘完素、张从政、李杲、朱震亨等著名医学家，将中医学发展到高峰。道教医药学却仍然发扬自己追求延年益寿的特点，提炼出大批健身、养生、延年、驻颜、美容、防老的医药方剂，丰富了祖国的医药学宝库。特别是唐代以后道教中内丹学取代外丹学成为修仙方术的主流，道教医药学逐渐减弱外丹黄白术的影响而发展出许多配合内丹、气法修炼的药方。内丹学无论清净丹法或男女栽接法，皆从调节人的性功能入手，以补精炼精筑基。因此道教医药学特别注意中医学中关于肾脏的研究。医家以肾为先天之本，五行属水，色黑，藏精舍志，主骨生髓，通于脑，其华在发，其窍在耳，为作强之官，出技能精巧。两肾中间一窍为命门，内藏先天无形之真水真火、真阴真阳，内丹之命功修炼皆须由此入手。补肾之药多以六味地黄汤（熟地黄、山药、山茱萸肉、茯苓、泽泻、牡丹皮）加味而成，盖熟地可滋肾，泽泻去肾中邪，山药补脾，茯苓去脾土之湿热，以防克肾水，山茱萸敛火润肝，丹皮补心去火，使心肾相交，立方极合辨证施治之道。另有四君子汤（人参、白术、茯苓、甘草）以补气，四物汤（当归、川芎、白芍、熟地）以补血，作为滋补虚损方剂的基础。其他如枸杞子、肉苁蓉、石菖蒲、淫羊藿、黄芪、何首乌等滋补药，亦随方加减。至今道书中

---

① 汉晋时视医术为方技，职业医生为"方士"，治病的医书多为验方，称为"方书"，学医叫"为方"，治病有效称作"善为方"。马王堆汉墓出土的《五十二病方》，葛洪的《肘后备急方》，皆属经方医药学的作品。《后汉书·方术传》称华佗"精于方药"，荀□说"佗方术实工"，说明华佗的身份便是方士。《隋书·经籍志》载医方二百五十六部，多有神仙养生之方，说明唐代以前的中医学一直和神仙方术相混。

保存有许多延寿、驻颜、抗衰老的方剂，其真实疗效如何，值得进一步研究。

第二节　服饵、美容和食疗

早在春秋战国时期，即传说西方昆仑山和海上三神山（蓬莱、方丈、瀛洲）乃仙人所居，上有吃了令人不死的奇药，于是齐威王、齐宣王、燕昭王及秦始皇，皆曾派人求取不死之药。燕齐一带的方仙道，亦专以服食却老方为秘传的神仙方术，祖述仙人羡门高、安期生之属。据《史记·封禅书》记载，汉武帝时，方士李少君以谷道、祠灶、却老方见武帝云："臣尝游海上，见安期生，安期生食巨枣，大如瓜。安期生仙者，通蓬莱中，合则见人，不合则隐。"服饵派先是寻找仙药，后是自己按医方配药。其术流传到唐代，方药甚多，其大要在于补脑髓，健脾胃，滋养肾阴和肾阳，使内疾不生，外患不入，作为修道的基础功夫。从服饵药品的种类看，唐代以前仍以金石药为上品，包括丹砂、金玉、钟乳石、云母等，而后逐渐重视草木药和动物药，包括药草、灵芝、菌类、树脂、鹿角及某些动物的器官。唐代之后，服饵方多和内丹术相配合，制成膏、丹、丸、散、汤液等药剂，有却病健身之效。孙思邈《备急千金要方》云："凡人春服小续命汤五剂，及诸补散各一剂；夏天热，则服肾沥汤三剂；秋服黄芪等丸一两剂；冬服药酒两三剂；立春日则止。此法终身常尔，则百病不生矣。俗人见浅，但知钩吻之杀人，不信黄精之益寿；但识五谷之疗饥，不知百药之济命；但解施泻以生育，不能秘固以顺养。故有服饵方焉。"又说："故服饵大法，必先去三虫。三虫既去，次服草药，好得药力；次服木药，好得力讫；次服食药。依此次第，乃得遂其药性，庶事安稳，可以延龄矣。"

道书中四季服食药方甚多，据《四气摄生图》：春三月以茯苓、菖蒲、栝蒌、山茱萸、菟丝子、牛膝、细辛、续断、巴戟天、防风、山药、天雄、蛇床子、柏子仁、远志、石斛、杜仲、苁蓉共一十八味，炼蜜为丸，可治男子五劳七伤之症，补心肾，和气血，强身健体。夏三月服补肾茯苓丸，亦治男子虚损之疾。其方以茯苓、杜仲、附子、山茱萸、牡丹皮、泽泻、桂、山药、干地黄、细辛、石斛、苁蓉、生姜共一十三味为蜜丸，禁房事及冷猪、鱼肉。秋三月以茯苓、防风、白术、细辛、山药、泽泻、附子、紫菀、独活、芍药、丹参、苦参、桂心、干姜、牛膝、山茱萸、黄芪共一十七味为蜜丸，亦可补肾治五脏虚寒之疾。冬三月以茯苓、山药、肉桂、山茱萸、巴戟、干姜、白术、牛膝、菟丝子、细辛、防风、泽泻、柏子仁、牡丹皮、附子共一十五味炼蜜为丸，可治男子五劳七伤等虚损之症。以上方剂实际上皆为六味地黄丸加味而成。

道书中所载去三虫方，并非皆指道教中的三尸虫，其中多有驱杀体内寄生虫的药方。如《备急千金要方·养性》中以漆、芜菁子、大黄、酒"以微火合煎为丸，先食服如梧桐子三丸，十日浊血下出鼻中，三十日虫皆烂下。"另有服食槐子去三虫方，以及服食茯苓膏方、黄精膏方、松脂方、胡麻方等。其中茯苓膏以茯苓、松脂、松子仁、柏子仁制成。道书中所述服饵方虽多有效，但亦须经医生辨证用药，不可妄服。据王秉衡《重庆堂随笔》云："神仙服饵见于杂书者不一，或亦偶遇其人，然不得其法则反能为害。""尝见一人服松脂十余年，肌肤充悦，精神强固，自以为得力。久而觉腹中小不适，又久而病燥结，润以麻仁之类不应，攻以硝、黄之类，所遗者细仅一线，乃悟松脂黏附于肠中，积渐凝结，愈厚则其窍愈窄，故束而至是也。无药可医，竟困顿至死。又见一服硫黄者，肤裂如磔，置冰上痛稍减。"《洗冤录》云："有人昵一婢而脱者，敛时启所盖被，异香四发，或以为登仙，实因服房药多麝脐通透之品故耳。"又云："盖世间无一非生人之具，则无一非杀人之符。偶一相犯，即凝为毒，非特砒、鸩为然，而参、附为尤甚。人第沉溺于补之一字，尽为迷惑，莫之或悟，反云服以参、附，亦不奏功，竟以委之天数，抑何愚之至，而天数之冤，何日得而洗哉！"事实证明，人参、附子等滋补药品，服用不对症，照样误伤人命。道书中所载之大量服饵方，是古人以生命的代价换来的，具有宝贵的医疗价值。我们要用现代的科学仪器去检验它，发掘它，使它们重新为现代人造福。

道教修炼方术以返老还童为目标，故鹤发童颜乃至青春常驻自然成了仙人的风貌。于是修道者研习驻颜药方和美容术，以使自己更接近仙人的外表。中国传统的医药学早就注意驻颜、美容药方，如马王堆医书《五十二病方》中就有除疣灭癥的方剂，《神农本草经》亦称白芷可以"长肌肤，润泽颜色，可作面脂"，白僵蚕"灭黑𪒟，令人面色好"。道教医药学家葛洪和孙思邈对驻颜、美容都有研究。《肘后备急方》中即有"治面疱、发秃、身臭、心昏、鄙丑方"，其中包括治痤疮、去黑斑、染发、疗狐臭、去皱、嫩面、香体、薰衣、令皮肤光润如脂等疗法。《千金翼方》云："面脂手膏，衣香澡豆，仕人贵胜，皆是所要"，说明唐代化妆、美容之术已普及士族社会，头膏、面脂、澡豆、衣香等化妆品、美容药已广泛应用。《千金要方》辟有"面药"一节，收入美容药剂八十余方。王建《宫词》云："月冷天寒近腊时，玉街金瓦雪漓漓。浴堂门外抄名人，公主家人谢面脂。"杜甫《腊日》诗亦云："纵酒欲谋良夜饮，还家初散紫宸朝。口脂面药随恩泽，翠管银罂下九霄。"说明美容药在皇室宫廷中大量制造，并在腊日赏赐给臣下。唐、宋、明三朝道教进入宫廷，皇帝亦研习神仙方术和服食仙药以求驻颜却老。

道教驻颜方药中较有代表性的是"打老儿丸"，这个药方来自《西河少女传》这一有趣的神仙故事。据葛洪《神仙传》说汉时西河少女以杖笞一白发老翁，路人以为不平上前责问，少女却自称已至百龄，并说此翁乃是她的儿子，年至七十因不肯服家传秘药致老。此药亦名"神仙训老丸"，由山药、牛膝、远志、山萸肉、楮实、白茯苓、五味子、巴戟、石菖蒲、肉苁蓉、杜仲、舶茴香、续断、枸杞子、熟地黄共十五味药炼蜜为丸。"打老儿丸"滋肾补脾，交通心肾，资生气血，使邪火不生，肾水充盈，自然驻颜难老。此方去掉一味续断又名"还少丹"，《仁斋直指方》有载。

《千金要方》以猪胰、猪蹄、豆面、冬瓜仁、细辛、白术、土瓜根、白芷、防风、皂荚、白蔹、商陆制"千金洗面药"，又用作澡豆，可以作为美容药的代表。还有以桃花、杏仁、牛乳、鸡蛋清、丹砂、轻粉、玉屑、珍珠、麋角之类药物配方涂面，可令面白嫩如玉。另有土瓜根（即黄瓜根鲜汁）、黄柏皮、大枣研细为膏，洗面却老去皱，令人颜如少女。用胡麻叶、大麻籽、猪胆汁洗发可使头发光泽。《千金要方》中记载服食桃花（阴干为末）可细腰身。其他减肥方还有服荷叶灰、冬瓜及饮茶等。

《周礼·天官》将食医作为古代四医之一，这种药食同源的历史给中国医学奠定了注重食疗的传统。道教服食派将食疗作为修道养生的方术之一，在道书中记载了大量药酒、药茶、道菜、药膳及用蔬菜、水果、调料、鱼肉、禽蛋、粮食等食品治疗疾病的方法。其实《黄帝内经素问》中早有以五味、五谷、五畜、五果、五菜治病之说及当食品性质与药性矛盾时，应遵守"食忌"之事。《汉书·艺文志》载有《神农食禁》七卷，而后有《金匮要略》的食法、王叔和的《食论》，《隋书·经籍志》收集食疗著作四十余种，其中有《太官食经》、《崔氏食经》、《膳馐养疗》刘休《食方》马琬《食经》等。孙思邈的弟子孟诜（621～713）撰有《补养方》，后经张鼎增补为《食疗本草》，把饮食疗法推进一步，是我国食品营养学和治疗学的专著。此后食疗学续有发展，南唐陈士良又著有《食性本草》十卷。明代还有《救荒本草》一书问世，是专门记述野生植物的食用价值的。孙思邈撰《备急千金要方》中有"食治篇"一卷，他在这篇的绪论中说："夫为医者，当须先洞晓病源，知其所犯，以食治之，食疗不愈，然后命药"，"若能用食平疴，释情遣疾者，可谓良工。"

食疗学的基本思想，是将各类食品按中医理论的药性学说分类，与人体腑脏的疾病相对应，从而提出治疗方案。孙思邈的"食治篇"就是道家营养疗法的专篇。他总结出肝病喜酸，宜食犬肉、麻、李、韭等；肾病喜咸，宜食豕肉、大豆、粟、藿等；脾病喜甘，宜食牛肉、稗米、枣、葵等；心病喜苦，宜食羊肉、麦、杏、薤等；肺病宜食辛，可用鸡肉、黄黍、桃、葱等。另外，以羊肝、牛肝等治"雀目"（夜盲症）；以海藻、昆布、鹿靥、羊靥（靥即甲状腺）治"瘿"（甲状腺肿）；以谷皮煎粥治疗脚气病等，皆是以食品治疗营养缺乏症的例子。其他如生姜、辣椒、大蒜、酒等，多为辛热之物，可通阳健胃，治胃腹寒症，但多食则生痰动火，损害目力，故目疾、温病、皮肤病多忌食。而西瓜等瓜果、蔬菜，性多寒凉，有清热、解暑、生津之功，故可治中暑、发烧、咽疼、大便燥结等病，但多食生冷，易损脾胃，故体虚、吐泻之症慎忌。猪头肉、公鸡肉、南瓜、盖菜等，为动风助火之品，易诱发旧病，故称作"发物"。食盐味咸，入肾经，为除热润下之品。食醋味酸，性收敛，可散瘀解毒，下气消食。雪梨味甘性寒，可润肺凉心，消痰降火。香蕉味甘性寒，有润肺肠、通血脉、填精髓之效。萝卜能消胀顺气；芹菜可健神止嗽。赤小豆可消肿解毒、清热止泻；红薯可补虚强肾，健脾强身。《隋书·经籍志》载有《神仙服食经》、《杂仙饵方》、《服食诸杂方》、《老子禁食经》、《四时御食经》、《食馔次第法》（梁有《黄帝杂饮食忌》）及多种《食经》，说明食疗著作自古多入道书，为道教医药学所采用。隋代还有谢讽作《淮南玉食经》，其中有发明豆腐的记载。

此外，道教服食派还用药草作酒，称为仙酒，《太上灵宝五符序》载有多种神仙酒方。如地黄酒、术酒、胡麻酒、松脂酒、天门冬酒、五加皮酒、枸杞酒等，皆有滋补疗疾之功。如松脂酒方：以秫米、小麦曲酿之，取白松脂、天门冬、茯苓纳酒酿之，泥封三十日，即成。以药草配方作饮料，亦有健身之效。另有将药草和肉菜烹饪，成道菜、药膳，不但美食，亦可疗病健身。例如以冬虫夏草煲鸭肉，力可代参汤，为滋补性药膳。以动物肝脏配食可明目，一些兽肉及其阴茎食之可壮阳，骨髓、核桃肉等食之可健脑，鱼骨、牛骨等煲汤可壮腰补钙等，皆可烹饪为药膳。《食宪鸿秘》和《老老恒言》还载有大量药粥做法，其中如胡麻粥、莲子粥、羊肉粥、芡实粥、薏苡粥、山药粥等，皆有补益之功。总之，道教文化中这些营养学的宝藏，凝聚着神仙家数千年服食摄生的经验，值得进一步开发和利用。

第三节　衣食起居和摄生

东汉以来，黄老之术和养生术融合为一，故后世养生学之书多入于道家和道教。据《养生延命录》卷上第九，张湛《养生集》叙曰："养生大要，一曰啬神，二曰爱气，三曰养形，四曰导引，五曰言语，六曰饮食，七曰房室，八曰反俗，九曰医药，十曰禁忌，过此已往，义可略焉。"以上十项，便是道教养生学的梗概。养生学的要害，在于不伤不损。葛洪说："养生以不伤为本，此要言也。""禁忌之急，在不伤不损而已。"（《抱朴子内篇·微旨》）其基本方法，则要求饮食有节，起居有常。《黄帝内经素问·上古天真论》云："上古之人，其知道者，法于阴阳，和于术数，食饮有节，起居有常，不妄作劳，故能形与神俱，而尽终其天年，度百岁乃去。今时之人不然也，以酒为浆，以妄为常，醉以入房，以欲竭其精，以耗散其真，不知持满，不时御神，务快其心，逆于生乐，起居无节，故半百而衰也。夫上古圣人之教下也，皆谓之虚邪贼风，避之有时，恬淡虚无，真气从之，精神内守，病安从来。是以志闲而少欲，心安而不惧，形劳而不倦，气从以顺，各从其欲，皆得所愿。故美其食，任其服，乐其俗，高下不相慕，其民故曰'朴'。是以嗜欲不能劳其目，淫邪不能惑其心，愚、智、贤、不肖不惧于物，故合于道。所以能年度百岁而动作不衰者，以其德全不危也。"这段话，汇集了古代养生理论的精华，可以作为养生学的大纲。得养生之理，便是得道；与道相合，就是养生的根本原则。后世养生学著作甚多，明高濂《遵生八笺》，清曹庭栋《老老恒言》等书搜罗进不少衣食起居的养生法，其基本思想仍然是法于阴阳，和于术数，食饮有节，起居有常，不妄劳作，持满葆真，谨避风邪，精神内守，恬淡虚无，志闲少欲，乐天从俗，形劳不倦，心安不惧，生道合一这些内容。现综合诸家养生学著作的内容，举其大要，分而述之。

养生精要，首在慎动知戒。戒就是养生禁忌，其要害在于不伤不损。葛洪在《抱朴子内篇·极言》中列举了许多伤身损寿之事，认为这类事初不易觉，但积累日久，便要伤生。其中包括：唾不及远；行不疾步；耳不极听；目不久视；坐不及久；卧不至疲；先寒而衣；先热而解；不欲极饥而食，食不过饱；不欲极渴而饮，饮不过多；不欲甚劳甚逸；不欲起晚；不欲汗流；不欲多睡；不欲奔车走马；不欲极目远望；不欲多啖生冷；不欲饮酒当风；不欲数数沐浴；冬不欲极温；夏不欲极凉；不露卧星下；不眠中见肩；大寒大热，大风大雾，皆不欲冒之；五味入口，不欲偏多等。这些衣、食、住、行的禁忌，关键在于慎动。《易》曰："吉凶悔吝生乎动。"人的生命在于运动，但合乎自然规律的运动便长寿，悖逆医学、养生学的经验，违背人体的客观条件而妄动则凶。总起来说，衣要随天气寒暖及时更换，大汗湿衣不可久着。

饮食要先吃暖物，后吃冷物，朝不可空腹，夜不可醉饱。且饮食不宜过饥过饱，不要偏嗜五味，不多食肥腻，更不可速食急饮，狼吞虎咽。食后不可即读书作文，不可饱食即睡。要摩腹步行，以助消化。居处要避风，大汗后不能冷水洗头，冷风吹头，入睡后更戒冷风袭体。睡宜护肩暖腹，不可裸体冒寒湿之气。居处宜土厚水深，阴阳适中，防止地气卑湿，闭塞阴暗等。因之有"避风如避箭，避色如避难，晨起戒嗔怒，少餐申后饭"之说，确为养生家经验之谈。

养生之要，又在于守中知节。知节就要懂得节制自己的欲望，凡事不可超过限度。守中则是无过无不及，恰到好处。元代忽思慧《饮膳正要》云："夫安乐之道，在乎保养；保养之道，莫若守中。守中则无过与不及之病。春秋冬夏四时阴阳，生病起于过欤！盖不适其性而强。故养生者既无过耗之弊，又能保守真元，何患乎外邪所中也。"又说："善摄生者薄滋味，省思虑，节嗜欲，戒喜怒，惜元气，简言语，轻得失，破忧沮，除妄想，远好恶，收视听，勤内固，不劳神，不劳形，形神既安，病患何由而致也。故善养性者，先饥而食，食勿令饱；先渴而饮，饮勿令过。"葛洪《抱朴子内篇·极言》也特别强调凡事超过限度则伤身。他列举有：才所不逮，而困思之；力所不胜，而强举之；悲哀憔悴；喜乐过差；汲汲所欲；久谈言笑；寝息失时；挽弓引弩；沉醉呕吐；饮食即卧；跳走喘乏；欢呼哭泣；阴阳不交等。医学家认为久视伤血，久行伤筋，久卧伤气，久坐伤肉，久立伤骨。视、卧、坐、立、行，谓之五劳。喜、怒、忧、思、悲、惊、恐，谓之七情。喜伤心，怒伤肝，忧伤肺，思伤脾，恐伤肾，悲伤神，惊伤气。七情动而伤人，谓之七伤。五劳七伤之病，皆由不知节制，失中过度而来。明代万全《养生四要》云："视过损明，语过损气，思过损神，欲过损精，谓之四损。人有耳目口鼻之欲，行住坐卧之劳，虽有所伤，犹可治也。惟五志之发，其烈如火；七情之发，无能解于其怀。此神思之病，非自己乐天知命者成败利钝置之度外，不可治也"。因而守中之要，重在七情；知节之要，寡欲为先。《颜氏家训》云："大喜荡心，微抑则定；甚怒烦性，稍忍即歇"，是真能节制七情者。抱朴子《养生论》云："所以保和全真者，乃少思、少念、少笑、少言、少喜、少怒、少乐、少愁、少好、少恶、少事、少机。夫多思则神散，多念则心劳，多笑则腑脏上翻，多言则气海虚脱，多喜则膀胱容风，多怒则腠理奔血，多乐则心神邪荡，多愁则头鬓焦枯，多好则志气倾溢，多恶则精气奔腾，多事则筋脉干急，多机则智虑沉迷。""体欲常劳，食欲常少，劳勿过极，少勿至饥。冬朝勿空心，夏夜无饱食。早起不在鸡鸣前，晚起不在日出后。"寡欲之重者，在于节欲，节烟，节酒。食色乃欲之大者，纵欲取乐，必然成灾。褚人获《坚瓠三集》载有《多少箴》，其词云："少饮酒，多啜粥；多茹菜，少食肉；少开口，多闭目；多梳头，少洗浴；少群居，多独宿；多收书，少积玉；少取名，多忍辱；多行善，少干禄。便宜勿再往，好事不如没。"梁章钜《退庵随笔》引《千金方》云："口中言少，心中事少，腹中食少，自然睡少，依此四少，神仙快了。"这些都是寡欲知节的养生格言。

养生之要，还在于调养法时。人体是一个动态平衡系统，它的内在节律是和整个宇宙的节律相互协调的。善养生者，必须保持人体的阴阳平衡不至失调，并使人体节律适应日月运转的自然节律。《黄帝内经素问·上古天真论》云："夫四时阴阳者，万物之根本也。所以圣人春夏养阳，秋冬养阴，以从其根，故与万物沉浮于生长之门。"因而对人体的调养，也要按照春生、夏长、秋收、冬藏的日月运行时间规律进行。春时木旺阳气升，又乍寒乍暖易引动宿疾。故当春之时，夜卧早起，广步于庭，放意远眺，以畅生气。饮食之味宜减酸益甘，以养脾气。可食麦与羊，用升阳宣散之药以却病。勤换衣服，以防风邪及反常之天气。治病之法宜汗吐，利针灸。高楼之上，贼风突袭背后及头部，为春时大忌，内丹家故有"神仙也怕脑后风"之说。多梳头，多洗脚，进行足部按摩。夏月天地气交，万物花实，宜夜卧早起，使气得泄，以应养长之道。夏日心火盛，宜减苦增辛，以养肺气。天气炎热，阴气内伏，暑毒外蒸，不可大汗后冷水洗头，新沐发忌着冷风。"若檐下、过道、穿隙、破窗，皆不可纳凉，此为贼风，中人暴毒"(《寿亲养老新书》)。夏日食宜暖，不凉腹，慎食肥腻，多食蔬菜，可食菽（豆类）与鸡，不吃夜食。用药宜培补肾水，宜发汗，不宜针灸。夏日外出不可坐热石上，不可多食生冷之物，夜间不可露卧星月之下，不可头枕冷石。秋气肃杀，金旺木弱，宜早卧早起，与鸡俱兴，收敛神气，无外其志，以应收养之道。饮食之味宜减辛增酸，以养肝气。秋气燥，宜食芝麻与犬肉，以润其燥，少食烧、烤、油炸之物，禁寒饮并穿寒湿内衣。秋气容平，天气以急，地气以明，宜和平将摄，以缓秋刑。秋三月为旧疾发动之时，切须安养，治病不宜吐并发汗，令人消烁，惟宜针灸下利，进汤散以助阳气。冬气闭藏，天寒地冻，莫扰阳气。早卧晚起，必待日光，去寒就温，毋泄皮肤。劳动不可使汗出背冷，棉衣稍宜晚着，逐渐加厚。饮食之味，宜减咸而增苦，以养心气，可食黍及猪肉，以其热性抗寒，但不可多食葱。冬令宜用补药，可服食药酒，治病宜吐，特忌发汗，恐泄阳气。针灸、按摩、火罐，亦当慎用，莫扰阳气。酒食后渴，莫多啜茶，茶性寒，随酒入肾，易得腰脚重坠之疾。冬时沐浴以通血脉，但不可汗出过多，裸体受风。如果四季气候异常，亦应随机应变，以适应天地之气。

养生之法，疗病知术亦是关键一着。忽思慧《饮膳正要》云："故善服药者，不若善保养；不善保养，不若善服药。"如果人们能既善于怡养性情，摄生有术，又善于服药却疾，自知医术，治在未病之前，则真是善养生者。《东坡志林》云："养生者，不过慎起居饮食，节声色而已。节慎在未病之前，服药在已病之后。"养生术除导引、行气、站桩、按摩等法外，以陶冶情性的安乐法门为最优。明代石天基《却病歌》云："人或生长气血弱，不会快活疾病作。病一作，心要乐。心一乐，病都却。心病还将心药医，便是长生不老药。"道书中安乐法还多，如"少欲为不伐之家；知足为安乐之国"。"粗茶淡饭饱即休，被破遮寒暖即休，三平二满过即休，不贪不妒老即休。"（陈直《寿亲养老新书》）安乐四药有"无事以当贵，早寝以当富，安步以当车，晚食以当肉"（《东坡志林》）。总之食取称意，衣取适体，题诗、作画、弹琴、书法、种植花木、养鸟养鱼，皆是赏心乐事，可为养生之法。万全《养生四要》云："目者神之舍也，目宜常瞑，瞑则不昏。发者血之余也，发宜常栉，栉则不结。齿者骨之标也，齿宜数叩，叩则不龋。津者心之液也，津宜常咽，咽则不燥。背者五脏之附也，背欲常暖，暖则肺脏不伤。胃者，谷之仓廪也，腹欲常摩，摩则谷不盈。头者清阳之会，行住坐卧，风雨不可犯也，犯则清邪中上窍，而头顶之疾作矣。足者浊阴之聚，行住坐卧，水湿不可犯也，犯则浊邪中下窍而腰足之疾作矣。养生者，宜致思焉。"《养生四要》以"却疾"为一要，制定多种药方，一年四季据身体疾病可选方服用，但无病切莫用药，以免无事生事。人至中年以后，多脾泄之病，方以健脾散（人参、茯苓、白术、甘草、山药、莲肉、薏苡仁、芡实、白扁豆）治之。又中年后多痰，有十病九痰之说。痰为水谷所化，治痰以通气为主。肥人之痰从湿，瘦人之痰从火。前者以补脾益气为主，以益气化痰丸（南星、半夏，加入人参、白术、茯苓、甘草、陈皮、苍术、香附、枳实、苏子、白芥子、神曲、桔梗）治之。后者以补肾降火为主，用滋阴降火丸（熟地、天冬、茯苓、知母、黄柏、贝母、陈皮、苏子、桔蒌霜）治之。老年人补养用药，据明代何良俊《四友斋丛说》：“每日晨朝，宜以醇酒先进平补下元药一服，女人则平补血海药一服。无燥热者药后仍食羊膂粟米粥一杯压之，五味葱薤鹑膂等粥皆可。至辰时服人参平胃散一服，然后次第以顺四时软熟饮食进之。食后行一二百步，令运动消散。临卧时，进化痰利膈人参半夏丸一服。尊年之人不可顿饱，但频频与食，使脾胃消化，谷气长存。”以上食药兼用，甚得养生之旨。

第四节　睡方与睡功

人之一生，半在寝卧中度过，更有道家隐士，视“黑甜乡”为隐身之处，故不能不得睡中三昧。半山翁诗云：“花竹幽窗午梦长，此中与世暂相忘。华山处士如容见，不觅仙方觅睡方”，可见睡亦有方。据道家养生学著作，卧处不可以首近火，不可当风，不可露天而睡。睡前必作轻微运动，揉眼、擦面、摩腹、刷牙、漱口、濯足、梳发、静心，令食物消化，再入寝。不可醉饱入睡，不可烛灯而睡，不可悬足，不可张口，不可覆首，要将一切计虑营谋消释，清心入睡。睡宜暖腹（丹家多穿兜肚护脐）、护肩颈、温足冻脑，食后右侧而卧，食远则左右皆宜。老年人要睡午觉，青年人寝不过午。因老年人气弱，故寝以养之，少壮阳气盛，昼寝反阳亢而致目昏头重之疾。明代郑瑄《昨非庵日纂》记载：“《千金方》，云‘半醉酒，独自宿，软枕头，暖益足，能息心，自冥目’。”清代曹庭栋《老老恒言》云：“愚谓寐有操、纵二法。操者，如贯想头顶，默数鼻息，返观丹田之类，使心有所着，乃不纷驰，应可获寐。纵者，任其心游思于杳渺无朕之区，亦可渐入朦胧之境。最忌者，心欲求寐，则寐愈难。盖醒与寐交界关头，断非意想所及。惟忘乎寐，则心之操或纵，皆通睡乡之路。”又说:"坐而假寐,醒时弥觉神清气爽,较之就枕而卧,更为受益。然有坐不能寐者,但使缄其口,闭其目,收摄其心神,休息片时,足当昼眠,亦堪遣日。"以上可谓入睡之方。

明代周履靖《赤凤髓》载有《华山十二睡功图》,以入睡为行炁功夫,可以视为内丹功法的一种,相传此法乃华山高道陈抟所授。其睡功总诀云:"夫学道修真之士若习睡功玄诀者,于日间及夜静无事之时,或一阳来复之候,端身正坐,叩齿三十六通,逐一唤集身中诸神,然后松宽衣带而侧卧之。诀在闭兑,目半垂帘,赤龙头抵上腭,并膝,收一足,十指如钩,阴阳归窍,是外日月交光也。然后一手掐剑诀掩生门,一手掐剑诀曲肱而枕之,以眼对鼻,鼻对生门,合齿,开天门闭地户,心目内视,坎离会合,是内日月交精也。功法如鹿之运督,鹤之养胎,龟之喘息。夫人之昼夜有一万三千五百息,气行八万四千里,是应天地造化,悉在玄关橐籥。使思虑神归于元神,内药也。内为体,外为用。体则合精于内,用则法光于外,使内外打成一片,方是入道工夫。行到此际,六贼自然消灭,五行自然攒簇,火候自然升降,酿就真液,浇养灵根。故曰:'玄牝通一口,睡之饮春酒,朝暮勤行持,真阳永不走'。凡睡之功毕,起时揩摩心地,次揩两眼,则心身舒畅。"《性命圭旨·亨集》载有道教所传"五龙盘体法",其诀云:"东首而寝,侧身而卧,如龙之蟠,如犬之曲,一手曲肱枕头,一手直摩腹脐,一只脚伸,一只脚缩,未睡心,先睡目,致虚极,守静笃,神气自然归根,呼吸自然含育,不调息而息自调,不伏气而气自伏。"此法乃内丹家炼去睡魔,以达到《参同契》"寝寐神相抱,消息候存亡",《庄子》"其觉也无忧,其寝也无梦"的境界。其法虽然入睡,仍常惺惺,心地湛然,以睡引元神合道。如此"开心宗之性,示不动之体,悟梦觉之真,入闻思之寂",其诗云:"元神夜夜宿丹田,云满黄庭月满天。两个鸳鸯浮绿水，水心一朵紫金莲。"

侧身而卧之法，不必拘泥。仰身而卧，称作尸睡，儒门有睡不尸卧之戒，然道教谓"未学生，先学死"，能行胎息僵尸之功，亦是仙人境界。丹家将人之鼻喻为面部之山峰，两眼间鼻柱为"山根"（又称"祖窍"、"性户"、"观音堂"等）。两鼻孔中间之鼻柱根部，下接"人中"穴，亦名"山根"，以其恰在鼻下根部呼吸出入之交接处，以意摄此鼻口山根谓之"锁鼻"。意注此鼻根，心息相依，锁住气息之感觉，似将其移到肚脐之中，渐入混沌，真息悠悠而入睡，此即"锁鼻术"。吕祖诗云："高枕终南万虑空，睡仙常卧白云中。梦魂暗入阴阳窍，呼吸潜施造化功。真诀谁知藏混沌，道人先要学痴聋。华山处士留眠法，今与倡明醒众公。"据世传张三丰《蛰龙法跋》，《周易·随·象传》云："君子以向晦入宴息"。不曰"向晦宴息"而曰"入宴息"，其妙处正在"入"字，"入"即睡法。以神入炁穴，坐卧皆有睡功，又何必高枕石头眠哉！今将世传华山陈抟《蛰龙法》睡功诀录于后，以见道教睡功之真谛：

> 龙归元海，阳潜于阴。人曰蛰龙，我却蛰心。默藏其用，息之深深。白云高卧，世无知音。

第三章　房中养生学

房中养生学在中国科学史上占据重要地位，曾使国际上一些性学家、医学家、优生学家给以很高的评价。马王堆竹书《合阴阳》、《天下至道谈》等出土在全世界引起震动，一切正直的学者是不应该将房中养生学的研究拒之于科学门外的。早在春秋战国之际，中国的神仙家就传出房中、服食、行气三派仙道，道教创立后，房中术一直依附道教而传，这也是不争的事实。陶弘景《真诰·运象篇》云："黄赤之道，混气之法，是张陵受教施化为种子之一术耳。"马王堆汉墓帛书《十问》亦将先秦时代的房中术重新展现在今人面前，舜帝、彭祖、容成、吕乐、文挚等古代贤哲原来亦研习接阴之道。《黄帝内经》中《素问》三十一、《太素》三、《针灸甲乙经》六以及后世医家之书多论房中，道书《太平经》倡兴国广嗣之术，《抱朴子内篇》称房中、行气、金丹为三大要术，五斗米道更以合气之术疗病去灾。至今《道藏》中仍保存有《洞真太微黄书天帝君石景金阳素经》、《上清黄书过度仪》、《洞真黄书》等，皆为古代房中著作。在中国礼教统治的氛围中，房中术是历代道士讳言的秘传方术，从来没有大张旗鼓地在社会上宣传，但直到清代也没有失传。道书中公开指责房中术的言论不胜枚举，这恰是道教中秘传有房中术的证据。北魏寇谦之自称太上老君授他天师之位，命他"除去三张伪法，租米钱税，及男女合气之术"，一些学者以为自此以后房中术在道教中失传，这实是浅学无知之见。据《魏书·释老志》称寇谦之虽断改了房中术中的黄赤一法，然"经契故有百余法，不在断禁之列。若夫妻乐法，但凭问清正之师，按而行之，任意所好，传一法亦可足矣。"这说明房中术在道教内部一直没有禁断，而房中养生学也受到历代养生家的重视。还有的学者为维护道教声誉，建议将道教中的房中术同社会上流传的宫廷秘戏之道严格区别，这也是不明道教文化兼收并蓄特征的迂腐之见。本来社会上流传的宫廷秘戏之道就由道教房中术中的"夫妻乐法"演化而来，个中界限又如何划分得清？至于艳史小说中所载房中器具，亦多为出自道教，泥水丹派还传有橐龠、上天梯、刀圭、独角牛（木蝉）等，局外人尚不知，小说中亦未载。近代著名高道易心滢在《寄玄照楼书》和《道教分宗表》中，也披露道教里的"调神宗"就是秘传房中术的道派。他介绍调神宗"别名房中。倡始者，素女、黄帝。宗法有百来事，其要有六。法门：节欲保身、禁忌方法、攻治众病、补救伤损、摄精固气、还阳补脑。"道教中自知房中法门是易造成流弊败坏道风的修持方术，因之对修持者加以森严的戒律。易心滢道长也在上述文献中讲清此术的利弊，他说："调神宗者：辨养生，禁嗜欲，而固摄精气，则驻颜不老。或者不察，以为采战之术，利己损人，信口雌黄，憎无学识，不经之甚矣。"其实对房中术的流弊古代高道早有明察，葛洪《抱朴子内篇·微旨》云："玄素谕之水火，水火煞人，而又生人，在于能用与不能耳。"

　　我们今天从道学的角度研究房中养生学，一是抛开宗教的是非圈子将其提到性科学的角度进行学术研究，而学术研究是没有禁区的；二是排除房中纵欲诲淫的流弊，以是否有利养生作为区分取舍的标准。房中养生学是有关性生活的养生学，也是古代的性科学。从现代学术的观点看，房中养生学标准下的房中术既是性卫生学和性医学，又是一门性技术乃至性艺术，它是一项宝贵的文化遗产。作为一个有五千多年文明的泱泱大国的科研人员，应该有气魄和胆识面对祖先留下的这些房中资料。在全世界科学昌明的今天，我们应当破除封建礼教伪君子们对性文化的偏见，将中国性文化的遗产融入世界文明的洪流中去。

由于宋明伪道学对道家性文化的禁锢，古代房中家创造了许多隐语来传播男女交接的方术。道书中将房中术隐名为"玄素"、"容成"、阴道、黄赤之道、黄书赤界之法、男女合气之术等。另外，戏道、隐戏、秘戏、闺戏、混气之法、合阴阳、赤凫、房室、房内、使内、近内、接内、御内、内事、神明之事、人事、房事、欲事、春事、庶事、阳事、房帏之事、行房、行阴、入房、交欢、欢合、交合、交媾、交接、接形、作强、人道、敦伦、御妇人术等，皆指性交或房中术而言。明白了这许多隐语和异名，研读古代房中资料就方便了。

第一节　房中养生学的文化渊源和见存文献

房中养生学的文化渊源，可以追溯到氏族公社原始宗教的生殖崇拜。中国石器时代的生殖崇拜文化终于刺激先民的原始思维迸发出哲学的火花，创造出作为中国哲学轴枢的阴阳学说。一阴一阳之谓道，偏阴偏阳之谓疾，由此发展起来的性文化就是一种合阴阳的文化。殷周时期，在巫的神秘宗教仪式中，房中术也是一种通神疗病的巫术活动。而后到春秋战国时代，诸子百家蜂起，房中家亦为方术之一家。秦汉方仙道以方术求成仙，房中术亦为仙术之一，祖述彭祖、容成公、玄女、素女等。《汉书·艺文志》分方技为医经、经方、房中、神仙四类，房中八家有《容成阴道》、《务成子阴道》、《尧舜阴道》、《汤盘庚阴道》、《天老杂子阴道》、《天一阴道》、《黄帝三王养阳方》、《三家内房有子方》，房中家已托名黄帝、尧舜、汤盘庚等古部落酋长而传。《汉书·艺文志》云："房中者，性情之极，至道之际。是以圣王制外乐以禁内情，而为之节文。传曰：'先王之作乐，所以节百事也'。乐而有节，则和平寿考，及迷者弗顾，以生疾而殒性命。"可知房中术自古为历代帝王重视和实践，成为他们礼乐教化的组成部分，并用以宣情、节欲、疗病、延寿。《抱朴子内篇·遐览》载有《元阳子经》、《玄女经》、《素女经》、《彭祖经》、《陈赦经》、《子都经》、《张虚经》、《天门子经》、《容成经》，说明汉魏以来彭祖、容成、玄女、素女之书盛传，且又出现一些新的房中家。至《隋书·经籍志》，又有《素女秘道经》（并《玄女经》）、《素女方》、《彭祖养性》、《郯子说阴阳经》、《序房内秘术》（葛氏撰）、《玉房秘诀》、《徐太山房内秘要》、《新撰玉房秘诀》等书收入医方类。可惜这些书大都散失殆尽，人们无法详知当时房中养生学研究的确切水平。

幸而日本学者丹波康赖的《医心方》（写于984年）中收入不少流入日本的房中古籍，后来叶德辉从《医心方》中辑出《素女经》一卷、《素女方》一卷、《玉房秘诀》一卷（附《玉房指要》）、《洞玄子》一卷，连同敦煌卷子中白行简的《天地阴阳交欢大乐赋》残卷，于1914年汇入《双梅景暗丛书》中印出，这些大多为六朝及唐代流传之书。1951年，又有荷兰著名汉学家高罗佩，在日本编成《秘戏图考》，介绍了他曾寓目的《胜蓬莱》、《风流绝畅》、《花营锦阵》、《风月机关》、《鸳鸯秘谱》、《青楼剟景》、《繁华丽锦》、《江南销夏》等八部春宫画册的内容，并抄写了房中书《秘书十种》。其中有《洞玄子》和《房内记》（丹波康赖《医心方》第二十八卷）、《房中补益》（孙思邈《千金要方》第八十三卷）、《天地阴阳交欢大乐赋》、《某氏家训》（残页）、《纯阳演正孚佑帝君既济真经》、《紫金光耀大仙修真演义》、《素女妙论》以及《风流绝畅图》、《花营锦阵》两种春册题辞，前四种为唐以前书，后六种为明代房中作品。《既济真经》、《修真演义》为同类阴阳双修派内丹学著作，非高罗佩所能解。此类书还有明代洪基《摄生总要》中的《房术奇书》、《种子秘剖》等，包括朱权《房中炼己捷要·五字妙诀》，陈希夷《房术玄机中萃纂要》。此外，陶弘景《养性延命录·御女损益篇》、孙思邈《千金要方·房中补益》、元代李鹏飞《三元延寿参赞书》、朝鲜学者金礼蒙《医方类聚》中《房中补益》及《修真秘诀》，包括《抱朴子内篇》、《黄庭经》中有关房中部分，皆反映了古代房中养生学发展的水平。特别是 1973 年长沙马王堆三号汉墓出土竹简《十问》、《合阴阳》、《天下至道谈》和帛书《养生方》、《杂疗方》，揭开了我国先秦房中养生学的真面目。其他还有一些遗存的有关房中术的文献资料，不外是道家各类丛书、丹经中的房中资料，医家各类医药养生著作中的房中资料，小说家所著野史、艳史、笔记、淫秽小说中的性描写资料等三个部分。例如《黄帝内经》、南朝褚澄《褚氏遗书》、南宋陈自明《妇人良方》、元代朱震亨《格致余论》、五代刘词《混俗颐生录》、明徐春甫《古今医统大全·房中切度篇》、明万全《广嗣纪要》、明高濂《遵生八笺》、明张介宾《宜麟策》、明岳甫嘉《种子篇》及王焘《外台秘要》、沈金鳌《妇科玉尺》、汪昂《勿药元诠》、龚廷贤《寿世保元》等大量医药养生著作，其中都有房中术、性医疗保健、优生学的资料。《金瓶梅词话》、《肉蒲团》、《株林野史》、《绣榻野史》、《痴婆子传》、《昭阳趣史》、《艳异编》、《灯草和尚传》、《绿野仙踪》等色情小说中有大量男女性生活的描写，《品花宝鉴》、《弁而钗》等书且有同性恋的描写，还有《九尾龟》、《嫖经》等书，学者不难从中搜寻出有用的房中术乃至男女双修法的资料。再有王文禄编《百陵学山丛书》、

《说郛》、《夷门广牍丛书》及《道藏》中亦不时发现房中术著作，例如《云笈七签》中的《王屋真人口授阴丹秘诀灵篇》、《道枢·容成篇》、《太微黄书过渡仪》、《洞真黄书》以及《道藏精华》中的《三峰丹诀》、《玄微心印》、《采真机要》、傅金铨《济一子道书》、《证道秘言》、《紫闺秘书》、《证道一贯真机易简录》等，保存有男女双修内丹功夫的宝贵资料。愚谷老人《延寿第一绅言》、龙遵叙《食色绅言》、《男女绅言》、《东坡养生集》、枚乘《七发》等作品，对研究房中养生学亦有参考价值。笔者经眼的见存房中养生文献略如上述，人们已不难从中梳理出我国房中养生学的大致脉络。

第二节　房中养生学的历史发展简况

先秦房中养生学已发展到相当高的水平，且和长生修仙的目标联系在一起，被称为"天下至道"，为秦汉方仙道视为仙术承传下来。《天下至道谈》云："人产而所不学者二：一曰息，二曰食。非此二者，无非学与服。故贰生者食也，损生者色也，是以圣人合男女必有则也。"人生下来，除了吃饭、喘气不用学习外，其他不实践服事则不能掌握技巧，房中养生更是需学而知之的艺术和科学。《天下至道谈》、《合阴阳》将房中男女交接同导引、行气相结合，讨论了男女性高潮的体征、性欲反应、性心理、体液分泌及其气味、性交姿势等问题，奠定了后世房中学说的基础。《十问》竹简讨论了用柏实、牛羊奶、动物阴茎、睾丸之类滋阴药物可以补精壮阳，防止性器官疾患及其功能早衰的措施，以及性交技术、性心理、性生活宜忌等问题。秦汉方仙道有燕赵方士之服食、秦晋方士之房中、楚越巴蜀方士之行气三派之传，房中家亦是受人尊崇的有道之士。汉武帝之后，儒学和礼教虽然成为占据统治地位的意识形态，但仍然没有轻易否定房中术，而是以儒教礼乐的外衣去粉饰它，强调了其中节欲的内容。汉代大儒董仲舒《春秋繁露·循天之道》云："养身以全，使男子不坚牝不家室，阴不积盛不相接。""天气先盛牝而后施精，故其精固。""是故新牝十日而一游于房，中年者倍新牝，始衰者倍中年。"这实际上也是讨论按天地之气规律行房的房中术。科学家张衡《同声歌》云："洒扫清枕席，革是芬以狄香。重户结金扃，高下华灯光。衣解巾粉御，列图陈枕张。素女为我师，仪态盈万方。众夫所希见，天老教轩皇。乐莫斯夜乐，没齿焉可忘！"可知东汉时《天老杂子阴道》、《素女经》、《玄女经》等重要房中养生学专著已传世，且有春宫图画以供男女交接所取法，官宦之家可依之享受房中之乐。《素女经》中的房中术已很成熟，其中介绍了九种不同的性交体位和姿势，称"交接九法"，将房中术提到性享受和性艺术的高度，并形成了一套合阴阳的理论。《周易参同契》就是在这种文化背景下问世的。

汉末魏晋时期，房中养生学又兴盛一时。早期道教中即教授房中术，作为养生修道的手段。张陵祖孙在四川以房中术治病，深得民心，后来此术深入巴蜀豪门世族及山林隐逸之中，蜀人精于此术，竟千百年承传不绝。《广弘明集》载北周·甄鸾《笑道论》云："臣年二十之时，好道术，就观学。先教臣《黄书》合气，三五七九男女交接之道，四目两舌正对，行道在于丹田，有行者度厄延年。教夫易妇，唯色为初，父兄立前，不知羞耻，自称中气真术。今道士常行此法。"由此可见早期道教和魏晋神仙道教中风行房中术之状况。据《博物志》记载，曹操招致方士入许昌，其中"甘始、左元放、东郭延年行容成御妇人法，并为丞相所录，行其术，亦得其验。"《后汉书·方术传》也记载冷寿光、甘始、东郭延年、封君达，"率能行容成御妇人术，或饮小便，或自倒悬，爱啬精气，不极视大言。"可知当时房中术配合宝精、喝尿、倒悬等功法，是驻颜延寿的还年之道。其后左慈将房中术传至江南，葛洪师事郑隐得房中秘诀。《抱朴子内篇·释滞》云："玄素、子都、容成公、彭祖之属，盖载其粗事，终不以至要者著于纸上者也。志求不死者，宜勤行求之。""此法乃真人口口相传，本不书也。虽服名药，而复不知此要，亦不得长生也。""房中之法十余家，或以补救伤损，或以攻治众病，或以采阴益阳，或以增年延寿，其大要在于还精补脑之一事耳。"还精补脑之术因法诀不同有层次高低之分，男女双修的内丹功夫就是以采阴益阳的还精术入手的。

隋唐时期，中国的封建王朝实力雄厚，社会较为开放，道教兴盛，男女之间的性生活受到社会重视，房中养生学的研究也有长足发展。魏晋以来，隐逸之风盛行，文人学士有所谓隐入"温柔乡"者。唐代诗人才子和女冠酬唱，将饮酒狎妓视为风流，亦入"温柔乡"中求房中之乐。

唐代房中书增多，除《隋书·经籍志》所录房中养生学著作外，唐代还有《葛氏房中秘术》、《冲和子玉房秘诀》两书传世。其中最有代表性的，是道教医药学家孙思邈的《备急千金要方·房中补益》篇。日本学者丹波康赖之《医心方·房内》卷，所征引亦为隋唐间房中书。纵观当时的房中养生学著作内容，大致可以划分为四个层次。其一是返老驻颜、修道成仙，这是房中术追求的最高层次的目标。房中养生功夫中的采气术、添油术、还精术、合炁术，都属于为达此目标研习的方术。这是《周易参同契》秘传的同类阴阳双修内丹功夫，得诀者少，为少数修仙的高道才能掌握。然而在先秦《合阴阳》、《天下至道谈》的竹简中，房中家就一直追求修道成仙的目标，这决定了中国房中养生学和国外其他民族为调节性生活而发展的性技术具有不同特色。其二是交接有术，快乐无损，这是提高性艺术，促发性高潮，得到性享受，又防止色淫伤身的目标。社会上层皇室、官僚、贵族家庭妻妾成群，他们性生活的色欲需要促进了房中秘戏之道的发展。房中术中的观察性欲反应之法，变换交接姿势之法，多交少泄之法及房事禁忌等皆为此而设。白行简的《天地阴阳交欢大乐赋》显然是这种追求性快感的代表作。另有女性为获得性快感的"青娥术"，亦颇合女性的生理需求。实际上，人们学得性技术，追求性享受，也应该是人类性生活的正当需要。其三是攻治众病、益身延寿，这是利用房中养生学疗病去疾、补救伤损，调节生理、心理的平衡，从而达到强身健体、增年延寿的目标。房中养生学或者借用医药、导引、行气等方术治疗男女性疾患，或者靠调整性交姿势、利用性技术来治疗本身的其他疾病，行七损八益之道，皆属于这方面的内容。西方现代医学家注意到防治男女性功能疾病的研究，但对利用房中术作医疗手段治疗人体疾患尚缺乏认识。其实人的心理、生理疾病很多都和性器官及其功能的生理、心理因素有关，用调整性生理、性心理因素的方法治愈疾病是毫不足怪的。房中术在医疗上的应用是中国性科学的一个创造。中国的性医学自古在世界上处于领先地位，自近世以来性科学被划为禁区，医院没有性学门诊，男科病治疗反而落后欧美，这种封建礼教压抑科学的现象必须从根本上改变，中医界才能开发性文化遗产为人类造福。其四是授精种子、优生优育，这是为掌握最佳交合对象和时机，以获得优良子嗣的目标。在礼教统治的中国社会，生男育女传宗接代无疑是伦理纲常的头等大事，因此儒家学者也希望研习房中术为种子广嗣服务。初传《太平经》的黄老道方士，就曾以兴国广嗣之术来诱惑汉朝帝王，这说明道教为适应家长制宗法社会从一开始就注意发展房中养生学中这一层次的内容。房中术有不少治疗妇科和男科疾病的方药；有选择女人、掌握性交时机的方法；有调整性心理、性生理因素以养精蓄锐交合种子的方法；

还有布孕、养胎、胎教之法，皆是为此而设。以上房中养生学四个层次的内容在唐代是兼顾的，男女的爱情生活也在文学作品中有充分的表现，但在宋明以后由于受君权专制政治的压抑则畸形发展。

宋元时期，家长制的封建宗法政权越来越专制，程、朱理学的影响日益扩大。程朱理学培养出一批满口仁义道德、伦理纲常的伪君子，他们控制了国家的意识形态，提出"存天理，灭人欲"的口号，将两性之间的接触视为"男女之大防"，说什么"饿死事极小，失节事极大"，野蛮地压迫和扭曲妇女的人格。尤可骇怪者，妇女缠足之风亦渐兴起，束缚于闺房的小脚女人被看作礼教妇德的体现。这段时期的史志目录对房中养生学著作没有记载，但在医学家和养生家的著作中仍然涉及房中术的内容。如陈自明《妇人大全良方》、朱震亨《格致余论》、李鹏飞《三元延寿参赞书》等为这一时期的代表作。这些书加强了治疗不育症、节欲、胎教及妊娠宜忌的讨论，显然这也是儒教推崇生儿育女的需要。

贫苦农民出身的朱元璋爬上明帝国的皇位后，愚昧残暴的家天下独裁政治逐渐登峰造极。维护宗法礼教的程朱理学占据统治地位，对妇女的压迫更是日益深重。清帝国沿袭了明代的文化专制，又加之以野蛮的民族压迫，特别是雍正、乾隆两代皇帝大兴文字狱，多次禁书、毁书，使传统文化受到摧残。这时正是西方诸国工业革命、文艺复兴、人权觉醒的时代，中华帝国却与世界潮流背道而驰，明朝的穷奢极欲，清朝的禁锢封闭，给中华民族种下了落后挨打的祸根。礼教仁义道德、伦理纲常的牢笼扭曲了人生的观念，反而使社会生活更为腐败黑暗，男女性生活和房中术也是畸形发展的。例如从图画上看，唐代仕女裸胸露脐的健康体魄自宋代渐渐消失，明代则紧衣高领，道貌岸然。明代以后妓院遍及名都大邑，嫖妓纳妾成风，同性恋和性变态现象也很普遍。

入清以来，人们的审美观念亦畸形变化，男性粗犷健壮的阳刚之美被社会否定，女性化的文弱书生成了美男子的标本。男人欣赏闭锁深闺的病态女性，缠足致残的"三寸金莲"成了性欲的刺激物。明代皇室和贵族家庭淫乱成风，《金瓶梅词话》、《绣榻野史》等淫秽小说描写了贵族妻妾成群的家庭性生活。这样，妇女成了贵族男性泄欲的工具，房中术的性享受和性艺术方面获得畸形发展，大量春宫画册的出现及春药、房戏工具的应用就是证明。儒生、官僚还把妇女当成传宗接代的工具，房中养生学的种子优生方面也有发展，一些医学和养生学著作在择偶受孕广嗣育子上有精到的研究。内丹家和道士又把女子当成炼丹的鼎器，由此发展出了男女双修功夫的多种门派。明代梅毒传入中国，官僚贵族的穷奢淫欲和嫖妓、贪男色造成了性病的流行，房中术中的性医学研究也有进展。明代房中养生学的研究成果和著作在社会上流传较多，但到清代雍正、乾隆两期禁毁殆尽。在有数千年家长制宗法政治传统的中国，男女两性关系一直是最敏感的社会问题。近代叶德辉因出版《双梅景暗丛书》名声扫地，房中术遂成为学者们望而生畏的禁区。

第三节　房中养生学的理论原则和房中术的基本内容

房中术大致分为采阴合炁的修仙术，交欢销魂的秘戏术、调谐身心的医疗术、优生布胎的种子术四大门类，包含有性艺术、性心理学和性医学等多项内容。房中养生学的基本理论，和道教哲学、术数学、中医学的基本理论是相通的，即都是以阴阳五行学说、天人感应原理、藏象经络理论、精气神形的人体观等为基础。它的原则首先是法于阴阳，合于术数。《洞玄子》曰："人之所上，莫过房欲，法天象地，规阴矩阳。悟其理者则养性延龄，慢其真者则伤神夭寿。"独阳不生，独阴不长，人如阴阳不交，必多病而不寿，故须阴阳交合。而交合之法，亦须与天地相参，与日月相应，其"坐卧舒卷之形，偃伏形长之势，侧背前却之法，出入深浅之规，并会二仪之理"，都符合术数学的规律。其他如性交体位、时日选择、性交宜忌，都是以阴阳八卦、天干地支、五行数术安排的。房中养生学的原则还有宝精固肾，以人疗人。房中养生学以固肾补肾为本，以宝精炼精为要。肾气不至，玉茎不坚；精气不泄，可以延年。孙思邈《千金要方》引彭祖话"以人疗人，真得其真，故年至四十，须识房中之术"。双修派亦讲竹破竹补，人破人补，因之"以人疗人"是房中医疗术的基本思想。房中养生学再一原则是天人交感，采取盗机。《黄帝阴符经》提出"盗"和"机"的概念，成为房中采补派乃至阴阳栽接内丹功夫的依据。内丹家以男女交感之术盗取天地造化之机，采取虚无先天一炁，取得房中回春还年之效，是高层次的内丹功夫。房中术采补和栽接之法甚多，层次有高低深浅，但都以天人感应的原则掌握时机而用功。另外，男唱女和，合炁通神，也是房中养生学的基本原则。《洞玄子》云："男唱而女和，上为而下从，此物事之常理也。若男摇而女不应，女动而男不从，非直损于男子，亦乃害于女人。"《玄女经》也说："阴阳者相感而应耳，故阳不得阴则不喜，阴不得阳则不起。男欲接而女不乐，女欲接而男不欲，二心不和，精气不盛，加以卒上暴下，爱乐未施。男欲求女，女欲求男，俱有悦心，故女质振感，男茎强。"房中术是一种男女从心理、生理到技术都须相互配合的性活动，只有男欢女乐，情感相融，才可以引发性高潮的到来，否则反而带来伤损。性交时精、气、神的运用，是进行养生保健，优生种子，销魂享乐的关键技术，也是阴阳采补和栽接之道的要害功夫。男女神交炁合，可以留正去邪，达到房中术所追求的采炁、交欢、疗疾、种子四个不同的目标。中国医学亦有"人运中兴"之说，以为国运皆有中兴，人道亦可再振。《景岳全书》所谓"盖在天在人，总在元气，但使元气无伤何虑衰败。元气既损，贵在复之而已。""故人于中年左右，当大为修理一番，则再振根基，尚余强半。"肾藏精气，为人身生命力的根基，不知房中术而纵欲则动摇根本，知房中之术则能培根固本，达到人运中兴的目的。以下再简述房中术的具体内容。

一　择人而交，知时而动

房中术以追求优生种子为目的者，对择偶之男女都有一定标准。孙思邈《千金要方》云："凡妇人不必须有颜色妍丽，但得少年未经生乳，多肌肉，益也。若足财力，选取细发，目睛黑白分明，体柔骨软，肌肤细滑，言语声音和调，四肢骨节皆欲足肉，而骨不大，其阴及腋皆不欲有毛，有毛当软细。不可极于相者，但蓬头蝇面，槌项细喉，雄声大口，高鼻麦齿，目睛浑浊，口颔有毛，骨节高大，发黄少肉，隐毛多而且强，又生逆毛，与之交合，皆贼命损寿也。"孙思邈所论择女之术，不仅适用了种子术，亦大致适用于采炁、疗疾等术。《广嗣纪要·择偶篇》记有"螺、皱、鼓、角、脉"为婚配"五种不宜"。螺为交骨如环，骨盆狭窄；皱即阴道盘曲，处女膜闭锁，为石女；角为两性畸形，为阴阳人；脉为原发性闭经。王冰《玄珠妙语》讲男子不育症有"天、漏、犍、怯、变"五种。天为男子先天无性能力，为天宫，如生殖器官发育不全；漏即滑精早泄；犍即被阉割阴茎或睾丸；怯为阳痿不举；变为性变态，同性恋、女性化或其他性恋畸变。《石室秘篆·子嗣论》又称男子有六病，"一精寒也，一气衰也，一痰多也，一相火盛也，一精少也，一气郁也"。其中包括肾精寒，肾阳衰，精子稀少，阴虚火盛，湿邪重，肝气郁滞等。又称女子十病，"一胞宫冷也，一脾胃寒也，一带脉急也，一肝气郁也，一痰气盛也，一相火旺也，一肾水衰也，一任督病也，一膀胱气化不行也，一气血虚而不能摄也。"以上男子六病，女子十病，都是从优生广嗣的角度而言，列举的影响生育的中医腑脏经络病变。此外《玉房秘诀》、张介宾《妇人规·基址》等书亦有精辟之论，兹不俱引。

至于交合的最佳时机，以明代岳甫嘉《种子篇》所论最确，他说："夫天地生物，必有氤氲之时；万物化生，必有乐育之时。如猫犬至微，将受妊也，其雌必狂呼而奔跳，以氤氲乐育之气，触之而不能自止耳。此天然之节候，生化之真机也。世人种子，有云'三十时辰两日半，二十八九君须算'，此特言其大概耳，非的论也。《丹经》云：'一月止有一日，一日止有一时。'凡妇人月经行一度，必有一日氤氲之候于一时辰间，气蒸而热，昏而闷，有欲交接不可忍之状，此的候也。于此时逆而取之则成丹，顺而施之则成胎矣。其曰'三日月出庚'，又曰'温温铅鼎，光透帘帷'，皆言其景象也。当其欲情浓动之时，子宫内有如莲蕊初开，内人洗下体以手探之自知也，但含羞不肯言耳。男子预密告之，令其自言，一举即中，必多成男。何也？阳以静胜阴之动，阴动必先靡，阳静必后动，此《易》坤求乎乾，地天泰之义也。"

二 房事有节，当知宜忌

啬精寡欲，以自然规律节制房事，也是中国房中术的基本原则。色欲过度则伤肾，房事无节则精竭，故养生之要，节欲知戒为先。《遵生八笺》以为"阴阳好合，接御有度；入房有术，对景能忘；毋溺少艾，毋困青童；妖艳莫贪，市妆莫近；惜精如金，惜身如宝；勤于服药，补益下元；外色莫贪，自心莫乱；勿作妄想，勿败梦交；少不贪欢，老能知戒；避色如仇，对欲知禁"，皆可延年。万全《广嗣纪要》还有"三虚四忌"之说，凡遇虚忌禁止性交。"三虚者，谓冬至阳生，真火正伏；夏至阴生，真水尚微，此一年之虚也；上弦前，下弦后，月廓空，此一月之虚也；天地晦冥日月，此一日之虚也。遇此之虚，须谨避之。四忌者，一忌本命正冲，甲子、庚申、晦朔之日；二忌大寒、大暑、大饥、大饱之时；三忌日、月、星、辰，寺观、坛庙、灶、冢、墓之处；四忌触忤恼怒，骂詈击搏之事。"张介宾《妇人规·子嗣》亦云："凡神前庙祉之侧，井灶冢枢之旁，及日月火光照临，沉阴危险之地，皆不可犯，倘有不谨，则夭枉残疾。"另外，个人身体和心理状况亦有禁忌，如在喜怒、忧郁、恐惧、疲劳、病后、虚弱时皆不可行房。酒醉入房为房事之大忌。其他如饱食未消、传染病未愈，以及忍大小便交合，多生疾病。女子的经期、孕期、产期和哺乳期，皆宜节制房事。

为了优生种子，房中术亦对男女婚嫁年龄有限制。《褚氏遗书》说："合男女必当其年。男虽十六而精通，必三十而娶；女虽十四而天癸至，必二十而嫁。皆欲阴阳完实，然后交合。"《三元延寿参赞书·欲不可早篇》说："男破阳太早则伤其精气，女破阴太早则伤其血脉"。男子不足十六岁而御女泄精，易得早衰阳痿之疾，伐性伤命；斫丧天元，乃至夭殇。女子天癸未至而交配，造成月经错乱，阴气早泄，命根不牢。再就是性交泄精的频率，据《医心方·施泄篇》说："年二十盛者日再施，羸者可一日一施；年三十盛者可一日一施，劣者二日一施；四十盛者三日一施，虚者四日一施；五十盛者五日一施，虚者十日一施；六十盛者十日一施，虚者二十日一施；七十盛者可三十日一施，虚者不泻。"又有施精以春生、夏长、秋收、冬藏之规律安排之说，以及将交合时间定于夜半向辰之际的看法。性交泄精以人的体质强弱、年龄、季节、恢复程度而决定其频度，不必强求一律。《食色绅言》云："士子读书作文辛苦，最宜节欲。盖劳心不节欲则火动，火动则肾水耗，水耗而火炽则肺金受害，传变为痨瘵。"知识分子特别是著书立说的学者，切戒纵欲丧精，否则引动痰火肾虚之症，伐命伤生。

三　宝精壮阳，七损八益

欲学房中之术，首先当知七损八益之道，能避七损，得八益，行聚精、炼精之法养精蓄锐，才可逐步提高性艺术。岳甫嘉《医学正印·种子篇》云："夫聚精之道，一曰寡欲，二曰节劳，三曰惩怒，四曰戒醉，五曰慎味。"精成于血，凡逞欲、过劳皆耗血，故须寡欲节劳。怒伤肝而动心君之火，醉冲动血气，皆伤精气。味能生精，慎味可养精。"炼精之法，全在肾家下手。内肾一窍，名玄关；外肾一窍，名牝户。真精未泄，乾体未破，则外肾阳气至子时而兴，人身之气与天地之气，两相吻合。精泄体破，而吾身阳生之候渐晚。有丑而生者，次则寅而生者，又次则卯而生者，有终不生者，始与天地不相应矣。炼之之诀，须半夜子时，即披衣起坐，两手搓极热，以右手将外肾兜住，以左手掩脐而凝神于内肾约半个时，久久习之，而精自旺矣"（《种子篇》）。孙思邈《千金要方·房中补益》云："善摄生者，凡觉阳事辄盛，必谨而抑之，不可纵心竭意以自贼也。若一度制得，则一度火灭，一度增油。若不能制，纵情施泻，即是膏火将灭，更去其油，可不深自防？"双修派彼家丹法之"添油术"，即由此而来。《玉房秘诀》还有以房中术壮阳之法，"其法令女正卧，两股相去九寸，男往从之，先饮玉浆（女舌下津液），久久乃弄鸿泉（阴道口，又称金沟），乃徐内玉茎，以手节之，则裁至琴弦、麦齿之间，敌人淫欲心烦，常自坚持，勿施泻之。度三十息，令坚强，乃徐内之，令至昆石，当极宏大。大则出之，少息劣弱，复内之，常令弱入强出。不过十日，坚如铁，热如火，百战不殆也。"此术也被双修派丹家发展为"铸剑"之法。

七损八益，为房中家所必知。《天下至道谈》云："八益：一曰治气（导治精气），二曰致沫（化致唾沫），三曰知时（测知时机），四曰蓄气（蓄养精气），五曰和沫（调和阴液），六曰窃气（潜积精气），七曰持赢（持盈保满），八曰定倾（定止倾倒）。七损；一曰闭（精道闭塞），二曰泄（气液外泄），三曰竭（精气衰竭），四曰勿（阳痿不举），五曰烦（心绪烦乱），六曰绝（欲绝力尽），七曰费（费力无补）。"据《天下至道谈》，修炼八益之道，可以导引之术治气；以咽津行气法致沫；以调情嬉戏知时；以柔和性交法和沫；以交而有节法积气；以静心吞气法持盈；以弱入强出法定倾，从而提出一套用八益、去七损的性技术。《素女经》提出八益为：固精、安气、利脏、强骨、调脉、蓄血、益液、导体。共八套房中性技术。如"六益曰蓄血，男正偃卧，令女举尻跪其上，极内之，令女行七九数，数毕止，令人力强。又治女子月经不利，日七行，十日愈。"七损为：绝气、溢精、杂脉、气泄、机关厥伤、百闭、血竭。这七种病，亦有七套房中术性活动来医治。如"杂脉者，阴不坚而强用之，中道强泻，精气竭；及饱食讫交接伤脾，令人食不化，阴痿无精。治之法，令女人正卧，以脚钩男子尻，男则据席内之，令女自摇，女精出止，男勿快，日九行，十日愈。"此为夺脉之疾，以女仰卧钩男臀而动，阴液流出，男不射精之法而治之。《广嗣纪要·协期篇》云："男女交合，男有五伤。一者男与女交合之时泄精少者，为气伤。二者交合之时精出而勃者，为肉伤。三者交合之时泄精而多者，为筋伤。四者交合之时，精出而不射者，为骨伤。五者交合之时玉茎不坚，虽坚而不久者，为肾伤。"又引《养生经》云："精清者肉伤，血精者筋伤，精赤者骨伤。如此伤者，病乃生焉。"又曰，"女有五伤之候：一者阴户尚闭不开，不可强刺，刺则伤肺。二者女兴已动欲男，男或不从，兴过始交，则伤心，心伤则经不调。三者少阴而遇老阳，玉茎不坚，茎举而易软，虽入不得摇动，则女伤其目，必至于盲。四者女经水未尽，男强逼合，则伤其肾。五者男子饮酒大醉，与女子交合，茎物坚硬，久刺之不已，女情已过，阳兴不休，则伤其腹。"另外，张介宾认为命门火衰，精气虚冷；七情劳倦；思虑忧郁太过；突遇惊恐等，皆可导致阳痿之症，并提出相应治疗方案。《素女方》等房中书亦有多种治疗男女性功能失调的方剂。

四 先戏两乐，心毋怵荡

《天下至道谈》云："先戏两乐，交欲为之。"《十问》云："接阴之道，以静为强，平心如水，灵露内藏，款以玉策，心毋怵荡。"《洞玄子》亦云："凡初交会之时，男坐女左，女坐男右，乃男箕坐，抱女于怀中。于是勒纤腰，抚玉体，申燕婉，叙绸缪，同心同意，乍抱乍勒，二形相搏，两口相唼。男含女下唇，女含男上唇，一时相吮，茹其津液，或缓啮其舌，或微咬其唇，或邀遣抱头，或逼命拈耳，抚上拍下，唼东咂西，千娇既申，百虑竟解。乃令女左手抱男玉茎，男以右手抚女玉门。于是男感阴气，则玉茎振动，其状也，峭然上耸，若孤峰之临迥汉；女感阳气，则丹穴津流，其状也，涓然下逝，若幽泉之吐深谷。此乃阴阳感激使然，非人力之所致也。势至于此，乃可交接。"《玉房指要》也说："凡御女之道，务欲先徐徐嬉戏，使神和意感良久，乃可交接。"男女俱有悦心，情投意合，相偎相抱，称作房事的"情机"，这是性唤起的工夫。

综而言之，交接之时，心情要平静，去掉一切精神负担。特别是不要有对性生活能否成功信心不足的忧虑，更不要有恐惧心理，思想不要紧张，便不会发生阳痿等精神上的性障碍。同时要相互嬉戏，刺激发欲带，令男女阴阳二气感应，激发起自然的性欲，再开始性交。

五　性动协期，征备乃交

古代房中家已认识到男子性冲动出现较快；女子性冲动出现稍迟，且多依赖情绪的鼓动及全身接触，故力图使男女的性冲动相互协调，称作协期。《景岳全书》云："迟速乃男女之合机也。迟宜得迟，速宜见速；但阴阳情质禀有不齐，固者迟，不固者速。迟者嫌速，则犹饥待食，及咽不能；速者畏迟，则犹醉添杯，欲吐不得。迟速不侔，不相投矣。以迟遇疾，宜出奇由径，勿逞先声；以疾遇迟，宜静以自持，挑而后战，能反其机，适逢其会矣。"只有男女的性欲曲线达到同步，才能得到双方最佳性享受。又说："二火乃男女之阳机也。夫君火在心，心其君主也；相火在肾，肾其根本也。二火相因，无声不应。故心宜静，不静则火由欲动，而自心挑肾。先心后肾者，以阳灼阴，出乎勉强，勉强则气从乎降，而丹田失守，已失元阳之本色。肾已足，肾足则阳从地起，而由肾及心。先肾后心者，以水济火，本乎自然，自然则气主乎升，而百脉齐到，斯诚化育之真机。"男子见女色心动，阳物勃起，贪如虎吞，急速冲动泄精，随即痿顿而败，皆是先心后肾勉强而为，所谓心有余而力不足。因而先肾后心，乃房中成功的重要条件，只有肾精巩固，阴阳之气相感而动，出乎自然，全身精气激发，必能坚而持久，男女性欲协期，共同达到性高潮。《三元延寿参赞书》云："欲不可强"，力不胜而强举，精不足而强交，强为房劳，乃寻死之道。

男女性欲冲动，达到性交的条件，必然出现许多体征，只有这些体征完备了才可性交。《天下至道谈》云："怒而不大者，肌不至也；大而不坚者，筋不至也；坚而不热者，气不至也。三至乃入。"《玄女经》又称"玉茎不怒，和气不至；怒而不大，肌气不至；大而不坚，骨气不至；坚而不热，神气不至。"《广嗣纪要》云："若痿而不举者，肝气未至也，肝气未至而强合，则伤其筋，其精流滴而不射矣。壮而不热者，心气未至也，心气未至而强合，则伤其血，其精清冷而不暖也。坚而不久者，肾气未至也，肾气未至而强合，则伤其骨，其精不出，虽出亦少矣。"可知阴茎的怒（勃起）、大、坚、热、久为男子行房的条件。竹简《合阴阳》云："戏道：一曰气上面热徐徐响，二曰乳坚鼻汗徐徐抱，三曰舌薄而滑徐徐屯（傅），四曰下液股湿徐徐操，五曰嗌干咽唾徐徐撼。此谓五欲之征，征备乃上。"明代万全则有更精细的观察，《广嗣纪要·协期篇》云："女有五至者，面上赤起，媚靥乍生，心气至也；眼光涎沥，斜觑送情，肝气至也；低头不语，鼻中涕出，肺气至也；交颈相偎，其身自动，脾气至也；玉户开张，琼液浸润，肾气至。五气俱至，男子方与之合，而行九一之法，则情洽意美，其候亦有五也：娇吟低语，心也；合目不开，肝也；咽干气喘，肺也；两足或曲或伸，仰卧如尸，脾也；口鼻气冷，阴户沥出沾滞，肾也。有此五候，美快之极。"

另外，《素女经》亦有女子五欲、九气之说，描述了女子性冲动的体征。"素女曰：五欲者以知其应。一曰意欲得之，则屏息屏气；二曰阴欲得之，则鼻口两张；三曰精欲烦者，则振掉而抱男；四曰心欲满者，则汗流湿衣裳；五曰其快欲之甚者，身直目眠。"又《玄女经》云，"玄女曰：伺其九气以知之。女人大息而咽唾者，肺气来至；鸣而吮人者，心气来至；抱而持人者，脾气来至；阴门滑泽者，肾气来至；殷勤咋人者，骨气来至；足拘人者，筋气来至；抚弄玉茎者，血气来至；持弄男乳者，肉气来至。"其中缺载"肝气来至"，肝主目，盖女子眼迷目挑，泪光莹莹，则肝气来至。九气皆至，交欢必畅，如或一气不至，则刺激阴蒂以感召之。

六　浅内徐动，以和为贵

《素女经》云："欲知其道，在安心和志，精神统归，不寒不暑，不饱不饥，定身正意，性必舒迟，浅内徐动，出入欲稀，以是为节，慎无敢违，女既欢喜，男则不衰。""黄帝曰：阴阳贵有法乎？素女曰：临御女时，先令妇人放平，安身，屈两脚，男入其间，衔其口，吮其舌，拊搏其玉茎，击其门户东西两房。如是食顷，徐徐内入，玉茎肥大者内寸半，弱小者入一寸，勿摇动之，徐出更入，除百病。勿令四旁泄出。玉茎入玉门，自然生热，且急，妇人身当自动摇，上与男相得，然后深之，男女百病消灭。浅刺琴弦，入三寸半，当闭口刺之，一二三四五六七八九，因深之，至昆石旁往来，口当妇人口而吸气，行九九之道讫，乃如此。"房中家称为"九浅一深"之法，《医心方》也记载，"阴阳之和在于琴弦、麦齿之间。阳困昆石之下，阴困麦齿之间，浅则得气，远则气散。"《万密斋妇科》称"男女交媾，浅则女美，深则女伤，故云重载即成忧。"可见阴茎插入不宜过深，在女阴内一寸至二寸之间为宜。

《玉房指要》云："交接之道，无复他奇，但当从容安徐，以和为贵，玩其丹田，求其口实，深按小摇，以致其气。"房中术禁止性交"卒上暴下"，提倡从容安徐，以和为贵。

七　体位多姿，见效知快

讲求房事体位，是取得性享受，提高性艺术的关键技术，同时又有性保健的作用。马王堆竹简《合阴阳》已有"十节"等交合姿势的记载，其后《素女经》、《玉房秘诀》、《洞玄子》等书又有"九法"、"三十法"等更多样的交合姿势。这些交合姿势略有前入式、后入式和侧入式三大类型。每项体位中，根据交合两方用力的动作不同，又有所谓"十修"、"九状六势"等多种交合方式。

《合阴阳》和《天下至道谈》中将"虎游"、"蝉附"、"尺蠖"、"麇捕"、"蝗磔"、"猨据"、"蟾蜍"、"兔鹜"、"蜻蛉"、"鱼嘬"十种仿生动作称作"十节"或"十势"。《玄女经》将"龙翻"、"虎步"、"猿搏"、"蝉附"、"龟腾"、"凤翔"、"兔吮毫"、"鱼接鳞"、"鹤交颈"九种仿生动作称为"九法"。这种将仿生学应用于性生活的技术，反映了我国古代房中艺术的水平。《洞玄子》继之又提出三十法，其中包括叙绸缪、申缱绻、曝鳃鱼、麒麟角（以上四势为交接前抚爱嬉戏姿势）、蚕缠绵、龙宛转、鱼比目、燕同心、翡翠交、鸳鸯合、空翻蝶、背飞凫、偃盖松、临坛竹、鸾双舞、凤将雏、海鸥翔、野马跃、骥骋足、马摇蹄、白虎腾、玄蝉附、山羊对树、鹍鸡临场、丹穴凤游、玄溟鹏翥、吟猿抱树、猫鼠同穴、三春驴、秋狗。其中龙翻即仿龙之翻腾，取女下男伏位；虎步则为后入式，如虎之行走；兔吮毫则男卧女跨其上，背头向足，俯头按玉茎而刺，如兔吮取毫毛；鸳鸯合则令女侧卧，拳两脚，安男股上，男于女背后骑女下脚之上，竖一膝置女上股，内玉茎；海鸥翔则是男临床边，擎女脚以令举，男以玉茎入于子宫之中。道教中流传下来的房中家著作虽然描述男女性交体位花样多变，却无有肛交、口交等性交动作。而在道书外的小说、春宫画中多人淫乐的姿势，乃至西藏《欲经》及藏密无上瑜伽中之 64 式嬉戏交接之法，当作别论。

《合阴阳》还有"十修"，"一曰上之，二曰下之，三曰左之，四曰右之，五曰疾之，六曰徐之，七曰稀之，八曰数之，九曰浅之，十曰深之"，这是讲阴茎刺激阴道的方向、力度、深浅、频度的。《洞玄子》又有九状六势之说："凡玉茎或左击右击，若猛将之破阵，其状一也；或缘上蓦下，若野马之跳涧，其状二也；或出或没，若临波之群鸥，其状三也；或深筑浅挑，若鸦白之雀嚎，其状四也；或深冲浅刺，若大石之投海，其状五也；或缓耸迟推，若冻蛇之入窟，其势六也；或疾纵急刺，若惊鼠之透穴，其状七也；或抬头拘足，若苍鹰之揄狡兔，其状八也；或抬上顿下，若大帆之遇狂风，其状九也。""或下捺玉茎，往来锯其玉理，其势若割蚌而取明珠，其势一也；或下抬玉理，上冲金沟，其势若剖石而寻美玉，其势二也；或以阳锋冲筑璇台，其势若铁杵之投药曰，其势三也；或以玉茎出入攻击左右辟雍，其势若五锤之锻铁，其势四也；或以阳锋来往磨耕神田、幽谷之间，其势若农夫之垦秋壤，其势五也；或以玄圃、天庭两相磨搏，其势若两崩岩之相钦，其势六也。"

男女性器官相互交接摩擦，使性敏感区受到刺激，导致性高潮的极度快感。这时可观察女子的一些体征效验，以判断其是否得到快感。《素女经》云："十动之效：一曰两手抱人者，欲体相薄阴相当也；二曰伸其两腿者，切磨其上方也；三曰张腹者，欲其泄也；四曰尻动者，快善也；五曰举两脚拘人者，欲其深也；六曰交其两股者，内痒淫淫也；七曰侧摇者，欲深切左右也；八曰举身迫人，淫乐甚也；九曰身布纵者，肢体快也；十曰阴液滑者，精已泄也。见其效，以知女之快也。"《素女妙论》说："先将两手掌摩热，坚把握玉茎，次用浅抽深入之法，耐久战，益快美，不可太急；不可太慢，又勿尽意深入，深则有所损焉。刺之琴弦，攻其麦齿，若其美快之极，女子不觉噤齿，香汗喘吁，目合面热，芳蕊大开，滑液溢流，此快活之极也。"先秦竹简《合阴阳》又记述了女子性交过程中的"八动"（接手、伸肘、直踵、侧钩、上钩、交股、平踊、振动），《天下至道谈》又记述了女子发出的"五音"（喉息、喘息、累哀、吹、啮），从而观察女子的性欲要求和性快感的程度。《合阴阳》甚至还讲了交接十个回合而出现的"十已之征"，一回毕出现清新凉爽感觉；二回毕闻到烧骨头的焦香气味；三已闻到焦臊味；四已阴道有油膏状物泌出；五已闻到稻谷般清香之气；六已阴部滑润；七已能持久；八已如凝脂；九已如胶漆；十已滑润又觉清凉之感。此时女子鼻汗唇白，手脚颤动，尻不沾席，说明大功告成，精气入脏，产生神明。房中家已注意到性交时人的嗅觉，以及信息激素在促进性高潮中所起的作用。

八　弱入强出，闭精少泄

房中家要求男子在阴茎尚未十分坚硬时插入，在女子阴道中感应阴精而坚硬起来，完成交合动作后趁阴茎坚硬时抽出，并节制泄精。《天下至道谈》要求射精后"怒而舍之"，莫待萎缩再出，抽出后"静身须之"，以保持精气盈满。《玉房指要》云："弱而内之，坚强急退，进退之间，欲令疏迟。"《医心方》说："女当津液流溢，男即须退，不可死也。必须生还，如死出，大损于男，特宜慎之。"房中家还特别强调性交时要闭精少泄，或数交一泄，直至闭固勿泄。《天下至道谈》云："神明之事，在于所闭，审操玉闭，神明将至。"《十问》亦云："长生之稽，偵用玉闭。玉闭时辟，神明来积。积必见章，玉闭坚精，必使玉泉毋倾，则百疾弗撄，故能长生。"孙思邈《千金要方·房中补益》云："凡精少则病，精尽则死，不可不思，不可不慎。数交而一泄，精气随长，不能使人虚也。若不数交，交而即泻，则不得益。泻之精气自然生长，但迟微，不如数交接不泻之速也。"《素女经》还以采女和彭祖、素女和黄帝的问答阐明闭精少泻的益处。"采女问曰：交接以泻精为乐，今闭而不泻，将何以为乐乎？彭祖答曰：夫精出则身体怠倦，耳苦嘈嘈，目苦欲眠，喉咽干枯，骨节懈堕，虽复暂快，终于不乐也。若乃动不泻，气力有余，身体能便，耳目聪明，虽自抑静，意爱更重，恒若不足，何以不乐也。"又说"一动不泻则气力强，再动不泻耳目聪明"，直至"十动不泻，通于神明"。

《玉房秘诀》记述了利用以上诸原则交合的方法："夫阴阳之道，精液为珍，即能爱之，性命可保。凡施泻之后，当取女气以自补。复建九者，内息九也；厌一者，以左手杀阴下，还精复液也。取气者，九浅一深也。以口当敌口，气呼以口吸，微引而咽之，致气以意下也。至腹，所以助阴为阴力。如此三反，复浅之，九浅一深，九九八十一，阳数满矣。玉茎坚出之，弱内之，此为弱入强出。"此处记载了《参同契》中"阴道厌九一"之法，并讲了采气、还精之术。

九 采气吞津，还精补脑

孙思邈《千金要方·房中补益》云："采气之道，深接而勿动，使良久气上面热，以口相当，引取女气而吞之，可疏进退，意动便止，缓息眠目，偃卧导引，身体更强，可复御他女也。数数易女，则得益多。""先与女戏，饮玉浆。玉浆，口中津也。使男女感动，以左手握持，思存丹田，中有赤气，内黄外白，变为日月，徘徊丹田中，俱入泥丸，两半合成一团，闭气深入勿出入，但上下徐徐咽气，情动欲出，急退之，此非上士有智者不能行也。"《玉房秘诀》亦声称男子多采女人阴气则益阳，女子多采男子阳气则益阴，阴阳二气相互补益，令人老有美色，有驻颜之效。并讲女子采阳之法，"与男交，当安心定意，有如男子未成，须气至，乃小收情志，与之相应，皆勿振摇踊跃，使阴精先竭也。"《玉房指要》则进一步说："还精补脑之道，交接精大动欲出者，急以左手中央两指却抑阴囊后，大孔前，壮事抑之，长吐气，并啄齿数十过，勿闭气也。便施其精，精亦不得出，但从玉茎复还，上入脑中也。""若欲御女取益，而精大动者，疾仰头张目，左右上下视，缩下部，闭气，精自止。"还精补脑之术，被历代房中家看作是要害步骤，后世男女双修派内丹家更以"存、缩、抽、吸、闭"五字诀为采战之法。其实精液被截断不泄，不可能流入脑中，只能逆回精囊，须以炼精化气法化掉，牵动背后督脉引起反应，有精气入脑的感觉。不得法者，甚至会使精液逆流入膀胱，反致疾病。还精采气，搬运填脑之法诀甚多，洪基《摄生总要》云："交合之间，须要缓缓进，迟迟退，不可躁急，勿令气喘，战攻时多，须要少歇，待其安静再加抽添。若其将泄，速退灵根半步或出户，不可急行。"此外尚有提吸蹬扳、吹笛呵气之法，吹灯吸酒、栽葱展缩之术，不一而足。其中所传三峰采战秘术，修炼梅子金丹法诀，可以看出房中术和道教同类阴阳派内丹功法是相互联系的。

中国古医书、丹经、手抄秘本中所载房中养生资料甚多，尚需进一步破译、鉴别，分男炼、女炼两个系统整理出来。内丹学的"逆转任督"功夫，即发轫于房中养生学的"还精补脑"之术。此术在丹道中又据功力不同分别称作"子午周天"、"取坎填离"、"抽铅添汞"、"运药过关"等，尤以同类阴阳丹法所必需。内丹学盖由先秦的服食、房中、行气三派仙术融汇发展而来，因之房中养生学的资料整理和研究，是一项有重要科学价值的学术工程。这项学术工程之完成尚需时日，今则仅举其十之三、四而已。

第四章 外丹黄白术

秦汉以来，方仙道以五金、八石为药物炼制长生不死仙丹的方术，称作炼丹术。唐代以来，道士们又将以人体的精、气、神为药物炼制仙丹的方术也称炼丹术。于是，这种人体内的炼丹术叫内丹术，原来以矿物药为原料的炼丹术则名为外丹术。在道书中，黄白是金银的隐名。方士们试图将贱金属的铜、铁、铅等点化为贵金属金银，发展出人工制造药金、药银的方术，称作黄白术，也即炼金术。在本书中，我们将炼金术和炼丹术简称为金丹术，以同欧洲语言的 alchemy 相当，亦称为外丹黄白术。

第一节 外丹黄白术的历史演变

中国炼金术的方技，起源于殷商时期的冶金铸造业。社会生产的发展带来原始科学的发展，工匠们在作坊中的冶金铸造技术工艺转化成方士们实验室中的炼金术。由考古发掘可知，我国殷商时冶金铸造技术非常高超，一些保存下来的青铜器珍品，即使采用现代技术也难以制造。《周礼·考工记》记述了多种合金的制造规范，铁器的使用更拓宽了工匠们的知识视野。春秋战国时期，金、银、铜、铁、锡、铅、汞、硫等元素的伴生矿物及其合金的性质，已为从事冶金铸造业的手工业者所熟悉。

我国金丹术起始于秦汉时期，这在全世界是最早的。春秋时期的神仙家，确信自然界存在着吃了可以长生不死的药物，这是神仙服用的仙药，于是寻求不死之药成为求仙的目标。《战国策·楚策》和《韩非子·说林》记载有人献不死之药于荆王，《史记·封禅书》亦记载齐威王、齐宣王、燕昭王、秦始皇都曾派人入海寻求不死之药。战国时方仙道已注意到美玉、黄金、丹砂、水银的与众不同的物理、化学性质，丹砂和水银已被用于墓葬中保存尸体。中国的外丹黄白术本是冶金铸造业的副产品，大约在战国时墨家学派的方士已开始实验炼金术。盖因墨派的组成，本以手工业者为主，古代百工之士亦称方士，其中当不乏精于冶金铸造的工匠。秦汉之际，墨家学派和方仙道合流，精于炼金术的工匠加入方士集团，促使方仙道从寻找天然仙药转变为人工炼制药金、丹砂，这便是中国金丹术的发轫。所谓药金、药银实际上是含有不同成分的铜合金，它们被认为是诸药之精，胜过自然的真金银。据《史记·封禅书》记载，方士李少君对汉武帝说："祠灶则致物，致物而丹砂可化为黄金，黄金成以为饮食器则益寿，益寿而海中蓬莱仙者乃可见"，"于是天子始亲祠灶，遣方士入海求蓬莱安期生之属，而事化丹砂诸药剂为黄金矣。"这种以丹砂点化药金，又以药金制造饮食器而益寿的思想，不仅透露了炼金术确实起源于冶金制造工艺（造饮食器），又说明方仙道的服饵派方士已经将这种冶金工艺转化为实验室操作的炼金术了。方士们用丹砂点化药金，又将药金和饮食联系起来，也说明中国炼金术和炼丹术相互承袭，炼金的目标主要不是致富，而是追求长生不死。淮南王刘安曾招致方士著《枕中鸿宝苑秘书》，言神仙黄白之事，属于炼金术的专著。前汉末，史子心为傅太后炼制药金，但不再作饮食器，而是作延年药服饵之，这说明炼金术正在转化为炼丹术。前汉末至后汉初，一批丹经出世，《正统道藏》中的《黄帝九鼎神丹经诀》、《九转流珠神仙九丹经》、《太清金液神丹经》、《三十六水法》据考其主要部分即那时传出的丹方，这标志着炼丹术已积累了丰富的实验资料。

东汉以来，外丹黄白术在黄老道中承传，方士们坚信服食神丹乃升仙之要。最初的炼丹家称丹砂为还丹，以金液为至宝，认为服食还丹、金液后就能返老还童，不朽不坏，对丹药的毒性还缺乏认识。汉末阴长生《自叙》云："不死之要，道在神丹。行气导引，俯仰屈伸，服食草木，可得延年，不能度世，以至乎仙。"又云："黄白已成，货财千亿，使役鬼神，玉女侍侧。今得度世，神丹之力"（《神仙传》卷四）。在汉代黄老道金丹派道士看来，炼制神丹是升仙的阶梯，其他方术（如导引、气法、医药）仅有延年益寿的作用。以黄白术制造伪金银可使"货财千亿"，是炼丹的准备步骤。汉代俗传王阳能作黄金，即以黄白术造铜合金，以此致富，用伪金易好车马衣服（《汉书·王吉传》）。方士们制造的药金、药银被当作货币使用甚至进入国库，亦起于汉代。早期道教成立前后，张陵、阴长生、鲁女生、封君达、左慈、魏伯阳等，皆曾研习外丹黄白术，《列仙传》和《神仙传》中，也记述了一些汉代道士服炼神丹的事迹。盖汉代外丹黄白术经书，乃在少数道士间师徒秘传，金丹药物价钱昂贵，不易实行，偶有道士服丹药致死，人们也以为是"尸解"升仙了。因之汉代《古诗十九首》虽有"服食求神仙，多为药所误"之叹，但人们认为那是服饵派道士寻药不当所致，炼制神丹中毒的问题尚不突出。汉代对后世影响最大的丹经，是魏伯阳所著《周易参同契》，这是一本划时代的丹道学著作，给金丹派道士以巨大的影响。《参同契》借金丹术法象论男女合忝之术，以日月运行的易学规律为内丹术、外丹术提供了一个普适的理论框架。

魏晋南北朝时期，金丹术获得长足的发展，特别是葛洪《抱朴子内篇》问世，将金丹术向社会公开，是中国金丹术发展的转折点。葛洪说："余考览养性之书，鸠集久视之方，曾所披涉篇卷，以千计矣，莫不皆以还丹、金液为大要者焉。然则此二事，盖仙道之极也。服此而不仙，则古来无仙矣"（《抱朴子·金丹》）。葛洪如此推崇服食还丹、金液，使金丹术成为丹道学的重要修炼方术。道教中飞炼金丹、黄白之风，也影响到信奉儒教的士族社会。魏晋时何晏等士族名士服食五石散（又名寒食散，为白石英、紫石英、石钟乳、赤石脂、礜石。后因礜石有猛毒，改为石硫黄），竟酿成波及整个士族阶层的颓风。南北朝时，连皇帝也热衷于炼制金丹黄白，想习金丹术登仙。《魏书·释老志》云："天兴中，仪曹郎董谧因献服食仙经数十篇，于是置仙人博士，立仙坊，煮炼百药，封西山以供薪蒸，令死罪者试服之，非其本心，多死无验。"随着金丹术经书传向社会，道士为帝王炼制金丹，对丹药的毒性也开始有了认识。北齐文宣帝令道士张远游炼成葛洪推崇的那种九转金丹，也不敢即服。据《北史·艺术传》记载："有张远游者，文宣时，令与诸术士合九转金丹。及成，帝置之玉匣云：'我贪人间作乐，不能飞上天，待临死时取服'。"南朝著名高道陶弘景，也曾为梁武帝萧衍炼丹。《南史·隐逸传》载："弘景即得神符秘诀，以为神丹可成，而苦无药物。帝给黄金、朱砂、曾青、雄黄等。后合飞丹，色如霜雪，服之体轻。及帝服飞丹有验，益敬重之。"葛洪、陶弘景、狐刚子，都是著名炼丹家，有不少金丹术著作传世。

　　隋唐以来，外丹黄白术发展到极盛时期。著名高道苏元朗、孙思邈、张果等，虽为内丹家，亦皆精通外丹黄白术。唐代还有一批专门为皇宫炼制丹药的道士，称作"供奉山人"，如著名炼丹师柳泌、赵归真等，即曾为皇帝炼丹。唐代道书《通幽诀》云："气能存生，内丹也；药能固形，外丹也。"盖隋唐之初内丹术虽传开，尚和五代内丹家所传炼精化气、炼气化神、炼神还虚之功夫不同，而是将诸多行气炼养之法统称内丹。至于外丹术，则指烧炼金石药物以服饵养生之法。梅彪《石药尔雅》载有唐代外丹师炼制的仙丹名称及服食书目，可知唐代炼丹术之兴盛。据《昭德先生郡斋读书后志》："《日月玄枢论》一卷，右唐刘知古撰。明皇朝为绵州昌明令。时诏求丹药之士。知古谓神仙大药，无出《参同契》，因著论上于朝。"盖外丹黄白术发展到唐代，需要系统的金丹理论，于是只好回头到《易经》中去寻找，《周易参同契》的理论框架无疑恰好迎合了炼丹师的需要。因而在唐代，《参同契》、《龙虎经》、《金碧经》成了金丹术的理论著作，阴阳五行、四象八卦、龙虎铅汞之说成了炼丹师的指导思想。唐以前之炼丹师以黄金、丹砂为宝，丹经亦多为炼制金液、还丹的实验记录，药物虽用隐名，但尚无阴阳八卦龙虎之说。唐代以来，传统的金砂派炼丹师亦套用《参同契》的理论体系以为说，并将服饵丹药和医疗养生结合起来，著名的丹师如孙思邈、孟诜、刘道合、张果、陈少微等皆为这一派的传人。另外，由于外丹黄白师对《周易参同契》的文字理解不同，又有铅汞派和硫汞派之争。以硫汞说解《参同契》的道士，多是以硫黄和水银人工制造丹砂（HgS）的化学实验家，他们认为硫黄是"太阳之精"，水银是"太阴之精"，二者合成的丹砂是"大药之祖"、"金丹之宗"。铅汞派炼丹师则完全泥于《参同契》的龙虎铅汞之说，擅长于发展金丹术的理论体系，从而将外丹和内丹统一在一个由相同术语编织的框架里。当时受到皇帝宠信的道士柳泌、赵归真，皆为铅汞派丹师，他们炼制的仙丹实为氧化汞（HgO）和氧化铅（PbO）的混合物。《列仙谭灵》云："赵归真探赜玄机，以铅制汞，见之者无不竦敬。"韩愈《故太学博士李君墓志铭》述柳泌丹法云："其法以铅满一鼎，按中为空，实以水银，盖封四际，烧为丹砂云。"这显然是依《参同契》"以金为堤防，水入乃优游"的表面文字曲解而来的丹法，生成的铅和汞的氧化物皆有大毒，结果将唐帝毒死而招杀身之祸。其他炼丹师如孟要甫、郭虚舟、李真君、乐真人、金陵子诸人，皆依《参同契》而主铅汞说。从金陵子《龙虎还丹诀》看，他对丹砂、硫、汞、铅的化学性质皆很熟悉，反映唐代外丹师化学知识甚为丰富。唐代之丹药，除了汞的硫化物及氯化物可用于医药外，铅、汞、砷的氧化物皆有剧毒。大量服丹中毒的事实引起社会的警觉，尽管道士们将中毒猝死讳称为"白日升天"并作出宗教性的解释，发展到极盛阶段的外丹术仍然迅速衰落下去，被同样以《参同契》为纲领的内丹术取而代之。

黄白术在唐代亦曾极盛一时。据戴君孚《广异记》载，隋末有道者居太白山炼丹砂，合成大还丹，化赤铜为黄金。成弼劫杀道者得其丹法，后为唐太宗以铜造黄金数万斤，得五品官，此即大唐金。成弼金百炼益精，传至外国，以为宝货。(《太平广记》卷四百引)《三洞群仙录》亦载唐洛阳尉王琚之侄王四郎，学道炼制药金，色如鸡冠，可在金市换钱，西域胡商专此伺买。盖唐代药金为精于炼丹术的道士制造，黄白术尚为社会所尊重，药金不仅可充当货币使用，且可销往外国。《旧唐书·孟诜传》记载："诜少好方术，尝于凤阁侍郎刘祎之家，见其敕赐金。谓祎之曰，此药金也，若烧火，其上有五色气。试之果然。则天闻而不悦。"唐武则天时药金进入国库，可赐于大臣。炼丹家能够鉴别真金和药金，药金价值低于真金。

五代至宋朝，内丹术发展成熟，奉《周易参同契》为丹经之祖，借用外丹术语，以外丹烧炼的鼎炉、药物、火候作为内丹精气神修炼的法象。外丹术虽然衰落，但仍有传人。南唐时丹师独孤滔，撰《丹方鉴源》，已能粗略地按化学性质对药物进行分类，将"金银"（金属）、"诸黄"（砷类）、"诸青"（铜类）、"诸灰"

（钾类）等化学成分相近的药物放到一起。其"诸草汁篇"又列入二十种鲜草药汁用于金丹术，如五枝草（结砂子）、章陆（拔锡）、苍耳子（抽锡晕）、天剑草（煮汞）、栀子（淬金）等。五代时有炼丹师曰华子，一生烧炼外丹黄白，有著作传世。宋张邦基《黑庄漫录》卷三，记载宋神宗以前在翰林金丹阁仍有朝廷设置的炼丹炉。文学家苏轼、苏辙亦曾烧炼过丹药，但宋人多不肯轻易服丹，因而中毒致死的事较为稀少。宋代还有《丹房须知》、《诸家神品丹法》等重要炼丹著作出世，《通志·艺文略》所载宋代流传外丹黄白著作数量亦超过前代。沈括《梦溪笔谈》记载了宋代烧炼外丹黄白的事实。其他如《渑水燕谈录》、《青箱杂记》、《老学庵笔记》、《铁围山丛谈》皆有关于外丹黄白术的记载。宋代皇帝亦曾令黄白师烧炼药金，制造金牌、金带赏赐近臣，甚至烧药金银以助国费或用以向辽、金等敌国进贡。值得注意的是，魏晋时外丹黄白术皆用金石药，制备方法以烧炼升华为主且辅以水溶解法。唐宋外丹黄白术所用仪器较精致多样，方法亦复杂，且参用草木药，已涉及多种化学反应。

　　元明时期，内丹学在道教中占据统治地位，迫使外丹黄白术反而向内丹靠拢。这样，外丹黄白术著作又借用精、气、神、黄婆、乌兔、安炉立鼎、调和阴阳、配合乾坤等内丹术语，皆奉《参同契》、《悟真篇》为祖经，在炼丹炉中模拟人体内丹搬运精气的作用，弄得内外丹经从文字上几乎难以辨别。另外，南宋、辽、金时又兴起三元丹法之说，将那种据说服后可以立地飞升、成为天仙的外丹称为天元神丹；将内丹术称人元大丹；将黄白术叫地元灵丹。元明间内丹学中的同类阴阳栽接法和自身阴阳清修法分途而立，又有将全真道北宗清净派丹法称作天元丹法，将全真道南宗同类阴阳丹法称作人元丹法，将外丹黄白术称作地元丹法的说法。这样，外丹黄白术和内丹学融入一个丹道体系中，成为内丹学的补充。在内丹家看来，由于双修丹法"法、财、侣、地"条件难备，正好先用地元丹法的点金术筹集钱财，张三丰真人与沈万山烧炼黄白术的事迹成了丹家的榜样。同时，仙道家仍然相信有一种天元神丹，当内丹功夫达到高境界后，服用这种丹药才不致毒死，而且能脱胎换骨，飞升天界。这样，元明间内丹家皆修习外丹黄白术，特别是明代外丹术又较兴旺，有《庚辛玉册》、《造化钳锤》、《黄白镜》、《乾坤秘韫》等书传世。明代皇帝和贵族亦有服丹药者，《明史》中《陶仲文传》和《顾可学传》皆记述明世宗用道士烧炼丹药之事。另外，明代江湖术士借黄白术烧银骗财的事时有发生，败坏了黄白术的声誉，药金、药银再难以作货币使用，民间商人亦学会辨别伪币以防受骗。

清代外丹黄白术更趋衰微。由于中国外丹术和黄白术皆是以延年益寿为目标，而不像西方点金术士那样完全为了发财，再加上炼丹术制得的仙药同时又是点化金银的丹头，外丹经过一番手续大都能化作药金，因之外丹术的衰落必然导致黄白术的衰落。清代既然不能以伪金银（铜合金）来充当金银货币，黄白术遂失去了应用的价值。清代内丹家傅金铨，撰《证道秘书》收入《外金丹》，是一种典型的以内丹术语和理论诠释外丹的书，反映了明清以来内外丹合一的趋势。然直至清末尚有《金火大成》问世（初刊于 1874 年，后改为《金火集要》重刊），这说明外丹黄白术仍有传人。

民国以来，复有陈撄宁等在上海烧炼外丹黄白，历时十年因日寇侵华而中断，重复了古人的一些实验。另有四川丹医张觉人，著《中国炼丹术与丹药》（四川科学技术出版社，1981），将炼丹术归入医药养生的正路上去，在中国炼丹史上具有特殊意义。在现代社会里，以黄白术制造伪金银的路已行不通，而炼制丹药治病，却仍然是值得探索的事业。

第二节　炼丹家的思想脉络和理论体系

中国外丹黄白术最根本的出发点，显然是想以人工炼制一种服后可以登仙的长生不死之药。数千年来，中国炼丹家为了同死亡做斗争，付出了多少代人的追求和探索。人类这种解脱生死的努力不是徒劳的，它给后人留下了可贵的思想资料和不断攀登的足迹。当现代科学和哲学使我们可以从更高的角度审视前人遗留的这张外丹黄白术的画卷时，应特别注意古人思想的轨迹及其中闪烁的智慧光芒，因为古人和今人的智慧是能够相通的。

关于古代炼丹家的思想，我们可从葛洪《抱朴子内篇》中找到线索。炼丹家烧炼外丹黄白，首先在于他们相信自然界处在不断变化之中，物类受气不定，物类嬗变乃自然规律。葛洪说："变化者，乃天地之自然，何为嫌金银不可以异物作乎？譬诸阳燧所得之火，方诸所得之水，与常水火，岂有别哉？""铅性白也，而赤之以为丹。丹性赤也，而白之而为铅。云雨霜雪，皆天地之气也，而以药作之，与真无异也"（《抱朴子·黄白》）。据此，葛洪批评那些固守儒家教条的愚人，"狭观近识，桎梏巢穴，揣渊妙于不测，推神化于虚诞，以周、孔不说，坟籍不载，一切谓为不然，不亦陋哉？"（《抱朴子·黄白》）又说水精椀本是合五种灰以作之，愚人却以"水精本自然之物，玉石之类"，不相信人工可以制造。"愚人乃不信黄丹及胡粉，是化铅所作。又不信骡及駏驉，是驴马所生。云物各自有种。况乎难知之事哉？"（《抱朴子·论仙》）葛洪这种以人工合成自然物质的变化观，为外丹黄白术的化学实验提供了理论根据，他否定客观物质的界限，又为追求超自然力的道教方术敞开了门户。外丹黄白术恰是这种自然的化学实验和超自然的神仙方术的奇妙混合，因此古代炼丹家坚信"我命在我不在天，还丹成金亿万年"（《抱朴子·黄白》）。

人工既然可以制造出和自然界中天然物一样的东西，而天然物千千万万，炼丹家为什么偏选中丹砂和黄金作代表呢？原来古人观察到丹砂在烧炼中能变回自己的本来面目，黄金则可以长久不变，认为服用丹砂可以返老还童，吞食金液可以长生不死。葛洪说："夫金丹之为物，烧之愈久，变化愈妙。黄金入火，百炼不消；埋之，毕天不朽。服此二物，炼人身体，故能令人不老不死。此盖假求于外物以自坚固，有如脂之养火而不可灭，铜青涂脚，入水不腐，此是借铜之劲以杆其肉也。金丹入身中，沾洽荣卫，非但铜青之外傅矣"（《抱朴子·金丹》）。这种"假求外物以自坚固"的思想，由来已久。秦汉乃至先秦古墓中用丹砂、金玉之类随葬尸体，就是这种思想的反映。葛洪说："金玉在九窍，则死人为之不朽。盐卤沾于肌髓，则脯腊为之不烂，况于以宜身益命之物纳之于己，何怪其令人长生乎？"（《抱朴子·对俗》）1968年河北满城中山靖王刘胜墓出土金缕玉衣，就是当时流行这种思想的例证。先秦时人们认为最宝贵的东西是美玉，《山海经·西山经》记载峚山有"玉膏"，乃黄帝所服，"瑾瑜之玉为良，坚粟精密，浊泽而有光。五色发作，以和柔刚。天地鬼神，是食是飨；君子服之，以御不祥。"《河图玉版》云："少室山，其上有白玉膏，一服即仙矣。"汉代以来，黄金更为神仙家所重。魏伯阳《周易参同契》说："巨胜尚延年，还丹可入口，金性不败朽，故为万物宝，术士服食之，寿命得长久。"葛洪援引《玉经》说："服金者寿如金，服玉者寿如玉也。"（《抱朴子·仙药》）炼丹家显然认为服食金玉，可以使人体吸收金玉那种"不朽"的灵气；服食还丹，当然是想得到那种"返还"的性质。葛洪进一步说："凡草木烧之即烬，而丹砂烧之成水银，积变又还成丹砂，其去草木亦远矣，故能令人长生，神仙独见此理矣。"（《抱朴子·金丹》）

需要研究的是，在炼丹家那里，还丹、金液和黄白的真实面目究竟是什么？这是解开外丹黄白术之谜的钥匙。还丹的真义是丹砂，即红色硫化汞（HgS）晶体，这是毋庸置疑的。《广弘明集》卷九载北周甄鸾《笑道论》云："烧丹成水银，烧水银成丹，故曰还丹"，这不仅说明当时公认丹砂即还丹，同时又可看出由于炼丹家没有精确的化学知识，将烧水银而成的红色氧化汞（HgO）也误认为是硫化汞而称还丹。当时道士只凭物理外观辨识化合物，在他们看来，"还"乃"返还"之意，"丹"乃"赤色"之名而已。中国外丹黄白术的石药有四黄（雄黄、雌黄、砒黄、硫黄）、五金（金、银、铜、铅、铁）、八石（丹砂、礜石、石胆、硇砂、鹏砂、矾石、戎盐、硝石）等，各家说法不一。《礜太古土兑经》云："金银铜铁锡谓之五金，雌雄硫砒名曰四黄，朱汞鹏硇硝盐矾胆命云八石。"黄白术常用的有铜及曾青、胆矾、空青等铜矿石以及雄黄、砒黄、礜石等点化铜成铜砷合金的药剂。药金、药银的成分除铜砷合金外，还有含锡、铅、锑、金的铜合金，名目繁多。炼丹家最重视的石药有丹砂、铅、汞、硫等，这都是炼制还丹的常用原料。汞是化学元素中唯一的液态金属，比重大，银白色，天然汞由丹砂矿慢慢氧化析出，称作水银。汞可烧炼为红色的升丹（又名三仙丹，即氧化汞），又可和硫化合成红色丹砂，并且还能从丹砂中烧炼出来，这些特性被炼丹家惊为神奇。铅呈黑色，质软，有延展性，熔点较低（327℃），化学性质较活泼，在木柴燃烧的温度下就可从方铅矿中冶炼出来，因此它是先民最早认识的金属之一。铅能烧炼为黄色密陀僧（PbO）和红色铅丹（Pb_3O_4），又能生成白色胡粉，化学性质也引人注目。由于汞和铅都能烧炼成丹，它们被炼丹家选中就理所当然了。炼丹家传有"伏汞为丹，可坐玉坛"的话，以为炼丹的关键步骤在于用铅丹等氧化剂或硫制伏汞的挥发性使之返为红色还丹。丹是红色之物，而红色在氏族社会的原始宗教中象征着血液和生命。山顶洞人的人骨化石遗址发现赤铁矿粉①，甘肃出土的石器时代墓葬中亦发现赤色丹砂②。后来丹砂和水银多应用于墓葬，秦汉王侯的古墓以丹砂和水银做墓葬品是很普遍的，显然也是因丹砂和神秘的生命永存观念有联系。从丹砂冶炼水银的"抽汞法"大约在战国时期已被应用，而秦汉方士已掌握制造金汞齐的方法及汞与丹砂（含氧化汞）的化学反应知识。红色丹砂和白色水银之间相互转化的种种奇妙化学性质在古代炼丹家眼中无疑更具有神秘性，使他们相信这就是那种多年寻找的返老还童仙药。另外，炼丹家甚至认为丹砂可以转化为黄金，而黄金又恰恰体现了长存不朽的气质。这种思想由来已久，《管子·地数》云："上有丹砂者，下有黄金"，"上有铅者，其下有银。"河岸的矿床中丹砂和黄金确实是共生的，根据其比重丹砂在上而黄金在下。即使在丹砂和黄金的原生矿中，由于地质年代的不同也分别处于上下两个地层。另外，方铅矿（PbS）往往和辉银矿（Ag_2S）共生，这证明《管子·地数》篇的记载一般说是不错的。在炼丹家那里，药金不过是黄色有金属光泽的物质，丹是红色之物，将丹经过一定手续转变为黄色之物，就是丹化为金。葛洪说："《仙经》云，丹精生金。此是以丹作金之说也"（《抱朴子·黄白》）。《黄帝九鼎神丹经诀》中所记"九鼎丹"，皆可经过一定手续炼为药金（黄色化合物），凡炼制得丹药，则试以作金，"金若成，世可度；金不成，命难固"，以丹作金被看作识别还丹的鉴定实验。唐代张九垓《金石灵砂论·释还丹》云："言还丹者朱砂生汞，汞反成砂，砂返出汞。又曰白金黄石，合而成金，金成赤色，还如真金，故名还丹。"看来还丹除了能由汞返还之外，还有返还为金的一层意思。炼丹术中出现"金

① 贾兰坡：《山顶洞人》，龙门联合书局，1951。
② 安特生：《甘肃考古记》，北京农商部地质调查所，1925。

液"方，就是同神丹可化为黄金的思想相联系的。汉代出世的《太清金液神丹经》就记载了"以一铢神丹投水银一斤，合火则成黄金"，将此金以绣囊裹之，入华池（溶解了硝石等药的醋，又名苦酒、左味）中，金的"精液"便转入醋中，这种含有金之神禾的醋即为"金液"。一些炼丹文献也有以真金或药金在动物脂肪中煮炼以造金液之法，《抱朴子内篇·仙药》载"两仪子饵销黄金法"云："猪负革肪三斤，醇苦酒一斗，取黄金五两，置器中煎之，出炉，以金置肪中，百入百出，苦酒亦尔，餐一斤金，寿毕天地"，其法仍是以转移进金性的脂肪或醋作金液服用。这样看来，所谓金液，并不单指液态金或金盐的溶液，而是一种象征性的吸收了金性的液体，而炼丹家的金是包括药金的。金属的药性可以转移到溶液中的思想，大概是古人观察固体药物的溶解现象以及用水煎煮中草药提取药液治病的事实外推而来的。马王堆汉墓出土帛书《五十二病方》中载治箭毒创伤可"煮铁，饮之"，就是想用铁的药性克制箭头上的铁毒。现代化学证实，金和铜、银都是化学元素周期表第一副族元素，标准电极电位都在氢以下，并且随原子量的增加而下降。金熔点极高，比银软，展性好，化学稳定性甚强，常温下不和卤素化合，亦不受强酸强碱的腐蚀。金能溶于王水（$HNO_3 + 4HCl$），可和汞生成金汞齐（含金量超过15%时为固体）。河北藁城县台西商代遗址古墓出土金箔[①]，说明我国先民对黄金的应用是很早的。西汉时方士和工匠已能熟练地将鎏金术应用于金属器皿制造工艺，魏晋至唐由于《三十六水法》的传播，促使炼丹家实验出一些试图溶解黄金的方法，甚至有服食黄金者。唐张九垓《张真人金石灵砂论》认为黄金、白金（银）、丹砂都是可以服食的，但也认识到它们的毒性。张九垓说：

---

① 河北省博物馆等：《藁城台西商代遗址》，文物出版社，1977。

"金生山石中，积太阳之气熏蒸而成，性大热，有大毒"；"银者，白金也"，"微热有小毒"，"不可单服"；"服光明砂、紫砂（皆天然 HgS）者，未经法度制炼，则灰质犹存，所以不能长生者也"。"世人若纯服光明砂、紫砂，别无配合制度，以求不死，去道弥远"。张九垓是中唐时期的炼丹家，他认为天然的金、银、丹砂必须经过炼制才能服用。看来炼丹家以药金、药银及人工合成之丹药来代替天然金、银、丹砂服用，大概也是避免服食药物中毒的一条途径，尽管人工合成外丹黄白的毒性有时比天然物还大。我们从还丹、金液、黄白术的真相中，可以透视出古代炼丹家在寻求不死仙药的道路上认真探索的一片苦心。

从现存的外丹黄白术著作看，制造药金、药银的黄白术著作大多是一些实验记录，而炼丹术著作自魏晋之后却有逐渐理论化的趋势。例如汉代的"黄帝九鼎神丹"、"太清金液神丹"以及葛洪所传古丹方大多是一些实验记录，所用药品尚可分析，而陶弘景所传晋代"太上八景四蕊紫浆五珠绛生神丹"用药就颇令人费解，原来其中以二十四味药应二十四神之气，是以天人感应原理为指导思想的。这样，丹方中所用并非是合成硫化汞之类还丹的化学反应所必需的药物，而是反应物、产物乃至整个炼丹过程都按天人感应原理和阴阳五行学说而设计的。其实，天人感应和阴阳、五行、三才、四象、八卦、天文律历的体系，是汉代以来中国一切学术的理论框架，新兴的外丹黄白术缺少科学的化学理论指导，只好回归到这种传统思维的体系中去。《太清石壁记》（唐丹师楚泽编）卷上所载"五石丹法"云："五石者是五星之精。丹砂，太阳荧惑之精；磁石，太阴辰星之精；曾青，少阳岁星之精；雄黄，后土镇星之精；礜石，少阴太白之精。右以此五星之精，其药能令人长生不死。"《九转流珠神仙九丹经》卷下载"淮南神仙方"，凡七物，"因物类所著，生自然之道，故服之合以六律，上应七星"。这实际上是把天地日月星辰等自然界看作是一个大宇宙，炼丹炉则是一个小宇宙，以小宇宙的药物和大宇宙的日月星辰对应，以炼丹过程来模拟阴阳五行的自然之道。

唐代外丹黄白术兴盛，炼丹家在烧炼石药的化学实验中努力探索各种理论，其中一些外丹著作应用了《周易参同契》的理论体系，使天、地、人相互感应的学说在外丹黄白术中发展成熟。《周易参同契无名氏注》云："乾，天也；坤，地也；是鼎器也。设位，是阴阳配合也。易者，是日月，是药。药在鼎中，居乾坤之内。坎为月，是铅；离为日，是汞。""设位者，是炉上列诸方位、星辰、度数，运乾坤，定阴阳也。"以上是对"乾坤设位"一句的注释。《参同契》主张"日月为易"，将日月运行规律为核心的象数易学体系应用于金丹术，将外丹和内丹纳入同一个框架之中。这样，炼丹家以汞铅为日月，为离坎，象二仪；以水火药应天地人三才；以白金、朱砂、黑铅、水银为四象。黑铅即方铅矿，属阴，为玄武，其卦为坎，属北方壬癸水。白金为方铅矿中共生的辉银矿，丹家误以为银由铅中而生，为水中金，银为白虎，其卦为兑，属西方庚辛金。朱砂属阳，为青龙，其卦为震，位于东方甲乙木。汞由砂中而生，即木能生火，为朱雀，其卦为离，即南方丙丁火。[①] 另以雄黄或硫黄居中宫戊己之土位。《大丹铅汞论》云："抱太一之气为八石之首者，朱砂也。砂中有汞，汞乃砂之子也。抱太一之气为五金之首者，铅也。铅中有银，银乃铅之子也。"古人将铅银的共生矿石称黑铅，以为由烧炼方铅矿所得之银为铅之"精"，烧炼出来的铅黄华（铅的氧化物）是铅之"气"，

---

① 《大丹记》等丹经以朱砂红色，居南方火位，为朱雀；汞青色，居东方木位，为青龙；银白色，居西方金位，为白虎；铅黑色，居北方水位，为玄武。同时将丹砂推为八石之首，将铅推为"五金之主"。

金属铅为"质"。《阴真君金石五相类》云:"铅黄华为气,铅精银为骨,铅质是肉,三才全用,不失纯元之体。"炼丹家以为铅中生银,象丹砂生汞一样,是完全对应的。[1] 因此将黑铅、丹砂、汞、银定为四象,这恰同《参同契》的理论模式相合,以为四象齐全,五行圆满,便是掌握了天地造化的枢纽。炼丹家从《参同契》的理论出发,极力推崇以铅汞为金丹术的基石,以为铅汞感应二十四气,汞为七十二石之尊,铅为"五金之主"(《参同契》云"五金之主,北方河车"),为天地之至灵,惟二宝可造还丹,余皆非法。炼丹家认为要造还丹,首要之务在于识得真铅、真汞,真汞为真龙,真铅即真虎,于是唐代之后内外丹经充满了龙虎铅汞之说。《诸家神品丹法》载《真龙真虎口诀》云:"真龙者是丹砂中水银也,因太阳日晶降泄真气入地而生也,名曰汞。真虎者是黑铅中白银也,因太阴月华降泄真气入地而生,号曰铅。"炼丹家以为识得了真龙、真虎,等于找到了自然界中最有灵气的物质,以之炼丹,则最易发生天地人的感应,将宇宙间自然造化的灵气都凝聚到炼丹炉中。

在炼丹家的心目中,炼丹炉就是一个缩小的宇宙。《九转灵砂大丹资圣玄经》中说:"鼎有三足以应三才,上下二合以象二仪,足高四寸以应四时,炉深八寸以配八节,下开八门以通八风,炭分二十四斤以生二十四气,阴阳颠倒,水火交争,上水应天之清气,下火取地之浊气。"因之,炼丹过程和宇宙中的物质自然变化

---

[1] 《丹论诀旨心鉴》引《金碧经》云:"炼银于铅,神物自生。灰池炎烁,铅沉银浮,洁白见宝,可造金黄芽。"这是从铅银共生矿石中用"吹灰法"炼银的记录。铅矿中共生有银矿和丹砂中含汞是本质上不同的,但炼丹家从传统的四象五行图式出发,将方铅矿和单质铅不加区分,误以为铅中含有银,这是传统的阴阳五行四象八卦理论模式不能解释此类化学反应,反而对炼丹家的化学实验造成理论束缚。

是对应的。自然界本身也是一个大炼丹炉，铅汞等灵物在宇宙中经过日光月华的漫长锻炼也会形成自然还丹。《丹论诀旨心鉴》云："有上仙自然之还丹，生太阳背阴向阳之山。""自然还丹是流汞抱金公而孕也。有丹砂处皆有铅及银。四千三百二十年丹成。"丹砂乃自然界物质经天符照耀的精气所化，据《通幽诀》说，"日月之华气照耀天地，太阳、太阴冲和之气交媾受气一千八十年，结精气丹砂。""天符照耀又一千八十年，成丹砂"。"天符运动照耀丹砂，养育又一千八十年，天火化为太阳造化，阳气受足"。"天符又照耀一千八十年，合四千三百二十年"，乃成"天铅自然还丹"。天符能发泄万物化生而成形，运动返本而成精。炼丹家在丹炉中模拟天符运动，浓缩了自然界的时间，炼成金丹大药。"金丹是日月运动自然成丹。因燧人改火，后圣用之，同于天火造化。""后圣用火喻爻象，月计三百六十时，年计气候四千三百二十时，合四千三百二十年。喻合天符，自然还丹。"（《通幽诀》）仙人服食自然还丹，可永生天界；世上炼丹炉中的小宇宙与天地造化同途，道士服了炉中仙丹，亦可飞升仙界。①

炼丹家为了使控制丹炉温度的火候符合自然界天符的运动，又提出一种用火直符理论。《还丹肘后诀》云："直符法喻：如十一月建子，阳气始生，夏至一日阴气始生，是天地阴阳进退，一年十二月用事也。一月故有六候，直符潜伏，五行出没，交会刑克并在其内。"直符用事以乾坤等十二辟卦对应十二月，每卦六爻为六候，每候五日，以卦爻的阴阳消息喻一年三百六十日之火候。十一月为复卦，为丹炉举火之时，初爻用火二十四铢，以法二十

----

① 参见金正耀《道教与科学》（中国社会科学出版社，1991）所引有关资料。其中提到《指归集》、《土宿本草》中有自然界中的汞感阴阳之气，会逐步演变为丹砂，再变为银，直至演化为金的思想。

四气。每日亦"从子到辰巳为直符，从午到戌亥为直事，体法卦象，定火数也"(《参同契五相类秘要》)。炼丹用火的卦爻铢两之说，皆据《参同契》的象数学演化而来。如《还丹肘后诀》所载，"用火不失斤两，节候有准，渐渐如蒸物，年月满足，自然成功。急则飞走，缓则不伏，但依直符爻象则金火自伏矣。"

还需指出，中国外丹黄白术毕竟是一种古老的化学实验，炼丹家在实践中不断摸索新的理论。有些炼丹家将中医方剂学中药物君臣佐使配伍理论移植到炼丹术中来，如《参同契五相类秘要》云："夫大还丹用铅为主，用水银为君，硫黄为臣，雄黄为将，雌黄为佐，曾青为使，君臣配合，主将拘伏，使佐宣通，虽用借为旁助，久久为伏火灰矣。"还有些炼丹家受《参同契》"同类易施功兮，非种难为巧"等话的启发，试图对当时金丹术掌握的金石药物进行分类，《参同契五相类秘要》、《太古土兑经》等都做过这种尝试。宋代《灵砂大丹秘诀》认为利用铅汞等石药炼丹，皆是没得真传，真正的抱一灵砂大丹，实际上还是由硫黄和水银炼成的。从现存外丹著作看，炼丹家对硫、汞、铅几个主要元素的单质及化合物的化学性质已相当熟悉。

宋代之后，中国外丹学的演变有两个分立的趋势。其一是向医药学靠拢，丹方多用草木药，炼丹术变为制药学。宋代著名的《太平惠民和济局方》中多收丹药，如南岳魏夫人"震灵丹"、"经进地仙丹"、"玉华白丹"，皆来自炼丹家之手。外丹书《神仙养生秘术》，却有多种草木药丹方。而医家的方剂中又多用金石药。这反映了丹道和医道合流的趋势。其二是外丹学又有和内丹学相互统一的趋势，共奉《参同契》、《悟真篇》为丹经之祖，提出天元神丹、人元大丹、地元灵丹之说，外丹著作也采用龙虎、乌兔、精气神等内丹术语。明清外丹著作，更有完全模拟内丹而烧炼者，称为以内事（内丹）为法，而修外事（外丹）。如清初玉枢真人王建章《仙术秘库·炼外丹仙术》云："外丹之术，出自广成子"，"广成子以心肾之间，有真气真水；气水之间，有真阴真阳，配合大药，可比于金石之间而隐至宝。乃于崆峒山中，以内事为法，而炼大丹。八石之中，惟用朱砂，砂中取汞。五金之中，惟用黑铅，铅中取银。汞比阳龙，银为阴虎；以心火如砂之红，肾水如铅之黑；年火随时，不失乾坤之象；月火抽添，自分文武之宜。筑三层之炉，各高九寸，外方内圆，取八方之气，应四时之运。立鼎取象，包藏铅汞，无异于肺液；硫黄为药，合和灵砂，可比于黄婆。三年小成，服之可绝百病；六年中成，服之自可延年；九年大成，服之而得飞升。"傅金铨《证道秘书·外金丹》所传外丹法诀，在理论上和内丹学融为一体，以金火、药物、池鼎为三要件，以采取先天一炁、超脱砂汞、过三关、返还生子、补全神气，二仪成圣，结为大丹为法诀。其《外金丹·金火直指》述"池鼎要法"云："夫鼎有内有外，外鼎者，铅鼎、瓷鼎是也；内鼎者，黄金、白金是也。""故取白金八两，如法停对，入混元池内，逍遥池中，九九数终，癸尽壬真，得太乙含真之炁，投以外药，锻炼成黄酥，能伏后天砂汞。砂汞成真，白金不伤，岂非炼后天而还先天，成鼎器之语哉！虽识此鼎，必假盆池。池有数种：灰池，乃煎铅洗鼎，腾铅池也。踵息池，乃炼精化炁，招摄先天真一之池也。硬池，乃退阴符，安精凝神池也。硫珠池，乃婴儿过关，分刚决炼阳炁之池也。飞仙池，乃炼炁化神池也。"这实际上是将外丹器具，皆冠以内丹名目，将外丹学和内丹学相统一。《金火直指·真母要诀》云："汞自砂中产出，则砂为母，汞为子，理甚明白。欲要死汞，先须死砂，砂母既死，汞子奚逃！死砂之法，必赖金铅。以铅为父，以砂为母，铅属坎卦，砂为离卦，故坎离之交，则铅之精气泄于砂腹之中，含而有孕，结成圣胎。"这种丹法实际上仍是承袭《参同契》理论的铅汞派炼丹术，是以在炼丹炉中模拟内丹程序为丹法纲要的。

　　另外，还有将内丹修炼和外丹烧炼直接衔接的丹法，认为先修内事（内丹），再炼外事。常人服外丹多中毒而死，但如丹家内事修炼有成，便成了有特异体质之人，再炼外事，服食天元神丹，不仅不会毒死，反而会脱骨换肉，白日飞升。更进一步，即是以内丹功夫的天人感应之超自然力直接炼天元神丹。《仙术秘库·吸收乌兔仙术》云："故烧炼之家，口吸日精月华，眼接日精月华，收日月之精华，以成炉中之精华，精华既得，大丹结矣。""以人身之乌兔，采引日月之乌兔，收精吸华，岂难事哉！"亦有以阳燧取日精，方诸取月华，摄集日精月华，以丹士之元神使之无质生质，而成大丹，此术匪夷所思，不能以现代化学理论解释，是一种以心灵转化物质的实验。这是以太虚为鼎，太极为炉，无为为丹基的最上一乘丹法。另外《铜符铁券》之地元九池诀、人元九鼎诀、天元九天诀，皆为外丹，天元丹法亦不用凡火，"太阳乃天之真火"，"若以木石凿拨而取，其性燥烈，非自然之意，不若当正午火旺之时，以大镜向日取之，亦是真火，故云日魂，以象真汞为真种，以足神丹之用。""取水必赖方诸，乃月华升上，就水结形，性是纯阴。除中秋之望，余月不取。"明陆西星《玄肤论》亦说："天元谓之神丹，神丹者上水下火，炼于神室之中，无质生质，九转数足而成白雪，三年加炼化为神符，得而饵之，飘然轻举，乃药化功灵圣神之奇事也。其道则轩辕之《龙虎（经）》、旌阳之《石函（记）》言之备矣。地元谓之灵丹，灵丹者点化金石而成至宝，其丹乃银铅砂汞有形之物，但可济世而不可以轻身，九转数足，用其药之至灵妙者铸为神室，而以上接乎天元。乃修道之舟航，学人之斧资也。"这样，炼丹炉中的炼丹过程实际上是模拟由道生成的自然物质再向道反演和复归的过程，是一种逆向的宇宙演化图式，由此炼成的仙丹本身就是一种物化了的道，服丹后便可与道合一，得道成仙了。另外，炼丹时还要筑坛祭神，悬镜挂剑，履行严格的宗教仪式。这说明炼丹术又有宗教性的特点。

综上所述，可以得出如下结论：

> 中国外丹黄白术，是以研制长生不老药为出发点的。炼丹术首先是一种模拟宇宙反演的自然之道的操作体系，它不仅包含古老的化学实验，而且还包括人体精神和宇宙物质相互作用的探索以及追求超自然力的宗教活动。仙丹本身是一种物质化了的道，它是道学的宇宙论、阴阳五行物质观、天人感应原理等哲学思想的体现。

第三节　金丹术的操作程序与化学反应

中国的炼丹术，由于要在炼丹炉中模拟天地日月阴阳自然之道，用炼丹家的话说是要夺天地造化之功，盗四时生成之务，因而以火法反应为主。火法之外，还辅有水法反应，如丹经《三十六水法》等，用醋酸和硝石的溶液以溶解一些石药，金液的制造即属水法反应。另外，黄白术中以药剂（多为砷化物）点化铜、铅、汞等称作色染法。《太古土兑经》云："若以银变金，以色染之法"；"夫变铜以色染之"；"黄矾能出染一切金石"。这是在熔融状态下加入砷化物等点化药制有色合金的方法。就火法反应而论，其中即包括飞法（即升华；又有水飞法，即在清水中研磨药物，倾去液体而留沉淀，如飞朱砂、飞雄黄等），抽法（即蒸馏；又有抽汞法，实为分解丹砂蒸发水银蒸汽取汞），研法（即研磨，可将药物粉碎，有的在研磨中起反应，如汞和硫黄研磨制"青砂头"），点法（加入少量药使较多物质突然变化，如以砒点红铜熔液成白铜，以盐卤或石膏点豆浆成豆腐），伏法（制伏，如以硫制伏汞使之不飞走而生成硫化汞，其他如制法、死法，皆大同小异）

等。《丹房须知》等书介绍了炼丹的程序和设备，有择友、择地、丹室、禁秽、丹井、取土、造炭、添水、合香、坛式、采铅、抽汞、鼎器、药泥、燠养、中胎、用火、沐浴、开炉、服食等二十一种步骤。今择其要者略为介绍，以示炼丹术之大意。

（一）准备

首先须选择有外丹黄白术知识之三人，结为道侣。道侣三人要斋戒盟誓，同心协力，分工轮换，昼夜不停。其次择一清净吉利之地，不得邻近古墓、废井、污秽之处。丹士须穿新衣履，身体洗浴干净，不食葱蒜等，令香烟长久不绝，谓之禁秽。合香法，以降真香、丹参、苏合香、老柏根、白檀香、沉香、白胶香七味拌蜜合之。

（二）作屋

屋即丹室，相当于化学实验室。丹室须安静、清洁，不必太高大，宜选名山吉地，高墙厚壁，不闻喧嚣之声，不使僧尼、女人、鸡犬入内，屏绝谤道之人。《黄帝九鼎神丹经诀》载，丹士作屋宜"施带符印，清心洁斋，除去地上旧土三尺，更纳好土，筑之令平。又更起基，高三尺半，勿于故丘墟之间也。屋长三丈，广一丈六尺，洁修护以好草覆之。泥壁内外，皆令坚密。室正东正南开门二户，户广四尺，暮闭之。"（《飞丹作屋法》）还有屋中央安灶，地下埋符等仪式。又须择地修丹井，取近山石脚，泉水清白味甘，乃阳脉之水，炼丹最灵。丹井露天通星月，去滞滓，方可使用。《铜符铁券》云："鼎随药置，室依鼎修。一间一鼎，三鼎三房。高一丈六尺，阔一丈四尺。四隅令空，重廓绕行。""四面置牖，或开或闭，凿顶通气，招瑞纳祥。"正南开门，确守威严。其法式稍有不同。

（三）立坛

炼丹炉安在坛上，因之炼丹先要立坛。坛又称丹台，分三层，以象天地人三才，每层开八门，下层高一尺二寸，阔五尺五寸；中层高一尺，阔四尺五寸；上层高八寸，阔三尺五寸。坛之南方一尺远处埋生朱（未炼制之朱砂）一斤，北方埋石灰一斤，东方埋生铁一斤，西方埋白银一斤。坛上三尺悬古镜一面，下置宝剑一口，并安置五星灯、桃木板、香炉、水盆等物。《铜符铁券》"坛台直义"所述坛台还要大，亦分三层，分八角，开八门，中透台中心，虚径五寸，以通风火。其"符镜直义"云"八方悬镜"，"四隅挂剑"。立坛时还有焚香、符简、添水、祭咒等仪式。

（四）安炉

炉又称灶，乃是承纳鼎釜的器具，一般称置鼎之具为炉，纳釜之具为灶。丹炉安置在坛上，样式较多，有偃月炉、既济炉（水上火下）、未济炉（火上水下）、百眼炉、八卦炉等，为炼丹时生火加热之用，近代多用铁、泥、陶质的火炉。《铜符铁券》"垣郭直义"云："垣郭以安鼎。用土日取五方土，以水飞过，以楮汁和成块，捣炼熟，形如锅釜，高九寸，厚九分，离鼎宽一寸九分，口略敞而圆。"垣廓亦名丹灶。

（五）置鼎

鼎又称匮，汉代用土釜，近代亦有用铁锅、阳城罐者，实际上即反应室。鼎可用金、银、铜、铁、陶瓷等质料作成，称金鼎、银鼎等。另外，铁釜、赤土釜、神室、混沌、匮、盒子、铛、瓶、坩埚、罐、筒等，皆指鼎一类的反应器。鼎的种类还有《修炼大丹要旨》里的朱砂鼎，《庚道集》里的白虎匮、黄芽匮，《铅汞甲庚至宝集成》里的涌泉匮和丹合，《金丹大要》里有悬胎鼎，"鼎周围一尺五寸，中虚五寸，长一尺二寸。状似蓬壶，亦为人身之形，分三层，应三方。鼎身腹通，直令上中下等均匀入炉八寸，悬于灶中，不着地，悬胎是也。"另有一种以鸟卵的蛋壳作成的神室，如《上洞心丹经诀》中"作神室法"，用鸡蛋八个，以醋浸之，后在顶上微开一小孔，约小指大，倾出蛋清蛋黄，洗净，外以上等京墨涂之，干燥后用为神室。《铜符铁券》将鼎器和神室分开，鼎置于炉内，一年一鼎，可以更换。而神室则是更直接的反应器，再置于鼎中，用银丝十字扎住，一月一换。鼎分坎鼎、离鼎；神室上乾下坤，两片相合，形如鸡子，外圆内方，而为中黄，中虚寸余，以生灵汞，能受天地之精英，水火之养育。安炉置鼎时，炼丹家须行祭炉的仪式。

（六）辨药

以《参同契》的理论炼丹，须要辨别真铅真汞。《丹房须知》载采铅法和抽汞法，以黑铅（方铅矿）中银为真铅，丹砂中汞为真汞。其他炼丹常用石药：硫黄、雄黄、曾青、石胆、大鹏砂、牙硝等矿石的形状、颜色、产地，丹经中都有记载，炼丹家只有善于识别这些石药的真伪和质量，才能采药炼丹。何况丹经中药物多用隐名，炼丹家首要之务是识别药物隐名，懂得各种石药的化学性质，才可依法临炉，防止中毒、爆炸等意外事故。《石药尔雅》等道书，皆为丹士辨药而作。

（七）固济

固济又名密封、泥法，即用药泥将反应器封闭起来，以防加热时走丹。药泥的作用不仅涂在鼎器结合处以固济防漏，而且还有绝缘体使升温不急骤的用处，有时甚至直接参与反应。泥法中以六一泥较著名，制法先以矾石（一用胡粉）、戎盐、卤碱、礜石烧之，后加入左顾牡蛎、赤石脂、滑石三物，和醋为泥，共七物，隐名"六一"。另外，唐代丹家以为六一泥乃汉魏方士故弄玄虚，主张以二种药为泥即可固济。丹经中的泥法还有黄土纸筋泥、灶灰盐水泥、盐土泥、罐子泥、蚯蚓土戎盐等。盐泥乃用盐水调黄泥（黏土）成糊状，越烧越硬，以赤石脂调盐水封口亦甚坚固。《丹房须知》云"黄土、蚌粉、石灰、赤石脂、食盐，各一两为末，水或蜜调用之，名六一泥"，亦是一说。

（八）用火

丹家用火，方法繁多。炼丹有用炭火（《丹房须知》有造炭法，将炭木粉碎，以糯米捣为丸，晒干用）、马通火、牛粪火、糠火（温养用）等。火法又有养火、顶火、燠、炮、煿、煅等，如在鼎之顶部养火谓之"贴顶养"，在罐底加热名平底火或底火，火焰到达罐中部称转角火、中火、半罐火，火焰到达药面叫作齐药火、顶火，剧烈加热称武火，轻微温养称文火等。丹家之秘，重在火候，炼丹有武火、文火之分，有进火、退符、沐浴之别（《丹房须知》以钵研三千遍为沐浴）。《铜符铁券》云："天地变化，本于阴阳，阳变阴合，运于乾坤。乾爻六九五十四，坤爻六六三十六，四时信之。乾策二百一十六，坤策一百四十四，共三百六十。修炼大药，于十二时辰进退，阳火阴符，各吐寒暄，运入中宫神室，互生变化，产育真精。火是药之父母，药是火之子孙，口传心授，惟专于火，太阴过宫（十五月圆之后），以临阴乡衰魄之位。火候直机，尽于九六十五之数。"其实因鼎器大小不同，药品用量各异，火候须临炉详定，不必拘于三年、十月之期，其要在于先文后武，使之充分反应，不可先妄用武火急骤升华，以致水银升天之弊。

（九）开炉

《丹房须知》云十月丹成，全阳归坤，五行气足，龙吟一声，色转为紫，如五彩琅玕，飞着上鼎，此时丹士宜斋戒沐浴更衣，焚香祷告，开鼎取药。在炼升药时，有擦盏一法，即不断以冷水擦上盖以降温。升于鼎盖之丹药，用羽毛（或小棕刷）扫取，注意其颜色分别收集，以辨别产品和产量。

（十）服食

《丹房须知》记载丹药炼成后，须先放入蜡球内浸在东流水中出火毒，再放入竹筒内蒸之以出水毒，后制成丸药备服。《太清石壁记》"服诸丹法"云"取枣肉裹如大豆，日服一丸"。用枣肉为丸是古代丹家长期积累的经验。著名丹药"中九丸"，可治骨关节结核、瘰疬、痰核、风湿性关节炎等阴症。在洒尔弗散未出世前，为治梅毒良药，现亦试用于癌瘤。张觉人《中国炼丹术与丹药》载其制法，并说："有一段时间，我曾改用面粉为丸，很奇怪，给兔食之，兔即死亡；而以枣肉制成的丸，兔食之，并无死亡，尚找不出原因。"显然枣肉有解丹毒的作用。另外，炼丹家还有"守仙五子丸"，以余甘子、覆盆子、菟丝子、五味子、车前子五味配成，可解丹药之毒，亦有以甘草汤、伏龙肝汁、生绿豆汁解毒者。随着服丹中毒事故的不断发生，道士无法一律以尸解、换骨成仙之兆、去三尸除宿疾之验候等宗教性语言来解释，亦逐渐认识了丹药的毒性，并进而探索缓解毒性的办法。

中国外丹黄白术在操作中发生的化学反应较复杂，这是因用药混杂造成的。下面我们根据外丹黄白师追求的目的，将其化学反应略分为五类，即制还丹、黄白、金液、秋石、丹药的化学反应，并分别予以研究。

一 炼制还丹的化学反应

葛洪《抱朴子·金丹》所说"丹砂烧之成水银，积变又还成丹砂"的制还丹反应，根据不同的反应条件，其物理化学作用也有不同。

（1）天然丹砂在密封的赤土釜中灼烧，加热至250℃时，丹砂熔解、沸腾，烧至583.5℃时，丹砂升华，在上釜结为纯净的紫红色晶态硫化汞。《黄帝九鼎神丹经诀》制丹华的反应，即是此类。

（2）如果炉温较高，火候适当，也有可能发生硫化汞的分解及合成反应：

$$HgS \xrightarrow{\triangle} Hg\uparrow + S\uparrow \xrightarrow{\text{冷却}} HgS$$

（3）《广弘明集》卷九载北周甄鸾《笑道论》云："烧丹成水银，烧水银成丹，故曰还丹"，由于当时道士尚不能用化学分析区别 HgS 和 HgO，故将 HgO 也误认为还丹。

$$HgS + O_2 \longrightarrow Hg + SO_2 \text{（抽汞法反应）}$$
$$2Hg + O_2 \longrightarrow 2HgO$$

（4）唐代直接以硫黄和水银造丹砂，《九转灵砂大丹》及孙思邈的"小还丹方"等，皆用"水银一斤，石硫黄四两"，硫稍过量，使汞完全反应。

$$Hg + S \xrightarrow{\text{研磨}} HgS\text{（青砂头）} \xrightarrow{\triangle} HgS\text{（红色晶体）}$$

（5）铅汞法在灼烧时，先生成铅汞齐，后各自被氧化。汞被氧化为氧化汞（HgO），铅被氧化为铅丹，即四氧化三铅（Pb_3O_4）。另外，葛洪所谓"黄丹及胡粉，是化铅所作"（《论仙》），黄丹为密陀僧（PbO），胡粉为碱式碳酸铅〔$Pb(OH)_2 \cdot PbCO_3$〕，乃是用醋和铅作用制成的。

二　制造黄白的化学反应

晋代炼丹家狐刚子有《出金矿图录》一卷，其书已佚，但《黄帝九鼎神丹经诀》卷九录有其中内容，是讲金银矿的冶炼的，其"作炼锡灰坯炉法"大概是"吹灰法"炼制金银的记载。隋代苏元朗《宝藏论》记载了多种药金、药银的名目，其中多为铜砷合金。铜砷合金含砷量在 10% 以下为砷黄铜，即金黄色的药金，含砷在 10% 以上为砷白铜，即药银。用雄黄（硫化砷为主，As_4S_4）、雌黄（三硫化二砷为主，As_2S_3）、砒石（氧化砷，As_2O_3）、礜石（砷黄铁矿，FeAsS）点化铜为药金、药银的黄白术

又称"丹阳法"。《神异经》载:"丹阳铜似金,可煅以为错,涂之
器。故《淮南子》曰,饵丹阳之伪金,即此也。"孙思邈《太清丹
经要诀》中"造赤雪流朱丹法",是制造单质砷的化学反应:

$$As_2S_2 + 2Sn \xrightarrow{\triangle} 2SnS + 2As$$

葛洪《抱朴子·仙药》记载以三物(硝石、松脂、猪大肠)
和雄黄共炼,也能还原出金属砷,这在化学史上是个了不起的
成就。

《抱朴子·黄白》中还记述了"金楼先生所从青林子受作黄金
法",其法用锡(Sn)和赤盐(铝、钾、铁的硫酸盐、氯化铵等)、
$KAl(SO_4)_2$、NH_4Cl、灰汁〔石灰水 $Ca(OH)_2$〕以马粪火加热 30
天,"发火视之,锡中悉如灰状,中有累累如豆者,即黄金也。"
这是在碱性介质中以熔融状态的锡作还原剂使硫酸根还原制得金
黄色的鳞状硫化锡晶体(SnS_2)。这种硫化锡呈金的色泽和辉光,
即是药金,现代用作制"铜金粉"的油漆材料。

《抱朴子·黄白》还有"角里先生从稷丘子所授化黄金法",
以矾石水、丹砂水、曾青水、雄黄水等在铁器中灼烧而制紫磨
金。实际上,丹砂水是以丹砂、石胆、硝石等制成的铜盐溶液
(见《黄白·作丹砂水法》),其余矾石水、曾青水、雄黄水等亦
是含铝、铜、砷、汞、铁等的可溶性盐类。这些盐类被还原为
多种成分的铜合金,呈暗红色或紫色,便称为紫磨金。还有所
谓"小儿作黄金法",是简便的制药金法,将熔融铅的表面被硝
酸盐氧化为菱形黄色氧化铅,也称作黄金。另外,以醋酸、醋
酸铜、硫酸铜处理含有大量铜和少量金(4%)之合金,可产生
永久性的紫色光彩;铜锑合金也呈紫色,都是紫磨金。

三 金液和水法反应

《三十六水法》中记述了古代炼丹家在溶液中进行的水法反

应，即在盛有药醋的溶解槽（丹家称为华池）内溶解某些金属和硫化物。醋酸中添加的药物主要是硝石（KNO_3），将醋酸、硝石和需溶解的金属密封在竹筒内放置三个月之久，即可将金属溶解。这些金属不仅包括铅、锡等，还有难溶的银和金。

银（Ag）一般不溶于醋酸，但在亚硝酸盐存在的情况下，亚硝酸离子可以氧化金属银为银离子，从而促使银溶解。铅虽不溶于稀硝酸，但在亚硝酸盐存在时，亦能溶于醋酸液中。

$$Ag + NO_2^- \longrightarrow Ag^+ + NO$$

金（Au）的溶解是和汞（Hg）先形成金汞齐，然后在配有雄黄、寒水石、紫游女（铁矿水）、磁石水、硝石、丹砂的醋溶液中，溶解掉汞，从而使金分子析出形成胶体溶液。另外，这些矿物药中混有碘化物，在溶液中形成碘酸盐（IO_3^-），这大概是溶液中加入硫化铁使碘还原的结果。在碘酸盐存在的硝石和醋酸溶液中，金元素甚至可以被空气中的氧气氧化，从而溶解金属金。

汞和砷的硫化物（丹砂、雄黄）可以被溶解在华池（含硝石的药醋）中，这是可以被证实的。本来硫化汞（HgS）不溶于水、醋酸，甚至于沸腾的浓硝酸中亦不溶解。然而《抱朴子·黄白》"作丹砂水法"中加有石胆（$CuSO_4 \cdot 5H_2O$）。戎盐（NaCl）中的氯离子（Cl^-）可以在硝石（KNO_3）和醋酸的溶液中被氧化为氯气，而硫酸铜则是催化剂。然后，硫化汞被氯气氧化而析出硫，继而再被氧化为硫酸根。

$$HgS + Cl_2 \longrightarrow HgCl_2 + S$$

一般硝石的矿物中都含有氯化物或碘化物的杂质，碘化物在硫酸铜存在下也可氧化为碘或碘酸从而溶解丹砂乃至金、银。雄黄被溶解的道理大致是相同的。金液一般是铜合金或硫化物的溶液，这是完全可以制备的。

四 秋石等性激素的制备

《周易参同契》中早有"淮南炼秋石"之说，但秋石是什么物质久无定论。唐代外丹中毒事件屡有发生，一些帝王和权臣相继中毒而死，为之献丹药的外丹师亦因之遭杀害，迫使这些为皇宫炼丹的道士（供奉山人）拼命寻找出路。宋代以来，用童男的尿液和少女的经血制造的秋石、红铅一类性激素丹药逐渐风行起来，明代皇帝就曾将秋石、红铅等作为壮阳健身、返老还童的仙药服用。

秋石的制法在《许真君石函记》、《大还丹照鉴》、《苏沈良方》、《本草纲目》等书中有记载。其法取小便入桶，加入皂角汁搅拌，后滤去小便中水分，将浓汁入净锅中煎干。将干燥粉末刮下捣碎，以清水煮化，淋去浊滓，复入锅熬干，如此反复几次，候药末色如霜雪即止。而后取之入固济砂盒内，火煅成汁倾出。这是一种甾体有机化合物的白色晶体，称作"秋石"，中国大约在唐代就会制造，这是化学史上的一大成就。红铅则是以少女的首次月经，用清水漂过，加以丹砂、没药、童便等炼制而成，亦为性激素类药物。红铅和秋石对刺激人的内分泌和增强性功能有一定疗效，是中国炼丹家发明的药物。

五 医用丹药的炼制

炼丹家多年摸索的丹药，除了被道士誉为长生不死、返老还童的仙药用于宗教目的外，也被医学家用于防病治病。唐代著名丹师沈知言撰《通玄秘术》，已收集了 27 个医药丹方，有治疗内外科疾病、辟谷、御暑、却寒等功效。入宋以后这类丹方则更多。据张觉人《中国炼丹术与丹药》一书研究，作医药用的丹药有氯化汞类（含轻粉、粉霜及中九丸等）、硫化汞类（几种不同制法的 HgS）、氧化汞类（纯度不同的 HgO，有大红升丹、小红升丹）、升丹类（除红升丹之外的其他升丹药）、降丹类（白降丹 $HgCl_2$ 为主的一批丹药）、烧丹类（以硫黄烧成的金液丹）。轻粉是氯化亚汞（Hg_2Cl_2），又名水粉、银粉、水银灰、甘汞等异名，《千金翼方》及《崔氏方》中"造水银霜法"所得产物即为一价的甘汞。粉霜为氯化汞（$HgCl_2$），又名白降丹、升汞、霜雪、白雪、艮雪等，《神仙养生秘术》中"秤轻粉法"因用焰硝（KNO_3），所得产物为二价汞。一般说，汞不过量且有氧化剂存在时，产物为升汞。红升丹（以 HgO 为主）和白降丹（$HgCl_2$ 为主）为外科主要丹药，有拔毒、去腐、生肌、敛口、杀菌之功。张觉人还介绍了丹道医家秘传的玄门四大丹及其制法，包括乾坤一炁丹（升丹类，以水银、火硝、白矾、黄丹、扫粉炼制）、混元丹（升丹类丹头，可外用或内服）、金龟下海丹（降丹类，炼法及用药复杂，外用药）、毒龙丹（以马钱子制成的丹头，可内服治多种疾病）。毒龙丹制法将马钱子以童便、五石（丹砂、雄黄、曾青、白矾、磁石）、五豆（扁豆、赤豆、绿豆、黄豆、黑豆）浸泡之，待豆发芽，马钱子中心变白，遂取出马钱子刮去皮毛，入甘草水煮三小时，晒干研末为丸。毒龙丹有钻筋透骨，活络搜风，兴奋补脑之功，根据患者不同病症，可配以不同引药服下，如感冒咳嗽用姜汤，吐血配红花，中风不语用牙皂、细辛，口舌生疮加黄连等，疗效甚好。

外丹黄白术在化学史上还有许多发明，一些科技领域如火药、染料、医药、农药、玻璃、油漆、冶金、采矿等都曾受到过外丹黄白术的影响，丹道医药学至今还保存着自己的科学价值和发展活力，这说明外丹学也是值得认真探讨的道教文化现象。

（顺便说明，《中华道教大辞典》中已将《道藏》中有关金丹术的名词术语都搜罗进去，包括药物隐名都作了解释，载有"外丹黄白术"一大类，故本文没有探讨和解释金丹术的词语和丹药隐名，有兴趣研究此道的读者可去翻阅这部辞典。）

第五章　中国术数学

　　十多年前，不少自然科学家突然崇尚神秘文化，想从中国古代周易象数学中汲取营养。当时传说莱布尼兹的二进制是受中国的易图启发而创造的，还说《易·系辞》中早就有牛顿三定律的思想。其实这些说法都和历史事实不符，难以成立。近年来一些多年研读《周易》的学者又一反常态地崇拜西方早已过时的科学主义和技术主义，鼓吹工具理性万能，否定周易象数学的研究，将《周易》看成是纯哲学著作甚至是管理学、数学书，打着反"伪科学"的幌子将象数学斥为封建迷信。其实《易经》问世时中国的封建社会还未形成，《周易》若非有其占卜功能，很难想象它流传数千年而不衰。中国的诸子百家之学皆源于《易》，周易象数学流入道教，被道教占验派所宗，繁衍出许多占验术数。《易·系辞》云："圣人设卦观象。系辞焉而明吉凶。刚柔相推而生变化。是故吉凶者，得失之象也。""是故君子居则观其象而玩其辞，动则观其变而玩其占。""极数知来之谓占"。"易有圣人之道四焉。以言者尚其辞。以动者尚其变。以制器者尚其象。以卜筮者尚其占。"《易经》无象外之辞，否定象数，何言义理？周易为卜筮之书，不仅见诸《易·系辞》，甚至连宋代大儒朱熹也未否认。朱熹说："圣人作《易》本是使人卜筮，以决所行之可否？"（《晦庵先生朱文公文集》卷三十一）因而南宋易学家俞琰也说："朱子极论《易》为卜筮之书，其说详且明矣。愚谓以卜筮观《易》，则无所不通，不以卜筮观《易》，则多所不通者焉。""当知辞本于象，象本于画。有画斯有象，有象斯有辞。《易》之理尽在于画，拒可舍六画之象而专论辞之理哉？舍画而玩辞，舍象而穷理，辞虽明，理虽通，非易也。"（《周易集说·序》）中国术数学是道学文化的组成部分，它源于古代的象数易学，现归入道学之占验方术。因之我们探究道学方术中之占验术，首先从周易象数学谈起。

中国术数学本是周易象数学发展起来的分支，它最初奠基于战国时期驺衍为首的阴阳家学派，汉代兴盛一时，后流入道教，被道教占验派所宗。占验派道士皆精研易理，推崇象数易学，并将之用于社会、人事等未知事物的预测，创造出丰富多彩的占验术数。在一定意义上说，术数学乃是一种杂有迷信成分的社会、人生预测学。中国历史上由于家长制封建政权的压迫，民众中封建迷信思想盛行，缺乏现代科学实证精神和人文思想的启蒙，术数学著作中杂有大量非科学的迷信内容是毫不足怪的。然而我们知道，一些术数在中国流传数千年，必有其本身存在的价值和流传的社会原因。在这些社会原因没消除之前，社会上的术数占验活动根本无法禁断。追求预知社会、人生、事物的未知状态是人类一个永恒的目标。如果一些追求预知的术数活动要以是否应验来寻求在社会上的立足之地，必然被社会实践迫使它们暗中向科学靠拢。科学研究是没有禁区的。术数学必将成为中国科学史、哲学史与其他社会科学领域研究的课题。

第一节 中国术数学的由来

术数学的由来，可以追溯到氏族公社时代的巫史文化。人们对于复杂纷纭的社会前景和变幻莫测的人生命运，在自力难以掌握的时候，便本能地依靠他力趋吉避凶，寻求预测未来的方法。这种渴望预知的心理，无论是对于文明未开的古代初民还是科学昌明的现代人，实际上没有什么不同，社会文明的发展并没有消除人们对个人命运的困惑和对所受伤害的恐惧。例如现代科学可以把人载到月球以及探测火星，航天飞机足可以使道教神话中的腾云驾雾成为现实。然而随着现代科学发展而出现的火箭发射事故、电脑病毒乃至机毁人亡之祸也更加给人类心灵带来困扰。向使无有飞机，何来机毁人亡之祸？因之人类渴望预知休咎、趋福避祸的愿望并不会因现代科学的发展而消除。另外，根据文化人类学的研究，图腾崇拜、鬼神观念、前兆迷信等是人类氏族社会普遍的原始宗教信仰，而人类文明最初就起源于这种氏族社会的原始宗教。中华民族的童年思维也有前兆迷信和相信占卜预言吉凶，殷周甲骨文里那么多卜辞即是证明。直至战国时著名思想家墨子尚且反复论证宇宙间有鬼神之说，更何况中华民族的初始文明呢。《墨子·明鬼》云："故尚书夏书，其次商、周之书，语数鬼神之有也……以若书之说观之，则鬼神之有，岂可疑哉？"可知墨子所见三代之书及许多失传的上古文献皆倡鬼神之说。文化人类学和现代心理学的规律说明，人类任何民族中每个个体的人的心理中都包括其民族群体童年的记忆，每个人童年的心理都要重演人类群体在历史进化中的文化和心理过程。从这个意义上说，人类生理和心理上的文化重演律适用于地球上每一个人，任何人都无法摆脱人类进化过程中留下的文化和心理轨迹，不可能彻底割断人类童年的思维。由此可知，那些将术数学打入学术禁区的伪科学家，自称已彻底无有信仰心理和有神论意识，实际上皆是自欺欺人之谈。道学文化本来源于母系氏族公社的原始宗教，原始宗教是一种巫史文化，巫史的职责就是进行人神交通，承担卜吉凶、祭鬼神、记灾异之类的事。这种原始宗教的巫史文化，至殷周之际,虽经过多次原始宗教革命,仍盛行不衰。《尚书·洪范》云:"稽疑,择建立卜筮人,乃命卜筮。"《周礼·春官》云:"大卜掌三兆之法,一曰玉兆,二曰瓦兆,三曰原兆。""上春衅龟,祭祀先卜。"《史记·龟策列传》也说:"三王不同龟,四夷各异卜,然各以决吉凶。"殷周时国家遇到大的变故,必以卜筮占断吉凶,卜和筮应是中国流传最古的术数。卜是以灼裂龟甲占验吉凶,筮是以排列蓍草的方法画卦象占验吉凶。此外还有占梦之术,起源甚早,《汉书·艺文志》云"众占非一,以梦为大",周代太卜掌"三梦之法",并设有专职的占梦官。甲骨文中就有大量龟卜和梦占的记载。中国人类文明的开始,就是在术数学的发展中不断推进的。

中国先民原始宗教中占验术数的真实面目,现大多不得而知。甲骨文中虽然对龟卜、占梦多有记载,但具体操作方法已亡佚。清初学者胡煦著《卜法详考》四卷,记下民间流传下来的灼龟占法,可由此略知古代卜法遗意。原始宗教中的巫史由直接降神到借用工具推测神意,由象卜到数卜,而后筮法又渐渐取代龟卜,有一个发展过程。《礼记·月令》记立冬之月,天子"命太史衅龟筴,占兆,审卦吉凶。"注云:"占兆者,玩《龟书》之繇文。审卦者,审《易》之休咎。皆所以豫明其理而待用也。衅龟而占兆,衅筴而审卦吉凶,太史之职也。"《周礼·春官》云太卜"掌三《易》之法:一曰《连山》,二曰《归藏》,三曰《周易》。其经卦皆八,其别(卦)皆六十有四。"这说明占卜为周代原始宗教中最重要的宗教活动,由太史(相当于后世之辅相)亲自执掌《龟书》及三《易》等术数典籍。而今《龟书》及《连山》、《归藏》两种《易》书已失传,只剩下《周易》是唯一保存下来的氏族原始宗教的占验术数典籍。

三《易》的形成,应是先有卦画后有卦辞的。《连山》、《归藏》、《周易》皆以阴、阳二爻组成八经卦，又相互重合得六十四别卦，仅为卦序和卦辞不同。八卦卦画的创制，远在三代之前的氏族原始宗教中即开始，重卦亦在西周之前。卦辞和爻辞的创制，盖出于卜筮巫觋之手，至西周中期始定。《说文序》云："古者庖牺氏之王天下也，仰则观象于天，俯则观法于地，观鸟兽之文与地之宜，近取诸身，远取诸物，于是始作《易》八卦，以垂宪象。"《易·系辞》亦云八卦为"包牺氏"所作，《史记·太史公自序》说："余闻之先人曰：'伏羲至纯厚，作《易》八卦'。"由于三代以来我国史官皆实行父子相继的世官制度，看来八卦源自伏羲氏乃是历代史官承传的说法。伏羲氏乃畜牧业时代的氏族部落酋长，八卦始于那时先民对自然现象的观察应属合理。据考古资料，河南安阳殷墟出土的陶器，安阳四盘磨村、陕西张家坡出土的卜骨，岐山凤雏村出土的卜甲，宋代出土的周初中方鼎，湖北孝感出土的周初铜器铭文，都刻有形式不同的数字卦。张政烺推测四盘磨卜骨的卦画即失传的《连山》易。[1] 盖周代之前的原始宗教，保存着母系社会女性崇拜的遗俗较多，反映到易卦的筮法上，则有《归藏》、《连山》。《归藏》易以坤卦为首，释阴柔为吉，显然是母系氏族原始宗教传统，为道学的文化渊源。周代父权家长制氏族宗法政权巩固下来，原始宗教的传统为之一变，《周易》的卦序和爻辞便反映了周人以乾卦为首、尊重君权、父权的特色。《连山》、《归藏》失传后，《周易》作为巫史文化的代表作，虽然崇尚阳刚的思想占据主导地位，但贵阴尚柔的思想仍有保存。阴爻在《周易》中并非全部代表"小人"和"不吉"，爻辞对卦象的解释也不一味崇尚阳刚。例如《周易》中的坤卦、谦卦多吉，而各卦之上爻多体现"物极必反"之理，显然都和道家

---

① 张政烺：《易辨》，载《中国哲学》第14辑，人民出版社，1988。

思想暗合。因而周代的巫史文化成了后世诸子百家的总汇，学术界也有"诸子百家皆源于《易》"之说。

《周易》包括三个部分，其一是《易经》，包括古代原始宗教流传下来的卦画和西周巫史作的卦辞和爻辞。其二称《易传》，含《彖》、《象》、《文言》、《说卦》、《序卦》、《杂卦》，包括出土帛书《周易》的《二三子问》等，为战国时人所作。其三称《易图》，有《河图》、《洛书》、《先天图》、《太极图》等，宋代开始传出，据说是经由著名高道陈抟得来。清代儒学兴盛，儒生精于考据，力斥易图皆宋人向壁伪造，和伏羲氏、周文王等圣人毫无关系。1977年安徽阜阳县双古堆西汉汝阴侯墓出土一只"太乙九宫占盘"，盘上不仅刻有类似《灵枢经·九宫八风篇》的图形且有《河图》、《洛书》刻在小圆盘上。这说明《河图》、《洛书》等易图入于占验术数，乃周易象数学的一种传统，宋人只不过在易图学上有所发展而已。另有一说，将《周易》划分为三个阶段的学术。其一是《易经》，是用于占筮的；其二是《易传》，是对经的解释，乃穷理尽性之书；其三是易学，乃历代学者对《周易》研究的学术。中国的术数学，就是以易学为根基发展起来的。

中国术数家的祖师，是战国时期齐国的驺衍。《易》以道阴阳而未及五行，《洪范》用五行而不言阴阳，驺衍倡导的阴阳五行学说成为数术学的基本理论模式，他提出的"类同相召，气同则合，声比则应"（《吕氏春秋·应同》）的天人感应原理也是中国术数学的理论基石。中国术数学以天文观象之学的发展为背景，以人事、国事应乎天象，而驺衍恰是天文律历学术的一代宗师。《史记·历书》云："幽、厉之后，周室微，陪臣执政，史不记时，君不告朔；故畴人子弟分散，或在诸夏，或在夷狄；是以其机祥废而不统。""其后战国并争，在于强国禽敌，救急解纷而已，岂遑念斯哉！是时独有驺衍，明于五德之传，而散消息之分，以显诸侯。"周幽王、厉王之后，历书天官之学濒于失传，齐人驺衍独通晓此术，被时人誉为"谈天衍"。刘向《别录》云："《方士传》言驺衍在燕，燕有谷，地美而寒，不生五谷。驺衍居之，吹律而温气至，五谷生，今名黍谷。"这说明驺衍还通晓音律，古代音律亦为术数学一大分支。《史记·孟子荀卿列传》说他"深观阴阳消息，而作怪迂之变，《终始》、《大圣》之篇十余万言，其语闳大不经，必先验小物，推而大之，至于无垠。先序今以上至黄帝，学者所共术，大并世盛衰，因载其机祥制度，推而远之，致天地未生，窈冥不可考而原也。"驺衍以类比外推法将人生、国事、天象相互联系，由小见大，以近知远，就此推彼，为术数学奠定了方法论基础。现存的"大小九州"和"五德终始"之说即是关于地理、政治的术数学，但这远非驺衍学说的全部，他的学说是主要探讨阴阳变化之理、五行转运之机、天道玄远之事和推往知来之术的，有十多万言的著作，在战国时期显于诸侯。而后驺衍之学被秦始皇采用，传至汉世，和周易象数学派结合，形成了中国术数学发展的高峰时期。

中国术数学的支柱是天干、地支纪时法，而干支纪法又源于古代的天文历谱之学。干支纪法是中国先民的一个创造，它暗合了宇宙的某种根本节律，使以天干、地支建立起来的象数模型有一定的预测功能。中国至少在春秋末期（公元5世纪）就已使用四分历，这是当时世界上最先进的历法。在这之前，先民的原始宗教文化中有过以"大火"（心宿）授时法，后来又使用过北斗授时的十月制历法。十月制历法在《管子·幼官篇》（"幼官"乃"玄宫"之误）中有记载，在《诗·豳风·七月》和《夏小正》中也可找到线索，现在仍保存在彝族地区的民俗中，《汉书·艺文志》云："春秋时，鲁有梓慎、郑有禅灶、晋有卜偃、宋有子韦；六国时，楚有甘公、魏有石申夫"，都是古代的天文历谱家，而

《汉书·艺文志》将天文家、历谱家放在"术数略"诸家之首。实际上原始宗教文化中巫史观象授时，历来和星占、选择时日的卜筮活动密不可分。1975年湖北云梦出土《睡虎地秦墓竹简》，其中有甲、乙两种《日书》，约为战国时期作品。这两种《日书》皆采用干支纪法纪日、月，以四象二十八宿观象授时，按阴阳五行学说推断吉凶，从而选择出行、见官、谋事、造房的方向和时日，其中还有不少驱鬼、占梦、禁忌的资料，是当时术数活动真实情况的物证。这些传统的占验术数也被汉代术数家继承下来，逐步发展成熟。《四库全书总目提要》云："术数之兴，多在秦汉以后。要其旨，不出乎阴阳五行，生克制化。实皆《易》之支派，傅以杂说耳。物生有象，象生有数，乘除推阐，务究造化之源者，是为数学。星土云物，见于经典，流传妖妄，浸失其真，然不可谓古无其说，是为占候。"占验术数早在道教始创之前，就被方仙道、黄老道、巫鬼道的方士、道士、巫觋所研习，在社会上流传不息。

第二节　术数学的发展

《周易》既为中国术数学之祖，则易学的发展显然和术数学的发展相关。秦始皇焚书，《周易》因是卜筮之书而未烧。汉代以来，儒家思想成了中国家长制宗法社会占统治地位的正统思想，《周易》也被儒家学者捧为六经之首，当成儒家的经典。这样，以孔子的政治伦理思想解《易》的著作，成了易学的"正传"，而以老子《道德经》思想为主体的解易之作，则是易学的"别传"。本来老子《道德经》就和易学相通，老子是《易经》的一个特殊传人。《易·系辞》说："《易》与天地准，故能弥纶天地之道。"《道德经》和《周易》都是对天地之道的探索和概括，二者的阴阳观、变化观、反复循环观、守中贵柔观等，皆相互承袭。《周易》

由天道及于人事，这和道家究天人之际的传统相合，而和罕言天道的儒家伦理观念有别。《汉书·艺文志》称道家为"《易》之嗛嗛，一谦而四益，此其所长也"，显然也承认道家学者为《易》之传人。道学的易学，乃由秦汉方仙道、黄老道传来，是方士、隐士、道士之《易》。汉成帝时，刘向校书，发现各家易说皆祖田何、丁将军，是儒家的正传。唯有京房之易学，传自焦延寿，焦延寿之易虽托名孟喜，实际上传自隐士，是专明阴阳术数，推步灾异吉凶的易学。焦延寿和京房，为汉代有代表性的大易学家，其所著《焦氏易林》、《京房易传》现已收入《道藏》，为道教占验派所宗。《焦氏易林》将六十四卦分派到全年二十四节气之中，以卦值日，创立了新的筮法。同时又将各卦展开为六十四卦，系以繇辞，有四千条之多。京房得焦氏易说，将六十四卦分属于八宫，创立纳甲、飞伏、世应诸法，为后世火珠林占法的滥觞。汉代易学家还创立卦气说、纳甲说、爻辰说，丰富了周易象数体系，为道教占验派易学奠定了基础。

汉代是术数学高度发展的时期，驳衍的阴阳家学说渗透到所有学科，社会上兴起造神运动，使孔子偶像化，儒学谶纬化，儒生方士化，汉儒遇事必推步吉凶，连皇帝也信天象，讲灾异，学图谶，终汉之世社会上笼罩着一种神秘气氛。这样，周易的象数之学在汉代发展到顶峰，与之相关的术数学也盛极一时。汉成帝时诏命光禄大夫刘向校经传诸子等书，步兵校尉任宏校兵书，太史令尹咸校数术，侍医李柱国校方技。后来刘向之子刘歆汇总群书分为《七略》，有诸子略、六艺略、诗赋略、兵书略、术数略、方技略，术数俨然成为汉代学术和诸子并列的一大门类。《汉书·艺文志》云："数术者，皆明堂、羲和、史、卜之职也"，说明术数学实即古代巫史之学的沿袭。《史记·日者列传》记载汉代术数学界分为五行家、堪舆家、建除家、丛辰家、历家、天人家、太乙家和形法家等。《汉书·艺术志》又将术数之书分为六类，一天文，二历谱，三五行，四蓍龟，五杂占，六形法。由此可知，汉代术数学范围较广，周易象数学成为易学的主流，研习者非只道家学派和方士、道士，习五经的儒生博士也推波助澜。汉代天文历法学甚为发达，修正的四分历、太初历、乾象历皆在汉代完成。汉人信谶纬，习太一九宫之术，今古文经学家皆取卦气说解《易》，将天文历法和周易象数融为一体。孟喜、焦延寿、京房的易学，宋人称之为象数之学，以和儒家正统的义理之学相区分。象数之学以五行说、卦气说、纳甲说、爻辰说等解《易》，创立了世应、飞伏、归魂、游魂等术语，以卦爻干支五行生克占断吉凶，实为占验术数的一大革新。扬雄甚至模仿《周易》作《太玄经》，以八十一首表示一年四季的阴阳消息，提出了一套新的筮法，也是术数学史上的大事。

汉代周易象数之学盛极而衰，走向了自己的反面。魏晋之后，儒家的正统思想在易学研究中取得统治地位，将忠君孝亲的政治伦理放在首位，视和统治术关系不大的古代科学技术为奇技淫巧，占验术数更不能登大雅之堂。因之，周易象数体系为核心的术数学经过汉代四百年的繁荣时期，魏晋之后终于被排摈出正统的学术殿堂，为道教占验派所吸收。王弼注《易》，自称"得意忘象"，借易学清谈玄理，美其名曰"善易者不占"，被儒家奉为正统的治《易》方法，扼杀了象数之学发展的生机。尔后，儒家"正传"的易学变成义理之学，治《易》的方法是"扫象不谈"，有人甚至数典忘祖，否认《周易》是术数学的卜筮之书，使周易象数学几近失传。这期间，《周易》作为五经之首成了维护宗法礼教的伦理教科书，为求取功名准备科举考试的儒生所修习。幸有唐代李鼎祚著《周易集解》，将汉代象数之学的本旨保存下来，使宋代易学家能从中窥知汉易的真实面目。

汉代以来道学别传的象数易学，略有两大分支。一支入于术数，以卜筮占验为其所长。一支入于方技，被道教炼养家作为内丹、外丹的理论框架，魏伯阳的《周易参同契》便为其代表作。还有汉代严君平以《易》解老，著《道德经指归》。扬雄称其书为"观大易之损益兮，览老氏之伏倚；省忧喜之同门兮，察吉凶之同域。"（《太玄赋》）周易象数学自王弼扫象之后晦而不显，直至宋初经著名高道陈抟之手才复放光彩。据《佛祖统纪》，陈抟受《易》于麻衣道者，得所述《正易心法》四十二章，理根天人，历诋先儒之失。陈抟在《正易心法注》中推崇伏羲画卦所传象数之学，讥刺周文王、孔子立辞章所传义理之学。他说："学《易》者当于羲皇心地中驰骋，无与周、孔言语下拘挛。""周、孔遂自孤行，更不知有卦画微旨，只作八字说。此谓之买椟还珠，由汉以来皆然。《易》道胡为而不晦也？"陈抟精于道教中别传的先天易学，保存有一些秘传的易图，清初黄宗炎《太极图辨》论述"先天图"乃长生秘诀，曾由陈抟将其刻于华山石壁上。陈抟后学有张无梦、刘海蟾、张伯端、陈景元等，皆得内丹法诀真传，在社会上声名卓著。后来陈抟的象数之学和易图辗转传到刘牧、邵雍、周敦颐、蔡元定等人手中，开宋代易学之新风，讲河图、洛书、先天、后天、太极、无极之说，将内丹学的术语充斥于理学家著作之中。《四库全书总目提要》说："《易》之为书，推天道以明人事者也。《左传》所记诸占，盖犹太卜之遗法。汉儒言象数，去古未远也。一变而为京、焦，入于禨祥；再变而为陈、邵，务穷造化，《易》遂不切于民用。王弼尽黜象数，说以老庄。一变而胡瑗、程子，始阐明儒理；再变而李光、杨万里，又参证史事。《易》逐日启其论端。此两派六宗，已互相攻驳。"宋元以来，道教别传的象数易学给儒家正传的义理易学以极大冲击，理学家接受了陈抟的易图，大多变化失真，相互辩难，却并不否认来自陈传。这是因为先天易图中隐有丹家秘诀，非局外人所能知，理学家不可能自己伪造这种易图。宋儒朱熹将河图、洛书、太极图等九幅易图置于他的《周易本义》、《易学启蒙》之首，而且并不否认《周易》是卜筮之书。朱熹知道学习道教象数易学不研习丹经是不行的，因之曾苦读《周易参同契》并为之作注。南宗道教易学家俞琰（1253～1316）赞同朱熹的观点，他著有《周易集说》、《读易举要》、《易外别传》、《古占法》、《周易参同契发挥》等，深得道教易学之旨。道教南、北宗道士精于易学者甚多，清代内丹家刘一明著《周易阐真》，将《周易》解释成一部内丹书，别具新意。宋元间天师道的雷思齐，曾著《易图通变》、《易筮变通》，发展了道教易学。周易象数学的发展同时也促进了占验术数的革新。

考察历代史书中的《方士传》，所记方士以习术数学的人数为多，唐代之后习长生方技的道士才渐增长。汉魏间方士多习京氏易、谶纬、天官、风角、星算、遁甲、六壬、望气、三元、太一、飞符、占卜、推步之类的术数，知名者有任文公、郭宪、高获、谢夷吾、郭凤、杨由、李南、李郃、樊英、唐檀、公沙穆、许曼、赵彦、韩说、杨厚、董扶、管辂等人。其中管辂之术数登峰造极，这是汉代四百年苦研占验术数孕育出来的花朵。《晋书·方技传》又记载陈训、戴洋、韩友、淳于智、郭璞、步熊、杜不愆、严卿、隗炤、卜珝、黄泓、索𬘩、台产等精于风角、星算、三棋、九宫、八卦、龟策一类占验术数，其中尤以郭璞名重一时。唐代占验术数亦甚兴盛，有著名高道袁天纲、李淳风等以天文、星算、相术等名世，还有李虚中的推命术，孙思邈的预知术，皆奇巧如神。唐人兴起金钱卦，简化了卜筮程序。宋代又有徐子平的四柱算命，传称邵雍的梅花易数。邵雍著有《皇极经世》等重要术数学著作，是继京房之后占验术数的一次重大革新。司马光创造的《潜虚》

筮法，是对扬雄《太玄经》筮法的又一发展。明代重臣刘基亦精于占验术数，社会上流传的一些命书、图谶多托名他而作。然而因宋明理学兴起，儒臣鄙薄术数学，术数家的地位降低，能以应验轰动社会的名家渐少。清代修《四库全书》，术数学范围缩小，有数学、占候、阴阳宅、推命、看相、阴阳五行、杂技术等。

术数学的发展曾经给中国科学技术的发明和创造带来动力。中国古代的教育没有自然科学的启蒙教科书，更没有专门的科学理论著作。由于《周易》被尊为儒家经典，周易象数体系实际上便成了对古代知识分子进行科学启蒙教育的教科书。同时，中国术数学中的那些阴阳五行、天干地支、四象九宫等象数模型也成了古代科学技术普适的理论框架。中国古代科学技术曾经走在世界前列，出现那么多创造发明，大都和方技、术数有关。火药本为炼丹家发现，指南针则为堪舆术士手中的工具，天文历法和星占术更是密不可分。术数同时又是中国哲学的文化背景。无论是东方文化或西方文化，实际上都有某种神秘的观念作背景，或隐或显地引诱着人类思维的发展。中国哲学史的演进是和易学的研究联系在一起的，术数学中的阴阳五行学说和天人感应原理同时也是中国哲学的支柱。术数学本身就是中国哲学形式化系统的分支，它和义理学好比是整个哲学系统的两条腿，缺少术数学研究成果的中国哲学史著作是不完善的。术数学是道教占验派的修持方术，它在道教文化中占有重要地位。《黄帝太乙八门入式诀》、《玄精碧匣灵宝聚玄经》、《邓天君玄灵八门报应内旨》、《太上六壬明鉴符阴经》等遁甲、六壬道书，《北斗法治武威经》、《天老神光经》等天象占书，《紫微斗数》、《灵台经》等算命书，《四圣真君灵签》、《洪恩灵济真君灵签》等抽签书皆收入《道藏》，说明占卜术数为道教文化不可分割的内容。占验派道士以研习术数为宗，将推往知来作为道教修炼的神通。佛教更把预知未来的神通分为五种，即报通、修通、鬼通、妖通、依通，道教亦承认这种说法。报通为与生俱来的先天感应能力，佛教称由报身而来。修通称为由人身修炼而得的预知神通，道教内丹家可修至"出阴神"和"六通之验"。鬼通和妖通谓妖鬼附体，属宗教家的解释。依通即是依托卜筮而出现的预知神通，属于术数学的范围。所谓"善易者不占"，大多是由研读易理开发出灵感，达到报通或修通的境界，可以不用占卜而断人吉凶，寻常人是没资格自称"善易者"的。

第三节 术数学的流传

占验术数种类繁多，在社会上流传甚广。汉代以来，太乙、六壬、遁甲、堪舆、相术、推命、占卦、测字、梦占、星象诸术日益完备，促成了术数学的繁荣局面。今仅择一些流传较广的占验术数，略作分析。

一 谶书

汉代称之为图谶，由谶纬之学流变而来。谶为占验之隐语，纬为经在术数学中的流变，汉代谶纬图书甚多，现在尚有易纬留存（日本学者安居香山、中村璋八辑有《纬书集成》），图谶则遗失殆尽。因为谶书实际上是政治预言书，上面多有图画，故亦称图书，中国历代统治者将其视若蛇蝎，怕政治家蛊惑民心危害政权安定，或故意篡改错乱，或干脆严加禁绝。现在社会上流传的谶书，有刘伯温《烧饼歌》、姜子牙《万年歌》、诸葛亮《马前课》、邵雍《梅花诗》、《禅师诗》等，为宋明间预言家的托名之作。另有《推背图》，托名隋唐间占验派高道袁天罡、李淳风而作，每卦一图，配以谶言和谶诗，有金圣叹（1608～1661）批注本。《推背图》因流传太广，无法禁断，朱元璋则故意将其颠倒错乱次序，已失真。奇怪的是，《推背图》上竟载有可破译为预言世界核大战的图像和文字，甚至有"若要和平，直待彭、老"的话，可解读为对彭祖修道术和老子道学通行世界的谶语。现唯有邵康节所著《皇极经世》，未被错乱篡改，但这是一本讲社会周期律的历史哲学书，和一般谶书不同。邵雍为宋代术数哲学大家，其《皇极经世》中的"元、会、运、世"之说，为兼综道、释的术数哲学学说，可和先哲驺衍的五行终始之说相比拟，值得认真研究。

二 文王课

文王课是一种以钱代蓍的六爻卦法，又称五行易、火珠林卦法，为唐宋以来社会上最流行的断易方法，由汉代京氏易发展而来。现在社会上流传的筮书，如《卜筮正宗》、《增删卜易》、《断易天机》、《断易大全》、《文王课秘传》等，多是传播这种筮法。金钱卦是周易古筮法的一种流变，断卦时以六爻所配干支五行的生克制化论吉凶，结合占卦时间（日、月）的干支和神煞，而基本脱离《周易》爻辞。这种占法为民间术士所熟知，并积累了较多的占断经验。近有重庆霍斐然先生据《易传》推演出《小成图》占法，竟可超迈古人。

三 梅花易数

《梅花易数》进一步简化了易占方法，可以年、月、日、时的数目或其他可数之数起卦，以八除之余数定卦名，以六除之余数定变爻，结合爻辞及五行生克比合的关系以断吉凶。梅花易数占法十分注意断卦的灵感和观察事物的征兆，训练占卜者具备预测家的素质，因而不拘泥繁琐，独得周易预测事物的简易之理。

四　太乙神数

太乙统十二运卦象之术也和《皇极经世》一样，是推算国家政治命运和气数、历史变化规律的术数学。周武王时以术数"卜世三十，卜年八百"推国运，后有驺衍五德终始之说，至邵雍形成历史哲学而大备。太乙神数推算较难。据《太乙统宗神数》，上古时有一年冬至日半夜，恰好日月合璧、五星连珠，定为甲子年、甲子月、甲子日、甲子时，称作太极上元，上元甲子以来的年数，叫太乙积年。由太乙积年再求出太乙流年和太岁值卦，以断本年各月的气运吉凶，预测一些重大政治事件和天灾人祸。每年值两卦（本卦和之卦），共十二爻，从动爻和变爻开始，每月值一爻。太乙数以子月为正月，即从上一年的农历十一月计起。例如太乙数推得戊子年及以后所值之卦依次为噬嗑之晋、贲之离、剥之坤、复之明夷、无妄之否、大畜之大有、咸之蹇、恒之豫、遁之否、大壮之夬、晋之剥等。太乙数推算国运要兼综年卦和卦爻的大运，这种术数因涉及政治，为历代统治者所忌，社会上很少流传。

五　太乙九宫术

太乙术本于《易纬·乾凿度》太乙行九宫法。太乙为北辰之神，又名太一，与六壬、遁甲合称三式。三式之名乃由秦汉初之栻盘占而来，后栻盘废弃不用，仍存其名。太乙式仿易而作，采用五元六纪。五元为甲子、丙子、戊子、庚子、壬子；六纪为六甲子。每元72年为小周期，每纪60年，六纪360年。一宫为乾，天门，主冀州；二宫在离，火门，主荆州；三宫在艮，鬼门，主青州；四宫在震，日门，主徐州；五宫曰中宫，太乙不入；六宫在兑，月门，主雍州；七宫在坤，人门，主益州；八宫在坎，水门，主兖州；九宫在巽，风门，主扬州。太乙每宫居三年，不入中宫，二十四年巡游一周，又分阳遁、阴遁而有顺行逆行，配以八将占断吉凶。现有汉文帝时文物"太乙式盘"，又《南齐书·高帝本纪》记太乙术推自汉高祖五年至宋祯明元年间治乱之事，可知此术汉代已传。《灵枢·九宫八风篇》、《太乙金镜式经》等略记其法。

六　奇门遁甲

遁甲之学是用时间和方位占断吉凶的一种术数。它利用时间和空间因素趋吉避凶，以选择天时、地利、人和的最优方案为目的。遁甲之学的要害在排局布盘，其天盘为九星（天蓬、天芮、天冲、天辅、天禽、天心、天柱、天任、天英），人盘为八门（休、死、伤、杜、开、惊、生、景），地盘是九宫八卦。排局布盘时以顺仪（戊、己、庚、辛、壬、癸为六仪）逆奇（乙、丙、丁为三奇）为阳局，以逆仪顺奇为阴局，按年份、节令、时辰将八门、九星、九神（直符、螣蛇、太阴、六合、勾陈、朱雀、九地、九天）在九宫八卦盘上布列成局。冬至到夏至之间阳气回升，用阳遁；夏至到冬至之间阴气渐长，用阴遁。为了将时间的干支和二十四个节气密切联系起来，布局时按正授、超神、接气、置闰的规律，将上元符头（十五日值一个节气，分上、中、下三元，每元五日，第一日为符头）和节气调整好。这样，就可以排出一种奇门遁甲的日历，从而用时间、方位占断吉凶。此术有"转盘"和"飞盘"两大系统，社会上广为流传。奇门遁甲是和古代天文历法之学联系最紧，综合性最强的术数，它将古代术数家创造的阴阳、五行、天干、地支、河图、洛书、八卦、九宫等学说都包容进去，并联系成一个有机的整体。因此，可以说奇门遁甲是中国的术数之王。

七　六壬课

六壬神课也像文王课一样是预测人事吉凶成败的占卜之术，先秦时已有栻盘占法，近年亦有西汉六壬栻盘出土，东汉以来才蜕变为符号程式。其法以占卜时日的干支为基准，先以占卜月的季节（月将）、占卜日的干支、占卜时的地支组成六壬课式，按五行生克关系配以六亲（父母、兄弟、妻财、官鬼、子孙）、十二天将（青龙、白虎、朱雀、玄武、螣蛇、勾陈、太常、太阴、天空、天后、六合、贵人），以三传（初传、中传、末传）、四课（第一课、二课、三课、四课）的生克关系而断吉凶。六壬课表面虽不用周易象数体系，实际上却和易象相通。例如其天盘、地盘仿两仪，四课如四象，三传似六爻，其中元首课、重审课、知一课等六十四种课体则和《易经》六十四卦相配。术数家称六壬之学为三式（太乙、遁甲、六壬）之最，根于天学，应于人事，为集阴阳、五行、干支、九宫诸术数之大成者。六壬课虽仅七百二十式，但断事须结合本人年命，错综复杂，变化万端，自隋代以来便受到一些著名学者的重视。另有《大六壬金口诀》，以时间、方位立断吉凶，为术数家之秘宝。

八　河洛理数

河洛理数是宋代兴起的一种推命术，但不像徐子平四柱推命术那样受印度星象学影响，而是和铁板神数等术数一样是汉代周易象数学的流变。这种推命方法是先算出人出生年、月、日、时的干支；然后以纳甲法求出天干的后天八卦数，地支的五行生、成数；随后将这些天干、地支的天数（奇数）相加起上卦，地数（偶数）相加起下卦；最后将上下卦相合得出人的本命卦以断吉凶。河洛理数是唯一以四柱起卦，以周易占断的推命术，利用了周易象数的卜筮经验。顺便介绍，铁板神数亦是以人出生之年月日时起数断人一生命运和遭遇的术数，有南北派之传。《皇极天书》载南派铁板神数断命法。

九　紫微斗数

紫微斗数、子平推命术、星平会海（又称果老星宗）都是推命的术数，其术数的层次依序增高。紫微斗数虽属初级的算命术，但流传较广，断语明确，不像徐子平推命术那样复杂难断。其术先查出人的出生年、月、日、时干支，继后画出人的十二宫图（命宫，父母宫、兄弟宫、夫妻宫、男女宫、财帛宫、疾厄宫、迁移宫、奴仆宫、官禄宫、福德宫、田宅宫），依出生图的五行局查出相应的星名（包括天文学上没有的天机星、天府星、文曲星、羊刃星等虚星）分别填入十二宫内，便可推出一生的命运。

十　四柱推命术

此术以人的出生年、月、日、时干支称为四柱，故名四柱推命术。《北史·孙绍传》中有推人禄命的记载，《北齐书·方技传》谓魏宁亦善推命。唐德宗时李虚中用生年四柱推命，至宋初徐子平加以完善，后人亦习称子平术。子平术以日柱天干为本，据其和年柱、月柱、时柱干支的五行生克制化关系及节气旺相状态，断人一生命运的吉凶祸福。有《渊海子平》、《命理探源》、《滴天髓原注》、《子平真诠》、《三命通会》、《命理约言》、《穷通宝鉴》等多种命书，皆讲子平推命术，为社会人士所熟知，社会上也把四柱推命作为命理学的代表。

十一　占星术

此术本为古代天文学之流变。《汉书·艺文志》云："天文者，序二十八宿，步五星日月，以纪吉凶之象，圣王所以参政也。《易》曰：'观乎天文，以察时变'。"说明古代天文学原初就是占星术数。其中包括日占、月占、五星占、恒星占、星变谴告等。古人以为天象下应人事，故天象之变，乃至自然现象的异常，皆预兆人间灾异的流行和国家的治乱。

十二　望气

《史记·天官书》记载不少省云望气之法："北夷之气如群畜穹闾，南夷之气如舟船幡旗。大水处、败军场、破国之墟、下有积钱金宝之上，皆有气，不可不察。海旁蜃气象楼台，广野气成宫阙然。"《吕氏春秋·明理》又记载望云能知国乱之兆："其云状有若犬，若马，若白鹄，若众车；有其状若人，苍衣赤首不动，其名天衡；有其状若悬釜而赤，其名曰云旗；有其状若众马以斗，其名曰滑马。"望气之术为历代兵家所重，故《晋书》、《隋书》多有记载。其他还有所谓战云、天子气等，《开元占经》有记。

十三　测字

将汉字笔画、字形、字义分开论证，以占断人事吉凶之术，称测字，又称相字、拆字。此术以求占者偶然一念所得之字而求占断，占者据字形、字意联想推理而决疑。相传邵雍精于测字，而后有谢石、朱安国、汪龙、胡宏、张九万、何中立、马守愚、范时行、沈衡章等人，皆精于此术。测字法有装头、接脚、穿心、包笼、破解、添笔、减笔、对关、摘字、观梅等具体解法。有《字触》、《神机相字法》、《测字秘牒》等书传世。又有以二字字画起卦的《一撮金》，以三字字画起卦的《诸葛神数》，是以字配易之占法。

十四 梦占

《汉书·艺文志》云："众占非一，而梦为大"，解梦为古代原始宗教巫史文化遗传下来的古法。《周礼·春宫·大卜》云太卜"掌三梦之法，一曰致梦，二曰觭梦，三曰咸陟"，乃古代解梦之书。占梦术有以易卦解梦者，有据梦象直解者。汉代将梦分为直梦、象梦、精梦、想梦、人梦、感梦、时梦、反梦、病梦、性梦等。有《周公解梦书》、《梦林玄解》等书传世。梦境反映了人的潜意识活动，近代东西方学者皆有研究。

十五 堪舆

堪舆原为汉代五行家推测天文、地理的五行气运之术，多用于选择墓葬、修房、卜居诸事。晋代郭璞著《葬经》，云"气乘风则散，界水则止。古人聚之使不散，故曰风水"，则堪舆术后人习称为看风水。古人亦将其包括在相术之中，看阳宅称家相，阴宅为墓相，周代有"相彼阴阳，观其流泉"的说法，为相阳宅，后来受儒家厚葬尊祖之习才盛行墓相，以龙、穴、沙、水、向为判断吉凶的条件。近世中国台湾地区和日本出版不少风水书，讲住宅修建、室内布置，称其术和地磁场的分布有关。相阳宅有"八门套九星诀"，如房屋之门在北方坎位，则依次为五鬼（东北）、天医（东）、生气（东南）、延年（南）、绝命（西南）、祸害（西）、六煞（西北），定八个方位的吉凶。这是因为北方坎位属水，东方震位和东南方巽位皆属木、水生木，故东方、东南方为天医、生气之位，适于安置寝室或厨房。堪舆之术方法繁多，有以人的出生日期定方位者，有以奇门遁甲选方位者，皆不违八卦五行生克制化之理。现有《葬书》、《儒门崇理折衷堪舆完孝录》等书传世。

十六 相术

相术早在先秦时即已流行，其中包括面相、手相、人相、骨相之术，看人的五官、精气神、声音、步态、风度、气质、身材，断人命运。有《麻衣神相》、《柳庄相法》、《相理衡真》、《金面玉掌》、《神相铁关刀》、《冰鉴》等书传世。古人有摸骨之法，其巧入神。《北齐书·神武纪》载摸骨断人贵贱，称为暗相。相传袁天罡精于相术，为唐代高道。另有名相、印相及相马、相牛、相狗、相鸟之术，反映了古人的社会生活积累。

十七 扶乩

又称扶鸾、扶箕，为古代流行于知识阶层之间的通灵预测术。将乩笔缚在丁字形木架（乩架）上，请两名"鸾生"架乩在沙盘上写字，请神问答吉凶。以乩降神之术古今多有记载，许地山先生有《扶箕迷信底研究》一书传世。

十八 杂占

古代术数家为了预测世事人生，流传的占验之术种类甚多。《后汉书·方术传》云："神经、怪牒、玉策、金绳、关扃于明灵之府，封縢于瑶坛之上者，靡得而窥也。至乃河洛之文、龟龙之图、箕子之术、师旷之书、纬侯之部、钤决之符，皆所以探抽冥赜，参验人区，时有可闻者焉。其流又有风角、遁甲、七政、元气、六日七分、逢占、日者、挺专、须臾、孤虚之术，及望云省气，推处祥妖，时亦有效于事也。"魏晋时风角、星算、望气、三元、六壬、三棋、八卦、九宫、龟策、太一、飞伏诸术数，亦大行于世，其中有术数家管辂和郭璞，断事如神。这些术数后世多失传，仅有少数民族地区的民俗中尚保留一些鸟卜、鸡卜、棋卜、竹卜、龟卜、动物内脏卜、太素脉、镜卜、筊卜，抽签等占法。现存有六朝时《灵棋经》二卷，可知古代十二棋卜的概貌，《道藏》、《佛藏》及其他类书中亦不时发现一些按人的生辰、属相、神煞推命和占卜的术数书及各种禁忌书，皆可归入杂占一类。现在社会上流传不少推命、看相、占卜杂书，文不雅驯，错谬百出，为江湖术士谋食赢利之用，亦多为杂占之术。

要之，中国术数学乃周易象数学发展起的学科，后世占验术数愈出愈繁，涉及人们社会生活的多种方面。占验术数的核心是由太极、阴阳、五行、四象、八卦、六亲、九宫、三才、天干、地支、二十四气等符号按生克制化关系组成的象数形式化系统，清代《钦定协纪辨方书》详细记载了这个系统错综复杂的运算程式。在这些流传的术数中，无疑掺杂着大量迷信和糟粕，也不可能有一算就灵的准确性。本来"易道广大，无所不包"，术数学更是包罗万象，特别是占卜之术乃积淀已久的民俗，江湖术士又赖以谋生，更难免混杂骗术流弊丛生；但术数学皆有一套理论体系，在没判定其运算程式之荒谬前亦非可以简单禁断。《四库全书总目·术数类序论》云："然众志所趋，虽圣人有所弗能禁"，就反映了这种社会现实。现在我们只有将其纳入学术研究的轨道，才能区分真伪去假存真。即使是术数中封建迷信的糟粕，也只有通过认真地学术研究，从理论体系上戳穿其骗术，才能使人口服心服，真正起到弘扬科学破除愚昧的作用。

第四节　从学术观点看术数学

术数学在中国的民间社会风俗（民俗学）、民间宗教乃至道教（宗教学）等文化人类学及社会历史学科中，必然有其研究的价值，这自不待言。然而我们要论证的问题是，整个术数学体系在科学和哲学上是否存在真实的学术内容？这样，我们就必须探讨术数学的基本理论体系。总起来说，各类术数共同遵循的古代科学思想大致可以归纳如下。

一　阴阳互补的宇宙统一性原理

术数家把整个宇宙，都看作是一个阴阳互补的模型，其中大小事物，都呈阴阳互补结构。万事万物都有阴、阳之分，阴阳二者互为根本，相互制约和平衡。

二　天、地、人相互感应原理

术数学将人看作是一个小宇宙，和天、地的大宇宙相互交通。天体运行和演化规律，物体运动的自然规律，人生历史的社会规律，在术数家眼里是完全统一的，他们认为自然现象、社会现象、人体生命现象包括心理现象都处在一个相互制约的网络之中，能相互感应。宇宙间的物质世界、生命世界、精神世界是相互作用的。

三　不同层次间的五行同构关系网络

术数学认为，宇宙大系统及各个子系统之间，不同层次的主客体结构之间，都存在着一一对应的要素，这些要素之间的"关系之网"也是对应不乱的。这些要素都可以按金、木、水、火、土五行分类，并以五行间形成生、克、制、化的关系网，使不同层次的五行要素都分别处于相互制约的稳态体系之中。这些不同系统、不同层次的五行网络都是同构的。道家术数学以"三生万物"，又将万物分为五行，有着极为深邃的科学内涵。任何自然数的 5 次方，其积的个位数为底数；数学上存在五次对称轴；杂环化合物活性分子多以五杂环为主。《韩诗外传》云"草木花多五出"，人皆生五指，道家以"三五之道"奠基决非偶然。五行说实际上就是先将不同系统和结构都从纵的方向上剖析为五个子系统，然后再从横的切面上找出各层次上一一对应的五行同构要素，从而形成相互制约的五行网络。

四　易的时空观和宇宙象数模型

宇是空间，宙是时间，古代术数家将宇宙并称，以《易》的体系组成时空坐标系，认为宇宙处于生生不息的"变易"之中，而其运动规律却是"简易"明了的。术数家以"道生一，一生二，二生三，三生万物"，"无极而太极，太极生两仪，两仪生四象，四象生八卦，八卦相重为六十四卦，三百八十四爻，以类万物之情"来解释宇宙生成和演化图景，并竭力用太极、阴阳、三才、四象、五行、六爻、八卦、九宫、十干、十二支、二十四气、二十八宿等象数体系来建构宇宙的时空模型，模拟宇宙万物的演变规律。古代的天文历法之学是数术家建构宇宙象数模型的出发点，河图、洛书和周易象数体系是这些模型的基本框架，天干、地支等皆是载有宇宙信息的符号，以天干、地支组成的时空坐标系是进行术数预测的根据。各类术数活动，无不先选择一个时空坐标系，再建构一个象数模型，当输入了载有制约社会人生的已知特定信息符号后，由这个象数模型的变化来模拟和预测事物的真实变化，便可获得超前信息。

五　宇宙事物运动的同步律和周期节律性

术数学认为，宇宙主体、客体结构之间的关系不仅符合同构律，而且符合同步律，即是说各结构发展和变化的速率基本是同步的。如果各要素间发展变化的速率失调，必然引起系统的振荡，发生天灾人祸和巨大变化，然后在相互制约中恢复同步。因此分析事物变化的速率和失调现象，便可预测重大事件的征兆。

术数家还认为，宇宙间事物运动是有节律的，重大变故的发生也遵循某种周期律。9、12、60、64、81 等数字在术数学中之所以具有神秘性，恰恰是因为它们代表着某种变化节律。从社会上流传的大多数占卜预测活动来分析，术数学中最基本的节律是天干、地支的循环。天干、地支纪时法是我国古代科学之谜，它不知暗合了什么宇宙规律，致使许多自然现象和社会现象都和它发生着某种内在联系。

六　自然、社会、精神世界的规律性

占卜术数是先民原始宗教中遗存下来最古老的巫术文化，而原始巫术是人类童年时期非理性思维活跃阶段的产物，它是不能同迷信画等号的。在人类的童年时期，中华民族的先民面对着三个世界，一是由天、地、风、雷、日、月、山、河构成的自然界，二是由父、母、君、臣、夫、妻、子、女构成的社会界，三是由喜、怒、忧、思、梦、知、情、识构成的精神界。自然现象、社会现象、心灵现象此起彼伏，生灭相续，它们的产生究竟是必然的呢，还是偶然的呢？各类事物的出现是决定论的呢，还是非决定论的呢？宇宙、人生和心灵中的事件是否存在因果性和合目的性，或者说万事万物是否都毫无例外的有规律性即受铁的自然律制约？在这种必然性与偶然性、决定论和非决定论等古老哲学问题上，先民从事物发展的因果链条上确认规律性与合目的性的存在，相信事物的发展是可以预测的，人们能够获得超前信息。事件的必然性是自然律，偶然性是自由意志，术数家欲以自由意志推测自然律，争取趋吉避凶的主动权。术数活动的基本方法是利用偶然现象借类比推理来预测事物的必然联系。例如金钱卦随意丢钱呈现的卦象是偶然的，利用这种卦象类比占卜的内容，术数家断定具体事件发生的结论却是必然的。术数家从云气和筮草等自然现象推论人生的社会现象，又从梦境等心理现象类比社会和自然变异，认为它们是必然事件发生的征兆。我们且不说任何事件发生是否都有预兆以及这些预兆可否把握？还有类比推理的可靠性如何以及各种术数的演算程序是否科学？只要我们不否认偶然中存在必然及人生、心理、宇宙事件的规律性，就难以否定通过某种术数程式预测未知事件的可能性，尽管真正完善的术数程式还有待筛选和寻找。因为自然科学、社会科学和心理学本身也是试图通过某种演算程序（或称公式）从已知事件预测未知事件。

七 宇宙全息律的普遍性

中国术数学中还有一种古老的思想观念，就是宇宙中普遍存在着全息现象，因之在中医学的诊断和治疗中，将人体某些器官看作是整个人身的缩影，有如全息摄影的照片，因之将这种现象概括为"全息律"也颇恰当，但须了解它同现代科学中的自然律不同，它是中国古代数术家的一种唯象的认识。例如中医诊断有脉诊、面诊、舌诊等从人体部分的症状获得全身疾病信息；在治疗上以耳针、头皮针、足底按摩治疗全身疾病，这显然是一种全息律的应用。全息律是中国术数家发现的古代科学思想，并不仅限于生物体，它认为不仅宇宙间主体、客体各层次间都包含着整个宇宙的信息，而且每一结构的相对独立部分也包含着整个结构的信息。① 由于信息交换和传递的普遍存在，宇宙间万事万物都是相关的，所以宇宙中任一部分事物必然包含着其整体结构的信息乃至全宇宙的信息。现代人们以全息律来解释无性繁殖，将人脑看作是宇宙的缩影，由人择原理来解释宇宙学等，都和古代术数

---

① 全息律属中国古代术数思想，因国内以全息摄影命名，行之已久，作者姑借用之，但不同于山东大学推出的"生物全息律"，见下文注。

家的思想相呼应。在道学中，术数学家的最高境界是"执一统众"，"知一，万事毕"，知一则无所不知，不知一则无所能知，这就是道学的信念。因之术数学的最终目标还是要归结到修道知一上去。

八 心灵潜能的开发和直觉、灵感等深层意识的应用

道学最奥秘的理论体系中隐藏着一个信念，就是相信这个宇宙中有一个和现实世界对应的隐形世界存在，而人类只有开发自己的心灵潜能才能突破现实世界的时空限制去和隐形世界沟通。道学相信人通过修道可以获得神通，神通就是这种突破时空界限的能力。人的心灵活动也是宇宙中的一种自然运动形式，而心灵在本质上是可以超越时空界限的。另外，术数家又相信事物的运动必有前兆，而深层意识可以获得超前信息。

道教内丹学和佛教唯识学都肯定人类的深层意识具有预知功能，并在千百年的修炼实践中以人体为实验室进行着开发心灵潜能的实验。科学家也不否认"第一念"的直觉和灵感可以认识事物的本质，引发创造性思维。瑞士现代分析心理学家荣格（Jung）也断定人的心理是由感觉、思维、情感、直觉组成的四分结构（Quaternity），他说："心理上必然有一种功能，它使我们确知有什么东西存在着（感觉）；有第二种功能，它能确认存在的东西是什么（思维）；有第三种功能，它表明那东西是否适合我们的需要，我们是接受它还是拒斥它（情感）；以及第四种功能，它暗示我们那些东西从哪里来，到哪里去（直觉）。"（《荣格文集》第11卷，第246页）其中直觉是占据特殊地位的心理功能，荣格相信直觉具有前知的预测能力。

直觉是一种深层的心理意识，在佛教唯识学中，直觉属第七识（末那识）和第八识（阿赖耶识）的功能。唯识学认为阿赖耶

识藏有"无漏种子",为人类心灵底层的真如心体,不仅能遍知宇宙间一切因果,还具有心能转物的神通。佛教认为心物是一元的,修定止、修慧观、修寂灭禅那"三种妙法门"都是为了开发阿赖耶识,获得正等正觉的神通。道教内丹学更是一种凝炼常意识(识神),净化潜意识(可炼为阴神),开发元意识(元神)的心理程序和人体修炼系统工程。元神就是佛教唯识学的阿赖耶识,元神在内丹工程中凝炼为阳神也会获得突破时空界限的神通。道教内丹学中的出"阴神"阶段便具备了预知功能,而阴神实质上是弗洛伊德学说中的潜意识凝炼而成的。

道教占验派的术数活动,重点都在于以某种术数演算程式开发潜意识的预测功能,训练自己的直觉和灵感,占卜断辞实际上是靠直觉做出的。例如世传《梅花易数》,便有《三要(耳、目、心)灵应篇》,强调以灵感观察事物的先兆,否则那么简单随便的起卦法是难保必然应验的。《系辞传》强调卜易要"玩其辞",这个"玩"字便是调动"第一念"(不经理性思维的潜意识萌发)进行占断的要法。实际上,术数活动本来是先民原始思维的产物,原始人是人类的童年时期,他们理性思维比较贫乏,但非理性的直觉思维却十分发达。

在科学和文明尚未开发的古代,先民的头脑并非比现代人愚蠢,他们在数十万年的生存斗争中必然有其高超的认识世界和交流信息的本领。人类取得的某一方面的进步,总是以另一方面的退步为代价的。在历史发展的长河中,人类的理性思维被开发,迎来了高度发达的科学文明,但直觉和灵感却因而退化,非理性的潜意识心理功能受到压抑,心灵潜能被现代文化教育所淹没。人们不应忘记,人类进入文明社会才数千年,现代科学的发展仅有数百年,而在这之前人类已经生活了数十万年,这数十万年人类遗存下的非理性思维的智慧是异常珍贵的。中国汉代以来兴起的术数活动，不过是利用祖先遗存下来的周易象数学工具对那种早已丢失了的预测本领的寻求，是借助古老的术数程式向祖先智慧的回归。各类占验术数的准确率往往以占卜者是否有灵感而异，这也反映术数程序不是纯客观的数学公式。占卜者能否获得前知的超前信息，术数能否应验，关键在于非理性深层潜意识的开发和应用。

九　现代科学新观念与荣格的共时性心理学解释

现代科学的研究使人们不得不接受一种新观念，即宇宙中我们所能感知的物质世界仅是全部物质世界的一小部分，而宇宙中的大部分物质人类尚无法感知，称作暗物质。由此可知，我们感知的显在世界背后有一个暗在的世界，这个暗在的世界是真实的，是整体的，是全部的，而人们的感知则是以人的感官过滤到这个暗在世界的一小部分，是这一暗在世界某一侧面的影像。理论物理学家比德·鲍姆称人的感官感受到的显在世界为"明在系（explicate order）"，而把其背后存在着的那个超越时空的全一性暗在世界称作"暗在系（implicate order）"。人们在这种被感知的明在系里建立起因果关系的同一性，从而形成一种顽固的决定论的观念，认为按因果关系发生的事物才是合理的，才能为科学所接受。然而现代科学的发展却一次次地冲击着人们的时空观和合理主义观念。在亚原子的微观世界里，海森堡的测不准原理和鲍尔关于电子、光子的波粒二象性的理论打破了机械论的物理观念。以波函数描述的基本粒子运动已使时间的先后失去意义，在空间上部分甚至可以大于全体，某一瞬间的运动轨迹仅是位置的概率。这样，人们要进一步探索暗在系里发生的事件，就需要打破因果律的合理主义观念，用直觉和情感的判断来补充理性思维的不足。荣格发现某些心灵现象和现实事件往往发生戏剧性的耦合，他由此抛弃了明在系里传统的因果律的思维模式，建立起一种非因果秩序的"共时性（Synchronicity）"理论。荣格的共时性理论类似于莱布尼茨的单子（Monad）论，它和因果律既根本对立又相辅相成。共时性抛开了因果律同一性的思维方式，以人们认为荒谬的非因果性解释暗在系的必然秩序。例如术数家把某种天象和政治动乱联系起来，把某一卦象和人事灾变联系起来，把心灵异常、幻觉、梦境和即将发生的事件联系起来，这都是合理主义的因果律思维方式难以接受的。但荣格认为这二者存在着共时性，即在一个暗在系的大背景（原型）下二者本来是同步发生的事件。共时性现象背后存在着一个原型（Archetypus），即一种前存在（Pre-existent）的先天心理结构。宇宙中的暗在世界（暗在系）和荣格的心理原型在丹道学中都是属于先天的范畴，而先天的世界是无法以后天的理性思维去认识的。每个人都是携带着他们人生行为的一种潜在的模本降生到世间的，这就像明在系背后潜藏着暗在系一样，共时性现象的发生是以原型为背景掀开幕布的两角而偶然显现出来的。荣格说："我选择了这个字眼是因为两件意义相近却没有因果联系的事件同时发生，这种现象在我看来是一种重要标志。因此我在下述特定的意义上使用共时性这个一般概念，那就是两件或更多没有因果联系的事物发生的时间一致，而且它们有着同样或近似的意义。这个词又可以区别于'同步性'（Synchronism）概念，后者只简单地意味着两个事件同时发生。"[①] 荣格以他发现的"共时性"心理学规律研究和解释了许多我们今天在道教术数学中碰到的特异现象。据说他的这一思想发表之前曾征询过爱因斯坦的意见并受到鼓励。

除了现代科学的新观念和荣格的心理学理论外，上述术数学

---

① 《荣格文集》第8卷，第441页。

所依据的阴阳五行学说、天人感应原理、天文律历知识、周易象数体系，实际上就是中国古代的科学思想。这些中国传统文化中的古代科学思想和现代西方科学类型不同，但是也绝不允许某些浅薄之徒轻易将它判定为"伪科学"。人们知道，古代中国的科学技术一直走在全世界的前列，而这些科学技术成果的获得则是以术数学中的科学思想为依据的。现代医学家谁也无法否定中国传统医药学的疗效，而中医学本身恰恰是术数学在医学领域的应用。中医的诊断学、药理学、病理学中纵横交错着阴阳五行、四象八卦的术数网络，致使世人诟病它像巫术，但其实际效用却无可争议地验证了这套术数体系的科学性。中医的诊断往往依赖医师的经验和灵感，这也是反映了术数学的操作特征。历代医家都承认医易相通，不知《易》不可以作名医，周易象数学在医学领域的应用是卓有成效的。术数学的体系既可医人，还可医国，即它在管理学等领域中也能应用。预测学本身是人类的追求和社会的需要，人脑有预知的能力以及事物可以传递超前信息也是当代科学正在研究的问题。建立数学模型来研究和推测事物的运动状态，这是现代科学常用的方法，这种方法和术数学利用象数模型预测社会人生的方法也颇为类似，而术数家依据的类比推理也是逻辑学推理方法的一种。术数家依据的那些宇宙节律，建立的那些象数模型，以阴阳五行为主的那套推理过程，究竟有多少科学性，有没有发展和完善的价值，这至少是有待于用现代电子计算机技术进行统计和验证的问题。中国古代所传各类术数，都是能制成程序输入电子计算机进行模拟的。然而需要人们回答的问题是，社会人生有没有某种近乎预定的程序？能不能建构一种预测社会人生的数学模型？究竟建构什么样的数学模型才是科学的？这些问题都是中国术数学向现代科学和哲学提出的挑战。

最后，顺便谈及我个人对预测学的不成熟想法，我推测在社会超巨系统中人类的个体、群体乃至国家和民族的历史命运很可能类似耗散式混沌理论中那种"分叉图"。这种"分叉图"中有许多最敏感的临界点，当事者或当权者在这些点上做出不同的分叉选择，即在所发生事件的处理上从多种可能的方案中选择一种分叉，整个系统也会由此产生不同的历史命运。智者巧妙地寻找系统的敏感点，将事件的选择推向临近期望值的动力学分叉，从而在尽可能长远的目标上掌握系统历史命运的大趋势。特别是有奇怪吸引子①的混沌系统中，据说会出现所谓"蝴蝶效应"②，即甚至发生一个最微小的事件也可能导致整个系统出现翻天覆地的巨大变化。如此看来，虽然社会人生的选择总受某些必然要素的限制，然而原则上社会超巨系统中某些具体历史事件的发生及多种可能的选择方式是非决定论的，尚未发生的个人具体遭遇更有相当的不可预测性。由于整个分叉图中的所有可能性的分叉都潜在地影响着超巨系统的历史命运，因之我认为系统发展的大趋势在某种程度上还是可以预测的。这种微观上的随意性和宏观上的可知性，具体的偶然性和整体的必然性，使预测学无法逃脱统计学

---

① 根据曼德布罗特（Benoit Mandelbrot）1975 年提出的分维学（Fractals），奇怪吸引子可以定义为维数是分数的吸引子，它拥有无穷多的可能性。一个动力学系统一旦吸入一个奇怪吸引子，该系统的长期未来行为就变为不可预测的了。另外指出，我国山东大学 20 世纪 80 年代初推出的"生物全息律"，也是分维理论早已研究过的课题，英国数学家图灵（Alan Turing）及以后牛津大学数学生物中心的詹姆士·默里（James Murray）教授等，对金钱豹、斑马身上的花纹图案作出解释甚至给出数学模型。美国加州伯克利的奥斯特（George Oster）等也以"力学——化学"方法进行了研究。我国学者由于科技情报闭塞，将这种从中医古代术数思想中唯象地归纳出的"全息律"鼓吹为"中国的达尔文"或仗势将它打成"伪科学"，在学术上都是不够严肃的。

② 由于洛伦兹方程对初始条件的极端敏感性，亚马孙森林里一只蝴蝶抖动一下翅膀，也会引起西印度群岛一场暴风雨。

上的概率性质，绝对准确详细地预言每件具体的社会人事是理性根本不可能办到的。我的这个判断可以戏称之为"算不准原理"，由此给自然界和社会界留下一段秘密，也给宗教留下一块地盘。实际上，道学文化本身就将预测学看作自己的"题中应有之义"，因而是一种"前识"的学术。老子云"道生一，一生二，二生三，三生万物"，一就是元始的精、气、神，就是初始信息，就是"种子"，就是荣格所谓"原型"，就是"宇宙蛋"，就是"太极"，就是万事万物在发展中携带着的潜在"模本"。天下万事万物皆由"一"生化而来，故"一"亦含在万事万物之中，任何事物都含有"原型"。古人云"理一分殊"，"物物各有一太极"，盖本于此。故道学认为事物的发展是可知的，"天下事可运于掌"，"执于一而万事毕"。然而道学又主张"我命在我不在天"，不承认事物发展的宿命性，而在未知中求可知，是一种将科学、哲学和宗教相互交汇的学术。哲学家和科学家理性思维的智慧无法彻知无限的事物，而佛陀的智慧据说可以彻知暴风雨中每一滴水的因果。这就是说，科学和哲学只能研究有限事物和推测无限事物的运动趋势，只有非理性的宗教偏喜欢涉足无限的领地，声称可以管到无限事物的细节。

丹道篇

我们在本篇中，将讨论在道学中神仙的真正含义及其与道教信仰的区别。道学中的神仙是由人修炼得神通而来的，其修持方法有多途，但以内丹学为正宗。因之丹道学虽包括外丹学，但主要指内丹学。内丹学是道学文化中最核心的学问，特别是宋、元以来道派和丹派合一，内丹法诀被当作道派承传的根据和道士的终极修持方式，因之不懂丹道就无法对道学文化融会贯通。现在国内外高等院校的宗教学系已公开教授道教，还通过了大量专门研究内丹学的博士论文，内丹学作为一门学科已被学术界所公认。西方国家有关"心的哲学"（Philosophy of mind）和"心的科学"（Science of mind）的研究也方兴未艾，且日益和中国的内丹学接轨。这样，内丹学已没必要借"仙学"之号独立于道教，应该恢复已被世人接受的"丹道"或"内丹学"的名称。由于内丹学历史上一直依附道教而传，我们不得不先从道教的神仙信仰谈起。

第一章 道教中的神灵和仙真

道教的根本信仰是对"道"的信仰，因之道教的神性论也是对道性论的神化。根据"一切有形皆含道性"的命题，道教中出现了一批对天、地、日、月、星、山、河等自然崇拜的神灵。进而根据"一切有生皆含道性"之说，道教中又有一大批花、树、龙、蛇、狐、龟、鹤等动植物中的神灵和仙真。进而又根据"一切有情皆含道性"的命题，庄子描述的"真人"成为道教中神仙的主体。在道教中，神灵和仙真有所不同，神灵为宗教中信仰和崇拜的偶像，仙真则是修炼而达到道的境界的生命体。内丹系统工程是由人修炼成为仙的基本程序，因之修习内丹有成的人即是仙人，钟离权、吕洞宾、张三丰等内丹学家皆名列仙班。

第一节 道教的神灵信仰

道教的神灵信仰，贯彻在它的教理和教义之中。国外的学者，往往感到道教的神灵杂乱无章，数目众多，和欧美国家那种基督教的唯一神观念很难适应。其实，道教的大葫芦里装着中华民族形成、发展、国情、民情诸方面的秘密，道教的神仙信仰也和中国的国情、民情息息相关。道教诸神，大约有数百种。其中有原始社会先民自然崇拜、图腾崇拜、女性崇拜、生殖崇拜、祖先灵魂崇拜等原始宗教遗存；有周代敬天崇祖的礼教传统的延续；有由万物有灵论而造出的各种保护神和职能神；有按国家政权的形式而设的监督人间善恶、司过、司命和阴司的管理神；有民间信仰和祭祀的偶像及妖神等。三清尊神为道教最高神，包括玉清元始天尊，上清太上大道君（灵宝天尊），太清太上老君（道德天尊）。还有仅次于三清的四御天帝，包括玉皇大帝、北极大帝、勾陈上宫天皇上帝；后土皇地祇。有星君、斗姆，五岳尊神和河海之神，其中包括七曜、五斗、四灵、二十八宿等。另有独具特色的人体各器官之神，称作身神，如脑神、眼神和五脏六腑之神。民间俗神包括城隍神、土地神、灶神、门神、雷公、雨师、瘟神、福神、财神及狐仙、黄仙、青蛙神、蛇王、五通神等妖神。主管阴司的酆都大帝、十殿阎君、鬼判等也属道教神灵。此外功臣烈士的庙宇祭祀传有灵异，变为道教神灵，如关羽、霍光、岳飞、张巡、包拯、范仲淹、秦叔宝、刘猛将军等；巫觋降神而造的蒋子文等；神话小说里的齐天大圣、二郎神等；还有模仿佛教造出的道神，如"四值功曹"、"五显灵官"等，名目繁多。其中著名神灵有关圣帝君、文昌帝君、真武大帝等。道教中北有碧霞元君，南有天后妈祖，成为全国香火最盛的女神。

中国是一个实行封建宗法专制的大农业国，整个神灵体系都是以古老的天神崇拜为主线形成的。人民生活在天灾人祸的恐怖之中，没法掌握自己的命运，感到世上的妖魔、恶鬼处处威胁自己的生存，因而不能不制造大量的保护神。在这种社会现实下，不仅是普通老百姓，连朝廷的大臣、官吏及各行业的知识分子，都难以逆料自己的吉凶祸福，生怕厄运降临到自己头上，只好祈求冥冥中的神灵。最后连皇帝也怕失去天神的保护，去虔诚地祭祀昊天上帝。因之，道教中出现这么多神灵，有这么多降妖捉鬼的法术和消灾避祸的禁忌是毫不足怪的。这些众多的神灵融入道教，就必须统一在"道"的信仰之下。道教中的"三清"、"四御"诸尊神的出现就是将中华民族传统的天神崇拜统一在"道"的信仰之下的例证。

道教的根本信仰是"道"的信仰，这便是它称为道教的根据。道教创立伊始，就将社会上奉祀已久的诸神包罗进去，以后又陆续吸收社会上有影响的神灵，甚至连原属佛教的观世音、关帝等也拉入道教。这对道教神灵体系的创建无疑是必要的，否则道教一下子造出许多新神根本无人信奉。中国自古遗留下来的神灵信仰虽然庞杂众多，但有一个特点，就是都贯穿在天神崇拜的主线上。因之，要将这些众多的神灵融入道教，就必须将古老的天神崇拜传统同"道"的信仰统一起来。道教的教理和教义，就是关于"道"的信仰和天神崇拜相统一的理论。

道教的早期经典《道德经》、《太平经》乃至后世的所有道典，都将"道"当作生天生地，化生万物的宇宙本原，显然也成了天神崇拜的根据。吴筠《玄纲论》云："道者何也？虚无之系，造化之根，神明之本，天地之元。"《太上老君说常清静经》云："大道无形，生育天地；大道无情，运行日月；大道无名，长养万物。"这样，天也是由道而生，天神崇拜自然归属于"道"的信仰之下。

由"道"的信仰，衍生出道教的创世说。《太上老君开天经》说，未有天地之先的宇宙初始状态便是无形无象、无阴无阳的道的虚无空灵之境。而后进入"洪元"之世，虚空未分，清浊未判；历"混元"之世而至"太初"世纪，清浊剖判，天地始分。"太初"既没，"太始"继之，太始乃万物之始，万物之中，人为最贵。以后还有纯朴的"太素"世纪，产生五岳四渎的"混沌"世纪，皆属上古时期。接着是"九宫"、"元皇"等中古时期。道教的教主太上老君，本身就是道的化身，他随方设教，历劫为师，下降人间传道，成为最早的代表道教的神仙。

由道教的创世纪，又衍生出道教三十六天的天界说。其中包括欲界、色界、无色界这"三界二十八天"，还有三界之外的八天（四梵天、三清境和最高的大罗天）。欲界有六天，实为人民通过性交而胎生、有色、有欲的现实世界。色界有十八天，人民由变化而生，有色无情欲，大概是道士们修炼的世界。无色界四天，人民已无色欲，自不觉其形，惟真人能见，实际上已是修炼的精神境界了。越出三界之外，为四梵天，即是所谓种民天，无有生死和灾祸，大约是修道有成的人归属的地方。而后为三清境，最高的玉清境，为清微天；次之上清境，即禹馀天；下面太清境，是大赤天。三清境是道教理想的仙人境界，也是道教三清尊神居住的地方。最高的大罗天，实即是"道"的象征。大罗天生出玄、元、始三炁，化为三清天；始气化清微天玉清境；元气化禹馀天上清境；玄气化大赤天太清境。

早期道教除尊奉太上老君外，尚沿袭汉初方仙道的"太一"神信仰，又祭祀天、地、水三官。东晋时上清派将元始天尊居于太上老君之上，而后又有符箓派的太上大道君（灵宝天尊）出现，逐步形成了道教的三清尊神。元始天尊是道的化身，禀自然之气而常存，每当天地开辟之时，便传道度人。另有灵宝天尊（即太上大道君），为灵宝派造的尊神，和道德天尊（即太上老君）并列。这样，元始天尊居于清微天玉清境，灵宝天尊居于禹馀天上清境，道德天尊居于大赤天太清境。三清境又和洞真、洞玄、洞神这三洞经书相对应，称三洞道经分别为三清天尊所说。

三清之下又有四御，即主宰天地事物的四大天帝。首为玉皇大帝，宋徽宗封他为"昊天玉皇上帝"，又称昊天金阙至尊上帝，为总执天道之神。次为中央紫微北极大帝，为协助玉皇大帝执掌天地经纬、日月星辰、四时气候之神。次为勾陈上宫天皇上帝，为协助玉帝执掌南北极与天、地、人三才，并主宰人间兵革之神。

次为后土皇地祇，为执掌阴阳生育、万物之美和大地山河之秀的女神。道观中有四御殿，便供奉四御尊神。

除此之外，道教中还有十方诸天尊、三官大帝（天、地、水三官）、南极长生大帝、东极太乙救苦天尊、斗姆（北斗星）、五曜二十八宿等日月星辰之神等，不一而足。

道教的神灵谱系是逐步形成的。严格说来，道教对自己搜罗来的庞杂神谱还没来得及细心整理，诸神灵之间的逻辑关系不够严密，三清四御及以下诸神的地位也序列不明，更没完成从多神教向一神教的转化过程。三清四御中的神性以元始天尊、太上老君、玉皇大帝最为鲜明，由此可以剖析道教神灵的特征。早期道教即奉老子为教主，称太上老君，是开创道教的教主神。葛洪虽承认老子"应为教主"，但说老子有师"元君"，并造出一个开天辟地之神"元始天王"。晋末《度人经》中将元始天尊推为至上神，被陶弘景《真灵位业图》排定神谱。唐代尊太上老君，有老子一炁化三清之说，但没动摇元始天尊为至上神的位置。《道藏》中元始天尊所说的经开头多为"道言"，可见元始天尊即是道。早在南北朝时，太上老君即退居于元始天尊之下，将元始天尊至上神的地位突出出来。玉皇大帝虽在南北朝时已出现，但地位并不高，至唐代渐升格，宋代朝廷诰封为皇权政治投影在道教信仰世界中的帝王神，称昊天金阙至尊玉皇大帝。

玉皇大帝的出现是儒家"神道设教"的统治术在道教中的反映，是封建皇帝为维护现实社会的家长制宗法统治秩序强加给道教的。此后，道观内设玉皇阁供奉玉皇大帝，世俗上视它为最高神，但在道教神谱中玉皇仍居三清之下。然而玉皇大帝的主神地位加强了道教辅佐礼教的社会教化功能，将君权延伸到信仰世界的观念是儒家礼教的核心，它不仅侵袭到道教中，在佛教中也有反映。

第二节　仙的信仰和诸仙真

道教中的神灵多属虚构的偶像，而道教中的仙人却是由人修炼得道的样板。仙人也称真人，是体道合真的人，即仙真。仙真的信仰实际上是道的信仰，这是道教中特有的一种信仰。道教寓道于术，生道合一，主张"我命在我不在天"，因之修道从养生入手，以掌握方术主宰个人命运，超脱生死界限为得道。《太上老君内观经》云："道不可见，因生以明之；生不可常，用道以守之。若生亡，则道废，道废则生亡。生道合一，则长生不死。"《老君妙真经》亦云："人常失道，非道失人。人常去生，非生去人。故养生者慎勿失道，为道者慎勿失身。使道与生相守，生与道相保。"这样，养生即是修道，得道即能长生，只有与道化为一体的人，才是长生久视的仙人。因之，生的修炼，便是对仙的追求。

随着道教的伦理化，从善恶报应的宗教观念出发，使行善积德、持戒诵经也成为登仙的途径。行善积德、持戒诵经也是"道"的要求，并直接影响生的修炼。《老子想尔注》云："道设生以赏善，设死以威恶。"《太平经》亦云："务道求善，增年益寿，亦可长生。"道教的神灵监督修道的人们，行善则益寿，作恶则减寿，对于那些持清规戒律行善不懈的人，由天神接引他们升仙。因之，道教中的清规戒律成为宫观道教的基础，大量劝善书在社会上流行，忠臣、孝子、贤人、善士亦名列仙班。

道教仙真，即是体道得仙的人，这些人有灵异，有神通，被载入仙人传记，成为后世修道者的榜样。道教仙人传记，有刘向的《列仙传》、葛洪的《神仙传》和后世的《洞仙传》、《续仙传》、《三洞集仙录》、《历代真仙体道通鉴》及其《续编》等。还有专录女仙的《墉城集仙录》和《历代真仙体道通鉴后集》。仙真的队伍日趋庞大，其中有黄帝、广成子、赤松子、王子乔、西王母、东王公等古代传说中的仙人；有张道陵、葛仙公、魏华存、许真君、陈抟、北七真、南五祖等创教祖师；有左慈、郑隐、魏伯阳、葛洪、孙思邈、王文卿、萨守坚、张三丰等高道或内丹家；还有张果老、汉钟离、铁拐李、韩湘子、吕洞宾、蓝采和、曹国舅、何仙姑等神话人物及一些神龙见首不见尾的江湖高人。道教以西王母为女仙之宗，东王公为男仙之首，八仙为仙人的典型。

道教中传说，有十洲三岛，上生仙草灵芝，有宫阁楼台，仙童玉女，为诸仙真游息之处。在中国的名山大川之中，还有风景秀丽的洞天福地，为道教仙真修炼之所。其中包括王屋山洞、委羽山洞、西城山洞、青城山洞、句曲山洞、林屋山洞、括苍山洞等十大洞天。还有霍桐山洞、东岳泰山洞、南岳衡山洞、西岳华山洞、北岳常山洞、中岳嵩山洞、峨眉山洞、庐山洞、四明山洞、武夷山洞、九疑山洞等三十六小洞天。七十二福地多是古仙得道之处，最适合道士修炼，其中包括地肺山、盖竹山、君山、龙虎山、阁皂山、鸡笼山、桐柏山、天柱山、中条山、泸水、北邙山等。

第三节　道教俗神

道教中还有一批神灵，由民间俗神信仰发展而来，反映了道教同中国的民间风俗习惯密切结合的特点。有些民间俗神经帝王认定，建庙祭祀，变成国家尊奉的正神，如关圣帝君、真武大帝、文昌帝君等皆是。还有一些是道教从教义出发或模仿佛教造出来的道教神，例如"五显灵官"、"四值功曹"等。其他如雷公、雨师、药王、瘟神、城隍、土地、门神、灶君、财神、福神、碧霞元君、天后妈祖等道教俗神在全国亦受到普遍祭祀。道教不仅奉祀天地间八方、四时、五行的众多神祇，而且认为人身体乃是一小天地，亦有四肢、七窍、五脏、六腑之神，称为身神。《黄庭内景经》将默诵身神名号，作为修炼要诀。诵念万遍，日夜坚持，自可却病延年。其诀云：

至道不烦决存真，泥丸百节皆有神：
发神苍华字太元；脑神精根字泥丸；
眼神明上字英玄；鼻神玉垄字灵坚；
耳神空闲字幽田；舌神通命字正伦；
齿神崿峰字罗千；一面之神宗泥丸。
泥丸九真皆有房，方圆一寸处此中，
同服紫衣飞罗裳，但思一部寿无穷。
非各别住俱脑中，列位次坐向外方，
所存在心自相当。心神丹元字守灵；
肺神皓华字虚成；肝神龙烟字含明；
肾神玄冥字育英；脾神长在字魂停；
胆神龙曜字威明；六腑五脏体神精，
皆在心内运天经，昼夜存之可长生。

古代民间，北方群众年年赴泰山进香祀碧霞元君，南方渔民建庙奉祭天后妈祖。道士奉王灵官为护法大神，祀张道陵为降魔护道天尊。道教同时还建立了酆都大帝一套鬼神体系司阴间的鬼魂之事，有秦广王、楚江王、宋帝王等十殿阎王。其他山河之神、星君等皆在祭祀之列。

第二章　仙人的境界

　　道教既不同于礼教的世间法，也不同于佛教的出世间法，它在世间法和出世间法的联结线上，是对中国现实社会缺陷的补充和人们世俗生活理想的延伸。这样，道教的仙人世界和中国封建宗法社会的现实世界呈一种互补的关系，它使那些对世俗生活不满足或感到压抑的人，转而向超现实的仙人世界寻求希望，在那里使原来没法抗拒的自然和社会等异己力量的压迫得到超脱和补偿。

　　仙人完全超脱了自然力的束缚，也不受社会力量的限制，他们"或竦身入云，无翅而飞；或驾龙乘云，上造天阶；或化为鸟兽，游浮青云；或潜行江海，翱翔名山；或食元气；或茹芝草；或出入人间而不识；或隐其身而莫之见。"（《神仙传·彭祖传》）仙人不仅可以在自然界任意遨游，而且不受世俗社会家长制独裁政权的束缚，使拥有最高权力的君主都奈何不得。《神仙传》里描述汉文帝去见仙人河上公，想用"普天之下，莫非王土，率土之滨，莫非王臣"的礼教伦理观念迫使河上公低头称臣。河上公听后马上升至半空，自称"上不至天，中不累人，下不居地"，公然向专制君权挑战，不肯做俯首帖耳的臣民，竟使汉文帝"下车稽首"向他求道。

在道士看来，"道"是高于君权的，仙人自然能超越君权，同时摆脱了礼教的束缚，又抛开了人世间相互倾轧的灾祸和争名夺利的烦恼。仙人的世界作为中国现实世界的互补结构，这中间经过了一个宗教理想的美学变换。道教把人们在现实社会里终生孜孜以求的欲望和生活理想投影到天上，以仙人的标准进行净化和变换后，使这些理想和欲望都在仙人世界里得到永久性的满足。因之，仙人的世界和基督教的天国、佛教的极乐世界很不相同，它不否定人们的现世利益，也不以禁欲主义作为宗教的基石。仙人的生活实际上是以现实世界为基础的，它是对现实世界的宗教补偿和人们生活欲望的虚幻延伸。仙人境界是中国数千年来知识分子在皇权重压中产生的宗教理想，成仙以后可以得大解脱，逍遥自在，无比幸福，具备足够的宗教诱惑力。人生渴望自由，可以在仙人的精神解脱中得到满足；人生渴望平等，可以在人人皆可成仙的原则中得到满足；人生渴望健康长寿，成仙后可以长生久视，返老还童；人的食色大欲，则有成仙后的九芝之馔和玉女来侍；人生向往游乐和免除灾祸，成仙后则可游于六合之外，无何有之乡，听钧天之乐，并有役使鬼神的神通和法术。仙人可以"骑蜚廉而从敦圉，驰于方外，休乎宇内，烛十日而使风雨，臣雷公，役夸父，妻宓妃，妻织女。天地之间，何足以留其志?"（《淮南子·俶真训》）这真是"快活神仙"！

中国家长制的封建宗法社会大概是世界上最压抑人性的社会制度，而中国土生土长的道教却是世界上最肯定人欲的宗教，这种现象出现绝不是偶然的。一般说来，某种宗教能在一个国家的社会上广泛传播，必是因为它提供了这个社会最需要的东西，人们需要这些东西来填补自己的虚缺。道教的仙人世界填补了中国现实社会的缺陷，使求仙的人在心理上产生一种和谐的宗教美学效应，从而培养他们的宗教感情，并把仙人境界当作自己终生追求的目标。然而还必须看到，仙人的世界毕竟是超现实的彼岸世界，它不能简单地直接承认人们的世俗愿望，否则就和现实社会没区别了。这个道理很明白，因为如果道教只一味地肯定人们的世俗欲望，则那些君主、官僚、权贵、豪富之人完全可以在世上恣情享乐，还何必苦苦求作神仙？因之道教首先对现实社会里的世俗欲望加以否定，在否定中把人们的世俗欲望进行净化和升华，从而使之向超现实的道教彼岸世界飞跃，在仙人的世界里达到新的肯定。道教告诉人们，世间的荣华富贵、金钱美色、高官名利都是靠不住的，是通向仙人之路的障碍和负担。世俗生活的快乐隐藏着灾祸和烦恼，脱不开人生的苦难和老病而死的悲凉结局。人们只有抛弃世俗生活的荣华富贵和纵情恣欲的短暂快乐，使自己的心灵得到净化和升华，向仙人境界飞跃，去享受永久幸福的神仙生活。这个心灵净化、升华和飞跃的过程，就是修仙体道的过程。只有经过一番苦苦修炼，实现个人生命同道的一体化，才能享受到仙人那种真正的快乐和幸福。道教中甚至还创造出一种地仙，得了地仙品位的人再在世间享受荣华富贵也不妨事了。因为地仙已修炼成超人的体质，在恣情享乐之后可以随时解脱自己，不会像凡人那样陷入灾祸和悲剧。当然道教的仙人也并非只顾享乐，他们有在世间行善救人的义务，并履行道教的教义度人成仙。

仙人的世界本来是一种宗教理想的世界，生活在现实社会的人们无法实现它。然而道教的仙人世界却不是基督教中死后才能进入的天国，也不是佛教中需要菩萨在临终前接引的极乐世界，它离人类的现实世界并不遥远。中国原始社会的先民本来相信仙人的世界是真实存在的，他们认为神仙居住在人迹罕至风景如画的海岛或仙山上，东海蓬莱仙岛和西方昆仑仙山这两大神仙发祥地为后人留下了许多有关仙人的美好传说。自春秋战国以来，一些看破红尘的知识分子力图掌握自己的命运，他们披荆斩棘地沿着通向仙人境界的路上矢志迈进，创造和发展了许多修仙方术、仙人传说、道的信仰和哲学，使中国仙道的体系日趋完善。道士们将修仙作为宗教的目标之后，历代仙道大家辈出，他们非要在理想的宗教彼岸世界和现实世界之间凿通一条隧道，使仙人的境界成为现实社会的人们通过修炼可以实现的目标。方仙道、黄老道和后世道教的道士历来都把修仙看作是技术问题，而后世发展起来的内丹学简直是一项通向仙人之路的大型人体生命系统工程。数千年的修仙实践使他们逐步认识到不老不死说的简单粗糙，而再一次向老子、庄子哲学中的真人学说复归。王常月《龙门心法》甚至说："不死者岂是凡身，长生者非关秽质。""不死者我之法身，长生者吾之元气。""道存则人存，法在即同身在。"这样，仙道从道教的不老不死之说转向道家真人的超脱生死之说，因而真人也就是仙人。这种仙人的境界，提倡思想上的最大解脱和绝对自由，从而超越现实社会和人生，达到道的高度。"长生不是形生死，留有元神万古春。"现实社会的人们依照内丹法诀按程序修炼自己的元精、元气、元神，从而超越现实社会和人生，最大限度地开发个体生命和心灵的潜能，从而达到道的高度，就是仙人境界。这种仙人境界至少在精神上是可以企及的，在肉体上也是有法可依，有术可炼的。修仙就是追求自身与道的一体化，与大自然的本性契合，修炼内丹有成的人便是体道合真的仙人。这样，仙人境界就成了人生的最高艺术境界，是一种至真、至善、至美的最能体现人生命价值的真人境界。

中国历史上的这条仙人之路，是历代许多才智之士经过千百年的努力才逐步走通的。先秦时，《庄子》便描述了一些真人"其寝不梦，其觉无忧，其食不甘，其息深深"（《大宗师》），以生死存亡为一体，"上与造物者游，而下与外死生无始终者为友"，"独与天地精神往来"，"澹然独与神明居"（《天下》），提出了真人的艺术境界。庄子同时还指明了"心斋"、"坐忘"等修道的方法，提倡"形若槁木，心若死灰"的"纯气之守"，并说"至道之精，窈窈冥冥；至道之极，昏昏默默。无视无听，抱神以静，形将自正。必静必清，无劳汝形，无摇汝精，乃可以长生。"（《在宥》）庄子还借闻道者女偊的口传授了入静守一能"外天下"、"外物"、"外生"、"朝彻"、"见独"、"无古今"、"不生不死"的丹道。由此可知，老庄哲学的真人学说已较系统。然而后世神仙家以传说中长生不死的仙人为追求目标，构造出道教中仙人的彼岸世界。魏晋时神仙道教形成，坚信神仙实有、仙人可学、长生能致、法术有效，以为修习方术获得长生便是神仙。从魏晋人的游仙诗中，可以看出他们虽踏上追求仙人之路，但距离仙人境界毕竟还很遥远。郭璞《游仙诗》云："采药游名山，将以救年颓。呼吸玉滋液，妙气盈胸怀。登仙抚龙驷，迅驾乘奔雷。鳞裳逐电曜，云盖随风回。"这种仙人带有神话色彩，修仙方术也以采服长生药为主。直到唐末五代内丹学成熟，道派渐和丹派合一，仙人境界重新向老庄的真人学说复归，一些修炼有成的内丹家本身就成了活神仙。吕洞宾、陈抟、张伯端、王重阳等人以内丹功法开发出人体生命和心灵潜能，有了修道结丹的切身体验，口气就大为不同。例如张三丰的诗词和白玉蟾的《快活歌》，自己得仙后的逍遥快活之情跃然纸上，仙人的境界成了他们的现实。吕洞宾诗云："朝游北海暮苍梧，袖里青蛇胆气粗。三醉岳阳人不识，朗然飞过洞庭湖"，俨然已达到古代仙人的理想境界。宋披云真人《迎仙客》词云："水深清，山色好，天下是非全不到。竹窗幽，茅屋小，个中真乐莫向人间道。""柳荫边，松影下，竖起脊梁诸缘罢。锁心猿，擒意马，明月清风只说长生话。"反映了他归隐山林，修习内丹功法，心与道合，趋进仙人境界的情趣。清代内丹家刘一明在修炼有成时诗云："自从识得本来人，住在尘寰要出尘；衣破鞋穿修大道，箪瓢陋巷乐天真。三千世界归方寸，一颗牟尼运北辰；隐显行藏人不识，胸中别有四时春。"诗中隐含着内丹的法诀和行动体验，洋溢着仙家修炼的乐趣。看来，内丹学就是通向仙人境界的阶梯，人们只要修成了大丹，便成了驻世的仙人。这些人能保性命而全天真，视名利色权如浮云而无恐惧烦恼于胸中；他们有真知、真才、大谋、大勇，是真强者而能忍辱居弱；其为人能怀素抱朴、豁达恬静而逍遥物外，这些人已经体道合真，也就达到了仙人的境界。

第三章　仙人之路

　　数千年来修道之士为进入仙道之门，研习各类道术，大凡金丹、仙药、黄白、房中、守一、行气、导引、吐纳、胎息、存想、辟谷、内视、降神、禁咒、符箓、变化、祈祷、遁甲、风角、星算、八卦、六壬、补养、气功诸方技术数，因之而得到发展。由于道无术不行，故道学自古寓道于术，其术又杂而多端。直至内丹学占据统治地位，道士遂将内丹视为登仙的唯一途径，将内丹术之外的其他方术归纳为九十六种外道，三千六百旁门。其实"旁门"也是"门"，"左道"亦为"道"，均看人修炼的目的和思想如何。道教中有"正人行邪道，邪道亦归正；邪人行正道，正道亦归邪"之说，便是这个道理。再因内丹学求师得诀难而见效迟，旁门左道则四处招徕徒众而见效速，世人往往贪眼前之利，误入旁门而忽视正宗的内丹学，所以道书对邪门淫术皆力斥之。《性命圭旨》举左道邪术之大要云："其中有好炉火者；有好彼家者；有视顶门者；有守脐蒂者；有运双睛者；有守印堂者；有摩脐轮者；有摇夹脊者；有兜外肾者；有转辘轳者；有三峰采战者；有食乳对炉者；有闭息行气者；有屈伸导引者；有三田还返者；有双提金井者；有晒背卧冰者；有饵芝服术者；有纳气咽津者；有内视存想者；有休粮辟谷者；有忍寒食秽者；有搬精运气者；

有观鼻调息者；有离妻入山者；有定观鉴形者；有熊经鸟伸者；有餐霞服气者；有长坐不卧者；有打七炼魔者；有禅定不语者；有斋戒断味者；有梦游仙境者；有默朝上帝者；有密咒驱邪者；有见闻转诵者；有食己精为还元者；有捏尾闾为闭关者；有炼小便为秋石者；有采女经为红铅者；有扶阳用胞衣而炼紫河车者；有开关用黑铅而铸雌雄剑者；有闭目冥心而行八段锦者；有吐故纳新而行六字气者；有面壁而志在降龙伏虎者；有轻举而思以驾凤骖鸾者；有吞精咽华以禽日月者；有步罡履斗以窥星辰者；有依卦爻之序而朝屯暮蒙者；有售黄白之术而烧茅弄火者；有希慕长生不死者；有弛志白日飞升者；有著想执而不化者；有著空流而不返者；有持戒、定、慧而望解脱者；有祛贪、嗔、痴而思清静者；有生而愿超西域者；有死而愿登天堂者。"以上所举修道的方术，实在还不够古人流传道术的百分之一，它们大都有些健身延年的效果，但皆不如内丹术纯正。现代之气功师，动辄自创功法，自封为"大师"、"活佛"招摇惑世，看来繁杂多端，实亦不过是古代修身术的流变，超不出三千旁门的范围。

我有一个感觉，以为自然科学和社会科学的各门学问，在其最上层本是相通的。人们只要在一门学问上努力做下去，功力达到最上乘，便会触动人类智慧的枢纽，从而一窍通，百窍通。非只做学问如此，天下之奇巧异能，皆由人专心钻研，熟而生巧，由巧通灵，直至达到极致，便可超神入化，在常人眼中惊为仙术。世上千行百业的技艺，皆有常人所难以达到的境界。只要人肯花费心力，精诚所至，自然能与道相合。由此可知，道士要达到仙人的境界，亦无定法，内丹学只不过是他们千百年来的经验总结而已。其他仙术，精诚修炼，亦有不少被后世尊为神仙的人物。

一 自然无为、清静超俗的仙人

人生在世，无不为权、色、名、利所诱，倾毕生心力而求之。李斯位至宰相，享尽富贵荣华，一旦遭腰斩之刑，谓其子曰："吾欲与若，复牵黄犬俱出上蔡东门，逐狡兔，岂可得乎！"明崇祯帝朱由检贵为天子，在吊死煤山前对其女说："尔何生我家！"可知世间高权重位，亦不足恃。何况一般刁徒政客，无法达此高位，却为谋取点滴虚名微利，勾心斗角，为世间添是非，害人害己，得一头衔则招摇过市，沾沾自喜，实在俗不可耐。修仙之人，必须首先看破世俗，不为物欲所累，能以淡泊为怀，才能达到自然无为、清静超俗的境界。其实道学的祖师老聃、庄周，也属于这类清静无为派的仙人。魏晋时道士孙登、郭文，皆勘破世情，隐居深山，以自然无为修道，以清静求仙。清静澹泊，实为修仙的纲要。

二 养形、驻颜与男女双修

道教主张生道合一，故修仙亦从养生入手，而仙人的形象，也大多美如少年，充满生气。《参同契》谓"道无阴阳，违天背元"，故道教亦不讳言男女之间的情爱和性生活，并将其提升为修道的仙术。因之，健身术、养生术、驻颜术、美容术、房中术，皆包含在修仙的道术之中。关于如何保养人的形体，如何以服药、洗浴、按摩诸术使人的皮肤和容貌美丽鲜嫩，如何调整男女性生活使身体壮健且得到幸福和补益，在道书中都有大量记载。据说彭祖就是以房中术等养形得仙的。唐代有一书生文箫，游西山时见一少女亭亭玉立，相互生爱慕之情，结为夫妇。原来少女即为仙人吴彩鸾，是大仙吴猛之女，她因和文箫结婚被贬人间十二年，以卖字为生，贬谪期满回西山修炼，夫妇同登仙界。还有汉末刘晨和阮肇入天台山采药，迷路山中而入仙境，逢二仙女招入府中。仙府之中金碧辉煌，刘、阮和二仙女在其中饮醇酒，品仙桃，食胡麻饭，双双结为姻好，备极欢乐。刘、阮二郎与仙女同居半年，后忽思乡，二女挽留不住，遂返乡里，发现故乡面目全非，原来时间已过了数百岁之久了。这些优美的神仙故事反映了道教中仙人的风格和仙术的特点。因而全真道孙不二仙姑诗云："蓬岛还须结伴游，一身难上碧岩头，若将枯寂为修炼，弱水盈盈少便舟！"

三 服饵、仙药和金丹术

中国自古以草木药物疗病去疾，逐渐发现一些药物有健身延年之效。道士服用石菖蒲、灵芝、白术、菊花、枸杞、人参、鹿茸、黄精、首乌等养生，遂形成道教中的服饵派。某些药物和人的体质相合，产生奇效，便被称为仙药。仙药中之影响最大者，是道士以人工炼制的金液还丹。要之，中国的金丹术始终和内丹术相互交融，都属于丹道的范畴，其目的在于在炼丹炉中模拟道家的宇宙论而炼制出一种固化了的"道"，服之可以得道成仙。它本身具有巫术的特征，其实验化学的成果只是一种副产品。道教史上的葛洪、狐刚子、张果等，被尊为炼丹的仙人。

四 丰富多彩的气功炼养术

"气功"一语，道教中原称为"气法"或"气术"，后世武术家采取道教炼气之术，称之为气功，遂使气功之名流传渐广。综合道教中属于现代气功范围的各类炼养方术，略分为炼养形、气、神三类功法。炼养形体的功法，主要有导引、按摩、叩齿、咽津、站桩、太极拳、五禽戏、八段锦、鸣天鼓、禹步等不同姿势的各类动功。在这些导引动作中，仍然要配合行气和存思。炼气类的功法，有行气、服气、闭气、吐纳、胎息、布气、辟谷、六字气、气禁、服日月光华、服元气、餐霞、饮露、服紫霄等多种功夫。炼神类则包括守一、存神、心斋、坐忘、定观、冥想、内视、守窍、存思日月星辰和仙境等功法。数千年来，方士和道士倾毕生之力习炼这些丰富多彩的功法，将老子、庄子的哲学变成了自己实际的身心体验。王玄甫修炼返观内照之术三十余年，能透视自己体内的五脏，并能于黑夜时暗中看书写字。这大概便是道家"疏瀹五脏，澡雪精神"而达到神智清明的仙人境界吧。气功亦是修道者通向仙人之路的津梁。

五　精研术数的预言家

魏晋时的管辂和郭璞，皆精研术数，能预言休咎，断人生死。唐代又有袁天纲、李淳风，精于历法和相术，预言天象及国运，名重一时。宋代又有徐子平、邵雍等，皆以术数名世，是修道有成的预言家。

六　追求超自然能力的方士

修道之士为了冲破异己的自然力量和社会力量的束缚，特别注意开发自身的人体生命潜能。中国古人似乎很早就知道人体本身具有巨大的生命潜能，通过开发可以办到常人办不到的事情。道教中的各种法术，大多是由古代原始宗教的巫觋流传的巫术演变而来的，其目的在于追求超自然的能力。据明代王世贞《列仙全传》记载，玉子（章震）拜长桑子为师学道，有呼风唤雨，口吐五色云，眼见千里，飞腾变化，咒水为人治病之术。其徒太玄女（颛和）亦能变化万物，可起死回生。道书中对这种超自然能力的记载还很多，这些有超自然能力的方士有的为开发人体潜能而来，有的为研习道教法术而来。道士们认为，超越了现实社会和自然界，具有神通和法术，自然便进入了仙人的境界。

七 消灾治病、祈福劝善的道士

随着道教在封建社会中日益成长为伦理型的宗教，道士为人消灾治病、祈福劝善也成了进入仙人之门的途径。据说唐代丞相李珏有一天梦游仙境，见仙洞中写着自己的名字而大喜过望。当时忽然进来两个仙童，告诉他名登仙榜的是和他同名同姓的平民百姓李珏。由于广陵的平民李珏一生纯孝而厚道，以卖米为业，活了百余岁。他以终生行善积德修炼自己的道德品质，从而达到了仙人的境界，由此可知成仙的条件是个人的品质而不是权势。民间道士为人消灾治病祈福也是积德，自然有利于他们品质和人格的提升。持戒诵经也有利于道士个人品德的修炼，使他们可以尽快达到仙人的标准。仙人的境界是真、善、美的统一，只有品德高尚的人才能进入仙人之门。

第四章　内丹学的源流

在以下各章，本书将仙道的讨论纳入内丹学的正题。内丹学又称丹道学，是唐末五代以来道教修炼的正宗功法，特别是宋元之际道派和丹派合一，内丹修炼成了道士终极的修持方术，其他各种炼养方法皆被斥为旁门小术。丹道学是道学中最高层次的学问，是穷理尽性以至于命的仙道性命之学。明乎丹道，就抓住了道学的核心和精华，道学的八大支柱皆可融会贯通，治国平天下之术乃仙家之余事。内丹学是中华道学的支柱，在道书中亦称"大丹"、"金丹"、"内金丹"、"还丹"等，并将外丹黄白术也融为天、地、人三元丹法的系统。内丹学开宗于伏羲、黄帝，祖述于老子，阐发于汉末魏伯阳，弘扬于唐末五代之钟离权、吕洞宾、陈抟，盛行于宋元之张伯端、王重阳、丘处机、刘永年等人，内丹家以"重铸阴阳，再造乾坤"的内丹法诀，掌握了盗取天机的生命逆转之秘，为人体生命科学和认知心理科学留下了宝贵遗产。

第一节　内丹学概说

内丹学是中华民族传统文化的瑰宝，是数千年来神仙家汲取道、释、儒、医等传统文化的精华，形成的一种融道学的宇宙观、人生哲学、人体观、修持经验为一体的理论体系和行为模式，是一项为开发生命潜能和探究心灵奥秘而修炼的人体系统工程。内丹学是以道学的宇宙论、人体生成论、天人合一的生命哲学、天人感应原理和阴阳五行学说作支柱；以中国传统医学的气血、经络、穴位和腑脏学说为基础；以人体的精、炁、神为修炼对象；以太极、阴阳、三才、四象、五行、六位、七政、八卦、九宫、十干、十二支、二十四气等符号来描述修炼过程；以意守三丹田、通任督二脉、追求人体的和谐有序为入手工夫；以达到人和宇宙的自然本性契合，同道的一体化为最高目的；以进入仙人境界为奋斗目标。仙人境界是一种至真、至善、至美、最能体现生命价值的人生最高艺术境界，内丹学就是古代内丹家前仆后继、百折不挠地经过多少代人终于凿通的进入仙人理想境界的一条隧道。

中国古代学者经过数千年的修持实践，汲取儒、道、释、医等中国传统文化的精华，将自己的信仰、道德、哲理、方术、体验综合在一起，百折不挠地进行人类身体内在奥秘的探索，逐渐总结出一些指导修炼工程的内丹法诀，这是中国传统文化中至今闪烁着科学智慧光芒的宝贵遗产，是中国历代丹家苦苦探究宇宙自然法则和人体生命科学的智慧结晶。内丹学是寓道于术的文化体系，它要把老子的道家哲学变为内丹家养生修炼的生命体验。道教经书中有上千卷丹经，都是古代丹家为了同死亡作斗争，以人体为实验室，以精、气、神为药物，为揭开生命现象的本质和人类心灵奥秘而终生修炼的实验记录。历史上内丹家在异族进犯中原之际，为了延续中华民族传统文化的圣脉，将儒、释、道三教精华熔为一炉，当作道教的修持程序以口诀秘传的方式保存下来，因之内丹学像集舞蹈、音乐、武术等为一体的传统京剧艺术一样，是一种特殊的文化现象。内丹学是道学文化中最核心的学问，是由普通人向具有特异体质的超人迈进的仙人之路。金丹大道是参天地、同日月、契造化、返自然、还本我、修性命的天人合一之道，它以系统完备的理论学说，逻辑严密的修炼程序，殊途同归的修持方法，比世界上所有宗教的修持方术都技高一筹。然而由于历代丹家出于保护知识产权的需要，内丹学的内幕从未揭开，古丹经多用隐语、诗词等写成，内丹功法的关键法诀，又不写在书上，只在师徒间口口秘传，使一线圣脉，不绝如缕，对丹经的解释亦歧义百出。而今国内学术界已视内丹学为千古绝学，精于此道的学者寥若晨星。现在，全世界都在走向科学和文明的时代，罩在内丹学上的神秘面纱亦应被揭开，用现代科学和哲学的手段对它进行整理和研究，使它成为全人类的共同财富，为世界的和平和发展作出贡献。

第二节　内丹学的初传

内丹学源于远古氏族社会先民的原始宗教，由巫觋在祭神、疗病时的轻歌曼舞、针砭、行气、房中、吐纳、导引等活动演化发展而来。从阴康氏"教人引舞以利导之"（《路史》卷九），到出现"巫山之下，饮露吸气之民"（《吕氏春秋·求人》）；从赫胥氏（《列子》中称为华胥氏）部落的先民"含哺而熙，鼓腹而游"（《庄子·马蹄》），到王乔、赤松的"吸阴阳之和，食天地之精，呼而出故，吸而求新"（《淮南子·泰族训》），在先民的原始宗教中播下了内丹学的种子。在内丹学中，后天的呼吸之气写作"气"，先天的真气、元气写作"炁"。社会上流传的气功大多是修持后天之气，而内丹功法是修持先天的元精、元气（炁）、元神的，所以内丹应是比一般气功高出一个层次的"炁功"。古时民智未开，人性纯朴专一，在原始宗教的气氛下更易诱发出人体的先天之炁，从而观察到一些内丹景象，这些景象加深了巫觋对丹功的认识和重复丹功内景的兴趣，自觉地总结出某些丹功法诀在巫觋中流传。《楚辞·远游篇》所载仙人王子乔、赤松子的行气之术，就是修持先天真气的古朴丹法。《楚辞·远游》云："餐六气而饮沆瀣兮，漱正阳而含朝霞；保神明之清澄兮，精气入而粗秽除。顺凯风以从游兮，至南巢而壹息。见王子而宿之兮，审一气之和德。曰：'道可受兮，不可传；其小无内兮，其大无垠；无滑而魂兮，徒将自然；一气孔神兮，于中夜存；虚以待之兮，无为之先；庶类以成兮，此德之门'。""内惟省以端操兮，求正气之所由；漠虚静以恬愉兮，淡无为而自得。"赤松、王乔所传功法，较之后世丹经更有独到之处。王船山《楚辞通释》云："此篇之旨，融贯玄宗，魏伯阳以下诸人之说，皆本此。迹其所由来，盖王乔之遗教乎？"足见丹功法诀，古已有传。

蒙文通先生《晚周仙道分三派考》云神仙之事，晚周已盛。南方（楚）为行气，称王乔、赤松；秦为房中，称容成、彭祖；燕齐为服食，称羡门、安期。[①] 三派之中行气之术最流行。盖燕齐方士虽重服食，但亦崇信"欲得长生，肠中当清"，"食谷者智而不寿，食气者神明不死"之说，于是也仿照《庄子》中记载的姑射山神人兴起吸风饮露的服气（又名食气）之术，渐和行气派合流。《淮南子·泰族训》说："王乔、赤松，去尘埃之间，离群慝之纷，吸阴阳之和，食天地之精，呼而出故，吸而入新，蹀虚轻举，乘云游雾，可谓养性矣。"1973年长沙马王堆汉墓出土的帛画《导引图》，绘有四十多幅各种姿势的行气导引动作，实是古代巫觋流传下来的养性之术。这种养性之术能激发人体真气，调和真阴真阳解除疾病，如加以系统整理，可用作内丹筑基功。内丹学就是神仙家将王乔、赤松的行气术，彭祖、容成公、玄女、素女的房中术，羡门高、安期生的服食术相互融汇升华而成的。

先秦时期的《老子》和《庄子》是为内丹学的理论和功法奠

---

① 蒙文通：《古学甄微》，巴蜀书社，1987，第 335 ~ 342 页。

定基础的著作。老庄学派的思想体系和"道"、"虚"、"静"、"无"等范畴，精气神等概念不仅为内丹学所沿用；而且其中"致虚极，守中笃"，凝神、守一、坐忘、心斋等修持功夫也被汲取为内丹法诀；老庄倡导的圣人、真人、仙人的境界更是成了内丹家遵循的行为模式和理想的目标。《老子》、《庄子》不仅有理性思维的哲学境，还有灵性思维、回归自然的艺术境界，而且有清静无为、与道合一的功夫境界。《老子》书中有"专气致柔"、"抱一"、"啬精"、"玄牝之门"、"谷神不死"、"长生久视"等内容，这和《列仙传》谓"老子好养精气，贵接而不施"之说相合，是兼综行气和房中的内炼工夫。《老子》云："含德之厚，比于赤子。毒虫不螫，猛兽不据，攫鸟不搏。骨弱筋柔而握固，未知牝牡之合而脧作，精之至也。终日号而不嗄，和之至也。知和曰常，知常曰明，益生曰祥，心使气曰强"（五十五章）。这说明《老子》的修炼功夫已简要反映了同类阴阳丹法的境界。《庄子》书中的内炼功夫偏重清修，具体功法多见于《养生主》、《刻意》、《在宥》、《达生》等篇。《在宥》篇述守一之术云："无视无听，抱神以静，形将自正。必静必清，无劳汝形，无摇汝精，乃可以长生。"《人间世》述"心斋"之法云："若一志，无听之以耳而听之以心，无听之以心而听之以气！耳止于听，心止于符。气也者，虚而待物者也。唯道集虚。虚者，心斋也。""瞻彼阕者，虚室生白，吉祥止止。"这些话，突出反映了内丹清修的功夫境界。《大宗师》云"堕肢体，黜聪明，离形去知，同于大通，此谓坐忘。"又说："吾犹告而守之，三日而后能外天下；已外天下矣，吾又守之，七日而后能外物；已外物矣，吾又守之，九日而后能外生；已外生矣，而后能朝彻；朝彻，而后能见独；见独，而后能无古今；无古今，而后能入于不死不生。杀生者不死，生生者不生。其为物，无不将也，无不迎也，无不毁也，无不成也。其名为撄宁。撄宁者，攫而后成者也。"其功夫境界步步增高，开发出人体潜能。老庄之学为后世自身清修派和同类阴阳派内丹家所宗决非偶然，老庄书中有关炼养的名句一直是内丹法诀的纲要。

先秦时的内丹学文物，还有天津历史博物馆所藏一块传世玉器，上面的铭文男女双修丹派和清净丹派有不同理解。《行气玉器铭》云："行气——吞则蓄，蓄则伸，伸则下，下则定，定则固，固则萌，萌则长，长则退，退则天。天几舂在上，地几舂在下。顺则生，逆则死。"依清净丹法，谓行气之法，当凝神聚气，运降丹田，入定凝结，萌生真气，逆转督脉，上升泥丸。以天（首）为鼎。以地（腹）为炉，依阴阳之机而修炼。顺此道者便延年，反之则损寿。另外，著名的《黄帝内经》和《黄帝阴符经》，其中也隐含有内丹法诀，今人尚少鉴别。《管子》中将心灵炼养之术直称为"心术"，这比道教中"气术"的提法更切中要害。历史资料证明，秦汉方仙道已秘传内丹修炼之术，这也可在《太平经》、《老子想尔注》等道书中找到踪迹。

严遵的《道德真经指归》，将先秦道家学说向内丹学过渡架起了桥梁，开始将老子道的学说内化为人的心身体验。严君平说："故人能入道，道亦入人，我道相入，沦而为一。守静致虚，我为道室，与道俱然，浑沦周密。"（《道德真经指归》卷九）这是要人在修炼中净化灵魂，缩小与道的心理距离，直至以人的朴素本性与宇宙的本性契合，把握整个宇宙精神，将自己的心身融汇于道的自然境界之中。而后《老子河上公章句》等书，对人的精、气、神修炼之术多有阐发，为内丹学理论体系的形成做了准备。

自先秦至汉代道教产生以前，是内丹法诀的初传时期，也是内丹学理论体系形成的准备阶段。这一时期的汉代术数学，特别是五行家骈衍的阴阳五行学说和天人感应原理，以及象数易学的发展，为内丹学奠定了理论支柱。

第三节　内丹理论体系的形成

自东汉道教创立至隋唐，是内丹学理论体系的形成时期。在这段时期修炼先天真气的内丹功法尚不占优势，内丹之名称也未确立。当时道教中修仙的方术杂而多端，各种气功流派竞起，百花齐放。修道者逐步将体内能萌发先天炁的关窍认作"丹田"，开始同流行的金丹术相比附。"丹田"一语，出现盖早，《素问·遗篇本病论》中有"神游上丹田"之说，边韶所撰《老子铭》中也有"存想丹田"的话。同时"丹田"一语还见于蔡邕为祀王子乔墓而撰写的碑文和医学家张仲景的《金匮要略》，可知东汉时修道者已有存思丹田的功法。"丹田"的名称既立，说明道学中已将体内的真气运行法视为炼丹了。自此内丹功法一线圣脉，不绝如缕，不断完善其理论体系，一直传至唐末五代，才突然大放异彩，压倒一切旁门小术，成为道教最正宗的功法。

东汉早期道教中流传的《太平经》，就明确地把人体的精、气、神作为修炼对象，提出"爱气、尊神、重精"的原则，并介绍了瞑目入静、守一、存神、胎息、内视等古朴功法。其中说："瞑目还自视，正白彬彬。若且向旦时，身为安著席。若居温蒸中，于此时筋骨不欲见动，口不欲言语。每屈伸快意，心中忻忻，有温润之意，鼻中通风，口中生甘，是其候也"（《太平经合校》第11页）。这其实是丹家"活子时"的火候景象，汉代道学中传有真气运行法应无疑义。《太平经·八卦还精念文》云："玄子共身，周流相抱，极阴生阳，名为初九。一合生物，阴止阳起。受施于亥，怀妊于壬，藩播于子。子子孙孙，阳入阴中，其生无已。思内洞外，寿命增倍，不可卒致，宜以长久。"（《太平经合校》第338页）丹家修炼法诀在于静极必能生动，身中真阴真阳运行，真精返还，按八卦方位逆转，其景象可以和《参同契》互参。丹家要诀在于人体精、气、神的凝合，合则为仙，离则为鬼，《太平经》对此讲得也很清楚。

早期道教的教科书《老子想尔注》中，也以结精、炼气、守神为要法，"谷神不死"句注云："精结为神，欲令神不死，当结精自守。"法琳《辨证论》云："其法真诀，在于丹田。""实髓重精；仙家之奥旨。"可见三张所传之法诀亦是意守丹田，"为柔致气，法儿小时"（"专气致柔"句注），不外丹家返还之道，并注意到老子的同类阴阳功夫。

东汉魏伯阳著的《周易参同契》，是第一部专门论述内丹法诀的丹道著作。《参同契》以周易象数学的卦爻作符号，以日月运行的规律作理论框架，以外丹炉火的铅汞反应作模型，来论述阴阳交感男女合炁的秘术。《参同契》之学认为炉火烧炼的地元丹法、三家相见阴阳栽接的人元丹法、自身清修乃至虚空阴阳的天元丹法是相通的，可以统一在《参同契》的体系之中。《参同契》将男女双修的同类阴阳丹法秘诀用隐语记载下来，贯通清修丹法和外丹炉火，书中藏有各派丹诀，被后世丹家尊为"万古丹经王"。易学中的乾坤配合之理，天道中的日月出没盈亏之象，炉火烧炼中的采铅伏汞五行生灭实验，都隐藏着宇宙中阴阳交感的根本规律，这就是《周易参同契》仙道理论的核心。《参同契》的传世标志着内丹学的形成。

自魏伯阳以隐语将同类阴阳交感的秘传仙术记录下来，"密示青州徐从事，徐乃隐名而注之"（彭晓《参同契解义序》），郑樵《通志·艺文略》录《阴阳统略周易参同契》三卷，题徐从事撰；又见于《道藏阙经目录》（此书目未著撰人），可知徐从事的《参同契》注本是"以阴阳注之"的。其中"阴阳"二字，只能和马王堆汉墓竹简《合阴阳》是同一个意思，即男女合炁之术。《参同契》云："物无阴阳，违天背元，牝鸡自卵，其雏不全"，说明男女同修的阴阳丹法是符合大自然本身的规律的。《参同契》中还有"同类易施功，非种难为巧"的话，指示人元大丹须用"竹破竹补，人破人补"的同类阴阳栽接之术才能奏效。魏晋时，葛洪力倡外丹学的金液还丹为登仙之阶梯，将《参同契》之学解为外丹炉火，影响到隋唐。其《神仙传·魏伯阳》云："而世之儒者不知神丹之事，多作阴阳注之，殊失其旨矣"，足见葛洪之前尚不乏《参同契》的同类阴阳丹法注本，可惜此后这些古注失传了。而今马王堆汉墓出土的竹简《十问》、《合阴阳》、《天下至道谈》等，使今人得见古仙所传男女合炁之术的真面目，并且证明早在汉初仙家就视此术为"天下至道"了。这些竹书和《黄帝内经》、《道德经》、《参同契》一脉相传，学术研究中可以相互参照。

葛洪虽以炉火之金丹大药为升仙之要，但在《抱朴子内篇·微旨》中竟将同类阴阳丹法的采药秘诀留传下来。其一为"真人守身炼形之术"，原文如下：

> 或曰："愿闻真人守身炼形之术"。抱朴子曰："深哉问也。夫始青之下月与日，两半同升合成一。出彼玉池入金室，大如弹丸黄如橘，中有嘉味甘如蜜，子能得之谨勿失。既往不追身将灭，纯白之气至微密，升于幽关三曲折，中丹煌煌独无匹，立之命门形不卒，渊乎妙矣难致诘。此先师之口诀，知之者不畏万鬼五兵也。"

其功法乃以两目存思日月，使光与身合，内视丹田，口吞彼津液入心室，调和如日月同升之元气，使神炁凝结合为一团，如开花结实，孕育佳味，温养勿失，得药之后，使其化为纯白之气升透三关，在命门处结成"中丹"。此丹法和《黄庭经》中之功法相一致，又和孙思邈《千金要方·房中补益》之道相合。其二为"二山求生之道"，亦载于《微旨》篇，原文如下：

或曰:"窃闻求生之道,当知二山,不审此山,为何所在,愿垂告悟,以祛其惑。"抱朴子曰:"有之,非华、霍也,非嵩、岱也。夫太元之山,难知易求,不天不地,不沉不浮,绝险绵邈,崔巍崎岖,和气氤氲,神意并游,玉井泓邃,灌溉匪休,百二十官,曹府相由,离坎列位,玄芝万株,绛树特生,其宝皆殊,金玉嵯峨,醴泉出隅,还年之士,挹其清流,子能修之,乔松可俦,此一山也。长谷之山,杳杳巍巍,玄气飘飘,玉液霏霏,金池紫房,在乎其隈,愚人妄往,至皆死归,有道之士,登之不衰,采服黄精,以致天飞,此二山也。皆古贤之所秘,子精思之。"

人们不难看出,魏晋以前仙道中秘传的"二山求生之道"和宋明间内丹家留传的"三峰采战之术",有着某种若明若暗的联系。这段文字又和《参同契》中文字风格相类,实际上"二山求生之道"即是《参同契》中的男女交感合炁丹法。由此可知,中国内丹学中关键的丹道法诀,在魏晋时早已在仙道中秘传。

魏晋时传世的《黄庭经》也隐藏有内丹法诀。《黄庭经》已开始将内丹称作"子丹"、"玄丹",重点研习了存神、意守三丹田、内视、调息为主的清修丹法。《黄庭外景经》云:"明堂四达法海源,真人子丹当吾前,三关之中精气深,子欲不死修昆仑",强调了头部泥丸宫在炼神功夫中的作用。丹家从修持实践中认识到"神在泥丸",脑为思维器官,也比古医家只讲"心主神明"进了一步。其中"中有真人巾金巾,负甲持符开七门,此非枝叶实是根,昼夜思之可长存",和瑜伽术修七轮功夫暗合,为中黄直透丹法。《黄庭内景经》已有"玄丹"之名("若得三宫存玄丹,太一流珠安昆仑")《抱朴子内篇·微旨》也有"中丹"之说("中丹煌煌独无匹,立之命门形不卒"),实际上已将真气运行法称作炼丹了。《南岳思大禅师立誓愿文》中天台宗三祖僧人慧思引道入佛，"为护法故求长寿命"，"借外丹力修内丹，欲安众生先自安"，使外丹、内丹之名见于史籍。

隋唐时期，《周易参同契》在社会上公开传布，促进了内丹学的发展。据《罗浮山志》载，青霞子苏元朗于隋开皇中，来居罗浮，归神丹于心炼，"自此道徒始知内丹矣"。

唐代道书《通幽诀》云："气能存生，内丹也；药能固形，外丹也。"内丹之名在唐代初传，多数道士尚不明底细，由于真正得丹诀者甚少，使内丹和一般行气、导引之术相混。直至唐末外丹黄白术中毒事件屡有发生，在社会上造成恐慌，迫使道士借外丹之名而论内丹，以维护仙道之声誉，内丹学才渐为世人所知。唐代高道司马承祯著《服气精义论》以及《天隐子》、《坐忘论》等，将佛教禅宗的止观、禅定法融入内丹学，是内丹学的一大发展。司马承祯本人修持功力甚高，入睡时脑中发诵经声，"额上有小日，如钱，光耀一席。"(《续仙传》)他将修仙过程分为斋戒、安处、存想、坐忘、神解五道"渐门"，又以信敬、断缘、收心、简事、真观、泰定、得道为修道七阶次。清代方维甸《校刊抱朴子内篇序》云："迨及宋元，乃缘《参同》炉火而言内丹，炼养阴阳，混合元气，斥服食胎息为小道，金石符咒为旁门，黄白玄素为邪术，惟以性命交修，为谷神不死，羽化登真之诀。其说旁涉禅宗，兼附易理，袭微重妙，且欲并儒释而一之。"方氏不懂丹道，其述丹道源流多谬，然局外人看内丹学之旁涉禅宗，兼附易理，"欲并儒释而一之"，形成自己的理论体系，却是在唐代就完成了。

今人读古医经和丹经，见其叙人体经脉甚详，精气神修炼之道精密，往往拍案叫绝，惊为神授。其实学者细加考据，即知古人初对人体经络之见解，本不一致，后逐渐形成共识，才有定论，丹经亦然。观唐人所著丹道著作，即知内丹学之形成和完善，本有一个过程，乃古时丹家递代精进而成，决非如江湖中人所云是古神仙口口相传而来。观《道藏》中唐人最初的丹经《养生咏玄集》，即可知丹道本是一种学术，是可以考据出其发展演化脉络来的。

唐代仙道由外丹学转为内丹学，并出现了一批内丹家，如刘知古、吴筠、罗公远、叶法善、张果、陶植、羊参微等。陶植《还金术》云："凡言水银可以为金丹者，妄人也；言朱砂可以驻年者，不知道也。"然张果等内丹家亦兼炼外丹。内丹著作亦大量出世，其中有《日月玄枢篇》、《通幽诀》、《元阳子金液集》、《上洞心经丹诀》、《大还丹金虎白龙论》、《真龙虎九仙经》、《还丹金液歌》、《南统大君内丹九章经》、《大还丹契秘图》等。唐人将男女双修同类阴阳丹法亦称阴丹，有《阴丹慎守诀》、《王屋真人口授阴丹秘诀灵篇》等书传世。须要指出，唐以前丹法虽较古朴，但易修炼，无太多秘诀，故成道者亦多，这是不容忽视的。孙思邈没有丹经传世，但依古法修炼得道，寿过百龄，亦非后世一般丹家可比。故唐代盛行的守一、吐纳、辟谷、胎息、房中、存思诸法门，皆可激发人体真气，入内丹仙道境界。

第四节　内丹学的成熟和繁衍

唐末五代，是内丹学的成熟和完善时期。这段时期，外丹黄白术迅速败落下去，内丹学大放光辉，在道教修持方术中占据了正统的主导地位。著名内丹家崔希范、钟离权、吕洞宾、陈抟、刘操、施肩吾、陈朴、谭峭等高道以内丹学传功度人，使内丹功法趋于成熟和完善。崔希范所著《崔公入药镜》歌诀，为历代丹家推重，实是阴阳双修秘诀。钟离权和吕洞宾之事迹被后世道士神化，各派丹家多认钟、吕为开山祖师，内丹学的历史舍钟、吕则无从谈起。施肩吾为吕洞宾弟子，撰《钟吕传道集》、《西山众仙会真记》述钟、吕丹法，对后世影响甚大。另有《灵宝毕法》、《破迷正道歌》等，皆题名钟、吕所作。其中相传吕洞宾所著《敲爻歌》，为同类阴阳双修功夫法诀。钟吕丹法为性命双修、形神并炼的人体系统工程，以凝结精、气、神为基本功，以摄取先天一炁为要诀，次第分明，步步有验，吸引了不少修道者终生去从事这项人体实验。据说钟离权得丹诀传吕洞宾、陈朴等人，吕洞宾之徒又有刘操（海蟾真人）、麻衣道者、施肩吾、何昌一、张中孚等。陈朴著有《陈先生内丹诀》，收入《道藏》，其法诀直指玄关，九转成功。吕洞宾之徒刘海蟾又传张伯端、晁迥、马自然、蓝元道、王庭扬、张继先等，为内丹大师。内丹学史上的关键人物，还有著名道教学者陈抟。陈抟字图南，自号扶摇子，赐号"希夷先生"，得麻衣道者所传钟吕法，又从何昌一学锁鼻术，隐居华山。陈抟之学传种放、张无梦、火龙真人等，谭峭亦与陈抟相师友。陈抟著《指玄篇》并传《无极图》，奠定了"顺则生人，逆则成丹"的还丹原理和"炼精化炁，炼炁化神，炼神还虚"的基本步骤。陈抟又传"蛰龙法"，后世各派丹法俱受陈抟影响。

宋代以来，内丹学在发展中产生出许多流派，功法逐步达到炉火纯青的境界。要之，成熟的内丹学，由吕洞宾、陈抟、刘操传开，而后又有天元、地元、人元之分，门派有南、北、中、东、西之传。天元丹法，后世一般指北宗龙门派的自身阴阳清修功夫，但传统上将服食后可立地飞升的外丹称天元神丹。人元丹法，后世一般指南宗男女栽接的同类阴阳双修功夫，但也有人将南北宗性命双修的丹法统称为人元大丹者。地元丹法，一般指外丹黄白术，称地元灵丹。内丹各门派，皆推源于伏羲、黄帝、王乔、赤松、老子。一派自称传自关尹子（文始真人），号文始派，由陈抟传火龙真人。另一派依托东华紫府少阳帝君王玄甫（汉代人），称少阳派，自称由王少阳传钟离权，钟离权传吕洞宾，后开南北宗诸丹派。文始派以虚无为宗，属虚空阴阳交合的无上至真之妙道，顿超直入，修性而兼修命，乃天元丹法。少阳派主张性命双修炼养阴阳，以有为法而至于无为法，次第分明，便于入手，流传甚广，故丹家有以文始派最高，以少阳派最大的说法。

内丹修炼程序由浅入深，又有鬼仙、人仙、地仙、神仙、天仙五等仙之别。内丹学称炼炁之术为命功，称炼神之术为性功。仅修性不修命者（包括修禅定者），虽有灵异神通，能出阴神为清灵之鬼，但不能延命，为鬼仙；仅修命不修性者，虽能延年难老，而无灵异。只有性命双修的金丹大道，至小周天无漏功成便为地仙；逐次修来，直至出阳神，有无边神通，称为神仙；再到虚空粉碎，合道还虚，达最上一层天仙的境界。李道纯还将内丹功法分为旁门九品（内有属邪道的下三品，为采阴栽接的泥水丹法；属外道的中三品，为辟谷、服气、持戒、步斗等；属旁门的上三品，为定观、存神、导引、搬精运气等）；渐法三乘（下乘安乐法门，中乘养命法门，上乘延生法门）；最上一乘（无上至真之妙道）等阶梯。

内丹学南宗以张伯端为开山祖师。张伯端（987～1082）晚年得道，著《悟真篇》，将《周易参同契》的内丹秘诀公之于世。张伯端兼习清修丹法与同类阴阳丹法，但由于惧怕"天谴"，其男女栽接秘术不肯轻传，故将法诀隐于书中。张伯端传石泰（号杏林），石泰传薛道光（法号紫贤），薛道光传陈楠（号翠虚，人称陈泥丸），陈楠传白玉蟾（号海琼子，封紫清真人），被后世尊为南宗五祖。张伯端又传马自然、刘奉真等；刘奉真传刘永年，刘永年字广益，号顺理子，传丹法于翁葆光，翁葆光又传若一子，为同类阴阳法门。薛道光为修丹功，由僧还俗，所习亦为同类阴阳法诀。而白玉蟾之丹法则为清修派，门徒甚众，形成教团，其徒以萧廷芝、王金蟾、彭耜、留元长、洪知常、桃源子、林自然等较为著名。

南宗丹法与北宗相较，在性命双修的前提下较重命功，其丹法先修命后修性，先术后道，形成一套次第分明的人体系统工程。南宗同类阴阳派认为男子一身皆属阴，故其所传三家相见的阴阳栽接功夫，主张由彼家身上采取先天一炁之坎中阳爻，和自家离中真阴合而成丹。陆彦孚、戴同甫、陆子野、甄九映、陶素耜、李文烛、彭好古、仇兆鳌、傅金铨等皆主同类阴阳丹法，尊奉《参同契》和《悟真篇》，遂使同类阴阳丹法成为南宗特色。

北宗创自金代全真教祖王重阳。王重阳（1112~1170）48岁于甘河镇上遇异人授丹诀，乃于终南县南时村"活死人墓"中炼养三年丹成。后王重阳东游山东半岛传道，收马珏（号丹阳子，创遇山派）、谭处端（号长真子，创南无派）、刘处玄（号长生真人，创随山派）、丘处机（号长春子，开龙门派）、王处一（号玉阳真人，开嵛山派）、郝大通（号广宁真人，开华山派）、孙不二（马珏之妻，号清静散人，开清静派）。王重阳所创内丹为禅道结合的清修法诀。北宗丹法先性功后命功，重在性功，以丘处机的龙门派为代表。其法诀在于降心炼性，把断眼耳口鼻四门，不令外景入内，使心如止水，性似明镜，凝合神炁，回光寂照，以改造人体素质。王重阳及全真七子皆用了数年时间静坐修道，道成之后皆开发出人体潜能，个中秘诀，就在"活死人"三个字上。全真道乃融汇儒释道三教之道，内丹北宗亦汲取了禅宗、密宗、瑜伽功夫的长处，是对南宗内丹功夫的一次革新和发展。然而南北宗丹法既同源于钟吕内丹系统，则在本质上是统一的，都是对人体精气神的凝炼工程。实际上北宗马珏、刘处玄皆习过同类阴阳丹法。自马珏、宋德方、李双玉、张紫阳，到赵友钦（缘督子）、陈致虚一脉相传，为北宗主同类阴阳的支派。

元初全真道士李道纯，字元素，号清庵，别号莹蟾子，住扬州仪真长生观，著《中和集》、《三天易髓》等书，创内丹中派。中派以内丹学解《中庸》、《心经》等儒释之书，采用禅宗打坐、参究诸手段，追求明心见性。李道纯以"守中"一着为丹法要诀，以为天地有天地之中，人身有人身之中，守人身之中，以应天地之中，便是天人合一之要旨。人心若与天心合，颠倒阴阳只片刻。这"中"字便是玄关，识得中字，守中致和，自然虚极静笃，明心见性，直超圆顿。中派丹法乃是一种明心见性的自身阴阳清修功夫。清末道士黄元吉，著《乐育堂语录》、《道德经注释》、《道门语要》，以守中为一贯功夫。黄元吉认为渐法修炼自炼精化炁入手，舍守中一着功夫，别无二途可循。明代所传丹经《性命圭旨》，亦含守中要诀。

明万历年间，又有扬州兴化县陆西星创立内丹东派。陆西星（1520～1606）字长庚，号潜虚，早年习举子业，后倾心丹道，并习密宗，以扶乩托言吕洞宾降其草堂，亲授丹诀。陆西星著《周易参同契测疏》、《玄肤论》、《金丹就正篇》等书，收入《方壶外史丛编》中。东派丹法力主男女双修成丹，是中老年人修炼的上乘功夫。东派丹法认为男子一身皆阴，必须采取彼家先天一炁才能成丹，其法诀吸收了南宗丹法的精要，而对其离形交气、颠倒两窍、开关铸剑、上进下进、反经为乳等采阴补阳功夫加以改造。要之，东派丹法是同类阴阳法门的正宗彼家丹法。

清代道光年间，又有四川乐山县人李西月，字涵虚，号长乙山人，自言得吕洞宾与张三丰内丹之法，创立西派。李西月以陆西星的后身自居，著有《三车秘旨》、《道窍谈》、《后天串述》等书，亦传三家相见的同类阴阳丹法。西派丹法以清净自然立基，以阴阳妙用成丹，用彼家之铅，炼养我家之汞，使彼我相资，同类相补，达到返本还元的目的。

明末龙门派第八代弟子伍守阳，号冲虚子，江西南昌辟邪里人，得虎皮张静虚真人经李虚庵至曹还阳所传之丹诀，著《天仙正理直论》、《仙佛合宗》，倡导一种儒、释、道三教圆融的自身阴阳清修丹法。至清代柳华阳出佛入道，著《金仙证论》、《慧命经》，对伍守阳丹法加以系统化的整理与发展，世称伍柳派。直至近世又有赵避尘著《性命法诀明指》，得柳华阳之徒了空禅师和刘名瑞之传，开创千峰派。

元明间道士张三丰，是可和吕洞宾、张伯端相比肩的著名内丹家。张三丰的丹法据称传自火龙真人，称为隐仙派，传三家相见的同类阴阳龙虎大丹，著有《无根树词》、《大道论》、《玄机直讲》等，亦传陈抟的"蛰龙法"丹诀。张三丰丹法在阴跷穴调息，这正是同类阴阳功夫炼气的特点。他不仅精于清修、龙虎丹功，而且对内家拳法颇有造诣，开发出人体潜能，有灵异，被后世道流传为神仙，清代祖述张三丰的丹派有自然派、日新派等十多家。元末道士王道渊，著有《还真集》、《道玄集》等，亦为一代内丹大师。另有清代高道刘一明，号悟元子，著《道书十二种》，以儒家理学诠释内丹学。龙门派道士闵小艮，道名一得，隐于金盖山中，撰成《金盖心灯》及《古书隐楼藏书》，阐述中黄直透的虚空阴阳丹法。南无派丹师刘名瑞，号盼蟾子，著《盼蟾子道书三种》传世，亦为近世内丹大家。

汉唐以来修炼有成的内丹大师还多，内丹学著作亦不下千余种。就内丹门派而论，还有青城派、崆峒派、南宫派以及雷法的神霄派、清微派、天心派等，皆有独自的特点。

据传内丹学中还有一派剑仙功夫，其术乃修炼人体肺金之气，内丹外用，可以金气御敌。野史小说中多记剑仙之事，语涉怪异，谓剑仙功成，能身剑合一，收发自如，白光一道，取人首级，如探囊取物。然修炼方法甚秘，须在人迹罕至处炼养煞气，或以五更月朗星稀之时炼养阴寒之气，传法只许师寻弟子，不许弟子寻师。此术有云修自身金气者；有云以自身金气与古剑之金气合一者；有云可御剑飞行者。陈撄宁、吴彝珠夫妇在《扬善半月刊》第 39 期著文声称在 1924 年以来曾同剑仙派传人梁海滨等交往，力证确有此派丹法。实际上，《列子·汤问篇》早记有春秋时期来丹为报父仇去卫国求孔周借剑之事，足知剑仙之传古已有闻。笔者曾得几种剑仙派法诀抄本，有青城派所传以武术为基之剑仙派，有以内丹为基之剑仙派，有对星月之光炼气剑者，有炼神剑者，尚不知世间还传有何种抄本，未遑细作推敲。此术为世间增加戾气，在当今之世弊多利少，故以前未敢轻言。

第五章　钟吕丹法的基本特征

内丹学的研究在世纪之交正在引起国内外道教学者的兴趣。纵观国内外道教文化的学术研究，可以大致划分为三个层面。

第一个层面是将道教资料从史学和文献学的角度展开研究，需有考据、训诂等做学问的真功夫，国内外老一辈学者就是由此入手研究道教的，这种开拓性的研究现在还在深入。

第二个层面是从哲学、宗教学、文化人类学、医学、化学、民俗学、伦理学、文学艺术等角度对道教进行既分析又综合的研究，这需要海内外多门学科的专家分工协作。这项研究最先由法国、英国、日本等海外学者开展起来，近年中国一些有现代多学科文化素养的中青年学者也出版了相当有水平的学术著作。

道教文化还有比一般学术领域难度更大的第三个层面，也是处在道教核心部位的硬壳，其中包括斋醮、法术；奇门遁甲等占验术数；外丹黄白术与内丹学。斋醮需要实际的宗教体验，这在国内已有少数学者开始研究。法术来源于中国先民原始宗教的巫术，国外一些研究巫术的文化人类学著作可以借鉴。占验术数的研究需付出超常精力和具备天文律历知识，况且将其搬进学术殿堂也需要顶住卫道者无知诽谤的勇气。前辈学者赵元任教授已深知术数学研究的难度，他断言占验术数"说有易，说无难"，是一种可研而不可究的学问。中国"文革"以来将占验术数统统斥为"封建迷信",现在又称之为"伪科学",是一个学术界不敢触动的禁区,术数学的研究一变而为"说无易,说有难"!外丹黄白术的研究需要化学实验,但它又不能专靠化学史家去研究,必须同内丹学的研究结合起来才能揭开奥秘,因之不能对古代丹道家将其纳入天地人三元丹法的理论掉以轻心。内丹学的研究需寻访师传口授的内丹法诀及对丹经的修炼体悟能力。内丹之秘的揭开,将使人们获得一种新的眼光重新审视道家和道教的古代经书,使中国道学成为新时代的智慧明灯。

钟离权和吕洞宾皆唐末五代时人,他们的丹功与其说传自汉代的东华紫府少阳帝君王玄甫,不如说是承袭了东汉魏伯阳的《周易参同契》。钟吕所传少阳派丹法是内丹仙道的主干,其中门派众多,但已公开流传的功法不外同类阴阳和自身清净两途。就自身清净的功夫而论,有胎息法门、止观法门、存思法门、守一法门、炼气法门、虚无法门、采日月精华法门、辟谷法门、导引法门等,都是秦汉方仙道中行之有效的老法子。同类阴阳功夫中有栽接法门、采补法门、合炁法门、感应法门、空乐不二法门、调琴铸剑法门、开关展窍法门等,也可在古代房中术中觅到渊源。钟吕所传的内丹学,乃是以唐代以前古仙行之有效的修炼方术为根基,发掘《道德经》、《周易参同契》等书中的内丹法诀,博采佛法禅密之长,形成了道学夺天地造化的金丹大道。钟吕丹法虽千门万派,但有些共同的特征。学者欲修炼内丹功法,首先掌握了这些特征,才可入门。

其一是钟吕丹法各门派,皆以性命双修为特征。无论是北宗王重阳的丹法主张先性后命;三分命理,七分性学;还是南宗张伯端的丹法主张先命后性,以命功筑基,以性功成道,都不离性命双修之旨。吕祖传法和佛教禅宗所传法印的根本区别,就是强调性命双修，形神俱妙。丹家相传"单修性兮不修命，此是修行第一病"；"只修祖性不修丹，万劫阴灵难入圣"，就是这个特征。《悟真篇》云："饶君了悟真如性，未免抛身却入身。何似更能修大药，顿超无漏作真人"；"释氏教人修极乐，只缘极乐是金方。大都色相惟兹实，馀二非真漫度量。"张伯端前者七言绝句讲明钟吕真法诀和慧能以后之惟重性功的禅宗不同，后一首七绝干脆说佛教之上乘功夫，也秘传道家命功。六祖慧能所说"日后明道者多，行道者少；修道者多，成道者少"，实是明言释家显宗单传性功之弊，而释氏"修极乐"的衣钵之秘，仅在密宗及无上瑜伽中秘传。释氏的"极乐"亦在色相之中，"西方"也就是"金方"，这是同类阴阳丹家不言自明的隐语。紫阳真人精通禅学，实开后世白玉蟾、柳华阳辈佛道双融之先河。宋明理学兴起之后，僧人附和儒家的封建卫道士大骂内丹学是邪术，骂内丹家是"守尸鬼"，称人身为"臭皮囊"，追求灵魂脱离肉身而解脱，岂知"一失人身万劫难"的道理呢！

说穿了，钟吕内丹学派的形神观，还是将人身看作是由形、气、意三个层次组成的统一体，即人的躯体结构、生命结构、心理结构三者的整合系统。[1] 精为形体之精华，气为生命能量，神为人的意识。内丹学是一项修炼精、气、神使之凝合为一，由后天转为先天，进而同道一体化的生命系统工程。如果形神分离，精气神分离，那就是死亡，是同内丹家关于"形神俱妙"、"与道合真"的目标背道而驰的。后世丹经比附佛书，宣扬宗教神秘主义，鼓吹形神二元论，以死亡为解脱，皆非钟吕丹法真传。

其二是钟吕丹法皆以"炼心"为纲要，以"心息相依"为法

---

① 胡孚琛：《道教医学和内丹学的人体观探索》，载《世界宗教研究》1993年第 4 期。

门。《青华秘文》明言以心为君，以神为主，"盖心者君之位也，以无为临之，则其所以动者，元神之性耳；以有为临之，则其所以动者，欲念之性耳。""元神者，乃先天以来一点灵光也。欲神者，气质之性也；元神者，先天之性也；形而后有气质之性，善返之，则天地之性存焉。"这说明南派丹法亦重炼心习静，遑论北派！关于"炼心"一着，《唱道真言》中讲得最透彻。我将内丹学称为打开生命科学之门，进而解开人类心灵奥秘的钥匙。道教内丹学和佛教唯识学从本质上讲都是探索人类心灵之谜的学问，在修持上达摩老祖"全凭心念用功夫"的话也正是要害之处。然而内丹学入手法门的要诀在"心息相依"四字上，不是以心止念，也不是什么"心理暗示"。丹家入静，乃目不乱视，心不留事，"神返于心，乃静之本"。这要丹家体会《阴符经》"机在目"的要诀，以一个"忘"字扫除杂念。然而内丹家不像佛教修持那样费多年工夫做控制自我意念的游戏，因为以心止念，以意识审查意识，以心神控制心神，实际上乃是事倍功半的自扰之术。在内丹家看来，以自我意识来测度自我意识而求入静，有如量子力学中的测不准原理，虽费尽心机而少成效。内丹学的身体观将人体看作是形、气、意的三重结构，气是形和神的中介，因之从炼气入手，等于炼了形也炼了神。丹家入手法门讲究以假修真，从后天转入先天。后天的气就是呼吸，后天的识神就是意念，以意念调整呼吸，将注意力集中到呼吸上，以"心息相依"为要诀，逐渐由后天呼吸转变为先天元神显现时的胎息，便是内丹的入手法门。

"心息相依"四字说来容易，真正做到甚难。如果要求学者将注意力全集中到呼吸上，心无一丝杂念地记住自己的每一次呼吸，多数人连三分钟都难以坚持。因之丹家又以数息法、听息法等权法导人入静，从而排除掉人的常意识（识神）而使元意识（元神）

呈现。元神乃是人的本性，当虚极静笃时，元神显露，即是禅宗的"明心见性"，可以开发出心灵潜能。丹家性住之后以不动之"宗祖"真常应物，为最关键一着，但此后尚有大事做，如同见米再做饭。"心息相依"四字真正做到了，以一线神光护住一缕真炁，不到半个小时即可见到"玄关一窍"，炼精化炁的内丹仙术便可拾级而登。

顺便指出，内丹学既是集中了道、释、儒三教精华的民族文化瑰宝，它决不会真正排斥禅宗。皆因自唐代释神会以南宗顿悟成佛之旨压倒北宗渐修成佛之法后，禅林中皆舍难趋易，没有坐禅入定便说已开悟见性，于是"狂禅"、"口头禅"、野狐禅遍行于天下，凡夫惑业深重无明未断也讲"人人皆有佛性"可立地成佛，学风败坏尚不自知。内丹学之文始派虽言顿超直入，也有筑基功夫。钟吕丹派（少阳派）则必须通过筑基、炼精化炁、炼炁化神、炼神还虚，乃至炼虚合道几个阶段，不能躐等而进。如果以禅宗的话说，内丹学是先要从神秀"时时勤拂拭，勿使惹尘埃"的渐修功夫入手，以次第分明的内丹修炼程序达到慧能"本来无一物，何处惹尘埃"的境界。需要说明，现代国内外那些气功"大师"们传授的自创或师承的五花八门的气功，大多是炼后天精气神的"安乐法门"，包括某些自称达到"小周天"、"大周天"的气功，也仅处于内丹学的筑基阶段。至于那些标新立异的各类功法，都脱不出古已有之的三千六百旁门的范围，故丹家有云：任他百千差别法，"总与金丹事不同"。同时还要说明，以"气功"命名修炼人体精气神的健身术，并无大错。"气功"名称的来源，学术界早有考据，"气功"二字不仅早见于唐代道书，宋代《云笈七签》中称为"气术"、"气法"（如"诸家气法"），清代武术著作中更定名为"气功"了。甚至在《绿野仙踪》等明清小说中，内丹家亦自称"炼气士"。今人刘贵珍出版《气功疗法实践》，但"气功"之名非他首创。气功疗法皆从人体形、气、神三重结构的中间层次入手，以"气"为中介健身养性。"气"不仅是中国哲学和中国医学的基本范畴，又是人体中的生命能量，还直接意指呼吸。气功疗法的人体生命能量可以做功，炼功又从调整呼吸入手，"气功"是目前为国内外群众最能接受的"定名"。有些气功师故意哗众取宠，自称"生于中医世家"，或某门派第几代传人，拉"洋人"、"名人"、"科研机构"的大旗作虎皮，骂其他门派所传气功皆是假的，甚至要改气功名称为"心理暗示法"或"催眠术"，实际上只不过证明他们自己才真正是"伪气功师。"

其三是钟吕内丹各门派皆传"取坎填离"之术，以调动人体性能量为丹法秘诀，以取得人的生命体验作为丹功成败的关键。《悟真篇》云："万卷仙经语总同，金丹只此是根宗。依他坤位生成体，种向乾家交感官。莫怪天机俱漏泄，都缘学者自迷蒙。若人了得诗中意，立见三清太上翁。"这首诗实际上就是讲取坎填离（或曰抽铅添汞）之术的。在道教医学中，坎为肾，肾是"先天之本"；离为心，心藏神，而脑为元神之府。内丹家虽继承了中医学"心之官则思"的说法，但在实际人体修持工程中早已体验到大脑对人意识活动的关键作用。还精补脑的真义，就是从调整人的精囊、前列腺、胸腺、脑下垂体、松果体、胰腺、肾等内分泌系统的功能来改善整个人体的生命机能和精神状态。钟吕丹法有一套调动人体性能量的秘诀，将人的性体验看作是人类最根本的生命体验。同类阴阳派丹法源于道教中的房中养生术，但比房中术高出一个层次。至于同类阴阳派丹法秘诀，与房中术性质根本不同，全世界稍知内情的人寥寥可数，至今未在学术刊物上披露，道教研究领域的人尚且多为捕风捉影，外行的学者岂可妄加评论？然而近年中国大陆某些气焰熏天的伪科学家却将同类阴阳丹法的研究定为"黄色淫秽"的禁区，斥责内丹学为"封建迷信"，这和君主专制时代维护封建礼教的伪君子唱的是一个腔调。人们知道，李约瑟博士把道教文化作为中国科学思想的旗帜，他的《中国科学技术史》第五卷第五分册专门研究内丹学，他称之为"生理炼丹术"，难道这也是贩卖"伪科学"，宣扬"封建迷信"吗？这些年老的伪科学家依仗权势为道教文化的研究设置禁区，否定道教文化也就等于否定了中华民族的科学思想史，推行早已过时的"科学主义"、"技术主义"、"工具理性万能"的西方中心论，这是落后时代潮流和不得人心的！

内丹学不仅特别注意研究人的性体验，而且还认真研究了人的垂死体验。丹家认为性体验激发出人类"生"的激情，濒临死亡的体验则使人类获得"死"的感受。丹经中讲"若要人不死，须是死过人"，只有经历过濒死体验的人才能真正认识再生的规律，而性体验的激情又将人再生的生命超越到道的境界。内丹家以参悟生死的修炼功夫改造人体素质，开发心灵潜能，将生命激发到超常的新状态，其中的科学道理留待跨世纪的新一代科学家去认识吧！

其四是钟吕丹法皆以招摄先天一炁促进人体和宇宙的大循环为实效，以与道合真作为丹功修成的标志。先天一炁在内丹学中又称太乙真气、道炁、元始祖炁、元始含真气、元始先天一炁等，名目不一。内丹学的理论认为只要按丹家秘传的法诀将这种残留在宇宙中的先天一炁招摄到体内，即通过元意识的激发在量子层次上和自然界基本节律共振发生相互作用，才能使自己的身心与混沌的宇宙融为一体，同宇宙的自然本性契合，返回先天的自然状态，进入同道一体化的境界。内丹家在"致虚极，守静笃"的条件下采用师徒秘传的同类阴阳交感的技术，实际上是一种将人体节律同宇宙内在节律调谐的技术，促进宇宙和人体的大循环，达到归一成真、还虚合道的目标。以上解释是我于1992年在比利时安特卫普医学中心和根特大学讲学时作出的，当时由于西方学者对内丹学中带有宗教神秘色彩的传统术语较难理解，不得不以西方科学家熟知的语言释俗。我对他们譬喻说：天界的"上帝"有一个电台，向外发射宇宙电波。人体比如一个收音机，要接收"上帝电台"的宇宙电波就必须调谐，使人体的频率和宇宙的根本节律相一致，才能听到"上帝"的声音，这就是人体招摄先天一炁的调谐原理。人体的生命节律和宇宙运动的根本节律相一致时，就达到了生命与道合真的境界。这种内丹功法的直接效果，就是将个体的生命纳入宇宙的自然循环节律之中，解除人体神经系统、气血循环系统、内分泌系统等等的淤滞，使之达到自控制、自调节、自修复、自组织的最佳生存状态。其实人的许多疾病，都是先由心、脑及全身供血不足、体内气机不畅或说能量流动受阻之类原因造成的。内丹功法以其独特的方法促进气血流通，化瘀解滞，必然会有增进健康，延长寿命的效果。西方医学的弊端就是缺乏整体观、滥用药物，现代心身医学的发展和自然疗法的推广正在纠正这些弊端。内丹学将人体先天的精、气、神称作"药物"，将内丹称作"大药"，药就在自己身中，解除疾病包括解除或缓解现代西医望而束手的大病全靠自己身中的"药物"。大药炼成，百病全消，这就是内丹家数千年来苦心修炼的信念。老子云："人法地，地法天，天法道，道法自然。"钟吕派内丹功法的最大特征，就是在人身中模拟道家宇宙反演的规律，将老子的道家哲学变成自己的生命体验，使人体的小宇宙和自然界的大宇宙进行天人感应，以"道法自然"的原则修炼成道。

钟吕派内丹法脉的特征还可举出一些，今择其要者略论四端。现代中国存在着民众宗教意识复苏，传统文化的精华被重新发现的文明复兴背景，特别是在商品经济大潮的冲激下，一些江湖骗子和伪气功师必然会又打起"道教内丹学"的旗号招摇撞骗谋财害人，那些自称某门派第几代传人或某大师嫡传弟子的人也会出来借传播内丹学欺世盗名，从而在国内外民众中败坏内丹学的声誉。然而假的东西出现正好说明真的东西实际存在，这就像商业中的名牌产品都会引起市场上的冒牌货泛滥一样。解决问题的真正办法，不应像"文化大革命"中那样设置学术禁区，而应该将道教内丹学纳入学术研究的轨道，组织真正的专家学者以现代科学和哲学为武器破解内丹之秘，这对于破除迷信，移风易俗，正本清源，鉴别害人的骗子，维护社会安定，无疑也有重要现实意义。

第六章　各派丹法要诀

丹道玄功，各家皆有口诀相传，详细指点真炁运行的景象。其实这些口诀，丹经道书中大多隐约点出，只因人们没有切身体会，看不出，读不懂，领会不深而已。现仅从各家丹法的区别着眼，将其关键功法略作概括。

第一节　南宗丹法要领

南宗丹法，重在命功，先命后性，传同类阴阳栽接之术。张伯端以下，有陆彦孚、刘永年、翁葆光、陆子野、陈致虚、戴同甫、甄九映、陶素耜、仇兆鳌等。《悟真篇》云："阳里阴精质不刚，独修一物转羸尪"，"休施巧伪为功力，认取他家不死方，鼎里旋添延命酒，壶中收取返魂浆"等，皆为栽接要诀。陈致虚注云："男子身中皆阴，苦执一己而修，岂能还其元而返其本，又将何而回阳换骨哉？"（《悟真篇四注》）南宗之上乘功法，为神交体不交，男不脱衣，女不解带，神气相通，两情相应，二气交感，生龙活虎，合而成丹。南宗丹法，全在火候、药物运用之妙，采药有秘诀，条件要求严格。其丹功步骤有凝神定息、运气开关、保精炼剑、采药筑基、还丹结胎、火符温养、抱元守一等。南宗丹法属同类阴阳法门，包括彼家丹法与龙虎丹法两途，以龙虎丹法为主。其开关展窍亦有积炁、聚炁两法，积炁之功迟，聚炁之功速，皆有口诀秘传。

第二节　北宗功法诀要

北宗丹法，重在性功，先性后命，传自身中阴阳交合的清净丹法。北宗丹功讲三分命功，七分性学，修性即修心，修命即修术，以炼心修性为始基，以清静无为作要旨，至明心见性之后，依次修炼仙术，自可达到还虚合道的仙人境界。全真道士有出家住庵制度，宣扬断绝爱欲，以精不漏为小周天功成之兆，力斥阴阳栽接为邪术，吸收了佛教禅功的长处。

北宗命功关键一着，就在于从清净入手，清为清其心源，净为净其炁海。心源清则外物不能挠，炁海净则邪欲不能干，如此调息入定，直至静极生动，先天元阳萌生，开关展窍，便可采先天真炁，盗天地真阳，在自体内交合成丹，逐渐阳长阴消，炼至纯阳之体，则命功成。人能清静无为，无思无虑，养炁全神，凝神太虚，神炁充塞于天地之间，自然可以还虚合道。

全真七子，各创一派，以丘处机的龙门派最盛。丘处机19岁出家，26岁师事王重阳，后得丹诀，年正少壮，故以自修自证的清净丹法成道。他曾说："吾宗惟贵见性，而水火配合其次也。大要以息心凝神为初基，以性明见空为实地，以忘识化障为作用，回视龙虎铅汞，皆法相而已，不可拘执。不如此便为外道，非吾徒也。"（《长春祖师语录》）其丹功要诀，是凝神寂照的回光之法。人的心性之灵光，寓于二目之中，回心性之灵光，须瞑目内视，一念不生，使神凝炁聚，相守相化，阳长精生，全身温暖似醉，渐入佳境。北派丹法要在人体和宇宙的大循环，召感先天一炁，内真外应，自然与虚无空灵之境相通。这套工夫，既有禅功参悟之长，又有儒家品德修养，归宗于道教的炼养之术，以三教之真以全自我之真，从而登入真人的境界。

第三节 中派丹法特点

李道纯以内丹学解儒书，对当时理学家推崇的《四书集注》之《中庸》篇"喜怒哀乐之未发谓之中，发而皆中节谓之和"和《尚书》中"人心惟危，道心惟微，惟精惟一，允执厥中"句特有所悟，著《中和集》，以"守中"一着为丹功要诀。"中"即是玄关一窍，以人体之中感应天地之中，便是天人合一的金丹大道。

后有题为尹真人高弟著的《性命圭旨》，亦属中派丹法。清代道士黄元吉，撰有《道德经注释》、《乐育堂语录》、《道门语要》等，亦被陈撄宁、王沐归入中派的清净丹法。中派丹法还传中黄直透功夫，从阴跷穴起修，激活生命能量，先天真炁沿黄道直升直降亦可结丹。其黄道至先天境界自现，后天观想则易生"闯黄"之病。龙门派第十一代道士闵小艮（道名一得），撰有《古书隐楼藏书》及《金盖心灯》等，融瑜伽修气轮的功法于内丹术中，亦传中黄直透的丹法。

《参同契》云："黄中渐通理，润泽达肌肤。"丹家因之形成修黄道一派，亦称修中脉。任脉在前，为赤道；督脉在后，为黑道；中脉在人体中央正位，不前不后，下以坤土（色黄）为中心，得中黄之炁，称黄道。内丹家亦称中脉为冲脉，与密宗修中脉之功法暗合；中脉能通，脉路上的七孔（亦称七门）亦得到净化通畅，又与瑜伽通七轮之功法暗合。盖天下事殊途而同归，百虑而一致，人体的奥秘是统一的。《黄庭经》中已有"七孔"、"七门"之说（"七孔已通不知老"、"中有真人巾金巾，负甲持符开七门"），黄中、冲脉、黄道之说亦见之于古丹经，我国古代丹家习之已久，为不传之秘，具有重要科学价值。

第四节　东派丹法概说

陆潜虚所创东派丹法为正宗之彼家丹法，著有《方壶外史丛编》等书。陆潜虚在所撰《玄肤论》、《金丹就正篇》、《金丹大旨图》、《七破论》等书中明言男女双修之道，谓"先天之精积于我，先天之炁取于彼"，"金丹之道，阴阳相合而成者也。人道顺施，仙道逆取，取药于坎，而造丹于离，又何疑乎?"

东派工夫，采用竹破竹补，人破人补之法，从逆用逆修的原则出发，借炁修炁，假命续命，聚气开关，追摄栽接，其诀不肯轻传，得其诀者，清修百日之后，用真鼎一次，片时即可结丹。丹诀要在火候，必遇真师方能知。此法男女双修双成，有利无害。故明末朴真道人《玄寥子》云："东派之开关展窍诀，提吸追摄诀，过关服食诀，较印度瑜伽术与密宗双修法中所用者，尤为上乘而简妙。"清代傅金铨所传男女双修丹法，亦源于东派，然已知三家龙虎丹法之秘。

第五节　西派丹法简述

李涵虚所创西派丹功，亦含同类阴阳的彼家丹法和龙虎丹法，其清修功夫又有绝妙之调息秘诀，是综合前代南、北、中、东诸家之长的上乘功夫。李涵虚著有《道窍谈》、《三车秘旨》、《后天串述》、《无根树词解》、《圆峤内篇》等，独具匠心。

西派丹法因人而异可选清修、双修两途，其大旨则先以清静自然立基，后以同类阴阳成丹。西派功法入手先要摄念入定，打坐凝神，有九层炼心之法，谓修身妙道，全在静定中下手，静定功纯，神妙自然而生。

童子先天未破，自可清静而得胎仙，破体之人，可须借女鼎（彼家）真炁成丹或趋入北宗自身阴阳的路子。其中法诀汲取了多种门派的优点，无论双修或清修都自有特色。西派丹法，层次分得较细致，丹功繁琐复杂，如筑基分为小筑基和大筑基，炼己又分为内炼己和外炼己，炼心分九层等。此派至近世，仍有传人。

第六节　文始派丹法提要

文始派丹法本于《老子》、《庄子》，以《文始真经》为代表。这派丹功以虚无为本，以养性为宗，为丹法中最上一乘虚无大道。此丹法惟教人大彻大悟，一无所为，一无所执，一无所有，虚极静笃，以我之元阳神炁，合天地之元阳神炁，盗天地虚无之真机，合我神炁之真机，进入无人无我无天无地与宇宙精神往来的境界，丹不炼而成。人能泯思虑，齐是非，同人我，合天地而统归于虚无之境，便与道合。丹法要诀端在入静筑基，出有入无，正确对待心灵景象。

文始派丹法是一种炼养虚空阴阳的顿法，从最上一层炼神还虚功夫做起，直至虚极静笃处，精自化炁，炁自化神，虽不言精炁，然以神御炁，了性自然了命。这是以自身合自然而归虚无的丹法。

第七节　三丰派丹法略讲

三丰派丹法综合文始派与少阳派的特点，自成体系。其入手功夫，既不执于有为，又不执于无为，于阴阳栽接中创一清静法门，开创和秘传同类阴阳三家相见的龙虎丹法。

张三丰《道言浅近说》云："心止于脐下曰凝神；气归于脐下曰调息；神息相依，守其清静自然曰勿忘；顺其清静自然曰勿助。勿忘勿助，以默以柔，息活泼而心自在，即用钻字诀。"其筑基功夫，除以生龙活虎添油续命外，亦须修心炼性，心定性清自然药生。药分内外，内药养性，为自身所生元精；外药立命，须采取身外先天一炁。心性静定而元气长，元神活，渐返先天无极之境。

三丰派又传陈抟所创卧功"蛰龙法"，以神默气冥，虽睡还醒，元和内运之功得道，适宜老人修炼。

第八节　青城派丹法指要

青城丹法创自青城丈人，又有李八百等人传之。有《青城秘录》、《大道玄指》等阐其功法，乃综合南派男女栽接术、北派清修法之长而成。其功法亦分上、中、下三乘，传法诀因人而异。

青城派上乘丹法以一个"无"字相传，要无心无念，无人无我，无天无地，无法无道，一切丢开，守无致虚。于无为中产生有为，以最上层工夫通中、下层工夫，由后天到先天，再由先天归后天，最后达到先后天合一而丹成。上乘栽接术，即"千里神交，万里心通"的心灵感应法，采天地阴阳之精气以补自体之精气，从而阴阳相合，交感成丹。

萧天石先生著《道家养生学概要》及《道海玄微》，收入他主编的《道藏精华外集》，对各家丹法论述颇精，尤得青城派丹法之传。据他所见《青城秘录》及《青城玉房诀》诸道书，中有阴阳逆用法、乾坤返还法、大灌顶法、小灌顶法等及用女鼎之对鼎器诀、结丹诀、炼己诀、还丹诀、脱胎出神诀、还虚合道诀等，确为双修双成之正统大道。

第九节　三峰采战之泥水丹法

泥水丹法，亦称闺丹，由房中术发展而来。泥水丹法之名目，即是《红楼梦》中贾宝玉所说"男人是泥做的，女人是水做的"，泥水烧结而成器，男女修炼可成丹。这派丹法，在明代曾盛传一时，但被正统丹家斥为旁门邪术。修三峰采战之法，多为秘传，不得丹诀，或战而不能采，采而不能补，损己害人，混采混炼，反致早死。

此派丹法，以炼己铸剑之功立基，以选鼎用鼎、聚气开关、妙用神剑、降龙伏虎、转化阴阳为功用。泥水丹法以炼己铸剑为入手的铁门槛，以开关展窍为炼功的通行证。行功时有大锁金关诀、倒吸西江水诀、过关服食诀、吹笛诀、神用诀等秘法，有锦身机要、采真机要、颠倒造化、玉液接命、金液炼形等步骤。所行丹功甚繁杂，法门亦多，有用破鼎、中鼎、老鼎者，最后以一真鼎成；有用九鼎补体一鼎成丹者；有用五兑一坎者。这种丹法，为儒家伦理外衣掩盖下的社会陈迹，是旧社会特定条件下发展起来的文化现象，可知而不可学，需要以现代社会的伦理精神加以改造和扬弃，重新用现代医学和人体科学剔除其糟粕才可外传。

其他门派丹法还多，不再一一列举。

第七章　内丹基本理论揭秘

历代内丹家多为文化层次较高的知识分子，他们在内丹修炼中创造了丰富的理论。在此，我们概要地阐释内丹学的理论，并予以必要的发展和深化。

一　先后天人体三宝说

内丹学将精、气、神称作人体的"三宝"，又分为先天和后天。所谓先天，是指从自然界和人类社会的初始状态看，那些无形的，自然本能状态的，功能性的，超越时空界限的东西。所谓后天，是指从物质世界和世俗社会的现实状态看，那些有形的，人为的，实体性的，同熵增的物质规律相一致的东西。精、气、神是人体生命要素的三个层次，不仅有先后天之分，还可互相转化。后天的精，是指人性交时射出的精液，广义上还包括人体内分泌的多种激素。先天的精，是在无为状态下自然而然本能地产生的，又称元精、真精，主要指人在不受淫心刺激下自发的性功能，广义上还包括内分泌系统、生殖系统、循环系统等激发生命活力的自然功能，是一种性能量。后天的气指呼吸之气；先天的气为元气、真气，写作"炁"（由炼精化炁而来，是精、气凝炼为一的代号），指人体生命运动的机能，体现为高度有序的能量流和躯体活力，即生命力。后天的神为思虑之神，称识神；先天的神称元神（由炼炁化神而来，是炁神凝炼的结果），呈一种极清醒的无思维状态。精、气、神又是修炼内丹的药物。丹道学中的先天、后天学说给现代人工智能的研究确定了一个界限，即后天的意识皆可以用人工智能模拟的，而先天的意识是人工智能无法模拟的。后天的世界是"明在系"，人类的理性可以认识；先天的世界是"暗在系"，脱离人们熟知的因果律和时空限制，无法被后天的理性所认识，仅能用先天的灵性来察知。

二　顺则生人逆则成仙的内丹学原理

按照道学的宇宙创生演化及人体生成说，宇宙和人体生命的生成皆源于道。道自虚无状态中化生出元始先天一炁（亦称太乙真气），又从一炁中产生阴阳二性。由于阴阳二性的交会、激荡，产生物质、能量、信息三大元素，再由三元素演化成万物纷纭的世界。这就是老子《道德经》"道生一，一生二，二生三，三生万物"的宇宙演化图式。人的生成也和宇宙的创生图式相感应，宇宙中的元始先天太乙真气，在父母阴阳两性交合时被招摄进母腹之中，形成胎元，将性命寓于其中。直至十月期满，胎儿长成，出离母腹，"哇"的一声，先天祖气断开，后天气生。以后每32个月，生元气64铢，由复卦、临卦、泰卦、大壮卦、夬卦至16岁乾卦，得384铢元气，为纯阳之体。其中父母初交，于恍惚之中，合成一炁，生长出形体未具，神炁未判，处于混沌状态的胎元，为人道的"第一变"。由心肾成形，神炁始分，到十月胎圆，婴儿降生，为人道的"第二变"。由初生儿至16岁少年，阳精成熟将泄，情欲始萌，为人道的"第三变"。而后识神用事，情欲伤身，每96个月，则生一阴，由24岁姤卦，经32岁遁卦、否卦（40岁）、观卦（48岁）、剥卦（56岁）至64岁坤卦，元气耗尽。内丹学修炼功夫是一种人体返还工程，即由坤卦返回乾卦的返老还童之术。内丹学的基本原理是认为宇宙演化和人体生命都可以从逆的方向上进行反演的思考。顺则生人生物，逆则修炼成仙。内丹家以"三关修炼"阻止人体熵效应，通过"炼精化炁"的初关仙术将精化尽只剩下炁和神，为"三归二"的过程；然后"炼炁化神"的中关仙术为"二归一"的过程；最后"炼神还虚"的上关仙术返还于虚无之道。这样人体沿着逆的方向由"第三变"返到"第二变"，再从"第二变"返到"第一变"，直到虚无之道，内丹就修成了。

三 虚无之道和先天一炁说

内丹学要追求一种长生不死、永恒不灭的状态，而根据自然科学定律凡是产生的东西最终都要灭亡，仅有虚无是不生不灭的。这样，返还虚无之道就成了内丹学追求的目标。《唱道真言》云："夫道之要，不过一虚，虚含万象。世界有毁，惟虚不毁。道经曰形神俱妙，与道合真。道无他，虚而已矣。形神俱妙者，形神俱虚也。"内丹学认为在宇宙未创生之前，是一片虚无。当宇宙创生之时，虚无之道化生出元始先天一炁（太乙真气），这种先天一炁被认为是宇宙万物运动的一片生机，也是生命运动的源泉。因之，自身阴阳、同类阴阳、虚空阴阳丹法都以招摄先天一炁为目标。我们推测，先天一炁大概是宇宙大爆炸之前的初始信息，是时间和空间还没展开的宇宙模本，是自然界最根本的内在节律。初始的宇宙中隐藏着秩序，存在着产生普适的宇宙节律的信息源。内丹家通过一种将人体节律和宇宙节律调谐的技术，使人体精、气、神等元素充分激发，在量子层次上和自然界的本源相互作用，将这种残留在宇宙中的初始信息招摄到体内。内丹家将人体和大自然的内在节律相调谐，使自己的身心与混沌的宇宙融汇为一体，返回先天的初始状态，才能同宇宙的自然本性契合，进入道的境界。

四　意识的三层次说

根据我们对内丹学的研究，发现人的意识的器官不仅是大脑皮质，还包括丘脑、网状结构，甚至还有心脏等，中国古医学认为心主神明，肝出谋虑，胆主决断，肾出伎巧等是有根据的。这就是说，思维和情感活动在躯体层次上是以人脑及内脏器官等相互制约的复杂生理系统为基础的。人体的内分泌激素，后天和先天的精、气、神也是一个系统，是可以相互影响，互相转化的。人体生命运动的精、气、神恰好和物理化学运动中的热、力、光三种效应相互对应，它们都是生命运动的存在形式，其中最要害的是神。人的心理也是有结构的，是一种过程的秩序。意识是生命运动的最高形式，它可以凝聚为一种有着超微结构的高度有序的客体。人的心理系统中的意识活动和无意识活动都是人类在进化过程中大自然赋予的重要心理功能，其中无意识活动决非无足轻重的自然现象，而是一种深层意识，是人类改造自然和社会的重要潜能。意识活动的生理机制主要在大脑额叶，无意识活动的生理机制在大脑的网状结构和丘脑。随着人类进化，人的大脑皮质日益发达，网状结构的范围相对减小，但网状结构中的核体却日益复杂和分化，人的深层意识也愈加显示其重要的调节作用。我们可以断定人的意识共分为三个相互联系的层次，即常意识（日常的认知、思维活动）、潜意识（隐藏在心理深层的欲望）和元意识（遗传的本能意识）。常意识是心理表层的理性思维活动，内丹学家称之为"识神"，它包括人们的感知、判断、推理等一系列心理程序。内丹功夫中识神的活动分为正念和邪念（即不利入静的杂念和游思、妄念等），内丹家要排除邪念，凝聚正念（意守丹田，归根复命之念），集中人的意念力透入深层意识之中，增强常意识的可控度，使之以意念力的形式得到凝炼和升华。潜意识是一种非理性的意识层次，包括人们平常不易觉察的胎儿、幼年、童年的记忆（特别是心理未成熟时期的刺激）和隐藏的各种人生欲望、性欲、心理创伤等印痕。日常生活中的重大刺激往往会透过表层常意识在潜意识中留下痕迹。这些潜意识的印痕反过来又在背后强有力地影响着人们表层的心理程序，人们可以从梦境、幻觉、精神病等心理状态中破译出潜意识的原型，内丹功夫中出现的不良心境、恶劣情绪、各种魔境、幻觉等都是潜意识作怪。内丹功法要净化潜意识，自我清洗自胎儿期以来键入的各种印痕，并通过一定方式（如熟读丹经、牢记师传、背诵口诀、默念咒语、反复训练等）将炼丹的程序编码输入潜意识之中。这种潜意识中的炼丹程序编码就是"真意"，它被称作勾引精、气、神等生命要素相互化合作用的"黄婆"。潜意识可以在内丹修炼中逐步人格化，凝炼为"阴神"。阴神是人格化了的潜意识，可以如梦中之身般的脱体而出，具有遥感、透视、预知等超常的心灵潜能。人类心理的最深层次是"元意识"，在内丹学中称作"元神"。内丹修炼到元意识显现时，呈一种极端清醒却毫无思维的心理状态，可以呈现为直觉和灵感，这说明元意识比潜意识更深一个层次，相当于佛教阿赖耶识所藏"无漏种子"（第九识"无垢识"），为实相真如性体，丹家亦称为宇宙和人体发生之初的"一点灵明"，是一种遗传的本能意识。元意识是人类在漫长的生物进化中遗传在头脑中的尚未开发的信息库，它包藏着生物进化史上曾经有过的智慧和能力，是人身真正的"自我"，因之丹家称为"主人公"。当迫使识神退位（排除常意识）元神呈现时，便是找到了真正的"自我"，因之内丹学又是一套开发自我，认识自我的过程。元意识在人体工程中通过开发和凝炼，可以逐步人格化为"阳神"。几乎所有的炼丹家都以其亲身经历表明阳神是元神的凝聚体，有成熟的人格，是有形有相的自我，可以脱体存在，具有突破时空障碍的巨大神通。丹家将人的躯体称作"色身"，将阳神称作"法身"，也叫身外之身，出阳神是内丹人体工程的重大目标，也是内丹学研究中最棘手的一项课题。实际上，内丹学是一项凝炼常意识、净化潜意识、开发元意识的系统工程。它只有在自然科学能够充分地解释人的大脑神经的奥秘时，才可能在实证的层面上获得突破性进展。

五　取坎填离术

内丹学认为后天的坎（☵）、离（☲）二卦是由先天的乾（☰）、坤（☷）二卦中间的阴、阳两爻互换位置造成的。《渔庄录》云："先天八卦，乾南坤北。因男女交媾之后，乾体破而为离，坤体实而为坎。故后天八卦，谓离南坎北，盖以离代乾，坎代坤也。"内丹学要从后天返回先天，变离为乾，变坎为坤，因之丹功修炼要求将坎（☵）卦中的阳爻再抽回来，填入离（☲）卦中阴爻的位置上，使之回复到先天乾（☰）卦的纯阳之体，丹家称之为"取坎填离"。离、坎二卦在双修丹法中是男女的代号，意思是以男子离器中的真阴（又称真汞、砂中汞、龙从火里出）摄取女子坎户中的真阳（又称真铅、水中金、虎向水中生），从而阴阳交媾成丹。《悟真篇》云："南北宗源翻卦象"，"牵将白虎归家养"，"西山白虎正猖狂，东海青龙不可挡。两手捉来令死斗，化作一块紫金霜"，都是隐喻这种功法。清修丹法又以离、坎二卦为心、肾的代号，或以离喻元神，坎喻元炁、真精。这样，取坎填离术在小周天中指心液下降、肾炁上升，又称还精补脑；在大周天中指消阴炼阳、炁定神纯，又称抽铅添汞。《悟真篇》讲"取将坎位中心实，点化离宫腹内阴。从此变成乾健体，变化飞跃总由心"，将取坎填离术看作内丹学的基本功夫。丹家称"取坎填离"、"抽铅添汞"、"还精补脑"、"心肾相交"、"水府求玄"等，用现代的语言说，实际上就是从自我调节人的性激素及内分泌入手，通过增强人的性功能来恢复大脑的青春活力。再确切点说，就是从调整人的内分泌入手改善整个神经系统的状况，协调人体性腺和丘脑的负反馈机制，由生理的和谐推进心理和谐及人体生命潜能的开发。道教医学本来就有补肾可以健脑的思想，内丹学则更突出了肾（中医的肾包括整个内分泌系统、生殖系统的功能，称作"先天之本"）和脑（包括神经系统及心理层次）的联系。内丹学初关仙术以精为基础，气为动力，神为主宰。人在高度入静的状态中，性腺、肾上腺、胰腺、胸腺、甲状腺、松果体、脑下垂体七大腺体的内分泌相互激发，从而使全身在生理上和心理上都达到一个和谐有序的新水平，这就是取坎填离的效果。

《参同契》云："三五与一，天地至精。可以口诀，难以书传。"《悟真篇》云："三五一都三个字，古今明者实然稀。"《方壶外史·悟真篇小序》云："三五与一，天地至精；龙从火出，虎向水生；二物欢会，俱归中宫；三家相见，怀胎结婴。"这些话被称为丹家之秘。实际上，水金和木汞通过真意（土）化合成丹，即以元神和元炁相凝炼，也是取坎填离的意思。心肝脾肺肾五气朝元，精炁神三华聚顶，都不外是摄取先天一炁与元神凝炼成丹而已。

六　黑、赤、黄三道关窍说

丹家认定人身真气运行的经脉主要有三条：一称赤道，即任脉；一称黑道，即督脉；一称黄道，为中脉。《泄天机》载闵小艮曰："丹家理气，原有三道，曰赤，曰黑，曰黄。赤乃任脉，道在前，心气所由之路。心色赤，故曰赤道，而赤性炎上，法必制之使降，则心凉而肾暖。黑乃督脉，道在后，肾气所由之路。肾色黑，故曰黑道，而黑性润下，法必制之使升，则髓运而神安。原斯二道，精气所由出，人物类以生存者，法故标曰'人道'，丹家、医家详述如此。黄乃黄中，道介赤黑中缝，位在脊前心后，而德统二气，为阖辟中主。境则极虚而寂，故所经驻，只容先天，凡夫仙胎之结之圆皆在斯境，虽有三田之别，实则一贯，法故标曰仙道。"赤、黑二道丹家称为人道，兼容先、后天之精气运行，黑道有尾闾、夹脊、玉枕三关，过三关才入泥丸宫；赤道有上田、中田、下田三窍，此外尚有天门（眉心）、重楼（气管）、绛宫、黄庭、生门（脐门）等要穴。黄道只容先天真精、元炁通过，称仙道，自虚危穴（一名阴跷）透入，过中黄，直达顶骨（天灵盖、囟门）。阴跷穴乃黄道之天关，关乎人之生死，故又称生死窍、复命关；真气归黄，必须纯为先天，否则清浊混杂，易生"闯黄"、"闹黄"之症。囟门盖骨乃人身生气所凝结，上应镇星（位于中天，乃五星之中，高出日月星辰之上），丹家称为"人镇"，其光华称"意珠"，可卫护婴儿（未成熟之阳神）。

从现代科学的观点看，精、气、神这些炼丹的药物皆是人体生命要素。赤道、黑道相互衔接，形成一个任督二脉的周天循环路径，相当于高能物理学里的基本粒子回旋加速器。丹家小周天功夫在任督二脉循环炼药，与基本粒子在回旋加速器中运动的原理类似，赤黑二道进行的是炼精化炁之功。药物归黄之后，在黄道直上直下运动，又和激光管的作用原理类似。顶骨如同激光管的阳极，阴跷穴则为阴极，药物在阴阳二极之间振荡，将先天精、炁炼化为神。黄道比赤、黑二道对药物的纯度要求高，不允许进入后天浊质，故丹家有"欲修仙道，先尽人道"；"人道不修，仙道远矣"之说。

七　玄关一窍说

玄关一窍为丹家之秘，又有玄窍、玄牝、玄牝之门、虚无窟子、偃月炉、西南乡、戊己门、谷神、天地根等异名。丹家因师传不同，对玄关一窍理解不一，有无定位和有定位两种说法。然而揆诸丹经，我们可确定玄关一窍的特征：这一窍，不在身内，不在身外；亦在身内，亦在身外；无形物可觅，无方所可指。丹书谓"此窍不着于幻身，亦不离乎幻身。不着于幻身者，非一切有形之物；不离乎幻身，非可于身外求也。""着在身上即不是，离了此身向外寻求亦不是。泥于身则着于形，泥于外则着于物。"这一窍，全自虚无中来，自虚无中生，自混沌中求，自虚寂中得。丹家谓"先天一炁，自虚无中来"，欲识玄关，须穷取生身受炁之初，寻找乾坤阖辟之祖，阴阳互抱之根。这一窍，功到机现，时至神知；机发则露，机息则隐，只可以无心得，不可以有心求。《唱道真言》云："玄关者，万象咸寂，一念不成，忽而有感，感无不通，忽而有觉，觉无不照，此际是玄关也。"李道纯以一个"中"字为玄关，须丹家心领神会。玄关一窍无体有用，丹家身心静定，方寸湛然，虚极静笃，于真机妙应处，将动未动，未发忽发时，自然见得玄关。此窍一开，百窍俱开，全身八万四千毛孔，三百六十骨节，一齐爆开，百脉流畅，神炁冲动，先天药物随之化生，内丹仙术便可自然运行。

八　内丹学三要件

药物、鼎炉、火候为内丹学三大要件。《规中指南》说："身中之药者，神、炁、精也。"丹家先炼后天精、气、神促生先天药物。精气初生时称"外药"，外药先生而后采。活子时到来初生元精又称"小药"、"真种子"，采入炉中生为"内药"，故内药采而后生，为先天精炁。经小周天炼化为"大药"，"大药"又称丹母。炼丹时意念为"火"，呼吸为"风"，火候指炼丹时意念及呼吸运用的程度。急运称武火，缓运称文火，停住吹嘘称沐浴。火候之妙在于真意的运用，用意紧则火燥，用意缓则水寒。丹家用十二消息卦表示十二时火候，有进阳火、退阴符之分，以卦爻铢两计算呼吸次数。内丹火候所用时辰是人身这个小天地里的时辰，实是药物在体内运行的部位、景象的代号。小周天功法小药生时有性冲动，阳物无念而举为"活子时"，大周天功法大药生时有六根震动之景为"正子时"。双修派丹法采药时机为火候不传之秘，以鼎器之应星应潮定时辰。清修派丹法以神为火，以炁为药，神炁相抱，一任天然，则药物、火候俱在其中。鼎炉为丹家炼药的地方，药物起止之处为炉，升上之处为鼎。清修派丹法有大鼎炉与小鼎炉之分。炼精化炁用大鼎炉，鼎在泥丸宫，炉在下丹田；炼炁化神用小鼎炉，鼎在黄庭中宫，炉在下田炁穴。双修派丹法以女子为鼎器，又有所谓后天鼎、先天鼎、金鼎、玉鼎、水鼎之分。要之，双修丹法以少女为鼎器，以天癸为药物，以庚甲为火候；下乘丹法以身心为鼎炉，精气为药物，心肾为水火，年月日时行火候；中乘丹法以乾坤为鼎器，坎离为水火，乌兔为药物，一年寒暑为火候；上乘丹法以天地为鼎炉，日月为水火，性情为龙虎，以心炼念为火候。还有最上一乘至真妙道，以太虚为鼎，太极为炉，清静为丹基，无为为丹母，性命为铅汞，定慧为水火，洗心涤虑为沐浴，中为玄关，见性为凝结，性命打成一片为丹成，打破虚空为了当。

实际上，内丹功法是丹道家数千年来同死亡作斗争积累下的知识。内丹学的思想，或是从老树嫁接获得新生而创立出添油接命之术；或是从恒温动物（如熊）冬眠而创立出息停脉住的活死人功法；其他如龟息、蛇蜕皮、婴儿握固，无不成为仙道模拟的对象。《无根树词》云：“无根树，花正微，树老将枯接嫩枝。梅寄柳，桑接梨，人老原来有药医。自古神仙栽接法，传与修真作样儿。”这就明言同类阴阳丹法是模拟老树栽接嫩枝的功夫。清修丹法以模拟动物冬眠为主，这也是明显的事实。古人对一些长寿动物龟、鹿、鹤等及常青植物松、柏的观察，都曾给追求长生的内丹家以启迪。内丹学的功法要诀，也始终未离开古仙合炁、行炁、采阴、辟谷、存思、胎息、入定的基本功夫。

第八章　内丹修持入门

内丹学从来不是一种社会普及的养生功法，而是一种在知识界世代相传的寓道于术的学问。历代著名的内丹家多是有较高学养的知识分子，他们勘破世情，发现仕途的路走不通，于是转修仙道，为生命科学的研究作出贡献，丰富了内丹学的理论和实践。汉末著《参同契》的魏伯阳本高门子弟，不肯出仕而入道。隋唐而后科举制度兴起，一批有真才实学的知识分子受到压抑愤而入道更是屡见不鲜。吕洞宾因科举失意而学仙，张伯端亦曾习举子业。王重阳参加过武举考试；陆西星竟至九试不第而着道装，将自己的聪明才智贡献给丹道。这批才华横溢的学者终生从事内丹学的实践和研究，使内丹学无论从理论和实践上都有很高的文化层次，具有浓厚的学术特征。因之内丹修持入门，必须从求师和读书开始。

第一节　读书和求师

内丹学入手修炼，讲究要有法、财、侣、地四个条件，其中得内丹法诀为首要之务。如何才能学得丹诀，无非是读书和求师两途。丹家常说："得诀归来好看书"，又说："饶君聪慧过颜闵，不遇真师莫强猜"，可知求师比读书还重要。丹家讲命功靠师传，性功靠自悟，因内丹法诀，特别是同类阴阳派丹法，关键之处出人意料，须师徒口口秘传，从不在书上讲明。同类阴阳丹法的秘诀集中在火候上，故有"圣人传药不传火，自古火候少人知"之说。学者一旦明白了丹诀，再看丹经就觉得头头是道，句句都落在实处。如没名师指点，全凭自己猜测，照书而炼，越聪明的人，越易走入旁门。再说明师大都研读丹经多年，又有一定修持经验，携有古丹家世代相传的手抄秘本，见过前辈高人，在内丹学修炼和研究上，是过来人，可以指点学生走出迷津，引入丹道正途。因之，学者欲入丹道之门，拜师求诀乃必不可少的步骤。

内丹学的研究，拜师是最难的一步。师有真师、假师、刁师之分，学者须善于寻找真师，识别假师，对付刁师。真师是明师而不一定是名师，大致须有曾亲受高人指点，门派师传清楚，藏有丹家秘本，有修炼实践经验，多年研读丹经等条件，但关键是掌握内丹法诀，包括那些抱道而终未及修炼的人也是真师。在当前商品经济大潮冲击下，真师难逢，所遇多为假师、刁师，其用心在于欺世盗名，骗财谋利而已。寻到丹师后，尽管明知其可能掌握丹诀，也不要轻易拜师盟誓，以防遇到刁师，对你要挟刁难，勒索奴役，终无所获。然而如万幸遇到真师，则必须推诚相见，虚心求教，经受住考验，不要错过机缘。黄元吉讲仙道关乎天命，非无根、无德、无福、无缘之人，所能受得。求师贵在一个"诚"字。另外仙道中古有法财互施，两蒙其利的说法，有财力的人，不妨以财换法，助师成道而得真诀。事实上，所谓真诀，大多是从狠力摸索中来。

真师难遇，不若退而读书，在道书中寻求丹诀也是一条途径。丹家云："未有神仙不读书"。其实真师的关键作用，恰恰在于教你怎样读书，读那些书，如何在丹经上认出法诀。我们讲内丹法诀从不明写在书上，但并非在书上一字不漏，它们仅是"散在丹经人未识"，不过是多用诗词隐语，不经真师点破，难以辨认而已。丹经中最秘的法诀是同类阴阳丹诀，然而古仙担心此道失传，故意将其法诀隐入《参同契》和《悟真篇》中，以留待有缘者索解。同类阴阳法门中龙虎丹法和彼家丹法最秘密的口诀有八个字，就在《参同契》中，《悟真篇》是注解《参同契》的。无论学练同类阴阳派还是自身清净派的丹士，必须认真钻研《参同契》和《悟真篇》，凡是和此二书抵触的丹书都是错的，这是历代丹家称此二书为丹经之祖的原因。

习同类阴阳丹法者，对《入药镜》、《敲爻歌》、《金丹大要》、《无根树词》要深刻领会，此外《济世全书》、《修身正印》、《玄微心印》、《三峰丹诀》、《金丹节要》、《采真机要》、《锦身机要》、《修真不死方》皆应必读。陆西星对《参同契》的《测疏》、《口义》及其他书，也须细看。

习自身清净功法者，应首先阅读《大成捷要》、《性命法诀明指》、《伍柳仙踪》等书，以掌握正宗的入门知识。其他有王重阳《五篇灵文注》，张紫阳《金丹四百字》、《青华秘文》，丘处机《青天歌》、《大道歌》、《小周天火候口诀歌》，陈虚白《玄机口诀》，陈楠《罗浮吟》，李道纯《中和集》，俞琰《周易参同契发挥》，朱元育《参同契阐幽》、《悟真篇阐幽》等，皆可参看。

女子丹法道书不多，尽量全读。其中《灵源大道歌》、《孙不二元君功夫次第》、《女修正途》、《女宗双修宝筏》、《坤元经》、《女工正法》，可以细看。

此外尚有《性命圭旨》一书，丹法正宗，内隐丹诀。黄元吉《乐育堂语录》、《道德经注解》、《道门语要》，亦可择寻出大批丹诀，如同师传口授。李涵虚之《三车秘旨》、《道窍谈》，闵小艮《古书隐楼藏书》中之《天仙心传》、《女宗双修宝筏》、《梅华问答篇》等，亦属上乘之作。

以上是入门的必读书，其丹法正宗，不致将修道者引入迷途。如作深入研究，则历代著名丹家及各丹派创始人的著作，也应尽读。然而各类丹书及手抄本多如山积，虽可参考，但不可尽信。尽信书不如无书，有些丹书凭想象造出许多景象和节外生枝的法诀，实则盲师引瞎徒或专门写给权势者看的，应注意鉴别。对丹书中一些故意神乎其神，或画蛇添足、指鹿为马的文章，不能鉴别也会上当。因之，有志于修道者不要迷信丹经，也不要迷信那些挂着某门派第几代传人、某名师"嫡传弟子"招牌的丹师，要以科学的态度对内丹资料进行实事求是的研究。

另外，丹经中的大量隐语和名辞，我们编撰的《中华道教大辞典》中的"内丹学"分科都作了破译，这就基本解除了学道者阅读丹经的困难。辞书"内丹学"分科中隐有千金难求的法诀，有志于道者万勿轻视。凡读者在本书中发现不易理解的名词术语，可自己查阅这部《中华道教大辞典》，本书不再设专章解释内丹术语。

第二节　内丹的功效

修习内丹功法究竟会获得什么效果，这也是我们研习内丹学必须考虑的问题。据我考察，内丹功法，至少可以产生六点功效。

其一是它可以改造修道者的人生观，促使修道者在行为上与道相合，从而建立起新的行为模式。道学不仅有一套人生观，而且有系统的社会伦理观。修习内丹的人，建立起对道的信仰，遵奉道学，必然在行为上发生一系列变化。修道者接受了道学自然超俗、守中执要、适性逍遥、慈忍和平、无为而治的行为模式和思维方式，有中和之气象，便是"载道之器"，可以授于内丹法诀，使之在修炼中体验到道的境界，其行为自会更加与道合真。如遇到那些天性淡泊不俗、福慧双全的人，便是"上根利器"，宜予入道修丹。反之，那些心胸狭窄，自私多欲、险诈恶毒的人，皆与丹道无缘，如授予丹诀必贻害社会，此所谓"传之非人，必受天谴"！一个人在信修丹道前后往往判若两人，修丹有成后更会现出仙风道骨，这都说明内丹学有重新铸造人格的功效。

其二是丹道能变化人的气质，控制人自身的情绪。内丹的重要关窍，都是人体内分泌腺集中的地方，内丹功法首先激发这些器官（如生殖器官、性腺、前列腺、肾上腺、胰岛腺、甲状腺、肝、胆、胃、胸腺、松果体、脑垂体等）的内分泌和神经，促进人体微循环，使全身建立起一套高度和谐有序的新程序。修道者使自己的内分泌系统、神经系统、微循环系统都发生新的变化，从而在人体深层建立起一套稳定的、"一得永得"的自调谐程序，这套程序和宇宙的自然节律相一致，能在高层次上参与自然界能量、物质、信息的大循环。丹家通过这套程序对自己的身心进行控制，使之与道相合，从而达到自主调整情绪、保持良好心境和变化个人气质的目的。例如丹功修炼在"活子时"到来的时候，某些关窍部位会分泌出一种类吗啡样的激素，使人产生周身酥绵如醉、忘我销魂的快感，进而使人在心理上和生理上发生实质性的变化。这样，修习内丹的人改变某些不合道的规范的脾气和习惯，形成一种豁达、开朗、中和的气质，能应付日常生活中的不良刺激，保持乐观情绪和良好心境。

其三是修习丹道可以清洗自己隐藏下来的心灵创伤，重新发现和认识"自我"，从而使自己的心灵获得解脱，达到开悟的境界。丹道承认人都有生前胎儿期的记忆，而人生的重大创伤、痛苦、不良刺激等都会在人的深层记忆中留下印痕。人的潜意识中好像有一盘录像带，它将这些人生的悲伤、痛苦、意外刺激透过常意识的层次转录到潜意识的录像带上，而潜意识中的这些印痕又会强有力地影响人的常意识，使人在心理和行为上发生错乱。

内丹学是一种凝炼常意识、净化潜意识、开发元意识的心理程序。丹家将元神称作"主人公"，是人真正的"自我"，因之内丹学又是一项重新发现"自我"、认识"自我"的心理系统工程。丹道在开发出人真正的"自我"后，就会将潜意识中录有心灵创伤的录像带清洗干净，消除隐藏在潜意识中的不良印痕，从而真正使人的心灵获得解脱。这样，内丹家在高度入定中透过潜意识的魔障，解除了各种心魔（如色魔、富魔等）的武装，从而大彻大悟，达到道的境界。这样丹家就修炼到禅宗开悟的层次，使自己成为开悟的人，得道的人。这样使人的心灵在理性和非理性层面都得到正常的充分发挥，避免了一切心理障碍和精神错乱，真正感受到道家适性逍遥的滋味。

其四是丹道可开发出人体生命潜能，激发人脑的深层智慧。人体中本来隐藏着在漫长的生物进化中遗传下的亿万年的记忆，包括生物进化史上的生命潜能。人脑的旧皮质区、包括网状结构和丘脑等部位中保存有人在 36 亿年（特别是近 2.7 亿年）生物进化中遗留的尚未开发的信息库，其中无疑存有巨大的生命潜能和心灵潜能。丹功通过净化人的潜意识，将潜意识凝炼为阴神，就会突破时空障碍，产生预知等前识功能。丹家修炼到将元意识开发出来并凝炼为阳神，就会打开人体遗存的信息库，释放出生命潜能，获得超越时空界限的神通。丹经中普遍有"六通之验"、"心能转物"的记载，人体生命潜能包括心灵潜能的开发目前尚属正待着手研究的问题，但一些习丹功者深层智慧得到激发，出现预知、遥视、心灵感应的功能当属事实。

其五是可以改善人体素质，祛病健身，激发人体青春活力。修习同类阴阳丹法的人，激发起本身的性能量和生命力，往往产生驻颜留春之效，在一定程度上返老还童，使人体机能返还到十二年前（以性功能为指标）的状态。同类阴阳丹法筑基功中之兜肾囊、黄河逆流功、鹿功、鹤功、"十六锭金"功、回春功等，皆为壮腰健肾之要术，有明显之抗衰老作用。清静功夫往往把一些危及生命的不治之症压制住，延长几十年寿命，到老年内气不足时再发病。内丹功法将人体先天的精、炁、神称作药物，一旦丹功炼出内药，这些自身产生的内药会调节人体的生理机制，治愈百病。丹家认为外界的中草药、抗菌素等都有副作用，自身的内药才是金丹大药。内丹学是最高的心身医学，它无疑会消除一切心身性疾病，真气在体内运行后有通血活络化瘀之效，使人体精气畅通，心理和谐，保障人体心身健康。

其六是内丹功法可以使人延年益寿进而超越人体生命的界限。历史上一些著名高道，远如彭祖、老聃、容成公、安期生等，近如孙思邈、叶法善、吕洞宾、陈抟、刘操、石泰、张三丰等，皆修炼有成而获高寿，名垂史册。仅就清代有年代可考的龙门派丹家而论：王常月（1520～1680）、沈常敬（1523～1653）、王永宁（1597～1721）、范太青（1606～1748）、白马李（1615～1818）、高东篱（1621～1768）。内丹学可以延长人体寿命的效用是毋庸置疑的！其中吕洞宾、张三丰屡有灵异，应属真正修成丹功达到仙人境界者。也有的丹家不求灵异，但可以老年不烦子女照料，身体健康；至后事安排定，人生心愿已了，便无疾而终，丹家称之为"自了汉"，这是最实际的功效。丹家还有自己预定死期，乘愿再来；乃至投胎夺舍，无疾尸解之说法，非局外人所能知。内丹最后一着"虚空粉碎"撒手功夫，聚则成形，散则为炁，在逻辑上超脱了生死。丹功的这一境界，和密宗大圆满功法的虹化现象有异曲同工之妙，而虹化现象在禅密中是人所共知的事实。超越人体生命界限是人体生命科学正待研究的课题，内丹学提供了一条探索人体生命奥秘的实验途径，这当是内丹学的真正价值所在。至于长生不死、肉身成仙、拔宅飞升之说，目前尚无证据。我的研究可以承认"阳神"、"阴神"在一定程度上脱离肉体而存在，但它们不是道教理想中的永恒神仙，作为一种自然现象终究要"消失"到茫茫的宇宙中，复归为先天一炁。世界上凡是产生出来的东西最终总会死亡，归于物质、能量、信息的永恒大循环之中，长生不死的人是难以存在的。今之少年想长生，古之少年安在哉？我们进行内丹学的研究要以科学立基而不靠神学诱惑，不能企望我们无法实现的东西。

第三节　修持丹功的年龄和条件

修持内丹功法要具备有缘、有学、有钱、有闲等条件，丹经上讲法、财、侣、地四要件。"法"已讲过，其次是财，修道没有一笔钱财，则无法保证集会、旅行、衣食、医疗、图书、器物等用度。丹经上有鼓励丹士到名都大邑依附有财有势者以法换财共同修炼的话，这是讲修同类阴阳丹法者需特殊环境并求势要者保护。所谓"要贪天上宝，须用世间财"，因财力不足抱道终身者多，因而求外护为丹家之大事。今天丹功修炼传往世界发达国家，要组织修道团体并建立学道、传道、修道的文化产业基地，更需有较大的财力物力。再次是侣，丹功修炼需要护法和道侣同修同证，不适宜一个人孤独进行。在现代社会里更应该结成团体，共同创造修炼的条件。最后是地，即修炼的居室和环境。首先在大环境上要避开谤道者的干扰，选择道学文化气氛浓厚的地方。老子讲"居善地"，就是选择修道的大环境。丹室宜背山面水，向阳避风，多植松柏，泉水叮咚，清洁优雅，生活方便。室内光线不明不暗，空气新鲜，无尘无菌，陈设简单。所居之地随丹功的进度有所不同，这是要以人体修炼的内环境和自然界的外环境相适应，以便发生天人感应的作用。初关仙术，应选择山明水秀，土厚树茂，生气聚集的地方。丹家要借天地之生气，培补人体元气，以行炼精化炁之功。中关仙术，须择洞天福地，超尘绝俗，松青竹翠，彩云霞光的灵气凝结之地。丹家要借天地之灵气，扶助胎息，以行炼炁化神之功。上关仙术，要择高山峻岭，悬崖绝壁，人迹罕至，狼蛇潜踪的煞气偏胜之地。丹家九年面壁，阳神出壳，须借天地之杀气战退邪魔。

张伯端《悟真篇》云："人生虽有百年期，寿夭穷通莫预知。昨日街头犹走马，今朝棺内已眠尸。妻财抛下非君有，罪业将行难自期。大药不求争得遇？遇之不炼是愚痴。"其《石桥歌》又云："莫因循，自贪鄙，火急寻师觅玄指。在生若不学修真，未必来生甚胎里。"张伯端《悟真篇序》以为"人身难得，光景易迁"，如不及早省悟，修习丹道，老死将至，"虽悔何及"？道门修命之法，"有易遇而难成者"，如导引、吐纳等健身术，只可辟病，"一旦不行，则前功渐弃。此乃迁延岁月，事必难成"。"夫金液还丹者，则难遇而易成"。内丹功成，则一得永得，名列仙班，因之要急寻师求诀，"下手速修犹太迟"！这就是说，丹家提倡修道越早越好，最好是男子16岁前，女子14岁前，元精未泄、月经未潮便习丹功，为上根利器，可一步到大周天，直接修持炼炁化神的中关仙术。丹书上说人世间有数世修炼，生有仙根，能自觉修炼丹功的孩子，这种宗教性的话难以确证。但依我的看法，内丹学是一种知识阶层的学问，小孩子无这种学养，很难自觉研习丹功。这种事不妨试一试，看谁能把自己的孩子培养成谢自然、韩湘子那样的仙姑仙童。丹家需要至少三年五载的"活死人"功夫，并非等闲之辈可以做到。因之，我认为闻道越早越好，但真正入手修炼，以48～60岁这段时间比较合适。

丹经沿袭《黄帝内经》的观点，男子论八，二八一十六岁精通，八八六十四岁纯阴之体；女子论七，二七一十四岁天癸至，七七四十九岁至更年期，天癸绝。我将人的一生以12年为阶段划分为不同时期，以论丹道之理。自出生至 12 岁，为童年，乃发育时期，相当十二辟卦之复卦至夬卦之间，是元阳渐增将满之期。6岁之前人之童心应如一片混沌，6 岁之后虽知识渐开，亦当天真纯朴，其知识增长仅以培养记忆力为主。自 12～24 岁，为少年，乃学习时期。其中女子 14 岁月经初潮，男子 16 岁阳精将动，相当乾卦，应尽早闻知丹道，以保元精。人至 24 岁，知识渐长，人近成熟，相当姤卦，关窍既开，天真已凿，应拜师求诀，先锁阳关行筑基功，方可体健少病。自 24～36 岁，为青年，乃探索时期，应选定人生目标，在学问和事业上抓住机遇，敢想敢闯，不怕挫折，不达目标决不休止。其中 32 岁为遁卦，人生欲望亦达高潮，心情躁动不安。36 岁是生命力和智慧的顶峰时期。生命的价值在于创造，人生的道路重在拼搏，30～40 岁正是创造力最强的时候，切莫错过。自 36～48 岁，为壮年，乃奋斗时期。此间应为社会建立功业，完成自己人生的责任和义务。40 岁为否卦，元阳耗尽一半，身体渐觉疲乏。48 岁为观卦，生乎四阴，肝肾亏损，必须修道以自救。自 48～60 岁，为衰年，乃收获时期。这是由壮年至老年的转换阶段，人生事业达到高峰，但人体精力走下坡路，常感到心有余而力不足，身体转衰，疾病呈象，进入更年期，经历着心理和生理的巨大波动。56 岁为剥卦，生乎五阴，元阳将尽，再不修道将错过机会。人生至此，应急作退步之想，终养好父母，安置好子女，筹集财物，结交道友，入手行功。60～72 岁，为老年，乃定局时期。60 岁恰值一甲子，人在生理和心理上会出现一种返还现象，童年时期的脾气和人格又会重现，如此前丹功修炼有成，正好利用这一生理特征得返老还童之效。这也说明我们确定 48～60 岁为丹功入室时期是有科学根据的。另外，64 岁以后十年，为人一生中之死亡率高峰期，过了这个"定局时期"的老年阶段，人体的生理，心理状况会重新稳定下来，内分泌恢复正常。因之在这之前先修丹功以抗衰老，为安全度过死亡高潮期，确有实际意义。64岁为坤卦，元阳耗尽，性功能衰退，而后修道无望了。然各人体质不同，难一概而论，如精炁未竭，八十老翁尚可返还。72～84岁为晚年，乃交班时期，须安置好后事，专心修道，以尽天年。人自48岁之后渐进衰老，但切不可将"衰老"二字放在心上，应"不觉老之将至"为好。我之确定48～60岁为修道时期，除从内丹学本身的规律着眼外，尚考虑到社会功利的因素。人生来到世间，如不能为自己的同类作点贡献，不为民族和国家建立功业，虽活千年，又有何益？试想我中华民族一大批精英，都以毕生精力闭门求仙，则经济繁荣、政治革新、科技进步靠何人推进？当然那些专门研究内丹学的科学家，或自幼出家的道士等宗教职业者，又当别论。另外，人不到48岁，社会经历或学养不够，名利心未淡化，不能勘破世情，也很难下决心从事内丹修炼的大型人体系统工程。内丹修炼工程旷日持久，修道者一是要有见地，即弄清内丹学的理论体系；二是要有修证，即懂得内丹法诀并着手修炼取得丹功体验；三是要有行愿，即立诚心、恒心并发大誓愿。见地、修证、行愿三者，行愿最重要。人不到一定年龄，俗缘未了，也是难以发大誓愿专心修道的。内丹家要完成人类自我改造的旷古大业，必须树立献身科学，求证大道的真诚信念。

第四节　入室行功述要

　　内丹学与其他哲学流派不同，唯在真修实证，光说不练，终难深入堂奥。有志修丹之士，法财侣地具备，即应入室行功。入室之后，第一步是将万缘放下，先在心理上筑起一道屏障，将纷纷扰扰的外部红尘世界隔绝开来。道学之术，对物欲横流的社会既要行得实，也要看得空；对天下大事既要担得起，也要放得下；对荣辱利害之境，敢用一个"忘"字；对七情六欲之念，能持一个"静"字。丹道行功的法门，以"虚寂恒诚"为纲，欲行功修炼，必得有诚心，有恒心，有信心，有决心，有忍辱负重心，有勇猛精进心，一步一步地走下去。丹道法诀秘传，真师难逢，但只要抱一个诚心去修炼，精诚所至，金石为开，入手之后就无秘密，这就是所谓"诚则明"的道理。《参同契》内含丹法秘诀，故有"万古丹经王"之称。其中云："惟斯之妙术兮，审谛不诳语。传于亿代后兮，昭然而可考。焕若星经汉兮，昺如水宗海。思之务令熟兮，反复视上下。千周灿彬彬兮，万遍将可睹。神明或告人兮，心灵忽自悟。探端索其绪兮，必得其门户。天道无适莫兮，常传于贤者。"俞琰《周易参同契发挥》注云："读书百遍，其义自见。百遍且然，况千遍万遍哉！是故诵之万遍，妙理自明，纵未得师授口诀，久之亦当自悟，其悟多在夜深或静坐得之。盖精思熟味，反复玩诵，蓄积者多，忽然爆开，便自然通，此之谓神明或告人兮，心灵忽自悟也。《管子》曰，思之思之，又重思之，思之不通，鬼神将通之。非鬼神之力也，精诚之极也。"有志者以精诚之心千遍万遍苦读丹经，必能悟到丹法秘诀，自己摸着门户深入进去。《道学通论·丹道篇》中，除同类阴阳法诀不便明传外，入门之路皆已铺平，有志于此道者苟能细心研读，可省去十年摸索之功。张伯端《浮黎鼻祖经序》亦云："天不爱道，地不爱宝，吾岂敢自私。仆体太上之心，欲使人人成道，个个归真，以此未发之秘，条陈无遗。使世之留心性命专心修道者，有缘遇师，得此书印证，方肯诚心下手而为之。虽未面传，亦吾徒也。"学道者要寻求明师而不要崇拜名师，因为盛名之下其实难副；如遇到刁师的要挟刁难，你就下决心发誓超过他！当你走过求师、访道、读书、炼功的艰难曲折道路后，吃够了苦头，仍对修道有一念之诚，这时你在高度入静中会发现，真正的明师是你自己，是你自己的灵感、潜意识，这种精诚的潜意识就是真意，它会将你引入正确的方向。因之丹道之门前有秘密，入门后便无秘密；修证前有秘密，修证后一步一景，一步一验，秘密便逐步迎刃而解。道学的仙真，不是天生的，都是人变的，金丹大道，就是凡人进入仙界的阶梯。内丹学虽难，难不倒诚心人，"天下无难事，只要肯登攀"！

其次讲炼功的姿势。内丹入手，宜先学动功，后学静功；以静功为主，以动功为辅。动功之法，古称导引，可参照马王堆汉墓帛画《导引图》练习，或以太极拳、大成拳起手亦无不可。因为初学丹功，真气未通，便一味枯坐，阴气太重，易生偏颇，年轻人更是不宜。社会上流传的气功，择其优者，亦可作入门筑基功用之，但应注意心息相依，动作宜慢不宜快，宜柔不宜刚。另有仙家十六字诀云："一吸便提，气气归脐，一提便咽，水火相见"，丹家称"十六锭金"，万莫轻忽，要习之久熟以备用。

静功之姿势，有行、站、坐、卧四种，但以静坐为主。《性命圭旨·亨集》有立禅图、行禅图、坐禅图、卧禅图等，解说甚详，可以参看。先说行功法，这种闲庭漫步之功在于以身动求心定。王重阳诗云："两脚任从行处去，一灵常与气相随。有时四大醺醺醉，借问青天我是谁？"这首诗极得行功要领。行功正是要在如痴似醉的轻缓步态中，举足如蹚泥水，务要心息合一，体会天人感应、无人无我的混沌境界。但初学时，意念稍注于足底涌泉穴，行到极佳处，即忘其行；达到行功如站功，动功如静功，由动求静而达真静，才是行功法要诀。

次说站功法，《性命圭旨·立禅图》文曰："随时随处，逍遥于庄子无何有之乡；不识不知，游戏于如来大寂灭之海。若天朗气清之时，当用立禅纳气法而接命。其法曰：脚跟着地鼻辽天，两手相悬在穴边，一气引从天上降，吞时汩汩到丹田"。另外，大成拳创始人王芗斋所传站桩功，我曾从其弟子于永年先生修习，发现这是最适合作内丹筑基功之用的站功。于永年先生有《站桩养生法》一书，地震出版社1989年出版。其法要诀有"大动不如小动，小动不如不动，不动之动乃是生生不已之动"，站桩要求"内空洞，外清虚"，"注意顶心如线系"，两手轻松抬起，"臂半圆，腋半虚"，最后达到离形去知，虚灵独存，提挈天地，把握阴阳的境界。此术融入丹功，初炼时可用意微注海底阴跷穴，加之以提肛缩肾之动作，功夫加深，一任自然，只求松、静、不动即可。需要指出，丹家之静功，乃是据静极必生动的太极原理，心静极则精炁必动，动则必循经脉周天运转。西方体育思想仅讲"生命在于运动"，发展为竞技体育，违背自然而超常发挥体能，反而有伤身体难得长寿。中国丹家之静极求动，才是精气神的运动，为发动丹功程序做准备。

再说坐功法，丹家入室静坐是最基本的功夫，比行功、立功、卧功要常用，特别是筑基功完成后则以打坐入定为主要修持法门。丹功之坐姿以方便坐为常用，有单盘腿、双盘腿，不舒服则垂腿而坐亦无不可。按法诀说须在坐时要求身正脊直，从头顶沿脊柱如一串铜钱垂下，然而初学者感不舒服，可放宽要求，直到功夫深了姿势自然趋于正确，歪身弓背反会不舒服。至于止念、调息等开始亦不严格，但有一条严格要求身形不动，先在外形上死死坐着不动即可。坐功有加以守窍者，一般守下丹田，但也可据师传守眼前虚无窟子、上田、中田等，不拘一格。我所要讲的是佛教的跏趺坐，全真道将其引入丹功，至于金庸小说里也将"五心朝天"当作丹功要诀，这是不必要的。《参同契》中仅有"缓体处空房，委志归虚无，无念以为常。证验自推移，心专不纵横。寝寐神相抱，觉悟候存亡"之说，魏晋以前古仙更无跏趺坐之传。佛法博大精深，佛陀立跏趺坐自有原因，我只能说跏趺坐只利于学佛，但不利于学仙。《性命圭旨·坐禅图》亦讲"坐不必跏趺，当如常坐"，并有诗云："坐久忘所知，忽觉月在地。冷冷天风来，蓦然到肝肺。俯视一泓水，澄湛无物蔽，中有纤鳞游，默默自相契。"人果能心念不起，自性不动；内不出，外不入，便是真坐。

后讲卧功法，《性命圭旨·卧禅图》及陈抟所传睡功，皆主张侧卧，读者可以参照修习。我以为卧功修丹，以仰卧为好。因为以卧功入静招摄先天一炁，进行人体和宇宙的能量交换，还是仰卧最易得气。仰卧一般守黄庭中宫，或在肚脐心息合一，存想丹田如鼻相似以行吐纳，或配合观想采气法、采日月星精华法，皆可进入天人合一之境。内丹家要进行人体和宇宙的大循环，因之以形、气、神的还虚为目标。何况仰卧的姿势，符合内丹学"未学生，先学死"的原理，直至息停脉住，如枯木僵尸，生机内藏，这才是真正仙家境界。丹家入室行功必结道侣，忌独身长时间静坐，惟卧式炼功，可以独自静修。学者可以自己参悟，寻找适合个人的卧功法门。

接着讲清净丹法之饮食规定，当以素食为主，不吃生葱、辣蒜、韭菜、芫荽等异味刺激性调味品。然而要注意营养，牛奶、禽蛋类制品不在限制之列，同时宜多食豆类制品、芝麻油、青菜等，以增加体内蛋白质、脂肪、维生素的供给。其他水果、干果如苹果、鲜桃、红枣、核桃、荔枝、干桂圆、葡萄干、花生、板栗等，皆可多吃。鸡蛋形如混沌初生之丹，豆芽菜充满生机，核桃仁形如人脑，龙眼肉益阴生阳，红枣补中益气，皆为丹家喜欢的食品。但对蘑菇等菌类、竹笋、腐乳、糟鱼、酱肉之类，则应少食为佳。饮食调配分三类，一为正餐之饭菜；二是根据本身虚实寒热而特设的营养补品，包括加入人参、鹿茸等大补之物的药膳；三是干鲜果品。丹家饮食要根据功夫进程而加减，初入门修炼，筑基入手后食量大增，可一日七餐，即每日除三餐饭菜外，再加补品两餐，果品两餐。筑基至任督脉通，渐入丹功正途，可减至每日五餐，即正餐二，补品二，果品一。一年后又变为四餐，即正餐一，补品二，果品一。而后随着内丹功夫大进，饮食减至每日三餐，继之为二餐，直到功夫炼到每日一餐，再由饭菜、补品而变为仅食果品，断绝人间烟火，乃至数日不食，渐至仙家境界。

至于男女房事性交泄精，为清净丹法之大忌。修道者既选作清净功夫，则应随着饮食之减少由减少房事到交而不泄直至绝对禁断。至于梦遗等泄精之病和性欲旺盛失控等病，皆须根治，否则决难变化成仙人的体质，这也是不容含糊迁就的事。

丹家为促生真气，还有两种炼形之诀，一为辟谷二三日至五六日，不饮不食，不接人事，以逼生真气；二为采日光法。功夫到后，又出现解形之验，解形分内解外解。《玄门秘诀》云："内解者，是从大便泻出肠胃中之污秽。外解者，是生疮痍等症，攻出皮肤之疾。随人平日所受何等病耳。盖缘真气充足，邪气不能相容，自然发出来也。"

最后讲一下静功的时间规定。凡集体练功，可以静坐为主，半个小时之内，不见效验，真正的效验一般发生在半小时之后。因之内丹筑基功入手，起码要一小时，即丹经中讲半个时辰。第一年每天从半小时渐增至一小时，随后逐日增加，一步紧似一步，第二年则增至二小时（即一个时辰）。如此逐年增加，由二小时至四小时，再至六小时，再至八小时，其静坐时间以此为限，应动静调节，但须日日炼功，不能间断。丹家直炼到每日八小时连续静坐，如此气满不思食，神旺不思睡，精气神由后天转为先天，相互打成一片，炼作一团，自然达到结丹的仙人境界。人们可以发现，随着丹功的进程，静坐时间越来越长，饮食则越来越少，最后食睡全无，息停脉住，才是真正的"活死人"功夫。

以上所论入室行功诸事甚明，有志修道者须知道家最重功夫，功夫全靠实证，如不立大誓愿，不下真功夫，一曝十寒，随意间断，在官场、商场、情场上脱不开身子，仍属尘缘未断，是难以进入仙道之门的。然而仙道之门，亦有多途可进，"条条大路通罗马"，并非仅有一派丹法可行。佛陀十大比丘弟子，成佛途径各异，阿那律失明，修成天眼第一；观世音耳聋，以天耳通证菩萨果；《楞严经》十种仙，成仙途径亦各不同。佛法如此，道法也不例外，否则内丹学岂能有这么多门派？因之我认为，真师真诀，无法教会那些没下死功夫的庸人。真师真诀只是一种机缘，能否得遇这个机缘，依那条路修成正果，创立什么门派，全在于学道者自己的悟解和狠力摸索。学道者摸索的途径不同，悟解丹经或真师点化的焦点不同，便是形成诸多丹法门派的原因。

第九章　内丹修炼的基本步骤

　　自陈抟提出炼精化炁、炼炁化神、炼神还虚的基本步骤，内丹学诸派沿袭至今，此步骤源自《无极图》，其形式是：

　　　　为环者四，位五行其中。自下而上：初一曰玄牝之门；
　　　次二曰炼精化气，炼气化神；次三五行定位，曰五气朝元；
　　　次四阴阳配合，曰取坎填离；最上曰炼神还虚，复归无极。
　　　故谓之无极图，乃方士修炼之术尔。①

　　内丹家一般将内丹修炼分为四个阶段。第一阶段为筑基入手功夫，称为道术。此时玄关一窍未见，主要为修补身体亏损，或铸剑补精，为炼丹作准备。后面三个阶段通称仙术，此时玄关初开，药物、鼎炉、火候始见。这三段仙术又分初、中、上三关。初关亦称百日关，为炼精化炁阶段，属小周天功夫。中关称十月关，为炼炁化神阶段，属大周天功夫。上关仙术称九年关，为炼神还虚阶段。其中百日、十月、九年皆是比喻，丹功每步所需时日因法因人而异，不可拘执。其中"十月"乃比喻十月怀胎而来，

---

① 朱彝尊：《太极图授受考》，见《曝书亭集》卷十八，又惠栋：《易汉学》
　　卷八亦载。

"九年"来自达摩老祖九年面壁的故事。今依《上品丹法节次》，将内丹修炼基本步骤归纳如下。

一 炼己存诚

其要诀为惩忿窒欲、虚寂恒诚；扫除后天之习染，独露先天之真体；使识神退位，元神呈现；息断俗缘，退藏于密。丹家收拾身心，凝神定虑，即归中宫祖窍，养自我本来一点灵光，常应常静，二年三年，积久益善，促开玄关一窍。

二 筑基培药

其功法为择地入圜，身心意不动，收摄精气神三宝归于中宫，时时觉照，刻刻规中，借假修真，以玄关一窍立基敛藏神炁，行抱元守一之诀。此法纯熟，更复坐忘内视，行凝神入炁穴之功，活子时至元阳生，勃然机发，于恍惚杳冥之中，先天一炁自虚无中来。龙生于离，虎生于坎，当虚极静笃之时，将元神沉于炁穴，听其自呼自吸，采有气无质之壬水（坎中真阳），以真意摄入中宫，与离中真阴会合。

三 坎离交媾

其功法要心息相依，身心不动，神炁凝结，于虚极静笃中，忽觉海底蠕动有光透出，似初三新月，或如粟如珠，照在腹部，乃金炁初现之象。而后以真意引药穿尾闾，经夹脊，透玉枕，入泥丸，游九宫，自上腭滴下鹊桥，似醍醐甘露，沿赤道复归炁穴，行归复法，为胎息入手功夫。

四 采药归鼎

丹家于虚寂杳冥、渊默混沌之际，顿起雷声如裂帛，丹田火热，两肾汤煎，即将药物聚于海底，以真意引转尾闾，雷声轰轰透过三关，翕聚泥丸宫。此时月窟风生，绛宫月明，两眉间内涌圆光，药物不知不觉由鹊桥下重楼，凉如冰片薄荷，沁人心脾，送归土釜。此为炼取谷神之法，取坎填离之功。

五　周天火候

丹家循任督运小周天炼药，自子时至巳时进阳火，应乾之策二百一十六数，除去卯时沐浴三十六策不用，实行一百八十息。自午时至亥时退阴符，应坤之策一百四十四数，除去酉时沐浴二十四策不用，实行一百二十息。连同沐浴六十息，闰余二十四息，合计三百八十四息，故曰周天息数微微数。丹家须于平时调准，临炉炼药之际，只要心息相依，自然运用，不可唱筹量沙，刻意追求。小周天功成，得玉液还丹，补足后天破漏亏损，复归童真之体。

六　乾坤交媾

丹士行足周天火候，填回先天乾坤之位，于凝神大定之中，勃然机发，玄关一窍大开，顿觉虚灵空朗，进入齐天地、泯人我、混混冥冥的境界。此时先天炁复，凝为大药，一点落黄庭，遍身酥绵畅快，只觉圆陀陀、光灼灼，如珠在玉盘，为虚灵独露的金液还丹。

七　十月养胎

神炁凝结为圣胎，又名婴儿，须洗心涤虑、绵密寂照、常定常觉，如龙养珠，如鸡抱卵，暖气不绝，始得灵胎日渐坚固。十月养胎是大周天炼炁化神功夫，其火候要炉里自温温，镇日玩真空，念不可起，意不可散，十个月如一日，方能神全胎化。十月养胎为入定功夫，如遇丹田火热，可存想两眉间有一黑球如碗大，收摄入神室，其热自退。

八　移神换鼎

头部泥丸宫，又名天谷，乃阳神本宫。灵胎纯为先天凝结之阳神，乃人之法身，婴儿现象，须出其胞，由下田炁穴移至泥丸宫，行炼性之功。阳神能超越时空障碍，透金穿石，隐显随心。移神天谷后，丹士应端拱无为，正位居体，寂以定之，慧以镇之，继行入定之性功。

九　泥丸养慧

泥丸为全身至清至灵之地，上应太空之镇星，丹家法天象地，以真心合天心，要居尘出尘，须入尘磨炼，静以养慧，动以炼慧。法惟冥心寂定，诀在一"诚"字，诚于静者神自明，诚于动者性自彻，天下无撇不下之凡情，无识不破之物理，乃由诚而明之性功。丹家于此际，静极生动，定极生慧，开发出人体和心灵潜能，得大智慧，大神通。

十　还虚合道

内丹学炼至阳神脱体，未为究竟，躯体仍在，终难脱生死。丹家于具神通后，不可常动不还、用慧神疲，更应于群动之中，独抱静观自得之趣，一如得鱼而忘筌，行物我无间的还虚功夫。更进一步，粉碎虚空，真幻两忘，道合自然，神证太虚，与天地同其阖辟循环，浑化与无垠，动与天俱，静与天游，则为天仙功成。

以上所述《上品丹法节次》可视为各派丹法之总纲，以虚空阴阳之清修派丹法为主，但不仅限于清修派。

另外，上阳子陈致虚以《参同契》每日两卦，每爻三符，两卦十二爻，相当 12 个时辰，共 36 符，每符二候，每日夜 72 候。每时辰相当现在两小时，计 120 分钟。一符 40 分钟，一候 20 分钟。一昼夜 12 时辰，共 24 小时，计 13500 息。一呼一吸为一息，一时辰 1125 息，一符 375 息，一候 187 息零一吸。内丹家（清修派）还依《参同契》关于用十二辟卦描述炼丹火候的框架，将丹田内真气初动的景象定为人身中的"活子时"，活子时到来后立即调整呼吸和意念，行小周天转河车运药。在子、丑、寅、辰、巳五个阳时行"进阳火"功法，即吸气着意而长，呼气自然而短。从复卦、临卦、泰卦、夬卦到乾卦，每卦用三十六爻，即以 36 次呼吸为一卦，从尾闾运药直到乾顶泥丸宫，共 180 次呼吸。后在午、未、申、戌、亥五阴时行"退阴符"功法，即呼气着意而长，吸气自然而短。从姤卦、遁卦、否卦、剥卦到坤卦，每卦用二十四爻，即以 24 次呼吸为一卦，将药从泥丸宫再降到腹部下丹田，在 120 次呼吸之后将小药由河车搬运一周，行炼精化气的功夫。在卯时药物运行到大壮卦的夹脊关处，以自然呼吸 36 次进行温养；酉时药物降到观卦中丹田附近，同样以不加意念的轻微自然呼吸 24 次进行温养。进阳火和退阴符过程中间的卯酉二时，丹功中称为沐浴功法。如此 360 次呼吸为一周天，小药转河车搬运一周。因之丹家有记述火候的口诀云：

> 子午两时是火候，两时活取无昏昼。
> 一阳复卦子时生，午时一阴生于姤。
> 三十六又二十四，周天度数同相似。
> 卯时沐浴酉时同，火候足时休恣意。

以上以卦爻、铢两（计算药物则将 384 爻用 384 铢表示，而成 16 两，谓一斤之数，斤足卦满则知药火之轻重而丹成）、符候计算呼吸描述火候的办法，亦是学者应该掌握的知识。

　　丹家之秘，不过火候、药物。实则元神发真火，真火随真息，真息随真气，真气化真精，真精结成丹。玄关一见即为真，自有阴阳应候回，即为火候全部秘密。药物有内药、外药之分，外药是抽坎中之阳，内药为补离中之阴。诀云："前弦短兮后弦长，机关切莫向人扬，射入龙宫为斗柄，元阳初动运神光"，此为外药之作用。诀云："真土擒真铅，真铅制真汞"，此为内药之作用。神非思虑神，息非呼吸气；元神是火，真息是药，调和神息为火候。以神驭气而成道，即以火炼药而成丹。学者参透"心息相依"四字，即参透丹道大半。

第十章　自身清净派丹法程序

自身清净派丹法，以《伍柳仙踪》、《大成捷要》和《性命法诀明指》所传为正宗。今据其丹经，分步破解如下。

第一阶段：筑基入手功夫（道术）

内丹筑基阶段，主要是补足人体生理机能的亏损，同时初步打通任督和三关的经络，直至气通、热通、全身通，为炼丹运药作准备。实际上，在没有达到精满、气足、神旺的条件之前，一切为祛病、健身而采用的气功疗法，都属于筑基入手功夫。需要指出，今日用于医疗的各家气功，多由内丹筑基阶段的道术演化而来，然而气功师的"小周天气功"、"大周天气功"，和内丹中"小周天"、"大周天"仙术根本不同。因为气功师所谓"通任督"、"过三关"，仅为用意念引导后天"气"循环而已，玄关未开，尚无药物、火候、鼎器可言，用意念引气贯通任督循环，俗称"转轱辘"。张伯端《悟真篇》云："咽津纳气是人行，有药方能造化生。鼎内若无真种子，犹将水火煮空铛"，就将筑基道术气通任督和仙术"转河车"① 作了

---

① 丹家称督脉沿脊椎上行的线路为银河，运行的动态称河车，转河车即运药转通三关的丹功。

区分。至于气功师的"大周天",是进一步将气运通下肢,使气感遍行全身,和内丹的大周天炼炁化神不可同日而语,仍属于筑基阶段的后天气功。内丹道术阶段,先要入室静坐,调身、调心、调息,止念守窍,做到松、静、自然,心息相依,这和气功师的要求也大致相同。

内丹仙术以炼精为初关,从人的性功能炼起,因此筑基阶段亦首先要补精,健全人的性功能。精是丹功的基础,保精固肾,为筑基第一要务,其法以舌顶住上腭天池穴,促生津液,咽津补精。如老年人精枯阳痿不举,则又须用敲竹唤龟(女用鼓琴引凤)之法将真阳唤起,或以添油接命之术促生真阳,真阳萌动,玄关一窍自开,便可行丹功仙术。补精生精,阴跷一脉,甚为重要,其窍即是会阴穴,亦有三岔口、上天梯、河车路、海底、危虚穴、生死穴等异名。阴跷上通天谷,下达涌泉,真阳出生之时,必从此穴经过,乃生药、采药之处,有调节肾功能和内分泌的作用。内丹家认为精是人生命之本,一个人有没有青春活力,其生理指标就在于是否性功能健全,而恢复人的青春,使老者还少,发白还黑,齿落更生,这恰是内丹学追求的目标,无论何派内丹功法,都不例外。

精、气、神是维持人生命的三宝,筑基功夫就是要补足三宝,使人精满、气足、神旺,达到三全。精满现于牙齿,气足现于声音,神旺现于双眼,筑基完成后,牙齿健全,声音洪亮,二目有光,说明人的生命力旺盛,直至寒暑不侵才算阴精牢固,便可修炼内丹。

一　炼己

柳华阳《金仙证论》说:"盖己者,即本来之虚灵,动者为意,静者为性,妙用则为神也。"所谓炼己,是指对心性的修炼,要求修炼者入室之时,外绝耳目,内绝思虑,惩忿窒欲,泯去一切杂念,使识神退位,元神重现,恢复真意无朕兆的本来面目。北派清净丹法讲七分性学,三分命理,故把炼性放在首位,作为筑基入手功夫。实际上，炼心是贯彻始终的重要功法。上等根器之人，一步炼己还虚，由虚而灵，由顿法了彻一心，直入无为之化境。多数人则须用渐法，从惩忿窒欲做起，直至无忿可惩，无欲可窒，连惩窒之念俱无，方达到炼己的要求。

炼己的目标是还虚，虚是一种由纯化为静，由静化为杳，致使头脑中呈现的无思维状态。这时，虚灵的元神才活泼泼地寂照不昧。

另需说明的是，丹功炼己，高度入静，会出现一些效验，如可返观内景隧道，见自身五脏六腑及经脉；或出现外景幻觉，俱应以正念正觉扫去。其效验最显著者，为身体出现痛、痒、冷、暖、轻、重、滑、涩等异样痛苦感觉，相当于佛教禅宗进入初禅时的"八触"（坐禅八触为动、痒、轻、重、凉、暖、涩、滑。又有掉、猗、冷、热、浮、沉、坚、软之副八触。《摩诃止观》卷九称空、明、定、智、善心、柔软、喜、乐为正八触），此乃体内气血邪正相搏，阳长阴消的反应，炼到身体无痛苦，才算有了功夫。

第二阶段：炼精化炁（初关仙术）

初关仙术阶段，属于小周天丹功。小周天又名转河车，以泥丸宫为鼎，下丹田为炉，行炼精化炁之丹法。这段丹功以元精为药物，以气为动力，以神为主宰，最后将精和气炼化为炁，便是丹母。元精是无形无质的，和后天自然界的物质不同，属于先天的机能，它的本源是元炁，二者相互转化，动为元精，静为元炁。人之元炁禀受于父母，生后隐藏在炁穴（下丹田）之中，长到 16 岁，丹田元炁自然萌动，有暖信至阳关，生殖器自动勃起。此时人会觉得有一种如射精般的快感，但实则并未射精，要放松入静专心修炼。人如不知修炼，则神转为情，元精化为有质的淫佚之精，走"熟路"泄出，便是"顺而生人"。内丹家要"逆而成仙"，便留住元精，炼精化炁，行小周天功法还精补脑。

二 调药

药即人体的元炁，它有顺逆变化，顺则化为元精由阳关向外泄露，逆则返还于炁穴。内丹家抓住此变化之机，凝神入炁穴，将元精从外摄归炉内，所以称作"勒阳关"，又叫"调外药"。

调药功法要掌握三点，即调法、调所、调时。调法的要诀是凝神入炁穴，神炁相依，息息归根。调所即在炁动之处，调时即阳物欲动之时。这时要用武火，以后天呼吸接先天炁穴，以正念深入炁动之处，将所生之精摄回丹田本穴，使神炁交媾，扭成一团。随后再用文火温养，忘息忘意，不存而照，方得药产。

人的生殖器无念而举，便是身中"活子时"，这时一阳初动，有光现于眉眼（阳光一现），元炁产生，称为产药。小周天所产之药也称"小药"，又名"真种子"。小药产生时会感到周身融和，四肢绵绵，痒生毫窍，心觉恍惚，如色情浓饿，阳物勃起，精生炁动，任督自开。这时须急行"采、封、炼、止"之法。

三 采药

产药之景出现时，要不惊不惧，待时而采。当药产神知，感觉到形成一团暖炁时，说明元炁已经充盈，不老不嫩，当抓住时机，速起武火，吸则有心，呼则无意，目光射定，用吸不用呼，凝神合炁采药归炉。①

---

① 调药与采药，各派丹家都有口诀秘传，《葫芦歌》云"行着妙，说着丑，惹得愚人笑破口"，同类阴阳丹法易受俗人诽谤，清修派丹法则无骇怪之处。吾于1982年春访道于崂山太清宫，据匡常修道长所传：其法以微意照在丹田，待所生之元精欲返回时，急吸一口气，下达会阴穴，呼气时用意一提将精炁引入丹田，如此数次或十数次，内精归炉，原来勃起的外肾自然消缩，称为采药。还有青岛杜永盛先生所传"凤凰三点头"等，为火候秘诀。

起火归炉后，须在炉中以文火温养，息息归根，以伏神炁，叫作封固。

四　炼药

采药归炉之后，当速起火，呼吸并用，由文而武，神聚炁穴，烹炼药物，使精化为炁，以绝漏精之患。武火之后再行文火，使心息相依，丹田常温，火候既足，真炁氤氲不散，便有开关之候。这时丹田发热，热极生动，炁足冲关，急行"吸、舐、撮、闭"四字诀[①]，用真意自生死窍引入尾闾穴，沿督脉过三关直上头顶泥丸宫，稍停后（去矿留金）由任脉过绛宫下降回丹田，以运转河车。丹家称为"聚火载金，火逼金行"，子、午进阳火，退阴符；卯酉沐浴；行小周天丹法。凡遇一动之炁，即要采药转河车炼完一周天，如此动而复动，炼而复炼，周而复始。炼至纯熟，一吸而神炁直上乾顶，一呼而神炁降归丹田，每次呼吸循环一周。入定之后，神随炁行，沿任督二脉旋转不停，真炁不再行阳，称作法轮自转。凡运转有药，采、封如法，炼、止合度，神真炁清，便是一次符合"玄妙机"标准的周天。如此积之不过百日，完成合于玄妙机的三百周天，则精尽化为炁而不漏，淫根不举，修成"漏尽通"了。

内丹家把修成无漏之躯，淫根缩如童子，真炁足似婴儿，看作是返本成仙的要害步骤。但同时认为僧人持戒禁淫者和年老精竭者都不是真无漏，只有小周天功成，精满化炁而无泄精之路，真炁足而生机不动，才是无漏之真人。

五　止火

当小周天三百妙周圆满，有龟缩不举之景（马阴藏相），阳关

---

① 吸、舐、撮、闭四字诀为：鼻中吸气以接先天；舌抵上腭以迎甘露；紧撮谷道内中提；塞兑（口）垂帘（闭眼）兼逆听（耳）。

一闭，龟头缩回，于入定之时，两眉间一道白光亮如水银（阳光二现），便是火足药灵之候，火足丹熟，再行火候要伤丹，应及时止火。如果三百妙周完成，仍未出现阳光二现，则再继续加炼（三百妙周之外称为"闰余"），直至三百六十妙周，如阳光仍未现，则止火入定以等待。如三百六十妙周未完而阳光已现，则以阳光为准。止火之景出现标志着炼精化炁阶段的完成，这时已积累三百多次的元炁（外药）在下丹田凝结。止火之后，神入丹田，与所储之药会合，促生内药。

第三阶段：炼炁化神（中关仙术）

炼精化炁的小周天丹功完成后，便经过"入圜"（释教称坐关或闭关）的过渡阶段，转入炼炁化神的大周天丹法。小周天要求精不漏，大周天要求炁不漏，炁比精更易泄漏，因此大周天自始至终强调防危虑险，以免炁散而功败垂成。大周天时人体的精气全化为炁，只剩下神和炁两个成分，只在中、下二丹田之间运转，不再循河车之路，使神炁合炼而归于神，为二归一的中关仙术。中关实际上是进一步炼药的功夫，使神炁凝结，从有为过渡到无为。

六 采丹

大药称为丹母，有的丹经中泛指为金丹，采丹就是采大药，需七日之功，乃真阳七日来复之意，又名入圜，是大周天之前的过渡阶段。丹家行子午周天数足止火之后，应行卯酉周天以团聚药物而作沐浴，卯酉周天有收敛团聚之功。此阶段有"大死七日"之景，人的基础代谢率降到最低点，有如恒温动物（如熊）之冬眠。丹经认为"若要人不死，须是死过人"，丹家由此得到濒死体验。

止火后，外呼吸停止，有炁从会阴上腾丹田，内药产生，和外药相迎，凝结内药、外药而成大药。

这时人于静定之中，忽眉间又掣电光，虚室生白，是阳光三现之景，说明体内真阳圆聚，无根内大药已生。大药产生时还有"六根震动"之景①，说明正子时已到，应凝神入定，专用目光内视，日夜观照中丹田，渐入无为功夫。同时做好各项准备，按秘诀采大药服食过大关。

采大药之前，为做到"六根不漏"②，先准备下状如馒头的木座，上以棉布覆盖，以抵住谷道，同时将鼻呼吸变为内呼吸，用木夹夹住鼻窍，防止内无由上下鹊桥③外泄的危险。

大药生时，如弹丸、火珠，惊颤旋动于脐间，先后上腾心位，前触阳关，后冲尾闾。由于心位不能存无，止火后阳关已闭，尾闾遇阻不透，便下奔谷道而去。这时谷道外用木座抵住，内以"吸、舐、撮、闭"四字诀，乘大药自动冲关之机，以"五龙捧圣"之秘④用微意轻轻上引，如同羊拉车过尾闾而至夹脊关。大药在夹脊关遇阻不动时不可意引其动，要待其忽又自然而动时以微意轻引，便如鹿拉车般轻快地撞过夹脊关升至玉枕关。大药至玉枕关又遇阻不动，复以五龙捧圣之法待其如牛拉车⑤自动以大力冲开玉枕关，直贯顶门脑中以意守之，补足泥丸、髓海，谓三华聚

---

① 六根震动为丹田火炽，两肾汤煎，眼吐金光，耳后风生，脑后鹫鸣，身涌鼻搐之类。
② 上用木夹夹住鼻窍，使鼻根不漏；含两眼之光使眼根不漏；凝两耳之韵使耳根不漏；舌舐上腭使舌根不漏；下用木座抵住谷道使身根不漏；一念不生使意根不漏。
③ 上鹊桥在印堂与鼻口，下鹊桥在尾闾与二阴。
④ 五属土为真意，龙乃元神，圣为大药。用意引大药过关之法为五龙捧圣。其诀或以心、肝、脾、肺、肾之五气化为红、青、黄、白、黑之五龙，以水（黑）龙居左，火（红）龙护右，青龙、白龙、黄龙拥丹上行。
⑤ 羊车、鹿车、牛车，丹家名之为"三车牵引"，由尾闾至夹脊，如羊驾车，细步慎行；由夹脊至玉枕，如鹿驾车，巨步快奔；由玉枕至泥丸，因玉枕细微难通，须如牛驾车，大力猛冲过去。

顶，再引下至印堂。大药在印堂遇阻不通，易从上鹊桥泄漏。这时须用木夹关锁鼻窍，以舌舐上腭，将大药引下，如甘露、雀卵，颗颗降下，过十二重楼（喉下气管），下入中丹田亦通彻于下丹田，须行卯酉周天以团聚大药。中关仙术须移鼎于黄庭，将中丹田和下丹田合成一个虚空大境界，称小鼎炉，采大药服食后入于黄庭之中，使目光常照，合神而炼，在此神炁相包，凝为一体，称为圣胎。

七 养胎

所谓圣胎，亦称婴儿，实际上非有形有质之物，而是对神炁凝结的比喻。在这一阶段，先以神入炁，后以炁包神，以元神为大药之主人，以大药为元神之宅舍，直到十月神归大定，恰如神炁交媾在胞中产育胎儿一般，故有养胎之喻。大周天不转河车，只以二炁氤氲于黄庭、丹田之间；其火候不计爻象，昼夜无间断，用四止沐浴亦不在卯酉换气，以常定（意念若无）常觉（按四正行动）、洗心涤虑、绵密寂照之功及入定之力，促使元神发育成长。十月之中炁由微动到不动进而尽化为神，真意的运用也是由双目观照而至无觉，更不着意于火，以免影响元神的大定。实际上，大周天功夫本身就是入定功夫。

大周天的入定功夫，目的是炼阳神，其丹法称为抽铅添汞。汞为阳，铅为阴，汞为日，铅为月，炁动神散则为阴，炁定神纯则为阳。故炁定一分，阴消一分，阳长一分，至二炁全化，昏沉尽绝，独留一虚灵之阳神，方成纯阳果满之胎。在第一个月二炁仍活动升降；第二个月炁动微微；三月后仅有余炁在中下丹田微动；第四、五个月炁不再动，阴减阳增；第六、七个月定功已纯，化炁为神；至八、九、十个月之后，寂照已久，性功已满，神已纯全，则须用迁法移胎于上丹田，向上关过渡。其中有日月交光合璧、芦芽穿膝、珠落黄庭诸景，皆当以卯酉周天收之。中关养胎阶段随丹功进程会逐次出现以下证验。

（一）辟谷现象

约在三个月后，神炁已入定，人体元炁充盈，则饥饿感消失，便会出现辟谷现象。本来谷为后天之物，食谷为阴，体内无阴，自不思食。辟谷现象出现早晚因人而异，直接和人的定力相关，辟谷早则说明得定早，以后出定亦早。辟谷是入定的证验，不可强求。

（二）昏睡全无

约至六、七个月后，定功已纯，元神为胎之主。这时自然无昏沉之意，也不需睡眠了，但有一分昏沉之意，便有一分阴在，昏睡全无是阳神旺盛的证验。

（三）胎息脉住

养胎至八、九个月时，炁已尽化为神，即出现脉住之候和体呼吸现象，这时人百脉俱和，如有如无，口鼻中已不存在呼吸，说明已返回到如在母亲胞胎时的境界。

（四）六通之验

养胎至十月圆满，成纯阳之体，日月合璧之后，神归大定，定能生慧，遂有六通之验。漏尽通在小周天功法时已达到，重返童真之体；天眼通能见天地间一切事物；天耳通能闻十方之声音；宿命通能晓世事因果；他心通能知别人思想；神境通能推往知来，洞察隐微。实际上，所谓六通大多是通过修炼开发出来的人体潜能，其中遥视、透视、遥听、预知、思维传感之类已有实验报道。然而内丹家对人体潜能的态度，和现代气功师不同。他们把这些心灵潜能现象当作炼丹中必然出现的证验，不喜不惧，仍以炼成内丹为人体实验的最终目标。特别是对神境通，他们担心这种对识神的智力开发反而导致元神蒙昧，故特别小心。《仙佛合宗》云："惟神境一通，乃识神用事，若不能保扶心君，即为识神所转……惟是慧而不用，则能转识成智，始得证胎圆之果也。"

十月养胎期间，会突然胸膈闷痛，口吐淤血；如斧劈脑，便下脓秽，此乃如龙脱骨，如蛇蜕皮的真空炼形之景，可使痼疾俱消。继而心、肝、脾、肺、肾中阴气炼尽，又有五气朝元、赤蛇透关之景。大周天入定后还会出现许多幻觉，丹家称为外景或魔，有六欲魔、七情魔、富魔、贵魔、恩爱魔、灾难魔、刀兵魔、圣贤魔、乐魔、色魔，实际上皆是人们在中国的现实社会中经常泛起的欲念。内丹家要求在入定后见魔不认不应，皆以正念扫去。丹家秘传有存思太阳真火焚身之法，可消魔障。当十月阴尽阳纯，神全大定，胎息脉住，自然不再有魔，应进入炼神还虚的上关仙术了。

第四阶段：炼神还虚（上关仙术）

内丹学中认为道即是虚无。丹经中以○代表虚，宇宙中只有○是不坏长存的，神归虚无，就完成了三归二、二归一、一还○的全过程，称为与道合真了。炼神还虚为丹功的最高阶段，纯入性功，约为九年，前三年乳哺阳神，后六年有出神之景。

八　出胎

炼炁化神之功完成后，只剩下一寂照之神，元神不能久居中、下丹田，须先用迁法将神迁至上丹田（即脑中心之泥丸宫，为阳神的本宫），称为移胎。然后将阳神寂照于上丹田，混融成一虚灵之境，存养阳神，称为乳哺。这是说阳神初时尚未稳定，如婴儿幼小需要乳哺。乳哺的基本丹法是入定，入定即炼神，神愈炼愈纯，称作见性，入定愈久，定力愈大，阳神则愈健全，神通也愈大。丹家称人体为"壶"，坎离交媾直至出神，皆是在壶中的腔子里完成的。在上关仙术中，《黄庭经》中的三部、八景、二十四真之身神皆现出景象，丹家入定收服为护法，可见丹道修炼离不开人体的腔子。今之盲师动辄云"不要在腔子里摸索"，仅在女鼎身上动心思，皆未得丹家真传。

阳神乳哺日久，六通已全，性合虚无，这时在死心入定之中，突见眼前有金莲从地涌出，上透九霄，化为雪花纷飞，天花乱坠的景象，囟门自开，为出胎之时。囟门又称天门，其实婴儿时囟门原是开的，此时天门骨亦如婴儿般开缝，金光四射，香气满室，阳神自泥丸宫脱胎而出。如果不及时出胎，神久拘于形中不能解脱而还归虚灵，仍可离定而动，出现危险。例如道士的尸解，和尚的坐化，都是元神出壳失去控制无疾而亡的结果。即使没有尸解坐化，神拘于躯壳中顽而不灵，也只能算"寿同天地一愚夫"。阳神即人的精神的最高精华，是至虚至灵无形无质的。

调神出壳之后，三年乳哺功完成，要继续六年温养之功。此时在人的躯体二、三尺周围，出现一轮金光，即是温养元神（法身）的乳汁。其法先以法身近于光前，以念聚光收于法身之内，然后收法身入躯，依灭尽定而寂灭之。要以太虚为超脱之境，以泥丸为存养之所。为防止阳神出而不归，迷失本性，须旋出即收，多养少出，始则出一步即收，宜近不宜远，宜暂不宜久；继则出多步、多里而收，渐出渐远，渐出渐熟，使阳神逐渐老成。

阳神出壳后，仍会有幻景出现，引诱阳神迷失不返，这是由于原来炼己不纯，有阴神外游造成的。不得已，尚有炼虚一段功夫，以补原来炼心未至之功。这时重以定功炼神，神愈炼愈灵，渐入道境，放阳神出去，便可以达地通天，千变万化，移山超海，神通广大，并能将法身愈分愈多，称为身外有身了。

第十章　自身清净派丹法程序　　　　　　　　　　　595

九　还虚

　　还虚合道，为内丹学最终的撒手功夫。这时复将阳神收入祖窍之中，炼而复炼，炼神还虚，更于虚无处炼之，阳神百炼百灵，炼得阳神的慧光内神火，贯通躯体百窍，阳焰腾空，透顶透足，将色身（躯体）炼化入法身（阳神）之中，使神光普照。最后炼得通身神火，躯体崩散，粉碎为不有不无、无形无迹的先天祖炁，还归于○，一如佛家之无余依涅槃，方是还虚合道了。这最后一步称为"虚空粉碎"，做到聚则成形，散则为炁，便见仙人本色。内丹家所谓"带肉大觉金仙"、"万劫不坏之躯"、"本来面目"，所谓"形神俱妙，与道合真"、"性命双修"、"超神入化"，都是化归虚无的意思。

　　内丹修炼的全过程是以道学的宇宙生成论和内丹学原理为依据的。炼神还虚，就是要炼得神不自神，形神两忘，不见有道法可修，不见有神仙可证，尽归无极，复还空无，达到与天地合一，与宇宙同体，乃至后天和先天合一的境界。内丹学认为，宇宙的自然本源是道，道就是虚无，是宇宙中唯一永存的○。内丹学追求人与道的契合，其中所谓"长生成仙"的概念，也无非是虚无一个圈子。俗人像在现实社会中求名求利求色求权一样想通过炼内丹追求长生成神仙，这本身就和道教内丹学的理论背道而驰。《唱道真言》云："炼丹，非有事事也。无所事事，方谓之炼丹。人能无所事事，以至于心斋、坐忘，丹亦何必炼？丹至于不必炼，乃善于炼丹者也。"又说："夫无上之道，原无可道，无上之丹，原无所为丹，欲执象而求之，背道远矣。"

第十一章　同类阴阳派丹法程序

　　同类阴阳派的彼家丹法程序，历来秘而不传，外界少有人知。仇兆鳌《悟真篇提要》，微露双修派彼家丹法之玄机，今依师传法诀特为之破译如下。

　　凝神定息。男女双修功夫，丹家称之为"清净头，彼家尾"，因之要把凝神定息的踵息术贯彻始终。其诀要万缘放下，心息相依，虚极静笃，一念规中，行玉液炼形之功。

　　运气开关。其法有积气开关与聚气开关之别；积气开关功迟，聚气开关功速。开关为得药做准备，欲采药上运，必须关路通畅。积气开关乃贯通任督二脉的逆转河车功夫。聚气开关须用女鼎熏蒸，外提玉茎，姹婴含吐，使管通关透。

　　保精炼剑。元精坚固，则剑锋刚劲；锻炼有方，则剑气通灵。剑要刚、通、灵；金水相资，刚柔迭用，屈伸如意，呼之立应，则可明强弱而出入，用提吸以回阳，或侧身修道，或颠倒行功，顺逆皆可用之。

　　采药筑基。鼎佳剑良，须按寅申子午气动时刻，用法器（渡河筏、上天梯）按地天泰卦，于晦前朔后采药筑基，以前短后长之作用行功，使民安国富，身雄力健。筑基用后天鼎器，每日两番，乃滋培温养之功。

还丹结胎。诀用二七先天鼎，待其天应星，地应潮，唇红如珀，瞳黑如漆，两眉间现"太平钱"象，五千四八先天首经当产，急忙下手，如磁石吸铁，隔碍潜通。此先天虚无真一之炁，送归土釜，配以流珠，到口香甜，遍身沉醉，便是一得永得之金液大还丹。此炁肇自混沌鸿濛，霎时乍来，惟此一度，三家相见结婴儿，片晌得丹。

火符温养。此乃双修派抽铅添汞、取坎填离之功，属炼炁化神阶段。其功法之行颠倒、识浮沉、调水火、辨癸壬、合戊己，大致与筑基相似，须用阳火阴符，抽彼之铅，添己之汞，务要天君泰定，对境无心，三百日朝暮行六百卦。周天数足，十月胎圆，婴儿现相则通神入圣。此段功夫须守满持盈，防止阴侵阳骄，妄作走丹；更要慎密火候，防危虑险，功成则将丹房鼎器善遣之。

抱元守一。其炼神还虚之功，和清净丹法相同。十月功完，阳神出壳，须行哺乳温养，入定寂照之功。此段还虚合道功夫，乃无为之性功，诀在绝虑忘机、逍遥静观、虚寂恒诚，便可达天仙境界。

彼家丹法之功程，开关须三七，炼剑用百日，筑基在期年，还丹只片时，温养经十月，抱元历九载。内丹学本是仙家虚无大道，中间琴剑鼎炉，乃搭桥借径之方便法门。其采药之法诀云："垂帘闭兑目视顶，鼻引清风入金井。拳手缩脚似猿猴，明珠自上昆仑顶。"这套功法，虽说步步有诀，但一经抉破，即可恍然大悟，要言不烦。然其用五千零四十八卷《大藏经》之先天金鼎一说，是中国封建社会妻妾成群的腐朽婚姻制度之陈迹，为现代文明社会所不容，必须坚决革除。否则一旦有人秘传此法，就会引诱一些人创造条件跃跃欲试，出现触犯现代道德和法律的性犯罪，成为社会之大害，危及内丹学的声誉。我在 1980 年冬因先师黄友谋教授接引而得无忧子老师指教，深知此派丹法底细，其中有可知而不可学者，有可学而不可修者，有可修而不可传者。研习内丹学必须有足以自律的思想品质和高度的社会责任感，否则好大喜功，误传误导，反而给内丹学的研究事业造成灭顶之灾。我师从王沐先生研习清修派丹法时，曾将他积累了六十年的资料整理成《内丹养生功法指要》一书交东方出版社出版，并声明我研习此道，并非为了自己长寿延命，更无得道成仙之想，也无须以此收徒聚财。我是一个研究自然科学、医学出身的学者，"其志在于用现代自然科学、心理学和哲学揭开内丹之秘"①，为人体生命科学特别是认知科学的发展做出贡献，为人类造福。彼家丹法中的"蟠桃酒"（或称先天酒）等，无非是一种性激素，完全可以化验出其化学成分，采用服药、注射等法解除用鼎的障碍，使之改造为夫妻同修同证男欢女爱的功法，造福人类社会，岂非一大功德！无忧子老师所传同类阴阳丹法属明代孙教鸾（1504～1609）真人法脉，层次较高，亦力斥采取"白虎首经"之非，且早已着手改造成因地制宜，可二家可三家的丹法步骤。孚佑帝君《指玄篇》诗云："天机不泄世难知，泄漏天机写作诗。同类铸成驱鬼剑，共床作起上天梯。人须人度超尘世，龙要龙交出污泥。莫怪真情都实说，只缘要度众群迷。"同类阴阳丹法，实为中国内丹学的一条正脉，清净丹法是在其基础上的一次革新而已。丹家讲"只有铅汞二味药，其余多是弄愚夫"，同类阴阳丹法乃中华民族特殊的文化遗产，不可使其失传。陈致虚《金丹大要》中有《丹法参同十八诀》，为同类阴阳龙虎丹法程序要诀，读者可以自己参究。今将孙教鸾真人于明万历年间传出的同类阴阳龙虎丹法程序略述如下。

---

① 王沐：《内丹养生功法指要》，东方出版社，1990，第3页。

（一）筑基

丹家先将乾坤为鼎器，用法器依程式与灵父、圣母、乳虎同修百日筑基之功，取坎填离，追彼气血，入我丹田，用逆不用顺，用气不用质，以对境无心为法诀。此百日筑基功，乃迈过丹功之铁门槛，咬碎一个铁馒头，琴剑、兑艮互用，生龙活虎并行，补气补血，将自身还成乾体，立就丹基，人仙不远。筑基之功实为修补之道，《金丹真传》疏云："补之之时，神交体不交，气交形不交，虽交以不交。却将彼血气用法收来，与我精神两相凑合，而凝结为一，然后虚者不虚，损者不损，而丹基始固，可以得药。"此法必用鼎器、法器，先开关窍，追得彼家气血入黄庭宫内和合四象，复成乾健之体。

（二）得药

此乃人仙之第二步功。《金丹真传》疏云："得药者，采取后天鼎中外药，收入身中，与我补完之气血，两相配合，使点制阴精，化为真汞，然后形神乃全，寿元坚固，可为仙佛之阶梯。"阴精乃我身五脏之气，未得外药，散乱不凝。此法须明药分癸壬，癸不采而壬可采，因为癸铅乃阴中之阴，不堪为药；壬铅乃阴中之阳，可以为药，采之数度，丹基坚实，才能结丹。七日得药，体内阴阳相搏，阳长阴消，丹自内结，如醉如痴，昏昏默默，百刻功成，才觉精神爽快。得药乃生死大事，须道侣扶持。

（三）结丹

结丹为人仙修成之功。采得外来之药，擒制我体内五脏之气，使不散乱，两相凝结，聚而成丹。丹基初立，须将耳、目、口等六门紧闭，静心调息，谨慎梦遗，排遣昏沉，节省言语，进火退符，在下丹田（炁海）温养锻炼。如此百日火功，血化为精，精化为汞，阴退阳纯，得半斤真汞，名曰"己土"，是谓结丹（内丹），即至人仙之位。

（四）炼己

炼己乃地仙之初功。龙虎丹法每云"还丹容易，炼己最难"，须将己身中之活汞，炼成一块干水银，称汞结成砂，方可行还丹之功。《金丹真传》疏云："其必在欲绝欲，居尘出尘；洁净坛室，安排琴剑；看铅花而行火候，托黄婆而定浮沉；凭侣伴而分刻漏，照子午而备抽添。用飞灵剑采铅于虎尾之中，用通天剑进火于龙头之上。依法度追魂制魄，凭匠手捉雾拿云。使神冲气，气冲形，熏蒸百骸；火炼铅，铅炼汞，配合三家。赶退三尸九贼，消磨六欲七情。精津血液，一点化为琼膏；唾涕汗泪，半滴不生诸窍。"直到"骨气俱是金精，肌肤皆成玉质"。这套功法要求较高，须别安炉鼎，重置琴剑，日日行功不止，弦前弦后火候无差，心无杂念，步步不离龙虎窝，直到见到效验，炼己功纯，再行还丹之功。

（五）还丹

还丹为地仙之关键功夫。丹分内外，内结丹而外还丹。外丹者，彼之真铅，名曰"戊土"。结丹之法，由我不由人；还丹之功，在彼不在己。此为龙虎丹法中采取彼家先天太乙真气（水中金）之功，必须穷戊己，定庚甲，于晦朔前后，癸尽铅生，须六根静定，大用现前，流戊就己，采此先天中之先天，仅几分钟时间（二候）即可得丹，然后归入土釜，以四候匹配阴阳，运药合丹。在龙虎丹法中，"前行短"（二候），"后行长"（四候），皆指行功时间、息数而言。《金丹真传》疏云："还丹者，彼之真阳方动，即运一点己汞以迎之，外触内激而有象，内触外感而有灵，如磁吸铁，收入丹田，还外丹也。""以下弦之弦后，合上弦之弦前，则阳与阴相凑，魂与魄相成，二八共成一斤，是为满月，是为纯乾，而丹道成矣。"《金丹大要》云："行人既得刀圭入口，运己真火以养之。运火之际，忽觉夹脊真炁上冲泥丸，沥沥有声，似有物触上脑中。须臾如雀卵颗颗自腭下重楼，如冰酥香甜，甘美无比。觉有此状，乃验得金液还丹，徐徐咽下丹田。"其中火候最秘，采取有诀，须元神主宰，虚心实腹，归根复命，有无交入，颠倒妙用，依师传行功。

（六）温养

温养实为炼药功夫，十月温养，二月沐浴，共一年时间，九转功成，阳神可待出户。此段功法相当于清净丹法中之养胎阶段，但须用鼎器，进火退符。《金丹真传》疏云："故温养之时，必用鼎器，辨屯蒙，朝进阳火，屯卦直事；暮退阴符，蒙卦直事。""朝屯暮蒙，进火退符，法十二时而行事，亦协三百六十之数。""然进火退符之时，含沐浴一节在内，沐浴者，住火停工，洗心涤虑，而防危虑险也。""修真之士，运火行符，须要精调火候，斡运天罡，顺阴阳四时代谢之机，明天地五行生克之理。呼宜默默，吸用绵绵。庄子曰'众人之息以喉，真人之息以踵'者，此也。"其中以生龙活虎按法度吹嘘，须心定性觉，知白守黑，神明自来。

（七）脱胎

此为出阳神成地仙之功。《金丹真传》疏云："凡父凡母交，汞来投铅，阳施而阴受，谓之顺，顺则人胎结，而生男生女。灵父灵母交，铅来投汞，阴施而阳受，谓之逆，逆则圣胎结，而生佛生仙。""十月胎完，霹雳一声，顶门迸裂，婴儿出现之后，又有调神一节功夫。"其调神出壳之法和清净丹法同，然后身外有身，化身百千，周游三界，为陆地神仙。

（八）天仙

此龙虎丹法之最高境界。言修真之士，广积善德，功满三千，行圆八百，"然后冥冥之中，默相感召，降生龙女，按五千四十八日之期，正合一览《大藏经》之数。天地日月之精会于斯，阴阳五行之粹聚于斯，标灵呈瑞，结一宝珠"（《金丹真传》），名为玄珠，饵而服之，名列仙班，天仙成矣。所谓"玄珠"，乃是宇宙之先天鼎中所产黍米珠，悬于空中，霞光耀日，高贵莫名，服此玄珠，便可赴瑶池，功成名遂，大丈夫平生之事毕矣。另有知非子老师亦曾授我金鼎火符龙虎并用之同类阴阳栽接丹法，乃张三丰祖师一脉真传，可与此术参照。此种丹法，亦重炼心，炼心不死，虽得真炁，而无元神主宰，终不见功，其中诸多细处，"工夫毫发不容差"也。

第十二章　女金丹述要

内丹学注意到女子生理和心理同男子有差别，因而有女金丹之传。内丹学以后天离（☲）卦喻男，坎（☵）卦喻女，以为男外阳而内阴，女外阴而内阳，女子本有丹在身中，性纯质柔，因而女子修丹比男子为易。古来女子修仙者多，但论女修的丹经甚少，再由于女子年龄老少、是否婚媾、有否生育等条件不同，修炼次第亦不同，很难有统一的女丹套路。现据所知的女丹道书，可综其源流将女子丹法略分八派。

南岳魏夫人（华存）派，亦称存思派。 奉《黄庭经》为宗，存思身神，积气成真，男女皆可修炼。

谌姆派，亦称外金丹派。 由谌姆传许逊、吴猛，以许逊《石函记》、吴猛《铜符铁卷文》为主经，传天元神丹之烧炼与服食，兼以符咒修炼。

中条山老姆派，亦称剑术派。《吕祖全书》记其源流，以剑术内炼成道，分"法剑"与"道剑"两般作用。

谢仙姑派。 仙姑名谢自然，十余岁童女即修道，故亦名童女派。童女尚未行经，身中元气充盈，可免去筑基功夫，以辟谷休粮、服气、安神、静坐入手，以清静无为法得道，传《太清中黄真经》功法。辟谷休粮之术最宜女修，可作为女丹各派入手功夫，非独童女为然。

曹文逸真人派。此派以曹道冲《灵源大道歌》为祖经，以清心寡欲、神不外驰、专气致柔、元和内运为要诀。此丹法为女子清修功夫，男女皆可修，功法纯正，可得玉液还丹。

孙不二元君派，亦名清静派。此派为清静散人孙不二所创，传太阴炼形之法，从斩赤龙入手，先变化形质，后按男子清净丹法修炼，为女丹正宗功夫。此派有《孙不二元君法语》、《坤道功夫次第诗》等传世。

女子双修派。此派功法复杂，有上、中、下三乘，下乘为房中秘诀，有养阴驻颜之方；中乘有采阳补阴之青娥术；上乘有双修双成之诀。其中有玄女、素女、采女所传合阴阳之术；有夏姬调和巽艮驻颜留春之方；有赵飞燕内视之法。女子双修诸派皆称其丹法为吕祖亲传，故亦称吕祖（洞宾）派，有《金丹诀》、《女丹要言》等丹书。另有《西池集》，亦为女丹秘传。此派丹法要知庚甲、辨有无、坐宝龟、着甘露、去浊留香、月照寒潭、骑牛赴月撞金钟，捉得金精锁毒龙，最终达到"救人兼救己，内外两功成"的目的。其实《悟真篇》讲"大小无伤两国全"，亦传有男女两利之双修功夫。

女子虚无派。此派传女子虚空阴阳丹法，有李泥丸祖师和沈一炳大师所撰《女宗双修宝筏》载其法诀。此术亦从按摩双乳入手，以防痰凝血瘀之疾，继而息心清神念注乳溪，先炼形后炼神，先修色身后修法身，最后在虚空中做活计，夺天地之造化，乃最上乘丹法。

女子丹功同男子内丹的差别，主要是筑基入手功夫和初关仙术不同。男子以精为基，女子以血为本；男子入手先要补精，进而炼精化炁；女子入手先要补血炼形，返还童女之身，炼血化炁，使乳房缩如男子，月经自绝（斩赤龙），因而有"男子修成不漏精，女子修成不漏经"之说。女子丹功的关键步骤为"太阴炼形"之术，其重要关窍为两乳中间的膻中穴（女丹亦称炁穴、乳溪，相当男子的中丹田）和血海（子宫所处部位，相当男子下丹田），"形"即为乳房，"质"指经血。男子以精元为命，先炼本元，后炼形质，中老年先补精气，还为童体；女子以血元为命，先炼形质，后炼本元，年老经绝之女子，先炼至月经重至，恢复处女之体，再斩赤龙使体质变如男子，才可按男子内丹功法依次修炼。男女丹法，要在一个"中"字，丹家在变化男女体质的命功上求其"中"，在性功上也求"中"，"中"即是阴阳造化的枢机。女丹只要修成胎息，玄关一窍展开，由后天转为先天，三年五载可抵男子十年之功。

女丹太阴炼形之法，先静坐凝神，舌抵上腭，嗽津咽液，意注膻中穴，闭目调息入静止念。然后以两手交叉捧乳，自左至右以顺时针方向，轻轻揉摩三十六次，再以反时针方向旋转揉二十四次。揉摩时以神相抱，使气机活泼，揉止后以两手捧双乳至膻中，凝神入膻中穴，使元炁氤氲回旋。再将气自下丹田血海微微提吸三十六口，仍两手交叉捧乳，反照调息入定。这时血海之中真炁萌生，上升至两乳、膻中，真炁往来不绝，血液亦随之发生变化。而后将真炁降下血海，循脐轮，透尾闾，过夹脊，上升泥丸，复下重楼，入下丹田，行转河车之功。如此炼血化炁，完成斩赤龙工夫，月经自绝，乳如男子。斩赤龙之后，不必捧乳吸气，只须凝神寂照膻中，真息悠悠，一任河车运转，无碍无滞，小周天初关功成，便与男子内丹功法无异了。女丹初关采用中黄直透的修冲脉功法，亦较方便，采血海中元炁为小药沿冲脉升泥丸再降至膻中（炁穴）炼药，完成小周天工夫。

女丹入手，先须放松入静，心和气畅，火候亦要活泼自然，不可拘执用意过强，妄动武火，以免引起神经分裂症、血崩等奇疾。女子在月经前信至潮未至时，有头晕腰疼之感，称为壬水至癸水未至，可以用回光返照法采壬水补脑，如月经潮到（癸水至），便应停功，心平气和地静养。如果在月经期间妄加采取，反会引起疾病。至三十个时辰癸水尽时，方可行功。

　　女丹修炼，以童女未行经者较易成功，可省去筑基一段功夫，少女则需加上斩赤龙功法。已婚生育之老年妇女，则不应急于斩赤龙，当先从补救亏损入手。女子丹功，往往和美容术相结合，以驻颜为效验。相传夏姬得养阴之方，年老而貌如处子；飞燕行内视之术，体态轻盈多姿。还有夫妻同修，双补双益者，成为神仙眷侣。中国历史上在公元前6世纪有楚、陈等诸侯之间为争夺美女发动战争的记载，这个美女即是郑穆公之女夏姬，陈灵公为她遭杀身之祸，巫臣为娶她叛楚并挑起吴楚之争，而她当年已近50岁了，足见其驻颜留春之术决非虚传。世上苟有福慧双全之女子，结下道缘，得到丹诀，能以现代科学知识进行女丹功法的实践和研究，必能揭开女子内丹之秘，为全人类造福。

　　为使爱好丹功但尚未入门的女士便于入手修炼，将牛金宝先生1987年在《武魂》杂志上发表的《道教龙门派坤生功法法诀歌》附录如下：

　　　　盘膝坐，炼静功，全身内外要放松。
　　　　闭目观心守本命，凝神含光意归中。
　　　　手掐子午除杂念，舌闭天池津自生。
　　　　深细长匀调呼吸，心定念止是正功。
　　　　坐到人我两忘时，光在眼前空不空。
　　　　下座搓面熨双睛，伸臂长腰气血通。
　　　　浑身上下搓一遍，揉完两乳揉绛宫。
　　　　持之以恒能驻颜，人老也会变年轻。

这段法诀浅明生动，便于记忆，为入手功夫。牛金宝之功法传自千峰老人赵避尘，赵避尘著有《性命法诀明指》，读者可以参照《性命法诀明指》一书理解这段功法。但同时要注意，女丹功法，切记不可着相，火候要轻松自然，毫不拘执，这是要特别警惕的。

女子金丹要点及入手功夫既明，再据《坤元经》将女丹修炼程序讲述如下。

静养化炁。女子初行静功，魔障多，束心难，不可强炼硬行，拘执不化，要松静自然，心和气畅。入坐时要万缘放下，清心寡欲，意默血海，二目返照两乳中间炁穴。两手交叉捧乳揉摩三十六遍，自下田血海微微吸气二十四口（童贞少女不必用揉吸之法），而后仍双手捧乳，回光照定炁穴。此为意守膻中的太阴炼形功夫。如此寂静自然，呼则微微起意上照神室，吸则悠悠回气下达丹田，直至虚极静笃，不知不觉生机触动，丹田血海中有一缕清气升至炁穴。复凝神照定炁穴，元和内运，舒散周身，一片浑圆景象，方可下坐。每日打坐宜在亥子时，日可三四坐。

知时炼形。女子月经上应月出庚（初三）、月生甲（十五）之太阴运行之象，下连人体玄根先天真一元炁，牵动女子真阴。月经一月一来，分为壬水、癸水。壬水生时，信先至，女子有腰痛身软、头昏喜睡之感，至癸水生，潮立至，经三十个时辰，潮将止未止之时，癸净壬现。月经信至潮未至之时，及癸净壬现之时，皆真阴发动，牵动先天一炁的良机，女子七莲花放，露蕊含苞，为顺则生人，逆炼成仙之期。丹家宜于信到时行化气养形之功，经止时行炼形和气之功。两日半行经赤龙正旺，不可妄行采炼，否则易患血症奇疾，应安心静养为妙。化气养形之法：预先算定信至之期，焚香静坐，呼由丹田起意上照神室，吸由炁穴回返下笼血海，少刻觉生清气一缕上升炁穴，复引下血海，丹田生热，血化之气引动真一之炁，如鱼吸水，真阴发动，身体酥绵如醉。妙景现前，速回光聚气于海底，用意引过尾闾，穿夹脊入泥丸，复透上腭，舌引生液，咽下重楼，至乳间炁穴运液化气，经两乳舒散周身百脉，以养形体。月经将止未止之期，有"三十时辰两日半，二十八九君须算"之口诀，真阴忽又发动，如鱼吸水，急照前法行炼形和气之功。养形至气旺，一日内真阴数动，亦要静炼数次。女子还元贞之体，全借真阴，萌动出先天真一之炁，炼而运之。

斩龙立根。女子斩龙之功，略有四种。一是内炼丹田与炁穴间之气，接乎外来之气，融成一片，由乳运化，散于全身。同时将口中所生津液和清气下咽丹田，并沿带脉运息烹化，静守自然，称玉液炼形之功。二是意照血海，炼液化炁，沿督脉过三关入泥丸，复化为津液滴下，经重楼入炁穴，在炁穴烹液化气，经两乳流通全身，妙化自然，称金液炼形之功。三是信至潮未至前，采血海之气入炁穴炼化，称索龙头之功。四是癸尽壬生之际，炼血海之气过尾闾转督脉下降炁穴，舒散周身，称擒虎尾之功。要诀皆在真阴萌动时烹炼血海之炁，经炁穴、两乳散于周身。如此壮者二年，弱者三年，经血由红而黄而白而无，赤龙斩断，乳头缩如男子，丹基始立。

采取生药。女子斩赤龙后，可如男子一般练功。斩龙功后继之采取之功。其功法即虚极静笃，凝神入炁穴，逆升头顶为进火，进火即为采取；顺降腹部为退符，退符即是烹炼。吸则降火，呼则升水，药均在丹田血海产生。先采心肾之气炼之促生外药；再采外药炼之引生内药；终采内药炼结而生大药。炼心肾之气、外药、内药皆用小周天进火、退符火候，功夫逐层深入，至采大药方用大周天火候炼炁化神。丹家静坐觉丹田温热，心肾之气足，采取穿尾闾沿督脉、任脉入炁穴复降丹田，日日加工，体如蒸笼，紧闭六门，绵绵熏蒸；一年之间，便有生外药之象。此时人体酥绵如醉，异香遍身，眉上明堂放光，外药生于下丹田之内。丹家一觉药生氘到，趁其生机，采而聚之，转河车炼之，后藏于丹田，温养日久，方生内药。女子采得外药有七日混沌如醉之验，最怕忧怒邪念；得外药而内药方生，内药生时女子有肤嫩色艳，貌庄神清之象，观之可知。

炼结还丹。内药生后，可炼结成丹。丹为先天大药，经锻炼还归氘穴，而称还丹。女觉生内药，速采而勿失，即行炼结之功。吸降心中真火以养之，呼升肾中真水以温之，子前进火，午后退符，行小周天火候，取坎离中真土，水火烹炼，渐聚渐凝。丹家用息运炼，一时生恍惚杳冥之景，真氘凝结一团，内结粟米之珠，盘桓活泼，圆灼光明。炼结之功成，再行炼还之功。当炼之时，定息运气以抽铅，行火炼形以添汞，以呼吸轮转，河车搬运，周天火候不差，先天大药结成紫金丹，方可移炉换鼎。大药穿尾间沿督脉经泥丸降至乳间氘穴，还乎先天本位，称作还丹。丹功百日生大药，一时结丹，三年炼丹，七日还丹。其中得大药，有六根震动之景；移炉换鼎，有五龙捧圣秘诀。女子炼结还丹，目如点漆，光同展电，静极生智，开发出人体生命潜能。

会合胎息。还丹功成，大药入氘穴，进入炼氘化神阶段。丹家先行乾坤交媾，神氘会合之法，后以胎息养仙胎，为十月温养之功。法以真意引元神下入氘穴，和元氘在氘穴内相包归一，意引息运，交合融化，结成珠胎。然后行大周天火候，如鸡抱卵，如龙养珠，静养胎中生息。而后化后天呼吸为先天呼吸，化真息为胎息，以胎息养胎神。依法制伏呼吸，在前对脐轮后对命门，上自丹田下沿冲脉至两足心之涌泉穴，其间真息自然运动，称真空倒机。丹家于先天大定之中，静中息归于胎，气息似在脐轮又似在虚空，悠悠绵绵，觉有终无，胎息功成，仙界不远。

调养出神。 养胎之功，先行入定，息住胎中，胎中生息，随息感应，相合如一，百日神炁大定。再以五脏真气，随息入胎中凝炼，百日药力渐全，为五气朝元之功。复加百日，化去胎中之息，炁化为神，神定阳纯，胎神坚固，炼炁化神之功á。三百日胎神大定，谓之胎圆神全，又称灭尽定。至此须将此太和元灵真性之胎神，由炁穴上移泥丸宫。阳神一名婴儿，在泥丸宫盘结数周，冲开天门，霞光三耀，电闪雷鸣，婴儿出胎。此段功夫，须道伴防护，莫出偏差。

合道成仙。 阳神出壳，婴儿现形，须经三年哺乳，九年绝阴，方始成熟。初出婴儿幼嫩，恐迷失不返，应即放即收，渐放渐远，炼到出在定中，入在定中，婴儿老成，得大神通，还虚合道，渐至仙人境界。女子金丹法诀，自古丹经罕言，故稍为详述，以便女修。

内丹学中男子自身清净丹法、同类阴阳丹法和女金丹的修炼程序已如上述，这只能算给有志于此道的学者提供一些入门线索。《唱道真言》说："人人说个炼丹炼铅，岂知真丹不是铅作，寻着自己这件丹头，方知丹经千错万错。"丹功的传授需要真师临炉指导和个人在炼丹实验中细心体会，而将这些丰富、形象、具体、生动的自我体验著成丹经就难免千错万错。既然古代内丹家著的丹经尚且千错万错，我们这里概述的内丹修炼程序就更需要学者根据自己的体验去重新认识了。修习丹道的人，万莫将活法学成死诀。

小　结

现在内丹学的研究正在引起西方一些著名学者的注意。早在1920 年德国学者卫礼贤（Richard Wilhelm）就在北京得到一本恰巧是较为通俗的丹经《太乙金华宗旨》，并立刻觉察到它的科学价值，于 1926 年将其译成德文。1928 年，卫礼贤将自己的译稿交给著名瑞士心理学家荣格（C. G. Jung），荣格为此书写了长篇评述，于 1929 年出版。1930 年卫礼贤教授逝世，荣格又将他在慕尼黑纪念仪式上发表的关于卫礼贤生命研究的讲话收入德文新版和 1931 年的英文版。此书译印后很快成为畅销书，德文再版 5 次，1961 年贝恩斯（Cary F. Baynes）又与卫礼贤之子卫德明再次修订了英文版，后来日本学者汤浅泰雄和定方昭夫据英文版译为日文，在世界上引起轰动。荣格在对《太乙金华宗旨》的评述中认为中国古老的内丹学和西方现代分析心理学、心身医学是相通的，他从分析心理学中"看到了一个接近东方智慧的崭新的意想不到的途径"，使我确信这篇评述说明荣格是最早以现代分析心理学剖析内丹之秘的人。《太乙金华宗旨》德文第 5 版上载有歌德的诗："西方与东方，不会再天各一方"，英文修订版按语中提出"认识心灵始终是人类的最终目标"，而内丹学的研究正是指向这一目标的。英国学者李约瑟博士自号"十宿道人"，对道教方术中的科学内容进行了认真发掘，《中国科学技术史》第 5 卷第 5 分册专门讨论内丹学，他称之为"生理炼丹术"，并说："内丹成为世界早期生物化学史上的一个里程碑，是值得我们庆贺的一件事。"（何丙郁：《我与李约瑟》）这说明道教内丹学已开始传往西方，它的真实面目正逐步被西方学者所认识。荣格的分析心理学中某些概念如"集体无意识"、"原型"、"自我"等在西方似乎有某种超前性，他对《太乙金华宗旨》的评述连《荣格》传记的作者、英国心理学家安东尼·斯托尔（Anthony Storr）也没真正读懂，但荣格这些思想我们从内丹学的角度看却洞若观火。现代科学对大至 10^{10} 光年的宇宙，小至 10^{-10} 厘米的基本粒子，都有了较明确的认识，而对于人的大脑，对于人的精神活动，对于生命和意识的本质却知之甚少。我相信，内丹学的西传必将引起一些医学家、心理学家、脑科学家的注意，从而调动东西方学者的智慧共同攻开人体生命科学的堡垒，为全人类造福。内丹学的研究是打开人体生命科学的钥匙，内丹之秘的揭示必将给人体生命科学特别是认知科学、现代心身医学、生理心理学、脑科学带来突破性的进展。内丹学不仅是"心的哲学"（Philosophy of mind），而且是"心的科学"（Science of mind），是新科学革命的突破口。现在我们应努力揭开笼罩在内丹学上的宗教神秘面纱，用现代科学和哲学进行内丹学的研究，使之成为全人类的共同财富。

道藏篇

中国的道教和由印度传入且被中国化了的佛教，存在着某种既相互分立又相互补充的关系。

　　道教在中国传统文化中产生，本和中华民族的血缘、地缘、国情、民情息息相关，它渊源于母系氏族原始宗教的巫史文化，逐步演化为汉末的早期道教和魏晋神仙道教。佛教自两汉之季传入中国，为使中国人接受，不得不先同中国的传统文化攀接某种关系，它先是依附神仙道教的方术布道，而后又依附老庄玄学而传。在后世佛道之争中屡兴大波的"老子化胡"之说，其实在汉代已经流传，那时的佛教徒至少并不见有谁出来反对，因而日本学者窪德忠博士屡屡著文论证老子化胡说原是佛教徒当时为布道需要自己首先制造的。南北朝时从所谓"六家七宗"的格义佛教逐步脱胎出纯正的佛教，佛教的本来面目渐为人知，于是便要排斥老庄道家和神仙道教的影响而自立，佛道之争顿时拉开序幕。

　　道教中人根据早已流传的老子化胡说，造出《老子化胡经》，贬低佛教；佛教徒则针锋相对地攻击道教，痛斥《老子化胡经》为伪经，并进一步叫嚣除《道德经》外的所有道教经典都是伪经，怂恿信佛的异族皇帝焚烧道经。佛教在中国的盛传无疑大大地刺激了中华民族本土文化的自觉，促使道教以宗教素质较高的佛教为样板加速完善为教会式的宫观道教，藉以同外来的佛教抗衡。南北朝时，佛道二教各自出现了自己划时代的学者道安和陆修静。道安清算了格义佛教从而确立了佛教文化在中国传统文化中的独立地位。陆修静在道教史上的地位可和佛教史上的道安相比肩，他将早期道教和神仙道教发展为成熟的教会式宫观道教，整理了三洞经书并编出《三洞经书目录》。人们知道，在南北朝时期兴起的佛道之争中，佛教徒主要借判经诋毁道教，他们将当时翻译出的佛经皆称为释迦牟尼的真说，而将流传的道书统统打成"伪经"。道经目录是判经的第一手资料，相当于道经的户籍簿，从此一些古道经便有了存在的根据。

佛教自六朝以来所译佛经日益增多，至唐代印度佛经渐次译全，佛教的中国化也在唐代完成，形成世界上拥有经典最多的中国佛教。道教则经过六朝时期的自由造经阶段，道经和道经目录不断增广和完善，经过唐代的国教化使道教成为封建社会上层建筑不可分割的组成部分，道教经书也被国家统一编集成藏。唐代佛教的一切经书称为佛藏，道教收藏一切道书的总集便叫作道藏。唐玄宗时，大兴道教，于开元年间发使在全国搜访道经，充实《道藏》，并编定道经目录，名为《三洞琼纲》。当时《道藏》经书的规模古书记载不一，据《文献通考》记载总计 3744 卷；《道藏尊经历代纲目》则记载有道经 5700 卷；唐末著名道教学者杜光庭则在《太上黄箓斋仪》等书中记载："玄宗著《琼纲经目》，凡七千三百卷。复有《玉纬别目》，记、传、疏、论，相兼九千余卷。"道书卷数记载不同，多是由统计方法不同造成的。例如有以整部《道藏》的卷数统计者，有以其中道书的卷数统计者；有仅统计古道经，不计诸子、记、传、疏、论者；有兼统计"有目无本"的道经"虚目"者。所谓"虚目"，是还未出世的道经目录，这大概是在佛道之争中为丰富道经同佛教抗衡预留下的经目，给道教学者制造经书提供了方便。这种情况在佛教中也有，例如当时释智升的《开元释教录》，记载《佛藏》的分类目录就有"有译有本录"、"有译无本录"、"支派别行录"、"删略繁重录"、"补阙拾遗录"、"疑惑再详录"、"伪妄乱真录"，七录合计一万四百三十三卷，但"有译有本录"实为五千四十八卷。因而《佛祖统纪》载"开元十八年，西京崇福寺沙门智升，进所撰《开元释教录》二十卷，以五千四十八卷为定数，敕附入大藏。"

人们知道，道教的经书实际上是秦汉方士和六朝道士所作，但道教中人对此讳莫如深，却声称是元始天尊、太上老君、灵宝大道君所说。佛教徒自信翻译出来的佛经全是佛陀真言，因而一再指斥道教托名元始天尊的经书尽是伪经邪说，掀起一次次关于道经真伪的辩论，利用判经打击道教。其实，佛经的数目远远多于道经，这么多佛经除去佛教方面自认为"伪妄乱真"者外，仅就全部从印度翻译来的"有译有本"的5048卷，也很难说全是佛陀所说。当时的民间说唱艺术家将"大藏五千四十八"的文句编进演唱戏曲，家喻户晓，无人敢说个"不"字。由于道经毕竟是中国的土产品，元始天尊、灵宝天尊实际上查无其人，太上老君也是春秋时老聃的神话，托名的经典可信度低。印度翻译来的佛经是舶来品，释迦牟尼的佛教神话无可追究，世人也从不怀疑佛经的权威性。实际上佛陀如何能著述诸多经典？只不过佛经是印度的僧人制造的，道经是中国的道士制造的而已！道士们为了树立道经的权威性，仿照佛教释迦牟尼的神话创造出元始天尊等道教诸神，历代著述的道经多托名这些道教尊神所说，使这些道经中充满神怪之语并掺杂进佛教天堂地狱、三世轮回、因果报应、涅槃超度之说，反而给崇佛抑道的和尚抓住把柄。道教附会佛教的劫运说，声称元始天尊开劫度人，使道教的历史变成神话，道经的写作年代又无可考查，这反而降低了道经在世人心目中的可信度，再加上历代高道被捧为神仙而故意隐瞒其生卒年月，还给道教史实的研究造成困难。这样，今天我们要对中国道教进行研究，必须首先考察道教的典籍，弄清《道藏》的由来和现状。

现存的《道藏》，编纂于明朝正统九年（1444），后至万历三十五年（1607），又刊成《续道藏》。明正统《道藏》和万历《续道藏》，共收入道书1476种，凡5485卷。这部《道藏》以"三洞"（洞真部，洞玄部，洞神部）、"四辅"（太玄部、太平部、太清部、正一部）分类。其中"三洞"各部又再分为十二类，计有本文类、神符类、玉诀类、灵图类、谱录类、戒律类、威仪类、方法类、众术类、记传类、赞颂类、章表类。这部《道藏》是我国道学古文献的结集，同时又收入了和道教有关的《易》学、医学、古代科技、文学、地理、诸子百家的著作，是中华民族文化遗产的一大宝库。早在清朝乾、嘉年间，《道藏》这部大丛书就引起了一些热心整理古籍的考据校勘学者的注意。一些有重大文化价值的古书赖《道藏》得以保存下来，不致失传。

《道藏》还给学者们提供了一些古籍善本书，一些失传的古书也可以从道经的引文中辑录出来。例如毕沅（1730~1797）于乾隆四十八年（1783）在《道藏》中寻找到宋代的善本书《墨子》，校勘出版，是中国文化史上的大事。庄逵吉读《道藏》于南山说经台，发现其中的《淮南子》书比世俗流传的本子内容多十之五六，故于乾隆四十九年（1784）刻印，为整理《淮南子》作出贡献。钱大昕（1728~1804）于苏州玄妙观读《道藏》时发现丘处机弟子李志常作的《长春真人西游记》，为研究蒙古史、西北地理和中亚地理的重要著作。后来王国维先生为此书作了校注。孙星衍（1753~1818）还从《道藏》中辑出佚书《黄帝龙首经》、《黄帝金匮玉衡经》、《黄帝授三子玄女经》、《广黄帝本行纪》等，刊入《平津馆丛书》之中。

老子的《道德经》一书，为中国传统文化中的瑰宝，也是在全世界译本最多的典籍之一。《道藏》中收入的《道德经》注本，既多且全，有46种。南齐顾欢的《道德真经注疏》、唐末杜光庭的《道德真经广圣义》、宋代李元卓的《庄列十论》，皆幸赖《道藏》得以保存。

《道藏》中的典籍不仅为国内学者重视，亦引起研究中国科学技术史的国外学者的兴趣。英国学者李约瑟博士早在 1943 年就阅读《道藏》，利用其中的金丹术史料进行研究，其研究成果后来收入他的重要著作《中国科学技术史》（Science and civilisation in China）中。近年来，一些西方学者又对《道藏》中的内丹学著作产生了极大的兴趣，他们甚至将《钟吕传道集》和《悟真篇》译成英文，这是一个值得注意的动向。

近世以来，国内外学者对《道藏》的研究工作，也取得不少成果。著名学者刘师培、汤用彤、顾颉刚、翁独健等都阅读过《道藏》，为道教的研究开拓了道路。我们知道，道教经书年代不明，语涉怪异，研读起来如坠云雾，如辟荆棘，如饮迷药，如拾败絮，很难理出头绪，著成信史。为了搞清《道藏》的来龙去脉，一些学者历年翻阅《道藏》，收集资料，排比推考，尽力研寻。其中有中华书局 1949 年出版的陈国符教授的《道藏源流考》（1963年又出版增订本）和日本道教刊行会 1955 年出版的吉冈义丰博士的《道教经典史论》，堪称力作，较为著名。其他如日本学者福井康顺曾著《道教的基础研究》（书籍文物流通会 1952 年版，1958年再版），对《道藏》编纂史和道书分类的研究方面亦有创见。国内学者胡道静等人近年来也发表过这方面的论文或著述。道教经书分类和《道藏》编纂史的研究无疑是道教文化研究中的奠基工作，笔者参考了陈国符、吉冈义丰、胡道静等学者的上述著作，根据自己阅读《道藏》的分析，撰成斯文，以就教于时贤和来者。拙著不欲在书中对一些分歧的学术观点作繁琐考据和评介，实因眼下笔者倍感生计分心，学步维艰，试想读者亦百事劬劳，自应珍惜时间和精力耳。

第一章　早期道书的造作和自由造经时期

自张陵于汉顺帝朝入蜀于公元142年创立天师道起，早期道教始告成立。早期道教是在东汉时期的黄老道的基础上创立的，东汉后期，黄老道徒多入山修道，习养生延年之术，那些记载各种修道方术的书，始称为道书或方书。这些道书，大多是战国至秦汉以来方仙道的方士造作的，托名黄帝、老子以为说。然而早期道教以《太平经》布道，《太平经》已假托上帝、天师、仙人赤精子、真人等，可以说道教中已出现了以神仙的名义造作的道经。魏晋时期，早期道教被镇压和分化，神仙道教形成，在神仙道教中，道书被称为"经"已甚普遍，且数量多如山积。这时黄帝、老子已被充分神化，道教的神仙谱系正在形成，方仙道、黄老道中遗存的古代方书通过师徒相传至魏晋道士手中，愈加珍秘，制定出师徒传经的宗教仪式。葛洪说：

> 道书之出于黄老者，盖少许耳。率后世之好事者，各以所知见滋长，遂令篇卷至于山积。（《抱朴子·释滞》）
>
> 天地之大德曰生。生，好物者也。是以道家之所至秘而重者，莫过乎长生之方也。故歃血誓盟乃传，传非其人，戒在天罚。（《抱朴子·勤求》）

其指真之诀，或但口传，或不过寻尺之素，在领带之中，非随师经久，累勤历试者，不能得也。猥杂弟子，各随其用心之疏密，履苦之久远，察其聪明之所逮，及志力之所能办，各有所授。（《抱朴子·勤求》）

我们将先秦至魏晋时期方仙道、黄老道、神仙道教承传的记述各类方技术数的书，称为"早期道书"。这些道书虽皆托名黄老，实为早期的方士、道士造作，其承传方式多采取师徒秘授式。如《太平清领书》、《老子变化经》、《列仙传》、《汉武帝内传》及一些金丹方书，出世较早，即为早期道书。至六朝时期，道教渐向成熟的教会式宫观道教过渡，这时由于道教发展的需要又出现造经高潮，三洞经书依次出世。六朝道士造作的上清经、灵宝经、三皇经多托名仙真口授，造作方法一般采取扶乩降笔的方式。这些道经在《正统道藏》中仍有保存，我们称为"六朝古经"。

下面，我们试图探讨一下道书的造作在文化思潮、民族心理上的某些背景。大致说来，在中国的文化发展史上，宗教文化和世俗文化之间，有着某种此起彼伏、此长彼消的规律。春秋时期之前，世俗文化和宗教文化全被巫史控制，宗教文化一直占据主导地位，但在不同发展阶段上表现为不同的形态。殷周革命之后，在老的原始宗教的骨架上建立起天神崇拜、祖先崇拜的社稷、宗庙祭祀体系，这就是周代的宗法礼教。这就是说，周代的巫史文化是由古老的原始宗教经过多次宗教革命逐步演化而成的，至春秋战国时期，理性主义和人文思潮兴起，道家、儒家、墨家、法家、阴阳家等百家学说从原始宗教的巫史文化中突破而出，宗教文化消匿隐伏，世俗文化一跃而占据主导地位。秦汉之后，中国确立了大一统的家长制集权政治体制，整个社会又产生了对宗教的需求。汉代造神运动兴起，宗法礼教成为国家宗教。因之，儒家的宗教神学化，佛教的传入，道教的产生，都发生在汉代。魏晋南北朝时期，国家分裂，世俗文化和宗教文化并存而互补。佛教趁国家离乱、社会震荡之机首先征服了少数民族（胡人）的未开化文明，当这些少数民族统治北方的五胡乱华时期，给外来的佛教造成了适宜的传教条件，佛教终于取得了在传统文化中的独立地位。当时的社会也给四川的天师道造成向全国扩散的条件。道教被北方的汉族世家用来对付信佛的胡人，而由于性好杀伐、嗜食牛羊肉的胡人统治者大多寿短，也对道教长生成仙的教义非常憧憬。在南方，新的道教流派和教团不断涌现，神仙道教非常活跃。东晋孝武帝举酒劝长星，哀叹"自古无万岁天子"，活现了帝王贵族心中的苦闷和空虚。这样，道教的信仰也深入人心。因之，在中国的传统文化中，儒、道、释三教鼎立的局面开始形成。

所谓儒、道、释三教，实际上都是宗教文化和世俗文化互补的文化体系。佛教中的佛学虽然和其宗教神学结合密切，但实质上也是有教有学可以分离为二的。例如近代章太炎、熊十力、汤用彤等学者都精通佛学但不是佛教徒，而寺庙里不少和尚却是只信佛教不懂佛学的。总起来说，佛学和佛教共生而相联；道家和道教形成有先后，道教离不开道家，道家却可脱开道教；儒学和礼教时即时离，礼教重祭祀，儒学重社会教化。

同时我们还发现，中华民族在宗教文化的信仰情感、世俗文化的政治欲望中，往往间隔地出现狂热风潮。例如六朝时便曾出现宗教狂热的风潮，有的和尚被《法华经·药王品》煽惑，自行烧身（火定），还有轻一点的燃指照佛；也有的僧人读《涅槃经》，而出现刺血写经，舍身饲虎的行动。这样的民族狂热不止一次地出现，例如魏晋时流行于社会上层的服饵五石散之风；唐代的服食金丹、烧炼黄白之风；还有宋明时在礼教毒害下，女子杀身殉夫，臣子以死报君等忠臣、孝子、烈女的种种愚昧野蛮行为。这些宗教狂热、政治狂热在历史上周期性地出现，反映了一个民族的社会情绪波动，这种狂热情绪实际上和贵中庸的儒教原则是不相容的。盖因我国是一个大一统的父权家长制集权国家，民族心理受到压抑，具有大陆性封闭文化的特征。一旦整个民族的社会心理抑郁烦躁，在社会政治上找不到出路的时候，容易引发出偏激的民族狂热风潮，人民多年压抑的宗教情感、政治欲望突然迸发出来，不可抑止。这种民族狂热情绪被政治家利用往往会产生严重的社会后果，引发出重大的历史事件。明白了中国这些社会历史背景和特殊国情所反映的文化规律，也有助于我们理解《道藏》形成的历史事实。因为中国社会上出现的历次造作道经的高潮，也和这种宗教狂热情绪有关。

早期道书的造作，大约有几次高潮。一次是在战国时期，方仙道承袭驺衍之学而形成。驺衍著书一百零五篇，可以说是早期的道书。当时各类方书托名黄帝而涌现，被方仙道、黄老道的信徒流传下来，成为他们修道、授徒、演习各类方术的根据。一次是汉武帝封禅、淮南王刘安学道时，集中了大批方士，促成了一次造作道书的高潮。著名的《黄帝九鼎神丹经》和《太清金液神丹经》等道书，我推测便出于刘安周围的方士之手。《汉书·艺文志》著录《封禅方说》十八篇，当为武帝时方仙道为封禅造作的道书。《汉书·艺文志》中可被后世列入道教范围的书计有171种，3867卷之多，其中很大部分可以推测是汉武帝时期的方仙道造作的，可惜这些道书大多佚失了。再就是西汉末年到新莽时期，方仙道的甘忠可师徒造作出《天官历》、《包元太平经》十二卷传世。新莽时期造作的谶纬、天文、律历、风角、星算、九宫、三棋等占卜术数之书，也应包容在道书的范围。还有汉末一些道首以《太平经》布道，创立早期道教的教团，又掀起一次造经高潮。张陵祖孙造作出《正一盟威妙经》、《太平洞极经》、《老子想尔注》等多种经书，教化道民。而今《道藏》中收录的《太上三五正一盟威箓》六卷和《太上正一盟威法箓》一卷，当为其遗经。这次造经高潮断断续续地到魏晋时期，据说当时的著名道士干吉、宫嵩、帛和等，都著有大量道书，因而《抱朴子·勤求》云："故后之知道者，干吉、宫嵩、桂、帛诸家，各著千数篇。"人们从葛洪《抱朴子》记载的道书目录中可见一斑。由汉末早期道教创立至南朝陆修静的《三洞经书目录》出现是中国道教史上的自由造经时期，在这个阶段的后期造经运动又达到高潮。东晋至刘宋时由葛巢甫、杨羲、许谧、许翙、王灵期、鲍靓等造出三洞经书，成为《道藏》典籍的基础。这样，自由造经阶段完成，六朝古道经的出世奠定了后世《道藏》的骨架。

道书的名称出于汉代。刘向《别录》和刘歆《七略》，首将道书著成目录，但将道家诸子和方技、炼养、神仙之书相区别，互不混淆。后世《道藏》之中，则将道家书、方书、道经及有关仙人传记囊括无遗。其中刘向父子所录先秦道家书，特别是老、庄之书，成了道教理论的来源和依据。神仙家、房中家、方技术数家、阴阳五行家之书和后世医、卜、星、相之类，亦成了道教方术的基础。道经以《太平经》为最古，传记则最早的要推《山海经》、《穆天子传》、《列仙传》了。班固撰《汉书·艺文志》，仿照《别录》和《七略》，著录道家 37 家，993 卷；房中 8 家，186卷；神仙 10 家，205 卷；方技 36 家，868 卷；杂占 18 家，313 卷；蓍龟 15 家，401 卷；五行 31 家，652 卷；阴阳 16 家，249 卷。合计 171 家（种），3867 卷。这些书再加上易经类、诸子类（如某些墨家、"杂家"、兵家著作）、医药方等，便是秦汉时期早期道书的目录。从这个最早的道书目录来看，早期道书数量是很大的，这些书至魏晋时期，佚失较多。

葛洪《抱朴子·遐览》，又著录了当时道教学者郑隐的藏书目录。葛洪《遐览》篇书目不包括道家、诸子书和医药方，仅是神仙道教中的服饵、炼养、符图、戒律等，亦无斋仪之书。以往诸家所引《遐览篇》书目，卷数皆不准确。今据《道教与养生》书中所载陈撄宁先生《道教知识类编》中的统计数字："其中列举《经》类137种，共434卷；《记》类29种，共51卷；《法》类5种，共15卷；《文》类4种，共10卷；《录》类3种，共4卷；《集》类2种，共2卷；《杂》类（如养生书、升天仪、微言、九宫、囊中要、大禁、夺算律、立亡术、道要、道意、大览、肘后等）12种，共150卷；《图》类13种，共13卷；《符》类共620卷；统计以上九类，共有1299卷。"按此统计，《遐览篇》所记道书（经、记、文、图）205种，679卷；符56种，620卷；共计261种，1299卷①。另外《抱朴子内篇》其他篇章又引用书籍144种，删去所引《论语》、《汉书》及和《遐览篇》重复者，当亦不下120多种，再加上《神仙传》所引书名，则魏晋时流传的道书不下四百余种，一千六百多卷。葛洪的著述给我们提供了一份道书目录，使我们由此可以判定一些早期道书的大致出世年代。魏晋时期出世的道书数量已相当丰富，据葛洪的《神仙传》卷一称老子"所出度世之法：九丹、八石、金醴、金液，次存玄素、守一、思神、历脏、行气、炼形、消灾、辟恶、治鬼、养性、绝谷、变化、厌胜、教戒，役使鬼魅之法，凡九百三十卷，符书七十卷。皆《老子本起中篇》所记者也，自有目录。其不在此数者，皆后之道士私所增益，非真文也。"据此，那时道书不但数量庞大，且有目录。再加上道经中记载的当时著名道士如张陵、帛和、阴长

---

① 杨福程：《谈〈抱朴子·遐览篇〉的道书数目》一文，载《社会科学战线》1988年第4期。该文称曾细心手数其中道书，得统计数字共260种，1298卷。其中缺少一种一卷，因《中黄经》书名重见之故。此或二书之名略称相同者亦未可知。

生、魏伯阳、王方平、干吉、鲁女生、左慈、葛玄等造作的道书，数量更多。只是由于这些道书多存在道士私人手中，师徒秘传，易于亡佚。后世的道书虽然数量不见增加，但多是新出道书；前代的道书保存下来的不多。现在的《道藏》中已很少见到葛洪以前的早期道书了。

东晋后期，自由造经运动又兴起高潮，《上清经》、《灵宝经》、《三皇经》、《洞渊神咒经》等一批六朝古经相继出世。这些道经，多是由扶乩降笔托名仙真而造，或是由高道直接著述的。当时道教正处在从早期天师道向成熟的教会式宫观道教过渡的阶段，北朝高道寇谦之和南朝的陆修静、陶弘景相继掀起重大的道教革新。道教革新需要新的戒律、科仪、组织规则、斋醮程式，特别是从注重自我修炼的神仙道教向广泛布道、普度众生的教会式宫观道教转化更需要宣传新教义的经书。由葛洪的从孙葛巢甫造构的大量灵宝派经书就是注重科仪、斋戒，宣扬"普度一切人"的新教义的道经，这类道经同宣扬普度众生的佛经十分近似，实际上是道教适应时代要求汲取佛教的宗教形式以提高自己宗教素质的重大措施。人们知道，佛教是一种宗教素质高、发展完备的世界宗教，道教要使自己真正成熟起来，不经过一个在宗教形式上对佛教的认真学习、吸取、模仿的阶段是不行的。这样，在道教日益成熟的关键时刻，自由造经出现高潮，道士学佛法，道戒仿佛戒，从宗教教团组织形式到科仪程式都汲取佛教的优点，出现了仿佛经造道经，甚至改佛经为道经的现象。《真诰》卷十四载："裴真人有弟子三十四人，其十八人学佛道，余者学仙道。""周真人有十五人弟子，四人解佛法。""桐柏有二十五人弟子，八人学佛。"这是道士学习佛法的情形，在造作道经时，也有大量吸收佛经用语的情况。例如正统《道藏》洁字号的《太上无极大道自然真一五称符上经》（简称《五称符经》）可考为六朝古道经，和敦煌文书第 2440 号《灵宝真一五符经》写本内容相同。将敦煌写本《灵宝真一五符经》与今《道藏》本《五称符经》对照，可知敦煌写本由于出世较早，其中仍遗留着"佛"、"菩萨"、"刹"、"沙门尼"、"真佛"等字样，是原来抄袭佛经的痕迹。而现《道藏》本《五称符经》，却分别将这些字眼换成道教的"仙"、"真人"、"宫"、"学仙之士"、"真道"字样，"舍利"一词则改为"身光"。由于灵宝派经典多仿佛经而造，因之在佛道之争中被和尚抓住把柄，攻击最力。佛教徒甚痛恨道教方面造的《灵宝经》，而《灵宝经》在道教中的威信却日高，至隋朝大业年间，道士讲经仍诵说《灵宝经》，并将其和《老子》、《庄子》并列。在南北朝自由造经时期不仅南朝有造经高潮，北朝也造道经。著名的有早期楼观道士梁谌造《西升经》，王浮据北方流传的化胡说造《化胡经》等。北魏太武帝时，寇谦之自称太上老君及其玄孙李谱文降赐他《云中音诵新科之戒》二十卷、《图录真经》六十余卷，以及医药方等。据《谷神篇》中说："北魏寇谦之尝集道经，为其书少，遂将方技、符水、医药、卜筮、谶纬之书，混而为一。"说明北朝在寇谦之时代便搜集过道经，至北周武帝宇文邕时，就开始由国家大规模地编集道书了。后来南朝陆修静和陶弘景统一整理道经，编集目录，才奠定了后世《道藏》的大致轮廓。

第二章　三洞四辅分类法及有关道经

自南朝刘宋陆修静首先全面搜集整理道书，于宋明帝泰始七年（471）奉敕撰成《三洞经书目录》，后来梁道士孟智周又作《孟法师玉纬七部经书目》，"三洞"、"四辅"、"十二类"的道经分类方式，才大略完备。今将三洞四辅的意义、经书由来及发展状况，备述如下。

第一节　三洞四辅之义略述

三洞（洞真、洞玄、洞神）之说形成在陆修静之前，陆修静得三洞经书，自称"三洞弟子"，遂将三洞排成次序，作为教阶，统一教法。《茅山志·陆修静传》云陆修静"总括三洞，为世宗师。乃敕北郊天印山，立崇虚馆，建传经宗坛。教法大备矣！"足见以三洞进行道书分类，甚至据此建立统一的教法，实始于陆修静。陆修静根据他排定天师道的道阶次序，设立斋仪程式，还为经书的授受制定威仪，完成了一次道教革新。梁代宋文明法师也设"九等斋仪，七部科仪"，巩固陆修静的成果。梁道士孟智周，号称小孟，又制定《玉纬七部经书目》，在"三洞"之外，又加"四辅"（太玄部、太平部、太清部、正一部），总成七部。

三洞之名，实仿拟佛教的经、律、论"三藏"和大、中、小

"三乘"，同时又和道教的三君神（天宝君、灵宝君、神宝君）、三尊神（元始天尊、灵宝天尊、道德天尊）、三清境（太清境、玉清境、上清境）等说相呼应。宋儒朱熹评之曰："其所谓三清，盖仿释氏三身而为之尔。佛氏所谓三身：法身者，释迦之本性也；报身者，释迦之德业也；肉身者，释迦之真身而实有之人也。今之宗其教者，遂分为三像而骈列之，则失其指矣。而道家之徒，欲仿其所为，遂尊老子为玉清元始天尊、太上道君、太上老君。而昊天上帝，反坐其下。……且玉清元始天尊，既非老子之法身；上清太上道君，又非老子之报身。设有二像，又非与老子为一。而老子又自为上清太上老君。盖仿释氏之失而又失之者也。"（《朱子语类》卷125）盖佛教既入中国，本来就会走样。道教在自由造经时期，一哄而起，模仿佛教，造经者并非尽是高道，而文化水平较低的流俗道士反而更勇于抄袭佛经，生吞活剥，将一些自相矛盾、画蛇添足、弄巧成拙的宗教成分搬进道教中来。例如《道藏》中一些内容荒诞、粗俗蹩脚、抄袭佛说的道经；混乱不堪的神灵；各类天帝、尊神的创世神话；繁杂的九天、二十八天、三十六天之说等，皆是流俗道士盲目盗窃佛说肆意编造的，虽然不伦不类，但因传播日久，习非成是，竟不能改。然而著名道教学者陆修静等人的三洞、四辅分类法，却极有理致，是道教史上的一大贡献。

《本际经》云："洞真以不杂为义，洞玄以不滞为名，洞神以不测为用。故洞言通也，三洞上下，玄义相通。"

《云笈七签》卷二载："洞真者，灵而不杂，故得名真。洞玄者，生天立地，功用不滞，故得名玄。洞神者，召制鬼神，其功不测，故得名神。"又云："太清辅洞神部，金丹以下仙业。太平辅洞玄部，甲乙十部（按即干吉《太平经》）以下真业。太玄辅洞真部，五千文以下圣业。正一法文，宗道德，崇三洞，遍陈三乘。"

《道教义枢》卷二说："所以太清辅洞神者：洞神召制鬼神，必须太清存守太一，服御金丹，助成此道，神乃用中。洞玄，和天安地，保国宁民，太平宗教，亦复如斯。洞真，变化无方，神力自在，故须太玄明空，道成此行。"

这就是说，自由造经时期出世的三皇经、灵宝经、上清经三组六朝古经，被分别类属于三洞；上清经归洞真部，灵宝经归洞玄部，三皇经归洞神部。原来的早期道书：金丹术的道书归太清部，辅助洞神部；《太平经》归太平部，为洞玄部之辅；老子《道德经》及其注疏归太玄部，为洞真部之辅；张陵天师道的《正一经》，则归正一部，为道教早期教义，所以统辅三洞经书。《道教义枢·七部义》载："《太平经》云：辅者，父也。今言'三太'（即太玄、太清、太平）辅'三洞'者，取其事用相资，成生观解，若父之能生也。"所以"辅"实为资生、扶赞之意，四辅经书多为早期道书，三洞经书为六朝古经，七部经典各有传承，并非主次的关系。然而当时的"四辅"经典是老的早期道书，为三洞经书之父，资生出六朝古经。《混元圣纪》卷九云："（王）钦若以《道德经》、《阴符经》、乃老君（按即老子）、圣祖（按即黄帝）所述，请自四辅部升于洞真部。"这是后世学者不明三洞四辅分类之义，妄加改动，反而使后世《道藏》中道书错乱。三洞四辅的分类法及经书阶次为六朝所创，必和那时的道书出世次序及应用状况以及道教观念密切相连。盖当时的金丹诸经、《太平经》、托名黄老的道经及《老子》注疏，皆为方仙道、黄老道的传统经典，虽然仍在造作繁衍，但已不新鲜。正一法文诸经为早期道教经典，在道教发展史上也已发挥过历史作用，稍感陈旧。在自由造经阶段，道士们首先感兴趣的，是寻找一种能召劾鬼神，法力无边的符书，这就是《三皇文》、《五岳真形图》等。现代人翻阅《道藏》，必然认为《道德经》、《阴符经》等颇具哲学思想的道书和那些有人体科学价值的内丹学著作，最为重要。然而六朝人的道教观念，却不如此。由于当时尚无形成后世那样的内丹道派，外丹黄白术也只在少数道士间秘传，因此最兴盛的，首推符箓派。葛洪说："余闻郑君言，道之重者，莫过于《三皇文》、《五岳真形图》也。"（《抱朴子·遐览》）且看明代小说《平妖传》、清代小说《绿野仙踪》等书中那些画符施术，召天神雷将相助的故事，就可推测古代道士对召劾鬼神之术是多么朝思暮想，孜孜以求了。因此晋代鲍靓造出三皇经后，立即被道士奉为至宝，成为三洞经书中出现最早的一组经典。而后随着道教发展的形势需要，灵宝经传世，又兴起劝善度人，重视斋醮的灵宝之教。再后《上清大洞真经》造出，一些高道以存思守一，讽诵《上清大洞真经》修仙，适合当时上层士族名士的身份和情趣，新出的上清经便被捧得最高。这样，陆修静总括三洞时，排定上清、灵宝、三皇的次序，制出传经科仪，完全是当时道教发展的现状使然。

三洞经书又各分为十二部，四辅则不分部。唐道士孟安排（号大孟）《道教义枢·十二部义》云："第一本文，第二神符，第三玉诀，第四灵图，第五谱录，第六戒律，第七威仪，第八方法，第九众术，第十记传，第十一赞颂，第十二章表。"所谓"十二部"，即是"十二类"，《云笈七签》和《道教义枢·十二部义》都有关于"十二类"的解释，可惜都讲得过分啰唆，且采用训诂方法，使人反而难以理解。实际上，三洞四辅这七部，是七组来源不同的道经。"洞"字作"通"解，"通真、通玄、通神"这三组道经，各有自己的传授系统，因此分列三洞。四辅的经书，是六朝时除上清、灵宝、三皇之外散在民间或方士手中的早出道书，可以作为三洞经书的补充或源头。陈撄宁先生在《道教知识类编》①中对"十二类"的解释十分简单明了，今录之如下：

第一，本文类：先出现道经，而后才创立道教。经是教的本源。所以三洞经文都归此类。

第二，神符类："神"是神妙莫测，"符"是信如符契。所有三洞符箓都归此类。

第三，玉诀类："玉"是宝贵之物，"诀"是解决疑问。古人写道经，常用金书，因此各道经的注解都叫作玉诀，取金玉两相配合之义。

第四，灵图类："灵"即灵异，"图"即画图，道教中凡以图为名者，都归此类。

第五，谱录类："谱"是谱系，"录"是记录，凡高真上圣的功德名位和应化事迹，都属此类。

第六，戒律类："戒"是劝善止恶的告诫，"律"是应当遵守的条文。凡与戒律有关的经书及《功过格》等，皆归此类。

第七，威仪类："威"是气象庄严，"仪"是斋醮仪式，《道藏》中这一类书很多，大约六百卷左右。

第八，方法类：本意指设坛祭炼及身内修持各种方法，后来与"众术类"混杂不分。

第九，众术类：本意指外丹炉火、五行变化和一切术数，后来又与"方法类"各书相混杂。

第十，记传类：如《十洲记》、《冥通记》、《列仙传》、《神仙传》，各种碑铭、各种山志等。

---

① 陈撄宁：《道教知识类编》，载《道教与养生》，华文出版社，1989。

第十一，赞颂类："赞"是赞美，"颂"是歌颂，如步虚词、赞颂灵章、诸真宝诰等。

第十二，表奏类："表"是表白愿望，"奏"是上奏天庭。凡祈祷时所用的表文，以及宋明两代文章中所谓青词、近代道教中所谓疏头，皆属此类。

需要指出，三洞四辅十二类的道书分类法，是逐渐定型的。由国家组织编集道书并定为《道藏》，至唐代才正式完成。即使在唐代，道书的分类方法也不统一，国内其他地方编集的道书亦有按六部分类的，这个情况下面还要详述。

第二节　七部经书的内容和由起

盖道书之名，虽起自东汉黄老道向早期道教过渡之际，然道书的造作，却远在先秦时期便已开始。我们大略以东晋为界，将东晋以前造作的道书，称为早期道书，这些道书后来归入四辅部中；而三洞经书的骨干，则多是东晋以来造作的六朝古道经。下面将七部经书分而论之。

一　洞神三皇经

《抱朴子·遐览篇》及《神仙传》，记三皇文出世，皆称东汉时帛和去西城山从师王方平学道，于山中石室视壁三年，从石壁上悟得古人所刻《三皇天文大字》、《五岳真形图》等，得王君口诀，乃得解。盖帛和由天文大字解出之文，称《三皇内文》，有天、地、人三卷。《三皇内文》由帛和辗转传至郑隐手中，后郑隐授葛洪。《洞神八帝妙精经》云："西城要诀《三皇天文》内大字。"注曰："西城仙人施用立成，隐之玄丘之阴，帛公记录。天汉元年正月三日受。"又曰："帛公曰：前汉太初二年，王君明授余大道之诀，使烧香清斋三日三夜，乃见告。"由这些零星记载，可知《三皇天文大字》最初由汉末帛和传出，解为三卷《三皇内文》，被称作"今三皇文"。

另据《道教义枢》、《云笈七签》等书载，晋惠帝元康二年（292），鲍靓去刘根修炼过的嵩山石室中，清斋思道，亦在石壁上悟得《三皇文》，"（鲍）靓石室所得，与今三皇文小异"，被称作"古三皇文"。鲍靓将他悟得的"古三皇文"推演为《三皇经》，亦传给葛洪。鲍靓本亦左慈之徒，"受中部法，及《三皇》、《五岳》劾召之要，行之神验，能役使鬼神，封山制魔"。这说明鲍靓亦早知帛和、左慈等承传的"今三皇文"，精于召劾鬼神之术。"今三皇文"和"古三皇文"仅是稍有区别而已。这种《三皇天文大字》，是一种由多个篆书汉字重叠组合而成的符书文字，将这种"大字"再依上下左右次序读成不同文句，便可抄出大有三皇经、小有三皇经的不同文本。我推测鲍靓所抄的"三皇文"，文句多些，称"大有三皇文"，后经简化，则称"小有三皇文"，因而有"小有三皇文，本出大有"之说。鲍靓所抄"三皇文"即《三皇经》，道士为神化其经，则称其出于"小有天"的玉府之中，或称出自"大有宫"。这样，帛和鲍靓悟得的石壁文字叫《三皇天文大字》，帛和所解出的文句叫《三皇内文》，鲍靓抄解出的文句是《三皇经》。《三皇天文大字》、《三皇内文》大约到南朝梁代便已失传，因之《真诰》注曰："世中虽有，皆非真本"。《三皇经》自鲍靓造出，不断繁衍，经陆修静之手，重新整理，立成威仪，才最终定型。

近世中国和日本一些学者，或称帛和所得"三皇文"即《小有经》，鲍靓所见"三皇文"为《大有经》；或称《九天生神章经》为《大有经》，《三皇经》即《小有经》[1]，皆不确。据查《周

---

① 福井康顺：《道教の基础的研究》，书籍文物流通会，1958。

氏冥通记》引有《大有妙经》、《三皇内文》;《真诰》引有《三皇内文》;《无上秘要》引有《洞真灵素大有妙经》、《洞玄九天生神章经》、《三皇经》;《三洞珠囊》引有《大有经》、《三皇经》、《九天生神章经》,《上清道类事相》所引与上略同;《道教义枢》引《三皇内文》、《三皇经》等,可知《三皇内义》一直和《三皇经》并传,《九天生神章经》虽云出自大有宫,亦非"大有三皇文"或《大有经》。关于《大有经》与《小有经》之别,据说葛洪已有明辨。《道藏》伤字号《洞神八帝妙精经》所载《抱朴密言》云:"洪尝闻李先生道经之宗。李先生自说,往在瀛洲诣董仲君,仲君有《九天大有经》四卷,《小有经》四卷,字方二寸,落落疏秀,卷大如五寸竹。按《目录》云,有百万言,先生疑其文字多。仲君言:'此文非世上文也,乃三天八会之大章也,一字有三十三字,东西上下随形所用,分集之指摘,《大有》上数字,见授上宿之奥典也。'以此方《三皇内文》、《天文大字》,何缘四卷无四万言也。又《鲍先生节解》说《三皇大字》,抄出'大、小有文',而别名之耳。如是而论,益了了也。"

《三皇经》传至唐代,曾遭焚毁。《法苑珠林》卷六十九《破邪篇·舍邪归正》云:"至唐贞观二十年,有吉州囚人刘绍略妻王氏,有《五岳真形图》及旧道士鲍静所造《三皇经》,合一十四纸。上云'凡诸侯有此文者,必为国王。大夫有此文者,为人父母。庶人有此文者,钱财自聚。妇人有此文者,必为王后。'时吉州司法参军吉辩因检囚席,乃于王氏衣笼中得之。"此事引起朝廷忌讳,于是敕令全国焚毁《三皇经》,《集古今佛道论衡》亦记此事。然而《宋书·艺文志》、《通志略·诸子类》及宋代《道藏》仍有《三皇经》,仅不载于《云笈七签》而已。实际上《三皇经》失传于元代焚经之祸,由《道藏阙经目录》载有《三皇经》可知,《三皇经》既失,三皇派遂绝。今《道藏》中《洞神八帝妙精经》，是现存和《三皇经》有关的道经。由此看来，佛教方面的资料对道教记述多不可靠，须慎重推敲。如《广弘明集》卷四释道宣《叙齐高祖废道法》事，谓陆修静曾率门人叛入北齐。陈国符在《道藏源流考》中驳斥说："按陆修静已先于宋后废帝元徽五年去世，距北齐文宣帝天保六年，尚有七十八年。故此说荒诞无稽。"再如道安《二教论》、甄鸾《笑道论》皆云："晋元康中，鲍靖造《三皇经》被诛，事在《晋史》。"初以为这是给皇帝上书，又据《晋史》（当时史书较多），当或可信，但经认真考察，亦属捏造，故本文不取。据考鲍靓于永嘉六年（312）尚任南海太守，在广州授葛洪《三皇经》，且以女鲍姑嫁葛洪，岂有元康二年（292）被杀之事？

据《太上洞神三皇仪》，陆修静、陶弘景所传《洞神经》，计十四卷（其中一卷为科仪）：

《大有篆图天皇内文》、《大有篆图地皇内文》、

《大有篆图人皇内文》、《八帝妙精经》上、

《八帝妙精经》中、《八帝妙精经》下、

《八帝玄变经》上、《八帝玄变经》中、

《八帝玄变经》下、 《八帝神化经》上、 《八帝神化经》下、

《三皇斋仪》、《三皇朝仪》、《三皇传授仪》。

二 洞玄灵宝经

《灵宝经》由晋世葛洪的神仙道派所传，分两类，其一是古《灵宝经》，属于汉代方仙道流传下来的早期道书，后经葛玄、郑隐传至葛洪手中；其二是葛洪从孙葛巢甫依古《灵宝经》造作的新《灵宝经》，内容多为符箓斋醮、劝善度人，属于六朝古经。

东汉时袁康《越绝书》中谓："昔禹治水于牧德之山，遇神人授以《灵宝五符》，后藏于洞庭之包山。"《河图绛象》亦记此事。葛洪《抱朴子·辨问篇》记述了同样的故事，并说"《灵宝经》有《正机》、《平衡》、《飞龟授秩》，凡三卷，皆仙术也。"《神仙传·华子期》又云："《仙隐灵宝方》，一曰《伊洛飞龟秩》，二曰《白禹正机》，三曰《平衡》。"据此，盖古《灵宝经》又名《灵宝五符》，凡三卷，是汉代流传下来的讲仙术的方书。

葛洪《抱朴子内篇》所引《灵宝经》文句，实见于今《道藏》中的《太上灵宝五符序》三卷。甄鸾《笑道论》、《三洞珠囊》、《上清道类事相》及《太平御览》中所引《五符经》文句，亦见于此三卷《太上灵宝五符序》中。因而刘师培《读道藏记》云："是此书即古《五符经》，惟上卷首段为《序》。今以三卷均为序文，乃标题之讹也。特《御览》六百五十九又引《五符经·二十四真图》，今无此文，或亦书有缺残。然究系六朝以前古籍。""观此书《五帝官将号章》详析五方帝名及方色。《太清五始法章》，以五藏五常配五行，并及孤虚王相之法。是均汉人遗说，即出自汉季，亦未可知。"贾善翔《犹龙传》卷五《度汉天师》篇称天师张陵曾撰《灵宝五符序》。综上所述，今《道藏》中的《太上灵宝五符序》三卷就是古代的《灵宝五符经》，其首段为张陵之《序》，张陵《序》中称此书"本名《灵宝五符天文》"。此书乃汉代方仙道的方士所著，曾传入张陵之手，后由葛玄、郑隐传给葛洪。葛洪称之为《灵宝经》，唐代王悬河等称之为《五符经》，盖此经之略称。现《道藏》本《灵宝五符经》已有残缺，不复是葛洪时三卷旧貌，且有后人增益之文。据《云笈七签》、《道教义枢》所记，葛洪于罗浮山去世时，将此《灵宝经》传给徒弟及其兄子葛望，葛望又传葛巢甫。

东晋后期，葛洪从孙（或即葛望之子）葛巢甫又根据葛氏道流传下来的古《灵宝经》，造构了一批新的《灵宝经》，传给道士任延庆、徐灵期等，后经葛粲，传给陆修静，更加增修，立成仪轨，遂使天师道灵宝之教，大行于世。

《道教义枢》卷二《三洞义》云："葛巢甫造构《灵宝》，风教大行。""至从孙葛巢甫以晋隆安之末，传道士任延庆、徐灵期之徒。相传于世，于今不绝。"葛巢甫造出灵宝新经之后，为提高其经权威，托名太极真人徐来勒于天台山授葛玄此经。据《真诰·叙录》载："杨（羲）书《灵宝五符》一卷，始在句容葛粲间。泰始某年，葛（粲）以示陆先生。陆（修静）既敷述《真文赤书》、《人鸟五符》等，教授施行已广，不欲复显出奇迹，因以绢物与葛（粲）请取，甚加隐闭。"刘宋初年，《灵宝经》已多伪造，且和《上清经》杂糅，达五十五卷之多，其可信者，仅三十五卷。陆修静《灵宝经目序》云："顷者以来，经文纷互，是非相乱。或是旧目所载，或自篇章所见，新旧五十五卷。学士宗竟，鲜有甄别。余先未悉，亦是求者一人，既加寻览，甫悟参差。或删破《上清》，或采搏余经；或造立序说；或回换篇目，裨益句章，作其符图；或以充旧典；或别置盟戒。文字僻左，音韵不属，辞趣烦猥，义味浅鄙，颠倒舛错，事无次序。"其《太上灵宝授度仪表》云："然即今见出元始旧经，并仙公所禀，臣据信者，合三十五卷。"《洞玄灵宝三洞奉道科戒营始》卷四之《灵宝中盟经目》（亦见于敦煌卷子《三洞奉道科诫仪范》），可知当时《灵宝经》的规模（凡未注卷数者，皆一卷）：

> 《太上洞玄灵宝五篇真文赤书》上下，《太上洞玄灵宝玉诀》上下，《太上洞玄灵宝空洞灵章经》，《太上升玄步虚章》，《太上洞玄灵宝九天生神章经》，《太上灵宝自然五胜文》，《太上洞玄灵宝诸天内音玉字》上下，《太上洞玄灵宝智

慧上品大戒经》，《太上洞玄灵宝上品大戒罪根经》，《太上洞玄灵宝长夜府九幽玉匮明真科经》，《太上洞玄灵宝智慧定志通微妙经》，《太上灵宝本业上品》，《太上洞玄灵宝玄一三真劝诫罪福法轮妙经》，《太上洞玄灵宝无量度人上品妙经》，《太上洞玄灵宝诸天灵书度命妙经》，《太上洞玄灵宝灭度五炼生尸妙经》，《太上洞玄灵宝三元品戒经》，《太上洞玄灵宝二十四生图三部八景自然至真上经》，《太上洞玄灵宝五符序经》，《太上洞玄灵宝真文要解经》上，《太上洞玄灵宝自然经》上，《太上洞玄灵宝敷斋威仪经》，《太上洞玄灵宝安志本愿大戒上品消魔经》，《仙公请问经》上下，《众圣难经》，《太极隐诀》，《灵宝上元金箓简文》，《灵宝下元黄箓简文》，《灵宝朝仪》，《步虚注》，《灵宝修身斋仪》上下，《灵宝百姓斋仪》，《灵宝明真斋仪》，《灵宝金箓斋仪》，《灵宝黄箓斋仪》，《灵宝度自然券仪》，《灵宝登坛告盟仪》，《太上智慧上品戒文》，《灵宝众简文》，《众经序》。

按《真诰·叙录》云："（陆修静）既敷述《真文赤书》、《人鸟五符》，教授施行已广。"现《道藏》本已不见《人鸟五符》。《灵宝度人经》在晋末出世，反映灵宝派劝善度人思想，简称《灵宝经》或《度人经》，为新灵宝经之代表作。现存注本中以南齐严东注本为早，今《道藏》本尚有多种注疏，但误收入洞真部玉诀类。

三　洞真部和上清大洞真经

据《威仪自然经》云："大洞真经，幽升之道，拔度七玄，福流一门。灵宝大乘，普度天人，生死获恩。皇文大字，通神致灵。"由此看来，《三皇经》为召会百神之符箓，《灵宝经》为超生度死之法事和说教，《上清经》则为不死登真之道。《上清经》中，以《大洞真经》最为精要，又称之为《大洞经》、《大洞玉经》、《玉经》、《大洞仙经》，其诵经方法，亦称《玉诀》。《上清经》之出世源流，《云笈七签》卷四、卷五及《真诰·叙录》等记之甚详。盖在魏晋神仙道教中，就有一派提倡以存神、守一养生修仙的道团。西晋时有天师道女祭酒魏华存（252～334），为晋司徒魏舒之女，刘幼彦之妻，后栖心修道，有通灵之术，传出《黄庭经》。她知中原将乱，携二子（刘璞、刘遐）渡江，在江南传开清修冥想，存神守一之术。魏华存于晋成帝咸和九年（334）去世，享年八十三岁，人以为得仙，称南岳魏夫人。这种在静室中清斋冥想，用存思人体内神灵（身神）的方法感神通灵之术很容易使人体器官和神经起生理、心理的变化，吸引了一些士族社会知识分子入道修仙。如相传汉代的紫阳真人周义山（字季通）、清灵真人裴玄仁以及晋代的华侨、杨羲等，实际上都是一些被吸引入道的青年知识分子，他们以存神冥想之术修仙后，神经便有些异常，出现神游遇仙的幻觉，并能以扶乩降神等手段和神灵交通。《上清大洞真经》，便是杨羲、华侨、许谧、许翙、王灵期这类有通灵之术的知识分子利用扶乩、降神的方法编造的。许谧，一名穆，字思玄，曾仕护军长史，故又号许长史。许翙，字道翔，小名玉斧，曾仕为掾，故号许掾。二许先请会通灵之术的华侨造经，因华侨泄密中止。杨羲（330～386）性沉厚，少好学，美姿容，工书画，有通灵之鉴。他曾就魏夫人长子刘璞受《中黄制虎豹符》、《灵宝五符》等。许谧曾推荐杨羲仕公府舍人，后又邀他代替华侨造经。晋哀帝兴宁三年（365），杨羲托言南岳魏夫人等众真下降，造出《上清经》，传许谧、许翙。后许翙又传其子许黄民，许黄民为避兵乱，将道经藏于马朗、马罕家中。其间有王灵期者，才思绮拔，曾诣许黄民（许丞）求得此经，张开造制，增重贶信，广泛传播。

王灵期仿造的《上清经》，词藻华丽，数量丰博，能以假乱真。马朗、马罕家所藏真经，亦累年有人求借、窃取，有所散失。刘宋时，陆修静之徒殳季真曾奉敕取至崇虚馆，由陆修静重新整理，去伪存真，编成经目。后陆修静传孙游岳，孙游岳传陶弘景，陶弘景曾得到杨羲、许谧、许翙抄写的真迹手本。

《云笈七签》卷五载李渤《真系》云："今道门以经箓授受，所自来远矣。其昭彰尤著之使缙绅先生不惑者：自晋兴宁乙丑岁（365）众真降授于杨君（羲）。杨君授许君，许君授子玄文（许黄民，字玄文），玄文付经于马朗。景和乙巳岁（465），敕取经入华林园。明帝登极，殳季真启还私廨。简寂陆君南下，立崇虚馆，真经尽归于馆。按《黄素方》，团缘值经，准法奉修，亦同师授。其陆君之教，杨、许之胄也。陆授孙君（孙游岳），孙君授陶君（陶弘景）。陶君搜撷许令之遗经略尽矣。"这样，《上清经》的承传谱系为：

$$\text{杨羲}-\begin{Bmatrix}\text{许谧}\\\text{许翙}\end{Bmatrix}-\text{许黄民}-\begin{Bmatrix}\text{马朗}\\\text{马罕}\end{Bmatrix}\text{（殳季真）陆修静}-$$

$$\begin{Bmatrix}\text{孙游岳}\\\text{李果之}\end{Bmatrix}-\text{陶弘景}$$

据《三洞奉道科戒营始》卷五《上清大洞真经目》（敦煌卷子《三洞奉道科诫仪范》亦载），其中包括：

《上清大洞真经三十九章》，《上清太上隐书金真玉光》，《上清八素真经服日月皇华》，《上清飞步天刚蹑行七元》，《上清九真中经黄老秘言》，《上清上经变化七十四方》，《上清除六天三天正法》，《上清黄气阳精三道顺行》，《上清外国放品青童内文》二卷，《上清金阙上记灵书紫文》，《上清紫度炎光神玄变经》,《上清青要紫书金根上经》,《上清玉精真诀三九素语》《上清三元玉检三元布经》,《上清石精金光藏景录形》,《上清丹景道精隐地八术》上下,《上清神洲七转七变舞天经》,《上清大有八素大丹隐书》,《上清天关三图七星移度》,《上清九丹上化胎精中记》,《上清太上六甲九赤斑符》,《上清神虎上符消魔智慧》,《上清曲素诀词五行秘符》,《上清白羽黑翮飞行羽经》,《上清素奏丹符灵飞六甲》,《上清玉佩金珰太极金书》,《上清九灵太妙龟山元录》三卷,《上清七圣玄纪徊天九霄》,《上清太上黄素四十四方》,《上清太霄琅书琼文帝章》)。

以上三十四卷,为清虚真人王褒(字子登)授南岳魏夫人之经(以上凡未注卷数者,皆一卷)。这些《上清经》今大部尚存,但多误入今《道藏》正一部。

四　四辅部诸经

(一)太玄部

太玄部主要收老子《道德经》及其各类注疏,如《老君道德经想尔注》、《老子内解》、《老子节解》、《河上公章句》等。《甄正论》卷中谓老子"后遂西之流沙,至函谷关,为关令尹喜演《道德》二篇上下两卷,论修身治国,诫刚守雌,挫锐解纷,行慈俭、谦下之道,成五千余言。尹喜又录老子谈论言旨为《西升记》。其中后人更增加其文,参糅佛义,大旨略与《道德》微同,多说人身心情性禀生之事,修养之理,夭寿之由,后人改记为经。"太玄部诸经是传说太上老君授关尹及天师张陵的经卷,其中包括一些科仪、符图,另外还有一些道家及诸子书,亦应入此部。

《道教义枢》卷二《三洞义》云:"太玄者,重玄为宗,老君所说。"可知太玄部多收高道以重玄学解老之作。据《三洞奉道科戒营始》（敦煌本《三洞奉道科诚仪范》同），受老子经者，为高玄弟子和高玄法师，这些经包括：

> 《老子道德经》、《河上真人注》、《想尔注》、《五千文朝仪杂说》、《关令内传》、《老子妙真经》、《西升经》、《玉历经》、《历藏经》、《老子中经》、《老子内解》、《老子节解》、《高上老子内传》、《皇人三一表文》等。

今本《道藏》中《道德经》误入洞神部玉诀类。

（二）太平部

《汉书·李寻传》云："成帝时，齐人甘忠可诈造《天官历》、《包元太平经》十二卷。"这是西汉末方仙道谋求复兴，托言神仙赤精子下降人间传道，讲述灾异气数、治国广嗣、长生延年之术，实是驺衍方士之学的流传。东汉顺帝时，干吉又将此书演成一百七十卷的《太平经》，由弟子宫崇、襄楷等先后向顺帝、桓帝献上此书，但被斥为妖妄不经，未得官方认可。但《太平经》在黄老道中已传开，张陵、张角等亦以此书布道，组织了天师道、太平道等早期道教的道团。《太平经》中有一段《太平复文》，共二千一百二十三字，大致也是由多个非隶非篆的汉字相互重叠组合而成的文字，研读须用口诀。此口诀据《太平复文序》说传自"皇天金阙后圣太平帝君"，由太平帝君传青童君，青童君传西城王君（王方平），王君传弟子帛和，帛和传弟子干吉。干吉得口诀，将此复文读通，《太平经》就是由此复文推演而成的。

六朝时承传《太平经》最为著名的，是太平法师周智响。周智响传藏矜，藏矜传王远智，至唐末又有闾丘方远，精于《太平经》，作《太平经钞》。另外还有张陵所传《太平洞极经》一百四十四卷，已佚，但《太平经》中有诠释《洞极经》的文字。《抱朴子·遐览》载有《太平经》五十卷；《甲乙经》一百七十卷。（《太平经》以甲乙丙丁戊己庚辛壬癸为部，每部一十七卷，故《甲乙经》即《太平经》）。这大概是晋代《太平经》已有两种不同的版本。

现《道藏》中尚存有《太平经》、《太平经钞》的残卷，王明先生曾根据多种资料进行修补，辑成《太平经合校》，人们可据此了解唐代以后《太平经》的概貌。

（三）太清部

《云笈七签》卷六云："太清者，太一为宗，老君演说。《建丰经》云：'微妙之旨，出于太清。'《天老秘谶经》云：'生道实妙，人不释诚，释诚不倦，升太清也。' 《九君申明道要》云："《太清中经》，元始以来，出于老君，传付元君九皇真人，祖习不绝，皆开此君也。'《正一经》云：'太清金液天文地理之经，四十六卷。此经所明，多是金丹之要，又著纬侯之仪，今不详辩'。"要之，太清部主要收有关金丹术的经典，多是一些古代的化学史料。

金丹术本是我国古代冶金制造业的副产品，由墨家一派的工匠和燕齐一带的方士所传习。西汉武帝时期，金丹术发展成熟，并出现早期的丹经。相传仙人八公授淮南王刘安丹经三十六卷，古丹经《三十六水法》、《黄帝九鼎神丹经》、《太清金液神丹经》等，当在此时出世。汉代方仙道及黄老道中，金丹派最重黄帝九鼎丹方和太清金液丹方，前者天师张陵得之以授王长、赵升，后者马鸣生得之以传阴长生。至魏晋神仙道教金丹派形成，左慈将《黄帝九鼎神丹经》、《太清丹经》、《金液丹经》及其他外丹黄白术著作，经葛玄传至郑隐，郑隐尽传于葛洪。葛洪认为金液还丹，为升仙之要，力倡金丹术，促进了外丹黄白术的发展，至唐代，达到高峰。唐代以后，内丹术兴起，而后内丹学逐步取代外丹术占据统治地位。明清时期，外丹黄白术仍有发展，并和内丹学合流，被称为地元丹法，甚至是内丹炼到最后阶段起点化成仙作用的天元大丹。因此，从道教发展史上看，外丹术和内丹术是丹道的核心，二者是并行发展的。陆修静分类时只重符箓，丹道著作尚不显要。

今《道藏》中金丹术著作较多，但多在洞神部众术类，理应入太清部。

（四）正一部

《正一经》为汉天师张陵所造。汉安元年（142），张陵托言太上老君亲降，授以《三天正法》，命为天师，又授《正一盟威妙经》。相传《正一法文》有百卷，为张天师世代相传之经。

《魏书·释老志》谓北魏寇谦之改革天师道时，也托言太上老君及其玄孙李谱文降临，授以《云中音诵新科之戒》二十卷，《图录真经》六十卷。现《道藏》中仅存《老君音诵戒经》一卷。非张陵子孙而改革天师道者，除寇谦之外，尚有杜京产、孙泰、陈瑞等多人。陆修静亦著《陆先生道门科略》，试图整顿天师道。

六朝时张鲁之侄张盛居江西龙虎山修道（张盛为张卫之子，但道书多称为张鲁之子），世代传正一盟威之法。由唐而宋，渐渐贵盛，被世人公认为正统的张天师世家。张天师一派道书，皆当归入正一部。

"三洞四辅"之分类法，自唐代修《道藏》采用之后，沿袭下来，渐被神化。《道藏尊经历代纲目》云："天尊哀悯，大开方便之门；下民失道，受苦无边，乃演道为经，谈玄立教。故天书云篆，则元始天尊开其先；宝笈琼章，则道君、老君继其后。遂说三洞真经：《洞真》演大乘上法九圣之道；《洞玄》演中乘中法九真之道；《洞神》演小乘初法九仙之道。三部共一百九十三万四千三百八十卷，秘在玉京玄都、洞天海岳，未尽降世。三洞真经又分四辅，《洞真》则《太玄》辅之，《洞玄》则《太平》辅之，《洞神》则《太清》、《正一》辅之。凡七科，号'三洞四辅'。自伏羲、神农之后，至殷汤、武丁以前，历圣相传，经文流布者，一万五千余卷。其诸真所受修行得道之经，行于世者，计二万九百八十卷。上三皇、中三皇、下三皇，九皇所受谓之'玄经'。天皇、地皇、人皇所受，曰'内文'。五方五帝所受，曰'真文'。受经修行，功行圆备，证品凡七果位。道门戒品一千五百二十七戒，随法所受，检制修行。道门科品三十六卷，科令检制所受及传道品格。道门律品四十卷，制御鬼神，条录罪福。至如章奏、符图、论议、传记、诸醮、方术、诸疏、法律、经义，凡十四部，计一千六百二十七卷，皆随经入藏。儒书、医书、阴阳、卜筮、诸子、百家皆与焉。"以上所述乃六朝至元代焚经之前道士理想的《道藏》规模。说明元代之前所出道经按三洞四辅分为七品果位传授，并有大量科仪、戒律、疏论等，且预留有道经虚目。诸子及医术数书也入《道藏》。现存明代《道藏》，因受元代焚经之祸，许多道经失传，虽仍按三洞四辅分类，但六朝古道经已分部混淆，不复唐代《道藏》旧貌，后出道经，多强行统入七部，非尽按三洞四辅之义。其实自内丹学兴起之后，中国道教面貌为之一变，原三洞四辅之分类法已感陈旧，《道藏》的编辑也需要随着时代发展有所革新。

第三章　南北朝及隋代道经的编纂

自南朝陆修静编定《三洞经书目录》，至唐代正式由国家统一编定《道藏》，这段时期是《道藏》编纂史上的重要过渡阶段。这个阶段既不同于以前的自由造经时期，又不同于以后《道藏》屡遭劫难的历史。在这个阶段，一些著名道教学者依靠朝廷的支持，努力收集道经，编制道经目录，有的甚至初步纂成了《道藏》的雏形。因此，我们称这一阶段为《道藏》的初纂时期。

第一节　陆修静总括三洞经书

南朝刘宋初年，中国的佛、道二教都日益成熟，寺院和道馆遍布名山大邑，出家为僧和入道的人逐年增加，佛经的翻译和道经的造作使得寺院、道馆的藏书日益丰富。《续高僧传·释法融传》谓宋初刘司空在南阳南牛头山造佛寺，其家巨富，访写藏经书，用以永镇山寺，一佛经，二道书，三佛经史，四俗经史，五医方图符。直至贞观十九年，全毁于火。这说明当时佛寺有的亦藏道经，道经的整理和收藏已引起社会的重视。当时的道教正处在向成熟的教会式宫观道教转化的阶段，一些新的道派逐渐形成。据陶弘景《登真隐诀》，当时就有黄庭家、玄丹家、守一家、明堂家、太清家（泰清家）等流派。南北朝时长生之术已超出葛洪神仙道教行气守一的水平，内丹学正在孕育之中。《登真隐诀》云：
"修行长生之法，即明堂家常用之道也。""玄丹家自可得先守一，
守一之家不必知玄丹也。"玄丹家实际上便是内丹家之滥觞。道教
发展的历史形势必然造就出道教史上的关键人物，陆修静就是继
葛洪之后又一个划时代的道教学者。陆修静为道教建立了规范化
的科仪、斋醮程式、组织规则、教阶、戒律等，这实际上是改革
和统一全国道教的工作。自然，深化道教教义和教理，整理道教
经书，编定道经目录的任务，也历史地落在陆修静肩上。

宋明帝时，陆修静至京都，居华林园之延贤馆，弘扬道教，
后又在崇虚馆整理道经。本来三皇经、灵宝经、上清经各有承传，
至陆修静方收集齐这三组主要道经，归类为三洞经书，并自称三
洞弟子，编定《三洞经书目录》。

据佛教方面的《法苑珠林》记述："宋太始七年（471），道士
陆修静答明帝云：道家经书并药方符图等，总一千二百二十八卷。
云一千九十卷已行于世，一百三十八卷犹在天宫。"另据《笑道
论·诸子道书》谓陆修静目录中还有四千三百二十三卷尚未出世
的道书（虚目）。

释法释《辩正论》云："检修静旧目注，《上清经》有一百八
十六卷，其一百二十七卷已行于世，从'始清'已下有四十部，
合六十九卷，未行于世。修静经目又云，《洞玄经》有三十六卷，
其二十一卷已行于世，其'大小劫'已下有十一部，合一十五卷，
犹隐天宫未出。"证明陆修静经目本来含有道书虚目。

《广弘明集》卷十二《明概表》云："爰至宋朝，道士陆修静
答宋明帝云：道家经书并药方、符图，总有一千二百二十八卷，
唯此为正，余者为非。"《笑道论》亦云："道士所上经目，陆修静
目中，见有经书、药方、符图，止有一千二百二十八卷，本无杂
书诸子之名。"《笑道论》还说："其四千三百二十三卷，陆修静录

中。有其数目，及本并未得。"

总之，在历史上的佛道之争中保存下来的佛教资料，都肯定陆修静《三洞经书目录》中仅有1228卷道经，其中1090卷道书是肯定实有的。对当时的道经虚目，有138卷和4323卷两种说法，这些道书目录中并无杂书及诸子。佛教方面对陆修静经目记述，以北周甄鸾《笑道论》为早，后世僧人大多沿袭他的说法。

然而道教方面的资料却和佛教方面差异甚大。《道藏尊经历代纲目》云："宋简寂先生陆修静《经目》，藏经一万八千一百卷。宋明帝太始七年，考功郎中校勘，仅存六千三百有余卷。"著名道教学者杜光庭在《太上黄箓斋仪》中说："至宋朝简寂先生校雠之际，述《珠囊经目》万八千卷。其后江表干戈，秦中兵革，真经秘册，流散者多。"这就是说，道教方面认为陆修静确曾有过一万八千一百卷的目录，但实际存有书6300余卷。这批道书在陆修静编出经目后，一直存放在华林园中，大致保存到唐代尚完整，成为编纂《开元道藏》的依据。

第二节　梁代道经和《玉纬七部经书目》

道经分七部之说，创自于梁道士孟智周。孟智周编《孟法师玉纬七部经书目》，今已不传。据《道学传》云："孟智周，丹阳建业人也。宋朝于崇虚馆讲说《十方忏文》。"（《上清道类事相》卷一引）《道学传》又云："孟智周，梁武帝时人，多所该通。梁静惠王抚临神忮，请智周讲。光宅寺僧法云来赴，发讲，法云渊解独步，甚相凌忽。及交往复盛其辞辩，智周敷释焕然，众僧叹服之也。"（《三洞珠囊》卷二引）如此，孟智周生于陆修静后，陶弘景前，略和孙游岳同时。孟智周传为陆修静弟子，号小孟，与梁武帝时道正孟景翼（大孟）齐名，时人皆尊称为孟法师。

《道教义枢》卷二云："又序三洞经目者，其卷数题目，具如陆先生《三洞经书目录》、孟法师《玉纬七部经书目》、《陶隐居经目》、《太上众经目》、《三十六部尊经目》等所明，今不具辨。"其中孟智周之书亦在陆修静和陶弘景的书之间。《陶隐居经目》，今亦佚，但元代刘大彬《道山册》的前半部分，或即《陶隐居经目》。《太上众经目》、《三十六部尊经目》大约出于北周或隋唐之间。另外，还有《三洞珠囊》中的《上清隐书目》、《大洞雌一篇目》；《道藏阙经目录》中载的《上清真迹秩目》、《上清源统经目注叙》、《众经目录》，皆当是六朝古经目。其中《上清源统经目注叙》，实为陆修静撰，可和《真诰·叙录》相互发明。

不仅三洞四辅之说，六朝时创立，十二部分类，亦在六朝时形成。北周甄鸾《笑道论》中已有"三卷笑三洞之名；三十六条笑其经三十六部"之说，可知北周时三洞经书各分十二部经，共三十六部。《洞真太上仓元上录》，《无上秘要》中已引用，可信为六朝古经，其中亦有"十二事"之说。

梁武帝普通四年（523），阮孝绪《七录》中《仙道录》，载经戒部290种，318帙，808卷；服饵部48种，52帙，167卷；房中部13种，13帙，38卷；符图部70种，76帙，103卷。共四部425种，459帙，1138卷（实为421种，459帙，1116卷，未含医经，经方部）。

值得注意的是，阮孝绪所编道经书目，和佛教方面叙陆修静《三洞经书目录》的数字1228卷数字相近。阮孝绪亦佞佛，这个数字和他编定《佛法录》五部2410种，2595帙，5400卷的数字相比，还不到五分之一。当时僧祐《出三藏记集》著佛经目为4328卷；掌管华林园的宝唱著《梁世众经目录》，编定佛经3141卷。这些数字和阮孝绪《佛法录》的数字，也是不相符的。因之阮孝绪所记当时道书卷数的准确性，也很可疑。

第三节　北周时编纂道经

北朝佛道之争十分激烈，佛教过度发展，引起统治者的警惕。除北齐崇佛灭道之外，在北魏太武帝和北周武帝两次灭佛事件中，道教都稍占上风。北魏寇谦之曾编纂过道经，前已叙明。北周武帝时，京城设玄都观。天和五年（570），玄都观道士撰《玄都经目》上献。

据北周武帝天和五年（570）甄鸾所上《笑道论》说："《玄都经目》云道经、传记、符图、论，六千三百六十三卷。二千四十卷有本，须纸四万五十四张。其一千一百余卷，经、传、符、图。其八百八十四卷，诸子、论。其四千三百二十三卷，陆修静录中有其数目，及本并未得。"据此，则《玄都经目》录道经6363卷；其中经、传、符、图1156卷，论（即道士们自撰的著作）、诸子884卷，以上2040卷是有目有本的实存道书；另4323卷，是据陆修静经目抄录的有目无本的道书虚目。

另《笑道论》中还说："（陆）修静目中，本无诸子。今乃乘安不知何据。且去年七月中道士所上经目，止注诸子三百五十卷为道经，今云八百余卷，何以前后不同。"据此，则玄都观道士曾于天和四年（569）七月及天和五年（570）两次向周武帝上《经目》，甄鸾记述的是天和五年上的《玄都经目》。陆修静《三洞经书目录》中，本无诸子的道书，道经中加入诸子书始自北周的玄都观道士。

《笑道论》又说："按玄都道士所上《经目》，取宋人陆修静所撰者《目》云：《上清经》一百八十六卷，一百二十七卷已行，'始清'已下四十部六十九卷，未行于世。检今《经目》，并云见存。乃云《洞玄经》一十五卷，犹在天宫。今检其《目》，并注见存。臣笑曰：修静，宋明帝时人，太始七年因敕而上《经目》。既云犹在天宫，尔来一百余年，不闻天人下降，不见道士上升，不知此经从何至此！"这说明陆修静在编制《三洞经书目录》时，一方面为原有道经提供权威性的存在根据，另一方面又预留道经虚目，为后世道士新造道经提供方便。自刘宋至北周百余年间，道士果然按陆修静预留的虚目造作了一些新的道经，使原来"犹隐天宫未出"的道经出世了。道经的增多，显然对于道教的发展是有利的。

按陆修静《三洞经书目录》，是《道藏》编纂史上划时代的经目，今已佚，佛道两教记述差异甚大。现学者们多以佛教方面所记资料为凭，定其为一千二百二十八卷。我对这个数字颇感怀疑，现不妨将自己的推测讲出，供同道探讨。我以为当时佛道之争激烈，北周武帝宇文邕祖护道教，僧人愤怒，纷纷著论贬斥道教，特别是借判经崇佛抑道。当时玄都观道士所上《玄都经目》，大致是根据陆修静《三洞经书目录》而作，所不同者，大约一是增入诸子的道书，二是将据陆修静虚目新造的道经编入。当然百余年来，新增道经及亡佚道经也有相当数量。如果我的推测不错，即《玄都经目》是以陆修静《三洞经书目录》为参照系编制的，则佛教方面以陆修静经目为参照系贬斥《玄都经目》当无足怪。甄鸾《笑道论》云："臣笑曰：道士所上经目，陆修静目中见有经书药方符图，止有一千二百二十八卷，本无杂书诸子之名。而道士今列二千余卷者，乃取《汉书·艺文志》目八百八十四卷，为道之经论。据如此状，理有可疑。"其中陆修静经目只有1228卷之说，被后世僧人众口一词定为铁案。实际上甄鸾所说1228卷，是否可理解为指玄都观道士所上的经目中，载录的陆修静经目见存的经书、药方、符图。换句话说，即是以陆修静经目注明见存的道书作判经的依据，判定《玄都经目》中的经书、药方、符图，其中双方对上号的经目有1228卷。玄都观道士所录见存（有目有本）

经书比陆修静见存书目多，甄鸾指责《玄都经目》中分类为"诸子、论"的道书884卷是抄取《汉书·艺文志》中的诸子书。对这一点，陈国符先生据阮孝绪《七录序》记载，批驳说："可见《汉书·艺文志》诸子，亡失者甚众，安得有八百八十四卷，以充道书卷帙乎？"（《道藏源流考》增订版109页）其实，"诸子、论"是指增入的诸子书及道士为解经等造出的新道书。另外《笑道论》还指摘《玄都经目》抄袭了陆修静经目的4323卷道书，是有目无本的虚目，这就更加证实陆修静《三洞经书目录》并非仅1228卷。如果这个数目不实，那么陆修静经目究竟多少卷呢？杜光庭在《上清灵宝大法》卷四十、《太上黄箓斋仪》卷五十二中说："至宋朝简寂先生校雠之际，述《珠囊经目》万八千卷。"《道藏尊经历代纲目》又云："宋简寂先生陆修静《经目》，藏经一万八千一百卷。宋明帝太始七年，考功郎中校勘，仅存六千三百有余卷。"实际上，陆修静经目即在宋明帝太始七年所上，当时存经的数字六千三百有余卷和《笑道论》记述《玄都经目》的六千三百六十三卷之数大致相同，这决非偶然的巧合。因此我推测，陆修静《三洞经书目录》藏经约为六千三百余卷，其中至少到北周时仍实存1228卷，所谓一万八千卷之数，大多是虚目。可见陆修静当时预留虚目是很多的。以上所论仅属推测，留待有心者再加考证。

北周时玄都观道士上经目后，佛教方面借判经和道教争高下。《玄都经目》乃依陆修静《三洞经书目录》造作，甄鸾《笑道论》评论此经目"统收道经目录，乃有六千余卷，核论见本，止有二千四十。余者虚指未出。"大概《玄都经目》乃是前代道经目录的一个汇集，并和现存道经核对，仅注明"有本、无本"，是否"见存"而已。其中有陆修静目中注见存的道经，他们也注"见存"，这类状况的经书符图1228卷。还有陆修静经目中注明"犹隐天宫未出"的经目，他们注明"见存"，致使甄鸾判为疑经。这样有目有本的道书也仅有 2040 卷。实际上玄都观道士于天和五年（570）上经目时，仅是当时佛道之争的序曲，周代由国家统一整理道经的工作尚未开始。《玄都经目》只不过是对前代经目的汇集和核对而已。因此《玄都经目》对我们推测陆修静经目，颇有意义，但若判定当时北周国家所存道经，当以王延的《珠囊经目》为据。

《周书·武帝本纪》云："建德元年（572）春正月戊午，帝幸玄都观，亲御法座讲说，公卿道俗论难。"周武帝宇文邕偏袒道教，引起佛教反抗，佛道矛盾更趋激化，宇文邕不得已，于建德三年（547）下诏废佛道二教。他只在名山留少数道观、寺庙，重在灭佛，将佛像佛经毁掉，令僧人还俗。然而不久他又下诏在京城建通道观，集中一批高道，展开一次大规模地整理道经，复兴道教的工作。《混元圣纪》卷八载："乃复建通道观于都城，命严达主之，仍召诸山方士讲《道德经》。戊午下诏曰：至道弘深，混成无际，体包空有，理极玄幽。但歧路既分，源流愈远，淳漓朴散，形器斯乖。遂使三墨八儒，朱紫交竞，九流七略，异说相腾。道隐小成，其来旧矣。不有会归，争祛靡息。今可立通道观于都城。圣哲微言，先贤典训，金科玉篆，秘颐玄文，可以济养黎元，扶成教养者，并宜弘阐，一以贯之。俾夫玩培塿者，识嵩岱之崇崛；守磧砾者，悟渤海之泓澄，不亦可乎！乃命哀九流之书，摘其合乎道者，并付《道藏》。"这是一次由周武帝亲自组织的由国家统一编纂道经的活动，在道教史上意义很大。周武帝于公元 547 年在田谷之左建通道观，选楼观派著名高道为通道观学士，负责整理全国道书，并公开下敕将诸子书及百家九流中与道家相合的书皆编进道经。严达、王延、苏道标、程法明、周化生、王真微、史道乐、于长文、张法成、伏道崇十名高道号"田谷十老"，均被选为通道观学士，编纂道经。杜光庭《太上黄箓斋仪》卷五十二载："后周武帝立通玄观，收集众经，犹及万卷。"这是当时在全国收集道书的盛况，实际上周武帝时已编成了雏形的《道藏》。而《道藏》的名称，亦于此时见于记载。

通道观学士王延，素被周武帝敬重，在编纂道经中贡献尤大。周武帝"令（王）延校三洞经图，缄藏于观内。（王）延作《珠囊》七卷。凡经、传、疏、论八千三十卷，奏贮于通道观。"（《云笈七签》卷85《王延传》）《道藏尊经历代纲目》亦云："后周法师王延《珠囊经目》藏经八千三十卷。"如此，则王延在北周时纂成《三洞珠囊》并作《珠囊经目》七卷，藏经8030卷，这是北周时道经的数目。这个数字除包括流传下来的早期道书和六朝古经外还包括当时道士们撰述的道教文献（即传记、论、疏等），此外又有同道家相合的诸子百家之书。《珠囊经目》编成后，玄教大兴，朝廷改元"大象"。此外，周武帝还组织编著了一部共一百卷的大型道教类书《无上秘要》，书中分类摘引早期道书和六朝古经，现存约七十卷，引书计287种，是我们研究道史不可多得的重要文献。

第四节　隋代的道经

隋朝统一全国后，二世即乱，难以大有作为。隋文帝佞佛，但并不排斥道教，亦崇信高道王延。王延曾为隋文帝受"智慧大戒"，任道门威仪。道门威仪制度自王延始。另外，隋炀帝大业中，曾令道士撰《玄门宝海》一百二十卷，今佚。

隋代道经，仅《隋书·经籍志》有记：经戒三百一部，九百八卷；服饵四十六部，一百六十七卷；房中十三部，三十八卷；符箓十七部，百三卷；共三百七十七部，一千二百一十六卷。实际上，这不过是阮孝绪《七录》的翻版而已。

第四章　唐宋金元时期的《道藏》

自公元 618～1367 年共七百五十年间，中国历史经历了唐、五代、宋、辽、金、元等十来个封建王朝。唐代是中国历史上少有的经济发达、政治开放的强盛王朝，又是道教转入国教化、繁荣发展的历史时期。唐朝的国力和政治条件使它有可能在文化史上作出贡献，编纂成了第一部《道藏》。尔后随着唐朝的衰落，黄巢起义、五代纷争、异族入侵，国内兵连祸结，《道藏》也屡遭劫难。唐宋金元时期 750 年的历史，是道教史上繁荣发展的高潮时期，唐宋二朝是崇道的王朝，由皇帝组织编纂《道藏》自不必说；金元二朝是全真道创立，高道辈出的时代，也有人起而修复《道藏》。总之，这一时期在《道藏》编纂史上是《道藏》的成型时期，也是《道藏》时毁时复，屡遭劫难的阶段。文化事业的时兴时衰，旋毁旋复，劫难重重，大概是中国文化史上的一个特点，这个特点深深植根于我国权力私有化的家长制政治结构之中。在这种政治体制下，历史的发展必然伴随着剧烈的政权交替，而政权交替又只能靠一连串为争夺权力相互残杀的历史事件去完成。在相互残杀的历史事件中，文化事业屡遭劫难就毫不奇怪了。今天回顾这段《道藏》编纂史，实在令人痛心疾首。唐宋金元时代都曾编纂成远远超出现存《道藏》规模的珍贵《道藏》，但都在战乱兵火中损毁殆尽，元代甚至发生人为的焚经之祸，许多历史文献被野蛮地销毁。当人们看到古代许多道教学者为保存祖国的文化遗产奔波劳碌时，不能不记住这些历史教训。

第一节　唐代编纂《道藏》

杜光庭《太上黄箓斋仪》卷五十二云："泊隋火版荡，唐土龙兴，剪扫氛祅，底宁寰宇。至开元之岁，经诀方兴。"盖隋末战火之后，道教典籍，损失无算，唐朝建国之后，遂次收集，至唐玄宗开元年间，方达到高峰，唐末五代时期，又遭兵火。现分初唐、中唐、唐末五代三段时期论述。

一　初唐时已有《道藏》

初唐时楼观道士尹文操，曾为长安昊天观主持。据《道藏尊经历代纲目》，尹文操曾撰《玉纬经目》，"藏经七千三百卷"。这样，初唐道经 7300 卷比北周道经（王延的《珠囊经目》）8030 卷，减少了 730 卷，当时毁于隋末兵火。

和当时的佛经数目相比，唐高宗麟德元年（664）释道宣的《大唐内典录》，8476 卷；武后天册万岁元年（695）释明佺《大周刊定众经目录》，8641 卷，都比道经数量要庞大。

据《宝刻类编》（粤雅堂丛书）卷八著录，成都道士王悬河曾刻有"《道藏经序碑》二，其一为高宗制，其一武后制。弘道元年（683）十二月二十三日刻"。由于唐代佛教的《大藏经》称为《一切经》，故当时《道藏》亦称《一切经》或《一切道经》。唐高宗与武则天皇后所生皇子李弘，显庆元年（656）立为太子，上元二年（675）病逝，追谥为孝敬皇帝。太子李弘死，唐高宗和武后敕令"为写一切道经三十六部"，王悬河所刻《道藏经序碑》即是唐高宗和武后为所写《一切道经》而作的序文。这说明在唐高宗和武后时期，已有《道藏》。现存敦煌文书中也留有证据，例如敦煌文书 S1513 号《老子十方像名经》，其中就抄有御制《一切道经序》，为悼念皇太子李弘而作。敦煌文书 P3233 号《洞渊神咒经》卷一文末称"麟德元年（664）七月廿一日奉敕为皇太子于灵应观写"。

王悬河还著有《三洞珠囊》十卷，《上清道类事相》四卷，现收入《道藏》。

二 初唐《道藏》的制造规格

《三洞奉道科戒营始》，见于唐玄宗时所撰《妙门由起》，应是初唐道经。此书有唐代手写本（即敦煌文书《三洞奉道科诫仪范》），其中已将当时《道藏》的制造规格作为道教科仪固定下来。这不仅足以证明初唐已有《道藏》，而且说明在太宗、高宗、武后时期《道藏》的书写、装函、收藏已很完善。

《三洞奉道科戒营始》卷二《写经品》记载，当时道经的书写有十二种样式：一金简刻文，二银版篆字，三平石镌书，四木上作字，五素书，六漆书，七金字，八银字，九竹简，十壁书，十一纸书，十二叶书。

关于《道藏》的分类规格，卷二《写经品》记："科曰：夫经皆须作藏，有二种：一者'总藏'，二者'别藏'。总藏者，三洞四辅同作一藏，上下或左右前后作重级，各安题目'三洞宝经藏'。别藏者，三洞四辅各作一藏。凡有七种：一者'大洞真经藏'，二者'洞玄宝经藏'，三者'洞神仙经藏'，四者'太玄经藏'，五者'太平经藏'，六者'太清经藏'，七者'正一经藏'。皆明题目，以相甄别。"这就是说当时《道藏》有两类，一是将三洞四辅经书统一收藏的总藏，二是将三洞四辅经书分别收藏的别藏。初唐官方的《道藏》，就是按三洞四辅分类的。

《道藏》的收藏方法，《三洞奉道科戒营始》卷三《法具品》云："凡造经藏，皆外漆，内装沉檀，或表里纯漆，或内外宝装，或表里彩画，或名木纯素。各在一时，大小多少，并随力办。或作上下七重，或三重，并别三间，或七间，安三洞四辅，使相区别。门上皆置锁钥，左右画金刚神王。悉须作台安，不得直尔顿地。"

关于经书的装裹、经函、经橱、经架，亦皆有规格。经书着裹有五种：一者绵绮，二者织成，三者绣作，四者纯彩，五者画绘。用带子缚好，题上经名。经函有十二种：一者雕玉，二者纯金，三者纯银，四者金镂，五者银镂，六者纯漆，七者木画，八者彩画，九者金饰，十者宝装，十一者石作，十二者铁作。经橱有六种：一者宝装，二者香饰，三者金银隐起，四者纯漆，五者沉檀，六者名木。经架有十种：一者玉作，二者金作，三者银作，四者沉木，五者紫檀，六者白檀，七者黄檀，八者名木，九者纯漆，十者金银隐起。

《洞真太上太霄琅书》卷七《受经营十事诀》详细载明当时受经的科仪和法具的规格，受经者须备好符合规格的经案、经箱、经过、经巾、经帊、经帐、高座、香凳、香炉、斋堂等，以使受经仪式庄严肃穆地进行。

三 中唐的《道藏》

道教在唐代中期发展到极盛阶段，唐玄宗是历史上著名的崇道皇帝，他曾在长安、洛阳设崇玄馆，招收学生，令习《老子》、《庄子》、《列子》、《文子》，依经术之例考试，授予学士之衔。早在唐玄宗初执政的先天年间（712），他即敕太清观主史崇玄及京中太清观、玄都观、东明观、宗圣观、东都大福唐观、绛州玉京观诸大德，昭文馆、崇文馆诸学士，修《一切道经音义》，凡一百四十卷。同时撰《妙门由起》一卷六篇，云："集见在道经，稽其本末，撰其音义。然以运数绵旷，年代迁易，时有夷险，经有隐见。或劫初即下，劫末还升；或无道之君，投以煨烬；或好尚之士，秘之岩穴，因而残缺，索其部伍，据目而论，百不存一。今且据京中藏内见在经二千余卷，以为音训，具如目录。余经、仪、传、论、疏、记等文，可易解者，此不详备。"唐玄宗御制《一切道经音义序》亦云："爰命诸观大德及两宫学士，讨论义理，寻绎冲微，披《珠丛》、《玉篇》之众书，考《字林》、《说文》之群籍，入其阃阈，得其精华。所音《一切经音义》，凡有一百四十卷，其《音义目录》及经目不在此数之中。"

按史崇玄依附太平公主而立为京城的太清观主，又是金仙公主、玉真公主的尊师，显赫一时，先天二年（713）七月因参与太平公主谋逆案伏诛。当时唐玄宗在位不足一年，盖在玄宗即位前便开始音义道经，玄宗时敕令史崇玄主持完成了这项大事。据唐玄宗《一切道经音义序》及史崇玄《妙门由起》所论，中唐时所藏道经二千余卷，是六朝古经，盖为北周武帝时8030卷道经（含虚目）在隋代兵火之后的劫余，并多方搜集岩穴所藏而成的。这些道经因年代较古，音训难解，故特作《音义》140卷（或云113卷）。这是唐玄宗初即位时的事。

至开元年间，唐玄宗又发使在全国搜访道经，校勘整理，组织编纂了一部新《道藏》，至天宝七年（748）下诏传写以广流布。据《混元圣纪》卷九，记唐玄宗天宝七年"诏曰：玄宗妙本，实备微言，垂范传学，将弘至化。朕所以发求道之使，远令搜访，因闻政之余，亲加寻阅。既刊讹谬，爰正简编，必有阐扬，以崇劝道。令内出一切道经，宜令崇玄馆即缮写分送诸道采访使，令管内诸道传写。其官本便留采访，至郡，亲劝持诵。"敦煌文书P.2457号《阅紫录仪》抄本后注明开元廿三年（735）河南府大弘道观"奉为开元神武皇帝写《一切经》",即是当时道士曾奉敕抄写《开元道藏》的证据。中唐《开元道藏》,乃是一部具有划时代意义的《道藏》,它不仅是对秦汉方仙道、黄老道、魏晋神仙道教及六朝诸道派的方技、术数、道法、教理的一次总汇,而且反映了盛唐道教繁荣发达的水平,其中保存了许多珍贵的宝典秘笈。唐玄宗组织编定《开元道藏》的目录,名为《三洞琼纲》。《新唐书·艺文志》著录唐明皇令方士撰《琼纲》四卷;道士张仙庭撰《三洞琼纲》三卷。《崇文总目》道书类亦载《三洞琼纲》三卷,张仙庭撰。《道藏阙经目录》卷上有《三洞琼纲》五卷。《通志·艺文略》有《开元道经目》一卷。盖所称三卷为三洞经目,四卷乃四辅经目,五卷是记、传、论、疏、仪等经目。

关于《三洞琼纲》所录道经的数目,史料记载不一。《文献通考·经籍考》云:"东汉后道教始著,而真仙经诰别出焉。唐开元中,列其书为藏,目曰《三洞琼纲》,总三千七百四十四卷。"《道藏》竹字号(第283册)杜光庭《无上黄箓大斋立成仪》卷二十一,《无上黄箓斋仪》卷五十二,载"玄宗著《琼纲经目》凡七千三百卷。复有《玉纬别目》,记、传、疏、论,相兼九千余卷。"元代的《道藏尊经历代纲目》则云:"唐明皇御制《琼纲经目》,藏经五千七百卷。"盖唐代道教极盛,新出道经必甚多,今明版《道藏》中即保存着大量唐人造的道书、科仪及内外丹方术著作。且唐人编藏,时人著述的记、传、疏、论及新出科仪似皆别立书目,不入于三洞四辅之中。因而《文献通考》所记3744卷,当是开元《道藏》的总卷数,而不是其中道经的实际卷数(在《道藏》中往往多卷道经合为一卷),且没有将时人著述的仪、传、论、疏、记等"余经"计入。《道藏尊经历代纲目》所记5700卷,则是包括诸子、仪、传、论、疏、记等时人著述的整部《开元道藏》的卷数。这个数字比现存明版《道藏》和《续道藏》的卷数

（5485 卷）还要多。唐末道教学者杜光庭博学多才，当时距唐开元年间不到百年，他所指《琼纲经目》7300 卷，当是其中正式的三洞四辅经书的实际卷数。这个数字和初唐尹文操《玉纬经目》7300 卷的数目相同，当是不包括唐代道士著述的旧道经。按唐代道教学者，著述最多的是对《道德经》的诠疏笺注解，其次是注疏《度人经》、《阴符经》、《南华经》、《参同契》等，还有不少中医、外丹、科仪、炼气和养生著作。《玉纬别目》中的仪、传、论、疏、记等，当为唐人著述，再加上 7300 卷旧经书，则《开元道藏》中新旧道书实际为九千余卷。以上是我们对史料记载经数歧异的一种解释。

另道士编撰道经虚目，乃六朝时因佛道之争激烈而采取的措施，因而六朝道经目录的特点是含有"犹隐天宫未出"的道经虚目。唐代道士已不再故意新造道经虚目，原来的旧虚目至唐代亦大多填实，因而唐代有目无本的道书，应是佚失了的早期道书和六朝古经，且数目决没有六朝时那么多。

唐代开元《道藏》，乃是保存古代道学文化的国宝，但在唐末五代的兵乱中，多被火焚。其中唯有亳州太清宫的《道藏》，一直保存到宋真宗时代。孙夷中集《三洞修道仪》云："五季之衰，道教微弱，星弁霓襟，逃难解散，经籍亡逸，宫宇摧颓。岿然独存者，唯亳州太清宫矣。"

四　唐代《道藏》三洞经书的两种分类格式

现存明代《道藏》按三洞、四辅、十二类的格式分类，这大概是沿袭刘宋《道藏》而来。然而唐代《道藏》虽奠定"三洞四辅"的格式，但三洞经书的分类方式，却有不同。总起来说，唐代编纂道经，三洞经书各分为十二类，合三十六部经，但分为十二类的方式有两种。其一是将洞真部、洞玄部、洞神部各选出十二种代表性的经典，合为三十六部尊经，其他道经分属于三十六部尊经之下。其二是将三洞经书各分为自然本文（后称本文）、神符、宝诀（或玉诀）、灵图、谱录、戒律、威仪、方法、术数（后称众术）、纪传（记传）、赞诵（或赞颂）、表奏（或章表）十二类。显然，前一种分类方法没有将仪、传、论、疏、记等归入三洞经书，后一种分类方法已和现存明版《道藏》分类方法一致，将仪、传、记、疏、论等著述全纳入三洞经书中去了。《开元道藏》三洞经书的分类格式虽然现已不得而知，但似乎可以推测，初唐和中唐时期这两种分类方法是并行的，唐末五代道经焚毁不全，三洞经书错乱，尽力将本朝人著述的仪、传、论、疏、记等一股脑儿纳入三洞经书中去充数，便只能采用后一种分类格式了。

《太上灵宝洪福灭罪像名经》、《无上内秘真藏经》卷四、《太上黄箓斋仪》卷五十二、《三十六部尊经》、《上清灵宝大法》卷五十四等，都是主张以三洞各十二部代表性的经典来分类的，但经典的名称也有所不同。例如《上清灵宝大法》卷五十四，洞真部经典为：①上清经；②妙真经；③太一仙经；④妙林仙经；⑤开化经；⑥仙人伥经；⑦黄林先生经；⑧太上真经；⑨道教经；⑩炼精经；⑪功德经；⑫道德经。

洞玄部经典为：①灵宝经；②元阳经；③元辰经；④大劫经；⑤开山经；⑥诸天内音经；⑦八炼生尸经；⑧灵和心音经；⑨消魔经；⑩无量寿经；⑪按摩经；⑫道身经。

洞神部经典为：①太清经；②彻视经；③集仙品经；④洞渊神咒经；⑤内秘经；⑥真一经；⑦集灵经；⑧中精经；⑨无量品经；⑩黄老集品经；⑪黄庭经；⑫小劫品经。

《太上三十六部尊经》和前述三十六部经基本相同，说明这类格式渐趋稳定，其洞真部经典为：①上清经；②妙真经；③太一经；④妙林经；⑤开化经；⑥仙人经；⑦黄林经；⑧上真经；⑨道教经；

⑩上炼经；⑪上妙功德经；⑫道德经。

洞玄部经典为：①洞玄经；②元阳经；③元辰经；④大劫经；⑤上开经；⑥内音经；⑦炼生经；⑧灵秘经；⑨消魔经；⑩无量经；⑪按魔经；⑫上通经。

洞神部经典为：①太清经；②彻视经；③集仙经；④洞渊经；⑤内秘经；⑥真一经；⑦集灵经；⑧中精经；⑨无量意经；⑩集宫经；⑪黄庭经；⑫小劫经。

《洞真太上仓元上录》、《本际经疏》（敦煌文书 P2361 号）、《洞玄灵宝玄门大义》、《道教义枢》卷二、《道门教法相承次序》、《太上黄箓斋仪》卷五十二、《云笈七签》卷六等，则主张将三洞经书皆分为本文、神符、宝诀、灵图、谱录、戒律、威仪、方法、众术、记传、赞颂、表奏十二类的格式。这个格式自六朝时逐代相传，使用方便，至少在宋代《道藏》中便被固定下来。

五 唐末五代的《道藏》

《道藏》的兴衰毁复，关乎国运，这一点在唐代尤为明显。据《太上黄箓斋仪》卷五十二，唐玄宗后期遇安史之乱，两京秘藏，焚烧殆尽。唐肃宗收复长安后，便修整残余道经，于上元年中收得经箓六千余卷。至唐代宗大历年间，道士申甫在全国四处搜访，至京师缮写，又达到七千卷。尔后动乱之中，道经又不断损失。唐穆宗长庆年间至唐懿宗咸通年之间，两街所写道经，才五千三百卷。例如唐文宗太和二年（828），太清宫使奏陈，止见五千三百卷定数。唐僖宗朝，黄巢的农民军又攻占京城（880）。《道藏尊经历代纲目》云："黄巢之乱，灵文秘轴，焚荡之余，散无统纪。幸有神隐子，收合余烬，拾遗补阙，复为三洞经。再经五季乱离，篇章杂糅。"人们由此可知那部九千余卷的《开元道藏》在安史之乱后被毁坏的情况。从道士冲虚先生殿中监申甫于公元766年之后曾将其修复到 7000 卷的事实看，《开元道藏》所藏经书是何等丰富庞大！

唐末五代动乱之际，在保存《道藏》、整理道经方面作出巨大历史贡献的道教学者，首推杜光庭。他在《太上黄篆斋仪》卷五十二中说："近属巨寇凌犯，大驾南巡，两都烟煤，六合榛棘，真宫道宇，所在凋零，玉笈琅函，十无三二。余属兹艰会，漂寓成都，扈跸还京，淹留未几，再为搜捃，备涉艰难。新旧经诰仅三千卷，未获编次。又属省方所得之经，寻亦亡坠。重游三蜀，更欲搜扬，累阻兵锋，未就前志。时大顺二年（891）辛亥八月三日庚辰，成都玉局治阅省科教，聊记云尔。"可知《开元道藏》在战乱中不断亡佚，至公元 891 年，加进新出道经，也只有 3000 卷了。

除了成都的杜光庭之外，吴越王钱俶所建的天台山桐柏宫，亦收藏道经二百函，没被焚毁。桐柏宫道士对这些道经妥加保管，装潢华丽，并请名士为藏经宫观撰文记事。然而宋代金允中却在《上清灵宝大法》卷二十四中说，五代之末钱俶偏安一方，以行政命令的手段限期搜集境内道书，拘集道童及僧寺行者抄录成二百函《道藏》，"故其间颠倒错谬，不可胜纪。有脱字漏句，全不可读；有言辞鄙俚，昭然伪撰者。于今几三百年，更数世之后，不知始末，谓是道典果有此等经文。高识之士，自能剖决是非。浅学之人，执为正典，或取而引用，可乎？"可见忠懿王钱俶虽欲保存道经，然因抄经者无学识，反而给后世《道藏》中引入一些错谬不堪的旧经文。其实历代道经抄写，错谬本多，非独钱俶之抄本。吴越忠懿王钱俶以偏安一方之机遇，修成天台桐柏宫《道藏》，在全国道书遭兵焚之余，为宋以后重修《道藏》提供珍本，夏竦《重修道藏经记》载其事，钱氏之功德亦大矣。

《道藏》恭字号杜光庭《录异记》卷六，记载着长安富平县北定陵后，入谷二十余里有二山洞，其一山洞名西女学，"旁有崖兔，梯蹬而上，屈曲甚广。兔内有道经数万卷，皆置于柏木板床之上。"这些道经当是珍贵的唐代《道藏》，是否曾被后人发掘，尚不得而知。

第二节 宋代的《道藏》

唐王朝将老聃（李耳）奉为皇室李姓的祖先，故唐朝道教一直兴盛。宋王朝奉黄帝为圣祖，又称其祖赵玄朗为黄帝之化身，制造天书事件，崇奉道教，一如唐朝故事，因之宋代编纂《道藏》，亦很卖力。赵宋王朝的崇道活动，客观上对整理道教文化作出了贡献。

一 宋太宗搜访道经

《文献通考》卷二二四引《宋三朝国史志》云："初，太宗尝访道经，得七千余卷。命散骑常侍徐铉，知制诰王禹偁校正，删去重复，写演送入宫观，止三千七百三十七卷。"王禹偁和徐铉都以排佛崇道著称，徐铉于淳化二年（991）曾被庐州妖尼道安诬告被贬，由王禹偁极辩得脱。王禹偁曾上疏建议沙汰僧尼。这样，王禹偁和徐铉校雠道经，当是端拱二年（989）至淳化二年（991）两年之间的事，这次参与修纂《道藏》的还有孙承恭、张契真等。据《文献通考》卷二二四，《资治通鉴长编拾遗》卷三八，《玉海》卷五二，宋初《道藏》为 3737 卷，略相当于唐代《三洞琼纲》的卷数（《文献通考》记《三洞琼纲》为 3744 卷）。当时根据唐代《道藏》并搜访民间道经 7000 余卷，是宋初第一次修藏所见道经卷数，由此编成 3737 卷《道藏》。所谓校正"删去重复"，并非说 7000 余卷道经除 3737 卷外俱是重复的道经。所谓 3737 卷是在唐末兵火之后，将 7000 余卷道经整理编成的《道藏》卷数，而非其中所收道经卷数。宋初这次修藏是按六部分类的，因之后来晁公武《郡斋读书志》记"《道藏》书六部"。据《天台山志》载夏竦撰《重建道藏经记》，雍熙二年（985）曾将天台山桐柏宫所藏道经调到余杭去抄录，这是太宗赵光义为建藏搜访道经，而后才由王禹偁、徐铉编成3737卷的《道藏》。

二 王钦若编成《宝文统录》

宋真宗时，继修《道藏》，大中祥符二年（1009），诏命司徒王钦若领校道经。宋真宗命以秘阁所藏道经，并亳州太清宫道经古本，尽数集中到余杭郡大条山洞霄宫。宋代杭州印刷技术先进，具备编印《道藏》的优良条件。参加校编《道藏》的有知郡戚纶、漕运使陈尧佐、道士朱益谦、冯德之等。戚纶为著名隐士戚同文之次子，陈尧佐亦为大隐种放弟子。冯德之博学多才，无书不读，号称"冯万卷"，他和朱益谦俱为杭州洞霄宫高道。王钦若统领这些道教学者在杭州校修道经，于大中祥符九年（1016）编成新的道经目录献上，赐名《宝文统录》，并冠以御制《序》。《混元圣纪》卷九云："（王）钦若沿旧三洞四辅经目增补，凡四千三百五十九卷。撰成篇目上进，赐名《宝文统录》，帝亲制序。"据《文献通考》卷二二四，《宝文统录》经目：洞真部620卷；洞玄部1013卷；洞神部172卷；太玄部1407卷；太平部192卷；太清部576卷；正一部370卷。目录9卷。共计4359卷。

《佛祖统纪》卷四十四云："旧录三千三百三十七卷，钦若详定，增六百二十卷，赐名《宝文统录》，御制序以冠之。"按佛教记宋初徐铉、王禹偁校《道藏》3337卷，数字不实。《咸淳临安志》卷八十九记王钦若《宝文统录》比宋初《道藏》增加622卷。从王钦若时所编《道藏》4359卷可推知，宋初《道藏》实为3737卷。

三　《大宋天宫宝藏》和《云笈七签》

《云笈七签·序》及《文献通考》卷二二四引《宋三朝国史志》记载，王钦若及戚纶等参与整理道经的道教学者，上书推荐海宁谪官张君房主持整理道经。按王钦若开始领修《道藏》，是在宋初王禹偁、徐铉所修《道藏》基础上编纂的，而宋初《道藏》是按六部分类法成藏的。由于发现"其纲条溃漫，部分参差，与《琼纲》、《玉纬》之目，舛谬不同"，才奏请张君房来专修《道藏》。大中祥符五年（1012）冬，张君房除著作佐郎，协力王钦若整理道经。集贤校理李建中，亦受诏同张君房校正《道藏》。王钦若于公元1016年上《宝文统录》时，张君房奉命在杭州监写道经。此后，张君房成了继续整理、编纂这部《道藏》的实际主持人。他除了利用朝廷所降道经外，又取到苏州旧《道藏经》本千余卷，越州、台州旧《道藏》本各千余卷，还有朝廷降到福建等州的道书《明使摩尼经》等，与道士们依三洞、四辅分类法，"品详科格，商较异同，以诠次之"。天禧三年（1019）春，张君房将编成的这部《道藏》分七部写录完毕进上。《道藏》以七部（三洞四辅）分类，从此定型。这部《道藏》以《千字文》为函目，起于"天"字而终于"宫"字，共466字，题曰《大宋天宫宝藏》，共4565卷。后来，张君房又撮取《大宋天宫宝藏》的精要，纂成《云笈七签》120卷（实为122卷），于宋仁宗朝天圣年间（王钦若死后）上给朝廷。

《大宋天宫宝藏》的编成奠定了后世《道藏》的格式，它继承了唐代的《琼纲》、《玉纬》之目，使《道藏》定型。王钦若的《宝文统录》是这部《道藏》初期的目录，目录完成后，王钦若转徙他职，张君房主持修纂《道藏》的具体工作。他纠正了前修《道藏》中条理不清、不合纲目的毛病，在领写道经时又增进206

卷道书，而成《大宋天宫宝藏》。现此《道藏》已不存，幸有《云笈七签》，人们可从中窥知宋藏的旧貌。这部《道藏》实是由王钦若统领、张君房协力并具体主持修成的。

王钦若和张君房主修的《大宋天宫宝藏》中不仅收有《老子化胡经》，而且将摩尼教的经典也收了进去。《混元圣纪》云："初，诏道释经互相毁訾者削去之。钦若言《老子化胡经》乃古圣遗迹，不可削除。诏从之。"据《佛祖统纪》卷四十八，摩尼教乃取《化胡经》中老子乘自然光明道气，飞入西那玉界苏邻国中，"降诞玉宫，为太子出家称末摩尼"句①，"以自表证其经名《二宗》、《三际》。二宗者，明与暗也。三际者，过去、未来、现在也。大中祥符兴《道藏》，富人林世长略主者，使编入藏，安于亳州明道宫。"盖摩尼教传入中国，本称"明教"，宋代称其"吃菜事魔"，既与波斯的宗教组织失去联系，不得不依附佛、道二教以自存。而时人亦视摩尼教为福建地方民间道教之一种，故力求将其教典附入《道藏》，可知宋代《道藏》始收摩尼经。摩尼教既为官府严禁的"邪教"，与摩尼教有关的《化胡经》亦必遭禁，进而由《化胡经》殃及《道藏》，埋下了灾祸的种子。

四　宋徽宗的《政和万寿道藏》

宋徽宗是历史上著名的崇道皇帝，即位之初的崇宁年间（1102～1106），就下诏搜访道教遗经，就书艺局令道士校定，使《道藏》增至5387卷，比张君房的《道藏》多了822卷。

后于政和三年（1113）宋徽宗赵佶又下诏访求道教仙经，设

---

① 敦煌卷子 S. 1857《化胡经》卷一中云："后经四百五十余年，我乘自然光明道气，从真寂境飞入西那玉界苏邻国中，降诞王室，出为太子，舍家入道，号末摩尼。"

经局敕道士元妙宗、王道坚（龙虎山道士）等详加校定。福州知州事黄裳于政和四年（1114）奏请建飞天法轮藏（即转轮藏），以庋天下道书。道经由道士校定后，即送福州闽县，由黄裳役工镂板。政和六、七年（1116～1117）全藏刊镂工讫，进经板于东京，名为《政和万寿道藏》，共540函，5481卷。道书之雕版印刷，虽早在五代时已开始，但全藏付刊，却始于《政和道藏》。

《政和万寿道藏》的编成是宋代整理道教文化的高峰。《道藏》的编纂格式至宋代已大致定型，主修《道藏》的学者已不像陆修静时那样将一些"犹隐天宫未出"的道经虚目编入经目，5481卷之数是当时《道藏》的实有卷数。宋徽宗不仅首次将全藏刊印出版，而且还在重和元年（1118）由蔡京、林灵素等组织编纂了《道史》、《道典》。自道教开天神话的"龙汉"年号至五代时期的道教事为《道史》，其中分为《纪》、《志》、《传》诸类，将天地始分三清、三皇及得道帝王列为《纪》，将男仙风后、力牧及女仙九灵元君等得道臣庶列为《传》，又著天地、宫府、品秩、舆服、符箓、仪范、禁律、修炼、丹石、灵文、宝书等十二《志》。《道典》则专记宋代道教史事。

《政和万寿道藏》至靖康（1126）之乱，金人南侵，焚毁殆尽，《道史》、《道典》也没保存下来。

五　四川等地的《道藏》

宋代《道藏》，曾由朝廷颁赐全国各路大宫观，有的得全藏，有的得一部。北宋《道藏》的编纂，多得力于各地宫观残存的唐、五代《道藏》。其中亳州太清宫的唐代《道藏》，曾保存到北宋，至靖康之乱被金兵焚毁。天台山桐柏宫吴越王所建《道藏》，曾被张君房修《天宫宝藏》借用，后一直保存到元代末年才毁于兵火。宋代道观藏经，有的建转轮殿，例如当时玉隆万寿宫、登封县西京崇福宫便建飞天法轮藏经之殿。据《龙虎山志》卷十六云："藏以木为柜，置藏室中，高若干尺，内广围径若干尺，觚其隅，为八面，面为方格，以次盛经之函，刻木为天人、神仙、地灵、水官、飞龙、翥凤之属，附丽其上，皆涂以金。中立钜木贯之，下施轮令其关以旋转，言象天运焉。"这种转轮藏亦简称为轮藏。

宋仁宗嘉祐年间（1056～1063）至宋英宗治平年间（1064～1067），蜀中道士姚若谷、朱知善、仇正宗、邓自和亦曾编纂《道藏》。《嘉庆四川通志》卷三八引范镇《道藏记》记载，张君房编纂的《道藏》分赐天下各宫观，独剑南一路没有颁赐。嘉祐初，成都府郫县道士姚若谷和梓州飞乌县道士朱知善为获得《道藏》，四处奔波，东至凤翔府上清太平宫、庆成军之太宁宫、亳州之太清宫、明道宫，共搜集得道书二千余卷。后宋英宗即位，姚若谷及其徒仇正宗、邓自和向成都知府进言，说"释氏书遍满州县，而道家所录独散落不完。"于是知府上书朝廷，得下赐建隆观官本《道藏》五百帙，四千五百卷。姚若谷、仇正宗、邓自和又增益其书，建成五藏分贮蜀中五处道观。《成都文类》卷三七亦记此事。

六　邓自和的六部分类及郑樵《通志略》

《道藏》的三洞四辅十二类道经分类格式，是自六朝始创，经唐代至北宋逐步定型的。就唐代来说，《道藏》的编纂格式全国各地并不统一，因而对三洞经书的三十六部分类法就有两种格式。唐太清观道士张万福在《三洞众戒文序》中指出，当时《道藏》的经书整理标准，"师资禀训，各据一门，吴蜀京都，相承或异。"宋代修《天宫宝藏》，七部分类法因而定型，但四川等地方的道教学者仍有以六部分类者。南宋时晁公武《郡斋读书志》神仙类云："《道藏》书六部：一曰大洞真部，二曰灵宝洞玄部，三曰太上洞神部，四曰太真部，五曰太清部，六曰正一部。"《郡斋读书志》书目类载："《道藏书目》一卷，右皇朝邓自和撰。大洞真部八十一帙，灵宝洞元部九十帙，太上洞神部三十帙，太真部九十六帙，太平部一十六帙，正一部三十九帙，凡六部三百一十一帙。"宋代《经目》中"玄"以元、真二字代替，乃为避赵姓始祖赵玄朗之讳。

南宋绍兴年间（1131～1162），郑樵撰成《通志》，其《艺文略·诸子类·道家》著录道书，其中包括老子、庄子、诸子、阴符经、黄庭经、参同契、目录、传记、论、书、经、科仪、符箓、吐纳、胎息、内视、道引、辟谷、内丹、外丹、金石药、服饵、房中、修养，载书名、卷数、撰人。"凡道类二十五种，一千三百二十三部，三千七百六卷"。

七　南宋的《道藏》

据淳熙《三山志》卷三八记载，宋孝宗淳熙二年（1175），福州、闽县九仙山巅报恩光孝观所庋《政和万寿道藏》五百四十函送往临安府，太乙宫即抄录一藏，四年成，其后又写录成数藏，六年成，分赐道观收藏。这次抄录《政和道藏》，也是一次增修，加入道书不详，称名《琼章宝藏》。临安太乙宫、佑圣观、龙翔宫、大涤山洞霄宫，鄞县望春山蓬莱观，茅山元符万宁宫，宜兴县通真观，庐山太平兴国宫，龙虎山上清正一宫等，皆藏有南宋版《道藏》。南宋金允中编《上清灵宝大法》卷四十云："宋朝统一之后，天下平安，真宗命宰臣王钦若校正道典。其中精粗莫别，真伪混淆，已不能免。宣和之际，徽宗主张科法，教门大兴于一时，而经籍正典，终不能一一纯正。靖康之后，驻跸钱塘，南北间关，道家经籍，尤甚不备。""今之诸方《道藏》，可以数计，而经籍不讹者甚少。况于私家相传，里间集写，实难依据。"可见唐代《道藏》经五代乱离，损失甚多，北宋真宗、徽宗虽多方搜访整理，仍免不了道经的损失错乱。特别是后来又遭兵火，道经靠道士多人传抄，文句多错讹失真，能保存到后世，实不容易。

乾隆《龙溪县志》卷十一记载，玄妙观（唐时初建名开元观，宋代称天庆观）内藏手写宋代《道藏》564 函。这部《道藏》一直保存到清朝同治三年（1864），才在太平天国农民军和清兵的内战中被焚毁。

第三节　金、元的《道藏》

金、元二朝，都是当时文化相对落后的少数民族统治者执政，他们虽然都想利用道教巩固自己的政权，但仅是推崇道士的宗教活动，而不注意保存经书道典。特别是野蛮的蒙古统治者，虽然支持了全真道诸教派的飞速发展，但是他们焚烧道经，毁坏《道藏》经板，给道教文化的保存造成了不可弥补的损失。

一　《大金玄都宝藏》的编纂

靖康之乱后，金人统治了大半个中国，宋都东京（开封）沦入金人之手，称南京。金世宗完颜雍为有金一代贤明之主，他即位后偃武修文，于大定二十八年（1188）下诏将南京（今开封）经板，调到中都天长观（今北京白云观之前身）。这些经版本为《政和万寿道藏》旧板，靖康之乱后残缺不全，由天长观提点孙明道参照经书，补缀完全。金章宗明昌元年（1190）以补缀之经板印经一藏。金章宗又诏命孙明道遣道士搜访遗经，修纂《道藏》，道士赵道真亦丐化四方，筹集板材，不一二年而功毕。据《十方大天长观玄都宝藏碑铭》记载，凡得遗经 1074 卷（即为《政和道藏》未收之经和新出道书）。于是孙明道和诸道侣，依三洞四辅之例，品详科格，商较异同，编纂成藏。共计 6455 卷，602 帙，题曰《大金玄都宝藏》。

金泰和二年（1202），天长观被焚。光绪《顺天府志》卷二二九引《重修天长观碑》云："泰和壬戌正月望日，焚毁殆尽。宣宗贞祐南迁，止余石像，观额为风雨所剥，委荆榛者有年"，陈国符《道藏源流考》推定《大金玄都宝藏》的经板亦遭焚。金末蒙古兵来侵，各宫观所存《道藏》亦多毁于兵燹。《甘水仙源录》卷二记载，泰和七年（1207）元妃施道经二藏，一送栖霞太虚观道士丘处机，一送圣水玉虚观道士王处一。又元好问《遗山文集》卷引《通真子墓碣铭》云金末"丧乱之后，图籍（即《道藏》）散落无几，独管州者仅存"。管州即山西省静乐县，存有《道藏》，被丘处机之徒宋德方用以重修《道藏》。

二　全真道修《玄都宝藏》

元代皇帝并无有亲自组织编纂《道藏》之举，而当时全真道贵盛一时，丘处机弟子宋德方、秦志安等完成了编修《玄都宝藏》的大任。据《终南山祖庭仙真内传》卷下《披云真人传》、《遗山文集》卷引《通真子墓碣铭》等书记载，披云真人宋德方曾随其师长春真人丘处机西行朝见蒙古太祖成吉思汗。丘处机还燕后，和宋德方语及道经泯灭，宜为复兴之事，并说："藏经大事，我则不暇，他日汝其任之。"丘处机卒后，宋德方遵其遗意，于蒙古太宗（窝阔台）九年（1237）倡刊道藏经。宋德方依仅存的管州《大金玄都宝藏》，请得朝旨和全真掌教尹志平之命，派人四处搜罗遗佚道经，由其弟子秦志安于平阳（山西临汾）玄都观总其事。秦志安在平阳玄都观和李志全等道侣，将三洞四辅万八千余篇道书，校雠补订完整，并立二十七局，役五百多工，镂《道藏》经板。后于公元1244年（蒙古乃马真皇后称制三年），全藏刊竣。新《道藏》共计7800余卷，比金代《道藏》增加1350余卷，增入的多为全真教各祖师的文集、语录及道典，仍称为《玄都宝藏》。《玄都宝藏》经板初藏于平阳玄都观，后定宗时平阳纯阳万寿宫（东祖庭）落成，经板乃移度其中。当时刻印一百二十藏，分藏各名山大观。全真道编纂的 7800 余卷《玄都宝藏》，乃是自唐代以来道教学者为保存道教文化奋斗不息的结晶，比加入了不少新道书的现存明代《道藏》还多出 2300 余卷，是保存古代道经最多的一部《道藏》。

另外，据《道教金石略》，宋披云还在山东掖县凿刻有道教石窟九阳洞，为现存最好的道教石窟。

三　元世祖忽必烈焚毁《道藏》

公元 1244 年全真道士编纂成的《玄都宝藏》，凝聚着我国历代道教学者搜访、整理、编纂道经的血汗，是一项有着巨大文化价值的国宝。然而它编成仅有三十七年，就被元朝统治者野蛮地焚毁，这是中国文化史上的一次大悲剧。

蒙古宪宗蒙哥和其弟忽必烈（后称元世祖），是蒙古族两个有作为的皇帝，由他们完成了统一中国和扩大版图的大业。宪宗在位九年，大举伐宋，遣太弟忽必烈攻江南路，自引兵攻蜀路，死于宋合州城下。忽必烈于公元 1264 年即位，改国号为元，称元世祖，至元十七年（1280）统一中国。蒙古铁骑南下，烧杀抢掠，道教宫观多焚于火，汉人妻离子散，民族矛盾十分尖锐。忽必烈分天下人为十等，实行民族压迫，又纵藏僧杨琏真珈，听任藏僧随意发掘宋朝陵寝及富家坟墓，到处奸淫妇女。蒙古人最重喇嘛教（藏传佛教），致使喇嘛藏僧横行无忌，强夺民财，出入宫廷，蒙古贵族亦扰害居民，上下宣淫，习俗野蛮落后。早在丘处机以七十余岁高龄赴西域雪山行营见成吉思汗时，就曾以老子化胡自况，想以道教清静无为，爱人济世之旨教化成吉思汗，以先进的道教文明改变蒙古骑兵杀人成性、野蛮落后的习俗。后来，丘处机之徒造《老子八十一化图》以炫耀丘处机西行止杀的功绩，并在宋德方的《玄都宝藏》中收入《老子化胡经》。全真道在成吉思汗的支持下贵盛后，教团迅速扩大，全真道曾以重金收买了一批在战火中荒废了的寺院作道教宫观。随着元朝统一大业的完成，佛教愈来愈得宠，逐渐靠蒙古贵族的支持压过道教。宪宗四年（1254），忽必烈接受藏传佛教萨迦派高僧八思巴灌顶，成为密宗教徒。翌年，河南少林寺住持，曹洞宗僧人福裕勾结藏僧那摩，上书宪宗讼全真教徒造《老子八十一化图》之伪妄，挑起了沉寂多年的佛道之争。宪宗蒙哥本来崇佛，他称"佛门如掌，余皆如指"，于宪宗八年（1258）集佛道双方各十七人辩论《老子化胡经》之真伪，佛教僧人以福裕为头，道教方面以全真掌教张志敬为首。《老子化胡经》本是道教寓言，以明道教文化可以教化野蛮民族之意，人人共知其伪，本不待辩。但辩论结果又判定《化胡经》为伪经，勒令参加辩论的十七名道士全部落发，辱骂道士为"驴马"、为"畜类"，将道教宫观二百余处追还佛教，并颁旨焚毁《化胡经》等四十五部道经及其雕版。忽必烈即位后，以藏传佛教喇嘛教为国教，藏僧八思巴为帝师，佛教气焰更为嚣张。统一中国后，元世祖忽必烈十分骄横，愈加不能容忍全真道徒的化胡之说，抵制道教文化中的和平观念和人道思想。至元十七年（1280），南宋新亡，藏僧气焰更盛，在喇嘛教（藏密）僧人的挑唆下，元世祖忽必烈下诏令全真掌教祁志诚"焚毁《道藏》伪妄经文及板"。当时有报告保定、真定、太原、平阳、河中府、关西等处《道藏》经板尚存者，元世祖复命僧录司教禅诸僧及文臣诣长春宫，偕正一天师张宗演、全真掌教祁志诚，大道掌教李德和等考证真伪。至元十八年（1281）十月，元世祖命百官集悯忠寺，尽焚《道藏》伪经杂书，并遣使徇行诸路。《元史·世祖纪》记载："至元十八年十月己酉，张易等言参校道书，惟《道德经》系老子亲著外，余皆后人伪撰。宜悉焚毁。从之。"陈垣先生评之曰："十七年令自行选择焚毁，十八年乃强制执行，令《道德经》外，余悉焚毁，殊无理由。诸臣仰西僧鼻息，不为一言，祁志诚等则知荣守辱，任其所为而已，此杨琏真珈所以敢发会稽诸陵，且截顶骨以为供器也。而张伯淳序《辩伪录》，犹盛夸'杨大师琏真珈大弘圣化，自至元廿二春至廿四春，恢复佛寺三十余所'云云，岂不异哉！"（《南宋初河北新道教考》）事后忽必烈诏桑哥（元宰相）谕翰林院学士王磐等撰《焚毁伪道藏经碑》，曾参与佛道辩论的僧祥迈奉敕撰《至元辩伪录》五卷，记下了他们野蛮毁坏道教文化典籍的历史罪行。

全真道《玄都宝藏》的经板被焚毁后，历代保存下来的一些珍贵道经因而亡佚。现《正统道藏阙经目录》所著录的道经，大都是元代焚经之祸而亡佚的经书。蒙古铁骑侵犯中原，元朝开国，北方道观先遭蹂躏，《道藏》损失颇大，南方道观所存《道藏》则多得以幸免。元朝末年，农民起义军四起，南方战火连天，原来幸存的《道藏》又多毁于兵燹。长春宫所藏《玄都宝藏》及经板、终南山重阳万寿宫《道藏》、平阳永乐镇东祖庭《玄都宝藏》及经板，皆罹至元焚经之祸。盖全真道编成《玄都宝藏》时，蒙古尚未统一中国，因之仅保存在北方道观，故忽必烈焚经时很难幸免。这就是历代《道藏》虽遭兵火，尚有幸存者，独元代焚经之后许多经书最后失传的原因。放火烧书及焚毁文物，在中国大概是自秦始皇以来强权政治留下的野蛮传统，汉族及各少数民族统治中国的专制君主皆依此控制舆论，竟至近代人们习见而不鲜。南方道观保存的多为宋代《政和万寿道藏》，虽幸免于至元焚经之祸，但终于难逃元末兵火。天台山桐柏宫《道藏》，杭州佑圣观、茅山、庐山、阁皂山、武当山、龙虎山等南方宫观的《道藏》，皆在元末被毁。元代蒙古贵族的野蛮统治，不仅延缓了中华民族的历史进程，又实是中华各民族传统文化的一大劫难。

第五章　明清的《道藏》和藏外道书

自明代正统年间编纂成《道藏》后，就没有再被焚毁。明代《道藏》经过清朝一直保存到现代，也没有再重新编纂过新《道藏》。然而清代、民国以来的道教学者，都在搜访道书、整理道经方面作出了不懈的努力。

第一节　明《正统道藏》和《万历续道藏》

早在明太宗文皇帝在位之日，就曾命道士纂修、校正《道藏》诸经，但功未毕而终。《皇明恩命世录》卷三《命编进道书敕》云："敕真人张宇初：前者命尔编修道教书，可早完进来，通类刊板。故敕。永乐四年十一月十九日。"这说明永乐四年（1406）明成祖曾敕第 43 代天师张宇初纂辑、校正《道藏》。张宇初永乐八年（1410）卒，其弟张宇清领道教事。至明成祖崩殂，修《道藏》之事仍未完成。而后明仁宗、宣宗相继嗣位，搁置未理。

明英宗嗣位后，追尊先志，重新发起编纂《道藏》，于正统九年始行刊板，诏通妙真人邵以正督校。据陈国符《道藏源流考》云："今《正统道藏》分部混淆，足证与修《道藏》道士学术之浅陋。又搜访道书，亦未周遍。福建省龙溪县玄妙观《政和道藏》五百六十四函，明代尚存，亦未运往北京，据此增补成藏。不然者，今《道藏阙经目录》所著录道书，皆可刊入《正统藏》也。当时盖仅据各处宫观所存元刊残藏，增入元、明二代道书，校刊成藏耳。"按明《正统道藏》的编纂，缺少著名道教学者参与，搜访道书和校勘、整理亦较仓促，应是事实。然而明《正统道藏》并非依据元代全真道《玄都宝藏》残卷编纂，而是主要依据宋代《政和道藏》编纂而成，因之其中保存较多宋代道经。盖全真道《玄都宝藏》及经板在元代被焚，实较彻底，《玄都宝藏》中许多道经已无法弥补，因而才不得已以《道藏阙经目录》记载下来。《玄都宝藏》中印本今幸存者，仅有《云笈七签》和《太清风露经》（无住真人撰，凡一卷）二种，为稀世之珍，今藏北京图书馆。明正统十年（1445），这部《道藏》经重加订正，增所未备，刊板事竣，称为《正统道藏》。《正统道藏》共 480 函，仍和《政和道藏》那样以《千字文》为函目，自"天"字至"英"字，每函各若干卷，每卷一册。《正统道藏》系梵夹本，所收道书已重行分卷，原有道书短卷则数卷合并为一卷，整部《道藏》共计 5305 卷。显然，由于元代焚经之祸，损失了很多道经，致使增入元、明新出道经的《正统道藏》仍比全真道《玄都宝藏》（7800 余卷）少 2500 多卷。而后，明《正统道藏》印刷多部，颁赐天下各大宫观。

明神宗万历三十五年（1607），又敕第 50 代天师张国祥刊印《续道藏》，自"杜"字号至"缨"字号，凡 32 函，计 180 卷，称《万历续道藏》。

《正统道藏》收入全真道典较多，盖主要为全真一系的道士所修。《万历续道藏》则主要是天师道系统的道书。《正统道藏》和《万历续道藏》总计 512 函，收入道书 1476 种，凡 5485 卷。

明天启丙寅年（1626），又刻印袖珍本《道藏》，事见《道藏精华录·绪言》。白云霁据此撰《道藏目录详注》四卷。另外，还有李杰《道藏目录详注》四卷，和白云霁之注次序相同，解题互有详略。

第二节　清代以后的《道藏》和《道藏辑要》

《正统道藏》和《万历续道藏》一直流传至今，这期间明、清两代没有组织过重修《道藏》的活动，但却经过多次修补和重印。在《万历续道藏》出版之前，《正统道藏》就至少重印过两次，一次在嘉靖三年（1524），一次在万历二十六年（1598），两次重印都有所修补。北京白云观所藏明版《道藏》，至清代道光二十五年（1845），由王廷弼出资进行修补，沈阳太清宫的《道藏》亦搬入白云观修补。上海白云观《道藏》是清同治五年（1866）修补完毕的。明正、续《道藏》经板121589块，清朝庋于大光明殿，至光绪庚子年（1900）八国联军攻进北京，烧杀抢掠，烧大光明殿，经板亦被焚毁。英、德、法、俄、日、美、意、奥等帝国主义侵略者率英法联军火烧圆明园，疯狂毁坏、抢掠中华民族的古代文化宝藏和艺术珍品，犯下了在世界文明史上罕见的可耻罪行。

民国初，大总统徐世昌组织影印《道藏》，由前教育总长傅增湘总理其事。1923年10月至1926年4月，完成上海涵芬楼影印《道藏》。该《道藏》以北京白云观正、续《道藏》为底本，与上海白云观《道藏》对校，并将梵夹本缩改为六开线装本，每梵本二页合为一页，装订成1120册。明、清二代，虽将明版《道藏》颁赐全国宫观多部，但因明清二代战乱不断，《道藏》多遭兵燹，至民国初年，见存者寥寥可数，《道藏》遂成秘笈。当时仅有北京白云观、上海白云观、河北曲阳县总元观、青岛崂山太清宫、山西永济县通元观、终南山楼观台、茅山元符宫乾元观、苏州玄妙观、龙虎山大上清宫、四川三台县佑圣观等，存有明版《道藏》，但日本侵华时许多道观被焚（如永济县通元观、茅山乾元观等皆为日本兵所烧），所存《道藏》亦多亡佚。幸有民国初年上海涵芬楼影印明正、续《道藏》350 部，存国内各大图书馆，为近代道教的研究提供了方便。

随着道教文化在全世界的传播，现代又有不少新印《道藏》出版，皆以上海涵芬楼《道藏》为底本重新整理影印而成。其中有 1977 年台湾新文丰出版公司影印 16 开本《道藏》60 册，另有总目录（附有白云霁《道藏目录详注》等）1 册。1977 年台湾艺文印书馆缩印 32 开本《道藏》60 册，另有总目录和索引 1 册。1986 年日本中文出版社影印 16 开本《道藏》36 册。1988 年，文物出版社、上海书店、天津古籍出版社联合影印出版 16 开本《道藏》36 册。

清代道教学者虽然没有重修《道藏》，但亦在继续整理道经方面作出了贡献。清朝康熙年间（1662 ~ 1722），彭定求选《道藏》中 173 种道书编成《道藏辑要》，按二十八宿字号，分为二十八集，共二百余册①。嘉庆年间（1796 ~ 1820），蒋元庭又新编《道藏辑要目录》，收入道书达 279 种，共 268 册，仍分装 28 函。清光绪三十二年（1906），成都二仙庵又刻印《重刊道藏辑要》，贺龙骧撰《重刊道藏辑要子目初编》，共收 287 种道书，531 卷。其中《道藏》外明末、清初新出道经 114 种，288 卷，为贺龙骧初编，彭瀚然参订本。同时另刻《道藏辑要续编》和《女丹合编》。

第三节 《道藏》以外的道书

自明、清至民国以来，不少道教学者和内丹家有很多重要著述传世。另外，光绪二十五年（1899），道士王圆箓发现敦煌莫高

---

① 1973 年柳存仁教授著文否定《道藏辑要》为清初彭定求所编，则此书为蒋元庭初刻于京师。《中华道教大辞典》采此说。

窟藏经洞石室遗经，亦是一震惊世界的文化宝藏，其中有不少失传的古代手抄道经。其他还有保存下来的道教金石碑刻，散落民间的道书和宝卷，都是道教文化的宝贵遗产。

一 明、清、民国的新编道书

明、清以来新出道书，较著名的有：

明代陆西星撰《方壶外史丛编》八卷；一壑居士辑《道言中外》；阎鹤洲辑《道书全集》；此外还有内丹家张三丰、伍守阳、彭好古、朱权（臞仙）、李文烛、王一清、胡文焕、孙汝忠的著作，亦相继流传于世。

清代陶素耜撰《道言五种》；董元真辑《道贯真源》；刘一明撰《道书十二种》；闵一得辑《古书隐楼藏书》；傅金铨撰《济一子道书》，辑《证道秘书》；江含春撰《楞圆仙书》；玉枢真人撰《仙术秘库》；汪东亭辑《道统大成》等。此外还有惠栋注《太上感应篇》；李光地等注《参同契》、《阴符经》；张持真辑《忏法大规》；王仁俊辑《灵宝要略》；以及《初真戒律》、《碧苑坛经》等道书问世。

民国以来有俞樾撰《读抱朴子》、《抱朴子平议补录》、《太上感应篇缵义》；陈撄宁、徐颂尧等人的内丹学著述（台湾徐伯英等辑为《中华仙学》），以及台湾天师道的一些新出道书。

关于后世对道经的整理出版，除清代编辑《道藏辑要》外，尚有：

清代闵一得辑《道藏续编》第一集，收23种道书，多为清人著作；

民国时守一子编《道藏精华录》，收入道书100种；

又有《道藏举要》，收入道书176种，明代人辑，有民国时上海商务印书馆影印本。

台湾道教学者萧天石主编《道藏精华》十七集，外集二种，共收入六百余种道书，精装本 73 册。其中所选古本、孤本、抄本秘籍，达八百余种，注释集解者千有余家，主要是内丹学著作。

另有台湾学者和美国学者萨梭（苏海涵）于 1975 年编成《庄林续道藏》（中文版）25 卷，收录了一些道经和科仪。

由胡道静、陈耀庭等人主编的《藏外道书》，所收书皆为明《道藏》失收的道书及清代刊刻之道典，已由巴蜀书社出版。这是近代续修《道藏》一次最大的举动。由于新发现的失收道书甚多，《藏外道书》工程还应继续努力。

二　敦煌卷子中的道经

敦煌一带，早有道教传播。汉代有矫慎者，原扶风茂陵人，少学黄老道，不娶妻，隐遁山谷而穴居，年七十余，行尸解法，后人"见慎于敦煌"。晋代神仙道教中有单道开，常衣粗褐，不畏寒暑，昼夜不卧，恒服细石子，一吞数枚，大概是适应敦煌的生活条件的早期道士。

唐代中原道教隆盛，影响到敦煌，亦大兴道观。从现存敦煌石室遗经分析，抄写年代多在北朝后期至唐中期的二百年之间，其中以唐高宗、武后及唐玄宗时期的写本为多。盖因公元 6～8 世纪中叶，河西敦煌一带亦崇道教。唐代安史之乱，敦煌一带被吐蕃侵占，改崇佛教，敦煌遗经中抄写道经的卷子改抄佛经，大概便出于这个原因。敦煌遗经中的材料证明，当时道教活动的中心在神泉观。据《敦煌县志》，其处有西云观，观中有月牙泉，为历代道教圣地，一直持续到民国年间，这很可能就是唐代沙州敦煌县神泉观。明代之前，伊斯兰教东移，和佛教徒连年发生战争，特别是公元 1006 年（北宋景德三年），土耳其大军侵入于阗，威胁到敦煌，莫高窟藏经洞封闭，当与此有关。

清光绪年间，酒泉道士王圆箓（湖北麻城人）来到敦煌，投宿石窟中，带徒弟四处募化，修建道观。他费了二、三十年功夫，募化钱财在窟前建楼植树，使千佛洞面貌一新。然而他发现藏经洞后，不知珍惜历史文物，竟将原来的壁画刷白，塑像打毁，换成怪模怪样的道教神像。王圆箓还愚昧地盗卖他所发现的藏经洞遗经古物。结果"匈人斯坦因、法人伯希和相继至敦煌，载遗书遗器而西，国人始大骇悟"（陈垣：《敦煌劫经录》）。

敦煌莫高窟发现石室遗书之时，正当清朝慈禧太后丧权辱国，帝国主义列强疯狂侵华之际，而这批深藏数千年的宝贵历史文献被盗往世界各地。从清光绪三十二年到民国三年（1906～1914）；英、法、德、俄、日五个帝国主义列强派遣文化分子前来诱骗、盗劫敦煌手书卷子及少量雕版刻印卷子，分别收藏在上述各国的图书馆和博物院中，剩余的卷子后来被清朝学部检收。莫高窟藏经洞中发现的遗书，总数约有五万件，散失在十几个国家、三十多个博物馆中。英国藏有一万五千件，法国约藏七千件，俄国和日本最多，仅大谷光瑞盗去的文书在大谷大学收藏的就编了七千多号，被他贩卖的散落私人之手无法统计。现在斯坦因、伯希和、华尔纳等盗窃的敦煌卷子，多被收藏在英国伦敦不列颠博物院和法国巴黎国家图书馆，俱已公布，供各国学者研究。敦煌劫余部分现藏于北京图书馆，有八千余轴，也编有目录。唯有沙俄帝国主义文化分子鄂登堡（С. Ф. Ольденбург）等掠去的约一万件敦煌卷子，现藏于俄国的亚洲民族研究所，仅发表了一小部分目录[1]，没有公布于世。这批敦煌卷子是以各国文字抄写的，已知用汉文抄写的卷子有三万多件，其中佛经二万八千多卷，道书有五百余

---

① 列宁格勒苏联科学院东方学研究所孟列夫（Л. Н. Меньщков）主编有《敦煌写经目录》二卷。

卷。此外还有以回鹘、梵、藏、西夏、蒙古、于阗、龟兹等西域各族文字抄写的经书；以及现流落于日本的古代琵琶曲谱等音乐史料；斯坦因盗走的世界上最早的雕版印刷品《金刚经》（上有"咸通九年四月十五日"字样）和在汉代烽燧遗址发现的粟特语纸写家信等。陈垣先生编有《敦煌劫余录》，记北京图书馆所藏敦煌遗书目录。另外向觉民撰《伦敦所藏敦煌卷子经眼目录》；王重民撰《敦煌遗书总目索引》、《敦煌古籍述录》；罗振玉辑《敦煌石室遗书》等，人们可由此得知敦煌遗书的大致规模。

在这 500 多件敦煌道经中，含有道家诸子及其注疏、《道藏》中失传的道经及许多珍贵的佚名道书。其中有北朝写本《老子想尔注》、李荣《道德真经注》（现《道藏》中仅有《道经》注，而敦煌卷子中恰有《德经》注，可补足为完本）、《叶净能话》、《老子化胡经》等，为失传的道教珍籍。其中特别是《老子化胡经》，为历代佛道之争的焦点，并为朝廷所严禁，见到《化胡经》的真面目，有助于人们理解佛道关系之秘。

自公元 1899 年敦煌石室遗书被发现之后，引起中外学者兴趣，纷纷投入敦煌学的研究。日本学者大渊忍尔编成《敦煌道经目录篇》，于 1978 年由日本福武书店出版，1979 年又继之出版了《敦煌道经图录篇》，这是整理敦煌道经的一个引人注目的成果。大渊忍尔在《目录篇》中著录道经写本 493 件，可考订出名称的道经有一百余种，《图录篇》则刊载了这些道经的照片。

三　古墓中发掘的西汉帛书和竹简

1973 年从长沙马王堆汉墓发掘出的帛书，便有西汉方仙道和黄老道的道经。其中有《老子》帛书写本两种（甲种本和乙种本），为世所重。还有久佚的《黄帝四经》帛书写本，即帛书《经法》、《十大经》、《称》、《道原》，补充了黄学的空白。另有一篇

《伊尹论九主》的文字，都是早期黄老道的佚书。帛书《五十二病方》和《导引图》，更是西汉方仙道的经典。这些帛书显然都属于我们考察的早期道书的范围。

1973 年河北定县汉墓中还发现了大量西汉竹简。其中有早期道书《文子》，即《道藏》中的《通玄真经》。古本《文子》的发现不仅补足了今本《文子》的佚文，而且推翻了考据家们定《文子》为后人抄袭《淮南子》所撰伪书的结论。帛书《老子》（《德经》在前，《道经》在后）和竹简《文子》的发现，在文献学上具有特殊的价值，这些书也是应收入《道藏》的早期道书。

四　道教金石碑文

许多珍贵的历史资料，保存在金石碑文中，由此可以补正史之不足。1923 年，陈垣先生多方搜集道教碑文，从各种文集、金石志、艺风堂拓片中详加摘录，成《道家金石略》稿本，近年又经陈志超增补，编成《道家金石略》一书。书中收录自汉至明碑文 1530 篇，按时间顺序编排，这是迄今为止最完善的道教金石碑刻史料。

清代以来各道观名山和散落民间的有关道教的金石碑刻资料，又有不少，有待继续搜集整理。

天津历史博物馆所藏传世玉器上的行气铭文（称《行气玉器铭》），实际上便是先秦的金石资料，和早期方仙道有关。

五　《永乐大典》、正史、类书、文集中的道教资料

中国的各类古籍，如正史、类书、文集、方志及野史、小说、笔记中，保存不少道教资料，甚至可以辑出一些珍贵的道教佚经。

《册府元龟》、《太平御览》、《永乐大典》、《艺文类聚》、《初学记》等，都引用过许多失传了的道经，我们可以利用这些类书

辑佚道经。特别是《永乐大典》，乃永乐元年至六年（1403～
1408）修成，主要采用文渊阁的内府藏书，编成后因分量太大不
曾刊版，仅有写本藏在大内。明代《正统道藏》的编辑，由道士
主持，没有动用明朝内府藏书，也没有利用《永乐大典》中收录
的道书。英法联军火烧圆明园时，20000多卷的《永乐大典》被各
国强盗烧得只剩下不足800卷，即不到全典的三十分之一。这些剩
余的《永乐大典》残部，又被盗窃到世界各地。现中华书局在世
界上多方搜寻，得797卷，已影印。上海人民出版社胡道静先生据
连筠簃刻本《永乐大典目录》，检索现存《永乐大典》残部和
《正统道藏》，发现《道藏》中没收而《永乐大典》残部尚存的道
经，至少有《洞玄灵宝灭度五炼生尸经》、《大帝制魂伐尸法》、
《三尸中经》、《治三尸法》、《灵宝钟磬威仪经》、《灵宝三元威仪
经》六种道书可以辑出①。

　　另外，陈撄宁等根据二十四史与《资治通鉴》，组织辑出有关
道教的史料，成《道教史资料选编》，这是一项研究道教的奠基性
工作。现已由中国道教研究室编成《道教史资料》一书由上海古
籍出版社1991年5月出版。

　　其他佛教方面收入《广弘明集》、《古今佛道论衡》等书中也
有许多和道教有关的资料，可供利用。利用《中国丛书综录》等
亦可在丛书中查出多种藏外道书。

六　民间道书写本和《宝卷》

　　清末以来，中国大陆一些道首传道授徒，秘传一些手抄本道
经。有些内丹法诀，为明末及清代写本，被丹家视为奇珍，不肯
轻易示人。台湾民间也流传不少手写古道经，据说法国道教学者

---

　　① 　胡道静：《道藏的编集与出版》，载《上海道教》1989年1～2期合刊。

施博尔（字舟人，K. Shipper）就曾收集古写本道书达数千卷之多。法兰西高等学院道教文献研究室中收藏的施博尔的道书之中，亦当有不少《道藏》外的道书。

还有明清时代民间流传的秘密宗教结社和道会门，如白莲教、八卦教、罗祖教、黄天教、弘阳教、三一教、刘门、青红帮、义合拳、同善社等，这些秘密会社和教团虽说杂取儒、道、释三教教义而成，但基本倾向仍是民间道教流派。人们知道，道教本来具有杂取博收异质文化的特点，民间道教组织更是如此。这些民间宗教多以内丹炼功，以《宝卷》传教，《宝卷》便是这些宗教组织编写的道典。

明正德四年（1509）曾刊行罗清所著《五部六册》，共收五部罗祖教宝卷，其中《破邪显证钥匙卷》分上、下两册，共六册。清道光年间沧州知州黄育楩曾编《破邪详辩》六卷，收入 68 种宝卷。1961 年，中华书局印《宝卷综录》，收入宝卷 652 种。此外，国外也存有被盗窃的宝卷，其中俄罗斯存有掠去的宝卷 26 种。日本所存 192 种掠去宝卷，由泽田瑞穗编成《增补宝卷的研究》一书，于 1957 年出版。这些宝卷也是进行民间道教研究不可缺少的资料。

其他还有道教斋醮、科仪、唱赞、舞蹈及各种道教音乐的录像、录音资料，亦有待收集整理。

总之，自万历三十五年（1607），明版正续《道藏》问世之后，至今已三百八十余年，新发现的藏外道书甚多，晚出道书及近世道教学者的著述数量亦大，重新编纂《道藏》，已成了摆在中外道教学者面前的迫切任务。

余　论

　　世界各民族的学者，都毫无例外地把发展和弘扬本民族的文化，整理和保存民族文化典籍，当作自己的历史使命。同时，民族文化事业的建设，对本民族优秀学者的使用和保护，也是各民族政府及其杰出政治家的历史责任。我国历代开国之初，偃武修文，有道之君都注意开展文化建设工作。唐、宋两代编纂《道藏》，明代编《永乐大典》，清代编《四库全书》，乃至法国编《百科全书》，便是这类文化建设工作的体现。可惜中华民族，自汉唐而后，劫难重重，特别是明中叶以来，内忧外患不断，国势不张，文化事业亦随之衰落。道教自明清以来，日渐式微，转化为民间宗教进行秘密活动。人们从道教典籍编纂的历史中，可以看到我国道教学者为保存民族文化，前赴后继，艰苦奋斗的史实，从而把中国道教文化的命运同我们中华民族的命运联系起来。

　　道学文化的特征，和中华民族的民族特征是密切相关的。中华民族的主体是汉族，而汉族本身就是古代居住在中原地区的多种民族混血而成的。因之，汉族并非一个纯一血统的民族，它混融进了北狄、东夷、西戎、南蛮等上千个部族，因而在民族特征上具有很强的包容性，有巨大的同化异族的能力。道学实际上是最代表汉族文化特征的学说，它在汉代被认为是"因阴阳之大顺，采儒墨之善，撮名法之要，与时迁移，应物变化"的沟通、融合诸子百家的学派，具有"海纳百川"、综合百家之长的文化功能。道教是中国土生土长的民族宗教，道教文化更体现了中华民族综合百家之长，同化异质文化的基本特征。鲁迅先生有"中国根柢全在道教"的话，便是抓住了道教文化包罗万象，善于融汇异质文化的民族特征。马端临《文献通考》评"道家之术，杂而多端"，儒家学者遂以此诟病道家和道教文化，纪晓岚编《四库提要》更以此诮《道藏目录》。实际上，《道藏》和基督教的《圣经》（《新约》和《旧约》皆一次定型）、伊斯兰教的《古兰经》（亦一次定型）不同，它是一部不断积累、兼收并蓄的大丛书。近世道教学者陈撄宁先生著《论〈四库提要〉不识道家学术之全体》一文予以驳斥。他说："总而言之：道家学术，包罗万象，贯彻九流，本不限于'清静无为'消极之偏见，亦不限于炼养、服食、符箓、经典、科教狭隘之范围。《道藏》三洞十二部之分类，诚不免疏舛；但此或因受佛教之影响，出于不得已。吾人今日谈及道教，必远溯黄老，兼综百家，确认道教为中华民族精神之所寄托，切不可妄自菲薄，毁我珠玉，而夸人瓦砾。须知信仰道教，即所以保身；弘扬道教，即所以救国。勿抱消极态度以苟活，宜用积极手段以图存，庶几民族尚有复兴之望。"①

陆修静等人创立三洞四辅分类之法，本是按六朝古道经和早期道书的教派、经书现状分成七部的。唐代修《道藏》，将后出经书强行统入七部之中，已很勉强。宋代以来，三洞四辅经书已经错乱，非复原来旧貌。现《正统道藏》中的经书，六朝古道经的分类便早已不合定例，如《度人经》及注疏当入"洞玄部"，今误入"洞真部"；《上清经》当入"洞真部"，今大多误入"正一

---

① 《道教与养生》，华文出版社，1989，第1页。

部"；道家诸子及注疏应入"太玄部"，今误入"洞真部"。至于十二类的划分，更是芜杂不清。因此，从现代所存道书的实际情况看来，三洞四辅十二类的《道藏》分类方法，已经陈旧落后，难以适用。现在的学者研究《道藏》，要查找某种经书，谁都很难确切说出它在《道藏》中的部类和次序，只好把全部《道藏目录》都要翻遍，这既浪费时间，又易造成遗漏。陈撄宁先生有鉴于此，曾根据《道藏》经书的内容，分为十四大类，这显然是现在将道经重新分类的一个尝试。

这十四类包括：

道家类。如《老子》、《庄子》、《列子》、《文子》、《淮南子》等并各家注解。《关尹子》乃宋人伪造，亦归入此类（道家本在道教之先，故列于第一类）。

道通类。如《鹖子》、《鹖冠子》、《公孙龙子》、《尹文子》、《墨子》、《孙子》、《韩非子》、《鬼谷子》、杨子《太玄》、邵子《皇极经世》、《抱朴子外篇》并各种易经卦象著作（上列各书虽不专属道家，但与道家相通）。

道功类。如导引、存想、吐纳、辟谷、服气、胎息、养性、延命、内丹、《抱朴子内篇》等书（《修真十书》、《道枢》等亦应归入此类）。

道术类。如药饵服食、金石炉火、神丹黄白等书。

道济类。如《素问》、《灵枢》、《难经》、葛洪《肘后方》、孙思邈《千金方》、《本草图经衍义》等书（这一类都与医药有关）。

道余类。如《黄帝宅经》、《龙首经》、《金匮玉衡经》、《玄女经》、《白猿经》、遁甲、六壬、星历、占卜等书。

道史类。如列传、年谱、通鉴、山志等书。《山海经》、《穆天子传》、《江淮异人传》等入此类。

道集类。如各家诗文专集等书。金丹歌诀不入此类。

道教类。如正一、全真两派 专讲道教等书。陶弘景的《真诰》，虽不在两派之内，因性质相同，亦归此类。

道经类。如元始、灵宝、太上诸经皆归此类。凡与修养工夫有关者，虽名为经，不入此类，但须仔细审定。

道戒类。如专讲戒律等经书数十种皆入于此。

道法类。如《道法会元》、《灵宝大法》、《三天秘苑》、《灵符秘录》等书。

道仪类。如道门科范、济度金书、灵宝玉鉴、赞颂、表奏、忏仪等书。

道总类。如《云笈七签》、《无上秘要》等书（《道藏》中的综合性类书，还有《道教义枢》、《三洞珠囊》、《上清道类事项》等。另外，《道典论》、《道门经法相承次序》这类解释道教经典、辞语的书，亦应归入此类）。

陈撄宁是根据现存《道藏》中的道书进行分类的，原分类书目在"十年动乱"中已佚失，上述文字仅为分类举例稿。近代学者，在《道藏》目录索引和分类上做过很多工作，如翁独健根据明版《道藏》、《道藏辑要》、《道藏阙经目录》编成《道藏子目引得》，是眼下查找道经的工具书。其他还有台湾影印《道藏》中的《目录索引》，《中国图书综录》中的道书《索引》，俱是检索道经广泛使用的工具书。近年《中华道教大辞典》的出版，是对道教重新分类的一个尝试。① 道教典籍重新分类的课题已摆在学术界的研究日程上来，对《道藏》内外道书进行重新筛选、收集、整理的学术任务也亟待开始。

重新编纂《道藏》的工作，切忌急功近利，需要集中海内外一大批知名的道教学者，需要在前人基础上搜访古今道书和近人

---

① 胡孚琛主编《中华道教大辞典》，中国社会科学出版社，1995。

余 论

名著，需要采用新的道书分类方法和电子计算机等科学技术搞好书目索引，需要对入选道经重新点校和排印，这是一项要动用相当的人力、物力、财力的文化大业。然而，世界文明的发展需要借鉴道学文化，全世界有许多学者致力于道学文化的研究，学术研究工作迫切需要一部新的、完备的、以现代科学精神编纂的《道藏》。可以预见，编纂新《道藏》的任务必将在国内外学者的共同努力下完成。

跋

　　人自离开襁褓迈出第一步，至年老卧床不能行动，所有迈过的步子连成一线，便是一条人生之路。每个人生命中的青春年华是金钱买不来的，智能才学是权势夺不走的。在一定历史条件下，一个人的命运往往是他本人性格和智能的画卷在他一生中所有机遇下的展开。社会的机遇给出各种可能性，而不同性格不同智能的人则会作出不同的抉择。人生之路的机遇其一来自特定社会条件下的时势，时势可以选择并造就英雄；其二来自特定生活环境中人际关系相互遭遇的缘分，复杂的社会关系限制着人的活动范围。由于每个人在社会历史的戏剧中既是观众又是演员，因之只有寻找到自己的最佳社会角色才能演出较好的人生话剧。我自知个人生无媚骨，这种孤直的性格注定了自己前半生坎坷不平，在逆境中抗争的命运。所幸者我平生多有奇遇，屡得师友帮助，使我得以闯过重重险关，一直不肯向邪恶势力低头。千锤百炼的磨难给了我钢铁般的意志和人生的使命感，使我习惯于在灾难面前挺直腰板。

　　早在南开大学化学系读书时，我得到了原南开大学校长、老一辈化学家杨石先教授的赏识。杨老曾任西南联大教务长，是我国教育界德高望重的一代名师，他曾讲述自己熟悉的周恩来总理的往事，勉励我要将个人的命运同国家的前途、民族的命运融合起来。"文化大革命"动乱期间，我大学毕业先后到地方上的卫生局和化工局任职，以直道事人而蹉跎十载，情知那不是我的最佳社会角色，算来只有学术界才是我辈的安身立命之处。杨石先教授和广州中山大学副校长、物理学家黄友谋教授，中国社会科学院的道学权威王明研究员分别是我在大学、硕士生、博士生期间的导师，现在均已作古，是这些恩师指导我走上了学术研究之路。杨石先老师逝世后，我来到北京，钱学森教授为指导我的学业付出了很多心血，使我在人格上终于成熟起来。一个学者不但要给后人留下自己的传世之作，而且要留下自己的人格和气节，不降志辱身，隐而放言，敢于呼唤世人走历史必由之路。生命的价值在于创造，人生的道路重在拼搏，而事业的成功则需要志气、毅力、方法、兴趣、功力以及天时、地利、人和的机缘。只有将个人的命运融入人类进步的历史之中，才能将自己的人生不断提升到道的境界。

1995年12月21日，中国社会科学院哲学研究所举行建所四十周年庆典，钱学森教授应邀写来贺信，全文如下：

中国社会科学院哲学研究所：

您所11月8日来信收到。以下我遵命为中国社会科学院哲学所成立和《哲学研究》杂志创刊四十年提点我的看法，供参考。

我认为总结现代科学技术和文学艺术的发展，并为迎接21世纪，我们可以建立起现代科学技术的体系。这个体系包括所有通过人类实践认知的学问，分十大门类和从每个部门概括出来并通向全体系最高概括的马克思主义哲学——辩证唯物主义；它们是：

①自然科学（工程技术）、自然辩证法；

②社会科学、历史唯物主义；

③数学科学、数学哲学；

④系统科学、系统论；

⑤思维科学、认识论；

⑥人体科学、人天观；

⑦文艺理论、美学；

⑧军事科学、军事哲学；

⑨行为科学、人学；

⑩地理科学、地理哲学。

随着事物的发展，将来还会出现新的部门和部门概括；在本世纪初人们不是认为科学只有自然科学和社会科学两大部门吗？

在这个现代科学技术体系的外围还有大量一时还不能纳入体系中的人们的认知，以及点滴实践经验。

所以我说的这个现代科学体系是有明确组织的，但它是随着人们的实践而不断发展的——是人们实践与认识的历史长河，久无止境。因此作为体系概括的马克思主义哲学也是不断发展并深化的。

从这个观点，我以为我国的哲学工作者有两大任务：

（一）从古人和今人的学术著作中，摘取可为我用的东西，纳入马克思主义哲学。

例如中国古代哲学就有这类精华，毛泽东同志就为我们做出了榜样。所以我曾建议您所的道家、道学专家胡孚琛同志摘取道家思想之精华以丰富马克思主义哲学。

另外，还有国外的现代哲学家，如 M. Heldegger，如 E. Husserl 等也要加以研究利用。

（二）我们也可以解放思想做一些探索，它们现在还不能纳入马克思主义哲学也无妨。如章韶华的书《宇宙精神——人类生命观引论》就被高清海教授称为是"一种精神意境"；还有任恢忠的书《物质·意识·场——非生命世界、生命世界、人类世界存在的哲学沉思》（学林出版社，1995年9月）。

以上就是我现在的认识，谨向您们请教。此致，敬礼！

钱学森

1995年11月29日

钱学森老师将各种学科包括马克思主义哲学都看作可用古今中外学术成果不断丰富发展的开放系统，而不是迷信的僵死教条，鼓励学者们解放思想追求真理。早在1982年，他引导我揭开《周易参同契》等丹经之秘以推进人体科学的探索，从而使我在道学研究中开拓了内丹学的新领域。自1990年以来，钱老又多次来信提出以中国传统思想的精华丰富和发展马克思主义哲学的任务。无奈我那些年在京苦无居所，过着"年年难过年年过，处处无家处处家"的日子，不遑专心著述，然而也陆续发表了不少文稿，渐渐理清了道学安民治国之术的思想脉络。唐末陆希声《道德真经传》云："杨朱宗老氏之体，失于不及，以至于贵身贱物；庄周述老氏之用，失于太过，故务欲绝圣弃智；申、韩失老氏之名，而弊于苛缴刻急；王、何失老氏之道，而流于虚无放诞。此六子者，皆老氏之罪人也。"老氏之道学不明于世也久矣，二千五百年来，仁者见仁，智者见智，少能有掀翻境界者，盖因不究其天人同构、身国一理之特征，不察其执一统众、守中致和的价值取向之故。不佞固非向人喉下取气为生者，虽不敏，尚知学术之是非自有后人评说，是以敢置群吠猗猗于不顾而直抒胸臆。我深感在世纪之交的社会大变革之际，道学文化中蕴藏着中华民族崛起的生机和希望，故不惜为创立新道学向我十三亿同胞作狮子吼！新道学是中华民族迎接全球一体化奔向大同社会的文化战略。我在逆境中得到过不少师友的帮助，张岱年老师曾因之给胡绳院长写信，胡绳院长作了批示；汤一介、黄心川、叶秀山等师友也伸出友谊之手，令我感激铭心。特别是1996年底《人民日报》和中央电视台报导了国家领导人亲自探望钱学森教授的消息，柳暗花明，我也终于脱出困境。八年间写下数十万灾梨祸枣的文字，其中难免夹杂些激愤之词，知我罪我，不尽甘苦留待读者参详。先师王明教授早年师从汤用彤、胡适、陈寅恪诸前辈，作学问本以考据见长；然而我当时在京仅有一张单人床的生存空间，倚在枕上信手运笔未暇从容推敲，文风带有冥想的痕迹，至今也分不清那是往事还是梦境。1997年中国社会科学院研究生院招收第一届外国留学生，我被聘为导师，为授课计感到有必要将这些散见于各书刊的存稿编集在一起，这就是此书的由来和背景。道家之学，贵与时偕新。我痛感学术的未来在于青年，而青年学者在"逆向淘汰"的趋势下挣扎十分不易。由于自己也到了为人师长的年龄，我甘愿今后做青年人的垫脚石，盼望新一代学者快快成长起来，超过我们。

我在广州读书期间因黄友谋老师的机缘偶然得到一纸隐有内丹法诀的《参同契》文句抄页，才晓得世间有所谓仙家秘传的千古绝学，不觉为之倾倒。后来我改行随王明老师研读《道藏》，师从内丹家王沐先生，皆是由此而起。1982年春我转入《周易参同契》的研究，北上请教陈国符教授，途中在周士一先生家巧遇吕锡琛女士。而后十五载光阴匆匆过去，吕锡琛教授已成为中南工业大学颇有声望的学者了。这次我整理书稿，发现尚缺《道家篇》需补写，但因我近年读《大藏经》入迷难以自拔，不能收拢思绪回复创作状态。吕锡琛教授赞同我对道家学术发展脉络的构想，主动承担了本书《道家篇》的撰稿。难为她一年来巧运神思，精雕细琢，竟将这篇"命题作文"和全书契合得天衣无缝，足见她治学的功力。吕锡琛教授的辛苦笔耕使我得以在北戴河度过了一段酷热的夏天，白日默诵佛经参悟禅理，夜晚躺在海滩上沉思知鱼之乐。而今我已将全书文稿通读改定，愿借此书以道学觅知音，以丹法度有缘，为学术进步抛砖引玉。黄燕生、陈静、郭清女士为编辑此书尽心尽力，她们这种珍贵的学术友谊使我万分感谢。

《大般涅槃经》云："善男子，譬如画师以众杂彩画作众像，若男若女若牛若马，凡夫无智，见之则生男女等相。画师了知无有男女。菩萨摩诃萨亦复如是，于法异相观于一相，终不生于众生之相。何以故？有念慧故。"我曾从北京经卡拉奇辗转去布鲁塞尔，当客机飞临喜马拉雅山上空，其时月光如昼，见逶迤的群山如家乡儿童冬季扫起的雪堆，忽觉颖然有悟。假如我不是飞在两万米的高空而是走在山脚下，心中必有李白"蜀道难"的惊叹，这岂非境由心造！试想每个人在临终前回首往事时，会突然发现自己一生走过了太多的弯路，大好的年华在是非恩怨的争斗和彷徨中白白浪费了，虽说诗人们往往欣赏曲线的美感，但毕竟直线才是最近的人生之路。看来大丈夫处世应该站在高空透过迷云幻雾若牛若马的种种异相，以悟道的情趣观察千难万险的世事，勇于排除干扰对准自己的人生目标正道直行。眼下这堆文稿已成明日黄花，我亦不复有昔时的心境，"庐山烟雨浙江潮"，息心扫念不留点滴；而今往事如烟，时过境迁，重读旧文，顿生今是而昨非之感。我编成旧稿，心地坦然一切放下，自笑为世间空留鸿爪，亦属多事。让我告别过去，如人们常说的"换个活法"，在日历中撕下这沉重的一页，在学与思的心路上另觅归宿。夜来灯下闲观

《说郛》，偶得小诗一首，移来作结：

> 读尽诗书五六担，老来方得一青衫，
> 佳人问我年多少，三十年前二十三！

胡孚琛

识于北京无所住斋

1998 年 2 月 4 日

增订版后叙

《庄子·让王》云："道之真以治身，其绪馀以为国家，其土苴以治天下。由是观之，帝王之功，圣人之馀事也"。余以殊胜因缘，于 1980 年得内丹家法诀之传，而后出入禅密，跋涉江湖，深入山林寻访"三家四派"丹诀，历时 21 年终于完成内丹学调研任务。其间受教于陈国符教授和王明教授，且以勇猛精进心通读《道藏》，编撰了《中华道教大辞典》及《道教志》，走上道学文化研究之途。由此多年的学术积累，汇成《道学通论》之著述。2001 年 5 月 22 日，余游蓬莱阁归来驻烟台市石油疗养院，当晚修订《道学通论》并改定《丹道篇补遗》、《21 世纪的新道学文化战略》二文，感而赋诗云："才度千禧新开岁，又至蓬莱论地仙。晴空丽日启凤慧，碧海丹崖证前缘。早年曾作凌云赋，今时喜参黄老篇。猖猖群吠何足惧，正道直行无愧天。"

宋高尚处士刘卜功云："人多以嗜欲杀身，以财货杀子孙，以政事杀百姓，以学术杀天下后世。吾无是四者，不亦快哉！"（引自王孟英《归砚录》）愚每读是语，尝自知戒惕，心中无不悚然敬慎焉。儒者声称"立言"为不朽事业，致使各家著述多如山积，然真正传世者也几稀。《道学通论》之出版倏忽五载，某些高校已用作哲学系、宗教系研究生课程的教材，是以这次修订反复斟酌字句，深恐有误读者。吾近年之学术研究，一为揭开丹道法诀千古之秘，著成《丹道法诀十二讲》；二则是创立新道学文化，完成国家社科基金项目。此二者涵盖了道家圣人"治身"与"治天下"之学，皆是当年钱学森教授交代的科研任务，已载入四川人民出版社 2002 年 12 月出版的传记《钱学森的情感世界》一书中。

《道学通论》得以增订再版，首先要感谢社会科学文献出版社谢寿光社长的抬爱。早在中学时代，河北省泊头市第一中学教导主任徐天佑老师对我和周志宽学长关照有加，而后他考入北京大学，我考入南开大学，不料三十年后竟在中国社会科学院重新聚首。周志宽先生退休后在出版社担任此书的责任编辑，使增订版更为生色。张岱年老师为此书题名，汤一介、黄心川、叶秀山诸师友作序，再次恳致谢意。此书增订再版之际，我谨向培育我成长的母校泊头一中、南开大学、中山大学、中国社会科学院研究生院和已仙逝的杨石先老师、黄友谋老师、王明老师、陈国符老师深表怀念之情，并祝钱学森老师健康长寿！

胡孚琛

识于中国社会科学院哲学研究所

2003 年 12 月 5 日

修订版题记

钱学森教授在 1989 年 12 月 28 日来信说："我想老一套钻书本的办法不见得高明，总要考虑为建设社会主义现代化中国作贡献。您是搞哲学的，又深入中国古代思想，即能不能把中国传统思想中的精华用来丰富、发展马克思列宁主义？主结构是马克思列宁主义毛泽东思想，用我民族的优秀智慧加以充实和扩展。北京大学张岱年教授同意这个建议，您以为如何？我们都知道：人类到今天的实践证明了只有马克思列宁主义是真理，是人类智慧的最高概括，但真理也没有止境，还要发展和深化。马克思、恩格斯、列宁对中国古代思想不可能了解很多；是毛泽东同志在他著述中倒常见有中国古代思想的闪光。所以我想此建议是件大事。"

我在 20 世纪 50 年代中学读书期间就接触过马克思、恩格斯、列宁、斯大林、毛泽东的著作以及刘少奇的《论共产党员的修养》，根据我国儒学"神道设教"的传统，这些著作都是只能顶礼膜拜的圣典。60 年代到南开大学化学系读书，知道雷海宗教授就是对马列著作说了几句稍为不敬的话被钦定为"右派"的。我那时却很为马克思、恩格斯文章中那种波澜壮阔的胸怀和高瞻远瞩的政治眼光所折服，也很为列宁、毛泽东那种不屈不挠的斗争精神所感染，这对我青年时代的人格形成起到不可忽视的作用。直到"文化革命",我发现传统政治观念特别是儒学文化在我国社会仍然影响深远,刘少奇《论共产党员的修养》就沿袭了传统的儒学观点。"文革"期间一些社会达尔文主义者竭力将马列主义同中华民族的传统文化对立起来,从而阉割了我们赖以独立于世界民族之林的命根子。毛泽东主席晚年揭露了这些"喝工人农民血的官僚主义者阶级"、"假马克思主义政治骗子"的面目,断言"我党真懂马列的不多"。在70年代我认真学习了《共产党宣言》,坚定了自己的共产主义信念。在接到钱学森教授的信后,我重新通读了一遍《马克思恩格斯选集》四卷本,并找到张岱年老师。张岱年老师和钱学森教授是北师大附中的同学,他说钱老中学时代就很聪明,全校知名。还说马克思在伦敦图书馆读书破万卷,恩格斯也声言马克思主义集中了全人类知识的精华,但他们不懂中文,不懂道教和佛教,我们应将中华民族的传统文化特别是佛、道两教的精华融汇到马克思主义中去,使之具有中国特色、中国风格、中国气派,将意识形态的话语权立足于本民族的文化氛围之中。

1992年,钱学森老师又指出中国的儒、道、释、墨、法诸家学派"是一个系统",并以系统科学来解释文化现象。后来钱老又努力创建"大成智慧学"和大成智慧工程,他还把人类的知识体系分为十大门类,在十大门类之上是马克思主义哲学,这当然可以理解为马克思主义是十大门类知识的指导思想,但同时也表明马克思主义必须汲取这十大门类知识的精华不断丰富、完善和发展。钱老同意季羡林教授关于中国文化的特点是"综合与普遍联系",并在1992年9月14日来信中说:"请您注意季羡林教授的论断,并努力把道家、道教中这一中国文化特点提炼出来,使这颗'金丹'能为社会主义服务。"1993年11月26日钱老又来信说:"我总想:您的最大最重要任务,是从道家和道教论述中提取可以用来丰富、发展并深化马克思主义哲学的东西。比之于这一任务,其他都渺小了。当然，难！但看来您是不怕难的！"

我为此再次到北京大学找张岱年老师商量，张岱年老师鉴于马列主义在我国被政治化、教条化的状况，决定要我在马克思主义的指导下，集古今中外优秀思想之精华，对中国哲学特别是道家、道教进行"综合创新"，从而创建有时代精神的新道学。当时正有几个自称"马列权威"的政客以恩格斯《自然辩证法》这本书的教条抨击钱老所倡导的人体科学的研究，这使我记起中山大学物理系关洪教授在 1983 年《中山大学学报》第四期上发表的论文《关于"运动的量度"》。关洪老师曾让大家把恩格斯《自然辩证法》一书《运动的量度——功》中批判的达兰贝尔、亥姆霍兹、汤姆生（即凯尔文勋爵）、台特等科学家以多种语言写的原始文献都找到并翻译出来。发现恩格斯的批判大多是对这些科学家文献的误读（如将亥姆霍兹关于力和速度的反比关系误解为正比关系），证明不应该把恩格斯未完成的手稿和札记当作他自己审定发表的结论。相比之下，那些政客们把《自然辩证法》的每一句话都当成金科玉律来审判人体科学是何等浅薄无知和不学无术！这使我确信张岱年老师的决策是正确的，我是国家科研机关的学者，只能在学术研究的范围内做自己力所能及的事，不适宜同"文革"期间出尽风头的政客们纠缠。张岱年老师建议我就此课题申报中国社会科学院或国家社会科学基金资助的科研项目，他说新儒学的研究已传承了四代，新道学还没有创立起来，新道学应该成为钱老倡导的那种大成智慧学。当时我正醉心于研读佛教经典，发觉主流的西方文明有两大弊端：其一是唯物至上、科技至上，此"法执"也；其二是自我中心、人类中心，此"我执"也。而德国的思想家，如康德、黑格尔、海德格尔及歌德、爱因斯坦等，其精思睿智较东方文明有独到之处。马克思对资本来到世间，每一根血管和毛孔都充满血腥和肮脏东西的论断，其英明正确将越来越被历史证明。我发觉西方文明和东方佛学乃至伊斯兰教经典中的精华都和老子的道学相通，老子的道学文化不仅是中华民族的核心价值观，也必将成为全人类的核心价值观，取古今中外文明之精华创立有时代精神的新道学是完全可行的。

　　1998年，我开始将自己有关道学研究的文稿汇成《道学通论》一书出版，张岱年老师题写了书名，汤一介、黄心川、叶秀山等师友为之作序，这本书很快成为多所高等院校研究生选用的教材。2002年，我以《经济全球化下的民族文化——道家与传统文化的综合创新》为课题向全国哲学社会科学规划办公室提出申请，被批准为国家社会科学基金资助的重点项目（代号为02AZX006），定于2006年结项。我当时手头有三个科研项目齐头并进，其一是倾毕生学力创立新道学，不断将自己的研究成果写成论文发表，并于2004年汇成《道学通论》增订版。其二是先师陈国符先生逝世后，其哲嗣陈启新先生送来四麻袋陈师生前资料，要重新整理《道藏源流考》的再增订版，已完成三分之一。其三是我接受钱学森老师的嘱托，自1980年10月算起对丹道和藏传佛教密宗进行调研，2001年在钱老90华诞前完成丹道调研，开始写《丹道法诀十二讲》，至2006年连佛教修持法诀的调研也完成了。钱老晚年似乎更关注我对人体科学的调研，不时派秘书来催问《丹道法诀十二讲》的写作进度。我进京长期无有住所，养成在床上写作的习惯，夜里睡醒即抓紧时间写作，后来竟形成规律，每天写到凌晨一时许，早晨四点半又准时写作，中午疲倦时睡一到二个小时。如此"三更灯火五更鸡"，眼看到了2006年国家社科基金资助课题结项的时候，却在春节期间发现自己鼻部生了个小瘤。没想到这颗小瘤被同仁医院的资深主任医师和中国医学科学院、中国协和医科大学肿瘤医院的三位专家诊断为"基底细胞癌"，我不得不人生第一次直面死神。这使我想到柏拉图的话，研究哲学是"死亡的练习"，哲学家是"经常在练习死亡的人"。我的心灵突现一种类似禅宗"开悟"的状态，一是我要利用自己的智慧和掌握的医学、丹道知识，求医问药对付这颗肿瘤；二是我对丹道和新道学苦思冥想的疑难问题终于恍然颖悟找到答案。我当时已不能按原计划完成国家社科基金项目，而是急于将钱学森老师关注的《丹道法诀十二讲》提前写完。钱老那年已届95岁高龄，我希望在他生前把这本耗去我半生心血的人体科学研究成果交到他手里。我当时已陆续写了28万字，计划再写3万字就可脱稿，一年时间足够了，因为担心癌细胞扩散，我只给自己预留了一年的工作时间。大概是歌德说过这样的话，上帝预选的杰出人物都被赋予重要的历史使命，在这些使命未完成前上帝并不会召回他的生命另赋予新的任务。我虽不是上帝预选的杰出人才，但内心深处被一个半世纪以来中国人民受到的世界列强和贪官恶霸的欺凌所震撼，自幼将身许国，希望在有生之年为祖国人民做点有益的事。我诚心敬意地祈祷上苍眷顾，盼望我多年研究的医学和丹道创造奇迹，多给我一点生存时间，以便将破译丹道法诀和创立新道学的历史使命圆满完成。当这颗肿瘤在中医的治疗下逐渐消退后，医院的西医照相检查后说五年不复发、不扩散才算真正治愈，我感到自己更需要珍惜时间争分夺秒地工作。在那种心灵激发的状态下，我发觉《丹道法诀十二讲》28万字的初稿有许多没悟透的地方，索性全部推翻重写，扩展到近70万字，直到2008年8月25日下午才将电脑打印稿交到钱学森老师面前。随即我向全国哲学社会科学规划办公室申请创立新道学的课题延期并加紧运作，摆在读者面前的这本书就是这一课题的研究成果。

现在全国哲学社会科学界不少学者甚至政工干部申请了大量从中央到地方各级机关的科研资助项目，近30年全国出版书刊、论文数量之多占世界之最，然真正的传世之作和突破性的学术成果却很罕见。钱学森老师深感现行教育制度很难培养出"帅才"，他甚至认为今天的中学教学水平竟比不上北师大附中 20 世纪 20 年代的水平。我所知道的师长杨石先、黄友谋、钱学森、陈国符等出国留学归来都能独当一面，今日之"海归"多如过江之鲫，却鲜有像钱老那样其科学贡献关乎国家前途和民族命运的学者。由于对科研人才、科研项目、学术成果、学位授予权等晋职、奖励、经费、称号的评审制度不尽合理，"学术大家"不易冒出，国家科研经费花了不少，而学术成果还在低水平上重复。由此看来，我国当前最大的浪费是对人才资源的浪费，学风不正和学术腐败现象都需要从指导思想和规章制度的层面进行整治。据我所知，除了工具书、调研报告等需要"大兵团作战"之外，真正的传世之作皆需学者倾毕生学力呕心沥血，多年刻苦钻研独立完成。我曾花两年多时间通读了 5485 卷《正续道藏》，组织海内外学者历时三年编撰了 546 万字的《中华道教大辞典》，如此浩大且具有国内外影响的学术工程，没得到任何立项资助，事后中国社会科学院也没给评过什么奖励。这次为破译丹道和密宗修持法诀，调研活动历时 26 年，耗资 13 万元，用 8 年时日著成《丹道法诀十二讲》，也没有得到国家一分钱的资助。然而令我甚感欣慰的是，我为自己的民族保存下一份"非物质文化遗产"，这项调研活动因老丹师的去世别人无法重复了！我平生十分注重学术信用，答应过的事都按时完成，这次创立新道学的国家社科基金重点资助项目申请延期是很遗憾的。我非常珍惜这次获得资助的机遇，其学术成果除了这本书外，还有《新道学引论》作为后续成果于近年出版。我虽然没有在 2006 年底按时交卷，但这三年我写成近 70 万字的《丹道法诀十二讲》，修订完《道学通论》，一个学者的精力和劳动量只能如此，我尽力了！

　　我相信上帝对每个人都是公正的，但我看别人过得似乎比较轻松，我一生都在拼命挣扎，时间老不够用。我给自己强加了更多的义务和责任，活得实在太累。现在虽仍事务缠身，但也年过花甲，到了金盆洗手、封笔归山的年龄。回顾六十五年光阴，宛如一梦，梦醒时分，若有所悟，遂口占一诗云：

火里栽莲岂风流，赋归犹携素女游。
菩提树上花满枝，大木何患不成舟！

胡孚琛
己丑立夏日识于中国社会科学院

图书在版编目（CIP）数据

道学通论：全2册：2018年修订版/胡孚琛著. --
北京：社会科学文献出版社，2018.6（2025.5重印）
（述而作）
ISBN 978 - 7 - 5201 - 2832 - 2

Ⅰ.①道⋯　Ⅱ.①胡⋯　Ⅲ.①道家 - 研究　Ⅳ.
①B223.05

中国版本图书馆 CIP 数据核字（2018）第 109769 号

·述而作·

道学通论（2018 年修订版·上下编）

著　　者／胡孚琛

出 版 人／冀祥德
项目统筹／宋月华　杨春花
责任编辑／范明礼　侯培岭
责任印制／岳　阳

出　　版／社会科学文献出版社·人文分社（010）59367215
　　　　　地址：北京市北三环中路甲29号院华龙大厦　邮编：100029
　　　　　网址：www. ssap. com. cn
发　　行／社会科学文献出版社（010）59367028
印　　装／三河市东方印刷有限公司

规　　格／开　本：889mm × 1194mm　1/32
　　　　　印　张：23.125　字　数：573千字
版　　次／2018 年 6 月第 1 版　2025 年 5 月第 6 次印刷
书　　号／ISBN 978 - 7 - 5201 - 2832 - 2
定　　价／158.00 元（上下编）

读者服务电话：4008918866